中国民法典释评

ZHONGGUO MINFADIAN SHIPING

总则编

主　编　王利明
副主编　王叶刚

中国人民大学出版社
· 北京 ·

代总序

民法典的时代意义

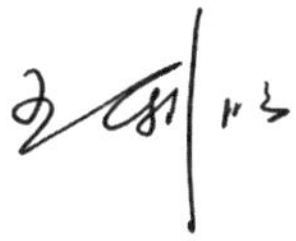

民法典是新中国成立以来第一部以“法典”命名的法律，也是第一部直接以“民”命名的法典。以“法典”命名，表明凡是纳入民法典的规则，都具有基础性、典范性的特点；以“民”命名，说明民法典把人民愿望置于首位，充分反映人民的利益诉求。民法典的立法宗旨和目的就是充分反映人民群众的意愿，保障私权，维护广大人民群众的利益。

习近平总书记指出，“民法典在中国特色社会主义法律体系中具有重要地位，是一部固根本、稳预期、利长远的基础性法律”。如何理解习近平总书记所说的“基础性法律”？我认为可以从两个方面理解：一是在整个社会主义法律体系中，民法典是一部基础性法律。所谓“典”，就是典范、典籍的意思，在整个社会主义法律体系中，民法典是宪法之下的基础性法律。法律分为公法与私法两部分，它们分别确认公权与私权。现代法治的核心是规范公权、保障私权。一般认为，保障私权是由民法典等民事法律实现的，而规范公权是由公法承担的，但实际上，民法典通过确认和保护私权，也起到了规范公权的作用，其他法律、行政法规以及单行法等，都应当与民法典保持一致。同时，行政执法、司法也都要以民法典为基本遵循。二是在民事领域，民法典是基础性法律，换言之，民法典是私法的基本法。民事关系纷繁复杂，它不仅依靠民法典调整，还需要大量的民事单行法，而在所有调整民事主体财产和人身关系的法律中，民法典居于基础性地位，民法典也被称为私法基本法。

（一）推进民事立法的体系化

我国民法典的颁布有力地促进了民事立法的体系化。一方面，迄今为止，我国已经颁布了多部民商事法律，在民法典之外，还存在大量的单行法，如公司法、保险法、破产法等。民法典的颁布，使各个民商事单行法在民法典的统帅下，构成一个完整的、系统化的整体。民法典和民事单行法之间的关系，就像树根、主干与枝叶之间的关系，民法典是树根和主干，而民事单行法是枝叶，民事单行法必须以民法典为基础和根据。民法典的颁布有效沟通了民法典和单行法，这有利于消除民法典与单行法之间的冲突和矛盾。另一方面，就内部体系而言，民法典按照“总—分”结构，形成由总则、物权、合同等构成的完整体系，各分编也在一定的价值和原则指引下形成了由概念、规则、制度构成的、具有内在一致性的整体，实现了形式的一致性、内容的完备性以及逻辑自足性。民法典共分七编，即总则编、物权编、合同编、人格权编、婚姻家庭编、继承编、侵权责任编，它们都以对民事权利的确认和保护而形成一个体系化的整体。总则是对民事权利的一般规则作出的规定，各分编则是分别对物权、合同债权、人格权、婚姻家庭中的权利、继承权以及对各项权利的侵权责任制度所组成的规则体系。

民法典有助于制度的科学化，为良法善治奠定基础。在我国，由于长期没有民法典，许多调整民事关系的重要规则不能通过民事法律的方式表现出来，从而留下了法律调整的空白。这些法律空白一般是通过国务院各部委的规章及地方政府颁布的地方性规章予以填补的，而一些规章难免出现不当限制公民私权，或者变相扩张行政权的问题。民法典颁布后，其作为上位法，可以有效指导行政法规等制度，避免民法规范与行政法规、地方法规等的矛盾冲突，防止政出多门，保障交易主体的稳定预期，维持市场经济的正常运行。

（二）有效提升国家治理体系和治理能力的现代化

国家治理体系和治理能力现代化的主要特征是实现法治，即全面依法治国。如前述，现代法治的核心在于规范公权、保障私权。一方面，民法典构建了完备的民事权利体系，确立了完善的民事权利保护规则，鼓励个人积极维护自身权利，这不仅保障了私权，也有利于规范公权。民法典的各项规则也明确了各级政府依法行政的边界，就是说，国家机关要把民法典作为行政决策、行政管理、行政监督的重要标尺，不得违背法律法规随意作出减损自然人、法人和非法人组织合法权益或增加其义务的决定，这必将有力推动政府治理能力。另一方面，作为市民社会的一般私法以及百科全书，民法典通过合理的架构为民事活动提供各种基本准则，为交易活动确立基本的规则依据，为各种民事纠纷的预防和解决提供基本的遵循。民法典进一步强化私法自治，充分鼓励交易，维护交易安全。合同编从合同的订立到履行都强调了增进合同自由和私法自治这一宗旨，将有力调动市场主体从事交易的积极性。此外，民法典还有效地处理了个人与个人、个人与社会、个人与国家的关系，在对个人的保护中，同时强调对公共利益的维护，以实现个人和社会之间关系的平衡，这必将推动社会共建共治共享，促进社会和谐有序。

（三）完善社会主义市场经济法律体系

社会主义市场经济本质上是法治经济。各项民法制度根植于市场经济的土壤，其也反作用于市场经济，是市场经济有序发展的重要制度保障。我国《民法典》总则编所规定的诚实信用、公平原则等，确立了市场主体活动的基本原则，为诚信经济的建立提供了法律保障；总则编中的民事主体就涵盖了市场主体，民事法律行为制度、代理制度为市场主体从事交易活动提供了极大的便利；民法典的物权制度、合同制度是市场经济最基本的规则，是支撑市场经济最重要的两根法律支柱；民法典的担保制度也为融通资金、繁荣经济、保障债权提供了有力的制度保障。编纂民法典不仅完善了市场经济基本的法律制度，而且有利于营造良好的营商环境，并充分调动民事主体的积极性和创造性，维护市场交易秩序和交易安全。①

（四）为实现人民群众美好幸福生活提供保障

民法典的要义是为民立法，以民为本。“人民的福祉是最高的法律”。编纂民法典，就是顺应保障人民群众合法权益的需求，形成更加完备、更加切实的民事权利体系，完善权利保护和救济规则，形成较为有效的权利保护机制，使人民群众有更多、更直接、更实在的获得感、幸福感和安全感。我国《民法典》充分保障人民群众美好幸福生活，主要表现在以下几方面。

一是通过人格权编充分保障个人人格尊严。进入新时代，我国已经成为世界第二大经济体，人民物质生活条件得到了极大改善，不久即将全面建成小康社会。在基本温饱得到解决之后，人民群众就会有更高水平的精神生活追求，并希望过上更有尊严、更体面的生活。正因如此，“保护人格权、维护人格尊严，是我国法治建设的重要任务”②，例如，针对发送垃圾短信、垃圾邮件侵扰个人私人生活安宁的行为，《民法典》人格权编专门在隐私权部分规定了此种侵害隐私

① 王晨．关于《中华人民共和国民法典（草案）》的说明：二〇二〇年五月二十二日在第十三届全国人民代表大会第三次会议上．人民日报，2020－05－23（6）．

② 民法典分编草案首次提请审议：分编草案共六编总计千余条．人民日报，2018－08－28（6）．

权的行为类型，并第一次规定了私人生活安宁权，明确将个人私人生活安宁规定在隐私权之中，禁止非法进入、拍摄、窥视他人的住宅、宾馆房间等私密空间，禁止非法拍摄、窥视、窃听、公开他人的私密活动，禁止非法拍摄、窥视他人身体的私密部位（第1033条）。这有利于保障社会生活的安定有序。

二是民法典通过各项制度安排充分保障人民群众的物质生活需求。例如，《民法典》之物权编新增的居住权制度，对于解决"住有所居"问题、保障个人的居住利益具有重要意义。再如，《民法典》合同编之典型合同完善了租赁合同的规则，完善了优先购买权规则，新增优先承租权规则（第734条）。这对于稳定租赁关系、规范租赁市场秩序、保障承租人的居住利益具有重要意义。又如，合同编之典型合同部分还完善了运输合同的规则，这对于保障个人出行安全、维护运输秩序具有重要意义。

三是民法典通过各项民事责任制度充分保障人民的合法权益。民法典通过各项规则，守护老百姓"舌尖上的安全""车轮上的安全""头顶上的安全"等财产和人身安全。例如，《民法典》侵权责任编在产品责任部分规定了惩罚性赔偿规则（第1207条），这必将有力遏制生产、销售不合格食品的行为，有利于保证人们"舌尖上"的安全；侵权责任编还重点完善了高楼抛物致人损害的责任（第1254条），这有利于充分保障人们"头顶上的安全"。

（五）有利于实现依法行政、公正司法

民法典具有基础性和典范性的特点，是公民权利保护的宣言书，是民事主体的行为准则、依法行政的基本依循，也是法院裁判民事案件的基本遵循。民法典对于依法行政、公正司法的作用还表现在：一是资讯集中，方便找法。实践中之所以出现"同案不同判、同法不同解"现象，重要的原因就在于，法官选择法条和裁判依据存在差别。而法典化的一个重要优势在于"资讯集中"。正所谓"法典在手，找法不愁"，执法者、法官只要有一部民法典在手，并通过领悟其规则和精神，就可以找到民事裁判的主要依据。二是统一裁判依据。民法典是基础性法律，是行政执法者、法官适用法律的基本遵循，因此，处理民事纠纷，首先要从民法典中找法。在我国，长期以来，有些新法颁布以后，因为没有废止旧法，且没有指明新法修改了哪些旧有的规定，所以就产生了新法与旧法同时适用的现象，造成了规则的不统一。《民法典》的颁布将从根本上改变这一现象。《民法典》的颁行可以保障法官裁判依据的统一性，而正是因为法律适用具有一致性，法官的自由裁量权将在规范的约束下进行，这就可以保障法官平等地、统一地对不同案件作出判决，保障"类似情况类似处理"，从而实现判决结果的可预测性，实现法的安定性。三是提升执法和司法人员的能力。民法典是法律工作者今后研究、处理涉及民事纠纷的基本依据，也是执法、司法的基本平台，民事纠纷的解决都应当在该平台中研讨。在民事领域考验我们的执法能力，很大程度上就是衡量我们准确把握、理解和运用民法典的能力。《民法典》颁布后，如果执法和司法人员都能够真正学懂、弄通民法典的规则，就可以基本把握处理和裁判民事纠纷的基本规则，并能够按照体系化的思维方式处理民事纠纷。

代序言

民法典总则的时代意义

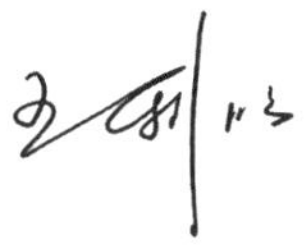

法典化就是体系化，民法的体系化的重要标志之一就是民法总则的确立。“总则编的设置，是潘德克顿法学的产物”①，也是《德国民法典》的一大特色。民法总则是通过“提取公因式”（von die Klammer zu ziehen）的方式所确立的民法的一般性规则，它是民法典中最基础、最通用、最抽象的部分，可以普遍适用于各个民商事单行法律。总则包含“民法典所赖以立足的抽象原则的阐述”②，它是对民法典分则全部内容的抽象和概括。

自中国共产党十八届四中全会决议提出编纂民法典的任务，我国立法机关确定了“两步走”的方针，第一步就是制定民法总则。2017 年 3 月 15 日，我国立法机关正式通过了《民法总则》。这在中国民事立法史上具有里程碑式的意义。《民法总则》分为 11 章，具体包括“基本规定”“自然人”“法人”“非法人组织”“民事权利”“民事法律行为”“代理”“民事责任”“诉讼时效”“期间计算”“附则”。该法进一步提升了我国民事立法的科学化和系统化。民法总则是民法典的总纲，纲举目张，整个民商事立法都应当在民法总则的统辖下具体展开。《民法

① 谢怀栻．大陆法国家民法典研究//易继明．私法：第 1 辑第 1 卷．北京：北京大学出版社，2001.

② Travaux de la Commission de Réforme du Code Civil，Année 1945—1946，Paris，Librairie du Recueil Sirey. p. 55.

总则》颁行后，民法典各分编以民法总则所确立的立法目的、原则、理念为基本的指导展开编纂。之后《民法总则》经过适当修改整体并入民法典，成为民法典的总则编。民法典最终形成了价值融贯、规则统一、体系完备的法典，《民法总则》的制定和体系安排起到了关键性的作用。

民法典作为高度体系化的成文立法，总则的设立增强了其形式合理性和体系逻辑性。德国马普研究所的卓布尼格教授即认为，设立总则的优点可以概括为：一是有利于统领分则条款，确保民法典的和谐性；二是有助于减少分则条款，从而加快立法步伐；三是有利于民法典本身在新的社会经济情势面前作出必要的自我调整。① 事实上，总则的功能和优势可以概括为形式功能与实质功能两个方面。就形式功能而言，总则的最大优势在于避免重复，使法典更为简洁。这也成为民法典科学性的表现。由于民法典的内容丰富庞杂，条文众多，总则的设定可以使各个部分形成一个逻辑体系，从而减少对一些共性规则的重复规定。除此之外，总则将私法上的共同事项加以归纳，还可以避免大量采用准用性规定。② 而民法总则的实质功能主要体现为以下几个方面。

一是统领作用。民法总则是适用于民商法各个部分的基本规则，它统领整个民商立法，并提供了民商法各个部分共同适用的基本规则。民法总则既统领民法又统领商法，从而为民商合一的体制奠定了基础。所谓民商合一并不意味着民法典将公司、票据、破产等商事特别法都规定在民法典中，而是通过民法总则的统领功能实现的。这意味着，民法总则不仅统领民法典、普遍适用于民法各个部分，也统辖各个民事单行法律。尤其是基于民商合一原则，民法总则也要统领公司法、保险法、票据法等商事法律。因此，民法典作为高度体系化的成文立法，其体系性因总则的设立而进一步增强，并实现了从一般到具体的层层递进的逻辑体系。

二是基础作用。民法总则作为民法典的奠基部分，主要包括普遍适用于民商法各个部分的基本规则。它统领整个民商立法，因而构成民法典中最基础、最通用，同时也是最抽象的部分。如果说民法典是一部基础性法律，那么总则就是基础中的基础，具有“压舱石”的作用。民法总则是民法规范的生长之源，在民法典其他各编对某个具体问题没有规定的时候，必须通过民法总则中的基本原则、制度加以弥补，从而生长出填补法律漏洞与法律空白的新制度。总则规定的抽象性与普遍适用性为法律的发展留下了空间。

---

① 徐海燕．制定《欧洲民法典》的学术讨论述评．当代法学，1999（2）.

② 王泽鉴．民法典·总则．北京：中国政法大学出版社，2001：26.

三是价值宣示作用。总则的设立对于弘扬民法的基本精神和理念具有重要作用。总则借助于抽象的原则宣示了民法的基本理念，弘扬了社会主义核心价值观。《民法典》之总则编开宗明义地宣告，要以弘扬社会主义核心价值观为立法目的，倡导自由、平等、公正、法治等价值理念，并确认了诚实信用原则、公序良俗原则等基本原则。民法总则要求从事民事活动，秉持诚实、恪守承诺，这有利于强化人们诚实守信、崇法尚德，推进诚信社会建设。除民法的基本原则规定外，总则主体制度中关于主体人格平等的规定、法律行为制度中关于意思自治的规定等，也是对民法的平等、自由等精神的弘扬。总则借助于抽象的原则和具体的制度，共同为民事主体提供了广泛的私法自治的空间。

四是体系决定作用。现代法治的核心在于“规范公权、保障私权”，法律的功能主要是确认权利、分配权利、保障权利、救济权利。由于民法是权利法，民法典分则将以权利为中心展开。《民法典》之总则编以《民法通则》为基础，确立了私法主体的平等地位，注重保障人的人格尊严，弘扬私法自治，强化私权保障理念。民法典之所以被称为“民事权利的宣言书”，正是因为民法总则所确立的完整的权利保障体系能在各分编得到充分展开。《民法典》之总则编继续采纳《民法通则》的经验，专设“民事权利”一章，集中地确认和宣示自然人、法人、非法人组织所享有的各项民事权利，充分彰显了民法的私权保障功能。《民法典》之总则编所广泛确认的人格权、物权、债权、知识产权、亲属权、继承权等权利，为各分编的制定提供了遵循，决定着《民法典》的体系安排。

《民法典》之总则编虽然是借鉴潘德克顿体系的产物，但是它从我国实际出发，总结了改革开放以来的立法和司法实践经验，回应当代中国的现实需要，彰显了本土性的特征；同时也回应了21世纪互联网高科技时代的需要，作出了许多符合时代需求的重要创新。《民法典》之总则编在第一章规定基本原则，这在比较法上是没有先例的；在主体制度中，总则编在关于自然人的规定中，专门设置了个体工商户和农村承包经营户，而在“法人”一章中，首次确认营利法人和非营利法人的分类，规定了“特别法人”，并规定了“非法人组织”的民事主体地位，形成并发展了具有我国特色的民事主体制度；总则编设专章规定“民事权利”，构建了完整的民事权利体系。为了强调对民事权利的保护，《民法典》之总则编继续《民法通则》的做法，专设“民事责任”一章。这些全新的制度安排是《民法典》之总则编不落窠臼，因时制宜、因地制宜地提出的总则体例编排的全新方案。总则编把握住了中国的时代脉搏，全面保障人民群众的民事权益，为中国的市场经济发展保驾护航，从而使《民法典》既能走到群众身边，又能走进群众心里。

如果说民法典是社会主义法律体系的基础性法律，总则编则是“基础中的基础”。要全面深入理解、把握好博大精深的民法典，就必须从总则编着手。不能理解好总则编，就无法对民法典作出深入理解。只有在理解好总则编的基础上理解民法典，才能准确适用民法典，才能推进依法治国，实现国家治理体系和治理能力的现代化，使民法典从“纸面上的法律”转变成“行动中的法律”，真正实现人民群众对良法善治的美好期待。

缩略语表

《中华人民共和国宪法》——《宪法》
《中华人民共和国民法典》——《民法典》
《中华人民共和国民法总则》——《民法总则》
《中华人民共和国民法通则》——《民法通则》
《中华人民共和国物权法》——《物权法》
《中华人民共和国侵权责任法》——《侵权责任法》
《中华人民共和国合同法》——《合同法》
《中华人民共和国担保法》——《担保法》
《中华人民共和国合伙企业法》——《合伙企业法》
《中华人民共和国消费者权益保护法》——《消费者权益保护法》
《中华人民共和国个人独资企业法》——《个人独资企业法》
《中华人民共和国公司法》——《公司法》
《中华人民共和国继承法》——《继承法》
《中华人民共和国人民法院组织法》——《人民法院组织法》
《中华人民共和国婚姻法》——《婚姻法》
《中华人民共和国海洋环境保护法》——《海洋环境保护法》
《中华人民共和国涉外民事关系法律适用法》——《涉外民事关系法律适用法》
《中华人民共和国户口登记条例》——《户口登记条例》
《中华人民共和国未成年人保护法》——《未成年人保护法》
《中华人民共和国劳动法》——《劳动法》
《中华人民共和国义务教育法》——《义务教育法》
《中华人民共和国精神卫生法》——《精神卫生法》
《中华人民共和国老年人权益保障法》——《老年人权益保障法》
《中华人民共和国收养法》——《收养法》

《中华人民共和国商业银行法》——《商业银行法》

《中华人民共和国保险法》——《保险法》

《中华人民共和国证券法》——《证券法》

《中华人民共和国地方各级人民代表大会和地方各级人民政府组织法》——《地方各级人民代表大会和地方各级人民政府组织法》

《中华人民共和国国务院组织法》——《国务院组织法》

《中华人民共和国慈善法》——《慈善法》

《中华人民共和国国家赔偿法》——《国家赔偿法》

《中华人民共和国残疾人保障法》——《残疾人保障法》

《中华人民共和国中外合作经营企业法》——《中外合作经营企业法》

《中华人民共和国企业法人登记管理条例》——《企业法人登记管理条例》

《中华人民共和国公司登记管理条例》——《公司登记管理条例》

《中华人民共和国农民专业合作社法》——《农民专业合作社法》

《中华人民共和国企业破产法》——《企业破产法》

《中华人民共和国公益事业捐赠法》——《公益事业捐赠法》

《中华人民共和国植物新品种保护条例》——《植物新品种保护条例》

《中华人民共和国妇女权益保障法》——《妇女权益保障法》

《最高人民法院关于贯彻执行〈中华人民共和国民法通则〉若干问题的意见(试行)》——《民法通则意见》

《最高人民法院关于适用〈中华人民共和国民事诉讼法〉的解释》——《民事诉讼法解释》

《最高人民法院关于适用〈中华人民共和国婚姻法〉若干问题的解释(三)》——《婚姻法解释(三)》

《最高人民法院、最高人民检察院、公安部、民政部关于依法处理监护人侵害未成年人权益行为若干问题的意见》——《依法处理监护人侵害未成年人权益行为意见》

《最高人民法院关于贯彻执行〈中华人民共和国继承法〉若干问题的意见》——《继承法意见》

《最高人民法院关于适用〈中华人民共和国公司法〉若干问题的规定(二)》——《公司法解释(二)》

《最高人民法院关于适用〈中华人民共和国公司法〉若干问题的规定(三)》——《公司法解释(三)》

《最高人民法院关于适用〈中华人民共和国合同法〉若干问题的解释(一)》——

《合同法解释（一）》

《最高人民法院关于适用〈中华人民共和国合同法〉若干问题的解释（二）》——《合同法解释（二）》

《最高人民法院关于审理民事案件适用诉讼时效制度若干问题的规定》——《诉讼时效规定》

《最高人民法院关于确定民事侵权精神损害赔偿责任若干问题的解释》——《精神损害赔偿司法解释》

目　录

第一编　总则

第一章　基本规定 …… 1
第一条 …… 1
第二条 …… 10
第三条 …… 13
第四条 …… 16
第五条 …… 18
第六条 …… 20
第七条 …… 22
第八条 …… 26
第九条 …… 30
第十条 …… 33
第十一条 …… 37
第十二条 …… 39
第二章　自然人 …… 41
第一节　民事权利能力和民事行为能力 …… 41
第十三条 …… 41
第十四条 …… 44
第十五条 …… 45
第十六条 …… 47
第十七条 …… 49
第十八条 …… 50
第十九条 …… 53
第二十条 …… 57

第二十一条 …… 58
第二十二条 …… 60
第二十三条 …… 64
第二十四条 …… 65
第二十五条 …… 69
第二节　监护 …… 71
第二十六条 …… 71
第二十七条 …… 74
第二十八条 …… 76
第二十九条 …… 78
第三十条 …… 79
第三十一条 …… 81
第三十二条 …… 83
第三十三条 …… 85
第三十四条 …… 88
第三十五条 …… 92
第三十六条 …… 94
第三十七条 …… 97
第三十八条 …… 98
第三十九条 …… 100
第三节　宣告失踪和宣告死亡 …… 102
第四十条 …… 102
第四十一条 …… 104
第四十二条 …… 106
第四十三条 …… 109
第四十四条 …… 111
第四十五条 …… 112
第四十六条 …… 114
第四十七条 …… 118
第四十八条 …… 119
第四十九条 …… 120
第五十条 …… 122
第五十一条 …… 123

第五十二条 …… 125
第五十三条 …… 126
第四节 个体工商户和农村承包经营户 …… 128
第五十四条 …… 128
第五十五条 …… 131
第五十六条 …… 133
第三章 法人 …… 137
第一节 一般规定 …… 137
第五十七条 …… 137
第五十八条 …… 138
第五十九条 …… 141
第六十条 …… 143
第六十一条 …… 145
第六十二条 …… 147
第六十三条 …… 150
第六十四条 …… 152
第六十五条 …… 154
第六十六条 …… 156
第六十七条 …… 157
第六十八条 …… 160
第六十九条 …… 162
第七十条 …… 165
第七十一条 …… 169
第七十二条 …… 172
第七十三条 …… 174
第七十四条 …… 176
第七十五条 …… 179
第二节 营利法人 …… 182
第七十六条 …… 182
第七十七条 …… 185
第七十八条 …… 187
第七十九条 …… 189

第八十条 …… 190
第八十一条 …… 192
第八十二条 …… 195
第八十三条 …… 197
第八十四条 …… 200
第八十五条 …… 203
第八十六条 …… 206
第三节 非营利法人 …… 207
第八十七条 …… 207
第八十八条 …… 209
第八十九条 …… 211
第九十条 …… 212
第九十一条 …… 215
第九十二条 …… 216
第九十三条 …… 221
第九十四条 …… 222
第九十五条 …… 225
第四节 特别法人 …… 227
第九十六条 …… 227
第九十七条 …… 228
第九十八条 …… 230
第九十九条 …… 231
第一百条 …… 233
第一百零一条 …… 235
第四章 非法人组织 …… 238
第一百零二条 …… 238
第一百零三条 …… 241
第一百零四条 …… 243
第一百零五条 …… 245
第一百零六条 …… 246
第一百零七条 …… 248
第一百零八条 …… 250

第五章　民事权利 …… 252
第一百零九条 …… 252
第一百一十条 …… 256
第一百一十一条 …… 260
第一百一十二条 …… 264
第一百一十三条 …… 265
第一百一十四条 …… 267
第一百一十五条 …… 271
第一百一十六条 …… 275
第一百一十七条 …… 277
第一百一十八条 …… 279
第一百一十九条 …… 282
第一百二十条 …… 284
第一百二十一条 …… 287
第一百二十二条 …… 290
第一百二十三条 …… 294
第一百二十四条 …… 298
第一百二十五条 …… 299
第一百二十六条 …… 300
第一百二十七条 …… 302
第一百二十八条 …… 305
第一百二十九条 …… 307
第一百三十条 …… 309
第一百三十一条 …… 310
第一百三十二条 …… 311
第六章　民事法律行为 …… 315
第一节　一般规定 …… 315
第一百三十三条 …… 315
第一百三十四条 …… 317
第一百三十五条 …… 320
第一百三十六条 …… 322

第二节 意思表示 …… 327
第一百三十七条 …… 327
第一百三十八条 …… 329
第一百三十九条 …… 330
第一百四十条 …… 331
第一百四十一条 …… 333
第一百四十二条 …… 334
第三节 民事法律行为的效力 …… 338
第一百四十三条 …… 338
第一百四十四条 …… 341
第一百四十五条 …… 343
第一百四十六条 …… 346
第一百四十七条 …… 351
第一百四十八条 …… 356
第一百四十九条 …… 358
第一百五十条 …… 360
第一百五十一条 …… 365
第一百五十二条 …… 366
第一百五十三条 …… 369
第一百五十四条 …… 372
第一百五十五条 …… 376
第一百五十六条 …… 379
第一百五十七条 …… 382
第四节 民事法律行为的附条件和附期限 …… 385
第一百五十八条 …… 385
第一百五十九条 …… 389
第一百六十条 …… 390
第七章 代理 …… 393
第一节 一般规定 …… 393
第一百六十一条 …… 393
第一百六十二条 …… 396
第一百六十三条 …… 399

第一百六十四条 ………………………………………………… 400
第二节 委托代理 ………………………………………………… 403
第一百六十五条 ………………………………………………… 403
第一百六十六条 ………………………………………………… 408
第一百六十七条 ………………………………………………… 410
第一百六十八条 ………………………………………………… 412
第一百六十九条 ………………………………………………… 415
第一百七十条 ………………………………………………… 419
第一百七十一条 ………………………………………………… 421
第一百七十二条 ………………………………………………… 430
第三节 代理终止 ………………………………………………… 439
第一百七十三条 ………………………………………………… 439
第一百七十四条 ………………………………………………… 444
第一百七十五条 ………………………………………………… 445
第八章 民事责任 ………………………………………………… 447
第一百七十六条 ………………………………………………… 447
第一百七十七条 ………………………………………………… 449
第一百七十八条 ………………………………………………… 451
第一百七十九条 ………………………………………………… 454
第一百八十条 ………………………………………………… 459
第一百八十一条 ………………………………………………… 462
第一百八十二条 ………………………………………………… 464
第一百八十三条 ………………………………………………… 467
第一百八十四条 ………………………………………………… 470
第一百八十五条 ………………………………………………… 471
第一百八十六条 ………………………………………………… 476
第一百八十七条 ………………………………………………… 480
第九章 诉讼时效 ………………………………………………… 483
第一百八十八条 ………………………………………………… 483
第一百八十九条 ………………………………………………… 488
第一百九十条 ………………………………………………… 490
第一百九十一条 ………………………………………………… 492

第一百九十二条 …… 494
第一百九十三条 …… 498
第一百九十四条 …… 500
第一百九十五条 …… 505
第一百九十六条 …… 509
第一百九十七条 …… 512
第一百九十八条 …… 514
第一百九十九条 …… 516
第十章　期间计算 …… 520
第二百条 …… 520
第二百零一条 …… 523
第二百零二条 …… 525
第二百零三条 …… 527
第二百零四条 …… 528

第一编　总则

第一章

基本规定

第一条

为了保护民事主体的合法权益，调整民事关系，维护社会和经济秩序，适应中国特色社会主义发展要求，弘扬社会主义核心价值观，根据宪法，制定本法。

本条主旨

本条对民法典的立法目的作出了规定。

相关条文

《民法总则》第 1 条规定："为了保护民事主体的合法权益，调整民事关系，维护社会和经济秩序，适应中国特色社会主义发展要求，弘扬社会主义核心价值观，根据宪法，制定本法。"

《民法通则》第 1 条规定："为了保障公民、法人的合法的民事权益，正确调整民事关系，适应社会主义现代化建设事业发展的需要，根据宪法和我国实际情况，总结民事活动的实践经验，制定本法。”

《物权法》第1条规定：“为了维护国家基本经济制度，维护社会主义市场经济秩序，明确物的归属，发挥物的效用，保护权利人的物权，根据宪法，制定本法。”

《合同法》第1条规定：“为了保护合同当事人的合法权益，维护社会经济秩序，促进社会主义现代化建设，制定本法。”

《侵权责任法》第1条规定：“为保护民事主体的合法权益，明确侵权责任，预防并制裁侵权行为，促进社会和谐稳定，制定本法。”

理解与适用

一、立法目的

本条关于立法目的的表述，实际上包括了如下几点。

（一）保护民事主体的合法权益

制定民法典的首要目的是保护民事主体的合法权益。民法典常常被称为“民事权利的宣言书”，它以确认、保障民事权益为基本宗旨。

从民法典的内容和体系来看，保障民事权利是民法典体系结构安排中的红线和中心轴。民法典总则编就是按照“提取公因式”的方法，将民事权利保护的共性规则确立下来。有关自然人、法人和非法人组织的规定，就规定了民事权利的主体。有关民事权利的规定，就规定了民事权利的具体内容、体系以及民事权利的行使方式。有关民事法律行为和代理的规定，就是确认了民事权利行使所形成的法律关系。有关民事责任的规定，就是确认了因侵害民事权利所应承担的民法上的后果。有关诉讼时效和期限的规定，就是确认了民事权利行使的时间限制。在构建了完整的民事权利体系之后，民法典总则编也为民法典分则的体系安排奠定了基础，因为民法典分则实际上是按照物权、合同债权、亲属权、继承权、人格权以及因侵害民事权利而产生的侵权责任等内容展开的。民法典总则编通过构建完整的民事权利体系，强化了私权保障，也为法治建设奠定了重要的基石，因为法治的基本价值是“规范公权，保障私权”，法律的主要功能在于确认权利、分配权利、保障权利、救济权利，其价值在于保障私权、限制公权。

民法典总则编构建了民事权利体系，弘扬了私权神圣和私法自治，强化了对人格尊严的保障，这些都为中国的法治建设提供了坚实基础与有力保障。民法典在全面保障私权方面呈现出许多亮点，体现了当代中国的时代特征，回应了我们时代的现实需求。例如，首次在法律上正式确认隐私权，有利于日益被人们重视的隐私权保护。又比如，针对互联网和大数据等技术发展带来的侵害个人信息现象，规定了个人信息的保护。将个人信息明确为新的民事权利，是重视人格尊严的体现，也是尊重基本人权的体现。这一举措，将有力遏制各种“人肉搜索”泛滥，非法侵入他人网络账户，贩卖个人信息导致网络、电信诈骗猖獗等现象。另外，关于知识产权的保护，民法典总则编也对知识产权的客体进行了详尽的列举，扩张了知识产权的保护范围。

（二）调整民事关系

民法的调整对象就是民法规范所调整的各种社会关系。更确切地讲，民法的调整对象就是因民法的调整而形成的民事关系，其主要包括两种关系：一是平等主体之间的人身关系。人身关系包括人格关系和身份关系。例如，因生命权、健康权、名誉权等的享有和行使而形成的关系就属于人格关系。再如，因配偶、父母子女等身份而形成的关系就属于身份关系。二是平等主体之间的财产关系。这里所说的财产关系，就是以财产为内容的关系，如基于物权、债权而形成的关系。

本条强调民法典的立法目的是调整民事关系，这一规定有助于正确地划分法律部门，区分民法与其他部门法，并在此基础上构建合理的民事法律体系。每一个法律部门都有其特定的调整对象与适用范围，正是因为调整对象的不同才形成了特定的法域，并在此基础上构建了整个法律体系。尽管各国的法律体系各具特点，但基本上都以调整对象或调整方法为标准划分各个法律部门。我国法律体系的构建也不例外。民法之所以能够成为我国最重要的法律部门之一，首先是因为它具有特定的调整对象。正是由于民法的调整对象是平等主体之间的关系，因此其主要通过任意法规范赋予当事人以私法自治的权利（主要是通过法律行为），并以此种方式调整平等主体之间的社会关系。还要看到，特定的调整对象决定了特定的调整方法。民法调整对象的特殊性决定了它要采用平等、有偿、自愿等调整方法，并以私法自治作为其基本的价值理念。此外，明确调整对象有助于使法院明确对民事案件的管辖权限，有利于针对不同的调整对象适用不同的程序，以及在司法系统内部进行科学的分工。例如，平等主体之间的纠纷属于民事案件，而非平等主体之间的纠纷属于其他性质的案件，不同的案件应由法院内部不同的法庭来审理。

（三）维护社会和经济秩序

民法典被称为市民社会的百科全书和市场经济的基本法，是因为民法调整的人身关系和财产关系涉及社会生活的方方面面，直接关系到人民群众的切身利益和社会的生产生活秩序，同每个民事主体都密切相关。中国共产党十八届四中全会提出，要使市场在资源配置中起决定性作用，必须以保护产权、维护契约、统一市场、平等交换、公平竞争等为基本导向。因此，需要通过制定民法典来完善民商事领域的基本规则，引领经济社会发展，更好地平衡社会利益、调节社会关系、规范社会行为、维护社会经济秩序。① 例如，民法所确认的财产权制度，就是维护社会和经济秩序的基本制度。中国古代就有"一兔走，百人追之；积兔于市，过而不顾，非不欲兔，分定不可争也"的说法。产权的目的就是明确财富的归属，明晰权利的主体，进而达到定分止争的效果。财富归属上的安定性，是人类社会生活的前提，是人类的基本安全。完善产权保护制度是推动经济持续、健康发展的保障，保护产权就是要形成恒产恒心。再如，民法的人身权制度就是要保障人们基本的人身安全，保障人格尊严。在当今人民群众的生活水平得到极大提高的情况下，我们应当将对人格尊严的保障提高到重要的地位，如此，才能维护正常的社会秩序。

民法典通过一系列对制度和规则的完善，有力地维护了市场经济的法律环境和法治秩序。以民法典总则编为例：其确定了绿色原则，顺应了保护资源、维护环境的现实需要；对知识产权的客体进行了详尽的列举，确认了对数据等的保护，从而适应了创新型社会的发展需要；在法律上明确宣告"民事主体的物权受法律平等保护"，将有力地促进社会财富的创造；明确了法人的分类标准，丰富了法人的类型，确认了非法人组织的民事主体地位以及责任，将有力地激发市场主体的活力，促进社会经济的发展；此外，还完善了民事法律行为、代理和时效的相关规则，也将极大地促进市场法治环境的健全。

（四）适应中国特色社会主义发展要求

编纂民法典是健全社会主义市场经济制度、完善中国特色社会主义法律体系的必然要求。"法与时转则治"，虽然我国社会主义法律体系已经形成，基本涵盖了社会经济生活的主要方面，但我国社会主义法律体系需要与时俱进，不断完善。通过制定民法典，使整个民商事规则更加体系化、科学化、完备化，这是中国特色社会主义的必然要求。

民法典维护和巩固我国基本经济制度，我国是社会主义公有制国家，同时实行社会主义市场经济，公有制如何与市场经济结合，是人类历史上前所未有的新问题。一方面，民法典物权编明确规定"城市的土地，属于国家所有。法律规定属于国家所有的农村和城市郊区的土地，属于国家所有"（第 249 条）。同时，在第三分编单设用益物权制度，规定"国家所有或者国家所有由集体使用以及法律

① 李建国．关于《中华人民共和国民法总则（草案）》的说明．中国人大网，www.npc.gov.cn/zgrdw/npc/lfzt/rlyw/2016-07/05/content_1993422.htm.

规定属于集体所有的自然资源，组织、个人依法可以占有、使用和收益”（第324条)。通过规定建设用地使用权等制度，通过当事人的自由协商和有偿使用的机制，实现资源的最有效配置。通过市场的手段，使土地等资源进入市场，使资源得到效率最大化的配置和使用，发挥最大的价值，这就实现了公有制与市场经济有机结合。同时，也要反映改革开放和市场经济建设的客观需要。制定民法典有助于解决我国民事立法中存在的相互矛盾、不协调、缺乏体系等问题，保障创新、协调、绿色、开放、共享的“五大发展理念”的落实，推进中国特色社会主义法治体系不断完善和国家治理体系、治理能力现代化。民法典也要充分反映时代精神和时代特色。21世纪是互联网时代，随着计算机和互联网技术的发展，人类社会进入一个信息爆炸的时代，也进入了一个知识经济的时代。互联网给人类的交往和信息获取、传播带来了方便，深刻地改变了人类社会的生活方式，甚至改变了生产方式和社会组织方式，“互联网＋”也发展成为一种新的产业模式。在这一时代背景下，民法典如何反映互联网时代的特征，充分体现时代精神，显得尤为重要。如果说1804年《法国民法典》是19世纪风车水磨时代民法典的代表，1900年《德国民法典》是20世纪工业社会民法典的代表，那么，我国的民法典应当成为21世纪互联网时代的民法典代表之作。

（五）弘扬社会主义核心价值观

社会主义核心价值观是社会主义核心价值体系的内核，体现社会主义核心价值体系的根本性质和基本特征，反映社会主义核心价值体系的丰富内涵和实践要求，是社会主义核心价值体系的高度凝练和集中表达。① 具体来说，富强、民主、文明、和谐是国家层面的价值目标，自由、平等、公正、法治是社会层面的价值取向，爱国、敬业、诚信、友善是公民个人层面的价值准则。它们共同构成了我国社会主义核心价值观的基本内容。中国共产党十八大以来，中共中央高度重视培育和践行社会主义核心价值观。《民法总则》第1条开宗明义地指明：我国民法典的立法目的之一是，弘扬社会主义核心价值观。将社会主义核心价值观融入全过程，弘扬中华民族传统美德，强化规则意识，增强道德约束，倡导契约精神，弘扬公序良俗。②

民法典对社会主义核心价值观的弘扬，主要表现在如下几个方面：一是确认了平等原则，强化了对财产权的平等保护。这些都是法律面前人人平等原则的具体化，也是反对特权、反对歧视等社会现实的要求。二是确认了自愿原则，贯彻

① 钟明华，黄荟．社会主义核心价值观内涵解析．山东社会科学，2009（12）.

② 李建国．关于《中华人民共和国民法总则（草案）》的说明．中国人大网，www.npc.gov.cn/zgrdw/npc/lfzt/rlyw/2016－07/05/content_1993422.htm.

私法自治理念，贯彻了“法无禁止皆自由”的精神。这实际上进一步弘扬了自由的理念。三是确认了诚信原则，要求从事民事活动遵循诚信原则，秉持诚实、恪守承诺，大力提倡契约精神。这有利于强化人们诚实守信、崇法尚德，为维护社会正常的生活和交易秩序、推进法治建设奠定良好的社会基础。四是确认了公序良俗原则，禁止滥用私权，要求在行使民事权利的同时，也要履行民事义务，鼓励见义勇为和救助行为，致力于构建和睦的人际关系。这也有助于社会道德风尚的弘扬和传统美德的培育，也是社会文明的要求。五是重视家庭的和睦，弘扬家庭美德，重视家庭文明建设。中华民族的传统美德就是敬老爱幼、重视治国齐家，重视家庭和睦与社会和谐。家庭成员应当敬老爱幼，互相帮助，维护平等、和睦、文明的婚姻家庭关系。总之，民法通过其基本原则、具体制度和规则的构建，为弘扬社会主义核心价值观发挥了重要作用。

民法典在大陆法系的法律体系中具有举足轻重的地位。在大陆法系国家的法律体系中，民法典作为规范市民社会的基本法，具有仅次于宪法的地位。它确立了各类主体的基本行为规则，确定了市场经济运行的基本条件，所以也有“小宪法”之称。很多国家的法律汇编都将民法置于宪法之后。也正是因为民法在大陆法系国家的法律体系中居于如此重要的地位，大陆法系也被称为民法法系。

二、立法依据

本条确立了民法典的立法依据是宪法，即“根据宪法，制定本法”。在法律体系中，宪法是根本法，处于一个国家法律体系的顶端，是一切法律、行政法规和其他规范性文件的依据，所以，民法应当以宪法为依据。我国宪法确立了保障公民人身权利和财产权利的原则。宪法的精神和原则必须在民事法律中予以体现和落实。通过编纂民法典，健全民事法律秩序，就是要加强对民事主体之合法权益的保护，更好地维护人民群众的切身利益。①

宪法是我国的根本大法，我国民法典的编纂应当以宪法为基础和依据。宪法确立了国家的基本政治、经济制度，规定了公民的基本权利，在民法典总则编中明确写入“根据宪法，制定本法”，不仅具有政治宣示的意义，而且有利于具体落实宪法关于国家基本经济制度的规定，有利于进一步细化和落实宪法关于公民基本权利保护的规定，还有利于为合宪性解释方法的运用提供法律依据。具体来说，这一规定的现实意义主要在于以下方面。

① 李建国．关于《中华人民共和国民法总则（草案）》的说明．中国人大网，www.npc.gov.cn/zgrdw/npc/lfzt/rlyw/2016－07/05/content_1993422.htm.

第一，彰显宪法的根本法地位，维护法律体系的和谐、统一。“根据宪法，制定本法”至少内含如下含义：一方面，表明宪法具有最高的法律效力，民法典的规范不得与宪法的规定相抵触。在我国，宪法是国家的根本大法，是治国安邦的总章程，是保障国家统一、民族团结、经济发展、社会进步和长治久安的法律基础。① 我国是一个集中、统一的社会主义国家，法制不统一，就不能依法维护国家统一、政治安定、社会稳定。我国社会主义法律体系是以宪法为核心构建的完整体系，它在宪法的指引下，形成了一套规则的体系和价值的体系。因此，要维护法制的统一，首先必须保障宪法的实施，维护宪法的权威。② 另一方面，表明民法典规范的价值和效力来源于宪法规定。③ 这就是宪法学者所说的“法源法定”。在民法典编纂过程中，相关规则的设计应当立足于宪法文本，遵守宪法的规定。④ 我国《宪法》第 5 条第 3 款规定：一切法律、行政法规和地方性法规都不得同宪法相抵触。这也表明，民法典的制定必须符合宪法的原则和精神。

第二，实现对民法规范的合宪性控制，使民法典符合宪法的精神。一方面，民法典的基本体系和根本制度应当以宪法为基础，符合宪法的基本精神和价值取向。任何国家的法律体制从来都是一个有机的整体，与宪法规范相比，民法规范虽然具有一定的特殊性，但其仍然是宪法所确立的一国法律秩序和法律体系的重要组成部分，其基本精神和价值理念也应当符合宪法的精神。⑤ 例如，民法典关于基本经济制度的规定应当以宪法所确认的基本经济制度为基础，民法典有关民事权利的规则也应当符合宪法关于公民基本权利的规定。另一方面，我国编纂民法典的过程也是对改革开放四十余年来大量民事法律、法规和司法解释的规定进行梳理、整合的过程，是对以 1982 年宪法为基础的改革开放的成就的法律确认。在这个过程中，宪法能够提供最重要的指引，从而使立法者在编纂民法典时对各种法律、行政法规和司法解释进行有效整合，以建立真正符合宪法精神的民法典规范体系。因此，在民法典中写入“根据宪法，制定本法”也强调了民法典应当符合宪法的精神。

第三，通过合宪性解释方法，准确解释民法规则。宪法可以为民法典规范的解释与适用提供指引，即在民法典规范存在多种解释时，裁判者可以运用合宪性解释的方法进行解释选择，从而使民法典规范的适用符合宪法的精神和价值。斯蒙德教授（Rudolf Smend）曾指出，宪法具有统一性，宪法代表了一种统一的价

---

①② 胡康生．学习宪法　忠于宪法　维护宪法权威．中国人大，2009（5）．

③ 韩大元．由《物权法（草案）》的争论想到的若干宪法问题．法学，2006（3）．

④ 叶海波．“根据宪法，制定本法”的规范内涵．法学家，2013（5）．

⑤ 薛军．两种市场观念与两种民法模式．法制与社会发展，2008（5）．

值，在这些价值之下促使民族的团结和统一。① 在我国审判实践中，合宪性解释具有进行合宪性控制的功能，进而起到保障宪法的实施、维护宪法的根本法地位的作用。因此，在对法律解释的结论可能违反宪法时，法官就应当对其进行合宪性控制，从而使宪法得到贯彻和落实。在民法典的立法目的中明确“根据宪法，制定本法”，可以为法官运用合宪性解释方法解释民法规则提供依据。

第四，保障宪法的实施。在我国，宪法规范不具有可司法性，无法直接作为案件裁判依据，所以，有必要通过部门法将宪法的原则、规范予以具体化。这也是我国宪法实施的重要方式。同时，宪法是国家的根本大法，其虽然规定了国家的政治、经济体制和公民的基本权利，但其规定大多抽象、原则，难以直接适用于具体的经济、社会生活事实。而民法典可以通过设置具体的规则来具体落实宪法的规定。例如，民法典物权编对各项物权进行保护，有利于具体落实宪法关于保护私人合法财产的精神。再如，民法典通过确认个人所享有的各项人格权，同时对人格权的许可使用行为进行必要的控制，有利于具体落实宪法关于保护个人人格尊严的规定。从这一意义上说，民法典在效力层级上以宪法为依据，也有利于民法典具体落实宪法的精神和具体规则。

依据宪法构建民事权利体系，也有利于贯彻宪法的原则和精神，维护法律体系的统一与和谐。民法典依据宪法构建民事权利体系，可以使民事权利体系具有上位法依据。宪法关于公民基本权利的规定具有主观权利和客观法的双重属性②，其不仅直接约束公法体系，对私法体系同样构成价值指引。国家应通过立法、行政和司法实现对基本权利的制度保障，而通过民法典确立民事权利体系，实际上是国家的上述制度保障义务实现的重要方式之一。民法典依据宪法构建民事权利体系，有利于实现法律体系内部价值的融贯。例如，我国《宪法》关于保障人权的规定，必须通过民法典中关于人格权的规定来具体化。同时，民法典依据宪法构建民事权利体系，也有利于使民法和其他法律之间形成一种协同关系，民法权利的确立、内容、保护能够由同样以宪法为依据的民法和其他法律共同承担，从而实现公法和私法对民事权利的综合保护机制。

当然，并非所有的宪法上的权利都能够规定在民法典中。并非所有的民法问题都涉及宪法，也并不是所有宪法上的权利都可以转化为民事权利。一方面，宪法上的基本权利是针对国家的一种防御权，使公民能够请求国家不通过立法、行政或司法行为不合比例地侵害基本权利，而民法典所保护的权利仅限于私权，而

① Stein, Staatsrecht, 8. Aufl., MohrSiebeck, Tübingen, 1982, SS. 50 - 251.

② 张翔．基本权利的双重性质．法学研究，2005 (3).

不包括所有的公法上的权利①，因此，宪法所确认的公民所享有的基本权利，实际上并不都可以具体化为民事权利。民法上权利的来源也并非仅仅是宪法上的基本权利，二者之间不能简单地画等号。另一方面，宪法所确认的基本权利涉及多个法律部门，并不局限于民法。例如，宪法所确认的公民所享有的宗教信仰自由就应当由行政法予以保障，无法转化为民事权利。再如，宪法所确认的公民所享有的劳动的权利，就主要应当由社会法予以保障。所以，宪法上权利的落实需要各个法律部门协作，并非仅仅依靠民法。例如，在国家公权力机关违法行使权力侵害公民依据宪法而享有的财产权和人身权时，必须通过行政诉讼法和国家赔偿法来给予保护。再如，要防止个人数据信息被泄露，保护公民的通信秘密，还需要国家通过制定个人信息保护法等加以贯彻落实。

因此，在具体确定民法典应当如何落实宪法关于公民基本权利的规定时，首先应当确定其是否是宪法问题，如果不是宪法问题，如人格利益许可使用问题、精神损害赔偿问题等，就没有必要进行宪法层面的讨论。对于不同类型的问题，需要采用不同的讨论方法，对于涉及宪法的问题，需要考虑宪法的规定，但对非宪法的问题，则不应当一概考虑宪法。具体而言：

一是必须准确界定能够转化为民事权利的基本权利的范围。既然并非宪法所规定的所有基本权利都可以转化为民事权利，那么就需要准确界定哪些基本权利可以转化为民事权利。一般而言，只有那些体现了特定主体的私益、具有私法上可救济性的权利，才有必要具体化为民事权利。例如，“齐某苓案”② 本来是一起典型的侵害个人姓名权的案件，而有关司法解释将其界定为侵害公民受教育权的纠纷，从而引发了学界争议。事实上，我国宪法关于公民受教育权的规定主要是为了规定国家保障公民受教育权的义务，即规定国家负有为每个公民提供相应的教育设施及其他教育条件的义务。所谓受教育权受到侵害不能通过民法上的侵权责任来解决，而只能通过公法方式加以解决。③ 因此，此类权利不能转化为民事权利。

---

① 王泽鉴．民法学说与判例研究：第2册．台北：自版，1996：218及以下．王泽鉴．侵权责任法：基本理论·一般侵权行为．台北：自版，1998：97．孙森焱．民法债编总论：上．台北：自版，1979：210．

② 原告齐某苓发现被告假冒其姓名上大学，便向法院提起诉讼，认为被告的行为致使其姓名权、受教育权以及其他相关权益被侵犯，请求法院判令被告停止侵害、赔礼道歉，并赔偿原告损失。二审法院请示最高人民法院，最高人民法院经研究作出了《关于以侵犯姓名权的手段侵犯宪法保护的公民受教育的基本权利是否应承担民事责任的批复》，指出，根据本案事实，陈某琪等以侵犯姓名权的手段，侵犯了齐某苓依据宪法规定所享有的受教育的基本权利，并造成了具体的损害后果，应承担相应的民事责任。但该批复后被废止。

③ 张新宝．人格权法的内部体系．法学论坛，2003（6）．

二是宪法关于对公民财产、通信秘密等的保护，这些主要涉及公民的人身、财产等基本权利的规定有必要具体化为民事权利。这些基本权利直接关系到公民的私人利益，且属于民法确认和保护的主要对象，故应当由民法将宪法的规定具体化。但此类基本权利的内涵和外延都十分广泛（如宪法上规定的公民的财产权就既包括物权，也包括债权、股权、知识产权等权利），难以直接作为裁判依据，这就有必要通过民法将这些基本权利予以具体化，以具体落实宪法规定这些基本权利的立法目的。

三是宪法中的一些保护权利的宣示性规定也可以具体化为民事权利。例如，《宪法》第37、38条是关于个人人身自由、人格尊严受保护的规定，这些个人基本权利虽然是由宪法规定的，但其主要功能在于保障个人的基本私人生活，具有私权的属性，因此，其可以通过民法予以具体保护，即民法可以通过确认个人享有一般人格权及各项具体的人格权，将宪法关于个人人格尊严与人身自由受保护的规定予以具体化。从这一意义上说，通过民法典对个人人格尊严与人身自由进行保护就是宪法精神的一种具体体现。

（本条由王利明撰写）

第二条

民法调整平等主体的自然人、法人和非法人组织之间的人身关系和财产关系。

本条主旨

本条对民法的调整对象作出了规定。

相关条文

《民法总则》第2条规定："民法调整平等主体的自然人、法人和非法人组织之间的人身关系和财产关系。"

《民法通则》第2条规定："中华人民共和国民法调整平等主体的公民之间、法人之间、公民和法人之间的财产关系和人身关系。"

理解与适用

本条是关于民法之调整对象的规定。依据该条规定，民法的调整对象是作为平等主体的自然人、法人和非法人组织之间的人身关系和财产关系。

规定民法的调整对象具有如下几个方面的意义：第一，确定了民法的调整范围。任何一部法律都不可能调整全部的社会关系，不可能无所不包，而只能截取其中的部分进行调整。本条通过界定民法的调整对象，明确了民法和其他法律在调整范围上的区分，划清了民法和其他法律之间的界限。例如，该条区分了民法和经济法之间的关系，即由民法调整横向的市场交易关系，经济法（或称经济行政法）调整纵向的经济管理关系。这就从根本上划清了民法和经济法的调整范围。第二，通过确定调整对象，也概括了民法的定义，揭示了我国民法调整的社会关系的范围和任务，尤其是确立了我国民法统一调整社会主义市场交易关系的基本法地位。根据本条规定，我国民法统一调整平等主体之间的财产关系，而平等主体之间的财产关系实质上就是指商品关系或交易关系，因此，无论是何类民事主体从事交易，只要它们以平等的民事主体的身份从事交易，就应当遵循民法的规范，并受民法的调整。第三，民法典的分则就是由调整人身关系的法律和调整财产关系的法律构建起来的，所以，民法典关于调整对象的规定也预设了民法典的分则体系，具体而言，人身关系主要分为两大类，即人格关系和身份关系，对身份关系的调整将由婚姻家庭编、继承编承担，而对人格关系的调整应当由人格权编承担，而对财产关系的调整将在分则中分别独立成编，表现为物权编、合同编。可见，民法典关于民法调整对象的规定实际上也奠定了我国民法典分则编纂的基础。尤其需要指出，1986 年的《民法通则》第 2 条规定："中华人民共和国民法调整平等主体的公民之间、法人之间、公民和法人之间的财产关系和人身关系。"从该条规定来看，其将人身关系置于财产关系之后，但本条规定："民法调整平等主体的自然人、法人和非法人组织之间的人身关系和财产关系。"从本条规定来看，其将人身关系调整至财产关系之前，这也宣示了民法对公民人身权利的保护，强调人身自由和人格尊严不受侵害，并以此作为民事立法的基础。第四，本条的规定也确立了我国的民商合一体制。民法典并未根据主体或行为的性质区分普通民事主体和商事主体并在此基础上规定不同的行为规则，即我国民法不区分民事关系和商事关系。这不仅符合现代民事立法的趋向，而且消除了民、商法分离所产生的法律冲突的弊端。在民法典确定的体制下，商法是作为民法的特别法而存在的，并未与民法相分立。

根据本条的规定，我国民法调整平等主体之间的人身关系和财产关系。可见，民法调整的社会关系的本质特点在于其平等性，这是民法区别于其他法律部门的根本特点。所谓平等主体，强调主体以平等的身份介入具体的社会关系，而不是在一般意义上判断主体间的平等性。例如，国家和公民虽然在一般意义上不存在平等关系，但只要在其间发生的具体法律关系中双方都是以平等的身份出现的，即可判断该关系具有平等性，应当受到民法的调整。所谓平等，强调在财产关系和人身关系中当事人的地位平等，并不涉及在政治关系中当事人的地位平等问题。此种平等主要是指在具体的民事法律关系中，如合同关系或物权关系中，地位是平等的。在此种关系中，当事人任何一方不得命令或强迫另一方作出或者不作出某种行为。①

根据本条的规定，民法调整的社会关系包括以下两类。

1. 平等主体之间的人身关系

所谓人身关系，是指没有直接的财产内容但有人身属性的社会关系。人身关系是基于一定的人格和身份产生的，因此人身关系包括以下两类。

第一，基于自然人、法人和非法人组织的人格产生的人身关系。这些关系在民法上表现为自然人和法人、非法人组织的人格权，包括自然人的生命和健康权、姓名权、肖像权、名誉权、荣誉权、婚姻自主权，以及宪法规定公民享有的人身自由不受侵犯、通信自由和通信秘密等权利，法人、非法人组织的名称权、名誉权、荣誉权。从民法权利体系的角度来看，人格权应该在其中占有重要的位置。

第二，基于自然人、法人和非法人组织的一定身份产生的人身关系。本书认为，可以将身份界定为民事主体在特定的社会关系中所具有的地位，具体包括：一是在亲属关系中的地位。这类关系在民法上表现为公民的身份权，包括夫妻之间、父母子女之间、有扶养关系的祖父母与孙子女或外祖父母与外孙子女之间依法相互享有的身份权，以及因监护关系产生的监护权等。二是基于知识产权获得的地位，如自然人和法人、非法人组织通过智力创作活动取得著作、专利、商标而享有的人身权，以及公民享有的在发现权和发明权中的人身权。三是在其他社会关系中产生的身份权，如荣誉权等。身份关系是人们基于彼此间的身份而形成的相互关系。

法人和非法人组织一般不享有身份权，因而也不会产生身份关系，但是，依据法律规定，它们可以享有某些人格权，如名称权、名誉权、荣誉权，因而从广义上理解，它们也可以产生一定的人身关系。

2. 平等主体之间的财产关系

所谓财产关系，是指人们在产品的生产、分配、交换和消费过程中形成的具有经济内容的关系。财产关系是以社会生产关系为基础的，涉及生产和再生产的

① 卡尔·拉伦茨．德国民法通论：上册．王晓晔，等译．北京：法律出版社，2003：5.

各个环节，包括各类性质不同的关系。平等主体间的财产关系，包括财产归属关系和财产流转关系。财产归属关系是指财产所有人和其他权利人因占有、使用、收益、处分财产而发生的社会关系。财产流转关系是指因财产的交换而发生的社会关系。财产归属关系往往是发生财产流转关系的前提条件，财产流转关系通常又是实现财产归属关系的方法。这两种财产关系，又称为横向财产关系，都应该由民法调整。这是由我国社会主义市场的统一性以及民法对市场经济关系进行统一调整所决定的。民法调整的财产关系的重心是交易关系。所谓交易，是指独立的、平等的市场主体就其所有的财产或利益进行的交换。在民法上，交易的表现形式多种多样，其正常的形式是合同，其特殊形式是侵权损害赔偿和不当得利返还等。

民法调整的财产关系是一种以经济利益的计算为核心的关系。财产关系充分体现了主体的自由意志。主体享有对其财产的处分权，并有权依其意志移转财产所有权权能。财产关系的产生、变更和消灭体现了法律给予主体充分的自由空间，国家尽量不予干预。但在身份关系中，对当事人的意思自由是有严格限制的。例如，法律对结婚、离婚、收养都进行了比较严格的限制，亲属法上许多权利如监护权、亲权等都具有专属性，不得随意抛弃和转让。财产关系遭受侵害时是用损害赔偿等财产性的救济方法来解决的；而在亲属、婚姻等身份关系受侵害时较多使用非财产性救济手段。

（本条由王利明撰写）

第三条

民事主体的人身权利、财产权利以及其他合法权益受法律保护，任何组织或者个人不得侵犯。

本条主旨

本条对民事权益受法律保护的原则作出了规定。

相关条文

《宪法》第13条规定：“公民的合法的私有财产不受侵犯。”“国家依照法律规定保护公民的私有财产权和继承权。”“国家为了公共利益的需要，可以依照法律规定对公民的私有财产实行征收或者征用并给予补偿。”

《民法总则》第3条规定："民事主体的人身权利、财产权利以及其他合法权益受法律保护，任何组织或者个人不得侵犯。"

《民法通则》第5条规定："公民、法人的合法的民事权益受法律保护，任何组织和个人不得侵犯。"

《物权法》第4条规定："国家、集体、私人的物权和其他权利人的物权受法律保护，任何单位和个人不得侵犯。"

《合同法》第8条规定："依法成立的合同，对当事人具有法律约束力。当事人应当按照约定履行自己的义务，不得擅自变更或者解除合同。""依法成立的合同，受法律保护。"

《侵权责任法》第2条规定："侵害民事权益，应当依照本法承担侵权责任。""本法所称民事权益，包括生命权、健康权、姓名权、名誉权、荣誉权、肖像权、隐私权、婚姻自主权、监护权、所有权、用益物权、担保物权、著作权、专利权、商标专用权、发现权、股权、继承权等人身、财产权益。"

理解与适用

本条确立了民事权益受法律保护的原则。本条的内涵包括：第一，民法主要保护人身、财产等权益。民法保护的民事权益范围非常宽泛，但并非所有的权益都受到民法的保护，一些公法上的权利，如劳动权、受教育权，主要受公法保护。民法保护的主要是私权，其中以人身、财产权益为基本内容。第二，民法不仅保护权利，而且保护利益。也就是说，不论是权利还是利益，都受到法律保护。这不仅与保护民事权益的基本原则相对应，而且为将来对新型民事权益的保护预留了空间，保持了民法典规则的开放性。第三，任何合法权益都受法律保护，任何组织和个人都不得非法侵害，也不得非法干预权利人行使权利。例如，任何人不得非法查封、扣押、没收公民的合法财产。第四，在民事权益受到侵害时，民法主要通过民事责任对权利人进行救济。在权利人的权利受到侵犯时，权利人可以诉请人民法院或仲裁机构予以判决或仲裁。

民事权益受法律保护是民法最重要的原则，之所以要将该原则作为民法的首要原则，主要原因在于，民法是权利法。民法总则被称为民事权利宣言书，正如英国学者彼得·斯坦所指出的，"权利的存在和得到保护的程度，只有诉诸民法和刑法的一般规则才能得到保障"①。民法总则的体系是以私权为中心轴而展开

---

① 彼得·斯坦，约翰·香德．西方社会的法律价值．王献平，译．北京：中国人民公安大学出版社，1989：41.

的：其所规定的民事主体（自然人、法人、非法人组织）是民事权利的享有者和民事义务的承担者；各项民事权利是私权完整的内容和结构；民事法律行为是行使私权而从事的行为；民事责任既是因侵害私权而产生的法律后果，也是保障私权实现的强有力手段。在构建了完整的民事权利体系之后，民法典分则的制定也就有了基础，因为民法典分则实际上是按照物权、合同债权、亲属权、继承权、人格权以及因侵害民事权利而产生的侵权责任等内容展开的。民法典总则编系统、全面地确认和保护各项民事权利，构建民事权利体系，弘扬私法自治，强化对人格尊严的保障。因此，对权利的保护是整个民法的中心任务。

《民法典》将民事权益受法律保护作为基本原则加以规定，将有力地推进社会主义法治建设。一方面，法治的核心就是规范公权、保障私权，而民法总则就是一部民事权利宣言书，它构建了民事权利的体系，规定了民事权利行使的方式，并确认民事权利在受到侵害时受到法律的保障。《民法典》对民事权利的保护程度，不仅将为法治的大厦奠定基石，而且将成为衡量我国法治水平的重要标尺。另一方面，私权界定越清晰，公权的界限就越明确。公权的行使不得非法侵害私权，不得不当干预民事主体依法行使权利。从这一意义上说，民法全面确认私权也划定了公权力运行的界限。

民法保障私权也保障了广大人民群众的根本利益。保障私权就是为了更好地保障最广大群众的根本利益，保护人民群众对美好生活的向往，充分实现人民的福祉，促进个人的全面发展。例如，公民享有的人身权是其最基本的人权，切实保护公民的人身权，才能保障公民正常地参与各项民事活动。再如，保障公民的财产权就是维护其最大的民生，如果财产权都得不到保障，对民生的保障也难以实现。马克思说，法典是人民自由的圣经。① 权利赋予公民广泛的行为自由，保护权利也是维护公民的基本自由。

《民法典》在全面保障私权方面呈现出许多亮点，主要表现在：一是时代性，即体现了当代中国的时代特征，回应了当今社会的现实需求。例如，《民法典》首次正式确认隐私权，有利于强化对隐私的保护。再如，针对互联网和大数据等技术发展带来的侵害个人信息现象，《民法典》规定了个人信息的保护规则，维护了个人的人格尊严，并将有力遏制各种“人肉搜索”、非法侵入他人网络账户、贩卖个人信息、网络电信诈骗等现象。二是全面性，即系统、全面地规定了民事主体所享有的各项人身、财产权益。从保护公民财产权利的角度来看，《民法典》总则编在法律上使用了“平等”保护民事主体物权的表述，这是对物权法的重大

---

① 马克思恩格斯全集：第1卷.2版.北京：人民出版社，1995：176.

完善。《民法典》对知识产权的客体进行了详尽的列举，扩张了知识产权的保护范围，进一步强化了对知识产权的保护。《民法典》强化了对英雄烈士等的姓名、肖像、名誉、荣誉的保护，有助于弘扬公共道德，维护良好的社会风尚。三是开放性。《民法典》第126条规定："民事主体享有法律规定的其他民事权利和利益。"依据该条规定，不论是权利还是利益，都受到法律保护。这不仅与保护民事权益的基本原则相对应，而且为将来对新型民事权益的保护预留了空间，保持了对私权保护的开放性。

（本条由王利明撰写）

第四条

民事主体在民事活动中的法律地位一律平等。

本条主旨

本条对平等原则作出了规定。

相关条文

《宪法》第33条第1～3款规定："凡具有中华人民共和国国籍的人都是中华人民共和国公民。""中华人民共和国公民在法律面前一律平等。""国家尊重和保障人权。"

《民法总则》第4条规定："民事主体在民事活动中的法律地位一律平等。"

《民法通则》第3条规定："当事人在民事活动中的地位平等。"

《合同法》第3条规定："合同当事人的法律地位平等，一方不得将自己的意志强加给另一方。"

理解与适用

本条确立了平等原则。所谓平等原则，是指民事主体在法律地位上是平等的，其合法权益应当受到法律平等保护。平等原则，是我国民法将平等主体之间的财产关系和人身关系作为其调整对象的必然体现。民法的平等原则集中反映了民法所调整的社会关系的本质特征，也是全部民事法律制度的基础。

在民法上，采纳该原则的主要意义在于：第一，集中体现了民法的调整对象和调整方法的特点，表现了民法的基本价值理念。因为民法的调整对象是平等主体之间的财产关系和人身关系，所以必须运用平等原则来确定民法调整社会关系的方法和特点以及在发生了民事违法行为以后的责任方式。第二，充分反映了市场经济的本质要求，也是构建市场经济秩序的基础。市场经济最本质的特征就体现为主体之间的平等。交易天然地要求交易双方的地位是平等的，在利益上是等价的，否则就不可能产生公平的竞争，从而也不可能形成有序的市场经济秩序。第三，体现了现代法治的基本精神，也有助于建设社会主义政治文明。现代法治社会以贯彻“平等原则”为特征。平等原则最本质的内涵就是人格的平等，它是对封建等级制度的否定，也是对宗法制度下人与人的依附关系的否定。平等原则构建了市场经济的基础，在政治层面上也是最为根本的原则：正是在平等的基础上才产生了近现代社会的各项民主制度。切实遵行民法的平等原则，才能够真正消除封建残余和特权思想，建立社会主义政治文明。第四，有利于强化对财产的平等保护，促进社会财富的增长。平等原则不仅强调对公有财产的保护，而且要求将对个人财产所有权的保护置于相当重要的位置。对国内财产进行一体化保护，有利于实现“有恒产者有恒心”，鼓励人们创造社会财富，实现社会财富的增长和经济的繁荣。

平等原则主要包括如下内容。

第一，人格平等。人格平等就是在法律上不分尊卑贵贱、财富多寡、种族差异、性别差异，而一律认为人与人的抽象人格是平等的。《民法典》明确规定，自然人的民事权利能力一律平等。除法律特别规定的以外，任何组织或者个人不得限制和剥夺公民的民事权利能力。

第二，在具体的法律关系中当事人的法律地位平等。尤其是在合同关系中，无论参与合同关系的当事人在事实上是否具有隶属关系或不平等的地位，在合同关系中当事人都是完全平等的。平等原则还表现在民事主体在民事法律关系的设立、变更和消灭上必须平等协商，任何一方当事人不得将自己的意志强加给另一方当事人。

第三，对各类民事主体的平等对待，包括强势意义上的平等对待和弱势意义上的平等对待。所谓强势意义上的平等对待，是指尽可能避免对人进行分类，以对各类群体给予平等待遇。而弱势意义上的平等，是指针对不同情况，要区别对待。① 例如，合同法既确定了合同自由原则，又兼顾合同正义，而合同正义的实现就建立在弱势意义上的平等对待的基础上。

第四，在补救方法上，也要充分贯彻平等。无论主体在所有制、经济实力等方面存在何种差异，当其权利受到侵害时，法律都给予一体保护。从损害的角度

① 郑成良．法律之内的正义．北京：法律出版社，2002：40.

看，应当按照实际损害给予救济，而不能因人而异。此外，在民法上，民事主体地位的平等性决定了在民事责任方式上应当贯彻损失填补原则，以弥补受害人的损失为宗旨，一般不能对加害人的行为施以类似于公法上的惩罚性措施。当然，追究了民事责任并不影响对违法者追究公法上的责任，这两种责任并行不悖。

应该指出，民事主体在法律地位上平等，不等于在实际的民事法律关系中每个当事人所享有的具体的民事权利和承担的民事义务都是一样的。在具体的民事法律关系中，各个当事人根据法律和自身的意志享有不同的权利和履行不同的义务。

（本条由王利明撰写）

第五条

民事主体从事民事活动，应当遵循自愿原则，按照自己的意思设立、变更、终止民事法律关系。

本条主旨

本条对自愿原则作出了规定。

相关条文

《民法总则》第 5 条规定："民事主体从事民事活动，应当遵循自愿原则，按照自己的意思设立、变更、终止民事法律关系。"

《民法通则》第 4 条规定："民事活动应当遵循自愿、公平、等价有偿、诚实信用的原则。"

《合同法》第 4 条规定："当事人依法享有自愿订立合同的权利，任何单位和个人不得非法干预。"

《担保法》第 3 条规定："担保活动应当遵循平等、自愿、公平、诚实信用的原则。"

理解与适用

本条确定了民法上的自愿原则。所谓自愿原则，也称为意思自治原则，是指民事主体依法享有在法定范围内广泛的行为自由，并可以根据自己的意志设立、变更、消灭民事法律关系。尽管其在民法的各部分（身份法和财产法、物权法和债权法）中强度不同，但意思自治原则作为民法的一项基本原则，贯彻于整个民法之中，体现了民法最基本的精神。它具体体现为所有权神圣、合同自由、婚姻自由、家庭自治、遗嘱自由以及过错责任等民法的基本理念。

自愿原则奠定了民法作为市民社会基本法的基本地位。市民社会与政治国家的分离，导致了公法与私法的分立。公法的重要特点表现在规范的强制性方面，私法的重要特点表现在规范的任意性上，私法的任意性即主要体现在意思自治原则方面。

自愿原则最直接地反映了社会主义市场经济的本质需要，也体现了我国社会发展和进步的需求。一方面，市场经济条件下“尽可能地赋予当事人的行为自由是市场经济和意思自治的共同要求”①。从国家治理体系层面来看，贯彻私法自治理念最为重要的是要实行负面清单管理模式。所谓负面清单（Negative List），是指仅列举法律法规禁止的事项，法律、法规没有明确禁止的事项，都属于法律、法规允许的事项。与负面清单管理模式相对应的是正面清单管理，即主要采用法律上列举的模式，人们只能在法律规定范围内行为。负面清单模式落实了“法无禁止即自由”这一私法自治的基本原则，因此是一种激发主体活力、促进社会财富创造的法律机制。《民法典》第5条确认的自愿原则赋予市场主体享有在法定范围内广泛的行为自由，并能依据自身的意志从事各种交易和创造财富的行为。另一方面，改革开放成就的取得，其中一个重要原因就是人民群众享有的自由不断增长。农民工自由进城、老百姓自由择业、企业自主经营，都是社会主体自由权不断增长的体现，也客观上促进了中国社会经济的发展。自由意味着机会，自由意味着创造，自由意味着社会主体潜能的发挥。中国社会的每一次进步，都表现为人民自由的扩大。因此，为了更好地发挥中国社会中个人和企业的创新、创造的潜力，应当更大程度地保障民事主体的自主自愿和自由。所以，中国共产党十八大报告第一次将“自由、平等、公正、法治”作为社会主义核心价值体系的重要内容，使之成为全体人民的共同价值追求。

自愿原则的内容主要体现在如下几方面。

第一，赋予民事主体在法律规定范围内广泛的行为自由。意思自治的实质就是允许当事人在法律规定的范围内，自主决定自己的事务，自由从事各种民事行为，最充分地实现自己的利益。这具体包括如下几个方面：一是当事人有权依法从事某种民事活动和不从事某种民事活动。也就是说，在民事领域中，除法律另有规定之外，当事人是否实施某种行为或不行为，是否行使某种权利或不行使权利，完全应当由当事人自由安排。二是当事人有权选择其行为的内容和相对人。

① 江平．市场经济和意思自治．中国法学，1993（6）．

当事人可以通过平等协商，为自己设定权利和承担义务，在客观情况发生变化以后，可以依法变更权利和义务的内容。当事人之间的协议一经合法成立就具有法律效力，并可以改变民法的任意性规定。三是民事主体有权选择其行为的方式。民事主体从事法律行为，有权对口头形式、书面形式、公证等方式作出选择。但法律、行政法规要求采取某种特殊的形式的，必须采取该形式。四是民事主体有权选择补救方式。通常情况下，受害人能够选择对自己最为有利的责任方式，即便受害人选择不适当，除非他受到了不正当的影响，否则也应当由该受害人自己负担不利的后果。

第二，允许当事人通过法律行为调整他们之间的关系。基于自愿原则，允许主体在从事民事法律行为时，通过其意志设立、变更和消灭民事法律关系。这就是民法中的任意性调整方法。该方法的特点在于，它并不确立具体的行为准则，而只是划定了一个界限和范围，要求民事主体在该范围之内自主行为。

第三，确立了公权力机关干预民事主体的行为自由的合理界限。根据自愿原则，法无明文禁止即为自由，因此，民事主体在法定的范围内享有广泛的自由。也就是说，只要不违反法律、行政法规的强制性规定和公序良俗，国家就不得对其进行干预。意思自治原则划定了民事主体和公权力机关的权限，确定了二者之间的正确关系。

当然，任何意思自治都不是绝对的自由，而是相对的、有限制的自由。在19世纪由于个人主义思潮的盛行，意思自治原则曾经被绝对化，但自20世纪以来，随着垄断的加强，国家加强了对经济领域的干预，私法自治原则受到了越来越多的限制。民法的三大原则都已经受到不同程度的限制，合同自由和契约自由所受的限制表现得尤为突出。甚至在家庭法领域，过去极少提倡国家干预，现在也出现了社会化、公法化的趋势。例如，扩大法院介入监护关系的权力，也体现了对当事人意思自由的限制。

（本条由王利明撰写）

第六条

民事主体从事民事活动，应当遵循公平原则，合理确定各方的权利和义务。

本条主旨

本条对公平原则作出了规定。

相关条文

《民法总则》第6条规定："民事主体从事民事活动，应当遵循公平原则，合理确定各方的权利和义务。"

《民法通则》第4条规定："民事活动应当遵循自愿、公平、等价有偿、诚实信用的原则。"

《合同法》第5条规定："当事人应当遵循公平原则确定各方的权利和义务。"

《担保法》第3条规定："担保活动应当遵循平等、自愿、公平、诚实信用的原则。"

《合伙企业法》第5条规定："订立合伙协议、设立合伙企业，应当遵循自愿、平等、公平、诚实信用原则。"

理解与适用

本条确立了我国民法上的公平原则。所谓公平原则，就是指民事主体应本着公平、正义的观念实施民事法律行为，司法机关应根据公平的观念处理民事纠纷，民事立法也应该充分体现公平的理念。法谚云，"法乃公平正义之术"。我国古代思想家也曾将公平视为国家治理的基础，认为"公与平者，即国之基址也"。作为调整平等主体之间的社会关系的法律，民法理应把公平作为其基本原则，从而维护社会公平正义，使人民群众从个案中感受到法律的公平正义。因此，《民法典》将公平原则确定为一项基本原则。

确立该原则的意义主要在于：

第一，确立行为准则功能。公平原则本身是民事活动的一项基本原则。民事主体在从事民事活动的过程中，应当按照公平的观念正当行使权利和履行义务。例如，在合同订立后，应当从顾及对方当事人的利益的角度出发，进行充分的准备。在权利的行使过程中，要充分顾及他人的利益，不得滥用权利。

第二，结果评价功能。这就是说，在交易过程中，公平原则也常常成为评价交易结果的重要标准。例如，虽然当事人订立合同时是自主自愿的，但在合同订立后，出现了当事人订立合同时无法预料的情况，使合同的继续履行对当事人显失公平，此时，当事人可以重新谈判，或者要求法院变更或者解除合同。再如，《民法典》第151条规定："一方利用对方处于危困状态、缺乏判断能力等情形，致使民事法律行为成立时显失公平的，受损害方有权请求人民法院或者仲裁机构予以撤销。"该规则的适用也需要交易结果是否公平。

第三，价值导向功能。在处理任何民事纠纷中，法官首先要考虑是否公平，这也是评价民事活动的重要标准。同样，在行政执法中，有关机关在处理民事纠纷时也需要考虑处理结果是否公平合理，不能使当事人之间的权利义务关系完全失衡。

第四，法律解释功能。公平原则是法官适用民法应当遵循的重要理念。民法最充分体现了公平正义的要求，这是民法最基本的价值理念。法官应当依据社会的一般公平正义观念进行司法活动。不过，正是因为公平原则过于抽象，所以它只能作为一种理念，而不能替代具体的民法规则。例如，在违约金调整、损害赔偿数额的确定等，均需要以公平原则为基本的依循。

公平原则体现了现代法治的精神，古罗马法学家凯尔苏斯（Celsus）曾言，“法乃公正善良之术”（Jus est ars boni et aequi）。自此以后，公平正义成为法律固有的属性。公平正义是一切法律所追求的价值，是法律的精髓和灵魂。正义体现了某种秩序的内在要求，是构建普适性秩序的内在需要。换言之，法律作为行为规范，以调整社会关系为目的，必然以公平正义作为其基本价值。当然，公平概念的内涵是动态的、发展的。随着时代的发展，人们对公平的认识也会产生相应的变化。所以，公平内涵的确定应当紧密结合社会历史发展潮流。

公平原则要求将公平的理念贯彻在整个民事法律制度的设计当中，公平地配置各方当事人之间的权利、义务。公平原则在合同法中运用得最为广泛，当事人订立合同时，应当充分体现公平、平等的要求。如果一方在订立合同时由于情事紧迫或者缺乏经验而订立了对自己明显不利的合同，其应当有权请求撤销或变更该合同。公平原则的一个具体体现是完全赔偿原则，即如果一方造成了另一方的损害，则其应当赔偿该损失，而且该赔偿数额应与受害人的损失相符。当然，公平原则作为民法的基本原则，既适用于违约责任，也适用于侵权责任。公平原则是一项“弹性”很强的原则，它给予司法人员一定的自由裁量权，以弥补法律规定的不足，纠正在贯彻意思自治原则的过程中可能出现的弊端，从而实现个案的公平正义。当然，由于公平原则过于抽象，法官在裁判过程中应当优先选择适用具体的法律规则，而不能以公平原则替代具体的民法规则。

（本条由王利明撰写）

第七条

民事主体从事民事活动，应当遵循诚信原则，秉持诚实，恪守承诺。

本条主旨

本条对诚信原则作出了规定。

相关条文

《民法总则》第7条规定："民事主体从事民事活动，应当遵循诚信原则，秉持诚实，恪守承诺。"

《民法通则》第4条规定："民事活动应当遵循自愿、公平、等价有偿、诚实信用的原则。"

《合同法》第6条规定："当事人行使权利、履行义务应当遵循诚实信用原则。"

《合同法》第42条规定："当事人在订立合同过程中有下列情形之一，给对方造成损失的，应当承担损害赔偿责任：（一）假借订立合同，恶意进行磋商；（二）故意隐瞒与订立合同有关的重要事实或者提供虚假情况；（三）有其他违背诚实信用原则的行为。"

《担保法》第3条规定："担保活动应当遵循平等、自愿、公平、诚实信用的原则。"

《消费者权益保护法》第4条规定："经营者与消费者进行交易，应当遵循自愿、平等、公平、诚实信用的原则。"

《个人独资企业法》第4条规定："个人独资企业从事经营活动必须遵守法律、行政法规，遵守诚实信用原则，不得损害社会公共利益。""个人独资企业应当依法履行纳税义务。"

《合伙企业法》第5条规定："订立合伙协议、设立合伙企业，应当遵循自愿、平等、公平、诚实信用原则。"

理解与适用

本条确立了民法上的诚信原则。

一、诚信原则的内涵和意义

在民法中，诚信原则是一项重要的原则，该原则常常被称为民法，特别是债法中的最高指导原则，或被称为"帝王规则"（König Lehrnorm）。从比较法上看，诚信原则不仅是普遍适用于民法的重要原则，同时，它也是法官解释民法的重要依据。在我国，诚信原则是民法中重要的基本原则，应适用于民法的整个领域，民事主体行使任何民事权利、履行任何民事义务，都应当遵守这一原则。诚信原则不仅适用于债法和合同法，而且也广泛适用于物权法等领域。

本条确定诚信原则，具有如下几个方面的意义。

第一，弘扬了社会主义核心价值观中的诚信价值。中华民族的传统道德就是遵守诺言、诚实守信，这也是儒家诚信忠义法律文化的当然要求。“与朋友交而不信乎”，“人而无信，不知其可也”。儒家诚信法律文化甚至将诚信上升到一般的做人准则。民间也历来有“君子一言，驷马难追”“君子一诺，重于泰山”“言必信，行必果”等说法，这些其实都构成了契约严守精神的文化基础。契约精神是市场经济社会的基础，也是最基本的商业精神和最低限度的商业道德，更是社会主义核心价值观的组成部分。民法典不仅以诚实信用为基本原则，而且将其贯彻在每一编之中，尤其是在今天市场经济中，市场经济本质上是诚信经济，民法始终以诚信原则为帝王原则。这一原则不仅适用于交易领域，而且适用于所有民事领域。

第二，确立了民事主体的行为规则。诚实信用原则在民法中具体表现为：一是要求民事主体正当行使民事权利，禁止滥用权利，造成对他人的损害。二是忍受轻微妨害的义务。对于来自邻人轻微的妨害，应当忍受。三是以正当的方式履行义务。在合同对义务的履行没有作出明确规定的情形下，应当根据诚信原则履行义务。四是情势变更原则。在合同订立后、履行完毕以前，发生了情势变更，导致当事人利益失衡时，如果符合法律规定的条件，应允许当事人变更或解除合同。五是附随义务的产生。在合同履行过程中，当事人应当依据诚信原则承担通知、协助、保密、忠实、告知、保护等附随义务。六是禁止从违法行为中获利原则，即任何人不得从违法行为中获取不正当利益。诚信原则在民法中所派生的具体规则不限于此，从今后的发展趋势来看，必然会从诚信原则中产生出更多的民法规则。诚信原则不仅仅适用于财产法领域，也广泛适用于对人身关系的调整之中。

第三，在法律与合同缺乏规定或规定不明确时，司法人员应依据诚信、公平的观念，准确解释法律和合同。诚信原则首先可以运用于填补法律漏洞。也就是说，在适用法律的过程中，如果出现法律的漏洞，法官可以运用诚信原则对法律的漏洞作出填补。诚实信用原则的一大功能在于法的续造。从比较法来看，两大法系的法官都依据诚信原则解释法律、填补漏洞，产生了一系列的规则，如附随义务、情势变更、禁止权利滥用、缔约过失责任、权利失权等。可见，诚信原则成为填补漏洞的重要依据。在适用法律方面，诚信原则要求司法人员能够依据诚信、公平的观念正确解释法律、适用法律，弥补法律规定的不足。还应当看到，诚信原则也是司法人员在解释合同时所应遵循的一项原则，因为在当事人订立合同过程中，合同的内容可能存在遗漏，即对于一些条款合同并没有作出规定，例如合同中缺少对质量条款的约定的，法官可以依诚信原则填补漏洞。

诚然，诚信原则是对伦理观念的法律确认，但这并不是说诚信原则只是一项道德原则。诚信原则将道德规范确认为法律原则以后，已成为法律上一项重要原则。在法律上，诚信原则属于强行性规范，当事人不得以其协议加以排除和规避。

二、秉持诚实，恪守承诺

秉持诚实，是指当事人要真实、真诚。在合同订立中，要如实披露相关订约信息，告知相关真实情况，不坑蒙拐骗，不欺诈他人。在物权的行使中，要秉持诚信原则，不得滥用物权。“诚者自然，信是用力，诚是理，信是心，诚是天道，信是人道，诚是以命言，信是以性言，诚是以道言，信是以德言。”（《性理大全·诚篇》）为人诚实是我国传统文化的重要组成部分，在我国商业习惯中也历来将诚实守信、童叟无欺作为重要的商业道德。《民法典》所确立的诚信原则首先就要求民事主体秉持诚实，同时，《民法典》的相关制度中也进一步强化了诚信原则。例如，该法第 146 条第 1 款规定：“行为人与相对人以虚假的意思表示实施的民事法律行为无效。”该法第 149 条规定，第三人实施欺诈行为时一方在违背真实意思的情况下实施的民事法律行为，对方知道或者应当知道的，则受欺诈方有权请求撤销。上述两个规则都是新增加的，表明该法进一步要求实施民事行为时秉持诚实。

恪守承诺就是指严守契约和允诺。严守合同（Pacta sunt servanda）、信守允诺（Solus consensus obligat）曾被认为是自然法的基本规则，也是基本的商业道德。中国古代历来就有“民有私约如律令”的说法。古时商鞅立木为信、季布一诺千金，曾被传为佳话。古人历来提倡“君子一言，驷马难追”“言必行，行必果”，儒学曾将“信”与“仁、义、礼、智”并列为“五常”，使其成为具有普遍意义的最基本的社会道德规范之一。守诚信、重允诺是中华民族优秀传统文化的重要组成部分。今天，诚信已经成为社会主义核心价值观的重要组成部分。《民法典》从维护社会主义核心价值观和市场秩序出发，必然要求民事主体从事民事活动时诚实守信、恪守承诺。《民法典》第 119 条规定：“依法成立的合同，对当事人具有法律约束力。”依据这一规定，当事人在订立合同后，只要合同合法有效，就应当严格按照合同履行，非依法律规定和当事人约定，不得擅自变更或者解除合同。合同就是当事人之间的法律，其对当事人应当具有严格的拘束力。一方在向对方作出单方允诺之后，也应当严格遵守允诺，不得随意违背允诺损害对方的信赖利益。

秉持诚实、恪守承诺是维护正常的市场秩序的前提和基础。市场经济的有序运行要求建立保护产权、严守契约、统一市场、平等交换、公平竞争、有效监管的法律制度。在市场经济社会，市场正是由无数的交易组成的，只有当事人之间订立的合同能够得到履行，才能保证交易的有序进行。诚信原则是基本的商业道德，也是信用经济的基础。正是从这个意义上讲，契约精神也是构建市场的基础。严守契约不仅仅在市场经济社会的建设中意义重大，在法治社会的构建中也居功至伟。只有强化人们诚实守信的观念，督促当事人认真履行合同，才能保护交易的秩序，保障社会安定有序。

（本条由王利明撰写）

第八条

民事主体从事民事活动，不得违反法律，不得违背公序良俗。

本条主旨

本条对合法原则和公序良俗原则作出了规定。

相关条文

《民法总则》第 8 条规定："民事主体从事民事活动，不得违反法律，不得违背公序良俗。"

《民法通则》第 6 条规定："民事活动必须遵守法律，法律没有规定的，应当遵守国家政策。"

《民法通则》第 7 条规定："民事活动应当尊重社会公德，不得损害社会公共利益，扰乱社会经济秩序。"

《合同法》第 7 条规定："当事人订立、履行合同，应当遵守法律、行政法规，尊重社会公德，不得扰乱社会经济秩序，损害社会公共利益。"

《物权法》第 7 条规定："物权的取得和行使，应当遵守法律，尊重社会公德，不得损害公共利益和他人合法权益。"

《公司法》第 5 条规定："公司从事经营活动，必须遵守法律、行政法规，遵守社会公德、商业道德，诚实守信，接受政府和社会公众的监督，承担社会责任。""公司的合法权益受法律保护，不受侵犯。"

《合伙企业法》第 7 条规定："合伙企业及其合伙人必须遵守法律、行政法规，遵守社会公德、商业道德，承担社会责任。"

理解与适用

本条确立了合法原则和公序良俗原则。

一、合法原则

合法原则，是各国法律普遍确认的基本原则。从狭义上讲，合法是指所有民事法律行为都不得违反法律的强制性规定。而广义上说，合法还包括民事法律行为不得违反公序良俗。因为本条就公序良俗作出了特别的规定，所以，此处所说的合法原则是从狭义上的。虽然本条就合法原则表述为“不得违反法律”，但是，其应当被理解为仅仅不得违反法律的强制性规定，因为法律的任意性规定原本就是可以通过当事人的约定限制或排除适用的。例如，合同法主要是任意法，允许当事人通过其合同排除法律的任意性规定。《民法典》第 153 条第 1 款规定：“违反法律、行政法规的强制性规定的民事法律行为无效。但是，该强制性规定不导致该民事法律行为无效的除外。”这就表明，当事人从事民事法律行为不得违反法律的强制性规定。从该规定来看，在评价民事法律行为的效力时，不仅要考虑私法中的强制性规定，还应当考虑公法中的强制性规定。这也提供了公法进入私法的通道，并且，可以保持公法评价和私法评价的一致。例如，走私、贩毒行为在刑法上是犯罪行为，而当事人订立的走私、贩毒合同也因为违反了刑法上的强制性规定而归于无效。这就可以使法秩序内部保持统一。

二、公序良俗原则

依据本条的规定，民事主体从事民事活动，不得违背公序良俗。如前所述，从广义上理解，违法也包括违背公序良俗。《民法典》第 153 条第 2 款也规定：“违背公序良俗的民事法律行为无效。”因此，任何违背公序良俗的行为，都应当无效。例如，当事人订立的“包二奶”协议、斡旋行贿等合同，都应当被认定为因违反公序良俗而无效。我国民法所规定的公序良俗原则，不仅适用于财产关系，也适用于人身关系。它是社会主义核心价值观的体现，与《民法典》第 1 条所确立的“弘扬社会主义核心价值观”的目的是一致的，对于维护社会伦理、维护社会秩序，都具有重要意义。

公序良俗，是由“公共秩序”和“善良风俗”两个概念构成的，具体而言：

第一，公共秩序。所谓公序就是指公共秩序，它主要包括社会公共秩序和生活秩序。公共秩序是指现存社会的秩序①，或者说，是“社会之存在及其发展所

---

① 卡尔·拉伦茨．德国民法通论：上册．王晓晔，等译．北京：法律出版社，2003：598.

必要之一般秩序"[1]。关于对公共秩序的维护，在法律上大都有明确的规定，因此，危害社会公共秩序的行为通常也就是违反法律的强制性规定的行为。如果损害社会公共秩序的行为违反现行法律规定，如走私军火、买卖枪支和毒品、以从事犯罪或帮助犯罪行为作为内容的合同等，应当以违反了法律或行政法规的强行性规定为由宣告合同无效。但有时法律规定并不可能涵盖无余，因此，需要借助于公共秩序的概念实现对法律的有效补充。因此，凡是订立合同危害国家公共安全和秩序的，即使没有现行的法律规定，也应当被宣告无效。例如，购买"洋垃圾"、规避课税的合同等，即使现行法律没有明确作出禁止性规定，也应当认为是无效的。可见，有关禁止危害公共秩序的规定，实际上有助于弥补法律的强制性规定的不足。但是，应该看到，当前我国正处于一个社会转型的阶段，各个主体为了追求利益的最大化，难免会与他人利益或者社会利益发生冲突。这就需要借助于民法规范协调社会公共利益和民事主体的利益，避免片面强调某一方面的利益而漠视另一方面的利益的现象。而通过"公共秩序"这一概念的引入，就可以妥当协调社会公共利益和民事主体的私人利益。

第二，善良风俗。所谓良俗，就是善良风俗的简称，它相当于社会公共道德，是指由社会全体成员所普遍认许、遵循的道德准则。善良风俗的含义包含两个方面：一是指社会所普遍承认的伦理道德，例如救死扶伤、助人为乐、见义勇为等。二是指某个区域社会所普遍存在的风俗习惯，例如婚礼不得撞丧礼。善良风俗本身就是社会生活中的一些基本规矩，而且，许多地方将善良风俗转化为乡规民约，使之成为软法，构成社会自治的重要内容。在善良风俗中，有许多道德规则已经表现为法律的强行规定，如不得遗弃老人等。我国民法提倡家庭生活中互相帮助、和睦团结，禁止遗弃、虐待老人和未成年人，禁止订立违反道德的遗嘱，禁止有伤风化、违背伦理的行为，提倡尊重人的人格尊严，切实保护公民的人格权，等等。在财产关系中，我国民法要求人们本着"团结互助，公平合理"的精神建立睦邻关系，提倡拾金不昧的良风美俗，确认因维护他人利益而蒙受损失者有权获得补偿，这些都是从正面倡导社会公德的。但还有很多现存或在发展中的道德还没有为法律所涵盖，所以需要通过善良风俗这一个条款，尽可能将其引入民法体系。《民法典》第153条第2款也规定："违背公序良俗的民事法律行为无效。"在我国，社会公德是我国人民在长期的共同生活中培植形成的，它对于调整人与人之间的正常关系、建设社会主义精神文明，具有重要的作用。

公序良俗原则具有调节性的功能，它可以协调个人利益与社会公共利益、国

---

① 史尚宽．民法总论．北京：中国政法大学出版社，2000：334.

家利益之间的冲突，维护正常的社会经济和生活秩序。“公序良俗的调整机能由确保社会正义和伦理秩序向调节当事人之间的利益关系、确保市场交易的公正性转变，从而使法院不仅从行为本身，而且结合行为的有关情势综合判断其是否具有反公序良俗性。”① 也就是说，这一原则实际上赋予了法官一定的自由裁量权，从而使其能够有效地调整各种利益冲突，具体表现在：一方面，如果民事主体因为追求利益的最大化所从事的行为和社会公共利益发生冲突和矛盾，不管是否存在着对强行法的违反，首先应当维护社会公共利益。另一方面，一些法律、行政法规所确定的强行法规则可能过于僵化、缺乏弹性，或者在适用中具有明显的不合理性，此时法官就应当考虑援引公序良俗原则来解决个人利益与社会公共利益的冲突。

还应当看到，该原则可以弥补强行法的不足。公序良俗作为一个弹性条款，之所以要在法律上得到确认，根本原因在于，强行法不能穷尽万千生活的全部，其适用范围不能涵盖各种民事活动。民事活动纷繁复杂，强行法不可能对其一一作出规定，但是法律为了实现对秩序的控制，需要对民事活动进行规范，这种规范不仅要靠强行法来完成，还需要通过在法律上设立抽象的弹性条款，对民事行为提供更为全面的规则，并对其效力作出评价。例如，尽管民法中许多条款反映了很多道德规则，但民法也不可能将道德全部摄入其中。由于民事活动，无论是交易活动还是一般的社会生活，大都离不开道德的评价和规制。违反了社会所普遍接受的道德准则，不仅可能会给当事人造成损害，也会造成对社会秩序的妨害。这就需要采用公序良俗的原则，以之作为强行法的组成部分，从而配合各种具体的强行法规则对民事活动起调控作用。正是由于这个原因，需要在民法中引入公序良俗原则，使之成为沟通道德与法律的桥梁，保持法秩序应对社会生活的能力。

公序良俗确实是一个较为抽象的不确定法律概念，难以在司法裁判中直接援引，需要通过法律补充来具体化。还必须指出，公序良俗的类型十分复杂，且其内涵也是不断发展的。它既是一个基本原则，又是一个不确定概念，此种概念无法通过定义的方式确定其内涵，因此在具体运用中，必须要对概念作类型化，从而使法官在适用中能够寻找到更为确定的标准。从我国的实际出发，可以对违反公序良俗的行为进行如下类型化：一是危害婚姻关系、损害正常的家庭关系秩序的行为，例如，双方离婚后约定禁止一方当事人生育，约定断绝亲子关系；夫妻在离婚时约定禁止任何一方在离婚后再婚；订立劳动合同时限制劳动者在几年内

① 李双元，温世扬．比较民法学．武汉：武汉大学出版社，1998：70.

不得结婚、生育；等等。二是违反有关收养关系的规定。例如，收养人和送养人在签订收养协议时约定送养人收取一定的报酬。三是违反性道德的行为，如有偿性服务合同等。四是偿还赌债合同，即当事人因赌博欠债而订立的偿还赌债的合同。五是贬损人格尊严和限制人身自由的合同。例如，在雇佣合同中规定不准雇员外出，或规定离开工作场所时需要搜身等。六是限制职业选择自由的合同，如在合同中规定不准另一方选择任何合法的职业。七是违反公平竞争的行为，如拍卖或招标中的串通行为①，数个企业互相约定共同哄抬价格、操纵市场等。八是违反劳动者保护的行为，例如，订立生死合同条款，即只要发生工伤事故雇主概不承担责任。对劳动者实行劳动保护，在我国宪法中已有明文规定，这是劳动者所享有的权利。约定“工伤概不负责”的条款，严重违反了社会主义公德，应属于无效的民事行为。九是诱使债务人违约的合同。十是禁止投诉的合同。例如在合同中约定，禁止一方投诉另一方的某种违法行为。公序良俗原则在债法中主要用于判断民事法律行为的效力，从而作为限制私法自治的工具，所以，如果当事人实施了违反道德的事实行为，则无法适用公序良俗原则。

（本条由王利明撰写）

第九条

民事主体从事民事活动，应当有利于节约资源、保护生态环境。

本条主旨

本条对绿色原则作出了规定。

相关条文

《宪法》第9条规定：“矿藏、水流、森林、山岭、草原、荒地、滩涂等自然资源，都属于国家所有，即全民所有；由法律规定属于集体所有的森林和山岭、草原、荒地、滩涂除外。”“国家保障自然资源的合理利用，保护珍贵的动物和植物。禁止任何组织或者个人用任何手段侵占或者破坏自然资源。”

《民法总则》第9条规定：“民事主体从事民事活动，应当有利于节约资源、

---

① 梁慧星．市场经济与公序良俗原则//梁慧星．民商法论丛：第1辑．北京：法律出版社，1994：57-58.

保护生态环境。”

《民法通则》第 124 条规定：“违反国家保护环境防止污染的规定，污染环境造成他人损害的，应当依法承担民事责任。”

《侵权责任法》第 65 条规定：“因污染环境造成损害的，污染者应当承担侵权责任。”

理解与适用

一、绿色原则的概念和意义

本条确立了绿色原则。所谓绿色原则，是指民事活动中应当遵循的节约资源、保护生态环境的原则。本条在基本原则的层面提出了生态环境保护的要求。《民法典》第 132 条规定：“民事主体不得滥用民事权利损害国家利益、社会公共利益或者他人合法权益。”该条所规定的禁止权利滥用规则与绿色原则相配合，能够直接起到保障民事主体正当行使民事权利、维护生态和环境的作用。

绿色原则是我国民法典积极回应现代社会问题的体现，也是我国传统法律文化的传承。它既传承了天地人和、人与自然和谐共生的我国优秀传统文化理念，又体现了中国共产党十八大以来的新发展理念，与我国是人口大国、需要长期处理好人与资源生态的矛盾这样一个国情相适应。① 尤其是，在我国，随着经济社会的快速发展，环境和生态日益成为严重的社会问题，关系到基本民生和人民群众的生命、健康。现阶段，我国水资源严重短缺，污染严重，空气质量恶化，许多城市深受雾霾困扰，人们对于青山绿水、蓝天白云、清新空气的需求，比以往任何时候都更为强烈。良好的生态环境是人们美好幸福生活的组成部分，是最普惠的民生福祉。虽然人类不能支配大自然的阴晴、风雨，但是人类可以支配自己的行为，可以通过法律来规范人类的行为，保护环境生态。所以，以人为中心的民法应当积极回应人民的关切，担当起节约资源、保护生态环境的使命。《民法典》规定绿色原则，将其作为民法的基本原则，将对人们的日常行为产生重要的引导作用。

绿色原则的提出，是我国民法典之时代性的体现，反映了因为资源环境日益恶化而强化对生态环境保护的现实需要。21 世纪是一个面临严重生态危机的时代：生态环境被严重破坏，人类生存与发展的环境不断受到严峻挑战。全球变暖、酸雨、水资源危机、海洋污染等已经对人类的生存构成了直接的威胁，并引

① 李建国．关于《中华人民共和国民法总则（草案）》的说明．中国人大网，www.npc.gov.cn/zgrdw/npc/lfzt/rlyw/2016-07/05/content_1993422.htm.

起了全世界的广泛关注。如何有效率地利用资源并防止生态环境的破坏，已成为直接调整、规范物的归属和利用的民法典的重要使命。中国共产党十八届五中全会提出了“五大发展理念”，即创新、协调、绿色、开放、共享的发展理念。坚持绿色发展，就是坚持节约资源和保护环境的基本国策，坚持可持续发展，坚定走生产发展、生活富裕、生态良好的文明发展道路，加快建设资源节约型、环境友好型社会，促进人与自然和谐共生，推进美丽中国建设。绿色原则的提出，是五大发展理念的具体体现。它表明民法规则应当在尊重民法逻辑自洽的前提下，在基本精神和理念上顺应生态规律，为资源保护和生态文明建设预留充分的空间。①

二、绿色原则的内涵

第一，有效率地利用资源。现代社会，资源的有限性与人类不断增长的需求和市场的发展形成尖锐的冲突和矛盾。由于人口增长，发展速度加快，现代社会的资源和环境对发展的承受能力已临近极限。解决这种冲突和矛盾的有效办法就是有效率地利用资源。由于资源利用中冲突的加剧，民法典必须承担起引导资源合理和有效利用的功能，“以使互不相侵而保障物质之安全利用”②。而在我国资源严重紧缺、生态严重恶化的情况下，更应当重视资源的有效利用。③ 绿色原则要求人们的生产、生活等活动要与资源、环境相协调，要实现人与自然的和谐相处，有效率地利用资源、节约资源。我国民法确认和保护产权本身，就是有效利用资源的前提。只有产权界定明晰，才能更好地发挥资源的经济效用。我国民法上其他一些制度也都在一定程度上体现了节约资源、保护环境的理念。例如，《民法典》物权编确认了物尽其用的原则，该原则贯穿于物权法各项制度和规则之中，尤其是物权编所确认的有益物权制度的目的是更好地发挥资源的经济效用。再如，《民法典》第 325 条规定：“国家实行自然资源有偿使用制度，但是法律另有规定的除外。”该条确立了自然资源有偿使用制度，对于有效防止资源滥用具有重要意义。

第二，保护环境和生态。保护环境、生态是环境保护法等法律的重要任务。立法机关早在 1989 年就颁布了《环境保护法》。迄今为止，已经建立了一整套保护环境的法律制度。但是，这并不意味着民法就不应当承担环境保护的使命。实

---

① 王旭光．环境权益的民法表达——基于民法典编纂“绿色化”的思考．人民法治，2016（3）.

② 史尚宽．物权法论．北京：中国政法大学出版社，2000：1.

③ 2006 年 6 月 5 日，国务院新闻办公室发表了《中国的环境保护（1996—2005）》白皮书，指出，由于中国人均资源相对不足，地区差异较大，生态环境脆弱，生态环境恶化的趋势仍未得到有效遏制。

际上，现代民法的一个重要发展趋势就是保护环境、维护生态。民法典必须反映资源环境逐渐恶化的社会的特点。一方面，我国环境保护法注重通过行政手段和行政责任来强制当事人保护环境，而在一定程度上忽视了通过侵权责任来保护环境，未能形成与侵权责任法的有效衔接。行政处罚并非以损害后果作为确定处罚数额的依据，甚至某些处罚与损害后果并无直接的关联。此外，行政机关受其能力所限，难以对有关损害后果进行准确认定。因此，处罚的金额大多远远低于污染所造成的实际损失。因此，出现了违法成本低、执法成本高的问题。事实上，《民法典》侵权责任编专设“环境污染和生态破坏责任”一章，对污染环境造成损害时的污染者责任作出了规定，对于有效保护生态环境具有重要意义。另一方面，在世界范围内，传统的所有权绝对主义观念也在保护生态环境的大背景下出现松动，并在相当程度上融入了“预防原则”和“可持续发展原则”的要求。① 为此，有必要结合保护生态环境的具体需要，对财产权的客体、权能、属性以及用益物权、相邻关系、征收等制度进行重新审视，强化不动产所有人、使用人负有保护环境、维护生态的义务。我国《民法典》规定了禁止滥用权利（第 132 条），增加了生态破坏责任，规定了公益诉讼（《民法典》第 1235 条），增加了故意违规污染环境、破坏生态的惩罚性赔偿（《民法典》第 1232 条），规定了破坏生态环境的修复责任（《民法典》第 1234 条），必将进一步强化对生态环境的保护。

我们要建设的国家，应当是山清水秀、空气清新、蓝天白云、绿树成荫的美丽国家。我们要建设的小康社会，应当是环境友好、人与自然充分和谐的社会。为了保护好环境生态，为子孙后代留下可持续发展的空间，必须要遵守民法的绿色原则，有效利用资源、保护好环境与生态。

（本条由王利明撰写）

第十条

处理民事纠纷，应当依照法律；法律没有规定的，可以适用习惯，但是不得违背公序良俗。

本条主旨

本条对民法的渊源作出了规定。

① 石佳友．物权法中环境保护之考量．法学，2008（3）．

相关条文

《民法总则》第10条规定："处理民事纠纷，应当依照法律；法律没有规定的，可以适用习惯，但是不得违背公序良俗。"

《民法通则》第6条规定："民事活动必须遵守法律，法律没有规定的，应当遵守国家政策。"

《民法通则》第7条规定："民事活动应当尊重社会公德，不得损害社会公共利益，扰乱社会经济秩序。"

《物权法》第85条规定："法律、法规对处理相邻关系有规定的，依照其规定；法律、法规没有规定的，可以按照当地习惯。"

《民法通则》第142条规定："涉外民事关系的法律适用，依照本章的规定确定。中华人民共和国缔结或者参加的国际条约同中华人民共和国的民事法律有不同规定的，适用国际条约的规定，但中华人民共和国声明保留的条款除外。""中华人民共和国法律和中华人民共和国缔结或者参加的国际条约没有规定的，可以适用国际惯例。"

《继承法》第35条规定："民族自治地方的人民代表大会可以根据本法的原则，结合当地民族财产继承的具体情况，制定变通的或者补充的规定。自治区的规定，报全国人民代表大会常务委员会备案。自治州、自治县的规定，报省或者自治区的人民代表大会常务委员会批准后生效，并报全国人民代表大会常务委员会备案。"

理解与适用

本条是对民法渊源的规定。民法的渊源是指民事法律规范借以表现的形式，它主要表现为各国家机关根据其权限范围所制定的各种规范性文件。关于民法的渊源的内涵，可以从几个方面来理解：一是从立法意义上理解，即法律规范产生的原因。凡是能够成为法律规范或者能够成为法律规范产生的根据的，都可以成为法律的渊源。二是从司法上来看，凡是成为裁判依据的规则，不论其是否为法律规范，只要能够作为法官判案的依据都应当成为民法的渊源。三是从行为规则来看，只有能够作为裁判规则而且能够成为行为规范的规则才能成为民法的渊源。例如，交易习惯等可以作为法院审理合同案件、解决合同纠纷的依据，但不宜作为行为规则适用，因此，不应当成为民法的渊源。

一、法律

第一，宪法。宪法是国家的根本法，由全国人民代表大会制定，并具有最高的法律效力。毫无疑问，宪法作为国家的根本大法，理应成为民法的渊源。宪法中关于社会主义建设的方针和路线的规定、关于财产所有制和所有权的规定、关于公民基本权利和义务的规定等，都是调整民事关系的重要法律规范，也是各种单行民事法规在制定时必须遵循的法律依据。但是，关于宪法规范能否在裁判中引用，一直存在争议。2009 年最高人民法院发布的《关于裁判文书引用法律、法规等规范性法律文件的规定》第 4 条规定："民事裁判文书应当引用法律、法律解释或者司法解释。对于应当适用的行政法规、地方性法规或者自治条例和单行条例，可以直接引用。"从该条规定来看，它并没有将宪法列入民事裁判文书可以引用的范围之列。因此，依据该规定，法官在裁判民事案件过程中，不得直接援引宪法裁判案件。但是，这并不意味着，裁判文书不能援引宪法。一方面，宪法可以成为裁判中说理论证的重要依据。另一方面，法官在裁判过程中，如果因适用法律出现复数解释，则应当以宪法的原则、价值和规则为依据，确定文本的含义，得出与宪法相一致的法律解释结论。通过合宪性解释来确定法律文本含义时，通常采取选择或排除的方式。这就是说，如果某个解释结论符合宪法，就应当选择其作为解释结论；如果所作的解释结论违反了宪法，就应当予以排除。通过这种方式，能够使文本的含义与宪法保持一致。由此可见，宪法是民法的重要渊源。

第二，民事法律。民事法律是由全国人民代表大会及其常委会制定和颁布的民事立法文件，是我国民法的主要表现形式。民事法律主要由两部分组成：一是《民法典》《涉外民事关系法律适用法》等民事基本法，以及《专利法》《商标法》《著作权法》。二是商事特别法。在商事特别法方面，我国已制定了《公司法》《保险法》《海商法》《票据法》《证券法》等法律。这些法律都是民事法律的重要组成部分，也是裁判中应当依循的基本规则，法官可以直接援引这些法律来裁判案件。在各项民事法律中，《民法典》是基础性法律，是私法的基本法。在《民法典》的统率下，各项民事法律构成了一个完整的整体。

第三，国务院发布的行政法规。国务院是最高国家行政机关，它可以根据宪法、法律和全国人民代表大会常务委员会的授权，制定、批准和发布法规、决定和命令，其中有关民事的法规、决定和命令是民法的重要表现形式，其效力仅次于宪法和民事法律。例如，2007 年 2 月 6 日国务院颁布的《商业特许经营管理条例》、2011 年 1 月 21 日国务院颁布的《国有土地上房屋征收与补偿条例》等，都是重要的民法的渊源。在处理民事案件时，法官也可以援引这些行政法规来裁判案件。

第四，司法解释。司法解释是最高人民检察院和最高人民法依法作出的属于审判、检察工作中具体应用法律的解释。《立法法》第 103 条规定：最高人民法院、最高人民检察院作出的属于审判、检察工作中具体应用法律的解释，应当主要针对具体的法律条文，并符合立法的目的、原则和原意。……最高人民法院、最高人民检察院作出的属于审判、检察工作中具体应用法律的解释，应当自公布之日起30日内报全国人民代表大会常务委员会备案。这就确立了司法解释的法律渊源地位。全国人民代表大会常务委员会《关于加强法律解释工作的决议》第2条中规定：凡属于法院审判工作中具体应用法律、法令的问题，由最高人民法院进行解释。《人民法院组织法》第33条也规定了这种解释权。从法理的角度来看，司法解释并不属于法律体系的组成部分，但司法解释已经成为我国各级审判机关处理案件的裁判规则，并被当事人直接援引，甚至法院的裁判直接援引司法解释，所以司法解释已经成为法律渊源。

第五，地方性法规（自治条例和单行条例）。地方性法规是指地方各级人民代表大会、民族自治区的自治机关，在宪法、法律规定的权限内所制定、发布的法规、自治条例、单行条例等规范性法律文件。地方性法规虽然在效力范围上具有从属性，且在适用范围上具有地域性，但地方性法规是地方国家权力机关依据宪法的授权而制定的法规，同样具有法的效力，其中调整民事关系的内容属于民法的渊源。自治条例是指民族自治地方的人民代表大会根据宪法和法律的规定，并结合当地民族自治地区的特点制定的管理自治地方事务的综合性法规。单行条例是指民族自治地方的人民代表大会及其常务委员会在自治权范围内，结合民族地区的特点，就某一方面的具体问题而制定的法规。根据最高人民法院《关于裁判文书引用法律、法规等规范性法律文件的规定》第4条规定：民事裁判文书应当引用法律、法律解释或者司法解释。对于应当适用的行政法规、地方性法规或者自治条例和单行条例，可以直接引用。

二、不违背公序良俗的习惯

习惯要转化为习惯法并成为裁判的依据，必须经过“合法性”判断，即不得违反法律的强制性规定和公序良俗。

（1）不违反法律的强制性规定。不论是作为具体裁判规则的习惯，还是用于填补法律漏洞的习惯，都应当与其他法律渊源之间保持一致，而且其内容都不得违反法律的强制性规定。违反法律之强制性规定的习惯不能作为漏洞填补的依据。例如，按照有的地方的习俗，“拜师学艺期间，马踩车压，生病死亡，师傅概不负责”①。此类习惯显然与我国现行法中雇主应当对雇员在执行工作任务过

① 汤建国，高其才．习惯在民事审判中的运用．北京：人民法院出版社，2008：288.

程中遭受的人身伤害承担赔偿责任且当事人不能约定免除人身伤害的赔偿责任的法律规则之间存在冲突。还有的地方的习俗规定，寡妇不得改嫁。这显然不符合婚姻法的规定，不得作为民法的渊源。

（2）不违反公序良俗。比较法上普遍承认习惯不得违背公序良俗，因为公序良俗是从民族共同的道德感和道德意识中抽象出来的。公序良俗在内涵上由社会公共秩序、生活秩序以及社会全体成员所普遍认许和遵循的道德准则所构成，它是中华民族传统美德的重要体现，也是维护社会安定有序的基础。习惯作为法律渊源，能够弥补法律规定的不足，使法律保持开放性，但如果习惯本身与法律规则和公序良俗相冲突，甚至与整个社会公认的伦理道德观念相冲突，则将其引入法律渊源体系，可能导致体系违反的现象，也会破坏现有的法秩序。因此，只有符合公序良俗原则和国家整个法治精神的习惯，才可以被承认为习惯法；反之，那些违背公序良俗和一国整体法治精神的习惯将不会被承认为习惯法。例如，个别地方的习惯不允许寡妇改嫁，禁止嫁出去的女儿享有继承权，允许买卖婚姻，对宗族械斗者予以奖励，对违反族规者实行肉体惩罚甚至加以杀害等。这些陈规陋习不仅不能成为法律渊源，而且应当被法律禁止。因此，法官在适用这些习惯时，应当通过法律规定和公序良俗对其效力进行审查。①

依据本条，采纳“有法律依法律，无法律依习惯”的规则。也就是说，在存在具体法律规则时，应当优先适用该具体的法律规则，而不能直接适用习惯法。此处所说的“法律”是指具体的法律规则，而不包括法律的基本原则。只有在不存在具体的法律规则时，法官才考虑适用习惯法。

（本条由王利明撰写）

第十一条

其他法律对民事关系有特别规定的，依照其规定。

本条主旨

本条对民事一般法与特别法的适用关系作出了规定。

---

① 广东省高级人民法院民一庭，中山大学法学院．民间习惯在我国审判中运用的调查报告．法律适用，2008（5）.

相关条文

《民法总则》第 11 条规定："其他法律对民事关系有特别规定的，依照其规定。"

《物权法》第 8 条规定："其他相关法律对物权另有特别规定的，依照其规定。"

《合同法》第 123 条规定："其他法律对合同另有规定的，依照其规定。"

《侵权责任法》第 5 条规定："其他法律对侵权责任另有特别规定的，依照其规定。"

《婚姻法》第 49 条规定："其他法律对有关婚姻家庭的违法行为和法律责任另有规定的，依照其规定。"

理解与适用

本条对民事一般法与特别法的适用关系作出了规定，明确确认了特别法优先于普通法的原则。此处所说的"其他法律"，不是指《民法典》之总则编以外的各分编，而是指《民法典》之外的各单行法律。在法理上，根据法律的适用范围有无限制，可以将法律分为普通法和特别法。所谓民事普通法，是指适用于全国领域、规定一般事项，并且无适用的时间限制的民事法律。民事特别法是指适用于特定区域、规定特定的事项，或在适用时间上有限制的民事法律。现代社会生活纷繁芜杂，《民法典》虽然在民事立法中有基础性地位，但一部《民法典》不可能调整所有的民事关系，即便是在制定民法典之后，《民法典》也不能成为调整民事法律关系的唯一法律渊源，仍然需要单行法予以配套和补充。在法律适用方面，《民法典》与民事单行法是普通法与特别法之间的关系，适用特别法优先于普通法的规则，具体来说：

一是民事特别法优先于《民法典》。《民法典》虽然要统辖各个单行民事法律，但是在法律适用上，民事特别法的规定属于特别规定，应当优先适用。例如，对于知识产权的相关问题首先应当适用《著作权法》《专利法》《商标法》等法律的规定，在上述法律没有就某事项作出规定时，才适用《民法典》的规定。

二是商事特别法应当优先于《民法典》。我国已经颁布了《公司法》《票据法》《证券法》等一系列商事特别法。与《民法典》相比，其规定也属于特别规定，应当优先适用。需要指出的是，按照本条的规定，优先适用其他法律规定的前提是该"其他法律"应当与《民法典》处于同一法律位阶，否则，应当按照"上位法优先于下位法"的法律适用规则，优先适用较高位阶的法律规则。

需要指出的是，适用特别法优先于普通法的规则，应当存在三个前提条件：第一，对同一事项，《民法典》没有规定，而民事单行法作出了规定。在此情形下，才适用单行法。如果某一事项在民法典中有规定，则应当适用民法典的规定。第二，单行法和《民法典》之间存在明显的冲突。此种冲突既包括规则内容方面的冲突，也包括价值的冲突，此时，应当援引《民法典》，而不能援引单行法的规定。第三，虽然单行法有规定，但该规定不清晰，仍然应当适用《民法典》的规定。

需要指出的是，就特别法和普通法的关系而言，如果普通法已经修改了特别法，则不应当适用特别法优先于一般法的规则，而应当适用新法优先于旧法的规则。

（本条由王利明撰写）

第十二条

中华人民共和国领域内的民事活动，适用中华人民共和国法律。法律另有规定的，依照其规定。

本条主旨

本条对《民法典》的地域效力范围作出了规定。

相关条文

《民法总则》第12条规定："中华人民共和国领域内的民事活动，适用中华人民共和国法律。法律另有规定的，依照其规定。"

《民法通则》第8条规定："在中华人民共和国领域内的民事活动，适用中华人民共和国法律，法律另有规定的除外。""本法关于公民的规定，适用于在中华人民共和国领域内的外国人、无国籍人，法律另有规定的除外。"

《合同法》第126条规定："涉外合同的当事人可以选择处理合同争议所适用的法律，但法律另有规定的除外。涉外合同的当事人没有选择的，适用与合同有最密切联系的国家的法律。""在中华人民共和国境内履行的中外合资经营企业合同、中外合作经营企业合同、中外合作勘探开发自然资源合同，适用中华人民共和国法律。"

理解与适用

所谓民法典的地域效力范围，即民法典在空间地域上的适用范围。任何国家都是根据主权、领土完整和法制统一的原则，来确定各种法律、法规的空间效力范围的。法律的空间效力一般可以分为域内效力和域外效力。所谓域内效力，是指一国的法律效力可以及于该国管辖的全部领域，而在该国管辖领域以外无效。就民事领域而言，一般的原则是，我国民事法律规范的效力及于我国主权管辖的全部领域，但在确定某一个具体民事法律法规的效力时，由于制定、颁布民事法律、法规的机关不同，民事法律、法规适用的空间范围也不相同。这大体上有两种情况：（1）凡属全国人民代表大会及其常委会、国务院及其所属各委、部、局、署、办等中央机关制定并颁布的民事法规，适用于中华人民共和国的领土、领空、领海以及根据国际法、国际惯例应当被视为我国领域的一切领域，例如，我国驻外使领馆、我国航行或停泊于境外的我国船舶、飞机等。（2）凡属地方各级立法机关根据各自的权限所颁布的民事法律、法规，只在各该立法机关管辖区域内发生效力，在其他区域不发生效力。所谓域外效力，是指法律在其制定国管辖领域以外的效力。① 在现代社会，法律一般不能当然产生域外效力，但是随着国际交往的发展，为保护国家和公民、法人、非法人组织的利益，也可以在例外情况下规定域外效力。例如，《海洋环境保护法》第 2 条第 3 款规定，在中华人民共和国管辖海域以外，造成中华人民共和国管辖海域污染的，也适用本法。

依据本条规定，外国人和无国籍人在中国领域内从事民事活动，和中国公民一样，享有平等的民事权利能力。当然，给予外国人的这种待遇通常是以该外国人所属国家对等地给予我国公民国民待遇为前提的。当然，本条第二句的规定，“法律另有规定的，依照其规定”。也就是说，如果法律对此作出了特别规定，则应当适用该特别规定。此处所说“法律”，主要是《涉外民事关系法律适用法》，例如，《涉外民事关系法律适用法》第 2 条规定：涉外民事关系适用的法律，依照本法确定。其他法律对涉外民事关系法律适用另有特别规定的，依照其规定。本法和其他法律对涉外民事关系法律适用没有规定的，适用与该涉外民事关系有最密切联系的法律。根据该法有关法律适用的规则，在我国境内的涉外民事关系的法律适用，应根据特定的民事法律关系之性质不同而具体适用不同的规范。

（本条由王利明撰写）

① 公丕祥．法理学．上海：复旦大学出版社，2002：383.

第二章

自然人

第一节　民事权利能力和民事行为能力

第十三条

自然人从出生时起到死亡时止，具有民事权利能力，依法享有民事权利，承担民事义务。

本条主旨

本条对自然人享有民事权利能力的起止时间作出了规定。

相关条文

《民法总则》第 13 条规定：“自然人从出生时起到死亡时止，具有民事权利能力，依法享有民事权利，承担民事义务。”

《民法通则》第 9 条规定：“公民从出生时起到死亡时止，具有民事权利能力，依法享有民事权利，承担民事义务。”

《合同法》第 9 条规定：“当事人订立合同，应当具有相应的民事权利能力和民事行为能力。”“当事人依法可以委托代理人订立合同。”

《民法通则意见》第 1 条规定：“公民的民事权利能力自出生时开始。出生的时间以户籍证明为准；没有户籍证明的，以医院出具的出生证明为准。没有医院证明的，参照其他有关证明认定。”

理解与适用

自然人的民事权利能力始于出生。所谓自然人的民事权利能力，是指自然人依法享有民事权利、承担民事义务的资格。① 出生在性质上属于民事法律事实中的事件，其法律后果是使自然人产生民事权利能力。一般认为，出生应当具备如下两项条件：一是必须与母体相分离，二是出生时必须是活体。② 如果出生时是死体，则不属于法律意义上的出生，应认定个体从未享有民事权利能力。至于存活时间的长短，不影响个体在存活期间享有民事权利能力。关于出生时间的认定，存在不同的观点③：一是阵痛说。此种观点认为，孕妇在胎儿出生前感受到阵痛时，视为胎儿已经出生。二是露出说。此种观点认为，在胎儿一部分或者全部露出母体时，视为胎儿已经出生。三是独立呼吸说。此种观点认为，胎儿完全脱离母体，而且在分离母体时能够呼吸的，则视为已经出生。如前所述，出生应当同时具备“与母体相分离”以及“出生时是活体”两个条件，就阵痛说而言，孕妇在生产前阵痛时，胎儿并未出生，不符合出生的条件；露出说虽然具备胎儿已经脱离母体的条件，但难以认定胎儿出生时是否为活体，因此也不符合出生的条件。独立呼吸说同时具备了前述两项条件，应当作为认定出生时间的标准。

自然人的民事权利能力终于死亡。依据本条规定，自然人在死亡时，民事权利能力终止。死亡分为自然死亡和宣告死亡。自然死亡是自然人生命的终结，在自然死亡的情形下，不论死亡的原因如何，自然人的民事权利能力当然终止。关于宣告死亡时自然人的民事权利能力是否终止，学者间存在不同的观点，有观点认为，在宣告死亡的情形下，自然人在其住所地空间内的民事权利能力终止，而在其实际存活地的民事权利能力没有终止。④ 事实上，宣告死亡只是一种法律上拟制的死亡，不能将其完全等同于自然死亡：一方面，法律上规定宣告死亡制度的目的在于了结被宣告死亡人的婚姻、财产关系，而不是消灭其民事权利能力即主体资格；另一方面，在被宣告死亡后，自然人可能并未自然死亡，其仍可能参加相关的民事活动，如果认定其民事权利能力已经终止，则可能影响法律秩序的稳定，影响交易安全。还应当看到，在被宣告死亡的人重新出现后，经本人或者

① 王利明．民法总则研究．2版．北京：中国人民大学出版社，2012：201.

②③ 同①220.

④ 柳经纬．民法总论．厦门：厦门大学出版社，2000：98.

利害关系人申请，人民法院应当撤销死亡宣告，其相关的人身、财产关系也会在一定程度上恢复。因此，宣告死亡并不能消灭自然人的民事权利能力。本条所规定的自然人的民事权利能力止于死亡应当仅限于自然死亡。

关于自然人自然死亡的时间，存在不同观点：一是心脏跳动停止说。此种观点认为，自然人的心脏一旦停止跳动，即应当认定其已经死亡。① 二是呼吸停止说。此种观点认为，在自然人的呼吸停止后，即应当认定其已经死亡。② 三是脑电波消失说。此种观点认为，自然人脑电波消失之时即为其死亡之时。③ 我国过去一般以心脏停止跳动为判断死亡的标准，但随着医疗技术的进步，在心脏停止跳动和呼吸停止的情形下，自然人仍有可能被抢救过来，其仍然存在生存的可能，但如果是脑死亡，则一般不存在抢救的可能。因此，现在一般以脑死亡作为判断自然人死亡的标准。④

民事权利能力是自然人享有权利、承担义务的一种资格。民事权利能力不同于民事权利：一方面，性质不同。民事权利能力是自然人享有民事权利、承担民事义务的资格，其只是自然人享有民事权利、承担民事义务的一种可能性，具有抽象性和概括性；而民事权利是法律为保护民事主体的特定利益而提供的一种法律之力的保护，是民事主体现实享有的利益，具有现实性和特定性的特点。另一方面，依据我国法律的规定，民事权利能力虽然是始于自然人出生之时，但其本质上还是法律赋予的结果，而不是自然人自己决定的；而民事权利的行使虽然可能受到一定的限制，但其是权利人所享有的一种为一定行为或者不为一定行为的自由，个人对权利的行使和处分享有较大的自由。此外，从存续期间来看，民事权利能力始于自然人的出生，终于其死亡，与自然人主体资格的存续时间一致；而民事权利是权利人基于一定的法律关系而取得的，其存续期间与自然人主体资格的存续期间不存在直接关联。

自然人的民事权利能力不具有可转让性，也不可抛弃。民事权利能力是自然人作为民事主体的前提条件，也是自然人参与民事活动的前提和基础，与主体资格不可分离，因此，自然人不得处分自己的民事权利能力，其既不得将其民事权利能力转让，也不可予以抛弃。而且依据法律的规定，每个自然人自出生时起即享有民事权利能力，而且终生享有，因此，即便自然人转让其民事权利能力，也

---

① 郭自力．死亡标准的法律与伦理问题．政法论坛，2001（3）．

② 丁春艳．英国法上“死亡”定义之考察．法律与医学杂志，2006（3）．

③ 张俊浩．民法学原理．北京：中国政法大学出版社，1997：106－107．

④ 王利明．民法总则研究．2版．北京：中国人民大学出版社，2012：227．

不存在转让的可能。

（本条由王叶刚撰写）

第十四条

自然人的民事权利能力一律平等。

本条主旨

本条对自然人之民事权利能力的平等性作出了规定。

相关条文

《民法总则》第14条规定："自然人的民事权利能力一律平等。"

《民法通则》第10条规定："公民的民事权利能力一律平等。"

理解与适用

自然人的民事权利能力具有平等性。自然人的民事权利能力一律平等，不因其性别、年龄、民族、职务、文化程度等方面的差异而存在差别，自然人都有平等享有权利和承担义务的资格。当然，对外国人而言，如果该外国人所属国家对等地给予我国公民国民待遇，则其在我国领域内和我国公民一样，享有平等的民事权利能力。① 无国籍人在我国领域内实施民事活动时，也与我国公民享有平等的民事权利能力。

自然人的民事权利能力不仅具有平等性，而且具有内容广泛性，也就是说，自然人享有民事权利、承担民事义务的范围十分广泛。当然，如果法律对自然人的民事权利能力作出了一定的限制，则自然人的民事权利能力的范围不得超过该限制。此类限制主要包括两大类：一是依法不能由自然人享有的民事权利能力，如某些活动只能由法人实施，而不能由自然人实施。二是某些活动虽然能够由自然人实施，但自然人要实施该行为必须具备一定的法定条件，如结婚的民事权利能力只能由符合法定条件的人享有。②

自然人之民事权利能力的平等性不仅体现为其主体资格的平等性，而且体现为平等地适用民法的规定，其取得权利和承担义务都适用同样的民法规则，此

---

①② 王利明．民法总则研究．2版．北京：中国人民大学出版社，2012：218.

外，在权利受到侵害时，个人主张权利时所能够援引的法律规则也是相同的。《民法典》的许多规则都体现了对民事主体权利保护的平等性。例如，《民法典》第 113 条规定："民事主体的财产权利受法律平等保护。"依据该条规定，民事主体的财产权利受到法律的平等保护。也就是说，在财产权利受到侵害时，民事主体在主张权利时能够援引的法律规则也是相同的。

在法律上规定自然人民事权利能力一律平等，是民法的本质要求。民法是私法，调整私法关系，而在私法关系中，主体能够平等地表达其意思、平等地参与民事活动的基本前提就是民事主体法律地位的平等，即能够平等地享有民事权利、承担民事义务，具有平等的民事权利能力。

（本条由王叶刚撰写）

第十五条

自然人的出生时间和死亡时间，以出生证明、死亡证明记载的时间为准；没有出生证明、死亡证明的，以户籍登记或者其他有效身份登记记载的时间为准。有其他证据足以推翻以上记载时间的，以该证据证明的时间为准。

本条主旨

本条对自然人之出生时间和死亡时间的确定规则作出了规定。

相关条文

《民法总则》第 15 条规定："自然人的出生时间和死亡时间，以出生证明、死亡证明记载的时间为准；没有出生证明、死亡证明的，以户籍登记或者其他有效身份登记记载的时间为准。有其他证据足以推翻以上记载时间的，以该证据证明的时间为准。"

《民法通则意见》第 1 条规定："公民的民事权利能力自出生时开始。出生的时间以户籍证明为准；没有户籍证明的，以医院出具的出生证明为准。没有医院证明的，参照其他有关证明认定。"

《户口登记条例》第 7 条规定："婴儿出生后一个月以内，由户主、亲属、抚养人或者邻居向婴儿常住地户口登记机关申报出生登记。""弃婴，由收养人或者育婴机关向户口登记机关申报出生登记。"

《户口登记条例》第 8 条规定："公民死亡，城市在葬前，农村在一个月以内，由户主、亲属、抚养人或者邻居向户口登记机关申报死亡登记，注销户口。公民如果在暂住地死亡，由暂住地户口登记机关通知常住地户口登记机关注销户口。”“公民因意外事故致死或者死因不明，户主、发现人应当立即报告当地公安派出所或者乡、镇人民委员会。”

理解与适用

自然人的出生和死亡属于重要的民事法律事实，自然人自出生时起开始享有民事权利能力，具有主体资格，可以广泛享有各项民事权利。自然人死亡后，其民事权利能力终止，主体资格消灭，也无法再享有相关的权利。当然，应当指出的是，死亡分为自然死亡和宣告死亡，只有自然死亡才能消灭自然人的主体资格，在宣告死亡而自然人仍然生存的情形下，自然人的主体资格并不消灭，但宣告死亡仍然具有消灭被宣告死亡人原有的财产关系和人身关系的效力。因此，准确认定自然人的出生时间和死亡时间对于准确认定相关的财产关系和人身关系具有重要意义。

依据本条规定，关于自然人的出生时间和死亡时间，首先应当以出生证明和死亡证明记载的时间为准。自然人出生后，医院会出具出生证明。自然人死亡后，医院和有关部门也会出具死亡证明。此时应当以出生证明和死亡证明记载的时间为准。从本条规定来看，即便户籍登记或者其他有效身份登记对自然人的出生时间和死亡时间作出了记载，也应当以出生证明和死亡证明所记载的时间为准。只有在没有出生证明和死亡证明的情形下，才以户籍登记或者其他有效身份登记所记载的时间为准。法律之所以作出此种规定，是因为由医院所出具的出生证明、由医院和有关部门出具的死亡证明能够更为准确地反映自然人出生和死亡的状态，户籍登记或者其他有效身份登记是在自然人出生和死亡后一段时间才会办理，距离自然人出生和死亡的时间相对较远，因此，应当优先通过自然人的出生证明和死亡证明确定自然人的出生时间和死亡时间。

当然，虽然自然人的出生与死亡关系到自然人享有民事权利、承担民事义务的时间，但出生与死亡毕竟是一个事实问题，如果出生证明、死亡证明、户籍登记或者其他有效身份登记记载的时间与自然人出生或者死亡的真实时间有出入的，则应当以自然人真实的出生、死亡时间为准。依据本条规定，只有在其他证据“足以”推翻上述证明文件所记载的时间时，才能以这些证据所证明的出生、死亡时间为准，否则，仍然应当以上述证明文件所记载的时间为准。

（本条由王叶刚撰写）

第十六条

涉及遗产继承、接受赠与等胎儿利益保护的，胎儿视为具有民事权利能力。但是，胎儿娩出时为死体的，其民事权利能力自始不存在。

本条主旨

本条对胎儿的利益保护规则作出了规定。

相关条文

《民法总则》第 16 条规定："涉及遗产继承、接受赠与等胎儿利益保护的，胎儿视为具有民事权利能力。但是胎儿娩出时为死体的，其民事权利能力自始不存在。"

《民法通则》第 9 条规定："公民从出生时起到死亡时止，具有民事权利能力，依法享有民事权利，承担民事义务。"

《继承法》第 28 条规定："遗产分割时，应当保留胎儿的继承份额。胎儿出生时是死体的，保留的份额按照法定继承办理。"

理解与适用

胎儿的利益应当受到法律保护。依据《民法典》第 13 条的规定，自然人的民事权利能力始于出生，因此，胎儿在出生前属于其母亲身体的一部分，并不属于独立的法律主体。但仍然有必要对胎儿的利益进行保护。胎儿虽然不是独立的法律主体，但对生命法益的侵害不同于对财产权的侵害，财产权在产生之前不可能受到侵害，而生命法益具有生物自体的本质，而且胎儿一旦出生，即可取得主体资格，因此，有必要对自然人的生长过程进行保护，以防止任何妨碍或者剥夺人类成长过程的行为。正如有学者所言，鉴于自然人成长过程的特殊性，对胎儿利益的侵害，即便损害后果在出生之后才能显示出来，也不应因此影响对胎儿的保护。① 英国上议院在有关的法案中认为，虽然胎儿直到出生时止都是依靠母亲而生存的，但是从受孕时起，他就是一个独立的、区别于母亲的生物体。② 还应当看到，在继承等法律关系中，如果不对胎儿的利益进行保护，则胎儿在出生后可能难以维持正常的生活，这显然不利于保护胎儿的利益。

关于胎儿利益保护的范围。在《民法典》颁行前，一般认为，我国法律关于

---

① 迪特尔·梅迪库斯．德国民法总论．邵建东，译．北京：法律出版社，2000：786－787.

② Ian Kennedy edited, *Medical Law*, Oxford University Press, 1998, p. 191.

胎儿利益的保护主要体现在两个方面：一是继承时的特留份利益。《继承法》第28条规定：遗产分割时，应当保留胎儿的继承份额。胎儿出生时是死体的，保留的份额按照法定继承办理。也就是说，被继承人应当在遗嘱中为胎儿保留必要的份额。二是胎儿出生前遭受侵害时的救济问题，即胎儿在出生前遭受侵害的，如果其出生时为活体，则其可以作为主体独立提出请求；如果其出生时为死体，则其不能提出请求，而应当由其母亲以身体权、健康权受到侵害为由提出请求，当然，在胎儿出生前，其母亲也可以以其身体权、健康权受侵害为由提出请求。[①] 例如，胎儿受到侵害后导致胎儿母亲流产的，则该母亲可以以其健康权受侵害为由提出请求。[②] 关于胎儿利益保护的范围，本条规定，“涉及遗产继承、接受赠与等胎儿利益保护的，胎儿视为具有民事权利能力”。从该规定来看，其并没有明确限定所保护的胎儿利益的范围，而使用了“遗产继承、接受赠与等胎儿利益”这一表述。而且本条规定，在涉及胎儿利益保护的情形，“胎儿视为具有民事权利能力”。由于民事权利能力的范围十分广泛，因此，胎儿可以享有的民事权利的范围也是十分广泛的，并不限于遗产继承、接受赠与等情形。

关于胎儿利益受到保护的条件。依据《民法典》第13条的规定，自然人的民事权利能力始于出生，因此，胎儿在出生前并不属于民事主体。《民法典》虽然强化了对胎儿利益的保护，在胎儿出生前将其“视为具有权利能力”，但对胎儿的保护应当有一定的条件，依据本条的规定，如果“胎儿娩出时为死体的”，则“其民事权利能力自始不存在”。也就是说，对胎儿利益的保护，应当以其娩出时为活体为条件。如果胎儿娩出时为死体，则其出生前所取得的各项民事权益将自始不存在。例如，依据本条的规定，胎儿在出生前可以接受赠与，但如果其娩出时为死体，则其将自始无法保有该受赠利益，该受赠利益将返还赠与人；再如，胎儿在出生前继承了遗产的，如果其娩出时为死体，则其将自始不享有该继承利益，该利益应当作为被继承人的遗产进行处理。

《民法典》对胎儿利益进行保护，充分体现了民法的时代精神。21世纪最突出的时代精神就是人文关怀精神，即强化对人的人格尊严的保护。《民法典》在本条对胎儿的利益提供保护，在第994条对死者的人格利益进行保护，真正实现了对人“从摇篮到坟墓”的保护，使每一个人都可以在民法慈母般的关怀下走完自己的人生旅程。

（本条由王叶刚撰写）

---

① 王利明．民法总则研究．2版．北京：中国人民大学出版社，2012：223－224.

② 冯·巴尔．欧洲比较侵权行为法：下．焦美华，译．北京：法律出版社，2001：73.

第十七条

十八周岁以上的自然人为成年人。不满十八周岁的自然人为未成年人。

本条主旨

本条对成年人与未成年人的年龄标准作出了规定。

相关条文

《民法总则》第 17 条规定："十八周岁以上的自然人为成年人。不满十八周岁的自然人为未成年人。"

《民法通则》第 11 条规定："十八周岁以上的公民是成年人，具有完全民事行为能力，可以独立进行民事活动，是完全民事行为能力人。""十六周岁以上不满十八周岁的公民，以自己的劳动收入为主要生活来源的，视为完全民事行为能力人。"

《未成年人保护法》第 2 条规定："本法所称未成年人是指未满十八周岁的公民。"

理解与适用

为了强化对未成年人的保护，同时维护交易安全，有必要对成年人的年龄标准作出准确界定。法律之所以要对未成年人进行保护，是因为未成年人处于人生发展过程中的特殊阶段，即生理、心理发育都尚未成熟，对外界的认知能力较弱，对外界各种情况缺乏足够的判断力；而且未成年人的自我保护能力弱，容易受到外界侵害，在受到外界侵害后也难以有效保护自身合法权益。同时，明确划定成年人的年龄标准也有利于维护交易安全，因为在明确划定成年人的年龄标准后，当事人在交易时就不需要对对方当事人的交易资格进行具体判断，这就有利于维护交易安全、提高交易效率。

本条以 18 周岁作为区分成年人与未成年人的标准，是比较合理的，主要理由在于：一方面，一般情况下，18 周岁的人心智已经成熟，已经具有相应的社会经验和知识，而且已经能够独立生活、工作，对外界各种情况也有了自己独立的识别和判断力，在行为时也能准确认知自己的行为后果。① 因此，将 18 周岁作为成年人的年龄标准，符合社会生活的实际情况。我国《宪法》第 34 条规定，中华人民共和国年满 18 周岁的公民，不分民族、种族、性别、职业、家庭出身、

---

① 王利明．民法总则研究．2 版．北京：中国人民大学出版社，2012：233.

宗教信仰、教育程度、财产状况、居住期限，都有选举权和被选举权；但是依照法律被剥夺政治权利的人除外。该条之所以规定年满 18 周岁的公民具有选举权和被选举权，也是因为年满 18 周岁的公民心智已经发育成熟，能够独立判断外界各种情况。另一方面，从比较法上看，各国民法所划定的成年人的年龄标准虽稍有差异，但一般也都在 18 周岁左右。例如，《意大利民法典》第 2 条第 1 款规定：年满 18 岁为成年。成年者取得从事一切活动的行为能力，有其他不同规定者除外。规定提供自己劳动的年龄低于此年龄的特别法除外。提供自己劳动的未成年人，享有劳动契约约定的权利和诉权。再如，《德国民法典》第 2 条规定：满 18 岁即为达到成年年龄。我国《民法典》将成年人的年龄标准划定为 18 周岁，也符合比较法上各国通行的做法。

《民法典》明确划定成年人与未成年人的年龄标准，也有利于准确确定相关民事法律行为的效力。《民法典》第 17～20 条以自然人的年龄为标准，对不同年龄阶段的自然人的民事行为能力作出了规定。本条划定成年人的年龄标准，也为法官准确认定自然人所实施的民事法律行为的效力奠定了基础。

（本条由王叶刚撰写）

第十八条

成年人为完全民事行为能力人，可以独立实施民事法律行为。

十六周岁以上的未成年人，以自己的劳动收入为主要生活来源的，视为完全民事行为能力人。

本条主旨

本条对完全民事行为能力人的范围以及其可以实施的民事法律行为作出了规定。

相关条文

《民法总则》第 18 条规定："成年人为完全民事行为能力人，可以独立实施民事法律行为。""十六周岁以上的未成年人，以自己的劳动收入为主要生活来源的，视为完全民事行为能力人。"

《民法通则》第 11 条规定："十八周岁以上的公民是成年人，具有完全民事行为能力，可以独立进行民事活动，是完全民事行为能力人。""十六周岁以上不满十八周岁的公民，以自己的劳动收入为主要生活来源的，视为完全民事行为能力人。”

《民法通则意见》第 2 条规定：“十六周岁以上不满十八周岁的公民，能够以自己的劳动取得收入，并能维持当地群众一般生活水平的，可以认定为以自己的劳动收入为主要生活来源的完全民事行为能力人。”

理解与适用

自然人的民事行为能力是自然人可以独立进行民事活动的能力或资格，即自然人能够以自己的行为行使民事权利、承担民事义务的资格。① 自然人的民事行为能力是以其意思能力为基础的，意思能力是自然人判断自己行为的能力。自然人的意思能力与其年龄、智力和精神状况存在密切关联，一个人只有在达到一定的年龄而且智力和精神状况均达到一定水平时，对外界情况才能有足够的判断力。因此，我国《民法典》在划定不同阶段的民事行为能力时，也主要以自然人的年龄、智力和精神状况为标准。《民法典》之所以对民事行为能力作出规定，主要是因为如下两方面的原因：一是保护无民事行为能力人和限制民事行为能力人的利益。无民事行为能力人和限制民事行为能力人的年龄较小，或者心智发育尚不成熟，对外界事物的认知能力和判断能力具有一定的局限性，因此，法律有必要对其进行特殊保护。这也是民法之人文关怀精神的体现。《民法典》设置民事行为能力制度，在将自然人分为无民事行为能力人、限制民事行为能力人和完全民事行为能力人的基础上，对其可以实施的民事活动的范围进行限定，有利于保护无民事行为能力人和限制民事行为能力人的利益。例如，无民事行为能力人和限制民事行为能力人所实施的民事行为如果超出其民事行为能力范围，则无效或者效力待定。在此种情形下，不论相对人是否善意，都不能补正法律行为效力上的瑕疵。从这一意义上说，民法对无民事行为能力人和限制民事行为能力人的保护超过了对善意第三人之信赖利益的保护。② 二是保护交易安全。《民法典》通过明确划定无民事行为能力人或者限制民事行为能力人的范围，可以使当事人在交易时准确判断对方当事人的交易主体资格是否适格。这就有利于提高交易效率，保护交易安全。例如，对于完全民事行为能力人而言，其在交易后不得以其心智发育不成熟为由否定交易的效力，这就有利于维护交易安全。

成年人为完全民事行为能力人，可以独立实施民事法律行为。依据《民法

① 迪特尔·梅迪库斯．德国民法总论．邵建东，译．北京：法律出版社，2000：409.

② 山本敬三．民法讲义：Ⅰ·总则．解亘，译．北京：北京大学出版社，2004：29.

典》第17条的规定，“十八周岁以上的自然人为成年人”。所谓完全民事行为能力，是指自然人能以其自己的行为独立享有民事权利、承担民事义务的资格。[①]由于成年人的心智已经发育成熟，对外界状况能够有自己独立的判断，因此，《民法典》将成年人规定为完全民事行为能力人。当然，依据《民法典》第21、22条的规定，成年人如果不能辨认或者不能完全辨认自己行为，则应当属于无民事行为能力人或者限制民事行为能力人。因此，本条中的成年人应当是心智发育正常、能够辨认自己行为的成年人。完全民事行为能力人能够独立判断外界情况，因此，其能够独立实施民事法律行为，而不需要他人的辅助。因此，本条规定，完全民事行为能力人能够独立实施民事法律行为。

本条第2款规定：“十六周岁以上的未成年人，以自己的劳动收入为主要生活来源的，视为完全民事行为能力人。”关于该规定的内涵，应当注意如下几点：

第一，该规则仅适用于16周岁以上的未成年人。从该条的文义来看，即仅适用于16周岁至18周岁的自然人。对于16周岁以下的未成年人，即便其收入能够满足其基本生活，也不能将其视为完全民事行为能力人，其仍然应当属于无民事行为能力人或者限制民事行为能力人。

第二，必须以自己的劳动收入为主要生活来源。劳动收入应当是固定的收入，如工资、奖金等，不能是偶然、不确定的收入，如继承遗产、接受赠与等。[②]同时，16周岁以上的未成年人必须以自己的劳动收入为主要生活来源。一般认为，“主要生活来源”是指该未成年人的劳动收入能够使其维持当地群众的一般生活水平。[③]虽然16周岁以上的未成年人有一定的劳动收入，但如果该劳动收入不能使其维持当地群众的一般生活水平，则不能将其视为完全民事行为能力人。

第三，如果16周岁以上的未成年人能够以自己的劳动收入为主要生活来源，则将其视为完全民事行为能力人。“视为”在性质上属于一种推定，当然，从本条的规定来看，此处的“视为”应当属于不可推翻的推定，也就是说，只要16周岁以上的未成年人能够以自己的劳动收入为主要生活来源，则其就属于完全民事行为能力人，其他人不能通过举证推翻该推定。

本条第2款之所以作出此种规定，是因为：一方面，依据我国《劳动法》的规定，年满16周岁人可以参加劳动，获得劳动收入。该法第15条规定：“禁止

① 王利明．民法总则研究．2版．北京：中国人民大学出版社，2012：233.

② 同①234-235.

③ 柳经纬．民法总论．厦门：厦门大学出版社，2000：85.

用人单位招用未满十六周岁的未成年人。”“文艺、体育和特种工艺单位招用未满十六周岁的未成年人，必须遵守国家有关规定，并保障其接受义务教育的权利。”对于能够参加劳动、通过劳动收入满足基本生活的人而言，不应当对其参加社会活动进行过多的限制。另一方面，如果 16 周岁以上的未成年人能够以其劳动收入作为主要生活来源，则表明其心智已经发展成熟，有自己独立的判断能力，应当可以独立参加各类民事活动，因此，有必要肯定其为完全民事行为能力人。

（本条由王叶刚撰写）

第十九条

八周岁以上的未成年人为限制民事行为能力人，实施民事法律行为由其法定代理人代理或者经其法定代理人同意、追认；但是，可以独立实施纯获利益的民事法律行为或者与其年龄、智力相适应的民事法律行为。

本条主旨

本条对 8 周岁以上的未成年人为限制民事行为能力人作出了规定，并对其能够实施的民事法律行为作出了规定。

相关条文

《民法总则》第 19 条规定：“八周岁以上的未成年人为限制民事行为能力人，实施民事法律行为由其法定代理人代理或者经其法定代理人同意、追认，但是可以独立实施纯获利益的民事法律行为或者与其年龄、智力相适应的民事法律行为。”

《民法总则》第 145 条规定：“限制民事行为能力人实施的纯获利益的民事法律行为或者与其年龄、智力、精神健康状况相适应的民事法律行为有效；实施的其他民事法律行为经法定代理人同意或者追认后有效。”“相对人可以催告法定代理人自收到通知之日起一个月内予以追认。法定代理人未作表示的，视为拒绝追认。民事法律行为被追认前，善意相对人有撤销的权利。撤销应当以通知的方式作出。”

《民法通则》第 12 条第 1 款规定：“十周岁以上的未成年人是限制民事行为能力人，可以进行与他的年龄、智力相适应的民事活动；其他民事活动由他的法定代理人代理，或者征得他的法定代理人的同意。”

《合同法》第47条规定："限制民事行为能力人订立的合同，经法定代理人追认后，该合同有效，但纯获利益的合同或者与其年龄、智力、精神健康状况相适应而订立的合同，不必经法定代理人追认。""相对人可以催告法定代理人在一个月内予以追认。法定代理人未作表示的，视为拒绝追认。合同被追认之前，善意相对人有撤销的权利。撤销应当以通知的方式作出。"

《民法通则意见》第3条规定："十周岁以上的未成年人进行的民事活动是否与其年龄、智力状况相适应，可以从行为与本人生活相关联的程度、本人的智力能否理解其行为，并预见相应的行为后果，以及行为标的数额等方面认定。"

理解与适用

本条确认了8周岁以上的未成年人为限制民事行为能力人，并对其能够实施民事法律行为作出了规定。

（一）8周岁以上的未成年人为限制民事行为能力人

限制民事行为能力又称为不完全民事行为能力，是指自然人部分独立地，或者说在一定范围内具有民事行为能力。① 限制民事行为能力人的认识能力介于完全民事行为能力人与无民事行为能力人之间，也就是说，限制民事行为能力人对外界具有一定的判断力，但受其年龄和智力等因素的限制，其判断能力又相对较弱，需要法律对其进行特别保护。本条将8周岁以上的未成年人规定为限制民事行为能力人，具有一定的合理性，因为年满8周岁的未成年人已经有了一定的生活经历，能够对外界情况有一定的认识和判断力，应当肯定其能够实施一定的民事法律行为。此外，还应当看到，8周岁以上的未成年人已经达到了小学入学年龄。《义务教育法》第11条第1款规定：凡年满6周岁的儿童，其父母或者其他法定监护人应当送其入学接受并完成义务教育；条件不具备的地区的儿童，可以推迟到7周岁。从该条规定来看，小学入学年龄是6周岁，在特殊情况下可以推迟到7周岁。可见，8周岁的儿童普遍已经入学，肯定其为限制民事行为能力人，可以使其实施满足其日常基本生活需要的民事法律行为，如购买文具等。本条将《民法通则》第12条所规定的限制民事行为能力人的年龄下限由10周岁调整为8周岁，体现了对人的自主意志的尊重，也体现了民法的人文关怀理念。

（二）8周岁以上的未成年人能够独立实施的民事法律行为

依据本条规定，8周岁以上的未成年人能够独立实施如下民事法律行为：

一是纯获利益的民事法律行为。所谓纯获利益的民事法律行为，是指能够获

① 王利明．民法总则研究．2版．北京：中国人民大学出版社，2012：235.

得利益但并不负有负担，或者虽然负有负担，但负担明显小于获利的民事法律行为。在此需要区分纯获法律上利益的民事法律行为与纯获利益的民事法律行为。所谓纯获法律上利益的行为，即限制民事行为能力人，既不负担义务，也不发生权利丧失之结果，而可以获取利益之行为。① 例如，限制民事行为能力人做成了一笔很便宜的买卖，如以很低的价格购买了一辆新的登山自行车。在该交易中，其获利明显大于其负担，但由于其在法律上仍然负担了支付价款的义务，因此，该行为并不属于纯获法律上利益的法律行为。② 有的国家的立法在规定限制民事行为能力人可以实施的民事法律行为时，采用了纯获法律上利益的表述。例如，《德国民法典》第107条规定：法定代理人的允许对于未成年人并不因之而纯获法律上的利益的意思表示，未成年人必须得到其法定代理人的允许。依据这一规定，凡是双务合同，实际上都会使未成年人负担一定的义务，故都不属于该条所规定的纯获法律上利益的法律行为。我国《民法典》第19条并没有采用《德国民法典》的表述，而是采用了“纯获利益的民事法律行为”这一表述，因此，除不负担任何义务的民事法律行为外，未成年人所负担的义务明显小于其所获得的利益且该义务不会过分加重该未成年人的负担的民事法律行为，也应当属于纯获利益的民事法律行为。

二是与其年龄、智力相适应的民事法律行为。依据本条规定，8周岁以上的未成年人可以实施“与其年龄、智力相适应的民事法律行为”。“与其年龄、智力相适应的民事法律行为”也称为日常生活必需的行为，如购买文具、零食等行为。在判断某一行为是否与限制民事行为能力人的年龄、智力状况相适应时，应当在个案中结合该未成年人的年龄、智力发育状况进行个案判断。对于此类日常生活必需的行为，限制民事行为能力人可以独立实施，既不需要其法定代理人代理实施，也不需要其法定代理人事先同意或者事后追认。法律作出此种规定，主要是为了保障未成年人的行为自由。民事行为能力制度的主要目的是对欠缺民事行为能力人进行保护，但在保护其权益的同时也应当注重保障其行为自由，这就需要在具体的制度设计中妥当平衡二者之间的关系。对8周岁以上的未成年人而言，其对外界情况已经有了一定的判断力，应当尊重其行为自由，允许其独立实施日常生活必需的行为，而且对于日常生活必需的行为而言，允许8周岁以上的未成年人独立实施此类行为，也不会严重损害其利益。

(三) 8周岁以上的未成年人不能独立实施的民事法律行为

从本条规定来看，其在划定8周岁以上的未成年人能够独立实施的民事法律

---

① 梅仲协．民法要义．北京：中国政法大学出版社，1998：108.

② 德国民法典：第3版．陈卫佐，译．北京：法律出版社，2010：38.

行为的范围时采用了反面排除的方式，即明确列举8周岁以上的未成年人能够独立实施的民事法律行为类型，除此之外的民事法律行为，8周岁以上的未成年人都不能够独立实施。依据本条规定，除“纯获利益的民事法律行为”以及“与其年龄、智力相适应的民事法律行为”外，其他所有的民事法律行为，8周岁以上的未成年人都不能独立实施。法律作出此种规定，一方面是为了保护未成年人的利益，防止其因为年龄、智力状况的限制而实施损害其利益的民事法律行为；另一方面，是为了保护交易安全，即在作出此种规定后，相对人在与未成年人交易时，可以对其交易资格作出明确的判断，从而有利于维护交易安全，提高交易效率。

依据本条规定，对于8周岁以上的未成年人不能独立实施的民事法律行为而言，在如下情形下，其仍然可以实施。

第一，其法定代理人代理。依据《民法典》第23条的规定，无民事行为能力人、限制民事行为能力人的监护人是其法定代理人。也就是说，对于8周岁以上未成年人不能独立实施的民事法律行为而言，需要其监护人代理其实施。当然，监护人在代理未成年人实施相关民事法律行为时，虽然直接实施该民事法律行为，但并非该民事法律行为的当事人，该民事法律行为的当事人仍然是该未成年人。例如，甲（12周岁）的母亲乙在代理其向丙购买一台电脑时，该合同当事人是甲和丙，乙并不是合同当事人。

第二，得到其法定代理人的允许。依据本条规定，在得到其法定代理人的允许后，8周岁以上的未成年人也可以独立实施民事法律行为。法定代理人的允许主要有两种方式：一是事先同意。8周岁以上的未成年人的法定代理人可以事先允许其独立实施一定的民事法律行为，此时，未成年人独立实施的此类民事法律行为就是有效的。法定代理人的事先同意一般是划定一定的行为范围，在该行为范围内，该未成年人可以独立实施各类民事法律行为。例如，甲（15周岁）的父亲给其3 000元用作旅行费用，则甲在旅行过程中所实施的民事法律行为都应当是有效的民事法律行为。二是事后追认。8周岁以上的未成年人独立实施其不能独立实施的民事法律行为后，该民事法律行为也并非当然无效。对此，《民法典》第145条规定：限制民事行为能力人实施的纯获利益的民事法律行为或者与其年龄、智力、精神健康状况相适应的民事法律行为有效；实施的其他民事法律行为经法定代理人同意或者追认后有效。相对人可以催告法定代理人自收到通知之日起30日内予以追认。法定代理人未作表示的，视为拒绝追认。民事法律行为被追认前，善意相对人有撤销的权利。撤销应当以通知的方式作出。依据该条规定，8周岁以上的未成年人独立实施的其不能独立实施的民事法律行为属于效力待定的民事法律行为，在其法定代理人追认后，该民事法律行为有效。可见，8 周岁以上的未成年人应当在其法定代理人的授权范围内实施民事法律行为，其所实施的民事法律行为超出该范围的，需要其法定代理人追认才能有效。依据《民法典》第 145 条的规定，法定代理人应当明确作出追认的意思表示，法定代理人未作表示的，视为拒绝追认，该民事法律行为无效。

（本条由王叶刚撰写）

第二十条

不满八周岁的未成年人为无民事行为能力人，由其法定代理人代理实施民事法律行为。

本条主旨

本条对不满 8 周岁的未成年人为无民事行为能力人的规则作出了规定。

相关条文

《民法总则》第 20 条规定："不满八周岁的未成年人为无民事行为能力人，由其法定代理人代理实施民事法律行为。"

《民法总则》第 144 条规定："无民事行为能力人实施的民事法律行为无效。"

《民法通则》第 12 条第 2 款规定："不满十周岁的未成年人是无民事行为能力人，由他的法定代理人代理民事活动。"

《民法通则意见》第 6 条规定："无民事行为能力人、限制民事行为能力人接受奖励、赠与、报酬，他人不得以行为人无民事行为能力、限制民事行为能力为由，主张以上行为无效。"

《民事诉讼法解释》第 67 条规定："无民事行为能力人、限制民事行为能力人造成他人损害的，无民事行为能力人、限制民事行为能力人和其监护人为共同被告。"

理解与适用

所谓无民事行为能力，是指自然人没有独立从事民事活动的资格，不具有以自己的行为取得民事权利和承担民事义务的资格。[1] 无民事行为能力人欠缺进行

---

① 王利明．民法总则研究．2 版．北京：中国人民大学出版社，2012：237.

独立民事活动的能力。自然人在从事民事活动时，需要对其行为的性质、后果等有清晰的认识，具有充分的判断力，否则，法律将否定其所实施的民事法律行为的效力。对无民事行为能力人而言，其虽然是独立的法律主体，但由于其缺乏对其行为之性质、后果的认识，因此，其并不能独立实施民事法律行为，其独立实施的民事法律行为无效，不能发生当事人所欲实现的效果。

依据本条规定，不满8周岁的未成年人为无民事行为能力人。法律之所以将不满8周岁的未成年人规定为无民事行为能力人，主要是基于如下原因：一方面，对不满8周岁的未成年人进行保护。对不满8周岁的未成年人而言，由于其年龄尚小，虽然其具有一定的智力，但对外界仍然缺乏必要的判断力，其难以判断自己行为的性质和后果，难以理性地从事民事活动。如果允许其独立实施民事法律行为，其很可能因为自己判断能力的不足而使自己遭受损害。因此，法律将不满8周岁的未成年人规定为无民事行为能力人，否定其独立实施的民事法律行为的效力，有利于保护其利益。另一方面，有利于维护交易安全。法律规定不满8周岁的未成年人为无民事行为能力人，可以使相对人准确判断未成年人的交易资格并谨慎订约，这也有利于保护交易安全。

不满8周岁的未成年人由其法定代理人代理实施民事法律行为。对于不满8周岁的未成年人而言，其独立实施的民事法律行为无效，但其法定代理人可以代理其实施民事法律行为。当然，在其法定代理人代理其实施民事法律行为时，其法定代理人并非该民事法律行为的主体，该民事法律行为的后果直接归属于该未成年人。

（本条由王叶刚撰写）

第二十一条

不能辨认自己行为的成年人为无民事行为能力人，由其法定代理人代理实施民事法律行为。

八周岁以上的未成年人不能辨认自己行为的，适用前款规定。

本条主旨

本条对成年无民事行为能力人和8周岁以上无民事行为能力人的规则作出了规定。

相关条文

《民法总则》第 21 条规定："不能辨认自己行为的成年人为无民事行为能力人，由其法定代理人代理实施民事法律行为。""八周岁以上的未成年人不能辨认自己行为的，适用前款规定。"

《民法总则》第 144 条规定："无民事行为能力人实施的民事法律行为无效。"

《民法通则》第 13 条第 1 款规定："不能辨认自己行为的精神病人是无民事行为能力人，由他的法定代理人代理民事活动。"

《精神卫生法》第 83 条规定："本法所称精神障碍，是指由各种原因引起的感知、情感和思维等精神活动的紊乱或者异常，导致患者明显的心理痛苦或者社会适应等功能损害。""本法所称严重精神障碍，是指疾病症状严重，导致患者社会适应等功能严重损害、对自身健康状况或者客观现实不能完整认识，或者不能处理自身事务的精神障碍。""本法所称精神障碍患者的监护人，是指依照民法通则的有关规定可以担任监护人的人。"

《民法通则意见》第 5 条规定："精神病人（包括痴呆症人）如果没有判断能力和自我保护能力，不知其行为后果的，可以认定为不能辨认自己行为的人；对于比较复杂的事物或者比较重大的行为缺乏判断能力和自我保护能力，并且不能预见其行为后果的，可以认定为不能完全辨认自己行为的人。"

《民法通则意见》第 6 条规定："无民事行为能力人、限制民事行为能力人接受奖励、赠与、报酬，他人不得以行为人无民事行为能力、限制民事行为能力为由，主张以上行为无效。"

理解与适用

（一）不能辨认自己行为的成年人和 8 周岁以上的未成年人为无民事行为能力人

依据本条规定，除《民法典》第 20 条所规定的不满 8 周岁的未成年人外，无民事行为能力人还包括如下两类：一是不能辨认自己行为的成年人，二是八周岁以上不能辨认自己行为的未成年人。如前所述，所谓无民事行为能力，是指自然人没有独立从事民事活动的资格，不具有以自己的行为取得民事权利和承担民事义务的资格。[①] 所谓不能辨认自己的行为，是指行为人在具体的民事法律行为中不能辨认自己行为的性质和法律后果。例如，在交易过程中，行为人无法辨认其交易的性质、交易价格是否合理等。

① 王利明．民法总则研究．2 版．北京：中国人民大学出版社，2012：237.

自然人在从事民事活动时，需要对其行为的性质、后果等有清晰的认识，具有充分的判断力，否则，法律将否定其所实施的民事法律行为的效力。对无民事行为能力人而言，其虽然是独立的法律主体，但由于其缺乏对其行为的性质、后果的认识，因此，其并不能独立实施民事法律行为，其独立实施民事法律行为无效，不能发生当事人所欲实现的效果。

法律之所以将不能辨认自己行为的成年人和 8 周岁以上的未成年人规定为无民事行为能力人，主要是基于如下原因：一方面，对不能辨认自己行为的成年人和 8 周岁以上的未成年人进行保护。对于不能辨认自己行为的成年人和 8 周岁以上的未成年人而言，虽然其为成年人或者年龄达到了 8 周岁以上，但由于疾病等原因，其对外界仍然缺乏必要的判断力，其难以判断自己行为的性质和后果，难以理性地从事民事活动。如果允许其独立实施民事法律行为，其很可能因为自己判断能力的不足而使自己遭受损害。因此，法律将不能辨认自己行为的成年人和 8 周岁以上的未成年人规定为无民事行为能力人，否定其独立实施的民事法律行为的效力，有利于保护其利益。另一方面，有利于维护交易安全。法律规定不能辨认自己行为的成年人和 8 周岁以上的未成年人为无民事行为能力人，可以使相对人准确判断其交易资格并谨慎订约，这也有利于保护交易安全。

（二）无民事行为能力人由其法定代理人代理实施民事法律行为

对于不能辨认自己行为的成年人和 8 周岁以上的未成年人而言，其独立实施的民事法律行为无效，但其作为民事主体，仍然需要参与社会交往、参与各种交易活动，因此，本条规定，对不能辨认自己行为的成年人和 8 周岁以上的未成年人而言，由其法定代理人代理其实施相关的民事法律行为。《民法典》第 23 条规定，无民事行为能力人、限制民事行为能力人的监护人是其法定代理人。也就是说，对于不能辨认自己行为的成年人和 8 周岁以上的未成年人而言，由其监护人作为法定代理人，代理其实施相关的民事法律行为。当然，在其法定代理人代理其实施民事法律行为时，其法定代理人并非该民事法律行为的主体，该民事法律行为的后果直接归属于该未成年人。

（本条由王叶刚撰写）

第二十二条

不能完全辨认自己行为的成年人为限制民事行为能力人，实施民事法律行为由其法定代理人代理或者经其法定代理人同意、追认；但是，可以独立实施纯获利益的民事法律行为或者与其智力、精神健康状况相适应的民事法律行为。

本条主旨

本条对成年限制民事行为能力人的规则作出了规定。

相关条文

《民法总则》第 22 条规定："不能完全辨认自己行为的成年人为限制民事行为能力人，实施民事法律行为由其法定代理人代理或者经其法定代理人同意、追认，但是可以独立实施纯获利益的民事法律行为或者与其智力、精神健康状况相适应的民事法律行为。"

《民法通则》第 13 条第 2 款规定："不能完全辨认自己行为的精神病人是限制民事行为能力人，可以进行与他的精神健康状况相适应的民事活动；其他民事活动由他的法定代理人代理，或者征得他的法定代理人的同意。"

《精神卫生法》第 83 条规定："本法所称精神障碍，是指由各种原因引起的感知、情感和思维等精神活动的紊乱或者异常，导致患者明显的心理痛苦或者社会适应等功能损害。""本法所称严重精神障碍，是指疾病症状严重，导致患者社会适应等功能严重损害、对自身健康状况或者客观现实不能完整认识，或者不能处理自身事务的精神障碍。""本法所称精神障碍患者的监护人，是指依照民法通则的有关规定可以担任监护人的人。"

《民法通则意见》第 4 条规定："不能完全辨认自己行为的精神病人进行的民事活动，是否与其精神健康状态相适应，可以从行为与本人生活相关联的程度、本人的精神状态能否理解其行为，并预见相应的行为后果，以及行为标的数额等方面认定。"

《民法通则意见》第 5 条规定："精神病人（包括痴呆症人）如果没有判断能力和自我保护能力，不知其行为后果的，可以认定为不能辨认自己行为的人；对于比较复杂的事物或者比较重大的行为缺乏判断能力和自我保护能力，并且不能预见其行为后果的，可以认定为不能完全辨认自己行为的人。"

理解与适用

（一）不能完全辨认自己行为的成年人为限制民事行为能力人

依据本条规定，成年人如果不能辨认或者不能完全辨认自己的行为，则应当属于无民事行为能力人或者限制民事行为能力人。因此，《民法典》第 18 条第 1 款规定的"成年人为完全民事行为能力人"中的成年人应当是心智发育正常、能够辨认自己行为的成年人。完全民事行为能力人能够独立判断外界情况，因此，其能够独立实施民事法律行为，而不需要他人的辅助。而对于不能完全辨认自己行为的成年人而言，其部分独立地或者说在一定范围内具有民事行为能力，因此也属于限制民事行为能力人。[①] 对于不能完全辨认自己行为的成年人而言，其认识能力介于完全民事行为能力人与无民事行为能力人之间，也就是说，其对外界具有一定的判断力，但受其年龄和智力等因素的限制，其判断能力又相对较弱，即对其所实施的民事法律行为的性质、法律后果等认识不充分，因此需要法律对其进行特别保护。

（二）不能完全辨认自己行为的成年人实施民事法律行为由其法定代理人代理或者经其法定代理人同意、追认

从本条的规定来看，其在划定不能完全辨认自己行为的成年人能够独立实施的民事法律行为的范围时，采用了反面排除的方式，即明确列举了限制民事行为能力人能够独立实施的民事法律行为类型，除此之外的民事法律行为，限制民事行为能力人都不能够独立实施。依据本条的规定，除“纯获利益的民事法律行为”以及“与其智力、精神健康状况相适应的民事法律行为”，其他所有的民事法律行为，不能完全辨认自己行为的成年人都不能独立实施。法律作出此种规定，一方面是为了不能完全辨认自己行为的成年人的利益，防止其因为智力、精神健康状况的限制而实施损害其利益的民事法律行为；另一方面是为了保护交易安全，即在作出此种规定后，相对人在与不能完全辨认自己行为的成年人交易时，可以对其交易资格作出明确的判断，从而有利于维护交易安全、提高交易效率。

依据本条规定，对于不能完全辨认自己行为的成年人不能独立实施的民事法律行为而言，在如下情形下，其仍然可以实施。

第一，其法定代理人代理。依据《民法典》第23条的规定，无民事行为能力人、限制民事行为能力人的监护人是其法定代理人。也就是说，对于不能完全辨认自己行为的成年人不能独立实施的民事法律行为而言，需要其监护人代理其实施。当然，在监护人代理其实施相关民事法律行为时，虽然监护人直接实施了该民事法律行为，但其并非该民事法律行为的当事人，该民事法律行为的当事人仍然是该不能完全辨认自己行为的成年人。例如，甲（不能完全辨认自己行为的成年人）的母亲乙在代理其向丙购买一台电脑时，该合同的当事人是甲和丙，而乙并不是合同当事人。

第二，得到其法定代理人的允许。依据本条规定，在得到其法定代理人的允许后，不能完全辨认自己行为的成年人也可以独立实施民事法律行为。法定代理人的允许主要有两种方式：一是事先同意。不能完全辨认自己行为的成年人的法

① 王利明．民法总则研究．2版．北京：中国人民大学出版社，2012：235.

定代理人可以事先同意其独立实施一定的民事法律行为，此时，不能完全辨认自己行为的成年人独立实施的此类民事法律行为就是有效的。法定代理人的事先同意一般是划定一定的行为范围，在该行为范围内，该不能完全辨认自己行为的成年人可以独立实施各类民事法律行为。例如，甲（不能完全辨认自己行为的成年人）的父亲给其 3 000 元用作旅行费用，则甲在旅行过程中所实施的民事法律行为都应当是有效的民事法律行为。二是事后追认。不能完全辨认自己行为的成年人独立实施了其不能独立实施的民事法律行为后，该民事法律行为也并非当然无效。对此，《民法典》第 145 条规定：限制民事行为能力人实施的纯获利益的民事法律行为或者与其年龄、智力、精神健康状况相适应的民事法律行为有效；实施的其他民事法律行为经法定代理人同意或者追认后有效。相对人可以催告法定代理人自收到通知之日起 30 日内予以追认。法定代理人未作表示的，视为拒绝追认。民事法律行为被追认前，善意相对人有撤销的权利。撤销应当以通知的方式作出。依据该条规定，不能完全辨认自己行为的成年人独立实施的其不能独立实施的民事法律行为属于效力待定的民事法律行为，在其法定代理人追认后，该民事法律行为有效。可见，不能完全辨认自己行为的成年人应当在其法定代理人的授权范围内实施民事法律行为，其所实施的民事法律行为超出该范围的，需要其法定代理人追认才能有效。依据《民法典》第 145 条的规定，法定代理人应当明确作出追认的意思表示，法定代理人未作表示的，视为拒绝追认，该民事法律行为无效。

（三）不能完全辨认自己行为的成年人可以独立实施的民事法律行为

依据本条规定，不能完全辨认自己行为的成年人能够独立实施如下民事法律行为：一是纯获利益的民事法律行为。所谓纯获利益的民事法律行为，是指能够获得利益但并不负有负担，或者虽然负有负担，但负担明显小于获利的民事法律行为。除不负担任何义务的民事法律行为外，使不能完全辨认自己行为的成年人所负担的义务明显小于其所获得的利益，且该义务不会过分加重该不能完全辨认自己行为的成年人的负担的民事法律行为，也应当属于纯获利益的民事法律行为。二是与其年龄、智力相适应的民事法律行为。依据本条规定，不能完全辨认自己行为的成年人能够实施与其智力、精神健康状况相适应的民事法律行为。判断某一行为是否与不能完全辨认自己行为的成年人的智力、精神健康状况相适应，应当在个案中进行。

对于不能完全辨认自己行为的成年人能够独立实施的民事法律行为而言，既不需要其法定代理人代理实施，也不需要其法定代理人事先同意或者事后追认。

（本条由王叶刚撰写）

第二十三条

无民事行为能力人、限制民事行为能力人的监护人是其法定代理人。

本条主旨

本条对无民事行为能力人、限制民事行为能力人的法定代理人作出了规定。

相关条文

《民法总则》第 23 条规定："无民事行为能力人、限制民事行为能力人的监护人是其法定代理人。"

《民法通则》第 14 条规定："无民事行为能力人、限制民事行为能力人的监护人是他的法定代理人。"

《民事诉讼法》第 57 条规定："无诉讼行为能力人由他的监护人作为法定代理人代为诉讼。法定代理人之间互相推诿代理责任的，由人民法院指定其中一人代为诉讼。"

理解与适用

本条对无民事行为能力人、限制民事行为能力人的法定代理人作出了规定。本条之所以为无民事行为能力人、限制民事行为能力人设置法定代理人，一方面是因为，受年龄、智力以及精神健康状况等因素的影响，无民事行为能力人、限制民事行为能力人的判断能力较弱，无法独立参与有关的民事活动，因此，需要法定代理人的辅助；另一方面是因为，从我国《民法典》的相关规定来看，无民事行为能力人、限制民事行为能力人能够独立实施的民事法律行为有限，在客观上也需要其法定代理人代理其实施某些民事法律行为。对限制民事行为能力人而言，依据《民法典》第 19 条、第 22 条以及第 145 条的规定，限制民事行为能力人只能独立实施纯获利益的民事法律行为，以及与其年龄、智力以及精神健康状况相适应的民事法律行为。除上述民事法律行为外，限制民事行为能力人实施其他民事法律行为均需要其法定代理人的辅助。法定代理人的辅助行为体现为两种方式：一是代理该限制民事行为能力人实施相关的民事法律行为，二是对限制民事行为能力人独立实施相关行为进行事先同意或者事后追认。针对无民事行为能力人，《民法典》第 144 条规定：无民事行为能力人实施的民事法律行为无效。依据该条规定，无民事行为能力人无法独立实施任何民事法律行为，但其作为独立的民事主体，在客观上需要参与一定的民事活动，如接受报酬、接受赠与等，因而需要其法定代理人代理其实施相关的民事法律行为。

依据本条规定，无民事行为能力人、限制民事行为能力人的法定代理人为其监护人。本条作出此种规定的主要原因在于：从我国《民法典》的规定来看，无民事行为能力人、限制民事行为能力人的监护人通常为其父母或者其他近亲属，其在代理该无民事行为能力人、限制民事行为能力人实施相关行为时，能够从实现被监护人利益最大化的角度实施相关行为，这在客观上有利于保护该无民事行为能力人、限制民事行为能力人的利益。同时，从监护制度的功能来看，其主要是为了实现对被监护人的监督、保护与照顾，监护人代理被监护人实施相关的民事法律行为也是监护人之监护职责的应有内容。

（本条由王叶刚撰写）

第二十四条

不能辨认或者不能完全辨认自己行为的成年人，其利害关系人或者有关组织，可以向人民法院申请认定该成年人为无民事行为能力人或者限制民事行为能力人。

被人民法院认定为无民事行为能力人或者限制民事行为能力人的，经本人、利害关系人或者有关组织申请，人民法院可以根据其智力、精神健康恢复的状况，认定该成年人恢复为限制民事行为能力人或者完全民事行为能力人。

本条规定的有关组织包括：居民委员会、村民委员会、学校、医疗机构、妇女联合会、残疾人联合会、依法设立的老年人组织、民政部门等。

本条主旨

本条对成年人无民事行为能力、限制民事行为能力的认定规则作出了规定。

相关条文

《民法总则》第 24 条规定：“不能辨认或者不能完全辨认自己行为的成年人，其利害关系人或者有关组织，可以向人民法院申请认定该成年人为无民事行为能力人或者限制民事行为能力人。”“被人民法院认定为无民事行为能力人或者限制民事行为能力人的，经本人、利害关系人或者有关组织申请，人民法院可以根据其智力、精神健康恢复的状况，认定该成年人恢复为限制民事行为能力人或者完全民事行为能力人。”“本条规定的有关组织包括：居民委员会、村民委员会、学校、医疗机构、妇女联合会、残疾人联合会、依法设立的老年人组织、民政部门等。”

《民法通则》第 19 条规定："精神病人的利害关系人，可以向人民法院申请宣告精神病人为无民事行为能力人或者限制民事行为能力人。""被人民法院宣告为无民事行为能力人或者限制民事行为能力人的，根据他健康恢复的状况，经本人或者利害关系人申请，人民法院可以宣告他为限制民事行为能力人或者完全民事行为能力人。"

《民事诉讼法》第 187 条第 1 款规定："申请认定公民无民事行为能力或者限制民事行为能力，由其近亲属或者其他利害关系人向该公民住所地基层人民法院提出。"

《民法通则意见》第 7 条规定："当事人是否患有精神病，人民法院应当根据司法精神病学鉴定或者参照医院的诊断、鉴定确认。在不具备诊断、鉴定条件的情况下，也可以参照群众公认的当事人的精神状态认定，但应以利害关系人没有异议为限。"

《民法通则意见》第 8 条规定："在诉讼中，当事人及利害关系人提出一方当事人患有精神病（包括痴呆症），人民法院认为确有必要认定的，应当按照民事诉讼法（试行）规定的特别程序，先作出当事人有无民事行为能力的判决。""确认精神病人（包括痴呆症人）为限制民事行为能力人的，应当比照民事诉讼法（试行）规定的特别程序进行审理。"

《民事诉讼法解释》第 352 条规定："申请认定公民无民事行为能力或者限制民事行为能力的案件，被申请人没有近亲属的，人民法院可以指定其他亲属为代理人。被申请人没有亲属的，人民法院可以指定经被申请人所在单位或者住所地的居民委员会、村民委员会同意，且愿意担任代理人的关系密切的朋友为代理人。""没有前款规定的代理人的，由被申请人所在单位或者住所地的居民委员会、村民委员会或者民政部门担任代理人。""代理人可以是一人，也可以是同一顺序中的两人。"

理解与适用

一般而言，自然人在成年后，即具有完全民事行为能力，但在自然人成年后，其民事行为能力可能因为智力、精神健康状况的变化而发生变化，此时，有必要依据法定程序认定其为无民事行为能力人或者限制民事行为能力人，以更好地保护其合法权益，并维护交易安全。与此相应，无民事行为能力或者限制民事行为能力的成年人的民事行为能力也可能恢复，此时，也有必要依据法定程序认定其恢复为限制民事行为能力人或者完全民事行为能力人，以便于其正常参与民事活动。因此，本条对成年人无民事行为能力、限制民事行为能力的认定规则作出了规定。

(一) 申请认定自然人为无民事行为能力人或者限制民事行为能力人的条件

依据本条规定，申请认定自然人为无民事行为能力人或者限制民事行为能力人，应当符合如下条件。

1. 被申请的对象为不能辨认或者不能完全辨认自己行为的成年人

从本条规定来看，被申请认定为无民事行为能力人或者限制民事行为能力人的对象限于成年人，从我国《民法典》的规定来看，除个别例外情形外，未成年人均为无民事行为能力人或者限制民事行为能力人，而且从年龄层面看，无民事行为能力、限制民事行为能力的未成年人与成年人之间的界限十分清晰，因此，对未成年人而言，并不需要专门设置认定其为无民事行为能力人、限制民事行为能力人的规则。因此，本条规定的适用对象为成年人。当然，从本条规定来看，只有成年人因智力、精神健康状况等方面的原因，不能辨认或者不能完全辨认自己的行为，在客观上已经丧失或者部分丧失民事行为能力，才能依据本条规定认定其为无民事行为能力人或者限制民事行为能力人。

2. 必须由该成年人的利害关系人或者有关组织提出申请

从本条第 1 款的规定来看，认定成年人为无民事行为能力人或者限制民事行为能力人必须由其利害关系人或者有关组织提出申请，人民法院不能依据职权认定某人为无民事行为能力人或者限制民事行为能力人。关于此处利害关系人的范围，本条并没有作出明确规定，有待将来的立法或者司法解释予以完善。由于成年人客观上不能辨认或者不能完全辨认自己的行为，客观上已经丧失或者部分丧失民事行为能力，而认定其为无民事行为能力人或者限制民事行为能力人只是对其客观民事行为能力状况的一种确认，因此，不宜对此处的利害关系人的范围进行严格限定，只要是人身上或者财产上与该成年人具有一定利害关系的，如该成年人的债权人等①，均可以被认定为本条中的利害关系人。关于有关组织的范围，依据本条第 3 款的规定，其具体包括：居民委员会、村民委员会、学校、医疗机构、妇女联合会、残疾人联合会、依法设立的老年人组织、民政部门等。

3. 必须由人民法院依据法定程序予以认定

依据本条规定，认定成年人为无民事行为能力人或者限制民事行为能力人应当由相关主体向人民法院提出申请，由人民法院认定该成年人为无民事行为能力人或者限制民事行为能力人。我国《民事诉讼法》专门对无民事行为能力人或者

① 石宏．中华人民共和国民法总则条文说明、立法理由及相关规定．北京：北京大学出版社，2017：53.

限制民事行为能力人的认定程序作出了规定。依据该法第177条的规定，认定成年人为无民事行为能力人或者限制民事行为能力人的案件，由人民法院按照特别程序进行审理。《民事诉讼法》第187条规定：申请认定公民无民事行为能力或者限制民事行为能力，由其近亲属或者其他利害关系人向该公民住所地基层人民法院提出。申请书应当写明该公民无民事行为能力或者限制民事行为能力的事实和根。第189条规定：人民法院审理认定公民无民事行为能力或者限制民事行为能力的案件，应当由该公民的近亲属为代理人，但申请人除外。近亲属互相推诿的，由人民法院指定其中一人为代理人。该公民健康情况许可的，还应当询问本人的意见。人民法院经审理认定申请有事实根据的，判决该公民为无民事行为能力或者限制民事行为能力人；认定申请没有事实根据的，应当判决予以驳回。上述规定也对认定成年人为无民事行为能力人或者限制民事行为能力人的具体程序作出了规定。

（二）民事行为能力的全部和部分恢复

如前所述，在成年人的民事行为能力全部或者部分恢复的情形下，为保障其参与相关的民事活动，有必要认定其恢复为限制民事行为能力人或者完全民事行为能力人。依据本条规定，认定成年人恢复为限制民事行为能力人或者完全民事行为能力人，需要符合如下条件。

1. 适用对象为被人民法院认定为无民事行为能力人或者限制民事行为能力人的成年人

从本条第2款的规定来看，认定恢复为限制民事行为能力人或者完全民事行为能力人的适用对象限于被人民法院认定为无民事行为能力人或者限制民事行为能力人的成年人。如果某人事先并未被人民法院认定为无民事行为能力人或者限制民事行为能力人，则不适用本条规定。例如，某人因为罹患精神疾病而丧失辨认自己行为的能力，但其利害关系人或者有关组织并没有向人民法院申请认定其属于无民事行为能力人或者限制民事行为能力人，后其精神疾病康复，完全恢复了辨认其行为的能力。此时，依据本条规定，并不需要人民法院依据法定程序认定其恢复为完全民事行为能力人。

2. 由本人、利害关系人或者有关组织申请

从本条规定来看，与认定某人为无民事行为能力人或者限制民事行为能力人一样，在某人客观上恢复或者部分恢复辨认其行为的能力后，也需要由相关主体向人民法院提出申请，认定其恢复为完全民事行为能力人或者限制民事行为能力人，人民法院不能依职权予以认定。从本条规定来看，有权提出申请的主体包括：一是本人。在成年人恢复或者部分恢复辨认其行为的能力时，其自己可以向

人民法院提出申请，以认定其恢复为完全民事行为能力人或者限制民事行为能力人。二是利害关系人。本条没有对此处的利害关系人的范围作出规定，只要与该成年人具有人身或者财产上利害关系的主体，原则上均属于此处的利害关系人，均可以向人民法院提出申请。三是有关组织。从本条规定来看，申请认定成年人恢复行为能力的有关组织的范围与申请认定成年人为限制民事行为能力人或者无民事行为能力人的有关组织的范围相同，即居民委员会、村民委员会、学校、医疗机构、妇女联合会、残疾人联合会、依法设立的老年人组织、民政部门等。

3. 由人民法院依据法定程序作出认定

如前所述，我国《民事诉讼法》对于认定公民无民事行为能力或者限制民事行为能力案件的程序作出了规定，即人民法院应当适用特别程序审理此类案件。对于成年人恢复民事行为能力的案件，《民事诉讼法》第190条规定：人民法院根据被认定为无民事行为能力人、限制民事行为能力人或者他的监护人的申请，证实该公民无民事行为能力或者限制民事行为能力的原因已经消除的，应当作出新判决，撤销原判决。同时，依据《民法典》第24条的规定，人民法院在审理案件的过程中，可以根据其智力、精神健康恢复的状况，认定该成年人恢复为限制民事行为能力人或者完全民事行为能力人。也就是说，法院需要根据成年人之民事行为能力恢复的情况，具体认定其恢复为限制民事行为能力人或者完全民事行为能力人。

（本条由王叶刚撰写）

第二十五条

自然人以户籍登记或者其他有效身份登记记载的居所为住所；经常居所与住所不一致的，经常居所视为住所。

本条主旨

本条对自然人住所的确定规则作出了规定。

相关条文

《民法总则》第25条规定：“自然人以户籍登记或者其他有效身份登记记载的居所为住所；经常居所与住所不一致的，经常居所视为住所。”

《民法通则》第15条规定：“公民以他的户籍所在地的居住地为住所，经常居住地与住所不一致的，经常居住地视为住所。”

《民法通则意见》第 9 条规定：“公民离开住所地最后连续居住一年以上的地方，为经常居住地。但住医院治病的除外。”“公民由其户籍所在地迁出后至迁入另一地之前，无经常居住地的，仍以其原户籍所在地为住所。”

理解与适用

准确认定自然人的住所，在法律上具有重要意义。从《民法典》的规定来看，其许多规则的适用都涉及自然人的住所。例如，《民法典》第 31 条规定：对监护人的确定有争议的，由被监护人住所地的居民委员会、村民委员会或者民政部门指定监护人，有关当事人对指定不服的，可以向人民法院申请指定监护人；有关当事人也可以直接向人民法院申请指定监护人。居民委员会、村民委员会、民政部门或者人民法院应当尊重被监护人的真实意愿，按照最有利于被监护人的原则在依法具有监护资格的人中指定监护人。依据本条第 1 款规定指定监护人前，被监护人的人身权利、财产权利以及其他合法权益处于无人保护状态的，由被监护人住所地的居民委员会、村民委员会、法律规定的有关组织或者民政部门担任临时监护人。监护人被指定后，不得擅自变更；擅自变更的，不免除被指定的监护人的责任。该条对指定监护人的规则作出了规定，相关主体的确定就以确定被监护人的住所为前提。再如，《民法典》第 1145 条规定：继承开始后，遗嘱执行人为遗产管理人；没有遗嘱执行人的，继承人应当及时推选遗产管理人；继承人未推选的，由继承人共同担任遗产管理人；没有继承人或者继承人均放弃继承的，由被继承人生前住所地的民政部门或者村民委员会担任遗产管理人。该条对遗产的处理规则作出了规定，在被继承人“没有继承人或者继承人均放弃继承的，由被继承人生前住所地的民政部门或者村民委员会担任遗产管理人”，其中也涉及住所的认定问题。除《民法典》外，其他相关立法之相关规则的解释和适用也需要准确认定自然人的住所。例如，《民事诉讼法》第 21 条规定：对公民提起的民事诉讼，由被告住所地人民法院管辖；被告住所地与经常居住地不一致的，由经常居住地人民法院管辖。对法人或者其他组织提起的民事诉讼，由被告住所地人民法院管辖。同一诉讼的几个被告住所地、经常居住地在两个以上人民法院辖区的，各该人民法院都有管辖权。该条对民事诉讼一般地域管辖的规则作出了规定，其中就涉及自然人住所的认定问题。因此，《民法典》第 25 条对自然人住所的认定规则作出规定，对于准确适用《民法典》及相关立法的规则具有重要意义。

从本条规定来看，按照如下规则确定自然人的住所：

一是通常以自然人户籍登记或者其他有效身份登记记载的居所为住所。户籍登记是公安机关按照法律规定，对公民的身份信息进行登记和记载的制度。公民应当在其经常居住地进行户籍登记，户籍登记地是确定自然人住所的重要依据。除户籍登记外，其他有效身份登记记载的居所也是认定自然人住所的重要依据。随着我国城镇化进程的发展，人员流动日益频繁，一些人可能离开其户籍所在地，而长期在其他地区工作和生活，并因此取得相关的居住凭证，这也是认定其住所的重要依据。

二是经常居所与住所不一致的，经常居所视为住所。从本条规定来看，如果某人的经常居所与住所不一致，则将其经常居所视为住所。法律作出此种规定的主要原因在于：法律规定个人住所的主要目的在于确定其经常活动地，即与其具有最密切联系的地址，这有利于纠纷的解决。如果某人的经常居所与其住所不一致，将该经常居所视为住所，则能够更好地解决相关纠纷。我国《民事诉讼法》也作出了类似规定，例如，该法第 21 条规定：对公民提起的民事诉讼，由被告住所地人民法院管辖；被告住所地与经常居住地不一致的，由经常居住地人民法院管辖。对法人或者其他组织提起的民事诉讼，由被告住所地人民法院管辖。同一诉讼的几个被告住所地、经常居住地在两个以上人民法院辖区的，各该人民法院都有管辖权。

（本条由王叶刚撰写）

第二节　监护

第二十六条

父母对未成年子女负有抚养、教育和保护的义务。

成年子女对父母负有赡养、扶助和保护的义务。

本条主旨

本条对父母子女间的义务作出了规定。

相关条文

《民法总则》第 26 条规定：“父母对未成年子女负有抚养、教育和保护的义务。”“成年子女对父母负有赡养、扶助和保护的义务。”

《婚姻法》第 21 条规定：“父母对子女有抚养教育的义务；子女对父母有赡养扶助的义务。”“父母不履行抚养义务时，未成年的或不能独立生活的子女，有要求父母付给抚养费的权利。”“子女不履行赡养义务时，无劳动能力的或生活困难的父母，有要求子女付给赡养费的权利。”“禁止溺婴、弃婴和其他残害婴儿的行为。”

《老年人权益保障法》第 14 条规定：“赡养人应当履行对老年人经济上供养、生活上照料和精神上慰藉的义务，照顾老年人的特殊需要。”“赡养人是指老年人的子女以及其他依法负有赡养义务的人。”“赡养人的配偶应当协助赡养人履行赡养义务。”

理解与适用

该条是对父母与子女之间法定监护建立基础的概括规定。父母与子女是家庭垂直关系中最为核心的内容：当子女尚未成年时，父母便对子女负有照顾生活、培养教育、保护安全的义务，而当子女长大，父母年迈甚至失能时，子女又反过来对父母担负起赡养帮扶和保护的义务。这也符合中国传统文化孝道与亲情的观念。具体而言，本条分为两款，第 1 款是关于父母对未成年人子女监护内容的规定，第 2 款是关于成年子女对父母监护内容的规定。

“父母”是父亲和母亲的合称，不仅包括血缘关系上的亲生父母，也包括养父母、继父母等法律意义上的父母。第 1 款中的“父母”，侧重强调父母具备相应的民事行为能力，并且有一定的工作能力，能够承担起子女照顾生活、教育和抚养保护的义务；第 2 款中的“父母”，则特指年迈甚至失能的父母，因为身体健康、有生活来源的父母并不需要子女的赡养、扶助和保护。

“子女”是儿子和女儿的合称，不仅包括血缘关系上的亲生子女，也包括养子女、继子女等法律意义上的子女。该条第 1 款中的子女，是未成年子女，那么在民法上，未成年子女是指未满 18 周岁的子女。第 2 款中的子女，是指成年子女，即年满 18 周岁的子女。《民法典》第 17 条规定：18 周岁以上的自然人为成年人。不满十八周岁的自然人为未成年人。判断子女是否达到成年人的标准，就从出生时间开始计算是否满 18 年，而根据《民法典》的规定，自然人的出生时间以出生证明记载的时间为准；没有出生证明的，以户籍登记或者其他有效身份登记记载的时间为准。有其他证据足以推翻以上记载时间的，以该证据证明的时间为准。

父母对未成年子女负有的抚养义务，是指抚育、教养。抚养不仅包括父母对未成年子女在生活上物质方面的提供，也包括在成长过程中精神上的关爱。抚养一般不附加任何条件，是父母与子女基于血缘家庭关系而产生的、自觉自发的关系。在物质层面，如果父母对子女不尽到抚养义务，导致子女处于被虐待、遗弃状态的，则父母便违反了婚姻法的规定，严重的，则违反了刑法的相关罪名，构成虐待罪或者遗弃罪。

父母对未成年子女负有的教育义务，是指为了让子女能够适应社会化的需要，在成年之后能够具备融入社会、独立生活的能力，而从小开始进行的知识与技能方面的教化和培育。在现代社会，父母对子女的义务，不限于提供身体成长所必需的的物质条件，还包括子女成长成才所应受到的教育，后者更为重要。生而不养、养而不教是父母对子女的严重不负责任。《三字经》就有“养不教，父之过”的说法。在国家为学龄未成年人普遍性地提供九年义务教育的环境下，父母应当为未成年子女接受学校教育提供一定的条件和支持，并且为未成年子女在家庭环境中提供良好的家庭教育，使子女成年之后具备社会所需要的知识与技能，具备沟通他人、融入社会、自食其力的能力。

父母对未成年子女负有的保护义务，主要是指父母对未成年子女之身体和精神的保护，使其免受他人的侵害，保持成长所必需的健康状态。此外，未成年子女有财产来源的，父母还应当保护未成年子女的财产，使之不受第三人的非法侵害，也不被未成年子女挥霍浪费掉。因此，父母对未成年子女的保护义务，主要是针对未成年子女的人身权益和财产权益。

成年子女对父母负有赡养的义务，这主要是指子女成年之后，参加了工作，具备了一定的经济能力，应当在生活上对自己父母进行照顾和帮助，尤其是当父母年迈、丧失劳动能力时，在经济上对父母进行帮助，使父母能够维持必要的生活水平。与父母对子女的抚养类似，赡养不仅仅是指经济上的帮助，也包括成年子女在精神和情感方面对自己父母进行的关爱。根据《老年人权益保障法》的要求，老年人养老以居家为基础，家庭成员应当尊重、关心和照料老年人，子女应当履行对老年人经济上供养、生活上照料和精神上慰藉的义务，照顾老年人的特殊需要，应当妥善安排老年人的住房，不得强迫老年人居住或者迁居条件低劣的房屋。子女还应当关心老年人的精神需求，不得忽视、冷落老年人。子女与老年人分开居住的，应当经常看望或者问候老年人。

成年子女对父母负有扶助的义务，是指父母在经济上存在困难、自我照顾存在一定障碍时，成年子女应当及时、无偿地为父母提供帮助，使父母能够维持一定的生活水准。根据《老年人权益保障法》的要求，子女应当使患病的老年父母及时得到治疗和护理；父母经济困难的，子女应当提供医疗费用；父母生活不能自理的，子女应当承担照料责任；子女不能亲自照料的，可以按照老年父母的意愿委托他人或者养老机构等照料。老年父母在农村承包有耕地的，子女有义务耕种或者委托他人耕种父母承包的田地，照管或者委托他人照管父母的林木和牲畜等，收益归父母所有。

成年子女对父母负有保护的义务，是指在父母年迈之后，可能行动不便，或者缺乏相应的意思能力时，需要子女保护其人身安全，同时也可能因父母年迈，缺乏相关社会知识、金融和法律意识，需要成年子女保护其财产安全。根据《老年人权益保障法》的规定，老年父母自有的或者承租的住房，子女不得侵占，不得擅自改变产权关系或者租赁关系；父母自有的住房，子女负有有维修的义务，以保障父母的居住安全。

（本条由孟强撰写）

第二十七条

父母是未成年子女的监护人。

未成年人的父母已经死亡或者没有监护能力的，由下列有监护能力的人按顺序担任监护人：

（一）祖父母、外祖父母；

（二）兄、姐；

（三）其他愿意担任监护人的个人或者组织，但是须经未成年人住所地的居民委员会、村民委员会或者民政部门同意。

本条主旨

本条对未成年人的法定监护人作出了规定。

相关条文

《民法总则》第27条规定："父母是未成年子女的监护人。""未成年人的父母已经死亡或者没有监护能力的，由下列有监护能力的人按顺序担任监护人：（一）祖父母、外祖父母；（二）兄、姐；（三）其他愿意担任监护人的个人或者组织，但是须经未成年人住所地的居民委员会、村民委员会或者民政部门同意。"

《民法通则》第16条规定："未成年人的父母是未成年人的监护人。""未成年人的父母已经死亡或者没有监护能力的，由下列人员中有监护能力的人担任监护人：（一）祖父母、外祖父母；（二）兄、姐；（三）关系密切的其他亲属、朋友愿意承担监护责任，经未成年人的父、母的所在单位或者未成年人住所地的居民委员会、村民委员会同意的。”“对担任监护人有争议的，由未成年人的父、母的所在单位或者未成年人住所地的居民委员会、村民委员会在近亲属中指定。对指定不服提起诉讼的，由人民法院裁决。”“没有第一款、第二款规定的监护人的，由未成年人的父、母的所在单位或者未成年人住所地的居民委员会、村民委员会或者民政部门担任监护人。”

《民法通则意见》第 11 条规定：“认定监护人监护能力，应当根据监护人的身体健康状况、经济条件，以及与被监护人在生活上的联系状况等因素确定。”

理解与适用

本条有两款内容。第 1 款开宗明义，规定了父母作为未成年子女监护人的法律地位。第 2 款则规定在未成年人父母死亡或者没有监护能力情形下，其他主体作为监护人的范围和顺序。

本条主要是对未成年人法定监护的规定。所谓法定监护，就是指监护人由法律直接规定。本条第 1 款的规定沿袭了《民法通则》第 16 条的规定，但将“未成年人的父母是未成年人的监护人”的表述改为了更为符合语法规范的“父母是未成年子女的监护人”的表述。父母作为未成年子女的法定监护人，以子女出生这一法律事实为发生原因，一直延续到子女年满 18 周岁成年为止。父母对未成年子女的监护因子女出生的法律事实而发生，除因死亡或按法定程序予以剥夺外，任何人不得加以剥夺或限制。养父母和养子女之间的权利和义务、继父母与继子女之间的权利义务，可适用法律对父母子女关系的有关规定。

未成年人的父母已经死亡或者没有监护能力的，未成年人处于无人监护的状态，对其人身和财产的保护极为不利，并且这种状态的持续将严重影响未成年人的健康成长。在此情形下，本条规定，此时由下列有监护能力的人按顺序担任监护人：(1) 祖父母、外祖父母；(2) 兄、姐；(3) 其他愿意担任监护人的个人或者组织，但是须经未成年人住所地的居民委员会、村民委员会或者民政部门同意。

该款规定基本沿袭了《民法通则》第 16 条第 2 款的规定，但有较多完善。《民法通则》第 16 条第 2 款未明确除父母外其他有监护能力的人担任监护人的顺序问题，导致理论上和实践中均产生一定的争议。一种观点认为，上述人员并没有顺序限制；另一种观点认为，存在着顺序限制。实践中，当有监护资格的人争当监护人或者相互推诿时，如果没有顺序，法院对此类纠纷就缺乏解决的标准。

《民法典》第 27 条强调了“按顺序”，即除父母外，第一顺位的监护人是祖父母、外祖父母，第二顺位的是兄、姐，第三顺位的才是其他愿意担任监护人的个人或者组织，但是须经未成年人住所地的居民委员会、村民委员会或者民政部门同意。

“祖父母”是子女对父亲的父母的称谓，即祖父祖母，俗称爷爷奶奶；“外祖父母”是子女对母亲的父母的称谓，即外祖父、外祖母，俗称外公外婆、姥姥姥爷。“兄”是指同父母的子女中年龄较大的男性。作为未成年人监护人的兄，指成年的兄，即具备完全民事行为能力的人，否则不具备担任监护人的能力和资格。“姐”是指同父母的子女中年龄较大的女性。作为未成年人监护人的姐，也要求必须成年且具备完全民事行为能力。当然，由于我国《民法典》对父母的概念采取较为宽泛的概念，不仅包括亲生父母，还包括继父母、养父母，所以此处的兄、姐相应地也包括亲兄姐、继兄姐和养兄姐。现在农村中青壮年劳动力大量出走城市务工劳动，留下了为数众多的留守儿童，这些儿童长年留在农村生活学习，父母不在身边，经常只能由祖父母、外祖父母或者成年兄姐担任监护人。

本条关于顺位的规定也符合我国的社会生活习惯，因为子女在其父母双亡或一方死亡、另一方没有抚养能力的情况下，大多是先由祖父母、外祖父母来抚养的，在没有祖父母和外祖父母的情况下，由其成年兄姐抚养；没有兄姐的，才由未成年人的其他亲属抚养。

至于未成年人的祖父母、外祖父母、兄、姐之外的其他人担任监护人的，由于这些人并非未成年人的核心亲属，除自愿担任监护人之外，还必须经未成年人住所地的居民委员会、村民委员会或者民政部门同意。这表明公权力机关一定程度的介入和监督，以保障未成年人作为被监护人的合法权益。

（本条由孟强撰写）

第二十八条

无民事行为能力或者限制民事行为能力的成年人，由下列有监护能力的人按顺序担任监护人：

（一）配偶；

（二）父母、子女；

（三）其他近亲属；

（四）其他愿意担任监护人的个人或者组织，但是须经被监护人住所地的居民委员会、村民委员会或者民政部门同意。

本条主旨

本条对成年人的法定监护人作出了规定。

相关条文

《民法总则》第 28 条规定："无民事行为能力或者限制民事行为能力的成年人，由下列有监护能力的人按顺序担任监护人：（一）配偶；（二）父母、子女；（三）其他近亲属；（四）其他愿意担任监护人的个人或者组织，但是须经被监护人住所地的居民委员会、村民委员会或者民政部门同意。"

《民法通则》第 17 条规定："无民事行为能力或者限制民事行为能力的精神病人，由下列人员担任监护人：（一）配偶；（二）父母；（三）成年子女；（四）其他近亲属；（五）关系密切的其他亲属、朋友愿意承担监护责任，经精神病人的所在单位或者住所地的居民委员会、村民委员会同意的。""对担任监护人有争议的，由精神病人的所在单位或者住所地的居民委员会、村民委员会在近亲属中指定。对指定不服提起诉讼的，由人民法院裁决。""没有第一款规定的监护人的，由精神病人的所在单位或者住所地的居民委员会、村民委员会或者民政部门担任监护人。"

《民法通则意见》第 12 条规定："民法通则中规定的近亲属，包括配偶、父母、子女、兄弟姐妹、祖父母、外祖父母、孙子女、外孙子女。"

理解与适用

本条是关于成年人监护的监护人范围的规定。这一制度源于《民法通则》第 17 条的规定，但作了适度调整。

设定无民事行为能力或者限制民事行为能力的成年人监护是对无民事行为能力或者限制民事行为能力的成年人的人身、财产及其他合法权益进行监督和保护的必要措施。成年人监护制度的设立目的，既是保护被监护人的合法权益，同时也保护交易安全，因为：无民事行为能力的成年人，可能是从未成年开始就不具备民事行为能力，也可能是曾经具备了完全民事行为能力，但后来因为精神疾病等缺乏意思能力，而成为无民事行为能力人。同样，限制民事行为能力的成年人也可能是从未成年开始即只具备部分民事行为能力，也可能是曾经具备完全民事行为能力，但后来欠缺部分意思能力而成为限制民事行为能力人。从外表看，这些人都已经是成年人，而且其欠缺意思能力的实质未必能够从表面获取，故为保护交易相对人和利益相关者的交易安全，有必要对这类成年人设立监护制度，由监护人代为保护其人身安全，代为管理其财产。

配偶关系因婚姻的合法成立而生效。在我国以夫妻进行结婚登记、取得结婚证的时间为配偶关系开始时间。配偶关系因一方死亡和双方离婚而终止。其他近亲属是指除配偶、父母以及子女之外的近亲属，包括兄弟姐妹、祖父母、外祖父母、孙子女、外孙子女。

该条相对于《民法通则》第 17 条的规定，一个变化就是强调了从有监护能力的人中间“按顺序”产生监护人。因为对精神障碍患者的亲属而言，担任监护人是一个沉重的负担，故常常容易出现亲属相互推诿、不愿意担任监护人的情况，有可能使精神障碍患者难以找到监护人，从而既不利于保护精神障碍患者的利益，也不利于保护他人的利益。所以本条规定强调了顺序性，即无民事行为能力或者限制民事行为能力的成年人的配偶为第一顺位监护人，其父母、子女为第二顺位监护人，其他近亲属是第三顺位监护人，其他愿意担任监护人的个人或者组织是第四顺位监护人。

类似于《民法典》第 27 条的规定，其他愿意担任监护人的个人或者组织要想担任监护人，除了要出于自愿，还必须经过被监护人住所地的居民委员会、村民委员会或者民政部门的同意。这同样是为了更好地保护被监护人的权益而让公权力适度介入监护人的选任。

（本条由孟强撰写）

第二十九条

被监护人的父母担任监护人的，可以通过遗嘱指定监护人。

本条主旨

本条对遗嘱指定监护人的规则作出了规定。

相关条文

《民法总则》第 29 条规定：“被监护人的父母担任监护人的，可以通过遗嘱指定监护人。”

理解与适用

遗嘱指定监护也是指定监护的一种，是指被监护人的父母亲通过遗嘱给自己未成年的子女或者成年但是没有民事行为能力或者限制民事行为能力的子女指定监护人。遗嘱指定监护符合遗嘱自由原则，因为遗嘱人生前基于其真实的意思标示，可以对其有权处分的财产或其他事项进行安排、处置，此种安排和处置在遗嘱人死亡时生效。① 在这种情形下，遗嘱生效的实质要件和形式要件与一般遗嘱的相同。

如果被监护人的父亲或母亲有一方已经去世，仅有父亲或者母亲单独作为监护人，而这唯一的监护人又因病或其他原因去世，那么未来的监护人就只能根据《民法典》第 27 条的规定，在祖父母、外祖父母、兄、姐以及其他愿意担任监护人的个人或者组织中按顺序产生，这样就难免将监护人的产生完全交由法律决定，当事人意思自治的空间不足。而按照本条的规定，被监护人的父亲或者母亲在去世前就可以立下遗嘱，从近亲属、亲戚朋友甚至相关组织中挑选自己信任的主体作为未成年人的监护人。如此既彰显了民法的意思自治原则，也更有利于对被监护人利益的保护。

当然，如果被监护人的父母均健在，那么仅父亲或母亲一方不能通过遗嘱为被监护人指定监护人，除非经过父母双方协商一致。因为按照《民法典》第 27 条和第 28 条的规定，父亲和母亲都是被监护人第一顺位的监护人，只要有一个健在，自然就担任监护人的职责，另一方不得单方进行遗嘱指定。

根据本条规定，遗嘱指定监护应具备如下要件：第一，进行指定的主体是被监护人的父母，其他人担任监护人的，无权进行遗嘱指定监护；第二，指定是以遗嘱的方式进行；第三，被监护人是无民事行为能力或者限制民事行为能力的子女，包括成年和未成年两种情况；第四，被父母遗嘱指定担任监护人的人需具有完全民事行为能力，即具有监护能力；第五，作为遗嘱的一种类型，遗嘱指定监护同样在遗嘱生效时产生效力。

（本条由孟强撰写）

第三十条

依法具有监护资格的人之间可以协议确定监护人。协议确定监护人应当尊重被监护人的真实意愿。

本条主旨

本条对协议确定监护人的规则作出了规定。

---

① 郭明瑞，张平华．遗嘱解释的三个问题．法学研究，2004（4）．

相关条文

《民法总则》第 30 条规定："依法具有监护资格的人之间可以协议确定监护人。协议确定监护人应当尊重被监护人的真实意愿。"

《民法通则意见》第 15 条规定："有监护资格的人之间协议确定监护人的，应当由协议确定的监护人对被监护人承担监护责任。"

理解与适用

本条是对协议监护的规定，即具有监护资格的数人之间可以通过协商并达成一致意见的方式为被监护人确定一名或几名监护人。该条规定相对于《民法通则》而言，是新增的规定，但是并非全新的制度，因为 1988 年《民法通则意见》第 15 条就曾规定：有监护资格的人之间协议确定监护人的，应当由协议确定的监护人对被监护人承担监护责任。可以说，《民法典》的此条规定，是将多年司法实践证明成熟可行的经验上升为民事立法。

协议确定监护是约定确定监护人的一种方式，是在具有监护资格的多个监护人之间为谁担任监护人职责而产生争议时，通过平等协商的方式来确定其中一位或几位担任监护人的方式。当监护人的确定存在争议时，虽然也可以通过《民法典》第 31 条规定的方式由有权机关进行指定，但首先在有监护资格的人中间通过协议的方式来确定监护人，既体现了意思自治，也有利于被监护人的利益，因为在协商的过程中，各位具有监护资格的人会进行协商讨论，或者征求被监护人的意见，最终确定出监护人。当然，如果协商之后仍然无法达成协议，则还需要相关机关以指定的方式来确定最后的监护人。

有权进行协商的人，必须是具有监护资格的人。监护资格的确定，应当按照《民法典》第 27 条和第 28 条的规定来进行，而且应当遵守这两条关于监护人顺位的规定，即必须先由上一顺位的数位具有监护资格的人进行协商，协商无法达成一致意见的，才能由次一顺位的数位具有监护资格的人进行协商。当上一顺位的监护人之间已经有了协商结果时，次一顺位的监护人就无权协商确定监护人。

本条还强调协议确定监护人应当尊重被监护人的真实意愿。这就是说，在协议确定监护人的过程中，各个具有监护资格的主体还应该尊重被监护人的意愿。如果被监护人希望其中一人来担任自己的监护人，那么各个有监护资格的监护人应当尊重被监护人的意愿，优先让被监护人心目中的理想主体来担任最后的监护人。当然，尊重被监护人意愿还包括被监护人特别排斥的具有监护资格的人不应当担任最后的监护人。在征求被监护人的意见时，根据被监护人是无民事行为能力人还是限制民事行为能力人，采纳其意愿的比例应有所不同，此外，还应结合监护人自身的客观条件和主观意愿来协商选定，但无论如何，应当依照最有利于被监护人的原则来选定。被选定的监护人如果未能依照约定或法定履行监护职责，应当根据《民法典》第 34 条的规定承担法律责任，此外，还可依据《民法典》第 36 条的规定被撤销监护资格。

（本条由孟强撰写）

第三十一条

对监护人的确定有争议的，由被监护人住所地的居民委员会、村民委员会或者民政部门指定监护人，有关当事人对指定不服的，可以向人民法院申请指定监护人；有关当事人也可以直接向人民法院申请指定监护人。

居民委员会、村民委员会、民政部门或者人民法院应当尊重被监护人的真实意愿，按照最有利于被监护人的原则在依法具有监护资格的人中指定监护人。

依据本条第一款规定指定监护人前，被监护人的人身权利、财产权利以及其他合法权益处于无人保护状态的，由被监护人住所地的居民委员会、村民委员会、法律规定的有关组织或者民政部门担任临时监护人。

监护人被指定后，不得擅自变更；擅自变更的，不免除被指定的监护人的责任。

本条主旨

本条对指定监护人的规则作出了规定。

相关条文

《民法总则》第 31 条规定："对监护人的确定有争议的，由被监护人住所地的居民委员会、村民委员会或者民政部门指定监护人，有关当事人对指定不服的，可以向人民法院申请指定监护人；有关当事人也可以直接向人民法院申请指定监护人。""居民委员会、村民委员会、民政部门或者人民法院应当尊重被监护人的真实意愿，按照最有利于被监护人的原则在依法具有监护资格的人中指定监护人。""依照本条第一款规定指定监护人前，被监护人的人身权利、财产权利以及其他合法权益处于无人保护状态的，由被监护人住所地的居民委员会、村民委员会、法律规定的有关组织或者民政部门担任临时监护人。""监护人被指定后，不得擅自变更；擅自变更的，不免除被指定的监护人的责任。"

《民法通则》第 16 条规定："未成年人的父母是未成年人的监护人。""未成年人的父母已经死亡或者没有监护能力的，由下列人员中有监护能力的人担任监护人：（一）祖父母、外祖父母；（二）兄、姐；（三）关系密切的其他亲属、朋友愿意承担监护责任，经未成年人的父、母的所在单位或者未成年人住所地的居民委员会、村民委员会同意的。""对担任监护人有争议的，由未成年人的父、母的所在单位或者未成年人住所地的居民委员会、村民委员会在近亲属中指定。对指定不服提起诉讼的，由人民法院裁决。""没有第一款、第二款规定的监护人的，由未成年人的父、母的所在单位或者未成年人住所地的居民委员会、村民委员会或者民政部门担任监护人。"

《民法通则》第 17 条规定："无民事行为能力或者限制民事行为能力的精神病人，由下列人员担任监护人：（一）配偶；（二）父母；（三）成年子女；（四）其他近亲属；（五）关系密切的其他亲属、朋友愿意承担监护责任，经精神病人的所在单位或者住所地的居民委员会、村民委员会同意的。""对担任监护人有争议的，由精神病人的所在单位或者住所地的居民委员会、村民委员会在近亲属中指定。对指定不服提起诉讼的，由人民法院裁决。""没有第一款规定的监护人的，由精神病人的所在单位或者住所地的居民委员会、村民委员会或者民政部门担任监护人。"

理解与适用

本条规定包括 4 款内容：第 1 款是关于担任监护人有争议的处理的规定，第 2 款是关于监护人指定主体应遵循基本原则的规定，第 3 款是关于被监护人之合法权益处于无人保护状态时担任临时监护人主体的规定，第 4 款是被指定监护人不得擅自进行变更的规定。

本条规定整合了《民法通则》第 16 条第 3 款和第 17 条第 2 款的规定，吸收了相关司法解释的经验，并进行了修改、完善。

指定监护是从有监护资格的人中依次选定监护人，因此，指定监护并不是在法定监护人之外确定监护人，而是在具有法定监护资格的人之间对担任监护人产生不确定或者争议时，由有权机关进行指定的监护。这仍然是在法定监护人范围之内确定监护人。

指定监护本质上仍然属于法定监护的范畴，因为指定监护必须在符合法律条件的监护人范围之内进行选择。指定监护的适用前提是担任监护人产生争议。这里的争议，在未成年人是其父母以外的监护人范围内的人争抢担任监护人或互相推诿都不愿意担任监护人；在成年精神障碍患者则是监护范围内的任何人之间的争议。指定监护是解决担任监护人争议的一种方式。通过指定监护的方式，可以解决协议确定不了监护人的纠纷。为确保当事人的合法权益得到保护，有关当事人对指定不服的，可以向人民法院申请指定监护人，也可以直接向人民法院申请指定监护人。

可见，监护人的确定存在争议时，在被监护人住所地的居民委员会、村民委员会或者民政部门的介入和监督下，由它们来指定监护人能最大限度保障被监护人的利益。

居民委员会、村民委员会、民政部门或者人民法院应当根据被监护人的意思能力状态，征求其意见，尊重被监护人的真实意愿，按照最有利于被监护人的原则，在依法具有监护资格的人中选择指定监护人。根据这一基本原则，有权机关在指定监护人时，一方面要考虑被监护人的真实意愿，另一方面也要充分考虑监护人的监护能力，即考虑监护人的身体健康状况、经济条件以及与被监护人在生活上的联系等状况，如此才能最大限度保护被监护人的利益。

当监护人的人选存在争议时，就表明被监护人在一定期限内失去了监护人。这对于被监护人而言是十分不利的境地。为最大限度保护被监护人的合法权益，本条第 3 款还规定了临时监护人制度。临时监护人，是指在指定监护人产生之前暂时对被监护人承担监护职责的主体。就职责和任务而言，临时监护人与一般的监护人没有本质的区别，只是由于其暂时担任监护人的性质，在监护人被确定后，其应当将被监护人的监护事项详细地向最后确定的监护人进行告知，确保被监护人的利益得到充分保护。临时监护人具有过渡的性质，是法律在真正的监护人产生之前避免被监护人的合法权益得不到周全保护而设置的角色。一旦监护人最终选定或指定，临时监护人的角色即告终，监护职责即移交被指定的监护人。

本条中的监护人乃是有权机关进行指定而产生的，因此，监护人被指定后，不得擅自进行变更。擅自变更的，其监护职责并不免除。如果被指定的监护人确有理由不宜继续担任监护人，或者出现了侵害被监护人的合法权益的情形的，则可以根据本条的规定重新进行指定，或者根据《民法典》第 36 条的规定撤销其监护资格，另行选择其他具有监护资格的人担任监护人。

（本条由孟强撰写）

第三十二条

没有依法具有监护资格的人的，监护人由民政部门担任，也可以由具备履行监护职责条件的被监护人住所地的居民委员会、村民委员会担任。

本条主旨

本条对单位监护人的规则作出了规定。

相关条文

《民法总则》第 32 条规定："没有依法具有监护资格的人的，监护人由民政部门担任，也可以由具备履行监护职责条件的被监护人住所地的居民委员会、村民委员会担任。"

《民法通则》第 16 条规定："未成年人的父母是未成年人的监护人。""未成年人的父母已经死亡或者没有监护能力的，由下列人员中有监护能力的人担任监护人：（一）祖父母、外祖父母；（二）兄、姐；（三）关系密切的其他亲属、朋友愿意承担监护责任，经未成年人的父、母的所在单位或者未成年人住所地的居民委员会、村民委员会同意的。""对担任监护人有争议的，由未成年人的父、母的所在单位或者未成年人住所地的居民委员会、村民委员会在近亲属中指定。对指定不服提起诉讼的，由人民法院裁决。""没有第一款、第二款规定的监护人的，由未成年人的父、母的所在单位或者未成年人住所地的居民委员会、村民委员会或者民政部门担任监护人。"

《民法通则》第 17 条规定："无民事行为能力或者限制民事行为能力的精神病人，由下列人员担任监护人：（一）配偶；（二）父母；（三）成年子女；（四）其他近亲属；（五）关系密切的其他亲属、朋友愿意承担监护责任，经精神病人的所在单位或者住所地的居民委员会、村民委员会同意的。""对担任监护人有争议的，由精神病人的所在单位或者住所地的居民委员会、村民委员会在近亲属中指定。对指定不服提起诉讼的，由人民法院裁决。""没有第一款规定的监护人的，由精神病人的所在单位或者住所地的居民委员会、村民委员会或者民政部门担任监护人。"

理解与适用

本条是关于没有有监护资格的人的情形下，由有关部门和组织担任监护人的规定。从内容上来看，本条规定整合了《民法通则》第 16 条第 4 款和第 17 条第 3 款的规定，并进行了补充、完善。

在少数情况下，被监护人缺乏监护，且没有依法具有监护资格的人可供指定。此时只能由政府部门和基层群众自治组织承担起监护职责，保障被监护人的人身、财产权益。"无具备监护资格的人"，是指没有合格的法定监护人，而且无法指定适当的监护人。在这种情形下，首先由民政部门担任被监护人的监护人。此处的“民政部门”是指被监护人住所地县级人民政府的民政部门及其派出机构。民政部门担任监护人、进行监护活动时，属于特别法人。

同时，本条还规定在无具有监护资格的人的情况下，也可以由具备履行监护职责条件的被监护人住所地的居民委员会、村民委员会担任监护人。居民委员会、村民委员会具有基层群众性自治组织法人资格，可以从事为履行职能所需要的民事活动。对比民政部门担任监护人，居民委员会、村民委员会担任监护人要满足“具备履行监护职责条件”的要求，即在没有依法具有监护资格的人的情况下，民政部门可以直接担任监护人，而不要求其具备相关条件；而被监护人住所地的居民委员会、村民委员会虽然也可以担任监护人，但必须要具备履行监护职责的条件。

之所以采取此种规定，是因为这些部门和组织的职责分工不同：民政部门本身应当具备安置、照料被监护人的条件，有国家专门的经费和人员作为保障，而被监护人住所地的居民委员会、村民委员会未必具备这些条件，故居民委员会或村民委员会只有在具备有比较健全的组织机构、有能够履行监护职责的人员和经费等条件时，才适宜担任监护人，否则将使监护人一职形同虚设。

（本条由孟强撰写）

第三十三条

具有完全民事行为能力的成年人，可以与其近亲属、其他愿意担任监护人的个人或者组织事先协商，以书面形式确定自己的监护人，在自己丧失或者部分丧失民事行为能力时，由该监护人履行监护职责。

本条主旨

本条对成年人意定监护人的规则作出了规定。

相关条文

《民法总则》第33条规定：“具有完全民事行为能力的成年人，可以与其近亲属、其他愿意担任监护人的个人或者组织事先协商，以书面形式确定自己的监护人。协商确定的监护人在该成年人丧失或者部分丧失民事行为能力时，履行监护职责。”

《老年人权益保障法》第 26 条规定："具备完全民事行为能力的老年人，可以在近亲属或者其他与自己关系密切、愿意承担监护责任的个人、组织中协商确定自己的监护人。监护人在老年人丧失或者部分丧失民事行为能力时，依法承担监护责任。""老年人未事先确定监护人的，其丧失或者部分丧失民事行为能力时，依照有关法律的规定确定监护人。"

理解与适用

本条是关于成年人意定监护的规定。成年人意定监护，是相对于成年人法定监护的概念，是指成年人在其具备完全民事行为能力时，提前与他人协商并以书面形式确定自己的监护人，待自己丧失民事行为能力时即由预先确定的人担任自己监护人的监护人确定制度。成年人意定监护，使本人在民事行为能力完全时，通过委托合同，预先为自己能力不足时的生活（尤其是老年）作出安排，以确保年老时的生活符合自己的意愿。如民事行为能力完全的人预先选任了受托人，当自己的能力不足以处理日常生活、医疗事务或者财产事务时，受托人成为监护人，代理本人（被监护人）管理事务。①

成年人意定监护制度也是《民法典》相对于《民法通则》而言新增加的规定。但这一制度最早出现在《老年人权益保障法》第 26 条，该条规定：具备完全民事行为能力的老年人，可以在近亲属或者其他与自己关系密切、愿意承担监护责任的个人、组织中协商确定自己的监护人。监护人在老年人丧失或者部分丧失民事行为能力时，依法承担监护责任。老年人未事先确定监护人的，其丧失或者部分丧失民事行为能力时，依照有关法律的规定确定监护人。《民法典》将这一制度的适用范围从老年人扩大到全部成年人，充分体现和尊重了民事主体的意思自治。

首先，具有完全民事行为能力的成年人，依照《民法典》的规定，是指 18 周岁以上且智力和精神状况均属正常、能够辨认自己行为的自然人。一般而言，就是指智力水平和精神状况均正常的成年人。

其次，近亲属包括配偶、父母、子女、兄弟姐妹、祖父母、外祖父母、孙子女、外孙子女。

被监护人与他人或组织事先协商确定自己的监护人并签订的书面文件，为委托监护协议，是当事人意思自治的体现。允许事先书面约定监护人的方式，在我国已经进入老龄社会的今天，具有重大的现实意义。随着社会老年化趋势的发

① 李霞．成年监护制度的现代转向．中国法学，2015（2）．

展，人均寿命越来越高，但高龄老人中许多人随着年龄增长而丧失或者部分丧失了民事行为能力，需要他人的监护才能保障其人身和财产安全。但现代社会又是一个人员全球化流动的社会，传统的家庭结构和居住方式已经逐步转变，老人的子女很可能在国外工作、居住，或者在异地上班，无法在老人身边陪伴、贴身监护。此外，我国实行了多年的计划生育国策，一对夫妻只生一个孩子，当实行计划生育的夫妻年迈之后，唯一的孩子可能不在身边工作和生活，则顿时面临着无人监护的局面。此外，全国范围内还有为数不少的“失独”家庭。

国务院 2017 年 2 月 28 日印发的《“十三五”国家老龄事业发展和养老体系建设规划》指出：预计到 2020 年，全国 60 岁以上老年人口将增加到 2.55 亿人左右，占总人口比重提升到 17.8%左右；高龄老年人将增加到 2 900 万人左右，独居和空巢老年人将增加到 1.18 亿人左右，老年抚养比将提高到 28%左右。因此，我国当下急需多元化的成年人监护方式来保障被监护人，尤其是老年人的合法权益。

成年人一般都具有一些财产，当成年人丧失或部分丧失民事行为能力时，其监护人有权代为管理和处置其财产，其中的利益重大。为避免事后的纠纷及保护交易安全，本条要求成年人意定监护必须以书面形式做成，即保留书面合同，便于日后举证，也便于向交易第三人表明监护人的身份。

意定监护与法定监护均是《民法典》规定的涉及成年人监护的制度，那么当存在意定监护时，是否还适用法定监护？或者说两者的地位孰优孰劣？基于民法尊重民事主体意思自治的基本原则，各国（地区）学说均认同意定监护制度优先于法定监护制度。① 我国台湾地区学者亦指出：“立于尊重自己决定权之观点，本人若已缔结意定监护契约时，则法院不受理选定法定监护之声请，因此在结果上，成年人监护制度以意定监护为主、法定监护为辅，意定监护制度立法之必要性，由此可见。”②

成年人意定监护是预先确定监护人，但并不生效，只有当该成年人丧失或者部分丧失民事行为能力时，协商确定的监护人才正式成为该成年人的监护人，开始履行监护职责。

（本条由孟强撰写）

---

① 倪娜．老年人监护制度研究．厦门：厦门大学出版社，2012：180.

② 刘得宽．意定监护制度立法上必要性——以成年（高龄者）监护制度为中心．法学丛刊，第 174 期（1999 年 4 月）：84.

第三十四条

监护人的职责是代理被监护人实施民事法律行为，保护被监护人的人身权利、财产权利以及其他合法权益等。

监护人依法履行监护职责产生的权利，受法律保护。

监护人不履行监护职责或者侵害被监护人合法权益的，应当承担法律责任。

因发生突发事件等紧急情况，监护人暂时无法履行监护职责，被监护人的生活处于无人照料状态的，被监护人住所地的居民委员会、村民委员会或者民政部门应当为被监护人安排必要的临时生活照料措施。

本条主旨

本条对监护人的职责作出了规定。

相关条文

《民法总则》第 34 条规定："监护人的职责是代理被监护人实施民事法律行为，保护被监护人的人身权利、财产权利以及其他合法权益等。""监护人依法履行监护职责产生的权利，受法律保护。""监护人不履行监护职责或者侵害被监护人合法权益的，应当承担法律责任。"

《民法通则》第 18 条规定："监护人应当履行监护职责，保护被监护人的人身、财产及其他合法权益，除为被监护人的利益外，不得处理被监护人的财产。""监护人依法履行监护的权利，受法律保护。""监护人不履行监护职责或者侵害被监护人的合法权益的，应当承担责任；给被监护人造成财产损失的，应当赔偿损失。人民法院可以根据有关人员或者有关单位的申请，撤销监护人的资格。"

《民法通则意见》第 10 条规定："监护人的监护职责包括：保护被监护人的身体健康，照顾被监护人的生活，管理和保护被监护人的财产，代理被监护人进行民事活动，对被监护人进行管理和教育，在被监护人合法权益受到侵害或者与人发生争议时，代理其进行诉讼。"

《民法通则意见》第 20 条规定："监护人不履行监护职责，或者侵害了被监护人的合法权益，民法通则第十六条、第十七条规定的其他有监护资格的人或者单位向人民法院起诉，要求监护人承担民事责任的，按照普通程序审理；要求变更监护关系的，按照特别程序审理；既要求承担民事责任，又要求变更监护关系的，分别审理。"

理解与适用

（一）监护人之监护职责的内容

本条规定采用的是“监护人的职责”这一表述，因此，在监护关系中，监护人负担的是监护职责，在内容上应当是权利与义务的结合。《民法典》第26条规定，父母对未成年子女负有抚养、教育和保护的义务。本条第1～3款规定：监护人的职责是代理被监护人实施民事法律行为，保护被监护人的人身权利、财产权利以及其他合法权益等。监护人依法履行监护职责产生的权利，受法律保护。监护人不履行监护职责或者侵害被监护人合法权益的，应当承担法律责任。依据上述规定，监护人的监护职责包括如下内容。

一是代理被监护人实施民事法律行为。

《民法典》第23条规定，无民事行为能力人、限制民事行为能力人的监护人是其法定代理人。依据该条规定，在法定监护中，监护人是被监护人的法定代理人，代理被监护人实施民事法律行为。在意定监护中，监护人也是在被监护人丧失或者部分丧失民事行为能力时才开始履行监护职责，监护人也需要代理被监护人实施部分民事法律行为。监护制度的首要目的在于弥补被监护人行为能力的不足，监护人作为被监护人的法定代理人，可以以被监护人的名义进行民事活动，为被监护人取得和行使权利、设定和履行义务。因此，凡是无民事行为能力人和限制民事行为能力人依法不能实施的民事行为，都应当由其监护人代理实施或同意其实施。如果未征得其同意而实施这些行为，必须要获得监护人的事后追认该行为才能有效。正因为监护人要代替或协助被监护人进行民事活动，所以监护人必须具有完全民事行为能力。

二是保护被监护人的人身权利、财产权利以及其他合法权益。

监护制度的重要目的是对被监护人进行照管，因此，保护被监护人的人身、财产及其他合法权益也是监护人之监护职责的重要内容。[①] 对于未成年人来说，通常没有自己的独立财产，但在某些情况下（如通过继承、赠与等）也可能会取得一定的财产。由于未成年人不具有管理、使用和处分财产的能力，因此应由未成年人的父母或其他监护人代为管理。监护人在履行其财产监护职责时，应注意如下问题：第一，要严格区分被监护人的财产与监护人的财产，避免因双方财产界限不清而造成对被监护人的财产的损害。即使是在父母对子女的监护关系中，如果子女通过继承或接受遗赠等取得了一定的财产，父母也应充分尊重子女的财

① 魏振瀛．民法．北京：北京大学出版社，2000：66－67．

产权利。为此，监护人应详细开具被监护人的财产目录，建立明确、清楚的账目。第二，监护人要保护被监护人的合法权益。这就要求监护人与被监护人不能有利害冲突，如果由与被监护人有利益冲突的人担任监护人，则容易损害被监护人的利益。监护人不得基于自己的利益而对被监护人的财产进行不正当的使用、调换或作其他用途，损害被监护人的利益。在管理财产的过程中，监护人只享有管理权，没有收益权。例如，监护人将被监护人的财产出租后，不得将租金据为己有。至于在管理过程中支付的必要的费用，应由被监护人以自己的财产承担。第三，监护人对被监护人的财产，如不是为了被监护人的利益，不得转让、出卖、无偿借给他人使用。第四，监护人不得接受被监护人的财产。不管是有偿的还是无偿的，监护人都不得通过赠与、买卖等方式接受被监护人的财产，否则，该行为是无效的。

监护人要保护被监护人的人身、财产不受侵害。在被监护人的人身、财产和其他合法权益受到非法侵害时，监护人作为法定代理人，有权代理被监护人请求法院给予保护，代为参加整个诉讼活动。①

三是教育被监护人。

对未成年人监护来说，监护人的职责主要是保护、教育和关心未成年人，约束未成年人的行为，防止其实施侵害国家财产、集体财产或他人之人身、财产的不法行为。父母对于子女有抚养、教育、管教、保护的权利和义务。所谓抚养、教育，是指教导和养育子女，使其身心健康发育。所谓管教、保护，是指约束被监护人并保护未成年人的人身安全，使未成年人健康成长。对于父母以何种方式履行其职责，法律一般不作规定。但父母的监护职责，在法律上有明确规定。我国为加强对未成年人的保护和教育，先后制定了《义务教育法》《未成年人保护法》等法律和法规，这些规定也是确定父母对未成年子女的人身监护职责的重要依据。

四是监督和管教被监护人。

未成年人由于年龄尚小，常常不能对自己的行为作出正确的判断，这就需要对其管教和约束。所以，监护人对被监护人尽到管教、约束的责任，不仅仅是有利于监护人的，也是有利于他人和社会的。如果监护人没有尽到管教和约束被监护人的责任，致使被监护人实施侵害国家财产、集体财产或他人之人身、财产的不法行为的，监护人应当承担民事责任。

五是在被监护人侵害他人时承担侵权责任。

---

① 杨立新．人身权法论．修订版．北京：人民法院出版社，2002：938.

在被监护人导致他人损害时，监护人应当承担侵权责任，这也是其监护职责的重要内容。《民法典》第 1188 条规定："无民事行为能力人、限制民事行为能力人造成他人损害的，由监护人承担侵权责任。监护人尽到监护职责的，可以减轻其侵权责任。""有财产的无民事行为能力人、限制民事行为能力人造成他人损害的，从本人财产中支付赔偿费用；不足部分，由监护人赔偿。"据此，在被监护人侵害他人时，监护人要承担严格责任，只不过，监护人证明其尽到监护责任的，可以减轻其责任。另外，如果被监护人有财产的，应当先从其本人财产中支付赔偿费用，监护人仅就不足部分承担赔偿责任。

监护人依法履行其监护的职责，受法律的保护，任何组织和个人都不得非法干涉监护人履行自己的职责。但依据法律规定，监护人也应当认真履行其监护职责，若不履行监护职责或侵害被监护人的合法权益，则监护人应依法承担责任。例如，对被监护人虐待、遗弃，情节恶劣，构成犯罪的，监护人应承担刑事责任。监护人不履行或不适当履行监护职责，给被监护人造成财产损失的，应当赔偿损失。在监护人未尽监护职责，侵害被监护人之合法权益的情况下，对于不履行监护职责的监护人，人民法院可以根据有关人员或者有关单位的申请，撤销监护人的资格，另行指定他人担任监护人。①

（二）紧急情况下对被监护人的临时照料

在出现突发事件等紧急情况时，监护人可能因此暂时无法履行监护职责，从而使被监护人的生活在客观上处于无人照料的情形。例如，在出现新冠病毒疫情等公共卫生事件时，如果监护人罹患疫情，或者因疫情暴发被隔离，客观上无法履行监护职责，则被监护人将处于无人照料的状态，这就需要对被监护人进行临时照料。对此，本条第 4 款规定：因发生突发事件等紧急情况，监护人暂时无法履行监护职责，被监护人的生活处于无人照料状态的，被监护人住所地的居民委员会、村民委员会或者民政部门应当为被监护人安排必要的临时生活照料措施。该规定课以被监护人住所地的居民委员会、村民委员会或者民政部门对被监护人的生活进行临时照料的义务，主要目的是保障被监护人的生活，更好地保护其利益，防止其因无人照料而遭受损害；也充分彰显了人文关怀的精神。

（三）监护人不履行监护职责或者侵害被监护人合法权益的责任

依据《民法典》第 34 条的规定，监护人不履行监护职责或者侵害被监护人合法权益的，应当承担法律责任。如果监护人不履行监护职责或者侵害被监护人

① "殷某 1 与殷某 2 申请撤销监护人资格案"，上海市杨浦区人民法院（2010）杨民一（民）特字第 12 号民事判决书。

的合法权益，则其应当承担相应的法律责任。该条所规定的“法律责任”一般是指侵权责任。当然，在意定监护中，监护人不履行监护职责的，也可能构成违约。

从本条规定来看，监护人承担法律责任的情形主要包括如下两种情况：一是监护人不履行监护职责。监护制度设立的主要目的是对被监护人进行保护和照顾，因此，监护人在履行监护职责时，应当按照最有利于被监护人的原则履行监护职责，这也是监护人的法定义务。二是侵害被监护人的合法权益。如果监护人在履行监护职责时侵害了被监护人的合法权益，则被监护人有权请求监护人承担责任。例如，监护制度的目的在于对被监护人进行管理和照顾，其既包括对被监护人的人身权益进行照顾，也包括对被监护人的财产进行照管。对被监护人的财产而言，监护人负有妥善管理的义务，不得擅自处分被监护人的财产，更不能通过处分被监护人的财产为自己谋利。对此，《民法典》第35条规定：除为维护被监护人利益的情形外，监护人不得处分被监护人的财产。如果监护人擅自处分被监护人的财产，造成其损害的，被监护人有权请求监护人承担责任。

（本条由王利明撰写）

第三十五条

监护人应当按照最有利于被监护人的原则履行监护职责。监护人除为维护被监护人利益外，不得处分被监护人的财产。

未成年人的监护人履行监护职责，在作出与被监护人利益有关的决定时，应当根据被监护人的年龄和智力状况，尊重被监护人的真实意愿。

成年人的监护人履行监护职责，应当最大程度地尊重被监护人的真实意愿，保障并协助被监护人实施与其智力、精神健康状况相适应的民事法律行为。对被监护人有能力独立处理的事务，监护人不得干涉。

本条主旨

本条对监护人履行监护职责的原则作出了规定。

相关条文

《民法总则》第35条规定：“监护人应当按照最有利于被监护人的原则履行

监护职责。监护人除为维护被监护人利益外，不得处分被监护人的财产。未成年人的监护人履行监护职责，在作出与被监护人利益有关的决定时，应当根据被监护人的年龄和智力状况，尊重被监护人的真实意愿。”“成年人的监护人履行监护职责，应当最大程度地尊重被监护人的真实意愿，保障并协助被监护人实施与其智力、精神健康状况相适应的民事法律行为。对被监护人有能力独立处理的事务，监护人不得干涉。”

《民法通则》第 18 条规定：“监护人应当履行监护职责，保护被监护人的人身、财产及其他合法权益，除为被监护人的利益外，不得处理被监护人的财产。监护人依法履行监护的权利，受法律保护。”“监护人不履行监护职责或者侵害被监护人的合法权益的，应当承担责任；给被监护人造成财产损失的，应当赔偿损失。人民法院可以根据有关人员或者有关单位的申请，撤销监护人的资格。”

理解与适用

本条规定的是监护人履行监护职责的原则，分为三款：第 1 款是关于监护人具体履行监护职责、处分被监护人财产应当遵守的一般原则的规定，第 2 款是关于未成年人的监护人履行监护职责应遵循的特别原则的规定，第 3 款是关于成年人的监护人履行监护职责所应遵循的特别原则的规定。

如《民法典》第 34 条第 1 款所规定的，监护人的职责是代理被监护人实施民事法律行为，保护被监护人的人身权利、财产权利以及其他合法权益等。这一职责的范围是较为广泛的。但监护人自身的利益与被监护人的利益虽有重合，但并非完全一致。因此，法律必须对监护人的权利作出一定的限制，使监护职责的履行符合被监护人的最佳利益。最有利于被监护人的原则是民法监护制度的核心原则，也是最基本的原则。该原则贯穿于监护权产生、监护人确定、监护职责履行以及监护权终止等各个环节的全过程。如果监护人的监护行为违背该原则，就不会发生法律效力。

首先，关于监护职责履行的一般原则，本条确立为最有利于被监护人的原则。这一原则采用社会一般人的理性标准来判断，即社会上的一般人均认为监护人的监护行为最有利于被监护人，是被监护人利益的最大化选择，那么这一监护行为就是合理的，反之，则监护行为不具有合理性。

其次，当被监护人有一定的财产时，监护人监护职责的履行中涉及财产的处分的，只能是基于被监护人的利益维护之目的，否则不得处分被监护人的财产。为此，要做到如下几点：一是严格区分被监护人的财产与监护人的财产，不能随意进行财产的混同，否则将会因财产界限不清而造成对被监护人之财产的损害。

监护人应当对被监护人的财产开具财产目录，建立明确、清楚的账目，进行分账管理。二是监护人对被监护人之财产的处分不得与自己存在利益冲突。监护人不得基于自己的利益而对被监护人的财产进行不正当的使用、调换或作其他用途，损害被监护人的利益。在管理财产的过程中，监护人只享有管理权，没有收益权，不得侵占被监护人之财产的孳息。三是非基于被监护人的利益，监护人不得对被监护人的财产进行转让、出售和赠与。四是监护人不得代表被监护人与自己进行交易，获取被监护人的财产；也不得代表被监护人对自己进行财产的赠与，否则，该行为是无效的。

再次，未成年人的监护人在履行监护职责时，尤其是在作出与被监护人之利益相关的决定时，应当依据被监护人的年龄、智力状况、理解能力、意思表示能力等具体情况，征询其意见，尽量尊重被监护人的真实意愿。未成年人可能是无民事行为能力人，也可能是限制民事行为能力人，根据年龄、智力等情况的不同，具备一定的意思能力和表达能力，监护人履行监护职责，在必要时征求被监护人的意见，尊重被监护人的真实意愿，也是符合最有利于被监护人原则的具体体现。

最后，在成年人监护中，被监护人可能曾经具备过完全民事行为能力，因此具有一定的生活经验。这是未成年被监护人所不具备的。在此情形下，监护人履行职责时更应该最大限度地尊重被监护人的真实意愿，尊重其本人的意思表示，保障并协助被监护人实施与其智力、精神健康状态状况相适应的民事法律行为。同时，监护人还应当对被监护人保持一定的尊重，对于被监护人有能力独立处理的事务，应当交由被监护人自行决定和处理，监护人不得干涉。

（本条由孟强撰写）

第三十六条

监护人有下列情形之一的，人民法院根据有关个人或者组织的申请，撤销其监护人资格，安排必要的临时监护措施，并按照最有利于被监护人的原则依法指定监护人：

（一）实施严重损害被监护人身心健康的行为；

（二）怠于履行监护职责，或者无法履行监护职责且拒绝将监护职责部分或者全部委托给他人，导致被监护人处于危困状态；

（三）实施严重侵害被监护人合法权益的其他行为。

本条规定的有关个人、组织包括：其他依法具有监护资格的人，居民委员会、村民委员会、学校、医疗机构、妇女联合会、残疾人联合会、未成年人保护组织、依法设立的老年人组织、民政部门等。

前款规定的个人和民政部门以外的组织未及时向人民法院申请撤销监护人资格的，民政部门应当向人民法院申请。

本条主旨

本条对监护人资格的撤销作出了规定。

相关条文

《民法总则》第36条规定："监护人有下列情形之一的，人民法院根据有关个人或者组织的申请，撤销其监护人资格，安排必要的临时监护措施，并按照最有利于被监护人的原则依法指定监护人：（一）实施严重损害被监护人身心健康行为的；（二）怠于履行监护职责，或者无法履行监护职责并且拒绝将监护职责部分或者全部委托给他人，导致被监护人处于危困状态的；（三）实施严重侵害被监护人合法权益的其他行为的。""本条规定的有关个人和组织包括：其他依法具有监护资格的人，居民委员会、村民委员会、学校、医疗机构、妇女联合会、残疾人联合会、未成年人保护组织、依法设立的老年人组织、民政部门等。""前款规定的个人和民政部门以外的组织未及时向人民法院申请撤销监护人资格的，民政部门应当向人民法院申请。"

《民法通则》第18条规定："监护人应当履行监护职责，保护被监护人的人身、财产及其他合法权益，除为被监护人的利益外，不得处理被监护人的财产。""监护人依法履行监护的权利，受法律保护。""监护人不履行监护职责或者侵害被监护人的合法权益的，应当承担责任；给被监护人造成财产损失的，应当赔偿损失。人民法院可以根据有关人员或者有关单位的申请，撤销监护人的资格。"

《民法通则意见》第20条规定："监护人不履行监护职责，或者侵害了被监护人的合法权益，民法通则第十六条、第十七条规定的其他有监护资格的人或者单位向人民法院起诉，要求监护人承担民事责任的，按照普通程序审理；要求变更监护关系的，按照特别程序审理；既要求承担民事责任，又要求变更监护关系的，分别审理。"

《婚姻法解释（三）》第8条规定："无民事行为能力人的配偶有虐待、遗弃等严重损害无民事行为能力一方的人身权利或者财产权益行为，其他有监护资格的人可以依照特别程序要求变更监护关系；变更后的监护人代理无民事行为能力一方提起离婚诉讼的，人民法院应予受理。”

理解与适用

本条是关于撤销监护人资格情形的规定，一共有三款：第 1 款规定了得撤销监护人资格的三类情形，第 2 款是关于撤销申请人之具体范围的规定，第 3 款是关于无人提出撤销申请时由民政部门提出撤销申请的规定。

本条是对《民法通则》规定的撤销监护资格制度的重大完善，《民法通则》在第 18 条第 3 款规定了撤销监护资格的内容，但仅限于“人民法院可以根据有关人员或者有关单位的申请，撤销监护人的资格”，对于具体的要件和申请主体并未作详细规定。《民法典》的本条规定，以单列一条的形式，规定了撤销监护人资格的具体内容，完善了自然人监护制度。

民法上的撤销监护资格制度，就是撤销对被监护人不利的监护人资格，重新选择对被监护人有利的监护人。可见，撤销监护资格制度是民法上自然人监护制度的重要内容，对于保护被监护人的合法权益具有重要意义。

撤销监护资格，是使监护人的监护资格归于消灭，监护人不再享有监护资格的行为。根据本条规定，撤销监护资格一般应出现在如下三类情形中。

一是监护人实施了严重损害被监护人之身心健康的行为。这是指对被监护人的身心健康利益造成严重损害的行为，例如对被监护人打骂冻饿、虐待欺凌等。较为严重的情形包括性侵害、出卖、遗弃、虐待、暴力伤害未成年人等。实践中，监护人的行为是否达到严重损害被监护人之身心健康的程度，需要从行为的性质、情节以及权威机构鉴定的损害后果等方面进行综合判断。

二是监护人自己不履行监护职责导致被监护人处于危困状态的。监护人自己不履行监护职责，包括两种情况，即：(1) 监护人自身主观上怠于履行监护职责或客观上无法履行监护职责。(2) 能委托他人代为履行监护职责而拒绝委托的。如果监护人确实存在困难，无法履行监护职责，并不会导致其监护资格被撤销，因为法律还允许其委托他人代为履行部分或全部监护职责，但如果监护人连委托他人都予以拒绝，则将彻底导致被监护人处于无人监护的状态，严重损害被监护人之利益的，就要被撤销监护资格了。被监护人处于危困状态，是指被监护人处于危急、困难等状态，如缺衣少食、病痛、无人看管等。当然，危困状态并不局限于被监护人在经济和物质上的不利的地位，也包括身心健康以及其他方面处于权利受损的状态。实践中监护人自己不履行监护职责导致被监护人处于危困状态的常见情形主要有：监护人将未成年人置于无人监管和照看的状态，导致未成年人面临死亡或者严重伤害危险，经教育不改的；监护人拒不履行监护职责长达 6

个月以上，导致未成年人流离失所或者生活无着的；监护人有吸毒、赌博、长期酗酒等恶习，无法正确履行监护职责或者因服刑等原因无法履行监护职责，且拒绝将监护职责部分或者全部委托给他人，致使未成年人处于困境或者危险状态的；等等。

三是监护人实施其他严重侵害被监护人之合法权益的行为。这是兜底性规定。实践中此类情形包括监护人胁迫、诱骗、利用未成年被监护人乞讨，经公安机关和未成年人救助保护机构等部门三次以上批评教育拒不改正，严重影响未成年被监护人正常生活和学习的；教唆、利用未成年被监护人实施违法犯罪行为，情节恶劣的；等等。

享有撤销申请权的主体包括个人和组织，具体而言，包括：监护人之外其他依法具有监护资格的人，居民委员会、村民委员会、学校、医疗机构、妇女联合会、残疾人联合会、未成年人保护组织、依法设立的老年人组织、民政部门等。其中，民政部门承担着保底功能，即当其他个人或组织因种种原因未能及时向人民法院申请撤销时，民政部门应依职权提起撤销申请，使被监护人尽快脱离危困的状态。

此外，本条还规定，在人民法院决定撤销监护人的监护资格时，还应当为被监护人安排必要的临时监护措施，并按照最有利于被监护人的原则依法指定监护人。据此，人民法院在决定撤销监护人的监护资格时，同时负有两项义务：一是为被监护人安排必要的临时监护措施，使其不处于无人监护的状态，从而避免原监护人对被监护人，特别是对未成年人造成进一步伤害。二是依法为被监护人指定新的监护人。在指定新的监护人时，应当遵循最有利于被监护人的原则。

（本条由孟强撰写）

第三十七条

依法负担被监护人抚养费、赡养费、扶养费的父母、子女、配偶等，被人民法院撤销监护人资格后，应当继续履行负担的义务。

本条主旨

本条对被撤销监护人资格者所负义务的继续履行作出了规定。

相关条文

《民法总则》第 37 条规定："依法负担被监护人抚养费、赡养费、扶养费的父母、子女、配偶等，被人民法院撤销监护人资格后，应当继续履行负担的义务。"

理解与适用

本条是相对于《民法通则》而言全新的规定，强调了监护资格和抚养义务、赡养义务的区别与不同，即负有抚养、赡养义务的人，即便被撤销监护资格，其抚养、赡养义务并不受撤销的影响，其仍然应当负担抚养、赡养义务。

当然，从内容上看，本条内容并非在法律上首次出现，《未成年人保护法》第 53 条就曾规定：父母或者其他监护人不履行监护职责或者侵害被监护的未成年人的合法权益，经教育不改的，人民法院可以根据有关人员或者有关单位的申请，撤销其监护人的资格，依法另行指定监护人。被撤销监护资格的父母应当依法继续负担抚养费用。该条从民事基本法的层面对撤销监护资格的规则作出规定，对于强化被监护人利益的保护具有重要意义。

父母对未成年子女负有抚养的义务，成年子女对父母负有赡养的义务；同时，夫妻之间也负有互相抚养的义务，因此，父母子女之间、夫妻之间的义务，是法定义务，无论是否担任监护人，都不能免于此种义务的履行。

因此，本条强调，依法负担被监护人之抚养费、赡养费、扶养费的父母、子女、配偶等，即便被人民法院撤销监护人资格，并不能当然免除法定抚养、赡养或扶养的义务，还应当继续履行所负担的义务。

（本条由孟强撰写）

第三十八条

被监护人的父母或者子女被人民法院撤销监护人资格后，除对被监护人实施故意犯罪的外，确有悔改表现的，经其申请，人民法院可以在尊重被监护人真实意愿的前提下，视情况恢复其监护人资格，人民法院指定的监护人与被监护人的监护关系同时终止。

本条主旨

本条对监护人资格的恢复作出了规定。

相关条文

《民法总则》第38条规定："被监护人的父母或者子女被人民法院撤销监护人资格后，除对被监护人实施故意犯罪的外，确有悔改表现的，经其申请，人民法院可以在尊重被监护人真实意愿的前提下，视情况恢复其监护人资格，人民法院指定的监护人与被监护人的监护关系同时终止。"

《依法处理监护人侵害未成年人权益行为意见》第38条规定："被撤销监护人资格的侵害人，自监护人资格被撤销之日起三个月至一年内，可以书面向人民法院申请恢复监护人资格，并应当提交相关证据。""人民法院应当将前款内容书面告知侵害人和其他监护人、指定监护人。"

《依法处理监护人侵害未成年人权益行为意见》第40条规定："人民法院经审理认为申请人确有悔改表现并且适宜担任监护人的，可以判决恢复其监护人资格，原指定监护人的监护人资格终止。""申请人具有下列情形之一的，一般不得判决恢复其监护人资格：（一）性侵害、出卖未成年人的；（二）虐待、遗弃未成年人六个月以上、多次遗弃未成年人，并且造成重伤以上严重后果的；（三）因监护侵害行为被判处五年有期徒刑以上刑罚的。"

理解与适用

本条是关于监护资格被撤销之后恢复监护资格的规定，相对于《民法通则》而言是新增加的规定，是对司法实践经验的吸取和提升，使我国的自然人监护制度更为完整。设定恢复监护资格制度意在灵活处理被撤销监护人资格的父母子女确有悔改表现的情形，这也可以视为监护制度中最有利于被监护人原则的一种具体体现。

该制度适用于父母对子女的监护关系，以及成年子女对父母的监护关系。基于血缘或者抚养关系，父母与子女之间的关系是最为密切的家庭关系，父母与子女之间彼此相互了解，即使之前可能因为法定的事由被撤销监护权，但是如果撤销的事由消失后，法律也应当鼓励父母继续担任子女的监护人、成年子女继续担任父母的监护人。

当然，适用该制度，必须排除监护人对被监护人实施故意犯罪而被撤销监护资格的情形，因为这一故意犯罪的情形表明监护人的主观恶性较大，社会危害性较大，难以轻易改正。2014年《依法处理监护人侵害未成年人权益行为意见》第40条的规定，监护人具有下列情形之一的，一般不得判决恢复其监护人资格：(1）性侵害、出卖未成年人的；(2）虐待、遗弃未成年人6个月以上、多次遗弃未成年人，并且造成重伤以上严重后果的；(3) 因监护侵害行为被判处 5 年有期徒刑以上刑罚的。

此外，恢复被撤销监护资格者的监护资格，还应当尊重被监护人的意愿。首先由人民法院征求被监护人的真实意愿，然后再视具体情况决定是否恢复监护人人的监护资格。即使被撤销监护资格者确有悔改表现，但是被监护人不愿意该监护人恢复监护资格的，则仍然不能恢复其监护资格。2014 年《依法处理监护人侵害未成年人权益行为意见》第 39 条第 2 款规定：在此情形下，人民法院应当征求未成年人现任监护人和有表达能力的未成年人的意见，并可以委托申请人住所地的未成年人救助保护机构或者其他未成年人保护组织，对申请人监护意愿、悔改表现、监护能力、身心状况、工作生活情况等进行调查，形成调查评估报告。申请人正在服刑或者接受社区矫正的，人民法院应当征求刑罚执行机关或者社区矫正机构的意见。

法院决定恢复监护人的监护资格的，则人民法院指定的监护人与被监护人的监护关系同时终止，否则，将出现复数监护权的情形。在人民法院作出的恢复监护人资格的判决生效后，之前被撤销监护资格者就自动重新获得了对被监护人的监护资格；而人民法院指定的新监护人与被监护人的监护关系同时终止。前后监护人在进行监护职责交接时，应当尽到充分的报告、询问等义务，以确保被监护人利益的最大化。

（本条由孟强撰写）

第三十九条

有下列情形之一的，监护关系终止：

（一）被监护人取得或者恢复完全民事行为能力；

（二）监护人丧失监护能力；

（三）被监护人或者监护人死亡；

（四）人民法院认定监护关系终止的其他情形。

监护关系终止后，被监护人仍然需要监护的，应当依法另行确定监护人。

本条主旨

本条对监护关系的终止作出了规定。

相关条文

《民法总则》第39条规定："有下列情形之一的，监护关系终止：（一）被监护人取得或者恢复完全民事行为能力；（二）监护人丧失监护能力；（三）被监护人或者监护人死亡；（四）人民法院认定监护关系终止的其他情形。""监护关系终止后，被监护人仍然需要监护的，应当依法另行确定监护人。"

《民法通则》第70条规定："有下列情形之一的，法定代理或者指定代理终止：（一）被代理人取得或者恢复民事行为能力；（二）被代理人或者代理人死亡；（三）代理人丧失民事行为能力；（四）指定代理的人民法院或者指定单位取消指定；（五）由其他原因引起的被代理人和代理人之间的监护关系消灭。"

理解与适用

本条是关于监护关系终止的规定，分为两款：第1款是关于监护关系终止情形的规定，第2款是关于监护关系终止后应另行确定监护人的规定。

监护因一定的事实而发生，也因一定的法律事实而终止。监护关系的终止，是指监护人与被监护人之间关于监护的权利、义务和职责关系归于消灭。监护关系终止后，监护人不需要再履行保护被监护人之合法权益的职责，而被监护人也没有权利要求监护人对自己履行监护职责。

监护设立的根据不同，监护终止的原因也不相同。根据本条规定，监护主要因下列原因而终止。

（1）被监护人获得了完全民事行为能力，包括取得完全民事行为能力和恢复完全民事行为能力两种情形。对于前者，是指于对未成年人的监护，自被监护人成年之日起，监护关系自然终止。对于后者，主要是指被监护人曾经具备完全民事行为能力，因精神障碍而不能辨认或者不能完全辨认自己行为，故而失去了民事行为能力，但后来又恢复了完全民事行为能力。当然，对于精神障碍患者，在其痊愈后，需经利害关系人申请并由人民法院撤销对其作出的监护裁决，才能导致监护关系终止。

（2）监护人丧失监护能力。监护关系的成立以监护人具有完全民事行为能力为条件，监护人如果不具有完全民事行为能力，也就无法履行监护职责，从而应当导致监护关系终止。此外，如果监护人因自身身体健康状况、经济状况的变化而无力承担监护职责，也属于丧失监护能力的情形。

（3）监护人或被监护人任何一方死亡。监护人的死亡，就意味着主体的消灭，自然不可能再履行监护职责，故监护关系终止；而被监护人的死亡，则意味着监护的必要性丧失，所以监护关系也就此终止。当然，被监护人死亡后，监护人还应当对被监护人的继承人尽到必要的清算、报告等义务。

（4）监护人被人民法院剥夺监护资格。如果监护人不依法履行其监护职责，或者滥用监护资格损害被监护人的利益，则人民法院可以根据有关人员或者单位的申请，经查明事实撤销监护人的监护资格，从而导致监护关系终止。

（5）人民法院认定监护关系终止的其他情形。这是指发生其他客观情况而导致监护关系终止的情形，例如，养父母与养子女之间的监护关系是建立在抚养关系的基础上的，故在抚养关系终止后，监护关系也就失去了存在的基础，由人民法院认定监护关系终止。

需要注意的是，本条基于对被监护人之最佳利益的保护，强调在监护关系终止后，被监护人仍然需要监护的，人民法院应当依法另行确定监护人。这样就使被监护人处于连续的被监护状态，不至于因监护关系的一次终止而处于无人关照的不利状态。

（本条由孟强撰写）

第三节　宣告失踪和宣告死亡

第四十条

自然人下落不明满二年的，利害关系人可以向人民法院申请宣告该自然人为失踪人。

本条主旨

本条对宣告失踪的法定条件作出了规定。

相关条文

《民法总则》第40条规定："自然人下落不明满二年的，利害关系人可以向人民法院申请宣告该自然人为失踪人。"

《民法通则》第20条规定："公民下落不明满二年的，利害关系人可以向人民法院申请宣告他为失踪人。""战争期间下落不明的，下落不明的时间从战争结束之日起计算。"

《民法通则意见》第 24 条规定："申请宣告失踪的利害关系人，包括被申请宣告失踪人的配偶、父母、子女、兄弟姐妹、祖父母、外祖父母、孙子女、外孙子女以及其他与被申请人有民事权利义务关系的人。"

《民法通则意见》第 26 条规定："下落不明是指公民离开最后居住地后没有音讯的状况。对于在台湾或者在国外，无法正常通讯联系的，不得以下落不明宣告死亡。"

理解与适用

宣告失踪是指自然人离开自己的住所下落不明达到法定的期限，经利害关系人申请，人民法院依照法定的程序宣告其为失踪人的一项制度。在我国，改革开放以后，人口流动性日益增强，跨地区、跨国的人口流动日益普遍。人口的大规模流动，经济和社会生活的日益复杂等，都可能带来人员失踪事件。自然人一旦失踪，将对其既有的财产关系产生重大影响：一方面，自然人失踪后，其财产将处于无人照管的状态，很容易受到他人侵害；另一方面，自然人失踪后，其难以主张债权，也难以及时履行债务，这可能影响经济秩序的稳定，对多方当事人的利益产生影响。因此，在法律上设置宣告失踪制度，通过人民法院确认自然人失踪的事实，并通过设置财产代管人管理失踪人的财产，及时了结其债权债务关系，以保护失踪人和利害关系人的利益，从而维护社会、经济秩序的稳定。

当然，宣告失踪的成立以自然人离开自己的住所下落不明达到一定期限为条件。虽然现代通讯方式十分发达，但个人偶尔中断与他人联系的现象时常发生[①]，如果不设置个人下落不明达到一定期限的限制条件，很可能导致宣告失踪制度的滥用。因此，有必要明确宣告失踪的法定条件，尤其需要以自然人下落不明达到法定期限作为宣告失踪的限制条件。

依据本条规定，宣告失踪应当具备如下条件。

第一，必须有自然人下落不明满 2 年的事实。所谓下落不明，是指自然人离开最后居所和住所后没有音讯的状况，这种状况须持续、不间断地存在。[②] 如果自然人离开住所和居所后仍然有音讯，只是因为通讯等方面的原因无法联系到，并不属于下落不明。

关于下落不明的起算点，《民法典》第 41 条规定："自然人下落不明的时间

① 陈甦．民法总则评注：上册．北京：法律出版社，2017：296.

② 柳经纬．民法总论．厦门：厦门大学出版社，2000：94－95.

从其失去音讯之日起计算。战争期间下落不明的，下落不明的时间自战争结束之日或者有关机关确定的下落不明之日起计算。”依据该条规定，自然人下落不明的时间起算点并不是其离开住所或者居所的时间，而是其失去音讯的时间。如果自然人是在战争期间下落不明的，则其下落不明的时间应自战争结束之日起计算。如果有关机关确定了自然人下落不明的时间，则其下落不明的时间自该机关确定的时间起算。

第二，必须由利害关系人向人民法院提出申请。由于宣告失踪仅涉及当事人之间的私人事务，一般不涉及社会公共利益，因此，人民法院不能依据职权进行失踪宣告，宣告失踪必须由失踪人的利害关系人提出申请。关于利害关系人的范围，《民法典》并没有作出规定，依据《民法通则意见》第 24 条的规定，申请宣告失踪的利害关系人，包括被申请宣告失踪人的配偶、父母、子女、兄弟姐妹、祖父母、外祖父母、孙子女、外孙子女以及其他与被申请人有民事权利义务关系的人。从该条规定来看，其既没有对申请宣告失踪的利害关系人的人数作出规定，也没有对其申请顺序作出规定，因此，上述利害关系人可以单独申请，也可以同时申请，而且其申请并没有顺序限制。即便这些利害关系人就是否宣告失踪发生冲突，只要符合受理的条件，人民法院就应当受理。①

第三，必须经过人民法院依据法定程序宣告。宣告失踪只能由人民法院作出，其他任何机关和个人无权作出宣告失踪的决定。人民法院在收到宣告失踪的申请以后，应当依据《民事诉讼法》规定的特别审理程序，发出寻找失踪人的公告，公告期满以后，仍没有该自然人的音讯时，人民法院才能宣告该自然人为失踪人。

（本条由王利明撰写）

第四十一条

自然人下落不明的时间自其失去音讯之日起计算。战争期间下落不明的，下落不明的时间自战争结束之日或者有关机关确定的下落不明之日起计算。

本条主旨

本条对“自然人下落不明”时间的计算规则作出了规定。

---

① 柳经纬．民法总论．厦门：厦门大学出版社，2000：95.

相关条文

《民法总则》第 41 条规定："自然人下落不明的时间从其失去音讯之日起计算。战争期间下落不明的，下落不明的时间自战争结束之日或者有关机关确定的下落不明之日起计算。"

《民法通则》第 20 条规定："公民下落不明满二年的，利害关系人可以向人民法院申请宣告他为失踪人。""战争期间下落不明的，下落不明的时间从战争结束之日起计算。"

《民法通则意见》第 26 条规定："下落不明是指公民离开最后居住地后没有音讯的状况。对于在台湾或者在国外，无法正常通讯联系的，不得以下落不明宣告死亡。"

《民法通则意见》第 28 条规定："民法通则第二十条第一款、第二十三条第一款第一项中的下落不明的起算时间，从公民音讯消失之次日起算。""宣告失踪的案件，由被宣告失踪人住所地的基层人民法院管辖。住所地与居住地不一致的，由最后居住地基层人民法院管辖。"

理解与适用

自然人下落不明达到一定期间是宣告其失踪的必要条件，因此，在法律上确定从何时开始计算自然人下落不明的时间，是准确适用宣告失踪制度的前提和基础，也是认定某自然人是否符合宣告失踪条件的基本依据。从本条规定来看，其将自然人下落不明的时间计算规则区分为如下两种情形：一是通常情形下的下落不明自该自然人失去音讯之日起计算。二是战争期间下落不明的，则自战争结束之日或者有关机关确定的下落不明之日起计算。

1. 自然人下落不明的时间从其失去音讯之日起计算

依据本条规定，一般情形下，自然人下落不明的时间从其失去音讯之日起计算。所谓失去音讯，是指通过任何通讯方式均无法联系到某人。如果可以联系到某人，但无法确定其具体位置，则不属于失去音讯，不符合宣告失踪的法定条件。需要指出的是，本条所规定的自然人失去音讯的状况应当持续存在、达到法定的期限，才符合宣告失踪的条件。如果某人失去音讯达到一定时间，但后来又再次出现，则应当从该人最后失去音讯之日起计算其下落不明的时间。

2. 战争期间下落不明的，下落不明的时间自战争结束之日或者有关机关确定的下落不明之日起计算

依据本条规定，在战争期间下落不明的，则下落不明的时间自战争结束之日

或者有关机关确定的下落不明之日起计算。这就对战争期间下落不明的时间计算规则作出了规定。与本条第一句相比，本条第二句属于特别规定，应当优先适用。依据这一规定，自然人在战争期间下落不明的，其下落不明的时间按照如下两种方法确定：一是战争结束之日。自然人在战争期间下落不明的，如果战争状态仍在持续，则难以确定该自然人是否下落不明，因此，将战争结束之日作为该自然人下落不明的时间点，有利于准确认定该自然人下落不明的时间。二是有关机关确定的下落不明的时间。在战争期间，如果某人下落不明，即便战争状态尚未结束，但如果确定无法联系到该人，则有关机关可以确定该人下落不明的时间起算点。同时，有的战争持续时间可能较长，一概以战争结束之日作为某人下落不明的起算点，也不利于保护其利益，因此，本条允许有关机关确定下落不明的时间点，从而使在战争期间确定某人下落不明的时间的规则更为灵活。当然，从本条规定来看，其并没有规定哪些机关有权在战争期限确定自然人下落不明的时间，还需要立法在将来予以进一步明确。

（本条由王叶刚撰写）

第四十二条

失踪人的财产由其配偶、成年子女、父母或者其他愿意担任财产代管人的人代管。

代管有争议，没有前款规定的人，或者前款规定的人无代管能力的，由人民法院指定的人代管。

本条主旨

本条对被宣告失踪人的财产代管人的确定规则作出了规定。

相关条文

《民法总则》第 42 条规定："失踪人的财产由其配偶、成年子女、父母或者其他愿意担任财产代管人的人代管。""代管有争议，没有前款规定的人，或者前款规定的人无代管能力的，由人民法院指定的人代管。"

《民法通则》第 21 规定："失踪人的财产由他的配偶、父母、成年子女或者关系密切的其他亲属、朋友代管。代管有争议的，没有以上规定的人或者以上规定的人无能力代管的，由人民法院指定的人代管。""失踪人所欠税款、债务和应付的其他费用，由代管人从失踪人的财产中支付。”

《民法通则意见》第30条规定：“人民法院指定失踪人的财产代管人，应当根据有利于保护失踪人财产的原则指定。没有民法通则第二十一条规定的代管人，或者他们无能力作代管人，或者不宜作代管人的，人民法院可以指定公民或者有关组织为失踪人的财产代管人。”“无民事行为能力人、限制民事行为能力人失踪的，其监护人即为财产代管人。”

《民事诉讼法解释》第343条规定：“宣告失踪或者宣告死亡案件，人民法院可以根据申请人的请求，清理下落不明人的财产，并指定案件审理期间的财产管理人。公告期满后，人民法院判决宣告失踪的，应当同时依照民法通则第二十一条第一款的规定指定失踪人的财产代管人。”

理解与适用

在自然人失踪后，其财产处于无人管理的状态。为保护失踪人的利益，本条专门规定了失踪人的财产代管人的确定规则。同时，在某自然人失踪后，其债务人可能需要及时履行债务，其作为债务人也需要向其债权人履行债务。因此，本条对失踪人的财产代管人作出规定，也有利于及时了结其债权债务关系。

（一）失踪人的财产由其配偶、成年子女、父母或者其他愿意担任财产代管人的人代管

依据本条第1款的规定，在自然人失踪后，由其配偶、成年子女、父母或者其他愿意担任财产代管人的人代管。这就对失踪人财产代管人的一般规则作出了规定。本条之所以规定由失踪人的配偶、成年子女、父母或者其他愿意担任财产代管人的人代管失踪人的财产，主要是因为这些人与失踪人关系密切，由其担任代管人，更有利于保护失踪人的财产。

从本条第2款的规定来看，要担任失踪人的财产代管人应当具有一定的代管能力，否则无法担任代管人，因此，对本条第1款所规定的主体而言，其应当具有财产代管能力，否则无法担任财产代管人。

从本条第2款的规定来看，其规定了多个主体均可以担任失踪人的财产代管人，但其既没有规定各个主体担任失踪人之财产代管人的顺序，也没有对失踪人之财产代管人的人数作出限定，因此，可以由失踪人的配偶、成年子女、父母或者其他愿意担任财产代管人的人中的一人或者数人担任财产代管人，各个主体在担任财产代管人方面也没有顺序限制。当然，如果上述主体对于担任失踪人之财产代管人有争议，则依据本条第2款的规定，由人民法院指定失踪人的财产代管人。

（二）代管有争议，没有前款规定的人，或者前款规定的人无代管能力的，由人民法院指定的人代管

本条第 2 款对人民法院指定失踪人之财产代管人的规则作出了规定。依据该款规定，在如下情形下，将由人民法院指定失踪人的财产代管人。

一是代管有争议的。从该款规定来看，在某自然人失踪后，只要其财产代管有争议，则应当由人民法院指定的人代管。该款并没有明确规定“代管有争议”的内涵，结合本条规定的目的是确定财产代管人，可知此处的“代管有争议”应当包括如下两种情形：(1) 失踪人的财产是否需要代管存在争议。也就是说，在某自然人失踪后，各个有资格担任代管人的主体对于该失踪人的财产是否需要代管存在争议。如果失踪人的财产有代管的必要，而各个有代管人资格的主体对此长期存在争议，则有必要由人民法院指定财产代管人。(2) 各个有代管人资格的主体对于由谁担任失踪人的财产代管人有争议。如前所述，本条第 1 款并没有规定各个有代管人资格的人担任代管人的顺序，而各个主体可能对担任财产代管人发生争议，此时，应当由人民法院指定财产代管人。

二是没有第 1 款规定的人。依据本条第 1 款的规定，失踪人的财产由其配偶、成年子女、父母或者其他愿意担任财产代管人的人代管。但如果失踪人没有配偶、成年子女，其父母又已经死亡，且没有愿意担任其财产代管人的人，那么就有必要由人民法院为其指定财产代管人，以更好地保护其财产利益。

三是第 1 款规定的人无代管能力。本条第 1 款虽然规定了多个主体具有财产代管人资格，但如果这些主体均无法有效管理失踪人的财产，则均难以担任财产代管人。需要指出的是，本条所规定的财产代管能力不同于民事行为能力，完全民事行为能力人也并不当然就有代管能力，因为失踪人的财产管理活动可能具有专业性，或者需要代管人具有一定的管理资质。此时，即便配偶、成年子女、父母或者其他愿意担任财产代管人的人具有完全民事行为能力，其也可能无法有效管理失踪人的财产。因此，在此种情形下，需要由人民法院指定财产代管人。

此外，从本条规定来看，在代管有争议、没有第 1 款规定的人或者第 1 款规定的人无代管能力的情形下，由人民法院指定财产代管人。该款并没有对人民法院指定财产代管人的范围作出限定。这也意味着，即便是各个具有代管资格的人对于担任财产代管人具有争议，人民法院也并不需要在本条第 1 款所规定的具有财产代管人资格的人之中进行指定，而是可以根据管理失踪人财产的需要，指定合适的财产代管人。

（本条由王叶刚撰写）

第四十三条

财产代管人应当妥善管理失踪人的财产，维护其财产权益。

失踪人所欠税款、债务和应付的其他费用，由财产代管人从失踪人的财产中支付。

财产代管人因故意或者重大过失造成失踪人财产损失的，应当承担赔偿责任。

本条主旨

本条对失踪人之财产代管人的职责作出了规定。

相关条文

《民法总则》第43条规定："财产代管人应当妥善管理失踪人的财产，维护其财产权益。""失踪人所欠税款、债务和应付的其他费用，由财产代管人从失踪人的财产中支付。""财产代管人因故意或者重大过失造成失踪人财产损失的，应当承担赔偿责任。"

《民法通则》第21规定："失踪人的财产由他的配偶、父母、成年子女或者关系密切的其他亲属、朋友代管。代管有争议的，没有以上规定的人或者以上规定的人无能力代管的，由人民法院指定的人代管。""失踪人所欠税款、债务和应付的其他费用，由代管人从失踪人的财产中支付。"

《民法通则意见》第31条规定："民法通则第二十一条第二款中的'其他费用'，包括赡养费、扶养费、抚育费和因代管财产所需的管理费等必要的费用。"

《民法通则意见》第32条规定："失踪人的财产代管人拒绝支付失踪人所欠的税款、债务和其他费用，债权人提起诉讼的，人民法院应当将代管人列为被告。""失踪人的财产代管人向失踪人的债务人要求偿还债务的，可以作为原告提起诉讼。"

《合同法》第374条规定："保管期间，因保管人保管不善造成保管物毁损、灭失的，保管人应当承担损害赔偿责任，但保管是无偿的，保管人证明自己没有重大过失的，不承担损害赔偿责任。"

理解与适用

（一）失踪人之财产代管人的职责

依据本条规定，财产代管人的职责包括如下内容。

（1）妥善管理失踪人的财产。

本条第1款规定："财产代管人应当妥善管理失踪人的财产，维护其财产权益。"财产代管人管理失踪人财产的行为主要体现为一种消极的管理行为，如履行失踪人的债务、接受失踪人之债务人的履行等，其一般不得积极利用失踪人的财产。当然，在特殊情形下，为了保护失踪人的利益，财产代管人也需要对失踪人的财产进行积极处分，如为防止失踪人的房屋倒塌，应当允许财产代管人请人代为修缮。同时，依据本条规定，财产代管人应当妥善管理失踪人的财产，而且财产代管人在管理失踪人的财产时应当尽到善良管理人的管理义务。

依据本条第3款的规定，财产代管人只有因故意或者重大过失造成失踪人财产损失时，才需要承担赔偿责任，财产代管人在因一般过失造成失踪人财产损失时，并不需要承担赔偿责任。法律上作出此种规定，主要是考虑到我国法上就无偿委托、赠与等情形，仅要求当事人对其故意或重大过失行为负责。

（2）清偿失踪人的债务，并追索其债权。

财产代管人的另一项主要职责是代理失踪人履行债务和接受履行。一是财产代管人有权从失踪人的财产中支付税款、债务和其他应当支付的费用（如赡养费、抚养费等）。二是财产代管人应当尽力追索失踪人的债权，代理失踪人接受债权。如果财产代管人怠于主张债权或者怠于接受履行造成失踪人财产损失的，财产代管人应当承担赔偿责任。

当然，关于财产代管人是否有权请求报酬，《民法典》并未作出规定。笔者认为，财产代管主要是对失踪人的财产进行临时管理，其只是对失踪人的财产进行一种维护，而不需要使该财产增值，因此，财产代管人原则上只能请求失踪人偿还履行财产代管职责所支出的必要费用，而不能请求失踪人支付管理报酬。

（二）财产代管人因故意或者重大过失造成失踪人财产损失的，应当承担赔偿责任

关于财产代管人造成失踪人财产损失的责任，本条第3款规定：财产代管人因故意或者重大过失造成失踪人财产损失的，应当承担赔偿责任。依据这一规定，只有财产代管人因故意或者重大过失造成失踪人财产损失时，其才应当对失踪人承担赔偿责任。例如因为严重疏忽造成火灾，致失踪人财产毁损，应当负责赔偿。如果财产代管人只是因为一般过失造成失踪人财产损失，其并不需要承担赔偿责任。法律作出此种规定的主要原因在于：财产代管人在管理失踪人的财产时，并没有获得相应的报酬，属于无偿为失踪人管理财产的行为，故不应当过分加重财产代管人的负担。

（本条由王利明撰写）

第四十四条

财产代管人不履行代管职责、侵害失踪人财产权益或者丧失代管能力的，失踪人的利害关系人可以向人民法院申请变更财产代管人。

财产代管人有正当理由的，可以向人民法院申请变更财产代管人。

人民法院变更财产代管人的，变更后的财产代管人有权请求原财产代管人及时移交有关财产并报告财产代管情况。

本条主旨

本条对财产代管人的变更规则作出了规定。

相关条文

《民法总则》第44条规定："财产代管人不履行代管职责、侵害失踪人财产权益或者丧失代管能力的，失踪人的利害关系人可以向人民法院申请变更财产代管人。""财产代管人有正当理由的，可以向人民法院申请变更财产代管人。""人民法院变更财产代管人的，变更后的财产代管人有权要求原财产代管人及时移交有关财产并报告财产代管情况。"

《民法通则意见》第35条规定："失踪人的财产代管人以无力履行代管职责，申请变更代管人的，人民法院比照特别程序进行审理。""失踪人的财产代管人不履行代管职责或者侵犯失踪人财产权益的，失踪人的利害关系人可以向人民法院请求财产代管人承担民事责任。如果同时申请人民法院变更财产代管人的，变更之诉比照特别程序单独审理。"

《民事诉讼法解释》第344条规定："失踪人的财产代管人经人民法院指定后，代管人申请变更代管的，比照民事诉讼法特别程序的有关规定进行审理。申请理由成立的，裁定撤销申请人的代管人身份，同时另行指定财产代管人；申请理由不成立的，裁定驳回申请。"

理解与适用

在自然人失踪期间，财产代管人可能因为丧失民事行为能力等原因而无法履行财产代管职责，此时，就有必要变更财产代管人。从比较法上看，一般都认为，当财产代管人不履行职责时，利害关系人可以申请由法院来撤换相应财产代管人。①

---

① MüKoBGB/Schwab，§1911，Rn. 23.

（一）财产代管人变更的情形

依据本条第 1 款、第 2 款的规定，失踪人之财产代管人的变更包括如下两种情形。

一是失踪人的利害关系人申请变更。本条第 1 款规定：“财产代管人不履行代管职责、侵害失踪人财产权益或者丧失代管能力的，失踪人的利害关系人可以向人民法院申请变更财产代管人。”依据该规定，在财产代管人不履行代管职责、侵害失踪人之财产权益或者丧失代管能力的情形下，为失踪人设置财产代管人的目的将难以实现，甚至表明财产代管人的行为已与设置财产代管的目的相违背，此时，失踪人的利害关系人有权向人民法院申请变更财产代管人。

二是财产代管人申请变更。本条第 2 款规定：“财产代管人有正当理由的，可以向人民法院申请变更财产代管人。”依据该规定，如果财产代管人有正当理由，其也可以申请变更财产代管人。正当理由要依据代管的具体情形而判断，例如，财产代管人因为年龄、健康状况等原因难以有效履行财产代管职责，可能导致失踪人遭受损失的，此时，应当允许其向人民法院申请变更财产代管人。

（二）变更后的财产代管人有权请求原财产代管人及时移交有关财产并报告财产代管情况

本条第 3 款规定：“人民法院变更财产代管人的，变更后的财产代管人有权请求原财产代管人及时移交有关财产并报告财产代管情况。”该款对财产代管人变更的法律后果作出了规定，即在人民法院变更失踪人的财产代管人后，为保障新的财产代管人有效履行代管职责，同时为了明确当事人之间的权利义务关系，减少纠纷，原财产代管人应当及时将失踪人的有关财产移转给新的财产代管人，并且及时向新的财产代管人报告其担任财产代管人期间的代管情况。

（本条由王利明撰写）

第四十五条

失踪人重新出现，经本人或者利害关系人申请，人民法院应当撤销失踪宣告。

失踪人重新出现，有权请求财产代管人及时移交有关财产并报告财产代管情况。

本条主旨

本条对失踪宣告的撤销规则作出了规定。

相关条文

《民法总则》第 45 条规定："失踪人重新出现，经本人或者利害关系人申请，人民法院应当撤销失踪宣告。""失踪人重新出现，有权要求财产代管人及时移交有关财产并报告财产代管情况。"

《民法通则》第 22 条规定："被宣告失踪的人重新出现或者确知他的下落，经本人或者利害关系人申请，人民法院应当撤销对他的失踪宣告。"

《民事诉讼法》第 186 条规定："被宣告失踪、宣告死亡的公民重新出现，经本人或者利害关系人申请，人民法院应当作出新判决，撤销原判决。"

理解与适用

（一）撤销失踪宣告的条件

自然人在被宣告失踪后如果又重新出现，则其有权申请撤销失踪宣告，也可由其利害关系人申请撤销。关于失踪宣告的撤销，本条第 1 款规定："失踪人重新出现，经本人或者利害关系人申请，人民法院应当撤销失踪宣告。"依据该规定，撤销失踪宣告应当符合如下条件。

（1）失踪人重新出现。依据本条规定，失踪人重新出现是撤销失踪宣告的条件。依据《民法典》第 41 条的规定，自然人失踪是指自然人下落不明，即"失去音讯"。与此相对应，失踪人重新出现是指有了失踪人的音讯。失踪人重新出现并不限于失踪人回到原住所或者居住地，如果确知其下落，也应当属于"失踪人重新出现"。

（2）经本人或者利害关系人申请。撤销失踪宣告需要失踪人本人或者其利害关系人向人民法院提出申请。从本条规定来看，失踪人本人或者其利害关系人在申请撤销失踪宣告方面并没有顺序限制，在失踪人重新出现后，利害关系人中的一人或者数人都可向人民法院申请撤销失踪宣告。

（3）由人民法院撤销。撤销失踪宣告的申请应当向作出失踪宣告的人民法院提出，由人民法院作出撤销决定。关于撤销失踪宣告的程序，《民事诉讼法》第 186 条作了详细规定：被宣告失踪、宣告死亡的公民重新出现，经本人或者利害关系人申请，人民法院应当作出新判决，撤销原判决。

（二）撤销失踪宣告的法律后果

失踪宣告一旦被撤销，即产生如下法律效力。

一是财产代管关系终止。财产代管人是在自然人失踪期间代其管理财产，一旦失踪宣告被撤销，相应的财产代管关系也应当终止。当然，从本条第 2 款的规定来看，在失踪人重新出现的情形下，财产代管人即应当负有相应的移转财产和报告义务，此时，即应当认定财产代管关系已经终止。如果财产代管人以失踪人的名义与第三人订立了合同，则合同的效力不受影响，因为代管关系的终止仅对未来发生效力，不影响财产代管人在代管之时的代理权。

二是财产代管人的移交财产和报告义务。本条第 2 款规定：失踪人重新出现，有权请求财产代管人及时移交有关财产并报告财产代管情况。依据该条规定，一旦失踪人重新出现，则其有权请求财产代管人移交有关财产，并有权请求财产代管人报告代管其财产期间的相关情况。

（三）失踪人重新出现，有权请求财产代管人及时移交有关财产并报告财产代管情况

本条第 2 款规定：失踪人重新出现，有权请求财产代管人及时移交有关财产并报告财产代管情况。依据这一规定，在失踪人重新出现后，其有权请求财产代管人及时转交有关财产，并请求其报告财产代管情况。因为财产代管人代管失踪人之财产的目的在于临时管理失踪人的财产，以防止失踪人的财产因无人管理而遭受损失，所以，失踪人重新出现并向财产代管人提出请求后，财产代管关系也应随之终止。此时，财产代管人负有如下两项义务：一是及时移交有关财产；二是向重新出现的失踪人报告财产代管情况，即财产代管人代为主张债权、履行债务等情况。

需要指出的是，从本条规定来看，只要失踪人重新出现，其就有权请求财产代管人及时移交有关财产并报告财产代管情况。这并不以失踪宣告被撤销为条件，因为财产代管人管理失踪人财产就是为了防止其财产因无人管理而遭受损失，因此，在失踪人重新出现并向其提出请求时，财产代管人继续管理其财产也就失去了正当性基础，其应当按照失踪人的请求移交财产并报告财产代管情况，而不论人民法院是否撤销了失踪宣告。

（本条由王利明撰写）

第四十六条

自然人有下列情形之一的，利害关系人可以向人民法院申请宣告该自然人死亡：

（一）下落不明满四年；

（二）因意外事件，下落不明满二年。

因意外事件下落不明，经有关机关证明该自然人不可能生存的，申请宣告死亡不受二年时间的限制。

本条主旨

本条对宣告死亡的法定条件作出了规定。

相关条文

《民法总则》第46条规定："自然人有下列情形之一的，利害关系人可以向人民法院申请宣告该自然人死亡：（一）下落不明满四年；（二）因意外事件，下落不明满二年。""因意外事件下落不明，经有关机关证明该自然人不可能生存的，申请宣告死亡不受二年时间的限制。"

《民法通则》第23条规定："公民有下列情形之一的，利害关系人可以向人民法院申请宣告他死亡：（一）下落不明满四年的；（二）因意外事故下落不明，从事故发生之日起满二年的。""战争期间下落不明的，下落不明的时间从战争结束之日起计算。"

《民法通则意见》第25条规定："申请宣告死亡的利害关系人的顺序是：（一）配偶；（二）父母、子女；（三）兄弟姐妹、祖父母、外祖父母、孙子女、外孙子女；（四）其他有民事权利义务关系的人。""申请撤销死亡宣告不受上列顺序限制。"

《民法通则意见》第26条规定："下落不明是指公民离开最后居住地后没有音讯的状况。对于在台湾或者在国外，无法正常通讯联系的，不得以下落不明宣告死亡。"

《民法通则意见》第27条规定："战争期间下落不明的，申请宣告死亡的期间适用民法通则第二十三条第一款第一项的规定。"

《民法通则意见》第28条规定："民法通则第二十条第一款、第二十三条第一款第一项中的下落不明的起算时间，从公民音讯消失之次日起算。""宣告失踪的案件，由被宣告失踪人住所地的基层人民法院管辖。住所地与居住地不一致的，由最后居住地基层人民法院管辖。"

《民事诉讼法》第184条规定："公民下落不明满四年，或者因意外事故下落不明满二年，或者因意外事故下落不明，经有关机关证明该公民不可能生存，利害关系人申请宣告其死亡的，向下落不明人住所地基层人民法院提出。""申请书应当写明下落不明的事实、时间和请求，并附有公安机关或者其他有关机关关于该公民下落不明的书面证明。”

理解与适用

所谓宣告死亡，是指自然人下落不明达到法定期限，经利害关系人申请，人民法院经过法定程序在法律上推定失踪人死亡的一项制度。自然人长期下落不明可能导致相关的财产关系和人身关系长期处于不确定状态，这有可能影响经济秩序和社会秩序。通过宣告死亡制度，可以及时了结下落不明人与他人的财产关系和人身关系，从而维护正常的社会秩序。

与自然死亡类似，宣告死亡虽然也可以了结被宣告死亡人相关的财产关系和人身关系，但宣告死亡不同于自然死亡：一方面，自然死亡将终局性地了结该自然人的财产关系和人身关系，不存在恢复的可能；而宣告死亡虽然也可以了结被宣告死亡人的财产关系和人身关系，但该民事法律关系存在恢复的可能，即一旦死亡宣告被撤销，相关的财产关系和人身关系即可能恢复。另一方面，自然死亡将消灭该死亡自然人的民事主体资格；而宣告死亡毕竟属于对下落不明人死亡的一种推定，在该自然人仍然生存的情形下，其仍然可以实施民事法律行为，依法取得民事权利、负担民事义务。

宣告死亡和宣告失踪的联系十分密切。在多数情况下，自然人下落不明后，其利害关系人都是先申请宣告失踪，后申请宣告死亡，但两者是存在区别的：一方面，从我国《民法典》的规定来看，宣告失踪并不是宣告死亡的必要步骤和条件。也就是说，只要符合申请宣告死亡的条件，不论利害关系人是否曾经申请宣告失踪，都可以直接到人民法院申请宣告死亡。① 另一方面，宣告死亡与宣告失踪的制度功能是不同的。宣告失踪制度主要解决的是被宣告失踪人的财产管理问题，而宣告死亡的制度是为了彻底结束民事法律关系因某自然人长期失踪而产生的不确定状态②，消除某些可能使法律关系悬而不决的因素，维持法律关系的稳定。③

依据本条规定，宣告死亡必须符合以下条件。

第一，自然人下落不明达到法定期限。如前所述，下落不明是指自然人离开最后居所和住所后没有音讯的状况。在宣告死亡的情形下，自然人的下落不明主

---

① 李适时．中华人民共和国民法总则释义．北京：法律出版社，2017：132.

② 陈甦．民法总则评注：上册．北京：法律出版社，2017：330.

③ 朱庆育．民法总论．北京：北京大学出版社，2013：381.

要是指生死不明，如果确知某人仍然活着，只是没有和家人联系或者不知道其确切地址，不能认为其下落不明，此时，并不符合宣告死亡的条件。

依据本条的规定，在申请宣告死亡的情形下，自然人下落不明达到法定期限可以分为如下两种情形：一是一般情形下，下落不明满 4 年。可见，与宣告失踪相比，在宣告死亡的情形下，自然人下落不明的时间应当更长，因为在宣告失踪的情况下，只是发生了被宣告失踪人的财产代管和债权债务了结的后果，但宣告死亡以后，还会发生继承的开始、身份关系解除等，因此，宣告死亡的条件应当比宣告失踪的条件严格，所要求的下落不明的时间应当比宣告失踪时所要求的时间长。① 二是在自然人因意外事件下落不明时，其下落不明需要满两年。自然人在因意外事件下落不明的情形下生存的可能性相对较小，因此，宣告其死亡时对其下落不明的时间要求也相对较短。此外，依据本条的规定，在自然人因意外事件下落不明的情形下，如果有关机关证明该自然人不可能生存的，则申请宣告该自然人死亡不受 2 年时间的限制，即在此情形下，其利害关系人即可申请宣告该自然人死亡。例如，发生沉船事故后，相关部门进行了紧急搜救，证实乘客已不可能生存，此时，其利害关系人可以立即申请宣告该人死亡，而不受 2 年期限的限制。当然，从本条规定来看，哪些机关可以证明该自然人不可能生存，并不明确，有待将来相关立法予以进一步明确。

第二，必须要由利害关系人提出申请。依据本条的规定，宣告死亡需要由利害关系人向人民法院提出申请。此处所说的利害关系人，是与被宣告死亡之法律后果具有利害关系的人。关于各利害关系人在申请死亡宣告时是否有顺序的先后，存在不同观点。一种观点认为：宣告死亡的利害关系人包含的范围很广，如果没有顺序的限制，就会出现此种情形，即父母要求宣告死亡，但配偶并不希望宣告死亡，如果满足父母的请求，就会干涉配偶的婚姻自主。因此，应有顺序规定。另一种观点认为：我国法律不应当规定申请宣告死亡的顺序，因为如果顺序在先的当事人不申请，则失踪人长期不能被宣告死亡，造成财产关系长期不能稳定。虽然《民法典》并没有对各利害关系人申请宣告死亡的顺序作出规定，但应当认为，各利害关系人在申请死亡宣告时有一定的顺序限制更为合理。

第三，必须要由人民法院作出宣告。依据本条的规定，死亡宣告应当由人民法院作出。人民法院在受理死亡宣告的申请后，应当按照《民事诉讼法》规定的特别审理程序发出寻找下落不明人的公告，公告期届满，没有其音讯的，人民法院才能作出死亡宣告。我国《民事诉讼法》对宣告死亡的程序也作出了规定，在

---

① 李适时．中华人民共和国民法总则释义．北京：法律出版社，2017：129.

进行死亡宣告时，应当依据相关规定处理。

（本条由王利明撰写）

第四十七条

对同一自然人，有的利害关系人申请宣告死亡，有的利害关系人申请宣告失踪，符合本法规定的宣告死亡条件的，人民法院应当宣告死亡。

本条主旨

本条对宣告失踪与宣告死亡的关系作出了规定。

相关条文

《民法总则》第47条规定："对同一自然人，有的利害关系人申请宣告死亡，有的利害关系人申请宣告失踪，符合本法规定的宣告死亡条件的，人民法院应当宣告死亡。"

《民法通则意见》第29条规定："宣告失踪不是宣告死亡的必经程序。公民下落不明，符合申请宣告死亡的条件，利害关系人可以不经申请宣告失踪而直接申请宣告死亡。但利害关系人只申请宣告失踪的，应当宣告失踪；同一顺序的利害关系人，有的申请宣告死亡，有的不同意宣告死亡，则应当宣告死亡。"

理解与适用

在某人下落不明达到一定期间后，同时符合宣告失踪与宣告死亡条件的，其部分利害关系人可能申请宣告其失踪，而部分利害关系人可能申请宣告其死亡。此时，如何处理两种申请之间的关系，存在疑问。

需要指出的是，宣告失踪和宣告死亡在法律效力层面存在一定的冲突，人民法院无法对同一人同时作出失踪宣告和死亡宣告。例如，财产关系而言，在宣告失踪的情形下，需要为失踪人确定财产代管人，以管理其财产；而在宣告死亡的情形下，在法律上将拟制该下落不明的自然人死亡，此时，其财产将会被作为遗产，由其继承人继承。再如，在宣告失踪的情形下，失踪人的婚姻关系并不会受影响；而在宣告死亡的情形下，依据《民法典》第51条的规定，"被宣告死亡的人的婚姻关系，自死亡宣告之日起消除"。此外，在失踪宣告和死亡宣告被撤销后，其法律后果也存在一定的差别。因此，在某人同时符合宣告失踪与宣告死亡的条件且其利害关系人同时提出宣告失踪申请与宣告死亡申请的情形下，人民法院不能同时作出失踪宣告和死亡宣告，而只作出一种宣告。

为解决这一问题，本条规定："对同一自然人，有的利害关系人申请宣告死亡，有的利害关系人申请宣告失踪，符合本法规定的宣告死亡条件的，人民法院应当宣告死亡。"依据这一规定，在利害关系人的申请发生冲突时，人民法院应当作出死亡宣告。法律之所以作出此种规定，主要是因为：从法律效果层面看，宣告死亡的法律效果更为广泛，其不仅可以终局地解决失踪人的财产关系，而且可以解决其人身关系。与作出失踪宣告相比，作出死亡宣告能够更好地解决失踪人的权利义务关系。①

（本条由王叶刚撰写）

第四十八条

被宣告死亡的人，人民法院宣告死亡的判决作出之日视为其死亡的日期；因意外事件下落不明宣告死亡的，意外事件发生之日视为其死亡的日期。

本条主旨

本条对宣告死亡时间的推定规则作出了规定。

相关条文

《民法总则》第48条规定："被宣告死亡的人，人民法院宣告死亡的判决作出之日视为其死亡的日期；因意外事件下落不明宣告死亡的，意外事件发生之日视为其死亡的日期。"

《民法通则意见》第36条规定："被宣告死亡的人，判决宣告之日为其死亡的日期。判决书除发给申请人外，还应当在被宣告死亡的人住所地和人民法院所在地公告。""被宣告死亡和自然死亡的时间不一致的，被宣告死亡所引起的法律后果仍然有效，但自然死亡前实施的民事法律行为与被宣告死亡引起的法律后果相抵触的，则以其实施的民事法律行为为准。"

《继承法意见》第1条规定："继承从被继承人生理死亡或被宣告死亡时开始。""失踪人被宣告死亡的，以法院判决中确定的失踪人的死亡日期，为继承开

① 李适时．中华人民共和国民法总则释义．北京：法律出版社，2017：132.

始的时间。”

理解与适用

在宣告死亡的情形下，自然人之死亡时间的认定对于确定相关的权利义务关系具有重要意义。被宣告死亡是人民法院基于利害关系人的申请，依据法定程序推定下落不明的自然人死亡的一种法律制度。作出这种推定首先要确定死亡的具体时间，如果死亡的时间不确定，就不利于准确认定相关的的权利义务关系。例如，自然人死亡时间的认定，对于死亡赔偿金的计算、养老金的领取、抚恤金的领取、继承开始时间的确定，甚至婚姻关系的终止时间等，均具有重要意义。

关于宣告死亡情形下自然人死亡时间的认定，本条规定：被宣告死亡的人，人民法院宣告死亡的判决作出之日视为其死亡的日期；因意外事件下落不明宣告死亡的，意外事件发生之日视为其死亡的日期。可见，本条将宣告死亡情形下自然人的死亡时间区分为两种情形。

一是一般情形下被宣告死亡时死亡时间的认定。依据本条规定，一般情形下，在自然人被宣告死亡时，人民法院宣告死亡的判决作出之日视为其死亡时间。该规则基本沿袭了《民法通则意见》的规则，该司法解释第36条第1款规定：被宣告死亡的人，判决宣告之日为其死亡的日期。判决书除发给申请人外，还应当在被宣告死亡的人住所地和人民法院所在地公告。该规则被实践证明是行之有效的。因此，《民法典》继受了这一经验，将人民法院宣告死亡的判决作出之日视为自然人的死亡时间。

二是因意外事件被宣告死亡时死亡时间的认定。依据本条规定，意外事件导致自然人下落不明，该自然人被宣告死亡的，该意外事件发生的日期将视为该自然人的死亡日期。例如，马航MH370航班事故属于众所周知的意外事故，该事故发生后，相关人员生死未卜。此时，如果依法作出死亡宣告，则相关人员的宣告死亡时间应当是该事故发生的日期。

（本条由王利明撰写）

第四十九条

自然人被宣告死亡但是并未死亡的，不影响该自然人在被宣告死亡期间实施的民事法律行为的效力。

本条主旨

本条就宣告死亡对民事法律行为之效力的影响规则作出了规定。

相关条文

《民法总则》第 49 条规定："自然人被宣告死亡但是并未死亡的，不影响该自然人在被宣告死亡期间实施的民事法律行为的效力。"

《民法通则》第 24 条规定："被宣告死亡的人重新出现或者确知他没有死亡，经本人或者利害关系人申请，人民法院应当撤销对他的死亡宣告。""有民事行为能力人在被宣告死亡期间实施的民事法律行为有效。"

《民法通则》第 9 条规定："公民从出生时起到死亡时止，具有民事权利能力，依法享有民事权利，承担民事义务。"

《民法通则意见》第 36 条规定："被宣告死亡的人，判决宣告之日为其死亡的日期。判决书除发给申请人外，还应当在被宣告死亡的人住所地和人民法院所在地公告。""被宣告死亡和自然死亡的时间不一致的，被宣告死亡所引起的法律后果仍然有效，但自然死亡前实施的民事法律行为与被宣告死亡引起的法律后果相抵触的，则以其实施的民事法律行为为准。"

理解与适用

宣告死亡的目的在于终结被宣告死亡人原有的财产关系和人身关系，但其不同于自然死亡，其只是对下落不明的自然人死亡的一种拟制，不能完全等同于自然死亡。在德国法中，死亡宣告的效力仅仅产生一种推定，即推定失踪人在失踪判决所标明的时间为死亡，但这种推定可以被推翻，特别是为被宣告死亡者的重新出现所推翻。① 可见，宣告死亡并非为了绝对地消灭或剥夺被宣告死亡人的主体资格，而在于结束以被宣告死亡人原住所地为中心的民事法律关系。②

自然人在被宣告死亡后仍然可能生存，并且也必然会从事一些民事活动，由此产生一些新的民事法律关系。如果被宣告死亡的失踪人被认为完全没有权利能力，则其从事任何行为都是无效的。这显然不符合法理。假如被宣告死亡的自然人完全没有民事权利能力却还可以自行向法院申请撤销对他的死亡宣告，即实施

---

① 迪特尔·梅迪库斯．德国民法总论．邵建东，译．北京：法律出版社，2000：789.

② 王泽鉴．民法总则．北京：北京大学出版社，2009：111.

有效的诉讼行为，这在民法上是无法解释的。[①] 因此，本条规定：自然人被宣告死亡但是并未死亡的，不影响该自然人在被宣告死亡期间实施的民事法律行为的效力。依据本条规定，在被宣告死亡后，如果自然人仍然生存的，则其主体资格并不受影响，其在被宣告死亡后所实施的民事法律行为的效力也不受影响。

（本条由王利明撰写）

第五十条

被宣告死亡的人重新出现，经本人或者利害关系人申请，人民法院应当撤销死亡宣告。

本条主旨

本条对死亡宣告的撤销规则作出了规定。

相关条文

《民法总则》第 50 条规定："被宣告死亡的人重新出现，经本人或者利害关系人申请，人民法院应当撤销死亡宣告。"

《民法通则》第 24 条规定："被宣告死亡的人重新出现或者确知他没有死亡，经本人或者利害关系人申请，人民法院应当撤销对他的死亡宣告。""有民事行为能力人在被宣告死亡期间实施的民事法律行为有效。"

《民事诉讼法》第 186 条规定："被宣告失踪、宣告死亡的公民重新出现，经本人或者利害关系人申请，人民法院应当作出新判决，撤销原判决。"

理解与适用

宣告死亡毕竟是一种法律上的死亡推定，该推定是可以被推翻的。[②] 自然人被宣告死亡后，其在客观上仍然可能处于生存状态。在确知该自然人仍然生存时，其本人或者利害关系人即有权撤销之前的死亡宣告。对此，本条规定：被宣告死亡的人重新出现，经本人或者利害关系人申请，人民法院应当撤销死亡宣告。依据本条规定，死亡宣告的撤销应当具备如下条件。

---

① 柳经纬．民法总论．厦门：厦门大学出版社，2000：97.

② 史尚宽．民法总论．北京：中国政法大学出版社，2000：97.

一是被宣告死亡的人重新出现。被宣告死亡的人重新出现包括的情形很多，例如，该自然人回到原住所或者居住地，或者有人确知其下落，或者虽然难以确定其下落，但确定其仍然处于生存状态。只要出现了能够确定被宣告死亡人仍然生存、否定其已经死亡的情形，就可以认定属于本条所规定的“重新出现”。

二是必须经本人或者利害关系人申请。虽然被宣告死亡人重新出现，但并不意味着其原有的人身、财产关系就当然恢复，而必须要经过本人或利害关系人申请，由人民法院作出新的判决，撤销原有的死亡宣告。毕竟，死亡宣告的判决具有既判力，而且已经产生了相应的法律后果，所以，要推翻该判决，也必须经过法定的程序。[①] 这就是说，撤销死亡宣告需要被宣告死亡人或者利害关系人提出申请。关于申请撤销死亡宣告的利害关系人的范围，《民法典》并没有作出规定，因此，只要被宣告死亡的人重新出现，任何一个利害关系人都可以申请撤销死亡宣告。

三是由人民法院作出撤销宣告的判决。《民事诉讼法》在特别程序中对撤销死亡宣告作出了规定。该法第 186 条规定：被宣告失踪、宣告死亡的公民重新出现，经本人或者利害关系人申请，人民法院应当作出新判决，撤销原判决。

（本条由王利明撰写）

第五十一条

被宣告死亡的人的婚姻关系，自死亡宣告之日起消除。死亡宣告被撤销的，婚姻关系自撤销死亡宣告之日起自行恢复。但是，其配偶再婚或者向婚姻登记机关书面声明不愿意恢复的除外。

本条主旨

本条就宣告死亡对婚姻关系的影响作出了规定。

相关条文

《民法总则》第 51 条规定：“被宣告死亡的人的婚姻关系，自死亡宣告之日起消灭。死亡宣告被撤销的，婚姻关系自撤销死亡宣告之日起自行恢复，但是其配偶再婚或者向婚姻登记机关书面声明不愿意恢复的除外。”

《民法通则意见》第 37 条规定：“被宣告死亡的人与配偶的婚姻关系，自死

① 李适时．中华人民共和国民法总则释义．北京：法律出版社，2017：137.

亡宣告之日起消灭。死亡宣告被人民法院撤销，如果其配偶尚未再婚的，夫妻关系从撤销死亡宣告之日起自行恢复；如果其配偶再婚后又离婚或者再婚后配偶又死亡的，则不得认定夫妻关系自行恢复。”

理解与适用

从本条规定来看，其包含如下两方面含义：一是死亡宣告对被宣告死亡的人的婚姻关系的影响，二是死亡宣告被撤销对被宣告死亡的人的婚姻关系的影响。

1. 被宣告死亡的人的婚姻关系，自死亡宣告之日起消除

宣告死亡制度的主要功能是了结被宣告死亡人原有的人身关系和财产关系，因此，死亡宣告一旦作出，被宣告死亡人的婚姻关系即应当消灭。

2. 死亡宣告被撤销对被宣告死亡的人的婚姻关系的影响

关于死亡宣告被撤销对被宣告死亡的人的婚姻关系的影响，本条规定：死亡宣告被撤销的，婚姻关系自撤销死亡宣告之日起自行恢复。但是，其配偶再婚或者向婚姻登记机关书面声明不愿意恢复的除外。依据本条规定，被宣告死亡人的婚姻关系原则上应当自行恢复，但在例外情形下，其婚姻关系不能自行恢复。依据本条规定，该例外情形包括如下两种。

一是其配偶已经再婚。在死亡宣告后，被宣告死亡人的婚姻关系已经消除，其配偶可以再婚，该婚姻也受到法律保护，因此，在此情形下，即便死亡宣告被撤销，被宣告死亡之人的婚姻关系也不能当然恢复。这有利于维持婚姻家庭关系的稳定。需要指出的是，依据本条规定，只要被宣告死亡的人的配偶再婚的，其婚姻关系就不能自行恢复，因此，如果配偶再婚，即使其再婚后又离婚或再婚后新配偶死亡，也属于本条所规定的“其配偶再婚”的情形。此种情形下，被宣告死亡的人与其配偶之间的婚姻关系也不得自动回复。

二是其配偶向婚姻登记机关书面声明不愿意恢复。也就是说，如果被宣告死亡之人的配偶不愿意恢复婚姻关系的，则其有权向婚姻登记机关声明不愿恢复婚姻关系。本条要求当事人作出书面声明，主要是为了避免发生争议。法律作出此种规定，有利于保护当事人的婚姻自由。① 从本条规定来看，其并没有对被宣告死亡之人的配偶作出书面声明的时间作出限定，因此，其既可以在死亡宣告被撤销前作出，也可以在死亡宣告被撤销后作出。

（本条由王利明撰写）

① 石宏．中华人民共和国民法总则条文说明、立法理由及相关规定．北京：北京大学出版社，2017：106－107.

第五十二条

被宣告死亡的人在被宣告死亡期间，其子女被他人依法收养的，在死亡宣告被撤销后，不得以未经本人同意为由主张收养行为无效。

本条主旨

本条就宣告死亡对收养关系的影响作出了规定。

相关条文

《民法总则》第 52 条规定："被宣告死亡的人在被宣告死亡期间，其子女被他人依法收养的，在死亡宣告被撤销后，不得以未经本人同意为由主张收养关系无效。"

《民法通则意见》第 38 条规定："被宣告死亡的人在被宣告死亡期间，其子女被他人依法收养，被宣告死亡的人在死亡宣告被撤销后，仅以未经本人同意而主张收养关系无效的，一般不应准许，但收养人和被收养人同意的除外。"

《收养法》第 23 条第 1 款规定："自收养关系成立之日起，养父母与养子女间的权利义务关系，适用法律关于父母子女关系的规定；养子女与养父母的近亲属间的权利义务关系，适用法律关于子女与父母的近亲属关系的规定。"

《收养法》第 26 条规定："收养人不履行抚养义务，有虐待、遗弃等侵害未成年养子女合法权益行为的，送养人有权要求解除养父母与养子女间的收养关系。送养人、收养人不能达成解除收养关系协议的，可以向人民法院起诉。"

《收养法》第 29 条规定："收养关系解除后，养子女与养父母及其他近亲属间的权利义务关系即行消除，与生父母及其他近亲属间的权利义务关系自行恢复，但成年养子女与生父母及其他近亲属间的权利义务关系是否恢复，可以协商确定。"

理解与适用

在某自然人被宣告死亡的情形下，在法律上将拟制其已经死亡。其子女如果符合被收养的条件，将可以被收养。关于被收养的条件，《民法典》第 1093 条规定："下列未成年人，可以被收养：（一）丧失父母的孤儿；（二）查找不到生父母的未成年人；（三）生父母有特殊困难无力抚养的子女。"关于宣告死亡对收养关系的影响，本条规定："被宣告死亡的人在被宣告死亡期间，其子女被他人依法收养的，在死亡宣告被撤销后，不得以未经本人同意为由主张收养行为无效。"宣告死亡具有消灭自然人既有人身关系的效力，因此，自然人一旦被宣告死亡，如果符合收养的条件，其子女就可以被他人收养，依法产生的收养关系受法律保护，非因法律规定的原因，不得擅自解除或者被宣告无效。法律作出此种规定，有利于维护合法收养关系的效力，保持收养关系的稳定性，也有利于保护被收养人和收养人的利益。

（本条由王利明撰写）

第五十三条

被撤销死亡宣告的人有权请求依照本法第六编取得其财产的民事主体返还财产；无法返还的，应当给予适当补偿。

利害关系人隐瞒真实情况，致使他人被宣告死亡而取得其财产的，除应当返还财产外，还应当对由此造成的损失承担赔偿责任。

本条主旨

本条就撤销死亡宣告对财产的法律效果作出了规定。

相关条文

《民法总则》第53条规定："被撤销死亡宣告的人有权请求依照继承法取得其财产的民事主体返还财产。无法返还的，应当给予适当补偿。""利害关系人隐瞒真实情况，致使他人被宣告死亡取得其财产的，除应当返还财产外，还应当对由此造成的损失承担赔偿责任。"

《民法通则》第25条规定："被撤销死亡宣告的人有权请求返还财产。依照继承法取得他的财产的公民或者组织，应当返还原物；原物不存在的，给予适当补偿。"

《民法通则意见》第39条规定："利害关系人隐瞒真实情况使他人被宣告死亡而取得其财产的，除应返还原物及孳息外，还应对造成的损失予以赔偿。"

《民法通则意见》第40条规定："被撤销死亡宣告的人请求返还财产，其原物已被第三人合法取得的，第三人可不予返还。但依继承法取得原物的公民或者组织，应当返还原物或者给予适当补偿。"

《物权法》第29条规定："因继承或者受遗赠取得物权的，自继承或者受遗赠开始时发生效力。"

《物权法》第34条规定："无权占有不动产或者动产的，权利人可以请求返还原物。”

《物权法》第244条规定：“占有的不动产或者动产毁损、灭失，该不动产或者动产的权利人请求赔偿的，占有人应当将因毁损、灭失取得的保险金、赔偿金或者补偿金等返还给权利人；权利人的损害未得到足够弥补的，恶意占有人还应当赔偿损失。”

理解与适用

从本条规定来看，其包含如下两方面含义：一是继承人的返还和适当补偿义务，二是利害关系人隐瞒真实情况的赔偿责任。

（一）继承人的返还和适当补偿义务

死亡宣告的撤销将产生财产关系恢复的效果。对此，本条第1款规定：被撤销死亡宣告的人有权请求依照《民法典》第六编取得其财产的民事主体返还财产；无法返还的，应当给予适当补偿。依据本款规定，一旦自然人的死亡宣告被撤销，其继承人应当向其返还自己依照继承法所取得的财产，原则上应当返还原物。由于宣告死亡只是对死亡的一种拟制，被宣告死亡的自然人仍然可能生存，故在被宣告死亡的自然人重新出现后，对其死亡的拟制将被推翻，相关当事人通过继承所取得的财产应当返还给被宣告死亡的人。并且，继承人取得遗产是无偿的，课以其返还义务也不会不当加重其负担。

值得讨论的是：某人被宣告死亡后，其子女已经继承了其财产，后将该财产赠与他人的，受赠人是否应当返还？如果按照不当得利的规则，善意的受益人仅以其现存利益为限进行返还，所以，继承人不负有返还义务，但受赠人负有返还的义务，主要是因为受赠人无偿取得了利益。对此，《民法典》第988条规定：得利人已经将取得的利益无偿转让给第三人的，受损失的人可以请求第三人在相应范围内承担返还义务。

当然，继承人对宣告死亡的发生并无过错，且属于合法取得财产，在其取得财产后，有权将财产使用、消费，因此，在死亡宣告被撤销后，如果其所继承的财产无法返还，如财产已经毁损、灭失，则其并不承担赔偿责任，而只需要给予适当补偿。[①] 所谓适当，主要是考虑返还义务人取得财产的价值、返还能力以及获得的利益。

（二）利害关系人隐瞒真实情况的赔偿责任

关于利害关系人隐瞒真实情况的赔偿责任，本条第2款规定：利害关系人隐

① 李适时．中华人民共和国民法总则释义．北京：法律出版社，2017：141.

瞒真实情况，致使他人被宣告死亡而取得其财产的，除应当返还财产外，还应当对由此造成的损失承担赔偿责任。依据这一规定，利害关系人承担此种责任应当符合如下条件。

第一，利害关系人隐瞒了失踪人未死亡的信息。此处所说的“隐瞒真实情况”应当是指利害关系人明知或者应当知道失踪人并未死亡，但故意隐瞒这一事实，从而导致失踪人被错误地宣告死亡。[①] 利害关系人隐瞒真实情况，是指利害关系人明知被宣告死亡人未死亡，但却故意告知其下落不明，或者在被询问时未告知被宣告死亡人未死亡的信息。

第二，必须因此致使他人被宣告死亡。也就是说，某人被宣告死亡，是因为利害关系人明知失踪人并未死亡，而故意隐瞒真相所致，如果利害关系人如实向人民法院告知失踪人未死亡的信息，则该失踪人将不会被宣告死亡。

第三，因死亡宣告取得其财产，即隐瞒真实信息的利害关系人因失踪人被宣告死亡而取得了其财产。当然，取得财产的原因可以是继承，也可以是其他原因。因此，在死亡宣告被撤销后，利害关系人应承担两种责任：一是返还财产，即在返还因此所取得的财产；二是如果被宣告死亡人还有其他损失，仍然应当予以赔偿。因为在利害关系人隐瞒真实情况的情形下，其取得相关财产具有一定的过错，所以其既需要向被宣告死亡人返还因此所取得的全部财产，还应当赔偿损失。此处的赔偿责任不同于本条第1款所规定的补偿责任，而是完全赔偿责任。

（本条由王利明撰写）

第四节　个体工商户和农村承包经营户

第五十四条

自然人从事工商业经营，经依法登记，为个体工商户。个体工商户可以起字号。

本条主旨

本条对个体工商户的概念作出了规定。

---

① 陈甦．民法总则评注：上册．北京：法律出版社，2017：368－369.

相关条文

《民法总则》第 54 条规定："自然人从事工商业经营，经依法登记，为个体工商户。个体工商户可以起字号。"

《民法通则》第 26 条规定："公民在法律允许的范围内，依法经核准登记，从事工商业经营的，为个体工商户。个体工商户可以起字号。"

《民法通则意见》第 41 条规定："起字号的工商户，在民事诉讼中，应以营业执照登记的户主（业主）为诉讼当事人，在诉讼文书注明系某字号的户主。"

《民事诉讼法解释》第 59 条第 1 款规定："在诉讼中，个体工商户以营业执照上登记的经营者为当事人。有字号的，以营业执照上登记的字号为当事人，但应同时注明该字号经营者的基本信息。"

理解与适用

本条明确了何为"个体工商户"，以及个体工商户起字号的权利。事实上，自然人一旦以个体工商户的名义从事工商业经营活动，就成为商事主体。① 这里所说的工商业是广义的。在历史上我国曾经限定个体工商户的经营范围②，不过，目前，只要自然人申请登记的经营范围不属于法律、行政法规禁止进入的行业，都可以办理个体工商户登记③，从而最大限度地保障了经营自由。例如，自然人开设服装店、理发店、日杂商店、小吃店、石材厂、建材厂等，都可以申请注册为个体工商户。

从历史的角度观察，个体工商户是我国 20 世纪 80 年代改革开放政策的产物，是在原禁止或限制自然人经营工商业的体制下逐渐允许私人经营而采取的法律形式，实际是我国自然人经商解冻，步向自由经营的先声。④ 在这种背景下，我国《民法通则》规定了个体工商户制度。在我国民法典编纂过程中，面对已经改变了的社会情事和法律制度体系，对于个体工商户是否还需要在法律上予以规

---

① 王利明．民法．6 版．北京：中国人民大学出版社，2015：57.

② 例如，1984 年《国务院关于农村个体工商业的若干规定》（已失效）就明确了，农村个体工商业是指农村居民从事的适合个体经营的工业、手工业、商业、饮食业、服务业、修理业、运输业、房屋修缮业以及国家允许个体经营的其他行业。1981 年《国务院关于城镇非农业个体经济若干政策性规定》（已失效）明确了，城镇非农业的个体经济，是指城镇非农业人口个体经营的各种小型的手工业、零售商业、饮食业、服务业、修理业、非机动工具的运输业、房屋修缮业等。王胜明．试论个体工商户、农村承包经营户．中国法学，1986（4）：37.

③ 《个体工商户条例》第 4 条第 2 款．

④ 龙卫球．民法总论．北京：中国法制出版社，2001：351.

定，不少学者提出否定意见。他们认为：单个自然人从事工商业经营，可以采取个人独资企业的形式[①]，而两个以上的自然人从事工商业经营，可以采取合伙协议或合伙企业的形式。[②] 而且个体工商户制度已经不符合历史发展需要。[③] 不过，最后，立法者大概是考虑到尊重我国既有的现实（目前有五千多万户）、国家对个体工商户的改革方向尚不明晰等因素，保留了个体工商户制度。

在立法保留个体工商户制度的前提下，个体工商户在民事主体制度中的归属和定位仍然值得探讨。就此，在理论上存在不同的看法。一种观点认为，个体工商户只是我国特有的自然人参与经营活动的方式，属于自然人的特殊形式。[④] 另一种观点认为，个体工商户属于非法人组织。[⑤] 还有一种观点认为，个体工商户如为一人经营，应为从事经营活动的自然人个人（商法学上称之为"商自然人"）；如为二人以上共同经营，则其性质应为合伙。[⑥] 笔者赞成最后一种观点。如此可以使个体工商户很好地融入我国既有的民事主体制度，实现体系化。[⑦]

为了规范个体工商户的登记和管理等，我国颁布了《个体工商户条例》《个体工商户登记管理办法》《个体工商户名称登记管理办法》等规范性法律文件。

从实际来看，自然人要从事工商业经营，都可以申请登记为个体工商户。当然，单个自然人从事工商业经营也可以注册个人独资企业，两个以上的自然人从事工商业经营可以仅订立合伙协议或者设立合伙企业。

目前，为了鼓励我国台湾居民、港澳居民在大陆投资创业，法律允许他们在大陆申请登记为个体工商户，不需要办理外资审批（不包括特许经营）。只不过，法律仅允许他们采取"个人经营"的形式。[⑧] 自然人申请登记为个体工商户的，应当向其经营场所所在地登记机关申请注册登记[⑨]，并取得营业执照。在领取营

---

① 赵旭东．独资企业立法研究．政法论坛，1995（1）：68.

② 梁慧星．中国民法典草案建议稿附理由·总则编．北京：法律出版社，2004：21.

③ 曹兴权．民法典如何对待个体工商户．环球法律评论，2016（6）：144及以下．李友根．论个体工商户制度的存与废——兼及中国特色制度的理论解读．法律科学，2010（4）：107及以下．黄波，魏伟．个体工商户制度的存与废：国际经验启示与政策选择．改革，2014（4）：110.

④ 苏号朋．民法总论．北京：法律出版社，2006：131.

⑤ 房绍坤．民法．北京：中国人民大学出版社，2009：62.

⑥ 梁慧星．民法总论．4版．北京：法律出版社，2011：147：注2.

⑦ 《民法通则意见》第50条规定：当事人之间没有书面合伙协议，又未经工商行政管理部门核准登记，但具备合伙的其他条件，又有两个以上无利害关系人证明有口头合伙协议的，人民法院可以认定为合伙关系。

⑧ 国家工商行政管理总局《关于扩大开放台湾居民在大陆申办个体工商户登记管理工作的意见》（工商个字［2015］224号）、国家工商行政管理总局《关于扩大开放港澳居民在内地申办个体工商户登记管理工作的意见》（工商个字〔2016〕99号）.

⑨ 《个体工商户条例》第8条第1款．另外，《个体工商户条例》第3条规定：县、自治县、不设区的市、市辖区工商行政管理部门为个体工商户的登记机关……登记机关按照国务院工商行政管理部门的规定，可以委托其下属工商行政管理所办理个体工商户登记。

业执照以后，可以办理税务登记①，在银行或者其他金融机构开立账户②，并可以根据经营需要招用从业人员，但应当依法与招用的从业人员订立劳动合同。③

按照《民法典》第 54 条的规定，“个体工商户可以起字号”。这实际上使作为个体工商户的自然人享有一般自然人所不享有的一项特殊权利，即起字号的权利。④ 具体来说，应当依据《个体工商户名称登记管理办法》办理，例如，“眉山市东坡区天池页岩建材厂”就是个体工商户的名称。⑤

在民事诉讼中，个体工商户以营业执照上登记的经营者为当事人；有字号的，以营业执照上登记的字号为当事人，但应同时注明该字号经营者的基本信息；如果营业执照上登记的经营者与实际经营者不一致，则以登记的经营者和实际经营者为共同诉讼人。⑥

（本条由周友军撰写）

第五十五条

农村集体经济组织的成员，依法取得农村土地承包经营权，从事家庭承包经营的，为农村承包经营户。

本条主旨

本条对农村承包经营户的概念作出了规定。

相关条文

《民法总则》第 55 条规定：“农村集体经济组织的成员，依法取得农村土地承包经营权，从事家庭承包经营的，为农村承包经营户。”

《民法通则》第 27 条规定：“农村集体经济组织的成员，在法律允许的范围

① 《个体工商户条例》第 17 条第 1 款．

② 《个体工商户条例》第 20 条第 1 款．

③ 《个体工商户条例》第 21 条．早期，我国要求个体工商户雇工不得超过 7 人，但是，随着社会的变迁，这一规定已经被突破。李友根．论个体工商户制度的存与废——兼及中国特色制度的理论解读．法律科学，2010（4）：111 及以下．《个体工商户条例》第 21 条第 1 款规定：个体工商户可以根据经营需要招用从业人员。该条并没有明确其雇工人数的限制。

④ 龙卫球．民法总论．北京：中国法制出版社，2001：350.

⑤ 四川省高级人民法院（2014）川民提字第 495 号民事判决书．

⑥ 《民事诉讼法解释》第 59 条第 2 款．

内，按照承包合同规定从事商品经营的，为农村承包经营户。”

《物权法》第125条规定：“土地承包经营权人依法对其承包经营的耕地、林地、草地等享有占有、使用和收益的权利，有权从事种植业、林业、畜牧业等农业生产。”

理解与适用

本条要规范的对象是农村承包经营户。确切地说，本条对何为“农村承包经营户”进行了界定。

农村承包经营户是我国20世纪70年代末农村经济体制改革的产物。当时，我国农村进行了以联产承包经营制为内容的经营方式改革（如包产到户）。① 可以说，至今农村承包经营户仍然是最为重要的农村集体经济的经营形式。②

在我国民法典立法过程中，有学者提出，农村承包经营户制度应当废止。其主要理由在于，农村承包经营户的概念不具有科学性和严谨性③，而且，背离了城乡一体化的改革目标。④ 不过，立法者在《民法典》中仍然保留了这一制度。这大概是考虑到农村承包经营户大量存在的现实（2亿多户），同时，也是考虑到目前农村集体经济领域的改革仍处于探索阶段。

值得注意的是，2008年的中央一号文件就已经提出，要将家庭农场和专业大户作为规模经营的主体。中国共产党十八届三中全会再次强调这一问题。⑤ 不过，对于家庭农场和专业大户与农村承包经营户的关系，《民法典》并没有明确。

依据本条规定，农村承包经营户是指依法取得农村土地承包经营权、从事家庭承包经营的农户。在《民法典》规定农村承包经营户的背景下，在解释上，如何确定农村承包经营户在民事主体制度中的归属和定位，也值得探讨。对此，理论上存在不同的观点。一是自然人说。此种观点认为，农村承包经营户只是我国特有的自然人利用农村集体经济组织的财产进行经营活动的方式，属于自然人的特殊形式。⑥ 二是非法人组织说。此种观点认为，农村承包经营户有一定的组织机构和财产，且能够以自己的名义对外从事民事活动，符合非法人组织的特征。⑦ 三是

---

① 杨震．民法总则“自然人”立法研究．法学家，2016（5）：32.

② 苏号朋．民法总论．北京：法律出版社，2006：131.

③ 房绍坤，张旭昕．我国民法典编纂中的主体类型．法学杂志：2016（12）：13.

④ 申惠文．论农村承包经营户的死亡．河南财经政法大学学报，2016（2）：107.

⑤ 杨震．民法总则“自然人”立法研究．法学家，2016（5）：33.

⑥ 同②132.

⑦ 沈文朋．农村承包经营户：从独立民商事主体到适当的有限责任．华南师范大学学报（社会科学版），2012（3）：126及以下．

家庭合伙说。此种观点认为，农村承包经营户是以家庭成员为合伙人的、以营利为目的的家庭合伙。家庭合伙与普通合伙有相同之处，也有不同之点。①

笔者认为，如果农村承包经营户只有一人，则为自然人；如果其中有两人以上，则应当作为合伙来对待。在户内有两个或两个以上成员的情形，各个成员之间应当形成共有的关系。

按照我国《农村土地承包法》的规定，农村土地承包大体上采取两种方式：一是家庭承包，即由农村集体经济组织内部的家庭承包。二是其他方式的承包，即不宜采取家庭承包方式的荒山、荒沟、荒丘、荒滩等农村土地，可以采取招标、拍卖、公开协商等方式承包。通常来说，农户的代表（即户主）应当与农村集体经济组织签订土地承包合同②，在没有农村集体经济组织的地方，往往由村民委员会代行农村集体经济组织的职权，作为发包方。此后该特定家庭就成为农村承包经营户，而不需要像个体工商户那样进行核准登记。③ 另外，农村承包经营户也不享有起字号的权利。④

农村承包经营户取得的农村土地承包经营权是我国物权法确认的一种重要用益物权。在三权分置的背景下，农户甚至可以在农村土地承包经营权之上再设立经营权。另外，如果农户与农村集体经济组织订立了承包合同，其还基于合同享有合同债权。如果农户所承包的土地被征收，其还可以依据《民法典》第 243 条等享有获得征收补偿的权利。

（本条由周友军撰写）

第五十六条

个体工商户的债务，个人经营的，以个人财产承担；家庭经营的，以家庭财产承担；无法区分的，以家庭财产承担。

农村承包经营户的债务，以从事农村土地承包经营的农户财产承担；事实上由农户部分成员经营的，以该部分成员的财产承担。

---

① 彭万林．民法学．北京：中国政法大学出版社，1999：133 及以下．

② 例如，《新疆维吾尔自治区农村集体经济组织资产管理条例》第 3 条规定：本条例所称农村集体经济组织，是指乡（镇）、村、村民小组农民以生产资料集体所有的形式组成，实行独立核算、自负盈亏的社区性经济实体。

③ 苏号朋．民法总论．北京：法律出版社，2006：132.

④ 龙卫球．民法总论．北京：中国法制出版社，2001：350.

本条主旨

本条对个体工商户和农村承包经营户的债务承担作出了规定。

相关条文

《民法总则》第 56 条规定："个体工商户的债务，个人经营的，以个人财产承担；家庭经营的，以家庭财产承担；无法区分的，以家庭财产承担。""农村承包经营户的债务，以从事农村土地承包经营的农户财产承担；事实上由农户部分成员经营的，以该部分成员的财产承担。"

《民法通则》第 29 条规定："个体工商户，农村承包经营户的债务，个人经营的，以个人财产承担；家庭经营的，以家庭财产承担。"

《民法通则意见》第 42 条规定："以公民个人名义申请登记的个体工商户和个人承包的农村承包经营户，用家庭共有财产投资，或者收益的主要部分供家庭成员享用的，其债务应以家庭共有财产清偿。"

《民法通则意见》第 43 条规定："在夫妻关系存续期间，一方从事个体经营或者承包经营的，其收入为夫妻共有财产，债务亦应以夫妻共有财产清偿。"

《民法通则意见》第 44 条规定："个体工商户、农村承包经营户的债务，如以其家庭共有财产承担责任时，应当保留家庭成员的生活必需品和必要的生产工具。"

理解与适用

总体上，本条明确了，无论是个体工商户还是农村承包经营户，都是由从事经营的人负担债务。笔者认为，本条确立的规则可以简单理解为：如果仅一个自然人从事经营，则由其自己承担债务；如果两个或两个以上的自然人从事经营，则由他们按照合伙的规则承担无限连带责任。这里所说的债务，包括因合同、侵权等产生的债务。例如，在迅达科技集团股份有限公司诉湖南省宁乡县黄材镇新一佳家电经营部侵害商标权纠纷案中，人民法院就认定，被告个体工商户的经营者（王某）承担商标侵权责任。①

依据本条第 1 款的规定，对于个体工商户的债务承担要区分三种情形予以处理。

其一，个人经营的，以个人财产承担债务。此处所说的"个人经营"，是指单个自然人从事工商业经营。此时应当以该自然人的个人财产承担个体工商户的债务，这是一种无限清偿责任。② 不过，在夫妻关系存续期间，夫妻一方从事

① 湖南省长沙市中级人民法院（2016）湘 01 民初 1767 号民事判决书.

② 王利明. 民法. 6 版. 北京：中国人民大学出版社，2015：57.

“个人经营”的，其收入应为夫妻共有财产，债务也应以夫妻共有财产清偿。[①]这一规定明确了在夫妻共同财产制之下的债务承担规则，如果夫妻通过约定采取分别财产制，且债权人知道的，则该规定不应当适用。

其二，家庭经营的，以家庭财产承担个体工商户的债务。此处所说的“家庭经营”，是指家庭内的两个或两个以上的成员共同经营。如果个体工商户被注册为“家庭经营”，且参加经营的家庭成员姓名已备案的，自然可以认定为家庭经营。如果个体工商户被注册为“个人经营”，但是其他家庭成员也参与了经营活动的，也应当认定为家庭经营。例如，在邹某与李某、张某等买卖合同纠纷案中，李某是福建省南安市石井宗兴石材厂业主（个体工商户），工商登记的经营者是李某，但李某的妻子张某、儿子李某某均对外出具条据，且张某和李某某购买的刀头也是用于石材厂的实际经营，因此，人民法院认为，其妻子和儿子参与了石材厂的经营，因此，李某及其妻子、儿子都要承担该个体工商户的债务。[②]

虽然本条使用“以家庭财产承担”的表述，但是，从民法的一般原理出发，尤其是考虑到与合伙制度的一致，“以家庭财产承担”应当被理解为以参与经营的家庭成员的共同财产承担。有学者认为，此处所说的“家庭财产”是指家庭共有财产，不包括家庭成员的个人财产。[③] 笔者认为，这一看法并不妥当，也与合伙制度不一致，如此处理会导致法秩序内部的判断矛盾。因此，家庭财产应当包括参与经营的家庭成员的个人财产和他们的共同财产。

其三，无法区分个人经营还是家庭经营的，以家庭财产承担债务。此处所说的“无法区分”的含义如何？笔者认为，如果是以自然人个人名义申请登记的个体工商户，但用家庭共有财产投资，或者收益的主要部分供家庭成员享用的，应当认定为“无法区分”，其债务应以家庭共有财产清偿。

从实践来看，法院一般认为，即使个体工商户已经注销，也不影响其经营者按照上述规则承担债务。例如，在于某诉洪某、田某买卖合同纠纷案中，田某和洪某曾经是夫妻，虽然田某注册、洪某参与经营的杭州农副产品物流中心冷冻食品交易市场××食品经营部已经被注销，但是，法院仍然认为，田某和洪某应当承担债务。[④]

就农村承包经营户的债务承担而言，本条第 2 款明确了，原则上应当“以从

---

① “夏某德诉龚某瑋共同承担应缴税款、罚款债务纠纷案”，上海市闵行区人民法院（1991）民字第 51 号民事判决书．

② 福建省南安市人民法院（2013）南民初字第 5370 号民事判决书．

③ 王利明．民法．6 版．北京：中国人民大学出版社，2015：57.

④ 浙江省杭州市余杭区人民法院（2015）杭余塘商初字第 369 号民事判决书．

事农村土地承包经营的农户财产承担”。这就是说，如果该农户内仅有一个自然人，则以该自然人的财产承担责任；如果该农户内有两个或两个以上的自然人，则以该数个自然人的财产（包括其个人财产和共同财产）承担责任，因为此时实际上形成了家庭内的合伙。①

在实践中，农户内可能仅有部分成员实际地从事了农业经营。例如，户主的女儿已经出嫁，但是户口暂时没有迁出，也没有再参与该农户的经营。考虑到这种情况，本条第2款特别规定，如果事实上由农户内的部分成员经营的，以该部分成员的财产承担。这一规定有利于解决户口本上记载的农户的成员与实际的农户的成员不一致的情形，具有积极意义。

（本条由周友军撰写）

① 龙卫球．民法总论．北京：中国法制出版社，2001：351.

第三章

法人

第一节　一般规定

第五十七条

法人是具有民事权利能力和民事行为能力，依法独立享有民事权利和承担民事义务的组织。

本条主旨

本条对法人的概念作出了规定。

相关条文

《民法总则》第 57 条规定："法人是具有民事权利能力和民事行为能力，依法独立享有民事权利和承担民事义务的组织。"

《民法通则》第 36 条规定："法人是具有民事权利能力和民事行为能力，依法独立享有民事权利和承担民事义务的组织。""法人的民事权利能力和民事行为能力，从法人成立时产生，到法人终止时消灭。"

《公司法》第 3 条规定："公司是企业法人，有独立的法人财产，享有法人财产权。公司以其全部财产对公司的债务承担责任。""有限责任公司的股东以其认缴的出资额为限对公司承担责任；股份有限公司的股东以其认购的股份为限对公司承担责任。”

理解与适用

本条关于法人的定义与《民法通则》中的定义完全相同，没有什么变化。由本条可知，在我国法上，法人是由法律认可的、具有独立法律人格的组织。其与自然人同为独立的民事主体，具有以下特征。

首先，法人是依法设立的。法人应当按照法律规定的条件和程序设立。

其次，法人具有民事权利能力和民事行为能力。法人能够以自己的名义独立地享受权利、承担义务，能够在法院起诉、应诉，这表明它的法律人格与成员（可能是自然人，也可能是法人）的法律人格完全分离。法人也具有民事行为能力，法人可以以自己的名义参与民事活动，从事法律行为，由此所产生的权利、义务也归属于法人。法人成员的死亡和退出不影响法人的存续。

最后，法人依法独立享有民事权利和承担民事义务。法人所享有的权利与其成员所享有的权利不同。法人具有权利、义务归属资格。义务是与责任相应的，违反民事义务，无论违反的是约定的民事义务还是法定的民事义务，都要承担相应的民事责任。而法人之所以能够独立享有权利和承担义务，就是因为法人具有独立的财产或经费，法人的财产不同于法人成员的财产，法人的民事责任也不同于其成员的民事责任。当法人以自己的名义从事民事活动时，由此产生的民事责任如违约责任、侵权责任等，原则上只能由法人以自身财产承担责任，无须法人的成员以其财产承担之，法人的创立人和成员对法人的债务不承担责任。这也是法人和非法人组织的重要区别。

（本条由程啸撰写）

第五十八条

法人应当依法成立。

法人应当有自己的名称、组织机构、住所、财产或者经费。法人成立的具体条件和程序，依照法律、行政法规的规定。

设立法人，法律、行政法规规定须经有关机关批准的，依照其规定。

本条主旨

本条对法人的成立条件作出了规定。

相关条文

《民法总则》第 58 条规定：“法人应当依法成立。”“法人应当有自己的名称、组织机构、住所、财产或者经费。法人成立的具体条件和程序，依照法律、行政法规的规定。”“设立法人，法律、行政法规规定须经有关机关批准的，依照其规定。”

《民法通则》第 37 条规定：“法人应当具备下列条件：（一）依法成立；（二）有必要的财产或者经费；（三）有自己的名称、组织机构和场所；（四）能够独立承担民事责任。”

《民法通则》第 50 条规定：“有独立经费的机关从成立之日起，具有法人资格。”“具备法人条件的事业单位、社会团体，依法不需要办理法人登记的，从成立之日起，具有法人资格；依法需要办理法人登记的，经核准登记，取得法人资格。”

《民法通则》第 51 条规定：“企业之间或者企业、事业单位之间联营，组成新的经济实体，独立承担民事责任，具备法人条件的，经主管机关核准登记，取得法人资格。”

《公司法》第 6 条规定：“设立公司，应当依法向公司登记机关申请设立登记。符合本法规定的设立条件的，由公司登记机关分别登记为有限责任公司或者股份有限公司；不符合本法规定的设立条件的，不得登记为有限责任公司或者股份有限公司。”“法律、行政法规规定设立公司必须报经批准的，应当在公司登记前依法办理批准手续。”“公众可以向公司登记机关申请查询公司登记事项，公司登记机关应当提供查询服务。”

理解与适用

本条共分 3 款，分别对法人的成立条件作出了相应的规定。

（1）依据本条第 1 款，法人应当依法成立。本款有两层含义：首先，“依法成立”中的“法”既包括了法律，也包括了行政法规。前者如《民法典》，以及《公司法》《证券法》《保险法》《商业银行法》等民事特别法，后者如《基金会管理条例》《公司登记管理条例》《外资保险公司管理条例》等行政法规。其次，“法人依法成立”意味着，我国法人的成立原则上采取的是准则主义，而例外地采取核准主义，即：法律、行政法规预先就法人成立的具体条件和程序作出明确规定，只要符合这些条件和程序就可以取得法人资格。而至于特殊的法人，需要经过有关机关的审核批准，才能设立。

(2) 本条第2款共分两句。其中，第一句是对法人一般成立条件的规定，也就是说，任何法人的设立，都必须符合该句中要求的条件。这些条件具体包括：1) 有自己的名称、组织机构和住所。法人的名称是区别于其他法人的标志。法人无论其类型如何，都只有在具有自己的名称的情形下才能与其他同类型的法人加以区别，成为特定的民事主体。而依据《民法典》第110条第2款，法人享有名称权。法人的组织机构是对内管理法人事务、对外代表法人从事活动的机构的总称。不同类型的法人，其组织机构并不相同。但是，没有组织机构，则法人难以成立。无论是营利法人、非营利法人还是特别法人，都应当具有自己的住所，以便从事相应的生产经营活动或其他社会活动，因此，具有自己的住所，也是法人的成立条件之一。《民法典》第63条规定："法人以其主要办事机构所在地为住所。依法需要办理法人登记的，应当将主要办事机构所在地登记为住所。"在法律上，法人只能有一个住所，但是可以有多个场所。2) 有自己的财产或者经费。法人作为一类独立的民事主体，具有民事权利能力与民事行为能力。其中，营利法人广泛地参与各种民事活动，不仅享有民事权利，也承担民事义务。要能够履行民事义务以及承担违反义务的民事责任，营利法人必须具有财产。即便是非营利法人和特别法人如事业单位、社会团体、机关法人，其虽然不能如同营利法人那样广泛地参与民事活动，但是为了保证其正常的运行并实现其设立的目的，也必须具有相应的经费。由此可见，本条第2款第一句关于财产或者经费的要求是针对所有的法人而言的。当然，法人的财产和经费的来源可能是不同的，如有限责任公司、股份有限公司和其他营利法人，其财产来自投资者的出资；而非营利法人或特别法人的财产、经费或者来自国家财政拨款，或者来自设立人的捐赠等。

由于法人的类型不同，故此其具体的设立条件和程序也各不相同。《民法典》作为民事领域的基本法，只是对最基本的法人设立条件作出规定，不可能详细地规定每一类法人的具体设立条件和程序。故此，本条第2款第二句才规定，法人成立的具体条件和程序，依照法律、行政法规的规定。例如，设立有限责任公司，就应当依据《公司法》《公司登记管理条例》等法律和行政法规的规定。

(3) 本条第3款规定了，对一些特殊的法人的设立采取的是核准主义，即需要经过有关机关的审核批准。具体言之：首先，设立哪些法人必须经过有关机关的批准，必须依据法律、行政法规的规定，至于部门规章、地方性法规和地方政府规章，均无权规定哪些法人的设立必须经过有关机关的批准。其次，需要经过批准才能设立的法人主要包括以下一些：1) 少部分的营利法人，例如，金融法人，包括商业银行、证券公司、保险公司等。《商业银行法》第11条第1款规定：设立商业银行，应当经国务院银行业监督管理机构审查批准。《保险法》第67条第1款规定：设立保险公司应当经国务院保险监督管理机构批准。《证券法》第118条规定：设立证券公司，应当……经国务院证券监督管理机构审查批准……未经国务院证券监督管理机构批准，任何单位和个人不得以证券公司名义开展证券业务活动。2）大部分的非营利法人。对于非营利法人，我国法原则上采取的是核准主义，即必须经过业务主管单位的审批。例如，《事业单位登记管理暂行条例》第3条第1款规定，事业单位经县级以上各级人民政府及其有关主管部门……批准成立后，应当依照本条例的规定登记或者备案。再如，依据《基金会管理条例》第9条的规定，基金会的设立必须提交业务主管单位同意设立的文件。依据《社会团体登记管理条例》第3条第1款，成立社会团体，应当经其业务主管单位审查同意。3）部分的特别法人。所谓特别法人，包括机关法人、农村集体经济组织法人、城镇农村的合作经济组织法人、基层群众性自治组织法人。其中，机关法人的设立必须经过批准。

（本条由程啸撰写）

第五十九条

法人的民事权利能力和民事行为能力，从法人成立时产生，到法人终止时消灭。

本条主旨

本条对法人的民事权利能力与民事行为能力作出了规定。

相关条文

《民法总则》第59条规定：“法人的民事权利能力和民事行为能力，从法人成立时产生，到法人终止时消灭。”

《民法通则》第36条规定：“法人是具有民事权利能力和民事行为能力，依法独立享有民事权利和承担民事义务的组织。”“法人的民事权利能力和民事行为能力，从法人成立时产生，到法人终止时消灭。”

《公司法》第7条规定：“依法设立的公司，由公司登记机关发给公司营业执照。公司营业执照签发日期为公司成立日期。”“公司营业执照应当载明公司的名称、住所、注册资本、经营范围、法定代表人姓名等事项。”“公司营业执照记载的事项发生变更的，公司应当依法办理变更登记，由公司登记机关换发营业执照。”

理解与适用

本条是对法人的民事权利能力和民事行为能力的规定，分述如下。

1. 法人的民事权利能力

法人的民事权利能力是指法人作为民事权利主体，享受民事权利并承担民事义务的资格。依据本条之规定，法人的民事权利能力从法人成立时产生，到法人终止时消灭。法人的民事权利能力是法人实施民事法律行为和从事民事活动的前提和基础。尽管法人和自然人一样具有民事权利能力，但是“权利能力就其本意而言只有法人才享有，而法人的权利能力总是只在某些特定的、从成员的权利能力派生出来的意义上存在。因此，法人也就不能被看作是人所享有的全部权利的承担者”①。易言之，自然人的民事权利能力意味着自然人具有作为一切民事权利的享有者和一切民事义务的承担者的资格或能力。而法人既然只是服务于一个特定目的的法律制度设计，其民事权利能力当然就是有限制的，不可能如同自然人的那样充分。此种限制主要有以下两方面。

其一，法人自身性质的限制。法人作为一种组织，不是一个生命体，故此不是所有人格权的承担者，如法人不享有生命权、健康权、身体权等。此外，任何以性别、年龄、身份及亲属关系等为前提的权利、义务，也不能由法人享有和承担。对此，《瑞士民法典》第53条有明确的规定：法人享有除以自然人的本质为要件的，如性别、年龄或亲属关系以外的一切权利及义务。例如，法人不能享有亲属权，不能享有继承权。② 但是，法人可以享有名称权、荣誉权、名誉权等人格权。③ 不过，即便法人可以享有这些人格权，我们也清楚法人享有这些权利的真正原因。例如，法人享有名称权，可法人之所以享有这一权利是因为其所有的成员具有如下自由权利：在一个特定的、共同的名称之下联合起来并开展活动。④

其二，法律法规上的限制。自然人的民事权利能力由法律统一规定，具有普遍性和平等性，任何自然人不因其种族、性别、年龄、财产等方面的原因而在民事权利能力方面具有差异。但法人的民事权利能力是一种特殊的权利能力，法人只能在法律或行政命令的范围内，具有享有权利和承担义务的能力。⑤ 由于设立

①④ 迪特尔·施瓦布. 民法导论. 郑冲，译. 北京：法律出版社，2006：101.

②⑤ 史尚宽. 民法总论. 北京：中国政法大学出版社，2000：153.

③ 程合红. 商事人格权论. 北京：中国人民大学出版社，2002：29-33.

法人的法律法规有所不同，故此各类法人享有的权利能力也不相同。例如，《民法典》第 683 条原则上禁止国家机关担任保证人。《商业银行法》第 43 条禁止商业银行在我国境内从事信托投资和证券经营业务，也不得投资于非自用不动产，还不能在我国境内向非银行金融机构和企业投资。

2. 法人的民事行为能力

法人的民事行为能力，是指法人作为民事权利主体，以自己的行为享受民事权利并承担民事义务的资格。依据本条之规定，法人的民事行为能力从法人成立时产生，到法人终止时消灭。法人是否具有如同自然人那样的民事行为能力，取决于对法人本质的认识。以拟制说为基础的代理人说认为：法人仅在观念上成为私法的主体，并不实际存在，因此只具有民事权利能力而没有意思表示能力或者民事行为能力。与未成年人一样，其行为必须由代理人加以完成。例如，就公司而言，董事或者董事长是公司的代理人，其法律后果依据民法上的代理关系由公司承受。以法人实在说为基础的机关说则认为：法人具有独立的意思即团体意思，其意思由法人的意思表示机关向第三人表示，法定代表人作为法人机关的成员，其行为就是法人本身的行为。

上述两种学说的差异在于：采取代理人说，则法人就被代理人的民事法律行为依据代理法律制度承受后果，而就被代理人的侵权行为依据雇主责任的法理承担责任；如果采取机关说，机关的行为就是法人的行为，机关的成员从事的民事法律行为以及侵权行为就是法人的行为。

从本条规定来看，我国法采纳的是机关说，而不是代理说。这就意味着，法人具有自身的独立意志，而团体的意志和其成员的意志、管理人的意志是分开的；法人机关只是法人组织体的构成部分，法定代表人对外可以代表法人，而法人的机关对内可以执行法人的事务，但机关的行为必须体现法人团体的意志。

（本条由程啸撰写）

第六十条

法人以其全部财产独立承担民事责任。

本条主旨

本条对法人独立承担民事责任作出了规定。

相关条文

《民法总则》第 60 条规定："法人以其全部财产独立承担民事责任。"

《民法通则》第 48 条规定："全民所有制企业法人以国家授予它经营管理的财产承担民事责任。集体所有制企业法人以企业所有的财产承担民事责任。中外合资经营企业法人、中外合作经营企业法人和外资企业法人以企业所有的财产承担民事责任，法律另有规定的除外。"

理解与适用

本条是对法人以其财产独立承担民事责任的规定。首先，法人能够独立承担民事责任。任何民事主体在从事民事活动时，因享受权利和承担义务，都可能会发生承担民事责任的问题，例如，因违反合同而承担违约责任，或者因实施了侵害他人民事权益的行为而承担侵权责任。既然法人与自然人一样都是独立地民事主体，具有民事权利能力和民事行为能力人，那么法人就必须能够独立地承担民事责任。法人能够独立承担民事责任意味着：一方面，法人承担的民事责任不同于法人的成员或工作人员所承担的民事责任。除非法人的成员或工作人员的行为构成代表行为或代理行为，抑或符合法律关于用人者责任的规定，法人无须为其成员或工作人员的行为承担责任。同理，法人的成员或工作人员也不需要为法人的行为承担民事责任。另一方面，能否独立承担民事责任也是将法人与法人的分支机构、法人的职能部门相互区别的一个重要标准。

其次，法人是以其全部财产来承担民事责任。法人的成立条件中就包括了"有自己的财产或者经费"，法人的财产或者经费不同于法人的成员或者其工作人员的财产或者经费。无论法人是营利法人、非营利人还是特别法人，也无论该法人是由何种主体设立的，法人对其财产享有的权利都是独立的。当然，法人对其财产的权利内容存在不同的差别。例如，作为最典型的营利法人，有限责任公司或股份有限公司有独立的法人财产，享有法人财产权（《公司法》第 3 条）。但是，国家举办的事业单位法人对其直接支配的不动产和动产享有的则是占有、使用以及依照法律和国务院的有关规定收益、处分的权利（《民法典》第 256 条）。

（本条由程啸撰写）

第六十一条

依照法律或者法人章程的规定，代表法人从事民事活动的负责人，为法人的法定代表人。

法定代表人以法人名义从事的民事活动，其法律后果由法人承受。

法人章程或者法人权力机构对法定代表人代表权的限制，不得对抗善意相对人。

本条主旨

本条对法人的法定代表人作出了规定。

相关条文

《民法总则》第61条规定："依照法律或者法人章程的规定，代表法人从事民事活动的负责人，为法人的法定代表人。""法定代表人以法人名义从事的民事活动，其法律后果由法人承受。""法人章程或者法人权力机构对法定代表人代表权的限制，不得对抗善意相对人。"

《民法通则》第38条规定："依照法律或者法人组织章程规定，代表法人行使职权的负责人，是法人的法定代表人。"

《民法通则》第43条规定："企业法人对它的法定代表人和其他工作人员的经营活动，承担民事责任。"

《民法通则意见》第58条规定："企业法人的法定代表人和其他工作人员，以法人名义从事的经营活动，给他人造成经济损失的，企业法人应当承担民事责任。"

《合同法》第50条规定："法人或者其他组织的法定代表人、负责人超越权限订立的合同，除相对人知道或者应当知道其超越权限的以外，该代表行为有效。"

理解与适用

本条是对法人之代表人的规定。

1. 法定代表人的概念与特征

在我国，"法定代表人"最早出现在1982年的《民事诉讼法（试行）》中，后由《民法通则》第38条沿用。依据本条第1款之规定，所谓法人的法定代表人是指依照法律或法人章程的规定，代表法人从事民事活动的负责人。由此可见，法人的法定代表人具有如下特征。

首先，法定代表人是由法律或者法人章程所确定的自然人。“法定代表人”一词非常容易使人误解为法定代表人是依法产生的。实际上，哪些人是法定代表人并非都是由法律规定的，有些是由法人章程所确定的。一方面，法律上直接规定了法定代表人的情形很常见，例如，依据《地方各级人民代表大会和地方各级人民政府组织法》第62条的规定，地方各级人民政府分别实行省长、自治区主席、市长、州长、县长、区长、乡长、镇长负责制，省长、自治区主席、市长、州长、县长、区长、乡长、镇长分别主持地方各级人民政府的工作，因此，省长、自治区主席、市长、州长、县长、区长、乡长、镇长就分别是省政府、自治区政府、市政府、县政府和乡政府等机关法人的负责人，即法定代表人。另一方面，法人章程确定法定代表人的情形也很常见，例如就营利法人如有限责任公司、股份有限公司而言，法定代表人是由股东大会或者董事会选举产生的，属于意定的而非法定的，例如，《公司法》第13条第一句就明确规定：公司法定代表人依照公司章程的规定，由董事长、执行董事或者经理担任，并依法登记。

其次，不同类型的法人，其法定代表人的具体名称各不相同。例如，依据《公司法》的规定，有限责任公司与股份有限公司的董事长、执行董事或经理都可以被选任为法定代表人；依据《全民所有制工业企业法》的规定，厂长是企业的法定代表人；事业单位法人与社会团体法人的法定代表人可能被称为“理事长”“校长”“院长”“所长”“主任”等。至于机关法人的法定代表人，可能被称为“处长”“局长”“厅长”“院长”“部长”“主席”等。依据《公司法》《企业法人法定代表人登记管理规定》《社会团体登记管理条例》等法律、行政法规、部门规章的规定，法定代表人应当记载于章程并进行登记。

最后，法人的法定代表人是有权代表法人从事民事活动的人。法定代表人根据法律和章程的规定，有权代表法人对外行为。法定代表人是法人的组成部分，法定代表人的行为就是法人的行为，因此，法定代表人执行职务的行为所产生一切法律后果都应由法人承担。

2. 法定代表人的代表行为

依据本条第2款，法定代表人以法人名义从事的民事活动，其法律后果由法人承受。这种法律后果，可能是法定代表人以法人名义从事了订立合同等民事法律行为，由此产生的民事权利和民事义务由法人承受；也可能是法定代表人对外从事民事活动而产生的民事责任由法人承担。

法定代表人可以以法人的名义从事民事活动，不需要事先获得法人的特别授权。在这一点上法定代表人不同于法人的代理人。二者的区别在于：首先，是否需要专门的授权不同。法定代表人对外以法人名义从事民事活动时并不需要专门的授权，这是因为：一则，相关的法律已经对法定代表人代表法人从事民事活动的权利作出了规定；二则，法人的章程中也会有关于法定代表人之代表权限的一般性规定。但是，法人的代理人每一次对外从事代理行为均需要专门的授权，否则就构成无权代理。其次，行为效果的归属不同。法定代表人以法人名义对外从事的代表行为本身就是法人的行为，不发生法律效果的归属过程。例如，公司的法定代表人对外签订的合同的当事人就是公司本身。但是代理人从事的代理活动需要发生法律效果的归属过程，如果代理人超越代理权限或代理权限终止后仍以法人作为被代理人对外从事民事活动的，除非构成表见代理，否则该行为的法律效果应当由无权代理人自行承担。

3. 法定代表人的越权代表行为

本条第 3 款是对法定代表人之越权代表行为的规定。为了避免法定代表人对外以法人名义从事民事活动时损害法人的利益，法人的章程或者法人的权力机构可能会对法定代表人的权限作出一些限制，法定表人不得超越该权限对外代表法人从事民事活动。然而，一旦法定代表人超越该权限从事了民事活动，该民事活动是否还能作为法人从事的民事活动，而由法人承担民事义务或民事责任呢？对此，本条第 3 款有明确的规定，即法人章程或者法人权力机构对法定代表人代表权的限制，不得对抗善意相对人。这就是所谓的表见代表行为，其旨在保护民事活动的交易安全，维护善意相对人的合法权益。

（本条由程啸撰写）

第六十二条

法定代表人因执行职务造成他人损害的，由法人承担民事责任。

法人承担民事责任后，依照法律或者法人章程的规定，可以向有过错的法定代表人追偿。

本条主旨

本条对法人的侵权责任作出了规定。

相关条文

《民法总则》第 62 条规定：“法定代表人因执行职务造成他人损害的，由法人承担民事责任。”“法人承担民事责任后，依照法律或者法人章程的规定，可以向有过错的法定代表人追偿。”

《民法通则》第 43 条规定：“企业法人对它的法定代表人和其他工作人员的经营活动，承担民事责任。”

《民法通则意见》第 58 条规定：“企业法人的法定代表人和其他工作人员，以法人名义从事的经营活动，给他人造成经济损失的，企业法人应当承担民事责任。”

《侵权责任法》第 34 条规定：“用人单位的工作人员因执行工作任务造成他人损害的，由用人单位承担侵权责任。”“劳务派遣期间，被派遣的工作人员因执行工作任务造成他人损害的，由接受劳务派遣的用工单位承担侵权责任；劳务派遣单位有过错的，承担相应的补充责任。”

理解与适用

本条是对法人的侵权责任的规定。

1. 法人的侵权责任的含义

所谓法人的侵权责任，是指法人的法定代表人因执行职务造成他人损害时，法人应当承担的侵权责任。法定代表人是依照法律或者法人章程的规定，代表法人从事民事活动的负责人，如公司的董事长、执行董事、总经理等。法定代表人在执行职务过程中给他人造成损害的行为，就是法人自身的侵权行为，法人应当承担侵权责任。在《民法典》颁布之前，《侵权责任法》已对法人的侵权责任作出了规定。《侵权责任法》第 34 条第 1 款规定：用人单位的工作人员因执行工作任务造成他人损害的，由用人单位承担侵权责任。然而，就该款的理解存在不同的看法。一种观点认为，该款中的“用人单位的工作人员”不仅包括了一般的工作人员，也包括了用人单位的法定代表人、负责人、公司董事、监事、经理、清算人等。[①] 因此，《侵权责任法》并未区分法人的侵权责任和法人的用人者责任。另一种观点认为，《侵权责任法》第 34 条第 1 款规定的用人者责任是为他人行为的责任，故“用人单位的工作人员”不包含法人的法定代表人。法人的法定代表人属于法人的机关成员，法人对其机关成员的责任属于为自己行为的责任，完全可以适用一般规定，无须第 34 条特别规定。[②]

笔者认为，尽管在理论上法人的侵权责任与用人者责任确实有一些差别，但由于我国法对用人者责任适用的是无过错责任原则，故此，纵然不区分法人的侵

---

① 奚晓明.《中华人民共和国侵权责任法》条文理解与适用. 北京：人民法院出版社，2010：245.

② 王利明，周友军，高圣平. 中国侵权责任法教程. 北京：人民法院出版社，2010：486.

权责任与用人者责任，对于受害人而言亦不会有不利影响。[①] 这与那些就用人者责任采取过错原则的国家如德国，完全不同。[②] 因此，《侵权责任法》第 34 条第 1 款既包括法人作为用人者时承担的侵权责任，也包括法人就其法定代表人的加害行为承担的侵权责任。此次，《民法典》本条第 1 款明确规定了法人的法定代表人执行职务造成他人损害时，法人应当承担民事责任。这就协调了与侵权责任之间的关系。

2. 法人的侵权责任的构成要件

法人的侵权责任的构成要件包括：第一，加害行为人为法人的法定代表人；第二，该法定代表人给他人造成了损害，即其行为构成了侵权行为；第三，法定代表人是因执行职务造成他人损害的。在上述三项构成要件中，最为复杂的就是“执行职务”。对于如何判断“执行职务”，学说上有主观说、客观说与折中说三种不同的观点。我国司法实务界和民法学界主流观点都认为应当采取客观说，因为此说更有利于保护受害人，符合比较法上的发展趋势。[③]

客观说认为，在判断加害行为是否属于执行职务时，应从行为人的行为外观加以判断，即从外观上足以认定某行为属于执行职务的行为，则应当认定其属于执行职务的行为。[④] 客观说认为，是否属于执行职务当然要考虑用人单位的命令、授权或指示以及被使用人的主观能动性，但不能完全以此为标准，因为用人单位和工作人员究竟怎么想，对于遭受损害的第三人而言，均无法有效的查明，第三人也没有此种查明的义务。因此，依主观说将不能有效地保护受害人的合法权益，必须扩展判断执行职务的范围。最高人民法院颁布的《关于审理人身损害赔偿案件适用法律若干问题的解释》也明确采取了客观说。该解释第 9 条第 2 款规定：“前款所称‘从事雇佣活动’，是指从事雇主授权或者指示范围内的生产经营活动或者其他劳务活动。雇员的行为超出授权范围，但其表现形式是履行职务或者与履行职务有内在联系的，应当认定为‘从事雇佣活动’。”依据该规定可知，我国司法实务中判断执行职务的标准为：首先，要看该活动是否为法人授权或指示的活动。如果是，当然属于执行工作任务。反之，则转入第二层次的判断，即看该活动的表现形式是否为执行职务或者与执行职务有内在联系。

3. 法人的追偿权

法人的侵权责任是一种替代责任，即加害行为人与侵权责任的承担人相分

---

① 尹田. 论法人的侵权行为. 河北法学，2002（2）.

② 关于德国法的情况，参见迪特尔·梅迪库斯. 德国民法总论. 邵建东，译. 北京：法律出版社，2000：849。

③ 王利明. 侵权责任法研究：下卷. 北京：中国人民大学出版社，2011：99 及以下.

④ 2005 年台上字第 173 号判决//黄立. 民法债编总论. 北京：中国政法大学出版社，2002：314.

离，原本是法定代表人实施了侵权行为，但却由另一个民事主体即法人来承担侵权责任。从比较法上看，用人者就被使用者造成他人损害的行为承担侵权责任后，可以向被使用者进行追偿。不过，该追偿权往往受到许多限制。例如，奥地利《雇佣责任法》第 4 条第 3 款规定，如果雇员仅有轻微过失时，雇主不得行使追偿权。荷兰和比利时的法律规定，只有当雇员是故意或重大过失时，雇主才可以行使追偿权。① 日本最高法院的判例则是通过信义原则来限制使用者对被使用者的追偿权。②

在我国，《最高人民法院关于审理人身损害赔偿案件适用法律若干问题的解释》第 9 条第 1 款规定：雇员在从事雇佣活动中致人损害的，雇主应当承担赔偿责任；雇员因故意或者重大过失致人损害的，应当与雇主承担连带赔偿责任。雇主承担连带赔偿责任的，可以向雇员追偿。③ 这就意味着只有当雇员是因故意或重大过失致人损害时，雇主方享有针对雇员的追偿权。该规定与荷兰、比利时的立法相似，值得赞同。《民法典》本条第 2 款明确规定了法人的追偿权，依据该款，法人承担民事责任后，依照法律或者法人章程的规定，可以向有过错的法定代表人追偿。所谓法律的规定，如《律师法》第 54 条、《公证法》第 43 条第 1 款等。当然，法人也可以在章程中对追偿权作出规定，如规定对于那些因故意或者重大过失而在执行职务中造成他人损害的法定代表人，法人在承担责任后有权向其追偿。

（本条由程啸撰写）

第六十三条

法人以其主要办事机构所在地为住所。依法需要办理法人登记的，应当将主要办事机构所在地登记为住所。

本条主旨

本条对法人的住所作出了规定。

---

① J. 施皮尔. 侵权法的统一：对他人造成的损害的责任. 梅夏英，高圣平，译. 北京：法律出版社，2009：404.

② 圆谷峻. 判例形成的日本新侵权行为法. 赵莉，译. 北京：法律出版社，2008：301 及以下.

③ 有的法院认为，在道路交通事故中所谓雇员具有“重大过失”，是指雇员“被追究刑事责任、行政拘留、吊销驾驶证以及被认定负全部责任”。“李某茂诉秦某红雇主损害赔偿纠纷案”，河南省陕县人民法院（2010）陕民初字第 100 号民事判决书.

相关条文

《民法总则》第 63 条规定："法人以其主要办事机构所在地为住所。依法需要办理法人登记的，应当将主要办事机构所在地登记为住所。"

《民法通则》第 39 条规定："法人以它的主要办事机构所在地为住所。"

《公司法》第 10 条规定："公司以其主要办事机构所在地为住所。"

《民事诉讼法解释》第 3 条规定："公民的住所地是指公民的户籍所在地，法人或者其他组织的住所地是指法人或者其他组织的主要办事机构所在地。""法人或者其他组织的主要办事机构所在地不能确定的，法人或者其他组织的注册地或者登记地为住所地。"

理解与适用

《民法典》第 25 条规定了自然人的住所。与自然人一样，法人同样要有其住所，以便确立一个活动中心地对外联系、开展业务。本条规定：法人的住所是法人的主要办事机构所在地。依法需要办理法人登记的，应当将主要办事机构所在地登记为住所。所谓主要办事机构，是指在数个办事机构中处于中枢地位的办事机构，是统率法人业务的机构。根据有关法人登记法规的要求，营利法人、非营利法人以及包括农民专业合作社等在内的特别法人的住所，都属于必要的登记事项。并且法人住所依法确定后，不得任意变更；如果需要变动，还应当依法办理变更登记。

法人的住所不同于法人的场所。法人的场所既包括法人的住所，也包括法人从事业务活动的其他地点以及其分支机构的所在地等。因此，法人的住所只有一个，而法人的场所可以有多个。在法律上明确法人的住所，具有重要的法律意义：首先，明确法人的住所有助于据以确定诉讼管辖地。我国《民事诉讼法》第 21 条第 2 款规定，对法人、非法人组织提起的民事诉讼，由被告所在地人民法院管辖。法人是一类重要的民事主体，以法人为被告的民事诉讼，可以由法人住所地人民法院管辖。其次，明确法人的住所有助于据以确定法律文书的送达处所。根据我国《民事诉讼法》的规定，人民法院送达诉讼文书时，应直接送交受送达人；直接送达法律文书有困难的，可以邮寄送达。对法人来说，无论是直接送达还是邮寄送达，均以法人住所地为受送达处所。最后，明确法人的住所有助于据以确定债务履行处所。按照《民法典》第 511 条的规定，履行地点不明确，给付货币的，在接受货币一方所在地履行；交付不动产的，在不动产所在地履行；其他标的，在履行义务一方所在地履行。对法人来说，其履行所在地应为其住所地。此外，在涉外民事诉讼中，当按属人法原则适用当事人本国法律时，一般按法人的住所确定适用何国法律。可见，住所对于确定法人的债务履行地、登记管辖地、诉讼管辖法院、法律文书的送达处所和涉外民事关系的准据法都具有极其重要的法律意义，因此，法人的住所应当是唯一且确定的。

（本条由黄忠撰写）

第六十四条

法人存续期间登记事项发生变化的，应当依法向登记机关申请变更登记。

本条主旨

本条对法人的变更登记作出了规定。

相关条文

《民法总则》第 64 条规定："法人存续期间登记事项发生变化的，应当依法向登记机关申请变更登记。"

《民法通则》第 44 条规定："企业法人分立、合并或者有其他重要事项变更，应当向登记机关办理登记并公告。""企业法人分立、合并，它的权利和义务由变更后的法人享有和承担。"

《公司法》第 7 条规定："依法设立的公司，由公司登记机关发给公司营业执照。公司营业执照签发日期为公司成立日期。""公司营业执照应当载明公司的名称、住所、注册资本、经营范围、法定代表人姓名等事项。""公司营业执照记载的事项发生变更的，公司应当依法办理变更登记，由公司登记机关换发营业执照。"

《公司法》第 12 条规定："公司的经营范围由公司章程规定，并依法登记。公司可以修改公司章程，改变经营范围，但是应当办理变更登记。""公司的经营范围中属于法律、行政法规规定须经批准的项目，应当依法经过批准。"

《公司法》第 13 条规定："公司法定代表人依照公司章程的规定，由董事长、执行董事或者经理担任，并依法登记。公司法定代表人变更，应当办理变更登记。"

《公司法》第 179 条规定："公司合并或者分立，登记事项发生变更的，应当依法向公司登记机关办理变更登记；公司解散的，应当依法办理公司注销登记；

设立新公司的，应当依法办理公司设立登记。”“公司增加或者减少注册资本，应当依法向公司登记机关办理变更登记。”

理解与适用

法人登记是登记机关对法人成立、变更、终止的法律事实进行记载，以为公示的制度，包括法人的设立登记、法人的变更登记和和法人的终止登记三种基本类型。

法人的登记事项是指法人登记机关需要专门记载的具体内容，主要包括法人的名称、住所、法定代表人、资金、活动范围等。但不同的法人所需要具体登记公示的事项存在一定的差异，法人的具体登记事项一般由法律、行政法规专门规定。《公司登记管理条例》第9条规定：公司的登记事项包括：（1）名称；（2）住所；（3）法定代表人姓名；（4）注册资本；（5）公司类型；（6）经营范围；（7）营业期限；（8）有限责任公司股东或者股份有限公司发起人的姓名或者名称。《企业法人登记管理条例》第9条规定：企业法人登记注册的主要事项：企业法人名称、住所、经营场所、法定代表人、经济性质、经营范围、经营方式、注册资金、从业人数、经营期限、分支机构。《农民专业合作社登记管理条例》第5条规定：农民专业合作社的登记事项包括：（1）名称；（2）住所；（3）成员出资总额；（4）业务范围；（5）法定代表人姓名。《事业单位登记管理暂行条例》第8条第2款规定：事业单位法人登记事项包括：名称、住所、宗旨和业务范围、法定代表人、经费来源（开办资金）等情况。《民办非企业单位登记管理暂行条例》第12条第1款规定：准予登记的民办非企业单位，由登记管理机关登记民办非企业单位的名称、住所、宗旨和业务范围、法定代表人或者负责人、开办资金、业务主管单位，并根据其依法承担民事责任的不同方式，分别发给“民办非企业单位（法人）登记证书”“民办非企业单位（合伙）登记证书”“民办非企业单位（个体）登记证书”。《社会团体登记管理条例》第12条第2款规定，社会团体登记事项包括名称、住所、宗旨、业务范围、活动地域、法定代表人、活动资金和业务主管单位。

在法人存续期间，为了适应复杂的社会变迁、实现法人的目标，法人会对法人的组织形式和其他重要事项进行变更。比如，公司法人出于其发展经营的需要，可能会主动将有限责任公司变更为股份有限公司。法人变更是法人自由的重要内容，但法人的变更也会对对外交往，甚至社会公共利益带来影响，因此，为了维护交往安全和社会诚信，法人存续期间登记事项发生变化的，应当依法向原登记机关申请变更登记。变更登记是指在那些已经在登记机关登记的事项发生变更后，依照法定程序对变更后的状态予以登记的行为。

事实上，要求法人在登记事项发生变更时及时办理变更登记也是我国法人登记制度的惯例。《事业单位登记管理暂行条例》第 10 条规定：事业单位的登记事项需要变更的，应当向登记管理机关办理变更登记。《民办非企业单位登记管理暂行条例》第 15 条规定：民办非企业单位的登记事项需要变更的，应当自业务主管单位审查同意之日起 30 日内，向登记管理机关申请变更登记。民办非企业单位修改章程，应当自业务主管单位审查同意之日起 30 日内，报登记管理机关核准。《社会团体登记管理条例》第 18 条规定：社会团体的登记事项需要变更的，应当自业务主管单位审查同意之日起 30 日内，向登记管理机关申请变更登记。社会团体修改章程，应当自业务主管单位审查同意之日起 30 日内，报登记管理机关核准。《企业法人登记管理条例》第 17 条规定：企业法人改变名称、住所、经营场所、法定代表人、经济性质、经营范围、经营方式、注册资金、经营期限，以及增设或者撤销分支机构，应当申请办理变更登记。第 18 条规定：企业法人申请变更登记，应当在主管部门或者审批机关批准后 30 日内，向登记主管机关申请办理变更登记。第 19 条规定：企业法人分立、合并、迁移，应当在主管部门或者审批机关批准后 30 日内，向登记主管机关申请办理变更登记、开业登记或者注销登记。《公司登记管理条例》第 27 条规定：公司申请变更登记，应当向公司登记机关提交下列文件：（1）公司法定代表人签署的变更登记申请书；（2）依照《公司法》作出的变更决议或者决定；（3）国家工商行政管理总局规定要求提交的其他文件。公司变更登记事项涉及修改公司章程的，应当提交由公司法定代表人签署的修改后的公司章程或者公司章程修正案。变更登记事项依照法律、行政法规或者国务院决定规定在登记前须经批准的，还应当向公司登记机关提交有关批准文件。《农民专业合作社登记管理条例》第 20 条规定：农民专业合作社的名称、住所、成员出资总额、业务范围、法定代表人姓名发生变更的，应当自作出变更决定之日起 30 日内向原登记机关申请变更登记，并提交下列文件：（1）法定代表人签署的变更登记申请书；（2）成员大会或者成员代表大会作出的变更决议；（3）法定代表人签署的修改后的章程或者章程修正案；（4）法定代表人指定代表或者委托代理人的证明。

（本条由黄忠撰写）

第六十五条

法人的实际情况与登记的事项不一致的，不得对抗善意相对人。

本条主旨

本条对法人登记的公信力作出了规定。

相关条文

《民法总则》第 65 条规定："法人的实际情况与登记的事项不一致的，不得对抗善意相对人。"

《民法通则》第 44 条规定："企业法人分立、合并或者有其他重要事项变更，应当向登记机关办理登记并公告。""企业法人分立、合并，它的权利和义务由变更后的法人享有和承担。"

《公司法》第 32 条规定："有限责任公司应当置备股东名册，记载下列事项：（一）股东的姓名或者名称及住所；（二）股东的出资额；（三）出资证明书编号。""记载于股东名册的股东，可以依股东名册主张行使股东权利。""公司应当将股东的姓名或者名称向公司登记机关登记；登记事项发生变更的，应当办理变更登记。未经登记或者变更登记的，不得对抗第三人。"

理解与适用

法人登记的公信力是指凡是记入登记簿的事项，皆被推定为真实、准确、有效，善意第三人基于对该登记的信赖而实施的行为受到法律的保护，即使登记事项不真实，善意第三人也可以依照登记簿的记载主张权利，登记义务人不得以登记失实、法人的实际情况与登记的事项不一致为由进行抗辩。登记公信力对于提高交往效率、降低交往成本、维护交往安全具有重要的意义。

由于种种主、客观原因，登记义务人可能怠于申请登记或者报送的登记材料不符合客观事实，导致上述登记错误情况的发生，而第三人对此既没有过错也无力控制，因此，该种不真实登记带来的风险或损失，应当由登记义务人承担。唯有如此，方能保护第三人的正当利益，维护交往的效率与安全。[①]《公司登记管理条例》第 2 条第 2 款还明确规定："申请办理公司登记，申请人应当对申请文件、材料的真实性负责。"赋予法人登记以公信力的原因在于，登记行为的作出机关通常是国家的行政机关，行政机关的行政行为应当具有"正确性的推定"，或者说是在以国家信用来担保登记的正确性。

虽然法人登记具有公信力，但这种公信力并非绝对，即其只对善意第三人提

① 赵万一．商法．3 版．北京：中国人民大学出版社，2009：8.

供保护，而不保护恶意相对人。民法上的善意是指不知情或不应当知情，而恶意即明知或应当知情。如果相对人在主观上明知或者应当知道法人的实际情况与登记的事项不一致，仍与法人发生相关的法律关系的，那么我们可以认为其并没有对法人的登记形成正当的信赖，而且该恶意第三人要么是意欲利用登记簿的不实记载，要么是放任了该种记载带来的风险，事实上已经失去了受到保护的必要性和正当性。也正是因为如此，比较法上大都将登记公信力的保护对象限定为善意第三人。[①] 比如，《日本商法典》第 12 条规定：应登记的事项非于登记及公告后，不得以之对抗善意第三人。虽然登记及公告后，当事人因正当事由不知时，亦同。第 14 条规定：因故意或过失而登记不实事项者，不得以该与事实不符之事项对抗善意的第三人。本条也采取了这一认识，规定：法人的实际情况与登记的事项不一致的，不得对抗善意相对人。

（本条由黄忠撰写）

第六十六条

登记机关应当依法及时公示法人登记的有关信息。

本条主旨

本条对法人登记信息的公示作出了规定。

相关条文

《民法总则》第 66 条规定："登记机关应当依法及时公示法人登记的有关信息。"

《民法通则》第 44 条规定："企业法人分立、合并或者有其他重要事项变更，应当向登记机关办理登记并公告。""企业法人分立、合并，它的权利和义务由变更后的法人享有和承担。"

《公司法》第 6 条规定："设立公司，应当依法向公司登记机关申请设立登记。符合本法规定的设立条件的，由公司登记机关分别登记为有限责任公司或者股份有限公司；不符合本法规定的设立条件的，不得登记为有限责任公司或者股份有限公司。""法律、行政法规规定设立公司必须报经批准的，应当在公司登记

① 赵万一. 商事登记制度法律问题研究. 北京：法律出版社，2013：230.

前依法办理批准手续。”“公众可以向公司登记机关申请查询公司登记事项，公司登记机关应当提供查询服务。”

理解与适用

本条是关于法人登记公示制度的规定。

法人登记公示制度是指法人登记机关通过一定的方式或媒介将登记的有关信息向外界加以公告和通知的制度。公示法人登记信息是法人登记制度的当然要求，真实、及时公示法人登记的有关信息不仅是使法人登记获得公信力的重要基础，而且也是行政机关加强事中、事后监管的重要改革举措，对于转变政府监管方式，提升监管水平，加快社会诚信体系建设，充分发挥信用在维护市场经济秩序方面的“基础桩”作用，都具有重要意义。

本条中的公示是指法人登记机关将法人登记的有关信息全部或一部分，通过一定的载体向社会公布。登记机关不仅需要依法人或其他利害关系人的申请依法向其提供登记信息，同时还应当依法及时主动公示法人登记的有关信息。一方面，登记机关公示法人登记的有关信息应当依法进行。法人登记机关所登记的信息有一些是涉及国家秘密、商业秘密和隐私的，因此哪些登记信息应当主动公开，哪些登记信息应当依申请才能公开，哪些信息不宜公开，都需要依据法律、法规的规定来具体判断。比如，就企业法人而言，《企业信息公示暂行条例》第3条中就明确规定：……公示的企业信息涉及国家秘密、国家安全或者社会公共利益的，应当报请主管的保密行政管理部门或者国家安全机关批准。县级以上地方人民政府有关部门公示的企业信息涉及企业商业秘密或者个人隐私的，应当报请上级主管部门批准。另一方面，登记机关公示法人登记的有关信息应当及时。现代社会瞬息万变，在很多时候，登记信息的准确性、有效性其实是要受到信息公布时间影响的。登记机关及时公布登记信息，有利于降低交往成本，预防和减少纠纷发生。

（本条由黄忠撰写）

第六十七条

法人合并的，其权利和义务由合并后的法人享有和承担。

法人分立的，其权利和义务由分立后的法人享有连带债权，承担连带债务，但是债权人和债务人另有约定的除外。

本条主旨

本条对法人的合并、分立作出了规定。

相关条文

《民法总则》第 67 条规定："法人合并的，其权利和义务由合并后的法人享有和承担。""法人分立的，其权利和义务由分立后的法人享有连带债权，承担连带债务，但是债权人和债务人另有约定的除外。"

《民法通则》第 44 条规定："企业法人分立、合并或者有其他重要事项变更，应当向登记机关办理登记并公告。""企业法人分立、合并，它的权利和义务由变更后的法人享有和承担。"

《合同法》第 90 条规定："当事人订立合同后合并的，由合并后的法人或者其他组织行使合同权利，履行合同义务。当事人订立合同后分立的，除债权人和债务人另有约定的以外，由分立的法人或者其他组织对合同的权利和义务享有连带债权，承担连带债务。"

《侵权责任法》第 18 条规定："被侵权人死亡的，其近亲属有权请求侵权人承担侵权责任。被侵权人为单位，该单位分立、合并的，承继权利的单位有权请求侵权人承担侵权责任。""被侵权人死亡的，支付被侵权人医疗费、丧葬费等合理费用的人有权请求侵权人赔偿费用，但侵权人已支付该费用的除外。"

理解与适用

本条规定的是法人的合并、分立及其相应法律效果。

（一）法人的合并

法人的合并，是指两个以上的法人合并为一个法人。法人因合并而"人格"发生变化，合并之前的法人与合并之后的法人不再具有"人格"上的同一性。[①] 合并的方式有两种：一是新设合并，即两个以上的法人合并为一个新法人，原来的法人消灭，新的法人产生。例如，甲公司与乙公司合并成立丁公司。二是吸收合并，即一个或多个法人归并到一个现存的法人中去，被合并法人的主体资格消灭，存续法人的主体资格仍然存在。例如，甲公司并入乙公司。

（二）法人的分立

法人的分立，是指一个法人分成两个或两个以上的法人。分立的方式有两

① 朱庆育. 民法总论. 北京：北京大学出版社，2013：434.

种：一种是创设式分立，即一个法人分成两个以上法人，原法人消灭；另一种是存续式分立，即原法人存续，但分出某一部分财产和人员设立新法人。

（三）法人合并、分立的登记

法人的合并、分立通常会导致登记事项发生变化。《公司登记管理条例》第38条规定：因合并、分立而存续的公司，其登记事项发生变化的，应当申请变更登记；因合并、分立而解散的公司，应当申请注销登记；因合并、分立而新设立的公司，应当申请设立登记。公司合并、分立的，应当自公告之日起45日后申请登记，提交合并协议和合并、分立决议或者决定以及公司在报纸上登载公司合并、分立公告的有关证明和债务清偿或者债务担保情况的说明。法律、行政法规或者国务院决定规定公司合并、分立必须报经批准的，还应当提交有关批准文件。

在法人合并、分立之后，如果法人并未依法对登记事项进行登记，由此导致法人的实际情况与登记的事项不一致的，不得对抗善意相对人（《民法典》第65条）。

（四）法人合并的法律效果

法人合并的，合并之前的各个法人解散，解散之前各个法人的权利和义务，由合并之后的新法人享有和承担。例如，《农民专业合作社法》第46条规定：农民专业合作社合并，应当自合并决议作出之日起10日内通知债权人。合并各方的债权、债务应当由合并后存续或者新设的组织承继。

（五）法人分立的法律效果

在法人分立的情形，对于原法人的权利，由分立之后的法人享有连带债权；对于原法人的债务，由分立之后的法人承担连带债务。这表明，分立之后的法人在权利和义务上构成连带之债。所谓连带之债，是指债的主体一方为多数人，多数人一方的各个当事人之间存有连带关系的债。所谓连带关系，是指当事人各自的债务或债权具有共同目的，从而在债的效力上、债的消灭上相互发生牵连。连带之债包括连带债权和连带债务：前者是指债权主体一方为多数人且有连带关系，后者是指债务主体一方为多数人且有连带关系。① 但是债权人与债务人对分立之后债权的享有和债务的承担另有约定的，如果约定合法有效，应当从其约定。例如，《农民专业合作社法》第47条规定：农民专业合作社分立，其财产作相应的分割，并应当自分立决议作出之日起10日内通知债权人。分立前的债务由分立后的组织承担连带责任。但是，在分立前与债权人就债务清偿达成的书面

① 王利明．债法总则研究．北京：中国人民大学出版社，2015：204.

协议另有约定的除外。

（本条由冉克平撰写）

第六十八条

有下列原因之一并依法完成清算、注销登记的，法人终止：

（一）法人解散；

（二）法人被宣告破产；

（三）法律规定的其他原因。

法人终止，法律、行政法规规定须经有关机关批准的，依照其规定。

本条主旨

本条对法人的终止作出了规定。

相关条文

《民法总则》第 68 条规定：“有下列原因之一并依法完成清算、注销登记的，法人终止：（一）法人解散；（二）法人被宣告破产；（三）法律规定的其他原因。”“法人终止，法律、行政法规规定须经有关机关批准的，依照其规定。”

《民法通则》第 45 条规定：“企业法人由于下列原因之一终止：（一）依法被撤销；（二）解散；（三）依法宣告破产；（四）其他原因。”

《民法通则》第 46 条规定：“企业法人终止，应当向登记机关办理注销登记并公告。”

《公司法》第 188 条规定：“公司清算结束后，清算组应当制作清算报告，报股东会、股东大会或者人民法院确认，并报送公司登记机关，申请注销公司登记，公告公司终止。”

理解与适用

本条对法人终止的事由作出了规定。

（一）法人的终止

法人的终止，是指法人主体资格的消灭。法人终止后，其民事权利能力和民事行为能力丧失，民事主体资格消灭。由于法人实则仅有工具价值，在其主体资格消灭之前，必须了结法人设立成员、债权人与债务人之间的权利义务关系。因此，法人终止之前必须经过财产清理程序即清算。通过清算，法人得以了结一切财产关系。

（二）法人解散

法人的解散是法人终止的重要原因。法人的解散与法人的终止不同。法人解散并不立即导致其法人资格发生消灭，而只是导致其法人资格发生消灭的原因。易言之，已经成立的法人，由于一定的原因而解散后，在清算目的范围内被视为存续，其法人资格仍然存在。

法人解散必须基于一定的事由，这种事由可能是公司章程的规定，可能是法人权力机构（如公司股东会）的决议，也可能是法律的直接规定，例如法人的合并、分立等，还可能是行政主管机关或者人民法院的命令，如法人依法被撤销。学理上通常将法人的解散事由归纳为两种情形：一是自愿解散事由，二是强制解散事由。[①]《民法典》第 69 条规定了法人解散的事由。

（三）法人被宣告破产

企业法人不能清偿到期债务，并且资产不足以清偿全部债务或者明显缺乏清偿能力的，经企业的法定代表人、主管部门以及企业法人的债权人等提出申请，由人民法院执行企业法人破产。企业被宣告破产后，由清算组织负责对企业法人的财产、债权和债务进行清理，并变卖企业的财产清偿债务。对于破产企业，应仅以其资产清偿其债务。依据《企业破产法》第 121 条，管理人应当自破产程序终结之日起 10 日内，持人民法院终结破产程序的裁定，向破产人的原登记机关办理注销登记。

（四）法律规定的其他原因

上述原因以外，法人亦可因为其他原因而终止。例如，因国家机关机构调整而导致机关法人的终止等。[②] 再如，对于慈善组织而言，连续 2 年未从事慈善活动的（《慈善法》第 17 条第 3 项），终止。

（五）清算与注销登记

在法人终止前，应当依法进行清算。但是，因合并、分立而解散法人的，无须进行清算，这是例外。破产解散专门适用破产程序，这是特殊情形。在完成清算程序并经注销登记之后，法人的民事权利能力归于消灭。

对公司来说，公司清算组应当自公司清算结束之日起 30 日内向原公司登记机关申请注销登记。对基金会而言，《基金会管理条例》第 18 条第 2 款中规定：

① 施天涛．公司法论．3 版．北京：法律出版社，2014：579.

② 王利明．民法总则研究．2 版．北京：中国人民大学出版社，2012：312.

基金会应当自清算结束之日起 15 日内向登记管理机关办理注销登记。在基金会办理注销登记后，由登记管理机关向社会公告。

法人注销登记是法人终止的重要标志。法人自注销登记之日起即丧失民事主体资格，其民事权利能力和民事行为能力终止。

（本条由冉克平撰写）

第六十九条

有下列情形之一的，法人解散：

（一）法人章程规定的存续期间届满或者法人章程规定的其他解散事由出现；

（二）法人的权力机构决议解散；

（三）因法人合并或者分立需要解散；

（四）法人依法被吊销营业执照、登记证书，被责令关闭或者被撤销；

（五）法律规定的其他情形。

本条主旨

本条对法人的解散事由作出了规定。

相关条文

《民法总则》第 69 条规定："有下列情形之一的，法人解散：（一）法人章程规定的存续期间届满或者法人章程规定的其他解散事由出现；（二）法人的权力机构决议解散；（三）因法人合并或者分立需要解散；（四）法人依法被吊销营业执照、登记证书，被责令关闭或者被撤销；（五）法律规定的其他情形。"

《公司法》第 172 条规定："公司合并可以采取吸收合并或者新设合并。""一个公司吸收其他公司为吸收合并，被吸收的公司解散。两个以上公司合并设立一个新的公司为新设合并，合并各方解散。"

《公司法》第 180 条规定："公司因下列原因解散：（一）公司章程规定的营业期限届满或者公司章程规定的其他解散事由出现；（二）股东会或者股东大会决议解散；（三）因公司合并或者分立需要解散；（四）依法被吊销营业执照、责令关闭或者被撤销；（五）人民法院依照本法第一百八十二条的规定予以解散。"

《公司法》第 182 条规定："公司经营管理发生严重困难，继续存续会使股东利益受到重大损失，通过其他途径不能解决的，持有公司全部股东表决权百分之十以上的股东，可以请求人民法院解散公司。”

理解与适用

法人的解散分为任意解散与法定解散。本条前两项规定的是任意解散的事由，后三项规定的是法定解散的事由。

（一）法人章程规定的存续期间届满或者法人章程规定的其他解散事由出现

法人章程是法人的成员就法人的活动范围、组织机构以及内部成员之间的权利、义务等所订立的书面文件。对于公司而言，公司章程是公司设立的必要条件（《公司法》第 23 条第 3 项、第 76 条第 4 项）；对于非营利法人而言，组织章程同样是法人设立的必备条件（《慈善法》第 9 条第 4 项）。营利法人的章程与非营利法人的章程区别较大。前者体现的是法人成员的意志，而后者体现的是捐助人的意志，而捐助人的意志具有不可变更性。

法人章程规定的存续期间届满，则法人应当解散。但是，为贯彻公司维持原状，避免公司的不必要解散，《公司法》第 181 条规定：公司有本法第 180 条第 1 项情形的，可以通过修改公司章程而存续。依照前款规定修改公司章程，有限责任公司须经持有三分之二以上表决权的股东通过，股份有限公司须经出席股东大会会议的股东所持表决权的三分之二以上通过。立法者要求延长公司寿命的股东会决议为特别决议，旨在防范延长公司存续期间给股东带来的投资风险，并温馨提示出资较多的股东格外当心。①

法人章程规定的其他解散事由泛指法人章程自由设定的其他解散事由，例如特定消费群体的消失等。

（二）法人的权力机构决议解散

法人的权力机构决议解散，体现了私法自治的精神。法人既然可以基于法人成员的共同意思或者捐助人的意愿而成立，就可以基于股东或者会员的共同意思表示而解散。例如，公司设立的经营目的不能实现，或者公益法人设立的目的已经实现，则法人均丧失存在意义。

为显慎重，许多立法例将解散公司的股东会决议明确为绝对多数决的特别决议，而非简单多数决的普通决议。根据我国《公司法》第 43 条第 2 款的规定，股东会会议作出公司解散的决议，必须经代表 2/3 以上表决权的股东通过。根据该法第 66 条的规定，国有独资公司的解散必须由国资监管机构决定；其中，重要的国有独资公司合并、分立、解散、申请破产的，应当由国有资产监管机构审核后，报

① 刘俊海．现代公司法：下册．3 版．北京：法律出版社，2015：1128.

本级人民政府批准。根据该法第103条第2款的规定，股份有限公司股东大会作出公司解散的决议，必须经出席会议的股东所持表决权的2/3以上通过。

（三）因法人合并或者分立需要解散

合并中，无论是吸收合并还是新设合并，均涉及法人解散问题。在吸收合并中，被吸收的法人解散；在新设合并中，合并各方解散。而在法人分立的情形，只是在创设式分立时，才发生被分立的法人解散；在存续式分立时，存续公司和分立公司均不发生解散。

（四）法人依法被吊销营业执照、登记证书，被责令关闭或者被撤销

法人若是违反了法律与行政法规中的强制性规定，例如从事违法经营活动，应依法予以解散。

在我国，对于企业法人，由市场监督管理机关吊销企业法人营业执照。例如《公司登记管理条例》第32条第2款规定：公司的经营范围中属于法律、行政法规或者国务院决定规定须经批准的项目被吊销、撤销许可证或者其他批准文件，或者许可证、其他批准文件有效期届满的，应当自吊销、撤销许可证、其他批准文件或者许可证、其他批准文件有效期届满之日起30日内申请变更登记或者依照本条例第六章的规定办理注销登记。又如，《公司登记管理条例》第67条规定：公司成立后无正当理由超过6个月未开业的，或者开业后自行停业连续6个月以上的，可以由公司登记机关吊销营业执照。至于非营利法人，则因被依法吊销登记证书而解散。

法人被责令关闭或者被撤销也属强制解散范畴，其与企业法人被吊销营业执照或者登记证书的区别在于处罚机关不同，此类处罚机关通常是市场监督管理机关之外的业务监管机构，如食品药品监管部门、质监部门、银保监会与证监会等。

（五）法律规定的其他情形

法律规定的其他情形，例如我国《公司法》第180条第5项将“人民法院依照本法第一百八十二条的规定予以解散”作为解散公司的事由之一。该项规定其实就是关于股东申请法院解散公司的规定。根据《公司法》第182条的规定，公司经营管理发生严重困难，继续存在会使股东利益受到重大损失，通过其他途径不能解决的，持有公司全部股东表决权10%以上的股东，可以请求人民法院解散公司。该条规定的目的在于解决公司僵局等公司内部纠纷问题。①

（本条由冉克平撰写）

---

① 施天涛．公司法论．3版．北京：法律出版社，2014：585.

第七十条

法人解散的，除合并或者分立的情形外，清算义务人应当及时组成清算组进行清算。

法人的董事、理事等执行机构或者决策机构的成员为清算义务人。法律、行政法规另有规定的，依照其规定。

清算义务人未及时履行清算义务，造成损害的，应当承担民事责任；主管机关或者利害关系人可以申请人民法院指定有关人员组成清算组进行清算。

本条主旨

本条对法人解散时的清算作出了规定。

相关条文

《民法总则》第 70 条规定：“法人解散的，除合并或者分立的情形外，清算义务人应当及时组成清算组进行清算。”“法人的董事、理事等执行机构或者决策机构的成员为清算义务人。法律、行政法规另有规定的，依照其规定。”“清算义务人未及时履行清算义务，造成损害的，应当承担民事责任；主管机关或者利害关系人可以申请人民法院指定有关人员组成清算组进行清算。”

《民法通则》第 40 条规定：“法人终止，应当依法进行清算，停止清算范围外的活动。”

《民法通则》第 47 条规定：“企业法人解散，应当成立清算组织，进行清算。企业法人被撤销、被宣告破产的，应当由主管机关或者人民法院组织有关机关和有关人员成立清算组织，进行清算。”

《民法通则意见》第 59 条规定：“企业法人解散或被撤销的，应当由其主管机关组织清算小组进行清算。企业法人被宣告破产的，应当由人民法院组织有关机关和有关人员成立清算组织进行清算。”

《公司法》第 183 条规定：“公司因本法第一百八十条第（一）项、第（二）项、第（四）项、第（五）项规定而解散的，应当在解散事由出现之日起十五日内成立清算组，开始清算。有限责任公司的清算组由股东组成，股份有限公司的清算组由董事或者股东大会确定的人员组成。逾期不成立清算组进行清算的，债权人可以申请人民法院指定有关人员组成清算组进行清算。人民法院应当受理该申请，并及时组织清算组进行清算。”

《公司法》第 189 条规定：“清算组成员应当忠于职守，依法履行清算义务。”“清算组成员不得利用职权收受贿赂或者其他非法收入，不得侵占公司财产。”“清算组成员因故意或者重大过失给公司或者债权人造成损失的，应当承担赔偿责任。”

《公司法解释（二）》第7条规定：“公司应当依照公司法第一百八十三条的规定，在解散事由出现之日起十五日内成立清算组，开始自行清算。”“有下列情形之一，债权人申请人民法院指定清算组进行清算的，人民法院应予受理：（一）公司解散逾期不成立清算组进行清算的；（二）虽然成立清算组但故意拖延清算的；（三）违法清算可能严重损害债权人或者股东利益的。”“具有本条第二款所列情形，而债权人未提起清算申请，公司股东申请人民法院指定清算组对公司进行清算的，人民法院应予受理。”

《公司法解释（二）》第8条规定：“人民法院受理公司清算案件，应当及时指定有关人员组成清算组。”“清算组成员可以从下列人员或者机构中产生：（一）公司股东、董事、监事、高级管理人员；（二）依法设立的律师事务所、会计师事务所、破产清算事务所等社会中介机构；（三）依法设立的律师事务所、会计师事务所、破产清算事务所等社会中介机构中具备相关专业知识并取得执业资格的人员。”

《公司法解释（二）》第18条规定：“有限责任公司的股东、股份有限公司的董事和控股股东未在法定期限内成立清算组开始清算，导致公司财产贬值、流失、毁损或者灭失，债权人主张其在造成损失范围内对公司债务承担赔偿责任的，人民法院应依法予以支持。”“有限责任公司的股东、股份有限公司的董事和控股股东因怠于履行义务，导致公司主要财产、账册、重要文件等灭失，无法进行清算，债权人主张其对公司债务承担连带清偿责任的，人民法院应依法予以支持。”“上述情形系实际控制人原因造成，债权人主张实际控制人对公司债务承担相应民事责任的，人民法院应依法予以支持。”

理解与适用

本条规定的是法人解散时的清算义务及责任。

（一）法人的解散清算

法人的清算是指清理已解散或破产法人的财产，清结相应的法律关系，从而使该法人归于消灭的行为和程序。

清算分为广义清算与狭义清算。广义清算包括破产清算与解散清算。破产清算是指法人被宣告破产之后，依据破产法规定的清算程序进行的清算。破产法人的清算是破产程序的一部分。解散清算则属狭义清算，是指法人因破产以外的原因而被解散以后，依据法定程序进行的清算。除法人合并或者分立的情形外，法人解散之后均要依法进行清算，以了结法人的财产及债权债务关系。解散清算的程序随法人类型、终止原因等因素不同而相异。

狭义的清算又可以分为自行清算与指定清算。前者是指法人自己组织的清算；后者是指经利害关系人申请由法院指定清算人进行的清算。本条第 1 款规定的是自行清算，第 3 款第二句规定的则是指定清算。

（二）清算组及其法律地位

法人解散之后进入清算状态，其民事行为能力受到极大限制，只能在清算目的范围内进行活动，并需要遵守相应的清算程序。

法人进入清算程序，其原有的管理机关（董事会或者理事会）即处于冻结状态，取而代之的是依法成立的清算组。在清算目的范围内，清算组作为清算中法人的临时机关，与解散事由出现前法人的机关具有同等的法律地位。易言之，解散法人进入清算程序后，法人原有代表及执行业务的机关均丧失其职权，而由清算组代表法人行使权力，例如，清理法人财产，通知或者公告债权人，处理与清算公司未了结的业务，清缴所欠税款，清理债权债务，分配剩余财产，参加诉讼活动等。① 因此，在法律地位上，清算组是清算中法人的代表人和业务执行机关：对内执行清算业务，对外代表清算中的法人。

（三）自行清算

自行清算既适用于自愿解散，又适用于强制解散，但不包括法人因合并或分立而进行的解散。《民事诉讼法解释》第 64 条规定：企业法人解散的，依法清算并注销前，以该企业法人为当事人；未依法清算即被注销的，以该企业法人的股东、发起人或者出资人为当事人。为避免对被注销公司的债务承担连带责任，该规定使股东既有动力也有压力及时启动清算程序，而非跨过清算程序直接办理注销登记手续。

法人解散后，清算义务人应当及时对公司进行清算。对此，基于不同的法人类型，法律有不同的规定。（1）对于公司而言，《公司法》第 183 条规定，公司解散的，应当在解散事由出现之日起 15 日内成立清算组，开始清算；《公司登记管理条例》第 41 条规定，公司解散，依法应当清算的，清算组应当自成立之日起 10 日内将清算组成员、清算组负责人名单向公司登记机关备案。（2）对于公益法人来说，《慈善法》第 18 条规定，慈善组织解散的，慈善组织决策机构应当在解散事由出现之日起 30 日内成立清算组进行清算，并向社会公告。

（四）清算组的组成与清算义务

在自行清算的情形，清算组由清算义务人自行组建。所谓清算义务人，是指

① 施天涛．公司法论．3 版．北京：法律出版社，2014：591.

具有担任清算组成员资格的自然人。

本条第2款规定，法人的董事、理事等执行机构或者决策机构的成员为清算义务人；法律、行政法规另有规定的，依照其规定。具体而言：（1）对于公司来说，《公司法》第183条区分了有限责任公司与股份公司两种情况，分别确定了清算组的组成人员：有限责任公司解散的，清算组由股东组成；股份公司解散的，清算组由董事或者股东大会确定的人员组成。（2）对于公益法人而言，依据《慈善法》第18条的规定，慈善决策机构（通常是理事会）属于清算组的组成人员。又如，《基金会管理条例》第18条第1款规定，基金会在办理注销登记前，应当在登记管理机关、业务主管单位的指导下成立清算组织，完成清算工作。

清算义务人未及时履行清算义务，给法人或者债权人造成损害的，应当承担民事责任。依据《公司法解释（二）》第18条第1款的规定，有限责任公司的股东、股份有限公司的董事和控股股东未在法定期限内成立清算组开始清算，导致公司财产贬值、流失、毁损或者灭失，债权人主张其在造成损失范围内对公司债务承担赔偿责任的，人民法院应依法予以支持。如果此种情形系实际控制人原因造成，债权人主张实际控制人对公司债务承担相应民事责任的，人民法院应依法予以支持。

（五）指定清算

如果清算义务人逾期不成立清算组或者清算组不依法履行清算义务的，依据法人的主管部门或者利害关系人申请，人民法院可以指定有关人员组成清算组，对法人进行清算。

《公司法解释（二）》第7条第2、3款规定，有下列情形之一，债权人申请人民法院指定清算组进行清算的，人民法院应予受理：（1）公司解散逾期不成立清算组进行清算的；（2）虽然成立清算组但故意拖延清算的；（3）违法清算可能严重损害债权人或者股东利益的。具有本条第2款所列情形，而债权人未提起清算申请，公司股东申请人民法院指定清算组对公司进行清算的，人民法院应予受理。第8条规定：人民法院受理公司清算案件，应当及时指定有关人员组成清算组。清算组成员可以从下列人员或者机构中产生：（1）公司股东、董事、监事、高级管理人员；（2）依法设立的律师事务所、会计师事务所、破产清算事务所等社会中介机构；（3）依法设立的律师事务所、会计师事务所、破产清算事务所等社会中介机构中具备相关专业知识并取得执业资格的人员。

依据《慈善法》第18条第2款的规定，不成立清算组或者清算组不履行职责的，其主管部门即民政部门可以申请人民法院指定有关人员组成清算组进行清算。

（本条由冉克平撰写）

第七十一条

法人的清算程序和清算组职权，依照有关法律的规定；没有规定的，参照适用公司法律的有关规定。

本条主旨

本条对法人的清算程序和清算组职权的依据作出了规定。

相关条文

《民法总则》第71条规定："法人的清算程序和清算组职权，依照有关法律的规定；没有规定的，参照适用公司法的有关规定。"

《民法通则》第40条规定："法人终止，应当依法进行清算，停止清算范围外的活动。"

《民法通则》第47条规定："企业法人解散，应当成立清算组织，进行清算。企业法人被撤销、被宣告破产的，应当由主管机关或者人民法院组织有关机关和有关人员成立清算组织，进行清算。"

《民法通则意见》第60条规定："清算组织是以清算企业法人债权、债务为目的而依法成立的组织。它负责对终止的企业法人的财产进行保管、清理、估价、处理和清偿。""对于涉及终止的企业法人债权、债务的民事诉讼，清算组织可以用自己的名义参加诉讼。""以逃避债务责任为目的而成立的清算组织，其实施的民事行为无效。"

《公司法》第184条规定："清算组在清算期间行使下列职权：（一）清理公司财产，分别编制资产负债表和财产清单；（二）通知、公告债权人；（三）处理与清算有关的公司未了结的业务；（四）清缴所欠税款以及清算过程中产生的税款；（五）清理债权、债务；（六）处理公司清偿债务后的剩余财产；（七）代表公司参与民事诉讼活动。"

理解与适用

本条规定的是法人的清算程序和清算组职权的依据。

（一）法人的清算程序和清算组职权，依照有关的规定

此处的法人，既包括营利法人、也包括非营利法人，还包括特别法人。法律或行政法规对于不同类型的法人，有一些具体的规定。例如，对于事业单位法人，《事业单位登记管理暂行条例》第13条第2款规定，事业单位办理注销登记前，应当在审批机关指导下成立清算组织，完成清算工作《事业单位登记管理暂

行条例实施细则》第 52 条第 1、2 款规定：事业单位在申请注销登记前，应当在举办单位和其他有关机关的指导下，成立清算组织，完成清算工作。清算组织应当自成立之日起 10 日内通知债权人，并于 30 日内至少发布三次拟申请注销登记的公告。债权人应当自第一次成立之日起 90 日内，向清算组织申报其债权。

（二）参照适用公司法的有关规定

如果法律或者行政法规对于法人的清算程序和清算组职权没有规定的，应当参照适用公司法的有关规定。这表明，公司法有关清算程序和清算组职权的规定，对于其他法人具有参照适用的功能。具体而言：

（1）清理公司财产，分别编制资产负债表和财产清单。清算组在清理公司财产、编制资产负债表和财产清单后，应当制订清算方案，并报股东会或者有关主管机关确认（《公司法》第 186 条第 1 款）。《公司法解释（二）》第 15 条第 1 款进一步细化规定：公司自行清算的，清算方案应当报股东会或者股东大会决议确认；人民法院组织清算的，清算方案应当报人民法院确认。未经确认的清算方案，清算组不得执行。为了确保清算方案的正当性，《公司法解释（二）》第 15 条第 2 款规定，执行未经确认的清算方案给公司或者债权人造成损失，公司、股东或者债权人主张清算组成员承担赔偿责任的，人民法院应依法予以支持。

（2）通知、公告。《公司法》第 185 条第 1 款第一句规定：清算组应当自成立之日起 10 日内通知债权人，并于 60 日内在报纸上公告。为增强该条的可诉性，《公司法解释（二）》第 11 条规定：公司清算时，清算组应当按照《公司法》第 185 条的规定，将公司解散清算事宜书面通知全体已知债权人，并根据公司规模和营业地域范围在全国或者公司注册登记地省级有影响的报纸上进行公告。清算组未按照前款规定履行通知和公告义务，导致债权人未及时申报债权而未获清偿，债权人主张清算组成员对因此造成的损失承担赔偿责任的，人民法院应依法予以支持。

（3）债权的申报与核定。《公司法》第 185 条规定：……债权人应当自接到通知书之日起 30 日内，未接到通知书的自公告之日起 45 日内，向清算组申报其债权。债权人申报债权，应当说明债权的有关事项，并提供证明材料。清算组应当对债权进行登记。在申报债权期间，清算组不得对债权人进行清偿。这是为了确保债权人之间的公平受偿。《公司法解释（二）》第 12 条规定：公司清算时，债权人对清算组核定的债权有异议的，可以要求清算组重新核定。清算组不予重新核定，或者债权人对重新核定的债权仍有异议，债权人以公司为被告向人民法院提起诉讼请求确认的，人民法院应予受理。

对于补充申报的债权，《公司法解释（二）》第 13 条规定：债权人在规定的期限内未申报债权，在公司清算程序终结前补充申报的，清算组应予登记。公司清算程序终结，是指清算报告经股东会、股东大会或者人民法院确认完毕。《公司法解释（二）》第 14 条第 1 款规定：债权人补充申报的债权，可以在公司尚未分配财产中获得清偿。如果公司尚未分配的财产不能全额清偿，债权人可以主张股东以其在剩余财产分配中已经取得的财产予以清偿。但这种情形仅限于债权人未申报债权无重大过错，如果债权人因重大过错未在规定期限内申报债权则不得主张从股东已分配财产中获得清偿。

（4）了结现务，处理与清算有关的未了结业务。公司在解散前，通常存在尚未了结的合同或者其他交易。清算组有权决定是否执行或者履行这些合同或者交易。如果因不执行或不履行而给相对人造成损失的，则应当由清算中的公司承担赔偿责任。

（5）清缴所欠税款以及清算过程中产生的税款。缴纳税款是公司的一项强制性义务，必须依法清缴。

（6）分配剩余财产。《公司法》第 186 条第 2、3 款规定：公司财产在分别支付清算费用、职工的工资、社会保险费用和法定补偿金，缴纳所欠税款，清偿公司债务后的剩余财产，有限责任公司按照股东的出资比例分配，股份有限公司按照股东持有的股份比例分配。清算期间，公司存续，但不得开展与清算无关的经营活动。公司财产在未依照前款规定清偿前，不得分配给股东。

（7）代表公司参加民事诉讼活动。公司依法清算结束并办理注销登记前，有关公司的民事诉讼应当以公司的名义进行。公司成立清算组的，由清算组负责人代表公司参加诉讼；尚未成立清算组的，由原法定代表人代表公司参加诉讼[《公司法解释（二）》第 11 条]。

（8）清算的中止。清算组在清理公司财产、编制资产负债表和财产清单后，发现公司财产不足以清偿债务的，应当依法向人民法院申请宣告破产。公司经人民法院裁定宣告破产后，清算组应当将清算事务移交给人民法院（《公司法》第 187 条）。

在指定清算的情形，人民法院指定的清算组在清理公司财产、编制资产负债表和财产清单时，发现公司财产不足以清偿债务的，可以与债权人协商制作有关债务清偿方案。债务清偿方案经全体债权人确认且不损害其他利害关系人利益的，人民法院可依清算组的申请裁定予以认可。清算组依据该清偿方案清偿债务后，应当向人民法院申请裁定终结清算程序。债权人对债务清偿方案不予确认或者人民法院不予认可的，清算组应当依法向人民法院申请宣告破产[《公司法司法解释（二）第 17 条》]。

（9）报请股东会或人民法院确认清算报告。公司清算结束后，清算组应当制作清算报告，报请股东会或人民法院确认（《公司法》第 188 条）。

（10）清算的终止。公司清算组应当自公司清算结束之日起 30 日内，报送公司登记机关，申请注销公司登记，公告公司终止（《公司法》第 188 条、《公司登记管理条例》第 42 条）。

（11）清算期限。人民法院组织清算的，清算组应当自成立之日起 6 个月内清算完毕。因特殊情况无法在 6 个月内完成清算的，清算组应当向人民法院申请延长［《公司法解释（二）第 16 条》］。

依据《公司登记管理条例》第 43 条的规定，公司申请注销登记，应当提交下列文件：（1）公司清算组负责人签署的注销登记申请书；（2）人民法院的破产裁定、解散裁判文书，公司依照《公司法》作出的决议或者决定，行政机关责令关闭或者公司被撤销的文件；（3）股东会、股东大会、一人有限责任公司的股东、外商投资的公司董事会或者人民法院、公司批准机关备案、确认的清算报告；（4）“企业法人营业执照”；（5）法律、行政法规规定应当提交的其他文件。国有独资公司申请注销登记，还应当提交国有资产监督管理机构的决定，其中，国务院确定的重要的国有独资公司，还应当提交本级人民政府的批准文件。有分公司的公司申请注销登记，还应当提交分公司的注销登记证明。

（本条由冉克平撰写）

第七十二条

清算期间法人存续，但是不得从事与清算无关的活动。

法人清算后的剩余财产，按照法人章程的规定或者法人权力机构的决议处理。法律另有规定的，依照其规定。

清算结束并完成法人注销登记时，法人终止；依法不需要办理法人登记的，清算结束时，法人终止。

本条主旨

本条对清算法人作出了规定。

相关条文

《民法总则》第 72 条规定：“清算期间法人存续，但是不得从事与清算无关的活动。”“法人清算后的剩余财产，根据法人章程的规定或者法人权力机构的决议处理。法律另有规定的，依照其规定。”“清算结束并完成法人注销登记时，法人终止；依法不需要办理法人登记的，清算结束时，法人终止。”

《民法通则》第 40 条规定：“法人终止，应当依法进行清算，停止清算范围外的活动。”

《民法通则》第 46 条规定：“企业法人终止，应当向登记机关办理注销登记并公告。”

《公司法》第 186 条规定：“清算组在清理公司财产、编制资产负债表和财产清单后，应当制定清算方案，并报股东会、股东大会或者人民法院确认。”“公司财产在分别支付清算费用、职工的工资、社会保险费用和法定补偿金，缴纳所欠税款，清偿公司债务后的剩余财产，有限责任公司按照股东的出资比例分配，股份有限公司按照股东持有的股份比例分配。”“清算期间，公司存续，但不得开展与清算无关的经营活动。公司财产在未依照前款规定清偿前，不得分配给股东。”

《公司法》第 188 条规定：“公司清算结束后，清算组应当制作清算报告，报股东会、股东大会或者人民法院确认，并报送公司登记机关，申请注销公司登记，公告公司终止。”

《公司法解释（二）》第 10 条规定：“公司依法清算结束并办理注销登记前，有关公司的民事诉讼，应当以公司的名义进行。”“公司成立清算组的，由清算组负责人代表公司参加诉讼；尚未成立清算组的，由原法定代表人代表公司参加诉讼。”

理解与适用

本条分为 3 款：第 1 款规定的是清算中法人的活动范围，第 2 款规定的是法人清算后剩余财产的处理，第 3 款规定的是清算的终结及法人的终止。

(一) 清算法人的性质与活动范围

清算期间的法人被称为清算法人。关于清算法人的性质，学说上有清算法人说、拟制存续说、同一人格说以及同一人格兼拟制说。我国学者多持同一人格说。[①] 依据此说，清算前的法人和清算后的法人具有同一人格，在清算过程中，法人继续存在。但是依法进行清算的法人，其民事权利能力与民事行为能力均受到法律的限制，仅仅为清算的目的具有人格，不得进行与清算目的无关的活动。法人原有的执行机构和代表机构停止职能，被清算组织取代。在清算期间，清算

① 王利明．民法总则研究．2 版．北京：中国人民大学出版社，2012：314．龙卫球．民法总论．北京：中国法制出版社，2001：407.

组织代表清算法人可以从事清算范围内的活动，包括清理财产、清偿债务、从事清算活动所必要的资金借贷、变卖法人的财产、追回被他人占有的财产、在法院起诉和应诉等。凡是出于清算目的而进行的活动，均在清算范围之内。

（二）法人清算后剩余财产的处理

法人清算后，可能还有剩余财产。对于这些财产，应当按照法人的章程的规定处理，或者依照法人的权力机构，例如公司的股东大会、非营利法人的成员大会等的决议处理。法律另有规定的，依照其规定。例如对于慈善组织，《慈善法》第 18 条第 3 款规定，慈善组织清算后的剩余财产，应当按照慈善组织章程的规定转给宗旨相同或相近的慈善组织；章程未规定的，由民政部门主持转给宗旨相同或者相近的慈善组织，并向社会公告。

（三）清算的终结及法人的终止

清算组织依法履行了清算程序，完成清算任务，清算终结。在清算结束后，清算组织应当申请法人注销登记，此登记一经完成，法人人格即归于消灭。对此，《公司法》第 188 条规定：公司清算结束后，清算组应当制作清算报告，报股东会、股东大会或者人民法院确认，并报送公司登记机关，申请注销公司登记，公告公司终止。《慈善法》第 18 条第 4 款规定，慈善组织清算结束后，应当向其登记的民政部门办理注销登记，并由民政部门向社会公告。若是依法不需要办理法人登记的，清算结束时，法人即告终止。

（本条由冉克平撰写）

第七十三条

法人被宣告破产的，依法进行破产清算并完成法人注销登记时，法人终止。

本条主旨

本条对法人因破产而终止作出了规定。

相关条文

《民法总则》第 73 条规定：“法人被宣告破产的，依法进行破产清算并完成法人注销登记时，法人终止。”

《民法通则》第 46 条规定：“企业法人终止，应当向登记机关办理注销登记并公告。”

《公司法》第 188 条规定：“公司清算结束后，清算组应当制作清算报告，报股东会、股东大会或者人民法院确认，并报送公司登记机关，申请注销公司登记，公告公司终止。”

《公司法》第 190 条规定：“公司被依法宣告破产的，依照有关企业破产的法律实施破产清算。”

理解与适用

本条规定的是法人破产清算及法人的终止。我国现行法律规定，企业法人不能清偿到期债务，并且资产不足以清偿全部债务或者明显缺乏清偿能力的，依照法律规定清理债务（《企业破产法》第 2 条第 1 款）。据此，进行破产宣告的法人，限于企业法人。

（一）普通清算与破产清算及其转化

依照程序和适用法律的不同，法人清算可以分为普通清算与破产清算，两者的主要区别在于：普通清算的理论前提是公司资产足以偿还对外所负的全部债务，债权人权益的实现具有一定的物质基础，司法权介入清算程序的深度和力度要具有谦抑性；而破产清算的理论前提是企业法人资不抵债，法人资产不足以偿还全部债务，债权人必然无法全额受偿，究竟债权人受偿比例如何在清算程序终结之前并不确定，因此司法权介入清算程序的深度与力度应当加大。[①] 对于普通清算，主要由《公司法》及其相关司法解释进行了详尽的规定；就破产清算而言，《企业破产法》第十章（第 107～124 条）进行了详细的规定。

在适用普通清算时，倘若清算组在清理公司财产、编制资产负债表和财产清单后，发现公司财产不足以偿债，应当向人民法院申请宣告公司破产。经人民法院裁定宣告破产后，清算组应当将清算事务移交给人民法院（《公司法》第 187 条）。公司被依法宣告破产的，依照有关企业破产的法律实施破产清算（《公司法》第 190 条）。企业法人已解散但未清算或者未清算完毕，资产不足以清偿债务的，依法负有清算责任的人应当向人民法院申请破产清算（《企业破产法》第 7 条第 3 款）。这样，就实现了公司的非破产清算程序向公司破产清算程序的转化。

（二）破产宣告与破产清算

破产宣告是破产清算的必经程序。因债务人或者债权人提出破产申请，人民法院依法宣告债务人破产的，应当自裁定作出之日起 5 日内送达债务人和管理人，自裁定作出之日起 10 日内通知已知债权人，并予以公告（《企业破产法》第

① 刘俊海．现代公司法：下册．3 版．北京：法律出版社，2015：1153.

107条)。破产宣告之后，人民法院应当同时指定管理人。破产管理人的地位类似于普通清算中的清算组。破产管理人依法履行下列职责：(1) 接管债务人的财产、印章和账簿、文书等资料；(2) 调查债务人的财产状况，制作财产状况报告；(3) 决定债务人的内部管理事务；(4) 决定债务人的日常开支和其他必要开支；(5) 在第一次债权人会议召开之前，决定继续或者停止债务人的营业；(6) 管理和处分债务人的财产；(7) 代表债务人参加诉讼、仲裁或者其他法律程序；(8) 提议召开债权人会议；(9) 人民法院认为管理人应当履行的其他职责（《企业破产法》第25条)。

(三) 注销登记与法人的终止

破产清算完成之后，法人应当办理注销登记，由此导致法人人格归于消灭。《企业破产法》第121条规定，管理人应当自破产程序终结之日起10日内，持人民法院终结破产程序的裁定，向破产人的原登记机关办理注销登记。

（本条由冉克平撰写）

第七十四条

法人可以依法设立分支机构。法律、行政法规规定分支机构应当登记的，依照其规定。

分支机构以自己的名义从事民事活动，产生的民事责任由法人承担；也可以先以该分支机构管理的财产承担，不足以承担的，由法人承担。

本条主旨

本条规定的是法人的分支机构及其责任承担。

相关条文

《民法总则》第74条规定："法人可以依法设立分支机构。法律、行政法规规定分支机构应当登记的，依照其规定。""分支机构以自己的名义从事民事活动，产生的民事责任由法人承担；也可以先以该分支机构管理的财产承担，不足以承担的，由法人承担。"

《民法通则意见》第107条规定："不具有法人资格的企业法人的分支机构，以自己的名义对外签订的保证合同，一般应当认定无效。但因此产生的财产责任，分支机构如有偿付能力的，应当自行承担；如无偿付能力的，应由企业法人承担。”

《公司法》第14条规定：“公司可以设立分公司。设立分公司，应当向公司登记机关申请登记，领取营业执照。分公司不具有法人资格，其民事责任由公司承担。”“公司可以设立子公司，子公司具有法人资格，依法独立承担民事责任。”

《民事诉讼法》第48条规定：“公民、法人和其他组织可以作为民事诉讼的当事人。”“法人由其法定代表人进行诉讼。其他组织由其主要负责人进行诉讼。”

《民事诉讼法解释》第52条规定：“民事诉讼法第四十八条规定的其他组织是指合法成立、有一定的组织机构和财产，但又不具备法人资格的组织，包括：（一）依法登记领取营业执照的个人独资企业；（二）依法登记领取营业执照的合伙企业；（三）依法登记领取我国营业执照的中外合作经营企业、外资企业；（四）依法成立的社会团体的分支机构、代表机构；（五）依法设立并领取营业执照的法人的分支机构；（六）依法设立并领取营业执照的商业银行、政策性银行和非银行金融机构的分支机构；（七）经依法登记领取营业执照的乡镇企业、街道企业；（八）其他符合本条规定条件的组织。”

理解与适用

（一）法人的分支机构概述

法人的分支机构，是指法人为了在空间上拓宽其业务活动范围，出资在一定区域设置的以完成法人部分职能的机构。法人的分支机构通常被称为代表处、分理处、分公司等。最高人民法院曾经认为，企业法人的分支机构也可以具有法人资格。但是学说通常认为，法人的分支机构并不具备法人资格。① 如《公司登记管理条例》第45条规定：分公司是指公司在其住所以外设立的从事经营活动的机构。分公司不具有企业法人资格。《基金会管理条例》第12条第4款规定：基金会分支机构、基金会代表机构依据基金会的授权开展活动，不具有法人资格。法人分支机构应被视为法人机关的委任代理机构。分支机构的负责人实为事务代理人。②

法人的分支机构具有以下法律特征：（1）分支机构是法人依法设立于不同地域的组织，是所属法人的组成部分，管理人员由所属法人指派；（2）分支机构在实现所属法人的宗旨和业务范围内经核准登记进行活动，它可以有自己的名称，但必须标明其与所属法人的隶属关系；（3）分支机构占有、使用的财产并非自己

① 施天涛．公司法论．3版．北京：法律出版社，2014：69.

② 龙卫球．民法总论．北京：中国法制出版社，2001：397.

所有，而是所属法人之财产的组成部分；（4）分支机构从事业务活动的法律后果由其所属法人承担。①

法人的分支机构从事的民事活动，如经法人授权对外提供担保的，所产生的民事责任由法人承担；也可以先以该分支机构管理的财产承担，不足以承担的，由法人承担。分支机构可担当民事诉讼中的原告、被告或者第三人，但不能独立承担民事责任。由于分支机构的财产是所属法人之财产的组成部分，法院或仲裁机构对分支机构所作的生效裁判文书对所属法人具有拘束力。

（二）法人分支机构的设立

（1）依法成立。法人的分支机构必须依照我国现行法律规定成立。法律、行政法规规定分支机构应当登记的，法人的分支机构应履行法定的核准登记程序。如《公司登记管理条例》第 47 条规定：公司设立分公司的，应当自决定作出之日起 30 日内向分公司所在地的公司登记机关申请登记；法律、行政法规或者国务院决定规定必须报经有关部门批准的，应当自批准之日起 30 日内向公司登记机关申请登记。《基金会管理条例》第 12 条第 1 款规定：基金会拟设立分支机构、代表机构的，应当向原登记管理机关提出登记申请，并提交拟设机构的名称、住所和负责人等情况的文件。

（2）拥有一定的财产或经费。法人的分支机构必须拥有必要的财产或经费，这是法人的分支机构进行业务活动的物质基础。

（3）有自己的名称、组织机构和场所。法人的分支机构须具有不同于其所属法人的、经依法核准登记的名称。为了实现设立分支机构的宗旨，法人的分支机构应设有管理其内部事务及对外交往的组织机构，拥有进行业务活动的场所。如《公司登记管理条例》第 46 条规定：分公司的登记事项包括：名称、营业场所、负责人、经营范围。分公司的名称应当符合国家有关规定。分公司的经营范围不得超出公司的经营范围。又如《基金会管理条例》第 12 条第 3 款规定：基金会分支机构、基金会代表机构设立登记的事项包括：名称、住所、公益活动的业务范围和负责人。

（三）法人的分支机构从事民事活动的责任承担

法人的分支机构不具有民事权利能力，与法人之间是隶属关系。因此，分支机构在核准登记的范围内，以自己的名义从事民事活动，产生的民事责任由所属法人承担。法人的分支机构虽然不具有民事权利能力，但是在诉讼上，分支机构可作为独立诉讼主体参与诉讼。对此，《民事诉讼法》第 48 条第 1 款规定，公民、法人和其他组织可以作为民事诉讼的当事人。《民事诉讼法解释》第 52 条中

① 马俊驹，余延满．民法原论．4 版．北京：法律出版社，2010：136.

规定，《民事诉讼法》第48条规定的其他组织是指合法成立、有一定的组织机构和财产，但又不具备法人资格的组织，包括依法设立并领取营业执照的法人的分支机构。依据上述法律的规定，分支机构可作为诉讼主体参加诉讼。若是分支机构管理的财产不足以执行，权利人可以追加设立该分支机构的法人作为共同被执行人。

（本条由冉克平撰写）

第七十五条

设立人为设立法人从事的民事活动，其法律后果由法人承受；法人未成立的，其法律后果由设立人承受，设立人为二人以上的，享有连带债权，承担连带债务。

设立人为设立法人以自己的名义从事民事活动产生的民事责任，第三人有权选择请求法人或者设立人承担。

本条主旨

本条对设立中的法人作出了规定。

相关条文

《民法总则》第75条规定："设立人为设立法人从事的民事活动，其法律后果由法人承受；法人未成立的，其法律后果由设立人承受，设立人为二人以上的，享有连带债权，承担连带债务。""设立人为设立法人以自己的名义从事民事活动产生的民事责任，第三人有权选择请求法人或者设立人承担。"

《公司法解释（三）》第2条规定："发起人为设立公司以自己名义对外签订合同，合同相对人请求该发起人承担合同责任的，人民法院应予支持。""公司成立后对前款规定的合同予以确认，或者已经实际享有合同权利或者履行合同义务，合同相对人请求公司承担合同责任的，人民法院应予支持。"

《公司法解释（三）》第3条规定："发起人以设立中公司名义对外签订合同，公司成立后合同相对人请求公司承担合同责任的，人民法院应予支持。""公司成立后有证据证明发起人利用设立中公司的名义为自己的利益与相对人签订合同，公司以此为由主张不承担合同责任的，人民法院应予支持，但相对人为善意的除外。"

《公司法解释（三）》第4条规定："公司因故未成立，债权人请求全体或者部分发起人对设立公司行为所产生的费用和债务承担连带清偿责任的，人民法院应予支持。”“部分发起人依照前款规定承担责任后，请求其他发起人分担的，人民法院应当判令其他发起人按照约定的责任承担比例分担责任；没有约定责任承担比例的，按照约定的出资比例分担责任；没有约定出资比例的，按照均等份额分担责任。”“因部分发起人的过错导致公司未成立，其他发起人主张其承担设立行为所产生的费用和债务的，人民法院应当根据过错情况，确定过错一方的责任范围。”

《公司法解释（三）》第 5 条规定：“发起人因履行公司设立职责造成他人损害，公司成立后受害人请求公司承担侵权赔偿责任的，人民法院应予支持；公司未成立，受害人请求全体发起人承担连带赔偿责任的，人民法院应予支持。”“公司或者无过错的发起人承担赔偿责任后，可以向有过错的发起人追偿。”

理解与适用

（一）设立中法人的法律地位

所谓设立中的法人，就是指从法人设立开始至法人成立之前，专门负责法人设立的组织体。[①] 在法人设立过程中，发起人往往要实施一系列的民事法律行为，例如借款，购买必要的材料、设备等，从而发生债权债务关系，这样就需要明确谁来承受由此产生的法律后果。在学说上，这涉及设立中法人的法律地位，以及设立中法人与成立后法人的关系问题。

设立中的法人与已成立的法人具有同一关系。设立中的法人是未来法人的前身，如同胎儿与婴儿为同一体。当然，这仅在法人成立的情形才具有意义。设立人则是设立中法人的机关。将设立中的法人与成立后的法人视为同一体的实益在于，设立中的法人缔结的法律关系就是成立后的法人缔结的法律关系。换言之，设立中的法人的债权债务关系当然转由成立后的法人继受，而无须履行特别的移转手续。[②]

（二）设立人以设立中法人的名义创设的债权债务的归属

在法人的设立过程中，设立人以设立中法人的名义，如“公司（设立中）”“筹备组”“公司（筹）”等，与他人创设债权债务关系。由此产生的债权债务关系，归属于设立中的法人。具体而言：

1. *法人成立之后概括转移设立中法人的债权债务关系*

设立中的法人与成立后的法人在人格上具有同一性，因此，设立人以设立中

---

① 王利明．民法总则研究．2 版．北京：中国人民大学出版社，2012：301．

② 刘俊海．现代公司法：上册．3 版．北京：法律出版社，2015：119．

法人的名义而创设的债权债务，在法人设立后自动由成立后的法人概括继受。在此情形，应当否认设立人的个人责任。德国学说认为：通常情况下，大概应认定这种个人责任随法人的成立而消灭。既然行为人已经为未来有权利能力社团的利益出现在法律交易中，而该社团是根据法律规定承担责任的，那么对方当事人就得到了他原来可期待的东西。①《公司法解释（三）》第 3 条第 1 款也确认了上述原则：发起人以设立中公司名义对外签订合同，公司成立后合同相对人请求公司承担合同责任的，人民法院应予支持。

为预防设立人恶意向公司转嫁债务，保障公司的利益，同时维护交易的安全，《公司法解释（三）》第 3 条第 2 款规定：公司成立后有证据证明发起人利用设立中公司的名义为自己的利益与相对人签订合同，公司以此为由主张不承担合同责任的，人民法院应予支持，但相对人为善意的除外。

2. 法人未成立时债权债务关系的处理

在设立人设立法人的过程中，可能有法律上或事实上的原因导致法人无法完成设立登记，法人因此而未能成立。在此情形，设立过程中创设的债权债务关系的处理，需要区分对外关系与对内关系。具体而言：(1) 在对外关系上，设立人应当承受设立中法人的债权债务。若是设立人有两人以上的，设立人享有连带债权、承担连带债务，即设立人承担的是无限连带清偿责任。依《公司法》第 94 条第 1 项和第 2 项，公司不能成立时，发起人要对设立行为所产生的债务和费用负连带责任，并对认股人已缴纳的股款负返还股款并加算银行同期存款利息的连带责任。《公司法解释（三）》第 4 条第 1 款规定：公司因故未成立，债权人请求全体或者部分发起人对设立公司行为所产生的费用和债务承担连带清偿责任的，人民法院应予支持。(2) 在对内关系上，设立人在对外享有连带债权、承担连带债务以后，可以根据发起设立协议确定的比例对其他设立人进行追偿。设立人有过错的，应当依据过错情况确立责任范围。《公司法解释（三）》第 4 条第 2、3 款规定：部分发起人依照前款规定承担责任后，请求其他发起人分担的，人民法院应当判令其他发起人按照约定的责任承担比例分担责任；没有约定责任承担比例的，按照约定的出资比例分担责任；没有约定出资比例的，按照均等份额分担责任。因部分发起人的过错导致公司未成立，其他发起人主张其承担设立行为所产生的费用和债务的，人民法院应当根据过错情况，确定过错一方的责任范围。

（三）设立人为设立法人以自己的名义创设的债权债务的归属

倘若设立人为设立法人而以自己的名义与他人创设债权债务关系，则此种债

① 迪特尔·梅迪库斯. 德国民法总论. 邵建东，译. 北京：法律出版社，2000：833.

权债务为设立人的个人债务，应由设立人享有权利、承担义务。若是法人并未成立，则该债务当然为设立人的债务。《公司法解释（三）》第 2 条第 1 款规定：发起人为设立公司以自己名义对外签订合同，合同相对人请求该发起人承担合同责任的，人民法院应予支持。

但是，若是法人已经成立，对于该债务，依据本条的规定，第三人有权选择请求法人或者设立人承担。对此，缺乏必要的前提条件，即已成立的法人已经认可设立人为设立法人以自己的名义创设的债权债务。对此，《公司法解释（三）》第 2 条第 2 款规定：公司成立后对前款规定的合同予以确认，或者已经实际享有合同权利或者履行合同义务，合同相对人请求公司承担合同责任的，人民法院应予支持。该司法解释的规定值得借鉴。

（本条由冉克平撰写）

第二节　营利法人

第七十六条

以取得利润并分配给股东等出资人为目的成立的法人，为营利法人。

营利法人包括有限责任公司、股份有限公司和其他企业法人等。

本条主旨

本条对营利法人作出了规定。

相关条文

《民法总则》第 76 条规定："以取得利润并分配给股东等出资人为目的的成立的法人，为营利法人。""营利法人包括有限责任公司、股份有限公司和其他企业法人等。"

《民法通则》第 41 条规定："全民所有制企业、集体所有制企业有符合国家规定的资金数额，有组织章程、组织机构和场所，能够独立承担民事责任，经主管机关核准登记，取得法人资格。""在中华人民共和国领域内设立的中外合资经营企业、中外合作经营企业和外资企业，具备法人条件的，依法经工商行政管理机关核准登记，取得中国法人资格。”

《公司法》第 2 条规定：“本法所称公司是指依照本法在中国境内设立的有限责任公司和股份有限公司。”

理解与适用

本条规定的是法人分类中的营利法人。

法人是指自然人以外由法律创设得为权利、义务主体之组织。① 其中以取得利润并分配给其股东等出资人为目的成立的法人，为营利法人。传统民法将法人依其目的的不同，可分为营利法人与非营利法人。所谓营利，是指积极地营利并将其所的利益分配给其成员。注意：其一，此处营利是指以营利为目的，而非以营利为结果。例如，股东设立公司，连续亏损，但仍然是以营利为目的。其二，此处所说的“营利”，不是指法人本身营利，而是指法人为其成员营利，仅法人本身营利，如果不将所获得利益分配给成员，而是作为自身积累，则不属于营利法人。所谓以营利为目的，是以投资人取得经济上的回报为判断标准的。② 例如基金会等财团，虽有投资保值增值之盈利，但没有股东出资人，也不可能分配利润，当然属于非营利法人。

区分的意义在于设立所依据的法律、程序及国家对法人所进行的规制不同。营利法人和非营利法人的主要区别在于：第一，设立的依据不同。营利法人通常要依据特别法而设立，如根据《公司法》而成立公司，而非营利法人大多依据民法的规则而设立。第二，设立的原则不同。对于营利法人的设立一般采取准则主义，而对于非营利法人的设立一般采取许可主义。第三，设立的目的不同。区分这两类法人的重要标准在于是否实现社员本身的利益或者说是否满足公共利益的需要。③ 第四，法人的能力不同。营利法人可以广泛从事各种营利活动，而非营利法人只能从事非营利活动。第五，组织形态不同。营利法人原则上只能采取社团的形式，但也有特殊的一人公司存在，而非营利法人可以采取社团的形式，也可以采取财团的形式。④

值得注意的是，传统民法将法人分为营利法人与公益法人，但这种分类有不周延之处，营利法人与公益法人中间尚存灰色地带，有的法人类型并非非黑即白，所以有的学者主张在二者之间还应有一类中间法人，即不以营利为目的，也

---

① 梅仲协. 民法要义. 北京：中国政法大学出版社，1998：64.

② 史尚宽. 民法总则. 北京：中国政法大学出版社，2000：143.

③ 平托. 民法总论. 澳门：澳门大学法学院，澳门法律翻译办公室，1999：155.

④ 江平. 法人制度论. 北京：中国政法大学出版社，1994：55.

不以公益为目的的法人，如同学会、同乡会等。[①] 为解决既不属于营利法人，也不宜归入公益法人的中间法人的现象，有的学者主张采用以德国和瑞士为代表的营利法人与非营利法人的划分方式，认为这样就可以将中间法人归入非营利法人之中。《民法典》采取了营利法人与非营利法人的二分法，没有采取公益法人的概念。

营利法人包括公司制营利法人与非公司制营利法人。公司制营利法人根据我国公司法的规定，包括两种：有限责任公司、股份有限公司。非公司制营利法人主要是在计划经济体制下的国有企业、集体企业等，它们中的大多数经过改制之后被改造为现代公司制营利法人。关于公司的概念，依大陆法系民商法学通说，公司者，为以营利为目的，依照公司法组织登记成立之社团法人也。其含义有四：(1) 公司应为法人；(2) 公司应为社团法人；(3) 公司应为营利社团法人；(4) 公司应依公司法组织登记成立。[②] 也有学者归纳出公司的三个特征：社团性、法人性、营利性。应当说，我国主流公司法学者还是继承了大陆法的公司法传统，这与我国民商法制继受欧陆、苏俄的历史传统是一致的。但也有学者基于现代公司制度的最新变化，对大陆法传统公司理论进行反思、修正，认为：随着西方国家一人公司的地位逐渐为许多国家的法律所承认，公司逐渐失去其社团性的特征。我国公司法承认了国有独资有限公司，因此，把社团性视为公司固有的法律特征就值得商榷了。所以，我国公司的概念也不能完全等同于传统西方国家的公司概念。因此，有学者概括出公司新的四个要素：(1) 依法设立；(2) 以营利为目的；(3) 以股东投资行为为设立基础；(4) 是独立的企业法人。[③] 还有学者干脆简化出两个特征，即营利性与法人性。[④]

本条对法人的分类与《民法通则》采用的分类有根本不同。《民法通则》采取的是企业法人、非企业法人的分类。企业法人是以营利为目的、独立从事商品生产和经营活动的经济组织，因此，《民法通则》中的企业法人其实相当于《民法典》中的营利法人，改为营利法人的概念实为与传统民法中“营利法人”与“非营利法人”分类接轨。《民法典》抛弃企业法人的概念具有合理性。企业一词，源于英语中的“enterprise”，并由日本人将其翻译成汉字词语，而传入中国。Enterprise 原意是企图冒险从事某项事业，且具有持续经营的意思，后来引申为经营组织或经营体。[⑤] 据说，理论上给企业所下的定义不下几十种。大陆法

① 洪逊欣. 中国民法总则. 台北：三民书局，1992：131.

② 张国键. 商事法论. 台北：三民书局，1980：116-118.

③ 江平，方流芳. 新编公司法教程. 北京：法律出版社，1994：24-25.

④ 范健. 商法. 北京：高等教育出版社，2000：65.

⑤ 史际春. 企业、公司溯源//王保树. 商事法论集. 第1卷. 北京：法律出版社，1997：40.

系国家往往认为企业是一种人力和物力相结合的、有组织的经济实体。如德国的卡尔斯滕·施密特教授认为，企业应具有三个标志，即独立性、在市场中从事有偿的活动、其持续经营具有计划性和目的性。① 此外，依国际惯例，固定且相对稳定的个体经营，亦不妨称被为企业，即所谓独资企业、合伙企业。② 可见，企业与法人、公司等概念不同，它并非严格意义上的法律概念，而是一种作为客观事实的社会现象，一种相对独立且持续存在的各生产要素相结合的组织体。因此，很多时候，企业被法律视为权利的客体而存在，而非主体意义上的“人”。作为权利客体的企业是用以从事经营活动的财产综合体，作为财产综合体的企业在整体上是不动产。企业在整体上以及企业的一部分可以是买卖、抵押、租赁和与设立、变更、终止物权有关的其他民事法律行为的客体。作为财产综合体的企业包括所有各种用于其活动的财产，其中包括土地、建筑物、构筑物、设备、器材、原料、产品、请求权、债务，以及对使企业、企业产品、工程和服务个别化的标志的权利和其他专属权，但法律和合同有不同规定的除外。③ 德国的主要法学流派也一直倾向于认为企业是一种法律客体。④ 因此，《民法典》改原来的企业法人、非企业法人为营利法人、非营利法人，用语上更加科学，更加符合大陆法系的民法传统。

（本条由马特撰写）

第七十七条

营利法人经依法登记成立。

本条主旨

本条对营利法人的设立作出了规定。

相关条文

《民法总则》第77条规定：“营利法人经依法登记成立。”

---

① 范健．德国商法．北京：中国大百科全书出版社，1993：71－74.

② 史际春．企业、公司溯源//王保树．商事法论集：第1卷．北京：法律出版社，1997：40.

③ 《俄罗斯民法典》第132条//俄罗斯民法典．黄道秀，李永军，鄢一美，译．北京：中国大百科全书出版社，1999：70－71.

④ 托马斯·赖泽尔．联邦德国的企业法理论．法学译丛，1998（1）.

《公司法》第6条第1款规定："设立公司，应当依法向公司登记机关申请设立登记。符合本法规定的设立条件的，由公司登记机关分别登记为有限责任公司或者股份有限公司；不符合本法规定的设立条件的，不得登记为有限责任公司或者股份有限公司。"

理解与适用

法人成立需要设立。法人设立就是依法产生法人的行为。法人设立的原则，因法人类型及时代的不同而不同，大致包括以下原则。

（1）自由设立主义，也称放任主义，即国家对于法人的设立，不加任何干涉，不作任何限制，完全由当事人自由处断。

（2）特许设立主义，也称特许主义，即法人的设立需要个案审查，有专门的法令或国家特别许可。特许主义可分为元首特许主义与法律特许主义。历史上英国最早采取特许主义设立公司，例如1600年设立的英国东印度公司。在我国如机关法人、妇联等特定社会团体法人，都是基于法律特许产生。

（3）许可设立主义，又称核准主义、许可主义、审批主义，是指法人设立时除了应符合法律规定的条件，还要经过行政主管部门的批准，主管部门依照规定进行审查，作出批准或不批准的决定。医院、学校等一般的非营利法人的设立大都采取许可主义。

（4）准则设立主义，也称登记主义，是指法律预先规定法人成立的条件，设立人可依照该条件设立，一旦符合法人的成立条件，无须经过行政主管部门批准，就可直接到登记机关办理登记，法人即可成立。普通营利法人，例如公司法上的公司的设立采准则设立主义，有工商登记即可。

（5）强制设立主义，即国家以法律规定某种行业或某种情况下必须设立一定法人组织的设立原则。

本条规定我国营利法人原则上采取登记主义，凡符合法人成立的条件且依法登记，即可成立，取得法人资格。此处登记，是指营利法人应当进行的工商登记。但需注意的是，本条仅是规定营利法人的成立、取得独立的法人资格，以登记为准。根据特别法的规定，特殊的营利法人的设立采取核准主义，例如中外合资经营企业、中外合作经营企业、外商独资企业，由国家对外经济贸易主管部门负责审查批准工作。批准后，由国家对外经济贸易主管部门发给批准证书，然后才能到市场监督管理部门办理工商登记手续。

法人登记包括设立登记、变更登记和消灭登记。本条所谓的登记是指法人设立的登记。关于法人设立登记的效力，大陆法系国家一般采取成立要件主义，法人如未经登记，即便其设施、内容完备，也只能认为事实上成立，属于一种团体，而不得成为团体法人，亦即不能取得团体法人资格。[①] 日本采取不同的立法：依据民法设立的法人的设立登记采对抗要件主义，依据商法设立的法人的设立登记采取成立要件主义。比利时也采法人设立登记的对抗要件主义。我国《民法典》对法人设立登记采取成立要件主义，未经登记，法人不能成立，不能取得法人资格。

法人设立登记具有公法性，即法人设立登记本质上属于行政许可的公法行为。法人设立登记的目的在于公示法人信息，维护交易安全和迅捷。因此法人设立登记具有的效力为：创设力、推定力和公信力。创设力是指创设法人的主体资格，这是法人设立登记最基础的法律效力，也是其他效力的源泉。推定力是证据上的效力，是指登记簿上的记载事项被推定为真。公信力是商法外观主义的体现和要求，只要第三人不存在明知或者应知登记内容存在瑕疵的情形，该第三人信赖法人设立登记而与法人发生的交易即受到法律保护。法律赋予公示以公信力的目的是保护交易安全和善意第三人的利益。即便是错误或瑕疵的登记，异议人即使能够举出确凿的证据证明公示信息存在瑕疵，对公示的公信力仍不产生影响，第三人仍可借公示的正确性推定和自己对公示的瑕疵不知情而受到保护。

（本条由马特撰写）

第七十八条

依法设立的营利法人，由登记机关发给营利法人营业执照。营业执照签发日期为营利法人的成立日期。

本条主旨

本条对营利法人的营业执照作出了规定。

相关条文

《民法总则》第 78 条规定："依法设立的营利法人，由登记机关发给营利法人营业执照。营业执照签发日期为营利法人的成立日期。"

《公司法》第 7 条第 1 款规定："依法设立的公司，由公司登记机关发给公司

① 郑玉波．民法总则．台北：三民书局，1998：157.

营业执照。公司营业执照签发日期为公司成立日期。”

理解与适用

在比较法上，营业执照并不是各国民法典规定的重点，这是其自由市场经济体制决定的，但商业登记是营利法人的重要制度。法人的登记与颁发执照一样，具有法人对外公示的功能。例如《德国民法典》第 64 条规定：登记时，应在社团登记簿上载明社团的名称及其住所，订立章程的日期，以及董事会成员。有关董事会代表权范围的限制，或者偏离第 28 条第 1 款的规定而另定董事会决议事项的规定，应同样进行登记。《日本民法典》第 46 条规定：“（一）应登记事项如下：1，目的；2，名称；3，事务所；4，设立许可的年月日；5，定有存立时期者，其时期；6，资产总额；7，定有出资方法者，其方法；8，理事的姓名、住所。（二）前款所载事项发生变更时，应于二周内在主事务所所在地、于三周内在其他事务所所在地进行登记。在登记前，不得以其变更对抗他人。（三）停止理事职务、选任理事代行人的假处分有变更或被撤销时，应于主事务所及其他事务所所在地进行登记。于此情形，准用前款后段的规定。”

我国民法一贯重视法人登记和营业执照，这是我国工商管理的特色，也是计划经济向市场经济转轨的痕迹。例如《公司法》第 7 条规定：依法设立的公司，由公司登记机关发给公司营业执照。公司营业执照签发日期为公司成立日期。公司营业执照应当载明公司的名称、住所、注册资本、经营范围、法定代表人姓名等事项。公司营业执照记载的事项发生变更的，公司应当依法办理变更登记，由公司登记机关换发营业执照。《企业法人登记管理条例》第 4 条规定：企业法人登记主管机关（以下简称登记主管机关）是国家市场监督管理总局和地方各级市场监督管理部门。各级登记主管机关在上级登记主管机关的领导下，依法履行职责，不受非法干预。第 16 条：申请企业法人开业登记的单位，经登记主管机关核准登记注册，领取“企业法人营业执照”后，企业即告成立。企业法人凭据“企业法人营业执照”可以刻制公章、开立银行账户、签订合同，进行经营活动。登记主管机关可以根据企业法人开展业务的需要，核发“企业法人营业执照”副本。

营业执照是市场监督管理机关发给工商企业、个体经营户的准许从事某项生产经营活动的凭证。其格式由国家市场监督管理总局统一规定，其登记事项为：名称、地址、负责人、资金数额、经济成分、经营范围、经营方式、从业人数、经营期限等。营业执照分正本和副本，二者具有相同的法律效力。正本应当置于公司住所或营业场所的醒目位置，营业执照不得伪造、涂改、出租、出借、转让。没有营业执照的工商企业一律不许开业，不得刻制公章、签订合同、注册商标、刊登广告，银行不予开立账户。

营业执照的签发也是确定营利法人成立日期的重要依据。依据本条规定，营利法人的成立日期以营业执照的签发日期为准。

（本条由马特撰写）

第七十九条

设立营利法人应当依法制定法人章程。

本条主旨

本条对营利法人的章程作出了规定。

相关条文

《民法总则》第 79 条规定："设立营利法人应当依法制定法人章程。"

《民法总则》第 93 条规定："设立捐助法人应当依法制定法人章程。""捐助法人应当设理事会、民主管理组织等决策机构，并设执行机构。理事长等负责人按照法人章程的规定担任法定代表人。""捐助法人应当设监事会等监督机构。"

《公司法》第 11 条规定："设立公司必须依法制定公司章程。公司章程对公司、股东、董事、监事、高级管理人员具有约束力。"

理解与适用

法人的章程是指法人的成员就法人的整个活动范围、组织机构以及内部成员之间的权利义务等问题所订立的书面文件。根据《民法典》的规定，营利法人必须制定章程，非营利法人一般也应当制定章程，例如社会团体、基金会的设立也应当有章程，但事业单位这种中国特有的非营利法人，章程并不是其必要条件。特别法人中的机关法人、农村集体经济组织法人、城镇农村的合作经济组织法人、基层群众性自治组织法人也不是必须有章程。

营利法人必须制定章程，是因为章程相当于营利法人的宪法，是营利法人进行自治的基本框架，内部约定出资人之间的权利义务关系和法人的治理结构，外部构成对外公示的基础。营利法人必须持续对外进行经营活动，对交易安全的保护是首要功能。营利法人是以营利并向出资人分配利润为目的的。这都使营利法人的章程与非营利法人的有所不同。所以《公司法》第 11 条规定：设立公司必须依法制定公司章程。公司章程对公司、股东、董事、监事、高级管理人员具有约束力。《企业法人登记管理条例》第 7 条规定："申请企业法人登记的单位应当具备下列条件：（一）名称、组织机构和章程……"

法人的章程的内容可分为绝对必要记载事项和任意记载事项。绝对必要记载事项是指法律规定在章程中必须具备的内容，不记载这些内容，该章程是无效的，登记机关将不予登记。绝对必要记载事项包括：法人的名称、宗旨、业务范围、住所、资本总额、所有制性质、人员等。任意记载事项，是指不是由法律明文规定不可缺少的事项，可以规定，也可以不规定在章程中。法人的章程对于法人关系甚巨，章程一经登记就具有法律效力，成为法人的行为准则。

章程的生效时间到底是登记之日还是签署之日，在理论上存在争议，目前主要有两种不同的观点：一种观点认为，章程自发起设立法人的发起人签字时生效；另一种观点认为，章程自法人成立时生效。一般认为，法人的章程为发起人股东就法人的相关事项签署的法律文件，并且对营利法人的全体股东有约束力，在某种意义上可以说是全体股东的协议，因此，只有法人成立后，章程才有效力，而法人一旦设立，章程就对法人、股东、董事、监事、高管产生约束力，所以章程的生效时间应当为法人登记设立时。但是，我们也要看到，章程是营利法人的自治文件，法人章程的内容并不限于法人本身，可能还有章程的签署者就法人设立事项的约定，这些内容并不因法人未设立而不生效。从这个意义来说，章程是股东的共同行为，只要全部股东签署了章程，章程自应在股东内部产生约束力，任一股东不得单方反悔。

（本条由马特撰写）

第八十条

营利法人应当设权力机构。

权力机构行使修改法人章程，选举或者更换执行机构、监督机构成员，以及法人章程规定的其他职权。

本条主旨

本条对营利法人的权力机构作出了规定。

相关条文

《民法总则》第 80 条规定："营利法人应当设权力机构。""权力机构行使修改法人章程，选举或者更换执行机构、监督机构成员，以及法人章程规定的其他职权。"

《民法总则》第 82 条规定："营利法人设监事会或者监事等监督机构的，监督机构依法行使检查法人财务，监督执行机构成员、高级管理人员执行法人职务的行为，以及法人章程规定的其他职权。"

《公司法》第 36 条规定："有限责任公司股东会由全体股东组成。股东会是公司的权力机构，依照本法行使职权。"

《公司法》第 37 条第 1 款规定："股东会行使下列职权：（一）决定公司的经营方针和投资计划；（二）选举和更换非由职工代表担任的董事、监事，决定有关董事、监事的报酬事项；（三）审议批准董事会的报告；（四）审议批准监事会或者监事的报告；（五）审议批准公司的年度财务预算方案、决算方案；（六）审议批准公司的利润分配方案和弥补亏损方案；（七）对公司增加或者减少注册资本作出决议；（八）对发行公司债券作出决议；（九）对公司合并、分立、解散、清算或者变更公司形式作出决议；（十）修改公司章程；（十一）公司章程规定的其他职权。"

理解与适用

法人的机构是指根据法律或章程的规定，法人所赖以完成法人事务或执行法人功能的机构。法人机构是法人得以存在的必要条件，也是法人表现其人格，从而成为交易主体的必要条件。任何法人的机构均须有意思机构和执行机构。意思机构是法人的决策机构，又称法人的权力机构。意思机构在法人之宗旨范围内，有权对法人的重大事务作出决策，由此决定法人活动的具体动向。法人的执行机构又称法人的代表机构、意思表示机构，即实现法人意志的机构。① 监督机构不是法人的必设机构。法人机构与担当法人机构之自然人，在法律观念上应严加区别。例如，为法人机关的董事或董事会，与担当董事或董事长的某人，截然不同。法人机构为法人组织机构之一部，系与法人不可分离之抽象观念。法人机构之担当者或为一人或为数人，担当者时有变更，而法人机构本身并不因而变更。②

---

① 尹田．民事主体理论与立法研究．北京：法律出版社，2003：221－223.

② 梁慧星．民法总论．2 版．北京：法律出版社，2001：169.

在社团法人，意思机关是社员大会，如公司的股东大会；财团法人根据其性质，不得有意思机关，财团法人的意思由捐助章程形成。我国《民法典》采营利法人、非营利法人的分类，营利法人是由出资人出资形成的，因此，根据本条规定，出资人（大）会是营利法人的权力机构。例如，公司制营利法人的股东（大）会就是其权力机构。股东（大）会由全体股东组成，任何一个公司股东，无论其所持公司股份（权）多少，都有权参加股东（大）会。公司其他机构则不是任何股东均可参加的。股东依所持的股份（权）在股东（大）会享有表决权，依照法律或章程规定进行表决。

出资人（大）会是营利法人的权力机构，其本身不是权利、义务的主体，它只决定法人的重大事项，对外不代表法人，对内不处理业务。重大事项包括：修改章程，选举或者更换执行机构、监督机构成员，并行使章程规定的其他职权。(1) 修改章程。章程是法人的基本法，设置法人的机构及权限，约束法人的经营行为，因此修改章程属于权力机构的权限，必须经由出资人（大）会表决通过方可。(2) 执行机构、监督机构对权力机构负责，因此选举或更换其成员，必须通过出资人（大）会产生并对其负责。(3) 行使章程规定的其他职权。这是一个弹性条款，赋予出资人（大）会较大的自治空间。出资人（大）会是法人的最高机构，其约束仅仅来自法律和章程，可以行使章程规定的权力，并且章程没有明确规定属于执行机构、监督机构的权力，保留归出资人（大）会即权力机构享有。

（本条由马特撰写）

第八十一条

营利法人应当设执行机构。

执行机构行使召集权力机构会议，决定法人的经营计划和投资方案，决定法人内部管理机构的设置，以及法人章程规定的其他职权。

执行机构为董事会或者执行董事的，董事长、执行董事或者经理按照法人章程的规定担任法定代表人；未设董事会或者执行董事的，法人章程规定的主要负责人为其执行机构和法定代表人。

本条主旨

本条对营利法人的执行机构与法定代表人作出了规定。

相关条文

《民法总则》第81条规定："营利法人应当设执行机构。""执行机构行使召集权力机构会议，决定法人的经营计划和投资方案，决定法人内部管理机构的设置，以及法人章程规定的其他职权。""执行机构为董事会或者执行董事的，董事长、执行董事或者经理按照法人章程的规定担任法定代表人；未设董事会或者执行董事的，法人章程规定的主要负责人为其执行机构和法定代表人。"

《民法总则》第82条规定："营利法人设监事会或者监事等监督机构的，监督机构依法行使检查法人财务，监督执行机构成员、高级管理人员执行法人职务的行为，以及法人章程规定的其他职权。"

《公司法》第46条规定："董事会对股东会负责，行使下列职权：（一）召集股东会会议，并向股东会报告工作；（二）执行股东会的决议；（三）决定公司的经营计划和投资方案；（四）制订公司的年度财务预算方案、决算方案；（五）制订公司的利润分配方案和弥补亏损方案；（六）制订公司增加或者减少注册资本以及发行公司债券的方案；（七）制订公司合并、分立、解散或者变更公司形式的方案；（八）决定公司内部管理机构的设置；（九）决定聘任或者解聘公司经理及其报酬事项，并根据经理的提名决定聘任或者解聘公司副经理、财务负责人及其报酬事项；（十）制定公司的基本管理制度；（十一）公司章程规定的其他职权。"

理解与适用

执行机构是执行法人章程、意思机构的决定等事项的机构。执行机构是必设机构。营利法人的执行机构由单个自然人担任时，称执行董事；由自然人团体担任时，称董事会。

执行机构是法人权力机构的执行机构，负责实现已经形成的法人意志，管理法人具体的业务，并向权力机构汇报工作。其职权包括：召集权力机构会议，决定法人的经营计划和投资方案，决定法人内部管理机构的设置，并行使章程规定的其他职权。例如针对最典型的公司制营利法人，我国公司法规定了董事会的如下职权：(1) 召集股东会会议，并向股东会报告工作；(2) 执行股东会的决议；(3) 决定公司的经营计划和投资方案；(4) 制订公司的年度财务预算方案、决算方案；(5) 制订公司的利润分配方案和弥补亏损方案；(6) 制订公司增加或者减少注册资本以及发行公司债券的方案；(7) 制订公司合并、分立、解散或者变更公司形式的方案；(8) 决定公司内部管理机构的设置；(9) 决定聘任或者解聘公司经理及其报酬事项，并根据经理的提名决定聘任或者解聘公司副经理、财务负责人及其报酬事项；（10）制定公司的基本管理制度；（11）公司章程规定的其他职权。

执行机构的主要负责人是法人的法定代表人，法定代表人有权代表法人对外进行民事活动。执行机构为董事会或者执行董事的营利法人，董事长、执行董事或者经理依照法人章程的规定担任法定代表人；未设董事会或者执行董事的营利法人，法人章程规定的主要负责人为其执行机构和法定代表人。后者主要是指非公司制的企业法人，例如国有企业法人、集体企业法人，未经改制的往往没有董事会或执行董事，适用《全民所有制企业法》《城镇集体所有制企业条例》，实行政府任命或职工选举并经政府同意的厂长（经理）负责制，所谓章程规定的主要负责人就是指厂长（经理）。

本条第3款规定的是营利法人之法定代表人的产生机制。关于法定代表人制度，理论界和实务界均存在争议。法定代表人制度是我国法人制度中所独有的制度。所谓法定代表人，是指依照法律或者法人的章程的规定，代表法人行使职权的负责人。法定代表人虽然必须由一个特定自然人担当，但在法律上属于法人的一个机构，为代表机构。在法人与第三人的交往之中，谁能代表法人呢？民法理论上有两种学说：共同代表说和单独代表说。共同代表说认为法人执行机构整体上具有代表权；而单独代表说认为为了加强对第三人的保护，每一对外机构人员除章程另有规定外皆有代表权。我国采取的是单独代表说，但又具有自己的独特之处，即法定代表人制度。法人机构为单一机构的，单一的法人机构即为法定代表人，如国有企业之厂长（经理）；法人机构为集体的，并非各董事都有代表权，只有作为法定代表人的董事长才有代表权，其他人要获得法人的代表权，必须经作为法定代表人的董事长的授权。

关于法定代表人有两种截然相反的观点。赞成说认为，采用法定代表人制度有助于集中、统一，消除政出多门，维护法人信用和交易安全；反对说认为，法定代表人过于集权，过于僵化，不利于法人治理和制衡，我国历史上采法定代表人制度主要是学习苏联的“一长制”，强调厂长的绝对权威。法定代表人的规定在一定程度上限制了意思自治原则的适用。就我国的法定代表人制度而言，这种仅以一人代表法人的方式过于拘谨，影响了法人制度的功能，同时也不利于保护善意第三人。[1] 我国《民法典》最终延续了《民法通则》和《公司法》的法定代

---

① 马俊驹. 法人制度的基本理论和立法问题探讨. 法学评论，2004（5）.

表人制度。有学者认为，将法人的代表人确立为一人，是基于法人对外活动的需要，也是基本保护交易安全的需要，对这种做法应予肯定。[①] 不过应当看到，我国法定代表人的权限过于集中，需要通过进一步完善法人的内部机构来加强对法定代表人的权力制衡，健全内部监督制衡机制，对法定代表人的权限作出限制。因此，《民法典》第 85 条规定：营利法人的权力机构、执行机构的会议召集程序、表决方式违反法律、行政法规、法人章程，或者决议内容违反法人章程的，营利法人的出资人可以请求人民法院撤销该决议。但是，营利法人依据该决议与善意相对人形成的民事法律关系不受影响。此条确立出资人的撤销权，实为限制法定代表人的权限，并保障信赖代表行为的善意相对人。

（本条由马特撰写）

第八十二条

营利法人设监事会或者监事等监督机构的，监督机构依法行使检查法人财务，监督执行机构成员、高级管理人员执行法人职务的行为，以及法人章程规定的其他职权。

本条主旨

本条对营利法人的监督机构作出了规定。

相关条文

《民法总则》第 81 条规定：“营利法人应当设执行机构。”“执行机构行使召集权力机构会议，决定法人的经营计划和投资方案，决定法人内部管理机构的设置，以及法人章程规定的其他职权。”“执行机构为董事会或者执行董事的，董事长、执行董事或者经理按照法人章程的规定担任法定代表人；未设董事会或者执行董事的，法人章程规定的主要负责人为其执行机构和法定代表人。”

《民法总则》第 82 条规定：“营利法人设监事会或者监事等监督机构的，监督机构依法行使检查法人财务，监督执行机构成员、高级管理人员执行法人职务的行为，以及法人章程规定的其他职权。”

《公司法》第 53 条规定：“监事会、不设监事会的公司的监事行使下列职权：

---

① 尹田. 民事主体理论与立法研究. 北京：法律出版社，2003：225.

（一）检查公司财务；（二）对董事、高级管理人员执行公司职务的行为进行监督，对违反法律、行政法规、公司章程或者股东会决议的董事、高级管理人员提出罢免的建议；（三）当董事、高级管理人员的行为损害公司的利益时，要求董事、高级管理人员予以纠正；（四）提议召开临时股东会会议，在董事会不履行本法规定的召集和主持股东会会议职责时召集和主持股东会会议；（五）向股东会会议提出提案；（六）依照本法第一百五十一条的规定，对董事、高级管理人员提起诉讼；（七）公司章程规定的其他职权。”

理解与适用

营利法人的治理结构中应该存在决策权、执行权和监督权的分离，分别由不同的机构享有，以实现相互监督，避免损害法人利益的可能性。监督机构可由单个自然人担任，也可由自然人团体担任，在自然人团体担任时称监事会。

第一，监督机构的设立。监督机构是根据法人章程和意思机构的决议对法人执行机构、代表机构实施监督的机构。监督机构不是法人必设机构，仅为公司法人的必设机构，机关法人、农村集体经济组织法人、合作经济组织法人、基层群众性自治组织法人、事业单位法人、社会团体法人，并不都存在内部的监督机构，即便在营利法人内部，全民所有制企业、集体所有制企业也不是必须设置监督机构。

第二，监督机构的功能就是监督。现代企业规模庞大，出资人众多且分散，经营越来越职业化，管理越来也专业化，专业知识差别很大，信息不对称严重，为了防止董事会、经理滥用职权，损害法人和出资人的利益，需要在出资人（大）会上选出专门的监督机构，代表出资人（大）会行使监督职能，使得执行机构不能偏离权力机构的意志。

第三，监督机构的职权。具体包括：一是依法检查法人财务。二是对执行机构成员及高级管理人员执行法人职务的行为进行监督。例如，针对最典型的公司制营利法人，我国公司法规定了监事会或监事的职权包括：对董事、高级管理人员执行公司职务的行为进行监督，对违反法律、行政法规、公司章程或者股东会决议的董事、高级管理人员提出罢免的建议；当董事、高级管理人员的行为损害公司的利益时，要求董事、高级管理人员予以纠正；提议召开临时股东会会议，在董事会不履行《公司法》规定的召集和主持股东会会议职责时召集和主持股东会会议；向股东会会议提出提案；对董事、高级管理人员提起诉讼。三是行使章程规定的其他职权。例如，章程可以规定监督机构可以审查法人董事或高级管理人员的任命。一旦章程如此规定，监督机构自然享有此等职权。

（本条由马特撰写）

第八十三条

营利法人的出资人不得滥用出资人权利损害法人或者其他出资人的利益；滥用出资人权利造成法人或者其他出资人损失的，应当依法承担民事责任。

营利法人的出资人不得滥用法人独立地位和出资人有限责任损害法人债权人的利益；滥用法人独立地位和出资人有限责任，逃避债务，严重损害法人债权人的利益的，应当对法人债务承担连带责任。

本条主旨

本条对营利法人出资人权利滥用的遏制规则作出了规定。

相关条文

《民法总则》第83条规定："营利法人的出资人不得滥用出资人权利损害法人或者其他出资人的利益。滥用出资人权利给法人或者其他出资人造成损失的，应当依法承担民事责任。""营利法人的出资人不得滥用法人独立地位和出资人有限责任损害法人的债权人利益。滥用法人独立地位和出资人有限责任，逃避债务，严重损害法人的债权人利益的，应当对法人债务承担连带责任。"

《民法总则》第60条规定："法人以其全部财产独立承担民事责任。"

《公司法》第20条规定："公司股东应当遵守法律、行政法规和公司章程，依法行使股东权利，不得滥用股东权利损害公司或者其他股东的利益；不得滥用公司法人独立地位和股东有限责任损害公司债权人的利益。""公司股东滥用股东权利给公司或者其他股东造成损失的，应当依法承担赔偿责任。""公司股东滥用公司法人独立地位和股东有限责任，逃避债务，严重损害公司债权人利益的，应当对公司债务承担连带责任。"

理解与适用

本条规定的是对出资人权利滥用的遏制，避免出资人滥用出资人权利损害法人或其他出资人的利益；并规定了出资人违反该义务时所应承担的责任。第1款规制的是出资人滥用权利损害法人或其他出资人的利益，第2款规制的是出资人滥用法人人格和有限责任特权损害债权人的利益。

本条脱胎于《公司法》第20条：公司股东应当遵守法律、行政法规和公司章程，依法行使股东权利，不得滥用股东权利损害公司或者其他股东的利益；不得滥用公司法人独立地位和股东有限责任损害公司债权人的利益。公司股东滥用股东权利给公司或者其他股东造成损失的，应当依法承担赔偿责任。公司股东滥用公司法人独立地位和股东有限责任，逃避债务，严重损害公司债权人利益的，应当对公司债务承担连带责任。除了把“股东”改为“出资人”，几乎原汁原味，立意不变。这主要是为了民法典与公司法的衔接。当然，这种规定是否有重复立法、叠床架屋之嫌？实际上有其必要。民法典中的营利法人制度除了适用于公司，还扩张适用于非公司制营利法人，对社会不无积极意义。

权利不得滥用是现代民法的基本原则之一。该原则是指民事权利的行使，均不得超过其正当界限，否则即构成权利的滥用，权利人应当承担相应责任。权利的行使本来是权利人的自由，依权利人的意思，不受他人干涉。但是任何权利的行使都应当有一定的程度和范围，如果权利的行使完全无视他人和社会的利益，则违反了权利存在的宗旨。虽然罗马法有“行使自己之权利，无论对于任何人，皆非不法”的法谚，但同时罗马法也存在不少限制以损害他人为目的的权利行使的判例，例如在相邻关系方面。在现代社会随着权利冲突加剧，有权利必有其限制。拉伦茨认为，“原则上，没有权利是不受到某种限制的”①。例如，1896 年《德国民法典》第 226 条规定，权利之行使不得专以损害他人为目的。1907 年《瑞士民法典》第 2 条规定，明显的滥用权利，不受法律保护。1964 年《波兰民法典》第 5 条规定，如果某人以作为或不作为而取得有悖于法典的社会经济目的和社会共同原则的利益，即认为是滥用权利。

本条第 1 款规定的是营利法人出资人在行使权利时，不得滥用权利损害法人和其他出资人的利益，否则构成损害赔偿责任。现代公司制度下，股东滥用权利损害公司整体和其他股东之利益的现象非常严重，严重影响了广大社会投资者的投资热情，阻碍公司的健康发展。例如，我国公司法规定有限责任公司股东有查账权，如果股东以查账为由，窃取公司商业秘密，则构成股东滥用权利，公司有权起诉请求损害赔偿。再如股东有合法的股东（大）会出席权和质询权，但有股东在股东（大）会上恶意质询、无理取闹，导致会议很难继续，以此敲诈勒索公司，则构成滥用股东权利。出资人滥用权利损害其他出资人利益最典型的是有限责任公司中的股东压迫问题：有限责任公司缺乏控制权与退出机制，小股东极易受到控股股东的压迫，最典型的是长期恶意不分红，逼迫小股东低价退股。董事会决议可能从形式上看在会议召集程序、表决方式和决议内容方面都符合法律法规或者章程，但可能是大股东通过形式合法的董事会决议实现股东压迫，少数股股东可借助本条获得救济。

关于权利滥用的概念，理论界存在争论，有“恶意说”“本旨说”“界限说”

① 卡尔·拉伦茨．德国民法通论：上册．王晓晔，等译．北京：法律出版社，2003：304.

“目的与界限混合说”等，笔者赞同第三种学说。关于权利滥用的认定标准，也存在争议，有主观说和客观说两种。主观说认为，行使权利时须有滥用、加害于他人的故意，方为滥用权利。客观说认为，应以行使权利的客观结果为标准，只要行使权利时损害了他人和社会的利益，就是滥用权利。通说认为，对于是否滥用权利应该根据权利是否存在、行使权利是否损害他人或社会的利益、行为人主观上是否有过错来确定，即把主观标准和客观标准结合起来考虑。根据本条，出资人滥用权利的行为，必须是在行使权利过程中超越边界，主观上具有故意或过失，客观上给法人或其他出资人造成了损失。滥用权利的股东应承担损害赔偿责任。

本条第2款规定的是法人人格否认制度，也称“揭开公司的面纱”，是指在特殊情况下在公司的股东，特别是董事，在管理公司事务的过程中从事各种不正当行为，造成对公司债权人的损害时，应不考虑公司的独立人格，而要求公司的股东向债权人直接承担责任。公司作为现代企业的基本形态，以有限责任作为其责任形式。从历史上看，有限责任制度的产生曾为公司在社会经济生活中发挥重要的作用奠定了基础，激发了大众投资创业的热情。但有限责任的弊端是对债权人的保护薄弱，实践中一些不法行为人正是通过滥用公司的独立人格和有限责任来损害债权人的利益，或从事各种违法行为，妨害了交易安全和秩序。为维护经济秩序，保护债权人的利益，有必要在法律上建立“揭开公司面纱”的制度。此种责任在大陆法中称为“直索责任”①。“揭开公司面纱”的重要目的防止欺诈，防止通过使用公司形式而规避法定义务，滥用法人人格。例如，企业恶意利用公司法人的独立人格设立子公司，以子公司的名义对外进行民事交易，母公司的财产与子公司的财产混同，子公司赚到的钱被挪到母公司，子公司的借款也被挪到母公司，在子公司无力清偿债务的情况下，母公司以公司人格独立为理由拒绝承担履行债务的责任。此时，公司的主体地位被用作掩盖股东从事不法行为、规避法律的工具，于是公司的独立人格也就失去了其存在的价值。因此，法官在考虑行为人的责任时，不应拘泥于公司的独立人格。

关于股东滥用法人人格的行为是否需要具备主观条件，在大陆法系国家，一直存在主观滥用说和客观滥用说之争。主观滥用说认为，为了确保法的安全，防止公司法人格否认法理被滥用，支配股东的主观滥用意图必须确定，即公司背后的法人格利用者必须具有违法或不当目的。客观滥用说认为，应当采用客观标

① 朱慈蕴．公司人格否认法理研究．北京：法律出版社，1998：79－92.

准，因为强调主观要件不合于社会的需要，而采用客观主义的标准，可以大大减轻法人格滥用目的的举证困难。[①] 考虑到股东或出资人和债权人之间的信息不对称，由债权人举证证明股东或出资人的主观目的实际上极为困难，故客观主义的标准更符合实践需要。

公司法人格否认并不是对有限责任的否定，而只是在特定情况下的直索责任。司法实践中，对公司法人格否认也采取了严格、谨慎的态度，认为公司法人格否认制度仅属于对公司独立人格制度的必要补充。[②] 该制度容易导致法官自由裁量权的滥用，因此应当尽量类型化。虽然法人人格否认法理为两大法系许多国家所承认，但适用的范围和场合不同。根据学者的归纳，主要有以下几类：(1) 滥用公司法人格诈害公司的债权人，例如，为避免债权人申请对公司财产的强制执行，使用金蝉脱壳之计，设立新公司，将原来公司的财产移转至新公司；(2) 滥用公司法人格回避契约义务，例如，利用公司形式从事竞业禁止之行为，为避免承担契约上的义务而解散原有公司，再行设立新公司从事同样的业务活动，或利用复合企业逃脱契约责任；(3) 滥用公司法人格回避法律义务，例如，为防止公司业务上的不法行为导致的巨额赔偿，将本属于一体化的企业财产分散设立若干公司，使每一公司的资产只达到法定的最低标准，因而难以补充受害人的损失，或利用公司形式逃避税务责任、社会保险责任或其他法定义务；(4) 公司的形骸化，例如，不召开股东（大）会，不履行公司决策的法定程序，不保留公司必要的记录，业务混同、财产混同、账簿混同、过度控制等。[③]

（本条由马特撰写）

第八十四条

营利法人的控股出资人、实际控制人、董事、监事、高级管理人员不得利用其关联关系损害法人的利益；利用关联关系造成法人损失的，应当承担赔偿责任。

本条主旨

本条就对营利法人关联交易的规制作出了规定。

---

① 朱慈蕴．公司人格否认法理研究．北京：法律出版社，1998：159－160.

② "北京方正世纪信息系统有限公司与朱某等股东滥用公司法人独立地位和股东有限责任赔偿纠纷上诉案"，安徽省高级人民法院（2010）皖民二终字第00150号民事判决书.

③ 同①158－159.

相关条文

《民法总则》第 84 条规定："营利法人的控股出资人、实际控制人、董事、监事、高级管理人员不得利用其关联关系损害法人的利益。利用关联关系给法人造成损失的，应当承担赔偿责任。"

《公司法》第 21 条规定："公司的控股股东、实际控制人、董事、监事、高级管理人员不得利用其关联关系损害公司利益。""违反前款规定，给公司造成损失的，应当承担赔偿责任。"

理解与适用

在市场经济社会，关联交易现象时有发生，特别是在较大的公司和上市公司中。应当看到，如果交易双方存在关联关系而缔结公允的交易，可以节约大量谈判成本，提高效率，保障优先执行，以稳定业务，促进发展。但实践中常有关联关系人利用与从属公司的关联关系，迫使订立不公平合同，随意挪用公司资金，为自己或关联方提供担保，通过操纵交易条件等将从属公司的利润转移至关联方，严重损害从属公司、少数股东和债权人的利益。为此，各国公司法中对关联交易都有规定，全面规制关联方及关联交易，保障信息披露。关联交易分为公允的关联交易与非公允的关联交易。公允的关联交易，是指一个具体关联交易的结果对交易的相关权益人，特别是交易所涉及的非关联方，都是公平合理的；非公允的关联交易，是指一个具体关联交易的实质内容，主要是交易结果，实质上是不公平的，损害了交易的相关权益人，特别是交易所涉及的非关联方的权益。之所以这样分类，是因为非公允的关联交易是法律规制的重点。我国法律禁止利用关联交易损害法人的利益，从而危害交易安全和秩序。

本条脱胎于《公司法》第 21 条：公司的控股股东、实际控制人、董事、监事、高级管理人员不得利用其关联关系损害公司利益。违反前款规定，给公司造成损失的，应当承担赔偿责任。所谓关联交易，是指营利法人关联方之间的交易。关联交易双方在法律形式上是平等的，但在实质上是不平等的，因为关联交易双方当事人之间本质上存在着控制与被控制关系，这种控制关系包括股权控制关系、公司法上的实际控制关系以及其他基于法律因素而形成的控制关系。① 根据财政部 2006 年颁布的《企业会计准则第 36 号——关联方披露》的规定，在企业财务和经营决策中，如果一方控制、共同控制另一方或对另一方施加重大影

① 董安生，等. 不公平关联交易合同的可撤销性问题研究. 法学杂志，2009 (2).

响，以及两方或两方以上同受一方控制、共同控制或重大影响的，构成关联方。所谓控制，是指有权决定一个企业的财务和经营政策，并能据以从该企业的经营活动中获取利益。所谓重大影响，是指对一个企业的财务和经营政策有参与决策的权力，但并不决定这些政策。参与决策的途径主要包括：在董事会或类似的权力机构中派有代表；参与政策的制定过程；互相交换管理人员等。凡是关联方之间发生转移资源或义务等事项，不论是否实际履行，均被视为关联交易。

本条分为两个层次的含义。

1. 营利法人的控股出资人、实际控制人、董事、监事、高级管理人员不得利用其关联关系损害法人的利益

根据本条的规定，与公司有关联关系的五种人不得利用其与公司的关联关系损害公司利益。

首先是利用了关联关系。

所谓关联关系包括：(1) 控股出资人，根据公司法是指其出资额占有限责任公司资本总额50%以上或者其持有的股份占股份有限公司股本总额50%以上的股东；出资额或者持有股份的比例虽然不足50%，但依其出资额或者持有的股份所享有的表决权已足以对股东会、股东大会的决议产生重大影响的股东。(2) 实际控制人，是指虽然不是营利法人的股东，但通过投资关系、协议或者其他安排，能够实际支配营利法人的人。(3) 董事，是指营利法人出资人（大）会选举出来的董事会成员。(4) 监事，是指营利法人出资人（大）会选举出来的监事会成员。(5) 高级管理人员，是指营利法人的经理、副经理、财务负责人，上市公司董事会秘书和章程规定的其他人员。

其次是存在关联交易。

关联交易中的“交易”，比合同的含义要广泛，指的是一切财产上的行为，不仅包括债权契约、物权契约，而且包括债务免除等单方行为，还包括债权转让承认、债务承认、无因管理等准民事法律行为。[1]

会计准则中列举了11种常见的关联交易类型：(1) 购买或销售商品。最常见的关联交易形态，例如企业集团成员之间相互购买商品，公司与控股股东之间购买商品。这种交易由于将市场交易转变为公司集团的内部交易，可以节约交易成本，控制商品质量，但风险在于容易通过不公平的价格转移利润，或者通过虚构的交易粉饰财报。(2) 购买或销售商品以外的其他资产，例如，母公司销售给其子公司设备或建筑物等。(3) 提供或接受劳务。例如，甲企业是乙企业的控股

---

① 李哲松. 韩国公司法. 吴日焕，译. 北京：中国政法大学出版社，2000：507.

股东，甲企业专门从事设备维修服务，乙企业的所有设备均由甲企业负责维修。（4）担保。担保有很多形式，如抵押、质押、保证。担保是有风险的，一旦被担保企业没有按期履行还款协议，担保企业可能承担担保责任。关联企业之间提供担保，可能有效解决企业的资金问题，但也可能转移财务风险。（5）提供资金（贷款或股权投资）。提供资金包括以现金或实物形式提供贷款或股权投资。例如，母公司利用集团内部的金融机构向子公司提供贷款，或者购入股份。（6）租赁。租赁包括经营租赁和融资租赁。关联方之间的租赁也是主要的交易形式。（7）代理，例如，关联方之间代理销售货物等。（8）研究与开发项目的转移，例如，关联方之间订立技术委托开发协议。（9）许可协议，例如，关联方之间订立商标许可协议。（10）代表企业或由企业代表另一方进行债务结算，例如，母公司为子公司支付广告费用，或者为子公司偿还已逾期的长期借款等。（11）关键管理人员薪酬。一方支付给关联方关键管理人员薪酬也是一种主要的关联交易形式。

最后是利用关联关系损害了法人的利益。

最为常见是通过设备等关联交易，通过不公平的价格转移利润，实现利益输送和资产转移。此种不公允的关联交易会损害法人的利益，进而损害法人少数股股东和其债务人的利益，危害交易的安全和秩序。

2. 利用关联关系给法人造成损失的，应当承担赔偿责任

本条虽然规定了损害赔偿责任，实际上除了赔偿还可能产生与合同效力瑕疵相关的请求。关联交易之诉的请求主要分为“效力请求”和“责任请求”：效力请求包括决议效力请求和合同效力请求；而责任请求包括关联交易合同方责任请求和非关联交易合同方责任请求。具体而言，关联交易之诉可归纳为以下四类：公司或股东请求与交易对方的合同无效及无效赔偿责任；股东请求公司的股东会决议、董事会决议无效或撤销；公司或股东请求关联人赔偿关联交易造成的损失或请求返还关联交易所得；公司或股东请求非关联董事承担职务失职赔偿责任等。①

（本条由马特撰写）

第八十五条

营利法人的权力机构、执行机构作出决议的会议召集程序、表决方式违反法律、行政法规、法人章程，或者决议内容违反法人章程的，营利法人的出资人可

① 乔欣．关联交易纠纷诉讼中诉权与诉提起之形态分析．河北法学，2010（3）．

以请求人民法院撤销该决议。但是，营利法人依据该决议与善意相对人形成的民事法律关系不受影响。

本条主旨

本条对营利法人瑕疵决议的撤销作出了规定。

相关条文

《民法总则》第85条规定："营利法人的权力机构、执行机构作出决议的会议召集程序、表决方式违反法律、行政法规、法人章程，或者决议内容违反法人章程的，营利法人的出资人可以请求人民法院撤销该决议，但是营利法人依据该决议与善意相对人形成的民事法律关系不受影响。"

《民法总则》第94条规定："捐助人有权向捐助法人查询捐助财产的使用、管理情况，并提出意见和建议，捐助法人应当及时、如实答复。""捐助法人的决策机构、执行机构或者法定代表人作出决定的程序违反法律、行政法规、法人章程，或者决定内容违反法人章程的，捐助人等利害关系人或者主管机关可以请求人民法院撤销该决定，但是捐助法人依据该决定与善意相对人形成的民事法律关系不受影响。"

《公司法》第22条规定："公司股东会或者股东大会、董事会的决议内容违反法律、行政法规的无效。""股东会或者股东大会、董事会的会议召集程序、表决方式违反法律、行政法规或者公司章程，或者决议内容违反公司章程的，股东可以自决议作出之日起六十日内，请求人民法院撤销。""股东依照前款规定提起诉讼的，人民法院可以应公司的请求，要求股东提供相应担保。""公司根据股东会或者股东大会、董事会决议已办理变更登记的，人民法院宣告该决议无效或者撤销该决议后，公司应当向公司登记机关申请撤销变更登记。"

理解与适用

本条涉及股东诉讼、章程的效力和对善意相对人的保护。

营利法人的权力机构和执行机构的决议给股东或出资人的权益造成损害的情形时有发生，当法人的出资人的合法权益受到法人的机构以会议或决议的方式侵犯时，股东有权获得救济，最主要的途径就是诉讼。本条对应的是公司法上的股东诉讼。公司法赋予股东两种诉讼权利：一种是股东直接诉讼，另一种是股东代表诉讼。所谓股东直接诉讼，是指股东为自己的利益以自己的名义向公司和其他侵权人提起的诉讼，主要包括股东会或董事会决议撤销之诉、决议无效之诉等。

股东代表诉讼，也称股东代位诉讼或者股东派生诉讼，是指当董事、监事、高级管理人员或者他人的行为给公司造成损失，公司拒绝或者怠于向该违法行为人请求损害赔偿时，股东代替公司提起诉讼。本条规定的是仅营利法人的出资人有权直接诉讼，并赋予其撤销权。对应的是《公司法》第 22 条第 2 款：股东会或者股东大会、董事会的会议召集程序、表决方式违反法律、行政法规或者公司章程，或者决议内容违反公司章程的，股东可以自决议作出之日起 60 日内，请求人民法院撤销。

根据本条的规定，营利法人的权力机构和执行机构之决议的瑕疵分为内容瑕疵和程序瑕疵。内容瑕疵是指决议内容违反法人章程的瑕疵，出资人据此可以请求法院撤销决议。为什么没规定决议违反法律、法规的瑕疵呢？因为违法的决议不需要撤销，股东可以直接提起决议无效之诉，决议被法院认定为无效的，自始无效。程序瑕疵主要指召集程序、表决方式违反法律、行政法规及法人章程的瑕疵，出资人据此可以请求法院撤销决议。

本条明确了出资人提起撤销之诉的条件：（1）出资人提起诉讼时，应当具有法人出资人的适格性；（2）权力机构、执行机构的决议存在内容瑕疵或程序瑕疵，至于是否给出资人造成实际损失在所不问；（3）出资人以自己的名义提起诉讼。法律效果就是：决议被法院撤销的，自决议作出之日起溯及既往地失去效力。注意，《民法典》没有对该撤销权规定除斥期间，理论上无论多少年出资人也有权提起撤销之诉。但这似为法律漏洞，因为《公司法》第 22 条规定的撤销之诉的除斥期间为决议作出之日起 60 日。根据特别法优于一般法，公司法的规定优先适用，对其他营利法人之决议的撤销权的除斥期间应当类推适用公司法的规定。

当然，撤销法人机构的决议导致外部第三人信赖的保护问题，如何保障交易安全？因为第三人与法人订立合同做交易是基于法人的法定代表人的代表行为，该代表行为的依据是法人机构的决议，而该决议因为违反章程而被撤销后，法定代表人的代表行为就丧失了依据，违背了法人的章程。对此，民法理论上有三种学说：一是民事权利能力限制说。该说认为，法定代表人受内部章程的限制，行为无效，法定代表人的越权行为是绝对无效。二是民事行为能力限制说。该说认为，法定代表人超越权限签订的合同，不是绝对无效，而是存在追认、补正的可能。三是代表权限制说。该说认为，公司章程对法定代表人的限制就是限制代表权，而与法人本身的民事权利能力、民事行为能力毫无关系，因此，法定代表人超越代表权和法定代理人超越代理权性质相似，相关行为并非无效，而是不可对抗善意相对人。合同法规定表见代理与表见代表都是为了保护善意相对人，本条的规定与之相衔接，保护信赖的精神是相同的，均旨在保护交易安全。在多数情况下，相对人做交易时不会去询问，也不了解、不知道法人的内部决议是否被撤销，只要不是特殊的必须予以注意的交易类型，如果法人没有事先明示通知其决议已经被撤销，即可推定交易相对人具有“善意”，属于“善意相对人”。

（本条由马特撰写）

第八十六条

营利法人从事经营活动，应当遵守商业道德，维护交易安全，接受政府和社会的监督，承担社会责任。

本条主旨

本条对营利法人的社会责任作出了规定。

相关条文

《民法总则》第86条规定：“营利法人从事经营活动，应当遵守商业道德，维护交易安全，接受政府和社会的监督，承担社会责任。”

《公司法》第5条第1款规定：“公司从事经营活动，必须遵守法律、行政法规，遵守社会公德、商业道德，诚实守信，接受政府和社会公众的监督，承担社会责任。”

理解与适用

诚信原则是市场经济的基本道德准则，是现代法治社会的基本原则，是一种具有道德内涵的法律规范。诚信原则已经被《民法典》确立为基本原则，成为民法领域的“帝王条款”。营利法人在经营活动中，遵守商业道德，维护交易安全，接受政府和社会的监督，是题中应有之意。本条规定的是民法之基本原则在营利性法人领域的反映和具体化，同时为特别法关于营利法人承担社会责任的具体规定奠定基础。

本条沿袭自我国《公司法》第5条第1款的规定：“公司从事经营活动，必须遵守法律、行政法规，遵守社会公德、商业道德，诚实守信，接受政府和社会公众的监督，承担社会责任。”所谓营利法人的社会责任（corporate social responsibility），就是指营利法人不能将以最大限度地为股东营利作为自己的唯一存在目的，还应当最大限度地增进股东利益之外的其他所有社会利益。“公司的社会责任”这个概念最早于1924年由美国学者谢尔顿（Sheldon）提出，并为两大法系所接受。[①] 之所以要明确公司的社会责任，是因为：一方面，要加强公司的道德责任。法律不可能穷尽公司的各种具体义务和责任，随着公司的发展和时代背景的变迁，社会责任的内容也是动态变化的，仅依靠法定义务来约束公司明显不足，应通过社会责任这种不确定概念和空白条款赋予法官干预公司的权力。另一方面，现代公司的定义从股东的赚钱工具变成了各种利益关系的综合体，公司具有很强的社会关联性，可能涉及大量的社会利益相关者，例如劳动者、消费者、债权人、中小竞争者、环境利益、社会弱者利益及整个社会利益等。这是公司社会责任的理论依据。

本条规定包含了营利法人从事经营活动中的三项义务，具体包括：

第一，遵守商业道德。商业道德是信用经济的基础，其有助于降低交易成本，也有助于维护正常的商业运行，保护交易的秩序。其中，《民法典》第7条所规定的诚信原则是基本的商业道德。

第二，维护交易安全。营利法人所从事的往往是商事交易行为，商事交易行为的重要特征就是对交易安全的注重。营利法人负有维护交易安全的义务，同样有助于维护市场经济和正常的商业运行。

第三，接受政府和社会的监督，承担社会责任。营利法人具有很强的社会关联性，规模越大的营利法人，其社会关联性越强，所涉及的利益相关者越多，此时，政府和社会的监督就会越强，营利法人所负有的社会责任越强。这要求营利法人作决策时，除了考虑到商业利益，还应考虑其他相关者的利益和公共利益。

（本条由马特撰写）

第三节 非营利法人

第八十七条

为公益目的或者其他非营利目的成立，不向出资人、设立人或者会员分配所取得利润的法人，为非营利法人。

---

① 汤春来. 美国公司社会责任的流变及其启示. 法学论坛，2006（3）.

非营利法人包括事业单位、社会团体、基金会、社会服务机构等。

本条主旨

本条对非营利法人作出了规定。

相关条文

《民法总则》第 87 条规定："为公益目的或者其他非营利目的成立，不向出资人、设立人或者会员分配所取得利润的法人，为非营利法人。""非营利法人包括事业单位、社会团体、基金会、社会服务机构等。"

理解与适用

所谓非营利法人，就是指不以社员获得经济利益为目的的法人。此处所谓的非营利性，是指不向其出资人、设立人或者会员分配所取得的利润，而非指法人不从事营利性活动，例如医院、学校等事业单位法人。

非营利法人的特征主要表现在：

第一，为公益目的或者其他非营利目的而成立。并非无偿服务，而是从事有偿的活动，只不过事业单位法人没有股东，其所获得的收入不能作为利润分配，而只能作为积累盈余用于单位的存续和发展；再如基金会，除了从事公益事业，基于资产保值增值的需要，也对外进行营利性的投资活动，

第二，但其所获得的利益不能对股东或捐资人分配利润。因为基金会是财团法人，根本没有股东，捐资人也不得分配基金会利润，该投资获益只能作为积累盈余依照基金会的章程运用。据此，仅法人本身营利，如果不将所获得的利益分配给成员，而是作为自身发展经费，则其不属于营利法人，而属于非营利法人。[①] 事业单位等非营利法人与公司等营利法人的区别在于，营利法人以出资人营利为目的，所赚取的利益要分配给出资人。这是两者最核心的区别。

非营利法人可以再分为公益法人和中间法人。公益法人是专门以社会公益为目的的法人，如慈善机构、福利院等。传统民法的分类为公益法人与非公益法人，但发现还有非公益也非营利的法人，称之为中间法人。中间法人既不以营利为目的，也不以公益为目的，例如行业协会、商会、同学会、俱乐部等。中间法人亦非为各国立法例所普遍采纳，有的立法例不承认中间法人。承认中间法人的有《德国民法典》第 22 条、《瑞士民法典》第 60 条。不承认中间法人的有《日

---

① 梁慧星. 民法总论. 2 版. 北京：法律出版社，2001：146.

本民法典》第 34 条。有学者认为广义解释“公益”自可涵盖“非营利”，如王伯琦主张：“所谓非营利者，亦未始不可解为公益。故在我国民法，即无承认中间法人存在之必要。”但我国通说认为非营利与公益是两码事，公益是为公共利益提供服务，中间法人可能是特定群体的内部互惠组织，但不涉及对社会的公益，故对此类组织应当予以区别。而非营利法人包括公益法人，也包括中间法人。《民法典》采纳了该说，于本条规定了“公益目的”或者“其他非营利目的”，具有“公益目的”的法人是公益法人，具有“其他非营利目的”的法人是中间法人，统称为非营利法人，与上一节规定的营利法人区分并列。

非营利法人包括事业单位、社会团体、基金会、社会服务机构等。其中，事业单位、社会团体在新中国成立后即存在，是 1986 年《民法通则》确认的非企业法人类型；基金会、社会服务机构是根据社会发展需要而创设的新非营利法人类型。

第一，事业单位。按照《事业单位登记管理暂行条例》第 2 条第 1 款的规定，事业单位是指国家为了社会公益目的，由国家机关举办或者其他组织利用国有资产举办的，从事教育、科技、文化、卫生等活动的社会服务组织。

第二，社会团体。《社会团体登记管理条例》第 2 条第 1 款规定，社会团体，是指中国公民自愿组成，为实现会员共同意愿，按照其章程开展活动的非营利性社会组织。

第三，基金会。基金会的最早依据是 1988 年《基金会管理办法》，当时国家对基金会管制很严，仅有少数的国家兴办的基金会，例如宋庆龄基金会、希望工程基金会等。2004 年《基金会管理条例》出台后，民间基金会蓬勃发展，各种公募、私募基金会迅速涌现，成为中国社会重要的一类非营利法人。

第四，社会服务机构。原来叫民办非企业单位，依据是 1998 年的《民办非企业单位登记管理暂行条例》，主要是民办学校、民办医院、民办科研机构、民办博物馆、民办体育俱乐部等民间实体。更早之前这类机构叫民办事业单位，但后来国家统一规定事业单位只限于国家举办的，民办事业单位就改称民办非企业单位。2016 年《慈善法》把民办非企业单位又改称为社会服务机构。

（本条由马特撰写）

第八十八条

具备法人条件，为适应经济社会发展需要，提供公益服务设立的事业单位，经依法登记成立，取得事业单位法人资格；依法不需要办理法人登记的，从成立

之日起，具有事业单位法人资格。

本条主旨

本条对事业单位法人的设立作出了规定。

相关条文

《民法总则》第 88 条规定：“具备法人条件，为适应经济社会发展需要，提供公益服务设立的事业单位，经依法登记成立，取得事业单位法人资格；依法不需要办理法人登记的，从成立之日起，具有事业单位法人资格。”

《民法通则》第 50 条第 2 款规定：“具备法人条件的事业单位、社会团体，依法不需要办理法人登记的，从成立之日起，具有法人资格；依法需要办理法人登记的，经核准登记，取得法人资格。”

理解与适用

事业单位（Public Institutions）是指由政府利用国有资产设立的，从事教育、科技、文化、卫生等活动的社会服务组织。“事业”是相对于“企业”而言的，与企业单位相比，事业单位具有以下特征。

第一，事业单位是非营利法人，不以营利为目的。所谓营利，是指通过商业活动获取利益，并将该利益分配给成员。仅仅营利而不能将利益分配给出资人的法人，不能称为营利法人，如公立学校虽然收取学费或从事其他营利活动，但所得利益只能用于增加学校资产规模，而不可能给股东或成员分红，所以仍属于非营利法人。

第二，事业单位大多是财团法人。关于事业单位到底属于财团还是社团在理论上有争议，笔者认为，事业单位大多不存在成员，不符合社团法人的特征，应当属于财团法人，只不过在中国事业单位只能是国家划拨资金设立的从事公益事业的财团法人。财政及其他单位拨入的资金主要不以经济利益的获取为回报。

第三，事业单位的财产或经费全部或部分来自政府财政拨款，以其财产对外承担责任。事业单位是一个颇具中国特色的法人类型，形态比较复杂，分为参公事业单位和普通事业单位，普通事业单位分为全额拨款事业单位、差额拨款事业单位、自收自支事业单位。事业单位主要靠国家的财政拨款进行活动，在国家财政预算支出中，事业费占据重要比重，用于振兴教育、科学、文化事业。但事业单位未必都是全额财政拨款，医疗、教育、文化等活动也可能取得一定收入，但是获取的收益不能分配给出资人，即不以营利为目的。

事业单位法人的设立分为以下两种情况。

一是通过设立行为而设立的，主要指一般的事业单位，例如公立的医院、学校、出版社、电视台等。此类事业单位法人的设立采审批主义，需要主管部门的审批，但仅获得批文还不意味着法人成立，和企业法人一样，还应当依法办理登记手续，依法登记后成立，取得事业单位法人资格。根据我国《事业单位登记管理暂行条例》的规定，事业单位法人成立应当具备下列条件：（1）经审批机关批准设立；（2）有自己的名称、组织机构和场所；（3）有与其业务活动相适应的从业人员；（4）有与其业务活动相适应的经费来源。注意，章程并不是事业单位法人设立的必要条件。

二是通过法律规定和政府命令而直接设立。这种事业单位的设立无须登记，依法成立即可取得法人资格，例如证监会，其性质就是国务院直属的正部级事业单位。此类事业单位法人的设立采特许主义，需有专门的国家法令方可设立，成立即自动取得事业单位法人资格，不以登记为要件。

（本条由马特撰写）

第八十九条

事业单位法人设理事会的，除法律另有规定外，理事会为其决策机构。事业单位法人的法定代表人依照法律、行政法规或者法人章程的规定产生。

本条主旨

本条对事业单位法人的决策机构和法定代表人作出了规定。

相关条文

《民法总则》第89条规定：“事业单位法人设理事会的，除法律另有规定外，理事会为其决策机构。事业单位法人的法定代表人依照法律、行政法规或者法人章程的规定产生。”

《民法总则》第58条规定：“法人应当依法成立。”“法人应当有自己的名称、组织机构、住所、财产或者经费。法人成立的具体条件和程序，依照法律、行政法规的规定。”“设立法人，法律、行政法规规定须经有关机关批准的，依照其规定。”

理解与适用

本条规定的是事业单位法人的决策机构和法定代表人。

（一）事业单位法人的决策机构

事业单位法人的决策机构一般是理事会。所谓理事会是协商、咨询、评议问题的会议，在法人制度中是行使管理协调功能的机构。理事会成员为理事，会议由理事长召集、主持。在法人治理结构中，理事会是在法律上对一个团体负有监管责任的管理机构。在公司等营利法人中，通常称为董事会，是股东选举的执行股东意志的意思机构；在事业单位等非营利法人中，通常称为理事会，是组织的管理机构。非营利团体的章程规定了理事会的作用，以及理事会成员的组成、权利、义务和责任。

由于历史原因，我国很多事业单位在《民法通则》之前早已存在，没有设立理事会的治理结构，所以本条规定分两类处理：事业单位法人设理事会的，理事会为其决策机构；法律对事业单位法人的组织机构、法定代表人另有规定的，依照其规定。据此，事业单位法人并不一定设理事会，法律给予了较大的弹性。至于监督机构，本条没有规定，也不是事业单位法人的必设机构。

（二）事业单位法人的法定代表人

至于事业单位法人的法定代表人，依然按照一元论的单独代表制，理事会的理事长就是事业单位的法定代表人，独享代表权。这与营利法人的法定代表人制是一致的。事业单法人之法定代表人依照法律、行政法规或者法人章程的规定产生。

（本条由马特撰写）

第九十条

具备法人条件，基于会员共同意愿，为公益目的或者会员共同利益等非营利目的设立的社会团体，经依法登记成立，取得社会团体法人资格；依法不需要办理法人登记的，从成立之日起，具有社会团体法人资格。

本条主旨

本条对社会团体法人的设立作出了规定。

相关条文

《民法总则》第90条规定："具备法人条件，基于会员共同意愿，为公益目的或者会员共同利益等非营利目的设立的社会团体，经依法登记成立，取得社会团体法人资格；依法不需要办理法人登记的，从成立之日起，具有社会团体法人资格。"

《民法通则》第50条第2款规定："具备法人条件的事业单位、社会团体，依法不需要办理法人登记的，从成立之日起，具有法人资格；依法需要办理法人登记的，经核准登记，取得法人资格。"

理解与适用

社会团体法人是由其成员自愿组成的为实现公益目的或会员共同意愿，按照其章程开展活动的非营利性社会组织，主要包括各种政治团体（如各民主党派）、人民群众团体（如工会、妇联、共青团）、社会公益团体（如残联）、文学艺术团体（如作家协会）、学术研究团体（如中国法学会）。社会团体是由成员全体协商一致自愿成立的，在成立时会员必须订立社会团体的章程，符合法定的条件，如有一定的会员、规范的名称和相应的组织机构、固定的住所等，才能申请登记成立社会团体。

社会团体法人是非营利性的社团法人，具有以下特点。

第一，社会团体法人是非营利法人，必须基于非营利目的而设立和活动。非营利性包括为公益目的和会员共同利益，具有前一目的者属于公益性社会团体，具有后一目的者属于中间性社会团体。公益性社会团体，最典型的是工会、妇联、残联等，为了特定弱势群体的权益而奋斗，提供公益服务；中间性社会团体，最典型是各种同学会、各种行业协会等，主要为会员的共同利益服务。

第二，社会团体法人是社团法人。社会团体是以会员为基本单位组成的社会组织，以此而区别于基金会、事业单位。在传统民法的法人分类中，根据组织基础分为社团法人和财团法人。社会团体法人是人的组合，是典型的社团法人。社会团体法人与公司法人的区别在于，公司法人是营利性的社团法人，社会团体法人是非营利性的社团法人。社团法人与社会团体法人，是完全不同的概念。社团法人的范围大于社会团体法人的范围，社团法人是社会团体法人的上位概念。

第三，社会团体法人拥有独立的财产或经费，对外独立承担责任。许多社会团体法人的财产是通过自筹资金方式形成的，如向社会募捐，或由成员缴纳会费，或由社会有关组织和个人赞助。这些财产由社会团体法人享有所有权，构成责任的基础。在我国的社会环境下，计划经济的历史导致很多社会团体带有浓厚的政治色彩，甚至许多社会团体就是由中国共产党和政府率先发起的，承担一定的管理社会的职责，政府还给予许多全国性社团经费上的赞助以支撑其发展。例如民主党派、人民团体等，“准政府”特点比较突出，其扮演的角色决定了其与政府的关系极为特殊，甚至准用机关法人和公务员编制进行管理：编制由政府制定，工作人员拥有公务员身份，领导由国家任命，经费主要由国家财政拨付。

社会团体法人的设立分为以下两种情况。

一是通过设立行为而设立。这主要是指一般的社会团体，例如行业协会、律师协会、爱好者协会等社会自治性团体。此类社会团体的设立采审批主义，应当经其业务主管部门审查同意，并到民政部门依法进行登记后成立，取得社会团体法人资格。根据《社会团体登记管理条例》的规定，设立社会团体法人必须具备下列条件：(1) 有 50 个以上的个人会员或者 30 个以上的单位会员；个人会员、单位会员混合组成的，会员总数不得少于 50 个；(2) 有规范的名称和相应的组织机构；(3) 有固定的住所；(4) 有与其业务活动相适应的专职工作人员；(5) 有合法的资产和经费来源，全国性的社会团体有 10 万元以上活动资金，地方性的社会团体和跨行政区域的社会团体有 3 万元以上活动资金。

二是通过法律规定、政府命令或特殊事件而直接设立。此类社会团体的设立采特许主义，无须登记，依法成立即可取得法人资格，最典型的如全国总工会、全国妇联、共青团这三大人民团体，虽属社会团体法人，但政治地位特殊，社会影响广泛，依据工会法、妇女权益保障法等法律直接设立。还有八大民主党派，根据《社会团体登记管理条例》的规定，只要参加过新中国成立前的人民政治协商会议，新中国成立后自动承认其社会团体的法人地位。此外，十几个全国性的社会团体也独树一帜，例如，中国文联、中国科协、全国侨联、中国作协、中国法学会、对外友协、中国残联、全国台联、中华全国工商联、黄埔同学会、欧美同学会、中国红十字总会等，其主要任务、机构编制和领导职数由中央机构编制管理部门直接确定。它们虽然是非政府性的组织，但在很大程度上行使着部分行政管理职能，被列入参照公务员法管理的社会团体。《社会团体登记管理条例》第 3 条规定，下列团体不属于本条例规定登记的范围：(1) 参加中国人民政治协商会议的人民团体；(2) 由国务院机构编制管理机关核定，并经国务院批准免于登记的团体……

（本条由马特撰写）

第九十一条

设立社会团体法人应当依法制定法人章程。

社会团体法人应当设会员大会或者会员代表大会等权力机构。

社会团体法人应当设理事会等执行机构。理事长或者会长等负责人按照法人章程的规定担任法定代表人。

本条主旨

本条对社会团体法人的治理机制作出了规定。

相关条文

《民法总则》第 91 条规定："设立社会团体法人应当依法制定法人章程。""社会团体法人应当设会员大会或者会员代表大会等权力机构。""社会团体法人应当设理事会等执行机构。理事长或者会长等负责人按照法人章程的规定担任法定代表人。"

《民法总则》第 93 条规定："设立捐助法人应当依法制定法人章程。""捐助法人应当设理事会、民主管理组织等决策机构，并设执行机构。理事长等负责人按照法人章程的规定担任法定代表人。""捐助法人应当设监事会等监督机构。"

理解与适用

本条规定的是社会团体法人的治理机制，包括章程和机构。

首先，要有章程。作为社会发起的自治性团体，社会团体自治的基础是章程，是社会团体法人设立的必要条件。社会团体所从事的各类活动不得违反法律和章程的规定。章程是社会团体成员的共同意志的体现，社会团体及其成员都应当按照章程开展活动，不得超出章程所规定的活动范围开展活动。

其次，社会团体法人的权力机构是会员大会，或者会员代表大会。由于社会团体是社团法人，是人的组合，所以全体会员的意志就是最高意志，社会团体必须服从全体会员的决定。全体会员表达意志的机构就是意思机构，也就是法人的权力机构、决策机构，即会员大会。如果特定社会团体会员人数众多，不可能召集在一起开会，为了法人运转，可以采取召开会员代表大会的方式，会员代表大会为社会团体法人的意思机构。是否采取会员代表大会的形式，具体应当由法人的章程规定。

最后，社会团体法人的执行机构是理事会，理事会对会员大会负责，执行会员大会的决策。至于法定代表人，依然按照一元论的单独代表制，社会团体的法定代表人由理事长或会长担任，独享代表权。法定代表人按照章程的规定产生。监督机构不是社会团体法人的必设机构。

（本条由马特撰写）

第九十二条

具备法人条件，为公益目的以捐助财产设立的基金会、社会服务机构等，经依法登记成立，取得捐助法人资格。

依法设立的宗教活动场所，具备法人条件的，可以申请法人登记，取得捐助法人资格。法律、行政法规对宗教活动场所有规定的，依照其规定。

本条主旨

本条对捐助法人的设立作出了规定。

相关条文

《民法总则》第92条规定："具备法人条件，为公益目的以捐助财产设立的基金会、社会服务机构等，经依法登记成立，取得捐助法人资格。""依法设立的宗教活动场所，具备法人条件的，可以申请法人登记，取得捐助法人资格。法律、行政法规对宗教活动场所有规定的，依照其规定。"

《民法总则》第90条规定："具备法人条件，基于会员共同意愿，为公益目的或者会员共同利益等非营利目的设立的社会团体，经依法登记成立，取得社会团体法人资格；依法不需要办理法人登记的，从成立之日起，具有社会团体法人资格。"

《慈善法》第8条规定："本法所称慈善组织，是指依法成立、符合本法规定，以面向社会开展慈善活动为宗旨的非营利性组织。慈善组织可以采取基金会、社会团体、社会服务机构等组织形式。"

理解与适用

所谓捐助法人，即西方国家民法中之财团法人。财团法人在西方国家法律中，与社团法人对称，是指为实现一定公益目的，以捐助财产为基础而设立的法人。由此与以人的即成员的联合为基础而设立的社团法人迥然不同。[①] 社团法人

① 赵旭东. 论捐助法人在民法中的地位. 法学，1991（6）.

是以一定组织的社员为其成立条件的法人，如公司、企业等，而财团法人是以捐助行为为其成立条件的法人，如基金会、寺庙等。① 关于捐助法人，我国理论上一直名称纷乱，有的称“基金会法人”，有的称“捐献法人”，有的称传统的“财团法人”。《民法典》现在统一命名为“捐助法人”。

捐助法人的设立基础是捐助行为。所谓捐助行为，是指以设立捐助法人（财团法人）为目的而捐赠财产的行为。捐助行为分两种：（1）生前为之者，构成生前捐助行为。生前捐助行为必须要设立捐助章程，否则不能设立捐助法人。注意，旨在设立法人的捐助行为是单方法律行为，依捐助人一方的意思表示即可成立，不需要相对人。因为在实施捐助行为的时候，接受捐助的法人尚未成立，构不成相对人，法人是捐助行为的法律效果而非相对人，因此只需要捐助人的单方意思表示。传统民法学理上区分捐助与捐赠，捐助是单方行为，捐赠是合同行为。如果是法人已然成立，捐赠人实施捐赠，对该捐赠在民法上适用赠与合同的规定。赠与合同为单务合同；为无偿合同；为不要式合同；为诺成合同，依法成立的赠与合同，自成立时起生效，不以赠与物的交付作为合同的特别生效要件，只不过在实际转移物权之前，赠与人享有任意撤销权，但公益性、道德性赠与合同或者经过公证的赠与合同除外。《公益事业捐赠法》第 12 条也规定：捐赠人可以与受赠人就捐赠财产的种类、质量、数量和用途等内容订立捐赠协议。捐赠人有权决定捐赠的数量、用途和方式。捐赠人应当依法履行捐赠协议，按照捐赠协议约定的期限和方式将捐赠财产转移给受赠人。（2）以遗嘱方式为之者，构成遗嘱捐助。遗嘱是单方法律行为。有学者认为，此种遗嘱捐助，无另定章程的必要。如无遗嘱执行人，法院得依主管机关、检察官或利害关系人之申请，指定遗嘱执行人。②

根据《民法典》的规定，捐助法人主要有三类：基金会、社会服务机构、宗教活动场所。

第一，基金会。

基金会是指利用自然人、法人或者非法人组织捐赠的财产，以从事公益事业为目的的非营利性法人。基金会分为面向公众募捐的基金会（公募基金会）和不得面向公众募捐的基金会（私募基金会）。公募基金会按照募捐的地域范围，分为全国性公募基金会和地方性公募基金会。基金会是非营利法人中的公益法人，不存在中间法人类型的基金会，因为基金会的活动宗旨是通过资金资助推进社会

---

① 何孝元．民法总则．台北：三民书局，1953：53．

② 王泽鉴．民法概要．北京：中国政法大学出版社，2003：66．

公益事业的发展。基金会是财团法人，它并没有自己的成员或会员，自愿捐赠的资金脱离了捐助人之后，具有独立性，所有权也从原捐助人转移至基金会法人，为该法人所享有。① 基金会的管理者并不是基金会的成员，管理者的变动也不应当影响到基金会的存在。因此，基金会在性质上属财团法人，而非社团法人。社团是以人的结合为基础形成的团体，而基金会的设立是以财产为基础，纯粹是一个财产的集合，该财产根据基金会章程只能用于特定的公益事业。

我国《基金会管理条例》第 8 条规定，设立基金会，应当具备下列条件：(1) 为特定的公益目的而设立。(2) 全国性公募基金会的原始基金不低于 800 万元人民币，地方性公募基金会的原始基金不低于 400 万元人民币，非公募基金会的原始基金不低于 200 万元人民币；原始基金必须为到账货币资金。(3) 有规范的名称、章程、组织机构以及与其开展活动相适应的专职工作人员。(4) 有固定的住所。(5) 能够独立承担民事责任。基金会经依法登记成立，取得捐助法人资格。

基金会法人的设立采审批主义。虽然我国《基金会管理条例》在成立要件上没有明确规定核准审批，似乎是采准则主义经登记基金会即可设立，但第 7 条规定了基金会须有业务主管单位：国务院有关部门或者国务院授权的组织，是国务院民政部门登记的基金会、境外基金会代表机构的业务主管单位。省、自治区、直辖市人民政府有关部门或者省、自治区、直辖市人民政府授权的组织，是省、自治区、直辖市人民政府民政部门登记的基金会的业务主管单位。第 9 条又规定，申请设立基金会，申请人应当向登记管理机关提交下列文件：…… (5) 业务主管单位同意设立的文件。因此，申请登记基金会法人之前必须获得业务主管单位的核准同意。民政部发布的“民政部就《基金会管理条例》相关政策答问”也明确作了说明：“四、基金会为什么要实行双重管理体制？答：《条例》规定了登记管理机关和业务主管单位双重管理的体制。双重管理体制是指：在登记环节上，登记管理机关负责基金会、基金会分支机构、基金会代表机构、境外基金会代表机构的最终审批登记；业务主管单位负责基金会及其分支机构、代表机构、境外基金会代表机构的初审。”②

第二，社会服务机构。

社会服务机构是指企业事业单位、社会团体和其他社会力量以及公民个人利用非国有资产举办的从事非营利性社会服务活动的社会组织。社会服务机构以前

---

① 佟柔. 中国民法. 北京：法律出版社，1990：128.

② 民政部. 民政部就《基金会管理条例》相关政策答问. http://www.china.com.cn/chinese/2004/Mar/526100.htm.

被称为民办非企业单位，更早时被称为民办事业单位。本质上社会服务机构就是从事公益性服务的事业单位，只不过为了规范管理，现在统一规定事业单位只限于国家举办的公立性组织，而民间私人捐资兴办的非营利组织就称为社会服务机构。私人捐资之后，该财产就构成了社会服务机构的独立财产，与捐资人无关，捐资人只能作为社会服务机构的管理人，而不是股东，原则上也不能通过法人向捐资人分红，该财产只能根据法人章程从事特定的非营利活动。因此，社会服务机构性质上属于非营利法人、财团法人。

《民办非企业单位登记管理暂行条例》第 8 条规定，申请登记民办非企业单位，应当具备下列条件：（1）经业务主管单位审查同意；（2）有规范的名称、必要的组织机构；（3）有与其业务活动相适应的从业人员；（4）有与其业务活动相适应的合法财产；（5）有必要的场所。民办非企业单位的名称应当符合国务院民政部门的规定，不得冠以“中国”“全国”“中华”等字样。

第三，宗教活动场所。

依法设立的宗教活动场所，具备法人条件的，可以申请法人登记，取得捐助法人资格。宗教活动场所是宗教制度化、社会化、符号化的表现。宗教活动场所不是人的集合，而是财产的集合，是由土地、建筑、庙产等构成的财产综合体。作为财产集合其性质应为财团法人。虽然有经营、管理、负责宗教活动场所的人，如方丈、神父等，但这些人不是宗教活动场所的组成分子，而是宗教活动场所的管理人。由此可知，宗教活动场所法人不是社团法人，而是财团法人。宗教活动场所不能以营利为目的，也无股东可供分配利润，故属于非营利法人。

本条第 2 款规定出自宗教界政协委员的提案和呼吁。据悉，2013 年“两会”上，全国政协委员、中国佛教协会原会长传印长老指出，佛教、道教名山“被承包、被上市”现象已引起国家层面关注，但如果不能妥善解决寺院法人地位问题，则寺院仍无力维护自身权益。提案一出，佛教寺院至今无民事“法人”资格的尴尬境遇再次引起教内反响。① 《民法典》关于宗教活动场所法人化的规定，是我国立法的首创，无疑是宗教立法的一大进步。以往一般认为名山古刹等宗教活动场所属于国有资产，这导致了现实中的一个不良倾向：地方政府基于利益驱动，总是力图把宗教活动场所商业化，为地方 GDP 和财政收入服务。然而，宗教活动场所的过度商业化，导致了宗教的严肃性弱化，信仰沦丧，信众流失，把具有某种神圣性的宗教设施变成了牟利的工具，例如著名宗教名胜少林寺，其售

---

① 董栋．关于“宗教活动场所”法人资格 各国都是怎么规定的．凤凰网，http：//fo.ifeng.com/a/20151118/41508982_0.shtml.

票权一直被控制在地方政府手里，甚至一度被传要上市。这些现象引起了宗教界人士的强烈不满，但驻在宗教活动场所的宗教团体无力对抗地方政府的权力干预，因为在名义上宗教活动场所属于国有资产。本条第2款明确了宗教活动场所法人化的改革。这意味着经过法人化，宗教活动场所成为自治主体。宗教活动场所，包括土地使用权以及地上建筑的所有权，是否在名义上就属于法人的独立财产，由法人享有所有权呢？对于这一点《民法典》并未明确，因为实际情况比较复杂，如果是现在信徒捐建的庙宇教堂等宗教活动场所，可以属于宗教活动场所法人名下的捐助财产；但历史形成的很多宗教活动场所，如名山古刹等，都属于国家保护文物，《民法典》第253条规定：法律规定属于国家所有的文物，属于国家所有。所以，这类法律特别规定属于国家的文物级宗教名胜古迹，其产权应当属于国家，但宗教人士作为管理人负责管理，在某种程度上也实现了宗教财产的自治，杜绝了地方政府的干预，抵制过度商业化的侵蚀。

我国的宗教活动场所法人不同于外国的宗教社团法人。国外涉及宗教的法人团体一般有两种：一种是以宗教活动场所为单位的宗教组织，如寺观教堂；另一种是人的联合，为宗教社团组织，如××教派协会，是由教徒、教主形成的社会团体。例如日本的宗教团体分两类：第一类是具备礼拜设施的神社、寺院、教会、修道院以及其他类似的团体，也称为宗教活动场所；第二类是包括前述第一类团体的教派、宗派、教团、教会、修道会以及其他类似的团体。日本《宗教法人法》规定，设立宗教法人，必须经过政府设立的专门咨询机构调查认证，具备宗教法人条件的，由管辖官署准予设立、登记，获得法人资格的宗教团体是宗教法人。成为法人的宗教团体必须具备两个条件：首先，它必须是一个拥有宗教设施、具有宗教职能、进行宗教活动、传布宗教教义、教化和培养宗教信徒的团体。其次，它必须具备一般社会团体法人的条件。[①] 我国的宗教社团，例如中国佛教协会、中国道教协会、中国基督教“三自”爱国运动委员会等，属于社会团体法人。本条第2款所规定的宗教活动场所法人，不是宗教社团法人，而是宗教财团法人。

法律、行政法规对宗教活动场所有规定的，依照其规定。这一规定为引致条款，没有规定具体内容，但作为一个通道为引入其他法律规定打开敞口。[②] “法律、行政法规……有规定，依照其规定”这一引致条款，铺设了《民法典》通往其他法律、行政法规的通道。《民法典》本身没有对宗教活动场所作出具体的规

① 董栋. 关于“宗教活动场所”法人资格 各国都是怎么规定的. 凤凰网，http：//fo.ifeng.com/a/20151118/41508982_0.shtml.

② 卡尔·拉伦茨. 德国民法通论：上册. 王晓晔，等译. 北京：法律出版社，2003：588.

定，必须结合相关的法律、行政法规的具体规定予以判断。引致条款通过引入其他法律规范，为对宗教活动场所的规制预留了空间，协调了《民法典》与其他特别法的关系，保持了规则的弹性和体系的一致性。此处所谓的法律、行政法规，根据文义解释，仅指全国人民代表大会及其常务委员会颁布的法律性文件，以及国务院颁布的行政法规。部门规章、地方性法规和地方政府规章，均不能对宗教活动场所另行设置特殊规则以修改或抵触《民法典》的规定。即此为全国人大与国务院的立法权限。

（本条由马特撰写）

第九十三条

设立捐助法人应当依法制定法人章程。

捐助法人应当设理事会、民主管理组织等决策机构，并设执行机构。理事长等负责人按照法人章程的规定担任法定代表人。

捐助法人应当设监事会等监督机构。

本条主旨

本条对捐助法人的治理机制作出了规定。

相关条文

《民法总则》第93条规定："设立捐助法人应当依法制定法人章程。""捐助法人应当设理事会、民主管理组织等决策机构，并设执行机构。理事长等负责人按照法人章程的规定担任法定代表人。""捐助法人应当设监事会等监督机构。"

《民法总则》第91条规定："设立社会团体法人应当依法制定法人章程。""社会团体法人应当设会员大会或者会员代表大会等权力机构。""社会团体法人应当设理事会等执行机构。理事长或者会长等负责人按照法人章程的规定担任法定代表人。"

理解与适用

本条规定的是捐助法人的治理机制，包括章程和机构。本条为强制性规范。

（一）捐助法人应当制定章程

捐助法人作为财团法人，必须要依照捐助人的意思使用捐助财产，体现捐助人意思的最重要的工具就是法人章程。通常捐助设立法人的，必须要设置捐助章程，这是捐助法人设立的必要条件。财团法人的章程与社团法人的章程区别较大，财团法人的章程体现的是捐助人而非全体成员的意志，捐助人的意思具有不可变更性。捐助法人应当按照章程开展活动，从事的各类活动不得违反法律和章程的规定。

（二）捐助法人应当设决策机构和执行机构

捐助法人是财团法人，财团法人没有意思机构，只有管理机构。管理财团事务的理事会、民主管理组织是捐助法人的决策机构。一般而言，基金会、社会服务机构都设有理事会，由捐助人以及利益关系人、社会贤达、专业人士等组成理事，参与捐助法人的营运决策。民主管理组织主要适用于宗教活动场所法人，如庙宇大都没有理事会，而体现僧众民主管理的管理委员会就是民主管理组织，该管委会即为宗教活动场所法人的决策机构。

捐助法人的执行机构在实践中比较复杂，根据章程有不同机构名称，有的设常务理事会为执行机构，有的设执行委员会为执行机构。

（三）捐助法人的法定代表人

捐助法人的法定代表人，有理事会的一般是理事长；没有理事会的，一般是负责人，该负责人在宗教活动场所法人中的传统称呼较为复杂，例如庙宇的法定代表人是方丈，道观的法定代表人是观主。法定代表人按照章程的规定产生。

（四）捐助法人的监督机构

监督机构是捐助法人的必设机构。捐助法人应当设监事会等监督机构，这是由捐助法人的目的和性质决定的。捐助法人的财产必须依照捐助人的目的被用于公益。为了防止管理机构滥用权力，违背章程和捐助人的目的，侵夺捐助财产，法律规定必须设置专门的监督机构，行使监督职能。

（本条由马特撰写）

第九十四条

捐助人有权向捐助法人查询捐助财产的使用、管理情况，并提出意见和建议，捐助法人应当及时、如实答复。

捐助法人的决策机构、执行机构或者法定代表人作出决定的程序违反法律、行政法规、法人章程，或者决定内容违反法人章程的，捐助人等利害关系人或者主管机关可以请求人民法院撤销该决定。但是，捐助法人依据该决定与善意相对

人形成的民事法律关系不受影响。

本条主旨

本条就对捐助法人的监督作出了规定。

相关条文

《民法总则》第 94 条规定："捐助人有权向捐助法人查询捐助财产的使用、管理情况，并提出意见和建议，捐助法人应当及时、如实答复。""捐助法人的决策机构、执行机构或者法定代表人作出决定的程序违反法律、行政法规、法人章程，或者决定内容违反法人章程的，捐助人等利害关系人或者主管机关可以请求人民法院撤销该决定，但是捐助法人依据该决定与善意相对人形成的民事法律关系不受影响。"

《民法总则》第 85 条规定："营利法人的权力机构、执行机构作出决议的会议召集程序、表决方式违反法律、行政法规、法人章程，或者决议内容违反法人章程的，营利法人的出资人可以请求人民法院撤销该决议，但是营利法人依据该决议与善意相对人形成的民事法律关系不受影响。"

理解与适用

本条规定了对捐助法人的监督及行为撤销的规则。

（一）捐助人的监督

捐助人实施捐助行为或赠与行为后，即在法律上丧失该财产的所有权，该财产的所有权转由捐助法人享有。但捐助法人必须依照捐助章程行使捐助财产的所有权，接受捐助人的监督和建议。因此，捐助人完成捐助行为后，即便不担任捐助法人的管理人，也对该捐助法人享有知情权、监督权、建议权，有权向捐助法人查询捐助财产的使用、管理情况，并提出意见和建议，捐助法人应当及时、如实答复。在捐助法人中，披露义务较高的是从事慈善事业的基金会，因为涉及大量募捐善款的管理和使用。根据法律规定，基金会除了对登记管理机关负有接受年检监督的义务，对社会还负有公开披露的义务，必须将工作报告和财务报告在指定媒体上公布，接受社会公众的查询、监督。

（二）捐助人等利害关系人或主管机关的撤销权

民法典对于违法和违反捐助章程之行为的效力作出规定，明确规定捐助人等利害关系人享有撤销权。所谓撤销权，即将法律行为的效力予以撤销，使之无效的权利。"良以财团并无社员总会之设置，对于董事职务执行之监督，不能不假乎公力，以防止其恣滥专横，且谋补救。”[①] 例如，我国台湾地区“民法典”将此类行为规定为无效，于第 64 条规定：“财团董事，有违反捐助章程之行为时，法院得因主管机关、检察官或利害关系人之申请，宣告其行为无效。”“惟宣告无效之行为，以违反捐助章程者为已足，若竟违反法律时，则属于当然无效，固不劳再事宣告也。”[②]

该撤销权具有如下特征。

（1）撤销事由有二：一为程序违规，即捐助法人的决策机构、执行机构或者法定代表人作出决定的程序违反法律、行政法规、法人章程。此处法律、行政法规是指全国人大及其常委会、国务院颁布的法律性文件，而且是强制性规范，在程序上违反法律、行政法规之规定才会导致被撤销的后果；章程是法人的宪章，对法人的内部运作具有强制的约束力，作出决定的程序违反章程之规定的，也会导致被撤销的后果。二为内容违规，即决定的内容违反法人章程。内容违规只限于违反法人章程，不包括违反法律、行政法规的强制性规定，因为内容违反法律、行政法规的强制性规定的，直接导致意思表示无效的后果，捐助人等不必行使撤销权，直接请求法院宣告无效即可。

（2）撤销权主体为捐助人等利害关系人或者主管机关，具体包括捐助法人的主管机关、捐助人、捐助人的利害关系人。所谓的利害关系人，包括捐助财产的受益人、捐助人的近亲属等，例如遗嘱捐助情形下，捐助人本人已逝，其近亲属为了维护捐助人生前遗愿，自当享有撤销权。

（3）撤销权必须以诉讼的方式行使，法院经由司法审查后方可判决撤销；不能够以单方意思表示行使。

（4）关于撤销权的行使法律没有规定除斥期间。撤销权性质上为形成权，法律没有规定除斥期间的，理论上其行使不受时间限制。

（5）撤销权行使的后果为该行为溯及既往地归于无效，没有履行的，无须履行；已经履行的，互相返还财产、恢复原状。

（三）决定行为被撤销不得对抗善意相对人

决定行为被撤销后，捐助法人依据该决定与善意相对人形成的民事法律关系不受影响。这是善意相对人信赖保护原理的要求。但对与捐助法人交易的相对人之善意的认定应当从严，因为与合同法中的交易行为不同，捐助法人所实施的慈善行为大都为无偿行为，没有对价和交易性，违背章程很容易造成善款流失；而且捐助法人本身与营利法人不同，对于其捐助章程与设立目的，与之缔约的相对

---

①② 郑玉波．民法总则．台北：三民书局，1998：180.

人应当足够警觉，负有较高的注意义务。

（本条由马特撰写）

第九十五条

为公益目的成立的非营利法人终止时，不得向出资人、设立人或者会员分配剩余财产。剩余财产应当按照法人章程的规定或者权力机构的决议用于公益目的；无法按照法人章程的规定或者权力机构的决议处理的，由主管机关主持转给宗旨相同或者相近的法人，并向社会公告。

本条主旨

本条对公益性非营利法人的财产归属及终止后的分配作出了规定。

相关条文

《民法总则》第95条规定："为公益目的成立的非营利法人终止时，不得向出资人、设立人或者会员分配剩余财产。剩余财产应当按照法人章程的规定或者权力机构的决议用于公益目的；无法按照法人章程的规定或者权力机构的决议处理的，由主管机关主持转给宗旨相同或者相近的法人，并向社会公告。"

理解与适用

根据其定义及设立宗旨，非营利法人不以营利为目的，不向出资人分配利润，但非营利法人终止时，与公司等营利法人终止时也有不同。营利法人终止，适用破产清算程序，清偿债务后有剩余财产的，由于法人人格消灭，该财产属于出资人，应当允许出资人取回出资。但非营利法人不以营利为目的，其中的基金会、社会服务机构统称为捐助法人，实质上就是传统民法上的基于捐助行为形成的财团法人。而捐助的本质特征是财产所有权无偿地转移给受赠对象。由于财产所有权已经转移，故赠与人就不能对已捐出的财产享有任何权利，因此实施捐助行为的出资人或设立人不得分配非营利法人的剩余财产。所以和社团法人相比，财团法人的独立人格与出资人的独立人格的分离程度更高。[①] 至于事业单位与社会团体，都是中国特色的非营利法人类型。事业单位是国家出资兴办的，社会团

① 孙宪忠．财团法人财产所有权和宗教财产归属问题初探．中国法学，1990（4）．

体是社会成员组成的，但都不以营利为目的，当该法人终止时，应当比照财团法人的规定处理剩余财产。例如，卫生主管部门规定：作为非营利法人的医院，无论是私立医院（社会服务机构）还是公立医院（事业单位），其资产无论是捐赠而来，还是发展积累而来，不属于任何私人或政府，均全部属于社会，只能用于公益目的。再如，作为非营利法人的民办学校是没有所有者的，没有人拥有学校的终极所有权，在学校正常运作的情况下，由学校的经营利润积累形成的资产只属于学校本身，当学校不能正常运作或者破产时，这部分资产应当按本条处理。

本条规定的适用主体范围是为公益目的成立的非营利法人。非营利法人包括公益法人和中间法人。公益法人适用本条没有问题，中间法人是否同样适用呢?在解释上有不同观点。笔者认为，中间法人属于互惠类组织，不属于公益类组织，基于对私人财产权的保护，应当严格解释“公益目的”，其不应包括“其他非营利目的”。也就是说，本条只适用于非营利法人中的公益法人，不适用于非公益的中间法人，如同学会、俱乐部等，此类法人如果终止解散，在清算完毕之后有剩余资产的，应当允许成员取回，方符合立法目的。

如果不允许在出资人之间分配，那么如何处理剩余财产呢？从性质上看，以公益为目的的非营利法人的财产不属于私人，也不属于政府，而是属于社会，只能服务于公益目的。我国的《社会团体登记管理条例》《基金会管理条例》《慈善法》对该问题均作出了规定，堪称有益尝试。《民法典》借鉴、采纳之，本条规定分两步处置剩余财产。

第一，剩余财产按照章程的规定或者权力机构的决议用于公益目的。公益法人终止了，但章程有规定的，或者法人的权力机构作出剩余资产处置的决议的，依照相应的规定或决议处理。这是意思自治原则的体现。但须注意，章程的规定与决议之内容不得违反法律的强制性规定，特别是本条第 1 款的规定，不得分配给出资人。如果章程规定或大会决议把剩余财产在出资人间分配，则属于违法，无效。

第二，不能按照法人章程的规定或者权力机构的决议处理的，由主管机关主持转给宗旨相同或者相近的以公益为目的的法人，并向社会公告。这就是公益法人财产社会归属原则。较之于《民法通则》《物权法》《继承法》中关于无主财产收归国有的规定，该条规定尊重了公益法人之财产社会所有、公益目的之本旨，在立法上实属进步。

（本条由马特撰写）

第四节　特别法人

第九十六条

本节规定的机关法人、农村集体经济组织法人、城镇农村的合作经济组织法人、基层群众性自治组织法人，为特别法人。

本条主旨

本条对特别法人作出了规定。

相关条文

《民法总则》第96条规定："本节规定的机关法人、农村集体经济组织法人、城镇农村的合作经济组织法人、基层群众性自治组织法人，为特别法人。"

理解与适用

何谓特别法人？就是前面两节"营利法人"与"非营利法人"无法涵盖的法人类型，主要包括机关法人、农村集体经济组织法人、城镇农村的合作经济组织法人、基层群众性自治组织法人这四类法人，大致相当于大陆法系的公法人。

（一）公法人

大陆法系的法人首先被区分为公法人和私法人，但关于根据什么标准作此分类，各种观点颇不相同。一种观点认为，应以目的事业的公私为标准，或以是否对国家负有实现其职能的义务为标准。① 另一种观点认为，应以法人设立的法律根据为标准：依公法设立的法人为公法人，如县、市等；依私法设立的法人为私法人，如公司、企业等。② 公法人、私法人区分的意义在于两者的法律依据不同，是否行使公权力不同，以及涉诉时的救济程序不同。虽然基于公法和私法的分类标准一直存在争议，公法人和私法人的区分标准也不很明确，但公法人和私法人的区分仍然是法人的首要分类方法。③ 我国早在《民法通则》时即将法人分

① 四宫和夫．日本民法总则．台北：五南图书出版公司，1995：85．

② 卡尔·拉伦茨．德国民法通论：上册．王晓晔，等译．北京：法律出版社，2003：179．

③ 葛云松．法人与行政主体理论的再探讨——以公法人概念为重点．中国法学，2007（3）．

为国家机关、事业单位、社会团体和企业法人，虽然没有采取传统民法中公法人和私法人的分类，但是各级国家机关法人类似于大陆法系国家民法中的公法人。

（二）特别法人的特殊性

机关法人在设立依据、目的、职能和责任最终承担上与其他法人均存在较大差别；基层群众性自治组织法人和农村集体经济组织法人在设立、变更和终止，管理的财产的性质，成员的加入和退出，承担的职能等方面都有其特殊性；城镇农村的合作经济组织法人既具有公益性质或者互益性，又具有营利性。将这些法人单独设立为一种法人类型，有利于其更好地参与民事生活，也有利于保护其成员和与其进行民事活动的相对人的合法权益。① 在民法典编纂过程中，有全国人大常委会组成人员及有关部门、地方和基层的代表提出，实践中有些法人与营利性法人和非营利性法人在设立、终止等方面有所不同，难以被纳入这两类法人，建议增设一类特别法人。全国人大法律委员会经研究认为，根据我国实践情况，机关法人、基层群众性自治组织法人、农村集体经济组织法人以及城镇农村的合作经济组织法人可归入特别法人类别。②

这四类特别法人在《民法典》之总则编中得到统一规定，在此之前作为概念散见于宪法及各部法律：（1）机关法人来自《民法通则》；（2）农村集体经济组织法人在《宪法》中有规定，并在《土地管理法》《农村土地承包法》《村民委员会组织法》等法律中存在；（3）合作经济组织法人来自《农民专业合作社法》；（4）基层群众性自治组织法人在《宪法》中有规定，并分别见于《村民委员会组织法》和《城市居民委员会组织法》。

（本条由马特撰写）

第九十七条

有独立经费的机关和承担行政职能的法定机构从成立之日起，具有机关法人资格，可以从事为履行职能所需要的民事活动。

本条主旨

本条对机关法人的设立作出了规定。

---

①② 单玉晓. 民法总则草案三读 新增“特别法人”分类. 财新网，http：//china.caixin.com/2016-12-19/101028470.html.

相关条文

《民法总则》第 97 条规定："有独立经费的机关和承担行政职能的法定机构从成立之日起，具有机关法人资格，可以从事为履行职能所需要的民事活动。"

《民法通则》第 50 条第 1 款规定："有独立经费的机关从成立之日起，具有法人资格。"

理解与适用

机关法人是指依照法律或行政命令组建的、享有公权力、主要从事国家管理活动的各级国家机关。机关法人在理论上具有公法人的地位。机关法人是行政法的主体，受公法约束，行使公权力，对教育、文化、军事及其他社会事务进行管理。近代国家基于"夜警国家"理念，多承担不得侵害公民基本权的消极义务，对社会与市场采放任主义。现代国家基于"福利国家"的理念，多承担积极作为的义务，主动干预市场，广泛参与、介入民事关系。此时，国家机关行使的是民事权利，从事的是民事活动，例如购置办公用品、租用房屋、发包工程，以及与企业签订土地使用权出让合同等。因此，机关法人具有双重性，扮演双重角色，既是公法主体，也是民事主体。当它们以民事主体身份出现时，形成的法律关系不是纵向的管理、服务关系，而是平等主体之间的民事关系。当然，机关法人的目的在于为社会公众服务，故其具有公共性，不能追求自身特定的利益，即便进行政府采购、发包或担保活动，也是为了公共利益。本条规定，机关法人只是"可以从事为履行职能所需要的民事活动"。因此，机关法人从事民事活动受到严格限制，不能广泛从事商业性经营活动，不能以营利为目的，否则就超越了其权利能力，极易导致滥用权力、公器私用。

机关法人的财产和经费均由国家预算划拨。这些经费是根据其承担的管理职能和工作需要，由国家和地方财政拨款形成。机关法人对外所负的债务，以其经费作为责任财产独立承担。不过，我国目前没有规定公法人的破产制度，在法律上不允许公法人破产清算。

机关法人的设立采特许主义。有独立经费的机关和承担行政职能的法定机构，从成立之日起，具有机关法人资格。由于机关法人的设立取决于宪法、法律和行政命令，因此其设立无须经专门机构核准登记。例如，根据《国务院组织法》和《地方各级人民代表大会和地方各级人民政府组织法》的规定，国务院和地方人民政府根据工作需要，可以通过行政命令设立具体行政机关；根据《人民法院组织法》，人民法院依法成立即取得机关法人资格。

（本条由马特撰写）

第九十八条

机关法人被撤销的，法人终止，其民事权利和义务由继任的机关法人享有和承担；没有继任的机关法人的，由作出撤销决定的机关法人享有和承担。

本条主旨

本条对机关法人被撤销后的民事责任承担作出了规定。

相关条文

《民法总则》第98条规定："机关法人被撤销的，法人终止，其民事权利和义务由继任的机关法人享有和承担；没有继任的机关法人的，由作出撤销决定的机关法人享有和承担。"

《国家赔偿法》第7条第5款规定："赔偿义务机关被撤销的，继续行使其职权的行政机关为赔偿义务机关；没有继续行使其职权的行政机关的，撤销该赔偿义务机关的行政机关为赔偿义务机关。"

理解与适用

我国的机关法人不适用破产法，没有破产能力。所谓破产能力是指能够接受破产宣告成为破产者的资格。① 机关法人属于公法人，大多数国家不承认公法人具有破产能力，因为公法人是统治团体，如果进行清算的话，统治就无法进行。② 虽然机关法人不能破产，但可能依法被撤销，被撤销后法人资格归于消灭。例如我国经常进行机构改革，很多行政机关分分合合，新设、消灭时有发生。当机关法人被撤销时，其所负的民事债务如何承担？由于不能适用破产清算还债程序，在现实中这是一个问题。为了保障民事秩序的稳定和债权人的权益，维护国家权威和政府信用，《民法典》突破了法人独立责任的窠臼，允许后续继

---

① 石川明．日本破产法．何勤华，周桂秋，译．北京：中国法制出版社，2000：29.

② 同①33.

受的机关法人或作出撤销决定的机关法人承担原机关法人的民事债务。实际上这是对民事债务的国家兜底。我国《国家赔偿法》对此已经有过成功的立法经验，例如，《国家赔偿法》第 7 条第 5 款规定：赔偿义务机关被撤销的，继续行使其职权的行政机关为赔偿义务机关；没有继续行使其职权的行政机关的，撤销该赔偿义务机关的行政机关为赔偿义务机关。故本条规定，机关法人因被撤销而人终止的，其民事责任由继续履行其职能的机关法人承担；如果没有继续履行其职能的机关法人，由撤销该机关法人的机关法人承担。

（本条由马特撰写）

第九十九条

农村集体经济组织依法取得法人资格。

法律、行政法规对农村集体经济组织有规定的，依照其规定。

本条主旨

本条对农村集体经济组织法人作出了规定。

相关条文

《民法总则》第 99 条规定："农村集体经济组织依法取得法人资格。""法律、行政法规对农村集体经济组织有规定的，依照其规定。"

理解与适用

集体经济组织来自集体所有制和对农业手工业私有制的社会主义改造。集体经济组织可以分为城市集体经济组织和农村集体经济组织两大类，城市的集体经济组织在改革开放时代大都改制为现代公司或消亡，目前中国社会存留的仅有农村集体经济组织。20 世纪 50 年代初，经过合作化运动和人民公社化运动，农民的土地所有权变为集体所有制，在"三级所有、队为基础"的制度框架下，我国农民对农用土地的使用，只有社区团体内的分工与分配意义，并不表现为法律上，特别是民法上的权利义务关系。① 我国的集体所有制，从合作社到人民公社，农村集体经济在高度集中的计划经济体制的制约下，陷入了人民公社"一大

① 陈甦．土地承包经营权物权化与农地使用权制度的确立．中国法学，1996（3）.

二公"的僵化模式之中，压抑了农民的积极性，阻碍了生产力的发展。

中国共产党十一届三中全会后，我国农村进行了经济体制改革，推行了家庭承包责任制。集体通过与农户签订书面的土地承包经营合同，将土地的承包经营权下放给农户，而保留集体对土地的所有权。为了换取对土地使用权和收益的剩余索取权，农户必须分摊原来由集体承担的粮食征购任务和农村税收，以及交纳乡统筹和村提留。① 1988 年宪法修正案第 6 条肯定了"家庭联产承包为主的责任制"。

虽然法律确立了农村土地的集体所有制，但是集体土地的所有权实际上是模糊不清的，并且在农村土地上存在着国家与集体、集体与农户之间的"双重的产权模糊"②。集体土地所有权模糊不清的根本原因是集体主体本身的模糊性。"集体""集体所有""集体所有制"本都是政治经济学上的概念，而被纳入法律的范畴。"集体"应归入哪一类民事法律主体，现实中的"集体"应如何规制，都不是短期内所能解决的。③ 关于集体土地所有权的性质，在我国法学界有三种观点：其一，集体土地所有权是一种由"集体经济组织"享有的单独所有权；其二，我国的集体所有权是一种新型的总有，集体成员对集体财产（土地）享有占有、使用和收益权，并且依法按照平等、自愿原则来行使对集体土地的所有权；其三，集体所有权是"个人化与法人化的契合"，集体财产（土地）应为集体组织法人所有，而集体组织成员对集体财产享有股权或社会权。④ 无论是脱胎于日耳曼村社制度的"总有"还是新型"个人化与法人化的契合"，从中都可以看出，作为集体所有权的主体，农村集体经济组织是中国社会客观存在的一种组织形态，有法律确认之必要，否则必然出现法律真空，导致农村土地集体所有权主体虚化，导致农村土地实际控制在少数村干部手里，广大农民成员的合法权益无法获得应有保障。在中国急速城市化、郊区农村土地拆迁频发的背景下，出现了侵占集体利益、侵吞拆迁款、擅自出租、暴力强拆的恶性事件。

因此，基于现实需要，民法典承认了农村集体经济组织的独立法人资格。农村集体经济组织是除国家以外唯一的对土地拥有所有权的主体。这个农村集体经济组织具体是指什么？在早期的人民公社、生产大队和生产队三种集体组织中，生产队是基础，拥有包括土地、耕畜和农具在内的大部分生产资料，因此，一般意义上的农村集体经济组织是指生产队，即现在的村民小组。此外，村集体经济

① 徐钢，钱涛．契约、农民利益与法治秩序．法学，2001（8）.

② 叶向阳，等．农村集体土地产权制度研究．中国法学，1993（6）.

③ 陈甦．土地承包经营权物权化与农地使用权制度的确立．中国法学，1996（3）.

④ 温世扬．集体所有土地诸物权形态剖析．法制与社会发展，1999（2）.

组织、乡镇集体经济组织也能构成此类主体，拥有农村土地所有权。综上可以看出，我国的农村集体经济组织包括三类：乡镇集体、村集体、村民小组。它们均可依法成为独立的农村集体经济组织法人。农村集体经济组织虽然成为独立的法人主体，以自己的财产对外独立承担民事责任，但其主要财产农村土地所有权不能转让，只能通过被国家征收获得补偿金。根据我国破产法，农村集体经济组织没有破产能力，不能破产清算，债权人也不能获得农村集体土地的所有权以抵债。

法律、行政法规对农村集体经济组织有规定的，依照其规定。这是指《土地管理法》《农村土地承包法》等特别法对农村集体经济组织的规定，均可适用。

（本条由马特撰写）

第一百条

城镇农村的合作经济组织依法取得法人资格。

法律、行政法规对城镇农村的合作经济组织有规定的，依照其规定。

本条主旨

本条对合作经济组织法人作出了规定。

相关条文

《民法总则》第100条规定：“城镇农村的合作经济组织依法取得法人资格。”“法律、行政法规对城镇农村的合作经济组织有规定的，依照其规定。”

理解与适用

合作经济组织即传统民法上之合作社。所谓合作社，是指劳动者在互助互惠基础上，共同出资、共同经营、共同劳动、共享收益的经济组织。合作社不同于公司，也不同于事业单位、社会团体、基金会，在法律上是一种独立的法人主体。根据2002年6月20日第90届国际劳工大会通过的《合作社促进建议书》的规定，合作社是自愿联合起来的人们通过联合所有与民主控制的企业来满足他们共同的经济、社会与文化的需求与抱负的自治联合体。合作社与公司这两种主体形式同为工业化和资本主义的产物，公司是资本家的创造，合作社是社会主义者的创造，早期的空想社会主义者试图把合作社当作“全新的人类社会组织的细胞”，以劳动者平等联合实现改造社会的乌托邦梦想。1844年，世界公认最早的合作社“罗奇代尔公平先锋社”在英国的曼彻斯特诞生。① 罗奇代尔的实践确立了著名的合作社七大原则：(1) 入社自由；(2) 民主管理；(3) 按交易额分配盈余；(4) 限制股本分红；(5) 对政治和宗教中立；(6) 现金交易；(7) 促进社员教育。尽管在现代市场经济社会，企业的组织形态主要是公司，但是合作社仍然大量存在，例如在欧盟，据2010年的统计，合作社产品所占的市场份额中，奶制品比例最高，达到55%以上；其次是蔬菜水果、葡萄酒，占40%以上；再次是橄榄油，接近40%；谷物的比例也超过了30%。在法国、芬兰、丹麦、荷兰等国家，合作社农产品的市场份额都在50%以上。再如在以色列，合作社是农村经济的基本组织形式，超过50%的以色列农民生活在合作社组织之内。有句著名的口号是“合作社创造了以色列”。以色列第一个合作社组织基布兹于1909年在德加尼亚诞生，1921年又产生了一种新型合作社组织莫沙夫。这两种是最主要的农村合作经济组织。基布兹、莫沙夫、储蓄和信贷合作社、消费合作社等多种合作经济组织在犹太人定居点流行。基于合作社对经济发展和社会进步的突出贡献，联合国甚至把2012年确定为“国际合作社年”，主题是“合作社让世界更美好”。

我国的合作社发展走过曲折的历程。实际上我国的农村集体经济组织就是脱胎于合作社，早在1950年就制定了《中华人民共和国合作社法（草案）》，进而演化成人民公社，但由于计划经济追求“一大二公”的模式，合作社从自愿为基础变成了变相的强迫加入，故丧失了独立性和自主性，变成了计划经济的组成部分。改革开放之后，随着经济体制改革的深入，许多乡镇企业、集体所有制企业大量涌现，出现了股份合作制企业等多种形式。这种新型的合作经济组织需要法律的承认。2006年我国颁布了《农民专业合作社法》，不同于1950年代的合作化运动，建立在社员自愿、入退社自由、劳动者联合等原则之上的新合作社成为一种独立的法人主体。

合作社的性质和地位比较特殊。合作社是社团法人，不是财团法人；是社员联合的团体，但不同于同为社团法人的公司和社会团体。合作社不是传统的营利法人，亦非传统的非营利法人；既有资本联合，也有劳动联合，劳动联合重于资本联合；是一种独立的特殊法人。

---

① 1844年12月21日，在英国北部兰开夏小镇罗奇代尔，28个工人筹集28英镑成立了一个日用品消费合作社，取名“罗奇代尔公平先锋社”(Rochdale Society of Equitable Pioneers)。社员以每周节省下来的两个便士为股金开办了一个小商店，供应社员的生活用品，减轻商业的中间盘剥，改善社员的生活状况。这种尝试获得了成功，到建社100周年时，它已经拥有40多个支店和多处工厂及屠宰厂，社员人数达到3.2万人，年营业额为200万英镑。

合作社具有如下特征。

第一，合作社是一种劳动者自愿联合的经济组织。合作社的财产主要来源于合作社成员的出资，不接受非合作社成员的投资，即不能像公司一样向社会募集资金。社员入社自愿，退社自由，股份不能转让。

第二，合作社原则上不以营利为目的，旨在实现社员之间的互助、互惠、互利，主要为社员服务。

第三，合作社在分配制度上主要不是按资分配，而是限制分红，避免资本控制劳动，采取按劳分配、按交易额返还盈余等方式。例如，供销合作社主要按合作社与社员的交易额返还盈余。在许多股份制合作社中，职工入股后也要参与劳动。盈余分配以按劳动比例分配为主，以限制股金分红为辅。在联合的内容上，一般合作制企业以劳动的联合为主，非企业员工不可入股。①

第四，共同劳动。合作社的社员要参与经营或劳动，不能仅仅凭借出资来分享利润，把财产收入和剥削成分压缩到最低，因此在许多合作社中，按劳分配成为主要方式。合作社不得将任何社员排除在合作事业经营之外，而委托非社员经营合作事业。②

第五，民主管理。在管理方式上，社员平等，一人一票，参与管理，不像公司那样按股份表决。合作社的权力机关为社员大会，通过社员大会全体社员表决选举管理者、决策重大事项；执行机构为理事会（或董事会）；监督机构为监事会。

《民法典》确认了合作经济组织（合作社）的法人地位。法律、行政法规对城镇、农村的合作经济组织有规定的，依照其规定。这是指《农民专业合作社法》等特别法对合作经济组织的规定，均可适用。

（本条由马特撰写）

第一百零一条

居民委员会、村民委员会具有基层群众性自治组织法人资格，可以从事为履行职能所需要的民事活动。

未设立村集体经济组织的，村民委员会可以依法代行村集体经济组织的职能。

---

① 许承光．股份合作企业的法律属性探析．江汉论坛，2000（12）．

② 郑少华．法人运动与第二次法律革命．法学，2001（6）．

本条主旨

本条对基层群众性自治组织法人作出了规定。

相关条文

《民法总则》第101条规定："居民委员会、村民委员会具有基层群众性自治组织法人资格，可以从事为履行职能所需要的民事活动。""未设立村集体经济组织的，村民委员会可以依法代行村集体经济组织的职能。"

理解与适用

群众性自治组织是指特定社区的群众为实现一定目标而自愿结合起来的自我管理、自我教育和自我服务的群体。在我国是指农村的村民委员会和城镇的居民委员会。[①] 我国宪法上规定城市和农村按居住地区应当设立居民委员会和村民委员会，这是我国的基层群众性自治组织。但民法上一直没有确认居民委员会和村民委员会的独立民事主体的法人地位，民法典首次予以规定。

居民委员会和村民委员会是基层群众性自治组织，不是一级政权，也不属于国家机关。居民委员会和村民委员会的成员也有别于公务员，不属于公务员编制，不从国家领取工资。但工作运转需要经费，成员付出时间、精力也需要补贴，所以居民委员会可以获得政府财政拨付，村民委员会有自己的村办企业、土地承包费等经济收入，也可以获得政府财政补助。居民委员会和村民委员会以自己的财产和经费对外独立承担民事责任，但根据我国破产法，居民委员会和村民委员会没有破产能力，不能破产清算。

居民委员会和村民委员会既是基层群众的自治组织，属于社团法人，又是政府联系人民群众的桥梁和纽带，基于社会管理的需要承担部分的公共职能，因而具有一定的机关法人的色彩。人民群众通过居民委员会、村民委员会以及下设的各种委员会管理社区事务，办理公共福利，协助政府解决生活、环保、卫生、治安、调解纠纷等问题。居民委员会和村民委员会主要从事公共服务和社会管理，其民事行为能力的范围受限制，不能从事广泛的商业经营活动，实施的民事活动以履行职能所需为限，例如居民委员会雇用临时工从事保洁服务，居民委员会租赁民房作为办公场所，等等。村民委员会本身也是从事公共服务的，但基于自身和中国乡村的特殊性，其从事的民事活动范围比居民委员会的要更广泛，例如修

① 蒋大兴. 公司法的展开与评判——方法·判例·制度. 北京：法律出版社，2001：19.

桥补路、开办村学，现实中还可能通过设立村办企业、乡镇企业、农业合作社等方式发展经济，服务村民。根据本条第 2 款，在特殊情况下村民委员会还可以代行村集体经济组织的职能，发包集体土地，经营土地资产。

村集体经济组织和村民委员会，本来是两类法人组织，村集体经济组织是经济组织，村民委员会是群众自治组织，但有时候在组织和功能上是重合的。在未设立村集体经济组织的条件下，村民委员会可以依法代行村集体经济组织的职能。此类情况在现实中极为普遍，亟待立法确认。据悉目前全国 36.5 万个村由村民委员会代行村集体经济组织的职能。但在民事活动中，村民委员会不具有法人地位，性质上类似于“其他组织”，而法律对“其他组织”的权利与义务没作明确规定。虽然最高人民法院曾在司法解释中明确“村委会或者村民小组与他人发生民事纠纷的，村委会或者有独立财产的村民小组为当事人”，但实践中，有村民委员会抱怨称：发生纠纷后找不到明确而直接的权利救济方式。[1] 这就是本条第 2 款的立法理由。

（本条由马特撰写）

① 单玉晓. 民法总则草案三读 新增“特别法人”分类. 财新网，http://china.caixin.com/2016-12-19/101028470.html.

第四章

非法人组织

第一百零二条

非法人组织是不具有法人资格，但是能够依法以自己的名义从事民事活动的组织。

非法人组织包括个人独资企业、合伙企业、不具有法人资格的专业服务机构等。

本条主旨

本条对非法人组织的定义和种类作出了规定。

相关条文

《民法总则》第102条规定："非法人组织是不具有法人资格，但是能够依法以自己的名义从事民事活动的组织。""非法人组织包括个人独资企业、合伙企业、不具有法人资格的专业服务机构等。"

理解与适用

本条第1款界定了非法人组织的两个基本要素，即"不具有法人资格""依法以自己的名义从事民事活动"；第2款则列举了个人独资企业、合伙企业、不具有法人资格的专业服务机构属于典型的非法人组织。

（一）非法人组织的概念和特点

依据本条第1款的规定，非法人组织指的是指"不具有法人资格，但是能够依法以自己的名义从事民事活动的组织”。从境外立法例视角而言，非法人组织相当于德国立法上的“无权利能力社团”、日本立法例上的“非法人社团和非法人财团”，我国台湾地区规定的“非法人团体”①。

非法人组织具有如下特点。

首先，非法人组织必须依法成立。也就是说，要成为《民法典》上“非法人组织”这一民事主体，该类组织的设立必须遵循法定设立程序。依据《民法典》第103条的规定，非法人组织应当依法登记，法律、行政法规规定须批准的，还应经批准。登记和批准程序能够维护设立程序的有序性，有利于国家加强对非法人组织之设立、运作过程的管理和监督。

其次，非法人组织具有民事权利能力与民事行为能力。作为《民法典》所规定的自然人、法人之外的第三类民事主体，非法人组织当然地具有民事权利能力与民事行为能力。

再次，非法人组织能够以自己的名义从事民事活动。在紧密联系的社会关系中，非法人组织经常与自然人、法人和其他非法人组织产生民事法律关系，从事民事活动。在此过程中，非法人组织皆以自身独立名义从事活动。

最后，非法人组织不能独立承担民事责任。也就是说，虽然非法人组织与法人一样具有民事权利能力和民事行为能力，但是其并不能独立承担法律责任，当非法人组织出现资不抵债的情况时，其出资人和设立人仍然需要对该组织的债务承担兜底责任。“能否独立承担民事责任”与“独立财产”可以被视为一个问题的两个方面。显然，具备独立的财产是独立承担民事责任的基础。法人拥有独立的财产，其独立性体现在法人的财产独立于成员的财产，所以原则上法人只以自身拥有的财产对外清偿债务、承担法律责任，其责任并不及于成员的财产，其最典型的例子就是现代公司法所普遍确立的股东有限责任原则。但是，非法人组织的财产在学理上仍被认为实际上归全体成员共有，其责任形式可以概括为“团体的有限责任＋成员的无限责任”，换言之，团体以自己所有的财产对外承担责任而其财产不足以清偿债务时，则由其成员负连带责任或补充责任。②

(二) 非法人组织的类型

根据本条第2款的规定，非法人组织包括如下几种。

1. 个人独资企业

根据《个人独资企业法》第2条的规定，个人独资企业是指“……在中国境

---

① 梅仲协．民法要义．北京：中国政法大学出版社，1998：74.

② 朱明月．非法人组织的民事主体地位与权利能力．重庆社会科学，2008（12）.

内设立，由一个自然人投资，财产为投资人个人所有，投资人以其个人财产对企业债务承担无限责任的经营实体”。

2. 合伙企业

根据《合伙企业法》第 2 条的规定，合伙企业是指“……自然人、法人和其他组织依照本法在中国境内设立的普通合伙企业和有限合伙企业”。其中，普通合伙企业由普通合伙人组成，只要没有法律的特别规定，全体普通合伙人应当对合伙企业的债务承担无限连带责任；而有限合伙企业由普通合伙人和有限合伙人组成，普通合伙人对合伙企业的债务承担无限连带责任，有限合伙人以其认缴的出资额为限对合伙企业的债务承担责任。需要加以注意的是，普通合伙企业之全体合伙人必须对合伙企业的债务承担无限连带责任，全体合伙人都必须是普通合伙人，而有限合伙企业中必然包括普通合伙人和有限合伙人这种两种合伙人，因为如果一个合伙企业只有普通合伙人则必然是普通合伙企业，若只有有限合伙人则只能变更为公司这一组织形式。

3. 不具有法人资格的专业服务机构

对于“不具有法人资格的专业服务机构”而言，实践中的“咨询服务类公司”显然不属于此处的非法人组织，因为公司属于企业法人。这一非法人组织形式认定的核心要素在于“不具有法人资格”和“专业服务”这两点。按照通常的理解，此处的“专业服务机构”应该是指会计师事务所和律师事务所：(1) 就会计师事务所而言，我国现行《注册会计师法》第 23 条规定：会计师事务所可以由注册会计师合伙设立。合伙设立的会计师事务所的债务，由合伙人按照出资比例或者协议的约定，以各自的财产承担责任。合伙人对会计师事务所的债务承担连带责任。与此同时，《注册会计师法》也允许会计师事务所以法人方式设立，该法第 24 条规定，会计师事务所符合下列条件的，可以是负有限责任的法人：1) 不少于 30 万元的注册资本；2) 有一定数量的专职从业人员，其中至少有 5 名注册会计师；3) 国务院财政部门规定的业务范围和其他条件。负有限责任的会计师事务所以其全部资产对其债务承担责任。由此可知，在会计师事务所以合伙企业形式成立之时，其就属于《民法典》所规定的非法人组织类型中的“不具有法人资格的专业服务机构”。(2) 就律师事务所而言，现行《律师法》第 15 条规定：设立合伙律师事务所，除应当符合本法第 14 条规定的条件外，还应当有 3 名以上合伙人，设立人应当是具有 3 年以上执业经历的律师。合伙律师事务所可以采用普通合伙或者特殊的普通合伙形式设立。合伙律师事务所的合伙人按照合伙形式对该律师事务所的债务依法承担责任。对于律师事务所的设立，现行《律师事务所管理办法》第 7 条同时规定：律师事务所可以由律师合伙设立、律师个人设立或者由国家出资设立。合伙律师事务所可以采用普通合伙或者特殊的普通合伙形式设立。由此可知，如果律师事务所采纳了合伙企业的形式，则不论是普通合伙企业还是特殊合伙企业，都属于此处的“专业服务机构”。但是如果律师事务所以个人形式设立，则其在形式上是究竟是被认定为“个人独资企业”还是被认定为此处的“专业服务机构”，仍是值得进一步探讨的。

最后，如何理解非法人组织类型条款中的“等”，除了该条文明确列举的合伙企业、个人独资企业以及“不具有法人资格的专业服务机构”外，非法人组织形式还以其他方式存在，如企业法人的分支机构、业主委员会等。

（本条由石冠彬撰写）

第一百零三条

非法人组织应当依照法律的规定登记。

设立非法人组织，法律、行政法规规定须经有关机关批准的，依照其规定。

本条主旨

本条对非法人组织的设立规则作出了规定。

相关条文

《民法总则》第103条规定：“非法人组织应当依照法律的规定登记。”“设立非法人组织，法律、行政法规规定须经有关机关批准的，依照其规定。”

《民法通则》第33条规定：“个人合伙可以起字号，依法经核准登记，在核准登记的经营范围内从事经营。”

《个人独资企业法》第9条规定：“申请设立个人独资企业，应当由投资人或者其委托的代理人向个人独资企业所在地的登记机关提交设立申请书、投资人身份证明、生产经营场所使用证明等文件。委托代理人申请设立登记时，应当出具投资人的委托书和代理人的合法证明。”“个人独资企业不得从事法律、行政法规禁止经营的业务；从事法律、行政法规规定须报经有关部门审批的业务，应当在申请设立登记时提交有关部门的批准文件。”

理解与适用

本条是对非法人组织之设立的规定，主要是对非法人组织之设立程序要件的规定。该条文包含两层意思。

（一）非法人组织应当依照法律的规定登记

（1）非法人组织原则上都应当进行登记。从本条规定来看，非法人组织原则上都应当进行登记。本条之所以作出此种规定，一方面是因为非法人组织的类型较多，登记有利于对各类非法人组织进行更有效率的管理；另一方面，要求非法人组织原则上都进行登记，有助于使不特定第三人了解对方当事人的主体资格和交易能力，进而维护交易安全。《合伙企业法》第 9 条第 1 款对合伙企业的登记问题作出了规定："申请设立合伙企业，应当向企业登记机关提交登记申请书、合伙协议书、合伙人身份证明等文件。"《个人独资企业法》第 9 条第 1 款对个人独资企业的登记问题作出了规定："申请设立个人独资企业，应当由投资人或者其委托的代理人向个人独资企业所在地的登记机关提交设立申请书、投资人身份证明、生产经营场所使用证明等文件。委托代理人申请设立登记时，应当出具投资人的委托书和代理人的合法证明。"

（2）如果没有登记，无法成为非法人组织意义上的民事主体，被视为一般的民事合伙关系。依据本条规定，非法人组织原则上都需要进行登记，未进行登记的社会组织在性质上就不属于非法人组织意义上的民事主体，而应当属于民事合伙。此类社会组织不享有民事权利能力，不能以自己的名义实施民事法律行为，也不能享有权利、承担义务。此类社会组织不受《民法典》中的民事主体制度的调整，而应当受到合同法律制度的调整。

对于未经登记的社会组织而言，其并不属于民事主体，无法享有民事权利。例如，其不得被登记为土地使用权的主体。同时，对于非法人组织之债务的承担，《民法典》第 104 条规定，非法人组织的财产不足以清偿债务的，其出资人或者设立人承担无限责任。这意味着，非法人组织的债务首先应由非法人组织的财产予以清偿，不足部分才由出资人或者设立人承担责任，但对未经登记的社会组织而言，其债务直接由其成员承担责任。

（二）须经有关机关批准的，依照其规定

对于特殊类型的非法人组织，法律、行政法规可能要求其设立必须经有关机关批准。此时，设立此类非法人组织即应当按照法律、行政法规的规定予以批准。非法人组织的设立需要经有关机关批准的情形主要包括如下两种：一是某种类型的非法人组织设立本身需要经过批准。例如，设立律师事务所和会计师事务所需要经有关机关批准，对此，《律师法》第 18 条规定：设立律师事务所，应当向设区的市级或者直辖市的区人民政府司法行政部门提出申请，受理申请的部门应当自受理之日起 20 日内予以审查，并将审查意见和全部申请材料报送省、自

治区、直辖市人民政府司法行政部门。省、自治区、直辖市人民政府司法行政部门应当自收到报送材料之日起 10 日内予以审核，作出是否准予设立的决定。准予设立的，向申请人颁发律师事务所执业证书；不准予设立的，向申请人书面说明理由。《注册会计师法》第 25 条第 1 款规定：设立会计师事务所，由省、自治区、直辖市人民政府财政部门批准。二是某种类型的非法人组织的设立本身不需要经过批准，但如果其经营范围属于需要批准的事项，则其也应当经有关部门批准。例如，《合伙企业法》第 9 条第 2 款规定：合伙企业的经营范围中有属于法律、行政法规规定在登记前须经批准的项目的，该项经营业务应当依法经过批准，并在登记时提交批准文件。依据该条规定，如果合伙企业的经营范围属于法律、行政法规规定应当批准的项目，则该合伙企业的设立应当经有关机关批准。《个人独资企业法》第 9 条第 2 款作出了同样规定：个人独资企业不得从事法律、行政法规禁止经营的业务；从事法律、行政法规规定须报经有关部门审批的业务，应当在申请设立登记时提交有关部门的批准文件。

当然，一般而言，对于应当经批准设立的非法人组织而言，在批准之后，仍然应当办理登记。批准和登记的功能存在一定的区别：批准主要是出于管理的需要，而登记主要起到一种公示的作用，即通过登记公示非法人组织的主体资格状况，来降低交易相对人的识别成本，维护交易安全。

（本条由王利明撰写）

第一百零四条

非法人组织的财产不足以清偿债务的，其出资人或者设立人承担无限责任。法律另有规定的，依照其规定。

本条主旨

本条对非法人组织的偿债规则作出了规定。

相关条文

《民法总则》第 104 条规定："非法人组织的财产不足以清偿债务的，其出资人或者设立人承担无限责任。法律另有规定的，依照其规定。"

《民法通则》第 35 条规定："合伙的债务，由合伙人按照出资比例或者协议的约定，以各自的财产承担清偿责任。""合伙人对合伙的债务承担连带责任，法律另有规定的除外。偿还合伙债务超过自己应当承担数额的合伙人，有权向其他合伙人追偿。”

《个人独资企业法》第2条规定：“本法所称个人独资企业，是指依照本法在中国境内设立，由一个自然人投资，财产为投资人个人所有，投资人以其个人财产对企业债务承担无限责任的经营实体。”

《合伙企业法》第2条第2款规定：“普通合伙企业由普通合伙人组成，合伙人对合伙企业债务承担无限连带责任。本法对普通合伙人承担责任的形式有特别规定的，从其规定。”

理解与适用

本条规定包含如下两层含义。

（一）非法人组织的财产不足以清偿债务的，其出资人或者设立人承担无限责任

1. 应当首先以非法人组织的财产清偿债务

非法人组织能够作为独立的民事主体，能够以自己的名义独立参与民事活动并享有财产权利，因此，如果非法人组织有财产，则首先应当以非法人组织的财产清偿其债务。例如，对合伙企业而言，《合伙企业法》第38条规定：合伙企业对其债务，应先以其全部财产进行清偿。对个人独资企业而言，《个人独资企业法》第31条规定：个人独资企业财产不足以清偿债务的，投资人应当以其个人的其他财产予以清偿。上述规定都确立了首先由作为非法人组织的合伙企业、个人独资企业优先以自己的财产偿还自己的债务的规则。

2. 非法人组织的财产不足以清偿债务的，则其出资人或者设立人承担无限责任

依据本条规定，如果非法人组织的财产不足以清偿自己的债务的，则由其出资人或者设立人就不足部分承担无限责任。也就是说，非法人组织的出资人或者设立人以自己个人的全部财产对非法人组织的债务承担责任。而非仅以其出资为限承担责任。这也是非法人组织与法人的最大区别。例如，《合伙企业法》第39条规定：合伙企业不能清偿到期债务的，合伙人承担无限连带责任。

（二）法律另有规定的，依照其规定

如果有法律规定非法人组织的出资人或者设立人无须对非法人组织资不抵债部分之债务承担无限连带责任或者有其他限制的，则依据该具体规定确定出资人、设立人的责任。例如，依据《合伙企业法》第2条，有限合伙人以其认缴的出资额为限对合伙企业债务承担责任。因此，在清偿合伙企业的债务时，有限合伙人所认缴的出资额是其责任承担的上限。如果有限合伙人认缴了出资，但尚未

实际履行出资义务，一旦合伙企业的财产不足清偿债务，则该有限合伙人应如实履行出资义务。如果其已实际履行出资义务，则在合伙企业的财产不足以清偿债务时，其不必再承担额外的清偿责任。再如，《个人独资企业法》第 28 条规定：个人独资企业解散后，原投资人对个人独资企业存续期间的债务仍应承担偿还责任，但债权人在 5 年内未向债务人提出偿债请求的，该责任消灭。

（本条由石冠彬撰写）

第一百零五条

非法人组织可以确定一人或者数人代表该组织从事民事活动。

本条主旨

本条对非法人组织的代表人制度作出了规定。

相关条文

《民法总则》第 105 条规定："非法人组织可以确定一人或者数人代表该组织从事民事活动。"

《民法通则》第 34 条第 2 款规定："合伙人可以推举负责人。合伙负责人和其他人员的经营活动，由全体合伙人承担民事责任。"

《合伙企业法》第 26 条第 2 款规定："按照合伙协议的约定或者经全体合伙人决定，可以委托一个或者数个合伙人对外代表合伙企业，执行合伙事务。"

理解与适用

（一）非法人组织可以确定代表人

非法人组织作为独立的民事主体，可以独立从事民事活动，故非法人组织可以确定代表人代表非法人组织从事民事活动。允许非法人组织确定代表人从事民事活动有助于维护交易安全，减少纠纷，使第三人在与非法人组织从事交易时能够明确知道谁能够有权代表非法人组织行为。代表人对外所从事的行为的法律后果原则上均由非法人组织承受，即使其代表行为已经超过了内部职权的限制，非法人组织也不得以此对抗善意第三人，主张不对"越权代表"行为的后果承担法律责任。

代表人与代理人具有一定的相似性，都可能发生行为效果的归属问题，但两者之间存在一定的区别，主要表现在：一是代理需要被代理人对代理人进行专门的授权，而代表不需要专门的授权。二是代理人之行为的法律效果归属于被代理人，而代表人的行为就直接被视为主体自身的行为，不需要发生法律效果的归属过程。三是举证责任不同。在越权代表的情形下，原则上法律行为有效，需要由非法人组织证明对方当事人知道或者应当知道代表人的代表权限。在无权代理的情形下，原则上法律行为效力待定，除非相对人证明成立表见代理。

虽然法人和非法人组织在主体上存在着显著的差异性，但是理解和适用本条规定的非法人组织的代表人制度时，很大程度上可以参照法人之法定代表人制度的类似规则，也即本条与《民法典》第 61 条存在本质上的相通性。因此，除法律有特别规定外，原则上非法人组织之代表人制度可以适用法人之法定代表人制度的一切规则。

（二）代表人可以为一人或数人

依据本条规定，非法人组织可以选择一人或者数人作为代表人，这有助于非法人组织更为灵活地确定代表人，从而充分保障其意思自治。例如，根据《合伙企业法》第 26 条第 2 款，按照合伙协议的约定或者经全体合伙人决定，可以委托一个或者数个合伙人对外代表合伙企业，执行合伙事务。此时，如果确定了代表人，应当由代表人代表非法人组织作出代表行为，其他成员不得代表。

（三）未确定代表人时，所有成员都可代表非法人组织从事民事活动

依据本条规定，非法人组织“可以”确定代表人，而非必须确定。在其未确定代表人时，非法人组织的所有成员都可代表非法人组织作出代表行为。例如，《合伙企业法》第 26 条第 1 款规定：合伙人对执行合伙事务享有同等的权利。因此，在对外代表合伙、执行合伙事务的问题上，我国采取的是“共同执行”的原则，即每一位合伙人均可对外代表合伙，其执行合伙事务的行为对合伙人均发生效力。该规范中所体现的规范思想也应适用于其他非法人组织。

（本条由石冠彬撰写）

第一百零六条

有下列情形之一的，非法人组织解散：

（一）章程规定的存续期间届满或者章程规定的其他解散事由出现；

（二）出资人或者设立人决定解散；

（三）法律规定的其他情形。

本条主旨

本条对非法人组织的解散作出了规定。

相关条文

《民法总则》第106条规定："有下列情形之一的，非法人组织解散：（一）章程规定的存续期间届满或者章程规定的其他解散事由出现；（二）出资人或者设立人决定解散；（三）法律规定的其他情形。"

《合伙企业法》第85条规定："合伙企业有下列情形之一的，应当解散：（一）合伙期限届满，合伙人决定不再经营；（二）合伙协议约定的解散事由出现；（三）全体合伙人决定解散；（四）合伙人已不具备法定人数满三十天；（五）合伙协议约定的合伙目的已经实现或者无法实现；（六）依法被吊销营业执照、责令关闭或者被撤销；（七）法律、行政法规规定的其他原因。"

《个人独资企业法》第26条规定："个人独资企业有下列情形之一时，应当解散：（一）投资人决定解散；（二）投资人死亡或者被宣告死亡，无继承人或者继承人决定放弃继承；（三）被依法吊销营业执照；（四）法律、行政法规规定的其他情形。"

理解与适用

所谓非法人组织的解散，即非法人组织根据出资人、投资人的合意或者于法律规定的情形终止民事主体资格。本条阐述了非法人组织解散的情形，即致使非法人组织解散的法律事实。解散事由大体上可以分为两类：一类是任意解散事由，即基于组织成员（出资人、设立人等）的意愿而解散，包含了"章程规定的存续期间届满或者章程规定的其他解散事由出现"和"出资人或者设立人决定解散"这些法定情形；另一类是强制解散事由，即非法人组织基于法律规定而被迫解散。具体而言，对本条可以从如下几方面进行解读。

（一）章程规定的存续期间届满而解散

这是指如果非法人组织的章程规定了组织的存续期间的，则该期间届满，非法人组织即可解散。如果存续期间届满后，设立人或组织成员不愿解散，则可以修改章程，并办理变更登记。如某一合伙企业的章程规定的存续期间届满而不愿解散，可至市场监督管理部门办理变更营业期限。该规定借鉴了《公司法》第180条第1项——公司因下列原因解散：（1）公司章程规定的营业期限届满或者公司章程规定的其他解散事由出现……当然，公司也可以通过表决修改章程而存续。

(二) 章程规定的其他解散事由出现而解散

这是指章程中约定了其他解散事由的，若该其他解散事由出现，则非法人组织即可解散。举例而言，某合伙企业可以约定 3 年内盈利低于约定底线就解散，那么只要合伙企业 3 年内的盈利低于约定的最低数额时，则任一合伙人均有权主张解散合伙企业。

(三) 出资人或设立人决定解散而解散

非法人组织一般由设立人、投资人自愿成立，当事人既可以决定成立组织，也能决定解散该组织。该规定与《合伙企业法》《个人独资企业法》的相关规定可谓一脉相承，如《合伙企业法》第 85 条第 3 项规定：全体合伙人决定解散，应当解散。《个人独资企业法》第 26 条第 1 项则规定：投资人决定解散，应当解散。由此可知，非法人组织的决议解散中，个人独资企业自然可由投资人独自决定解散；除了个人独资企业，任何具有团体性质的非法人组织的解散原则上均应当经全体投资人或者出资人决定。

在这一点上，非法人组织的解散与公司法人的解散还是存在一定不同的：(1) 公司的协议解散采取的是“绝对多数决”的方式，即有限责任公司“经代表三分之二以上表决权的股东通过”，即可决议解散，股份有限责任“经出席会议的股东所持表决权的三分之二以上通过”即可决议解散。简单说，公司的决议解散是不需要经过全体股东同意的。(2) 公司有强制解散制度而非法人组织尚无此类制度。《公司法》第 182 条规定：公司经营管理发生严重困难，继续存续会使股东利益受到重大损失，通过其他途径不能解决的，持有公司全部股东表决权百分之十以上的股东，可以请求人民法院解散公司。

(四) 法律规定的其他情形出现而解散

这是兜底条款，设定目的主要是和其他法律相协调。这是指除以上情形外，出现了法律规定的解散情形时，非法人组织也应解散，如合伙企业因为违法被主管机关行政处罚，依法吊销营业执照而解散。

(本条由石冠彬撰写)

第一百零七条

非法人组织解散的，应当依法进行清算。

本条主旨

本条对非法人组织解散后的强制清算作出了规定。

相关条文

《民法总则》第107条规定："非法人组织解散的，应当依法进行清算。"

《合伙企业法》第86条第1款规定："合伙企业解散，应当由清算人进行清算。"

《个人独资企业法》第27条第1款规定："个人独资企业解散，由投资人自行清算或者由债权人申请人民法院指定清算人进行清算。"

理解与适用

诚如前述，非法人组织解散是其主体资格消灭的必经程序，其解散的原因有主观上的原因，也有客观上的原因。主观上的原因如投资人决定解散，客观上的原因如被吊销营业执照、协议约定的目的已经实现或者无法实现等。在非法人组织解散后，应该进行清算，但不得开展与清算目的无关的经营活动。因为非法人组织在依法宣布解散后，要依照一定的程序来了结组织存续期间的事务，收回债权，清偿债务并分配财产，使其主体资格最后归于消灭，若是继续开展与清算无关的经营业务，会使债权债务处于悬而未决的状态，不利于保护清算双方的利益。具体而言，对于非法人组织解散后强制清算的规定，主要可以从"清算的程序"和"清算的意义"两方面展开理解。

1. 清算的程序

就清算程序而言，应当把握如下几个基本要点：第一，在清算开始时，必须先确定清算人，在清算期间代表组织执行与清算相关的事务。第二，清算人可以由组织成员的一人或数人担任，在特殊情况下，还可以由人民法院指定的人选担任。第三，在确立清算人后，清算开始，非法人组织的人格即进入受限制的状态，组织的权能由清算人统一行使，与清算无关的活动必须随即停止。第四，清算人应将解散清算事由通知全体债权人，债权人开始进行债权申报。若清算人未按照规定履行通知和公告义务，导致债权人未及时申报债权而未获清偿，则债权人可以对清算人主张因此造成的损失。第五，在发出通知和公告之后，债权人开始申报债权，清算人进行登记，并制作负债表和财产清单，并按照一定的顺序和比例进行财产分配。第六，清算结束后，清算人应编制清算报告，并办理注销登记，非法人组织即告终止。

2. 清算的意义

清算不仅仅是对即将终止的财产、债务的清理，更重要的是通过清算程序对社会、对债权人作出一个明确的交代。清算程序的重要意义就在于，通过清算使即将完结的组织对社会的不良影响减少到最低限度，清算是一种将债权债务进行彻底清理的法律手段。[①] 具体地说，清算具有如下几点意义：（1）对债权人而言，通过清算程序可使他们的债权得到公平偿还，避免了在缺乏公平清偿秩序的情况下可能受到的损害，也避免了债权人求偿无门的情况发生。（2）对于出资人而言，通过清算程序，使他们能平等收回自己的投资，维护出资人的合法权益，降低投资风险。（3）对社会而言，其意义首先在于通过规范清算行为，维持正常的债务清偿秩序，其次在于通过清算，加强对非法人组织的管理，避免第三人因不知非法人组织解散而陷入可能发生的风险，维护正常的经济秩序。

（本条由石冠彬撰写）

第一百零八条

非法人组织除适用本章规定外，参照适用本编第三章第一节的有关规定。

本条主旨

本条对非法人组织参照适用法人规则作出了规定。

相关条文

《民法总则》第108条规定："非法人组织除适用本章规定外，参照适用本法第三章第一节的有关规定。"

理解与适用

概言之，非法人组织首先应适用《民法典》之总则编第四章的规定，但在第四章没有规定的情形下，还可参照适用总则编第三章第一节即法人的一般性规定。

虽然《民法典》对非法人组织的规定极为简要，但是非法人组织所适用的法律规则还是较为复杂的，举例而言，非法人组织可以参照法人的规定得出如下适

① 王妍．我国企业清算中的法律问题．当代法学，2002（4）．

用结论：第一，合伙企业、个人独资企业等非法人组织的民事权利能力和民事行为能力，从其成立时产生，到其终止时消灭。第二，非法人组织以其主要办事机构所在地为住所，依法需要办理登记的，应当将主要办事机构所在地登记为住所。第三，非法人组织存续期间登记事项发生变化的，应当依法向登记机关申请变更登记，实际情况与登记的事项不一致的，不得对抗善意相对人。第四，非法人组织合并的，其权利和义务由合并后的组织享有和承担；分立的，其权利和义务由分立后的组织享有连带债权、承担连带债务。第五，非法人组织解散的，除合并或者分立的情形外，清算义务人应当及时组成清算组进行清算。第六，非法人组织的出资人为清算义务人。清算义务人未及时履行清算义务，造成损害的，应当承担民事责任。主管机关或者利害关系人可以申请人民法院指定有关人员组成清算组进行清算。第七，清算期间法人存续，但是不得从事与清算无关的活动。第八，非法人组织可以依法设立分支机构。第九，代表人的越权代表行为的效力也可参照适用法人的规则。

（本条由石冠彬撰写）

第五章

民事权利

第一百零九条

自然人的人身自由、人格尊严受法律保护。

本条主旨

本条对一般人格权作出了规定。

相关条文

《民法总则》第109条规定："自然人的人身自由、人格尊严受法律保护。"

《民法通则》第101条规定："公民、法人享有名誉权，公民的人格尊严受法律保护，禁止用侮辱、诽谤等方式损害公民、法人的名誉。"

《宪法》第37条第1款规定："中华人民共和国公民的人身自由不受侵犯。"

《宪法》第38条规定："中华人民共和国公民的人格尊严不受侵犯。禁止用任何方法对公民进行侮辱、诽谤和诬告陷害。"

理解与适用

本条在法律上确认了一般人格权。所谓一般人格权（das allgemeine Persönlichkeitsrecht），是相对于具体人格权而言的，它是指由自然人享有的、以人格尊严、人格平等、人身自由为内容的，具有高度概括性和权利集合性特点的权利（Auffangtatbestandsrecht）。[①] 在德国，最早提出一般人格权概念的是基

① 尹田. 论一般人格权. 法律科学，2002（4）.

尔克，后该概念为德国判例、学说所普遍接受。[①] 一般人格权形成了对人格权进行保护的兜底条款，这既保持了人格权体系的开放性，为对新型人格利益的保护预留了空间，也为法官提供了裁判依据。从本条规定来看，一般人格权仅适用于自然人，而不适用于法人。此外，该条还宣示了人格权保护的基本价值，即判断某些侵权行为所侵害的权益能否作为人格利益受到保护（如挖掘祖坟、砸毁墓碑、人格歧视等），就要看它是否体现了本条所规定的人身自由、人格尊严价值。

依据本条，一般人格权具有如下特点。

1. 主体是自然人

一般人格权的主体仅限于自然人，法人、非法人组织不能成为一般人格权的主体。这主要是因为人身自由与人格尊严，都是针对自然人而言，其所保护的也是自然人的人格利益，法人、非法人组织因不享有人身自由与人格尊严，故不能成为一般人格权的主体。

2. 一般人格权包括人身自由与人格尊严两方面的内容

（1）人身自由。

人身自由有广义和狭义之分。从广义上理解，人身自由不仅包括人身自由权，还包括精神的自由、个人依法享有的自主决定的权利。从这一意义上说，人身自由又属于一般人格权的范畴。《民法典》第 990 条显然是从一般人格权的角度理解人身自由概念的。至于狭义的人身自由，仅指行动自由。我国《民法典》第 1011 条规定：以非法拘禁等方式剥夺、限制他人的行动自由，或者非法搜查他人身体的，受害人有权依法请求行为人承担民事责任。由此可见，狭义的行动自由在我国《民法典》中被纳入了身体权中加以保护。

作为一般人格权的人身自由包括如下几个方面的内容。

一是身体活动的自由。《民法典》第 1011 条规定所说的“行动自由”是指身体活动自由，主要是肢体行为等物理活动上的自由。这就是说个人可以自由支配其身体组成部分，并且进行自由活动。身体活动自由是个人参与社会活动、享有各种权利的基本前提，也是个人应当享有的基本权利。

二是自主决定。所谓自主决定，是指权利人对自己的人格利益依法利用或者在法律规定的范围内的处置。从比较法上看，一些国家通过判例确立了自主决定权，例如，美国罗伊诉韦德堕胎案（Roe v. Wade）一案确认堕胎自由属于个人自主决定的范围。[②] 我国也有不少学者主张将自主决定权作为一项独立的具体人

① Otto von Gierke, Deutsches Privatrecht, Bd Ⅰ (1895), S. 703.

② Roe v. Wade, 410 U. S. 113 (1973).

格权。笔者认为，自主决定不应作为一项独立的人格权，而应当成为具体人格权和一般人格权的内容。主要理由在于：一方面，自主决定是私法自治的延伸，如果将自主决定权作为一项独立的人格权，其范围将很难决定，而且有很多具体的人格权都会涉及自主决定，也就容易造成不必要的竞合。自主决定的范围比较模糊，如果将其认可为独立的人格权，则很难确定权利的边界，也容易导致此种权利与其他权利不易区分。另一方面，人格权法上的自主决定是与人格利益联系在一起，这些自主决定都是人格自由的内容，而不宜作为一项具体人格权。人格权法上的自主决定不是一般意义上的自主决定，而是指可以包含在一般人格权的人格自由之中的人格利益。自主决定可以作为人身自由的内容，从而弥补具体人格权规定的不足。

三是精神活动的自由。它是指自然人按照自己的意志和利益，在法律规定的范围内自主思维的权利，是自然人自由支配自己内在思维活动的权利①，是自然人进行意思表示或其他民事活动的意志决定自由。② 也有学者主张采用精神自由权的概念。③ 在我国台湾地区，有学者认为，在欺诈、胁迫等情形，受害人有权请求侵害精神活动自由的赔偿。笔者认为，不宜将精神自由规定为具体人格权，作为一种人格利益，其应当受到一般人格权的保护。

（2）人格尊严。

“尊严”一词来源于拉丁文（dignitas），意指尊贵、威严。④ 人格尊严是指人作为法律主体应当得到的承认和尊重。人格尊严是指每个人作为“人”所应有的社会地位，以及应受到的他人和社会的最基本尊重，是人作为社会关系主体的基本前提。人在社会中生存，不仅要维持生命，而且要有尊严地生活。人格尊严是人基于自己所处的社会环境、工作环境、地位、声望、家庭关系等各种客观要素，而对自己的人格价值和社会价值的认识与尊重，是人的社会地位的组成部分。人格尊严是受到哲学、法学、社会学等学科关注的概念。⑤ 在民法中，人格尊严是人格权的基石。现代人格权法的构建应当以人格尊严的保护为中心而展开。

---

① 杨立新．人格权法专论．高等教育出版社，2005：324.

② 冉克平．论人格权法中的人身自由权．法学，2012（3）.

③ 杨立新．民商法理论争议问题——精神损害赔偿．北京：中国人民大学出版社，2004：8.

④ 也有学者认为该词与人的尊严无关。Robin Gotesky and Ervin Laszlo，ed.，*Dignity—This Century and the Next*：*An Interdisciplinary Inquiry into Human Rights*，*Technology*，*War*，*and the Ideal*，New York：Gorden and Breach，1970，p. 42.

⑤ David A. Hyman，“Does Technology Spell Trouble with a Capital ‘T’?：Human Dignity and Public Policy”，27 *Harc. J. L. & Pub. Pol'y* 3，3（2003）.

人格尊严是人作为社会关系主体的一项基本前提，意味着人作为人所应有的最基本的社会地位并且应当受到社会和他人最基本的尊重，是每一个人基于自己所处的社会环境、地位、声望、工作环境、家庭关系等各种客观条件，对自己和他人的人格价值和社会价值的认识与尊重。经过改革开放四十年来的发展，中国持续、稳定地解决了十几亿人的温饱问题。中国已经成为世界第二大经济体，人民的物质生活条件得到了极大的改善，总体上实现了小康，不久即将全面建成小康社会。人民在其物质生活水平提高以后，必然要求进一步尊重其人格尊严。正因如此，中国共产党十九大报告在民生部分提出了要保障公民的合法权益，并且特别强调了对人格权的保护。这实际上就是将人格权的保护作为保障人民美好幸福生活的重要内容，突出了人格权保护的重要价值。

保护人格尊严是我国《民法典》之人格权编立法的根本目的，也是贯穿于人格权编的基本理念和精神，构成了整个人格权法的价值基础。康德认为，“人格”就意味着必须遵从这样的法则，即“不论是谁在任何时候都不应把自己和他人仅仅当作工具，而应该永远视为自身就是目的”①。1982 年《宪法》确认了对人格尊严的严格保护。该法第 38 条规定：中华人民共和国公民的人格尊严不受侵犯。禁止用任何方法对公民进行侮辱、诽谤和诬告陷害。人格尊严虽然是一项宪法基本权利，但必须通过人格权制度来具体化，并且只有转化为一项民事权利，才能获得民法的保护。任何人侵害他人的人格尊严，受害人将依据民法获得救济。如果说人格权独立成编是从形式体系上完成了人格权的体系化，那么人格权编的价值体系是以维护人的尊严展开的。依据《民法典》第 990 条第 2 款，人格尊严既是一般人格权的内容，也是评价某种新型人格利益是否应当受到法律保护的重要标准。这也充分彰显了我国《民法典》的人文关怀精神。

一般人格权也具有派生性，即可以从一般人格权中派生出新的具体人格权。随着社会的发展，新的人格利益不断产生，一般人格权可以为对这些新型人格利益的保护提供法律依据。一般人格权也能够起到兜底性条款的作用，从而能够对具体列举的具体人格权所未能涵盖的部分提供概括保护，为社会变迁中出现的新型人格利益确立请求权的基础。

（本条由王利明撰写）

---

① 康德. 道德形而上学原理. 苗力田，译. 上海：上海人民出版社，2002：52.

第一百一十条

自然人享有生命权、身体权、健康权、姓名权、肖像权、名誉权、荣誉权、隐私权、婚姻自主权等权利。

法人、非法人组织享有名称权、名誉权和荣誉权。

本条主旨

本条对自然人、法人和非法人组织所享有的具体人格权作出了规定。

相关条文

《民法总则》第 110 条规定："自然人享有生命权、身体权、健康权、姓名权、肖像权、名誉权、荣誉权、隐私权、婚姻自主权等权利。""法人、非法人组织享有名称权、名誉权、荣誉权等权利。"

《民法通则》第 98 条规定："公民享有生命健康权。"

《民法通则》第 99 条规定："公民享有姓名权，有权决定、使用和依照规定改变自己的姓名，禁止他人干涉、盗用、假冒。""法人、个体工商户、个人合伙享有名称权。企业法人、个体工商户、个人合伙有权使用、依法转让自己的名称。"

《民法通则》第 100 条规定："公民享有肖像权，未经本人同意，不得以营利为目的使用公民的肖像。"

《民法通则》第 101 条规定："公民、法人享有名誉权，公民的人格尊严受法律保护，禁止用侮辱、诽谤等方式损害公民、法人的名誉。"

《民法通则》第 102 条规定："公民、法人享有荣誉权，禁止非法剥夺公民、法人的荣誉称号。"

《民法通则》第 103 条规定："公民享有婚姻自主权，禁止买卖、包办婚姻和其他干涉婚姻自由的行为。"

理解与适用

依据本条规定，自然人所享有的具体人格权包括生命权、身体权、健康权、姓名权、肖像权、名誉权、荣誉权、隐私权、婚姻自主权等权利，法人、非法人组织所享有的具体人格权包括名称权、名誉权和荣誉权。

（一）自然人享有生命权、身体权、健康权、姓名权、肖像权、名誉权、荣誉权、隐私权、婚姻自主权等权利

本条第 1 款从正面对自然人所享有的各项具体人格权作出了确认，彰显了民法典之权利法的特点；同时，本条第 1 款对自然人之具体人格权的列举也为《民

法典》之人格权编对各项具体人格权作出细化规定奠定了基础。具体而言，自然人享有如下具体人格权。

(1) 生命权。所谓生命权，是指以维护个人生命安全与生命尊严为内容的一项人格权。《民法典》第 1002 条规定：自然人享有生命权。自然人的生命安全和生命尊严受法律保护。任何组织或者个人不得侵害他人的生命权。依据该条规定，生命权包含如下两方面的内容：一是维护生命安全。虽然个人享有维护生命安全的权利，但该权利的行使前提是存在不法侵害行为，即在行为人实施不法侵害行为，危及个人的生命安全时，个人有权通过正当防卫等方式，维护自身的生命安全。二是维护生命尊严。在生命权中增加生命尊严的内容，丰富了生命权的内容，即生命权不仅包含个人享有生命安全的权利，也包含以享有维护自己生命尊严的权利。

(2) 身体权。所谓身体权，是指个人所享有的维护自身身体完整以及维持个人行动自由的权利。关于身体权，《民法典》第 1003 条规定：自然人享有身体权。自然人的身体完整和行动自由受法律保护。任何组织或者个人不得侵害他人的身体权。身体权作为一种物质性人格权，以个人的身体为客体，其权利主体限于自然人。法人和非法人组织作为组织体，虽然也具有一定的组织机构，但并不享有身体权。身体权的固有性是指自然人自出生之时即享有身体权，而不需要权利人积极实施一定的行为才能取得身体权。同时，身体权也具有人身专属性，在权利人之主体资格存续的期间内，身体权始终受到法律保护。身体权不可抛弃，也无法转让和继承。

(3) 健康权。健康权是指维护个人身体机能的正常运转以及心理的良好状态的权利。健康权是个人所享有的一项重要的物质性人格权。健康权与身体权存在一定的关联性，如强制抽取他人的血液，并因此使他人感染相关疾病的，既构成对他人身体权的侵害，也构成对他人健康权的侵害。但健康权不同于身体权，对健康权的侵害客观上需要影响他人生理或者心理的良好状态，而对身体权的侵害并不需要此种损害后果。例如，行为人非法拘禁他人，构成对他人身体权的侵害，但并不构成对他人健康权的侵害。

(4) 姓名权。姓名权是自然人依法决定、使用、变更或者许可他人使用自己的姓名，并要求他人尊重自己姓名的权利。姓名是辨别个人之外在特征的一种语言符号，其主要功能在于将姓名权人与其他人区分开来。但姓名并不仅仅起到身份确定的功能。由于与特定的主体相关联，姓名还可以作为个人个性的一种表达和标志，因而包含一定的精神利益，因此，姓名权是一项重要的人格权，而且是个人所享有的一项重要的标表型人格权。姓名权作为一种标表型人格权，其主体限于自然人，其主要功能在于标志个人的身份。法人和法人组织作为组织体，通过名称标志其身份，无法享有姓名权。

(5) 肖像权。所谓肖像权，是指自然人以其肖像所体现的精神利益以及财产利益为内容的权利。肖像权是一种重要的标表型人格权，即他人可以直接通过肖像识别个人的身份。肖像权中同时包含精神利益与财产利益，行为人故意毁损、污化他人肖像的，可能造成权利人精神痛苦，权利人有权依法请求行为人承担精神损害赔偿责任。行为人未经许可擅自使用他人肖像的，权利人有权请求行为人赔偿财产损失。肖像权以个人的肖像为客体，而肖像是个人外部形象的一种再现，因此，肖像权的主体限于自然人。法人和非法人组织在客观上无法享有肖像权。肖像权作为自然人专有的一种人格权，也具有人身专属性，仅能由权利人个人享有，无法转让和抛弃，也无法继承。

(6) 名誉权。所谓名誉权，是指民事主体对其名誉所享有的不受他人侵害的权利。我国民事立法历来重视对名誉权的保护，《民法通则》第101条专门规定了对公民、法人名誉权的保护规则。该条规定：公民、法人享有名誉权，公民的人格尊严受法律保护，禁止用侮辱、诽谤等方式损害公民、法人的名誉。《侵权责任法》第2条在规定侵权责任法保护的权益范围时，也专门规定了名誉权。名誉权的客体为名誉。依据《民法典》第1024条第2款的规定，名誉是对民事主体的品德、声望、才能、信用等的社会评价。从该款规定可以看出，名誉是对民事主体的一种客观社会评价，而且是一种良好的社会评价。这也意味着，如果行为人的行为没有导致他人的社会评价降低，则不构成对他人名誉权的侵害。例如，虽然行为人侮辱了他人，但如果该行为并没有被第三人知晓，则只是侵害了他人的名誉感，而不构成对他人名誉权的侵害。

(7) 荣誉权。所谓荣誉权，是指民事主体对于自己已经获得或者可能获得的荣誉称号等依法享有的不受他人非法侵害的权利。关于荣誉权在性质上属于人格权还是身份权，存在一定的争议，但从立法层面看，我国民事立法历来将荣誉权规定为一项独立的人格权。荣誉权虽然也是对民事主体的一种良好的社会评价，与名誉权具有相似性，但与名誉权在评价内容、评价主体、受侵害的方式以及救济方式等方面均存在一定的差别，无法被名誉权包含，因此，《民法典》将其规定为一种独立的人格权。

(8) 隐私权。所谓隐私权，是指个人免于外界公开和干扰的私人私密与私生活安宁的状态。现代意义上的隐私权概念起源于美国。我国《民法通则》在规定具体人格权的类型时，并没有规定隐私权。在我国司法实践中，主要通过名誉权规则保护隐私利益。《民法典》之人格权编对隐私权作出规定，从民事基本法的层面规定了隐私权的保护规则。这对于强化隐私权保护具有重要意义。隐私权仅能由自然人享有，法人和非法人组织并不享有隐私权。虽然法人也对其商业秘密享有权利，但商业秘密是财产权的客体，而非人格权的客体，主要通过反不正当竞争法等法律规则受到保护，而不是通过隐私权规则受到保护。隐私权具有人身专属性，仅能由权利人本人享有，权利人无法转让其隐私权；权利人死亡后，其隐私权也消灭，不得成为继承的对象。隐私权的内容包括私人生活安宁、私密空间、私密活动以及私密信息。具体而言：1）私人生活安宁，即个人所享有的私人生活安定和宁静的一种状态。私人生活安宁包括个人的日常生活安宁、通讯安宁等内容。2）私密空间。传统意义上的私密空间主要是指个人的住宅，但在现代社会，作为隐私权客体的私密空间还包括网络空间内的个人私密空间，如个人的邮箱、采取安全措施的微信朋友圈等空间。3）私密活动。个人的私密活动如个人的日常活动、行为轨迹等，也属于隐私权的保护对象。4）私密信息。个人的私密信息是指个人不愿意公开的私密信息，其也属于隐私权的保护对象。需要指出的是，虽然个人对外公开了其私人信息，但如果其仅在特定范围内公开其私人信息，他人违背个人意愿擅自扩大公开范围的，也构成对他人隐私权的侵害。例如，权利人将自己的名片给他人，如果接受名片的一方擅自将权利人名片中的信息上传至网络，则仍应当构成对权利人之隐私权的侵害。

（9）婚姻自主权。所谓婚姻自主权，是指个人有权自愿决定本人的婚姻，不受他人的非法干涉和强迫。关于婚姻自主权的性质，有观点认为其属于身份权，但本条将其规定为一项具体人格权。笔者认为，《民法典》的立场值得赞同，因为婚姻自主权虽然与个人的婚姻关系具有一定的关联，具有一定的身份属性，但其目的在于保护个人决定其婚姻关系的自由，并不以权利人具有一定的婚姻关系为前提，故其应当是一种精神性人格权。

此外，从本条规定来看，除上述具体人格权外，本条第 1 款在规定自然人所享有的具体人格权类型时，还使用了“等权利”这一兜底表述，保持了具体人格权类型的开放性。这也意味着，随着人格权保护观念的发展和人格权保护司法实践的发展，将来立法可以根据现实需要承认新的具体人格权类型。

（二）法人、非法人组织享有名称权、名誉权和荣誉权

依据本条第 2 款规定，法人、非法人组织享有名称权、名誉权和荣誉权。与《民法总则》第 110 条相比，本条在规定法人、非法人组织的人格权类型时，并没有使用“等权利”这一兜底表述。这表明，法人、非法人组织所享有的具体人格权类型具有封闭性，即其仅享有名称权、名誉权和荣誉权这三项具体人格权，而不享有其他具体人格权。具体而言，法人、非法人组织所享有的具体人格权包括：

（1）名称权。所谓名称权，是指法人、非法人组织对其用以确定和代表自身并区别于他人的符号和标记所享有的权利。名称是法人、非法人组织标明自己的主体身份并区别于其他组织的一种标志。名称权也是一种标表型人格权。名称权的主体为法人和非法人组织，并应当通过法定程序取得，需要经过有关机关的核准和审批才能取得名称权。除名称权的取得外，名称的变更、转让等，也需要依据法律规定办理登记手续。对此，《民法典》第 1016 条第 1 款规定："自然人决定、变更姓名，或者法人、非法人组织决定、变更、转让名称的，应当依法向有关机关办理登记手续，但是法律另有规定的除外。"名称权包括名称使用权、名称变更权、名称转让权和许可他人使用自己名称的权利。

（2）名誉权。如前所述，名誉权是指民事主体对其名誉所享有的不受他人侵害的权利。法人、非法人组织的名誉权，就是法人、非法人组织对其声誉、信用等良好社会评价所享有的权利。行为人侵害法人、非法人组织的名誉，造成其社会评价降低的，将构成对其名誉权的侵害。

（3）荣誉权。如前所述，荣誉权是指民事主体对自己已经获得或者可能获得的荣誉称号等依法享有的不受他人非法侵害的权利。法人、非法人组织的荣誉权是法人、非法人组织对其已经获得和可能获得的荣誉称号所享有的权利，行为人侵害法人、非法人组织已经获得的荣誉称号，或者实施非法行为，导致法人、非法人组织无法获得其本可获得的荣誉称号的，构成对其荣誉权的侵害。

（本条由王叶刚撰写）

第一百一十一条

自然人的个人信息受法律保护。任何组织或者个人需要获取他人个人信息的，应当依法取得并确保信息安全，不得非法收集、使用、加工、传输他人个人信息，不得非法买卖、提供或者公开他人个人信息。

本条主旨

本条对自然人的个人信息保护作出了规定。

相关条文

《民法总则》第 111 条规定："自然人的个人信息受法律保护。任何组织和个人需要获取他人个人信息的，应当依法取得并确保信息安全，不得非法收集、使用、加工、传输他人个人信息，不得非法买卖、提供或者公开他人个人信息。”

理解与适用

法律之所以对个人信息予以保护，一方面是为了彰显个人的人格尊严，实现个人在社会中的人格形象；另一方面，是因为这些信息涉及个人的人格利益，涉及名誉、肖像、隐私等。①

（一）自然人的个人信息受法律保护

所谓个人信息，是指与特定个人相关联的、反映个体特征的、具有可识别性的符号系统，包括个人身份、工作、家庭、财产、健康等各方面的信息。个人信息具有如下特征：一是个人性。个人信息的主体仅限于自然人，而不包括法人、非法人组织。二是人格利益性，即个人信息和人格利益密切相关，体现了个人人格尊重。个人信息是个人参与社会交往的载体，是个人进行人格表现和人格发展的工具。个人在参与社会交往过程中必然会产生许多个人信息，信息主体对个人信息流转范围和流转方式的掌握，和个人人格的发展密切联系，这也是在现实社会中保护个人信息相关权益的价值基础。三是可识别性。所谓可识别性，是指通过个人信息能够直接或者间接识别本人的身份和行动轨迹的特性。② 个人信息都要指向特定的对象，都要与特定的自然人相联系。个人信息具有辨别或确定特定人的特性和功能，如果相关信息并非指向特定的自然人，则不属于个人信息。当然，有些个人信息是可以直接识别特定人的，如姓名、身份证号、肖像等；而有些信息虽然不具有直接识别特定人的功能，但是可以通过和其他个人信息结合而达到辨别和确定特定人的目的。这部分个人信息被称为间接个人信息。

《民法典》第1034条第2款规定：个人信息是以电子或者其他方式记录的能够单独或者与其他信息结合识别特定自然人的各种信息，包括自然人的姓名、出生日期、身份证件号码、生物识别信息、住址、电话号码、电子邮箱地址、行踪信息等。根据个人信息与个人私人生活、人身和财产安全的关联性，可以将个人信息区分为敏感个人信息和非敏感个人信息。所谓个人敏感信息，是指信息的内容和个人的私人生活秘密密切相关，一旦被泄露、非法提供或滥用，可能危害人身和财产安全的信息。非敏感个人信息是指与个人私人生活关系并不是十分紧密，一旦遭到泄露或修改，一般只是会对标志的个人信息主体造成不良影响的个

① 张新宝．信息技术的发展与隐私权保护．法制与社会发展，1996（5）．

② 齐爱民．个人资料保护法原理及其跨国流通法律问题研究．武汉：武汉大学出版社，2004．

人信息。在我国理论上和实务中都普遍采纳敏感个人信息和非敏感个人信息的分类，两者的区别主要在于：一是与个人的人身、财产安全的关联性不同。对敏感信息主要考虑对信息主体的人身、财产安全有无危险，而非敏感个人信息与个人私人生活的关系以及人身、财产安全的联系并不十分密切。二是对敏感信息法律必须提供比对一般信息更为全面的保护。

应当指出的是，本条只是规定了个人信息应当受到法律保护，而没有使用“个人信息权”这一表述。这表明《民法典》并没有将个人信息作为一项具体人格权利，但本条为自然人的个人信息保护提供了法律依据。

（二）个人信息保护的内容

1. 依法取得，不得非法收集

依据本条规定，应当依法取得自然人的个人信息，不得非法收集。这包括两方面的内容：一是收集信息的主体必须合法。通常个人信息的收集机构主要有法律授权的主体（如国家机关）以及获得信息主体同意的信息收集机构，其收集他人信息必须目的合法、程序合法、依据合法。二是收集个人信息的手段必须合法。个人信息的收集必须遵循合法、自愿和必要原则。个人信息的收集必须基于与收集者本身的职能有关的合法目的[①]，不能收集与有关机关行使职权无关的个人信息；个人信息的收集应尊重信息主体的意愿，一般情况下以信息主体的自愿为前提，知情同意是个人信息作为信息自主决定权的具体体现。商业机构收集的个人信息也仅限于其同意的范围，未经同意或者在同意之外的，尤其是涉及个人私生活的个人信息，不得随意收集。收集他人的个人信息，还应当遵循必要的原则，即收集信息的数量和详细程度，以必要为原则，足以达到合法目的即可，不得收集不必要的信息。

2. 确保信息安全

《民法典》第1038条第2款规定：信息处理者应当采取技术措施和其他必要措施，确保其收集、存储的个人信息安全，防止信息泄露、篡改、丢失；发生或者可能发生个人信息泄露、篡改、丢失的，应当及时采取补救措施，按照规定告知自然人并向有关主管部门报告。这就确认了信息收集者、控制者应当采取技术措施和其他必要措施，确保其收集、存储的个人信息安全，防止信息泄露、篡改、丢失。

具体而言，这包括以下两方面的内容：一是指信息控制者应该采取安全措施

---

① 张新宝．信息技术的发展与隐私权保护．法制与社会发展，1996（5）.

保护个人信息不被泄露或者非法窃取、传播等；二是对于个人信息应当采取安全保护措施，发生或者可能发生信息泄露、篡改、丢失的、应当及时采取补救措施。[1] 个人信息的安全包括了储存安全、传递安全、使用安全等内容。储存安全是指信息的控制者要确保该信息以安全的方式储存；传递安全是指信息在传输过程中不至于发生不当的丢失、被截取、被修改或者被公开；使用安全是指信息在使用的过程中不得被非法或不当使用或被处理。[2] 为了达到此种信息安全，个人信息的控制者应当采取相应的安全保障措施，建立一套个人信息保护制度，明确责任人和内部管理流程，以及采取有效措施防范个人信息泄露的风险，发生泄露时应采取措施及时应对。在达到目的后，应该将相关个人信息及时删除，以防止不必要的危险。[3]

3. 不得非法利用

依据本条规定的“不得非法使用、加工、传输他人个人信息”和“不得非法买卖、提供或者公开他人个人信息”，对个人信息利用的形式包括使用、加工、传输、买卖、提供和公开等，个人信息控制者必须在法律规定的范围内和信息主体同意的范围内利用所收集的信息。

此处所说的非法买卖、提供，包括违反法律法规的规定和当事人的约定向他人提供信息，或者在未征得信息主体同意的情况下，向他人告知信息主体的个人信息。非法提供主要包括非法交换、共享等行为：一是买卖个人信息。所谓买卖，是指以有偿为目的，将所收集的个人信息转让给他人的行为。在买卖个人信息时，只要没有信息主体的同意，都是非法的。非法买卖个人私人信息将导致私人信息被非法公开，构成对权利人之隐私权的侵害；同时会导致个人信息的流转与利用违背个人的意愿，也构成对权利人个人信息的侵害，将可能构成刑事犯罪。二是向他人非法提供个人信息，包括未经同意与他人共享或交换个人信息。这里所说的共享，主要强调其非营利性，即信息收集者和控制者不以营利为目的，通过传输和复制等方式，将个人信息交由他人掌握。所谓交换，即以获得他人所掌握个人信息为目的，以传输或复制等方式，让个人信息交由他人掌握的行为。交换中通常包括两个主体之间所掌握个人信息的流转。擅自向他人提供个人信息构成对信息权利人的侵害，行为人应当承担法律责任。

（本条由王利明撰写）

---

① Christiane Féral-Schuhl, *Cyber droit, le droit à l'épreuve de l'Internet*, Dalloz, 2008, p. 43.

② 齐爱民. 拯救信息社会中的人格. 北京：北京大学出版社，2009：275.

③ 工信部：个人信息保护指南将出台. 北京晚报，2012-04-05.

第一百一十二条

自然人因婚姻家庭关系等产生的人身权利受法律保护。

本条主旨

本条对自然人所享有的身份权作出了规定。

相关条文

《民法总则》第 112 条规定："自然人因婚姻、家庭关系等产生的人身权利受法律保护。"

《婚姻法》第 14 条规定："夫妻双方都有各用自己姓名的权利。"

《婚姻法》第 15 条规定："夫妻双方都有参加生产、工作、学习和社会活动的自由，一方不得对他方加以限制或干涉。"

理解与适用

所谓身份权，是指为法律所保护的基于民事主体某种行为、关系所产生的与其身份有关的人身权利。[①] 身份权是由一定的身份关系所产生的权利，权利人必须具有某种身份地位才能取得相应的身份权，例如，基于一定的血亲的身份而取得亲权等。依据本条规定，自然人的身份权是基于婚姻家庭关系等而产生的，这也反映了身份权以一定的身份关系为基础的特点，这也是其不同于人格利益的特点。尽管身份权和人格权都属于人身权的范畴，但二者是两类不同的权利，主要区别如下：一方面，从客体来看，人格权以人格利益为客体，人格利益包括维护自然人生理活动能力的安全利益、个人对其人格标志（如姓名、肖像等）所享有的权利、主体所获得的社会评价和自尊的安全利益等，而身份权的客体是基于一定的身份所取得的利益，简称为身份利益。当然，身份权所支配的不是特定的人及其身份，而是基于身份关系所体现的利益。另一方面，权利的取得不同。人格权因主体的出生或成立而取得，并不需要主体实施一定的行为。而身份权取得的原因各不相同，行为人取得某些身份权不仅要有一定的民事行为能力，而且还要实施一定的行为，如因结婚取得配偶权，因收养而形成父母子女关系等。虽然《民法典》第 112 条明确了自然人可以享有身份权，但是，至于具体享有哪些身份权，仍然需要借助于学说和司法实务来予以明确。一般认为，基于婚姻关系可

---

① 唐德华. 民事审判若干理论与实践问题. 长春：吉林人民出版社，2002：163.

以产生配偶权，基于家庭关系可以产生亲权。

依据本条规定，自然人的身份权以其婚姻家庭关系为基础，以一定的身份关系存续为前提，一旦这种身份关系消灭，则相关的身份利益也将不复存在。因自然人间之身份关系所产生的身份利益主要包括因婚姻关系而产生的身份利益和因家庭关系而产生的身份利益，故自然人之身份权主要包括夫妻之间、父母子女之间、有扶养关系的祖父母与孙子女或外祖父母与外孙子女之间依法相互享有的身份权，以及因监护关系产生的监护权等。

（本条由王利明撰写）

第一百一十三条

民事主体的财产权利受法律平等保护。

本条主旨

本条对财产权利的平等保护作出了规定。

相关条文

《民法总则》第113条规定："民事主体的财产权利受法律平等保护。"

《物权法》第4条规定："国家、集体、私人的物权和其他权利人的物权受法律保护，任何单位和个人不得侵犯。"

《民法通则》第75条规定："公民的个人财产，包括公民的合法收入、房屋、储蓄、生活用品、文物、图书资料、林木、牲畜和法律允许公民所有的生产资料以及其他合法财产。""公民的合法财产受法律保护，禁止任何组织或者个人侵占、哄抢、破坏或者非法查封、扣押、冻结、没收。"

《宪法》第13条第1款规定："公民的合法的私有财产不受侵犯。"

理解与适用

平等保护是社会主义基本经济制度的固有内容，我国立法历来重视对民事主体之财产权利的平等保护。《宪法》第6条第2款规定：国家在社会主义初级阶段，坚持公有制为主体、多种所有制经济共同发展的基本经济制度，坚持按劳分配为主体、多种分配方式并存的分配制度。《民法通则》第3条强调，当事人在民事活动中的地位平等。《物权法》第 3 条规定：国家在社会主义初级阶段，坚持公有制为主体、多种所有制经济共同发展的基本经济制度。国家巩固和发展公有制经济，鼓励、支持和引导非公有制经济的发展。国家实行社会主义市场经济，保障一切市场主体的平等法律地位和发展权利。第 4 条规定：国家、集体、私人的物权和其他权利人的物权受法律保护，任何单位和个人不得侵犯。

按照《宪法》第 6 条的规定，我国目前处于社会主义初级阶段，在所有制形态上实行以公有制为主体、多种所有制经济共同发展的基本经济制度。因此，“以公有制为主体，多种所有制并存”构成我国的基本经济制度。对财产权利的平等保护正是对这种基本经济制度的充分反映和具体体现。平等保护也是建立和完善社会主义市场经济体制的必然要求，为市场经济提供基本的产权制度框架，保障市场主体平等发展。平等保护也是依法治国的需要，体现了对民生的最大关注，促进社会财富的增长。

民事主体的财产权利受法律平等保护具体包括以下几个方面的内容。

(1) 法律地位的平等。法律地位平等就是指所有的市场主体在民法中都具有平等的地位。这是我国宪法所确认的法律面前人人平等原则的具体体现。法律面前人人平等也包括了财产权的平等。尽管每个财产权的主体在享有财产权的范围上可能是不同的（例如，土地只能属于公有，即国家所有和集体所有，私人不得享有），但他们所享有的财产权利是平等的。这种平等性是社会主义市场经济的内在要求所决定的。

(2) 适用规则的平等性。除法律有特别规定的情况外，任何财产权主体在取得、设定和移转物权时，都应当遵循共同的规则。以物权为例，所有权的取得都要合法，具有法律依据；除法律另有规定之外，物权的设定和移转必须采取法定的方式。各类财产权人在行使财产权时，也应当平等遵循财产权行使的规则，例如，要遵守合法原则，不得损害他人。即使国有财产进入交易领域，也必须要和其他财产一样遵守相同的规则。

(3) 保护的平等性。保护的平等性包括两个方面：第一，在就财产权归属发生争议以后，针对各个主体都应当适用平等的规则解决其纠纷。即使是国家与其他主体在权利归属上发生纠纷，当事人也都有权请求法院明晰产权、确认归属。也就是说，双方平等地享有确权请求权，在这方面任何一方都不应具有优越于他方的权利。在国有资产与其他财产发生争议时，国有资产监督管理机构也不宜作为争议解决机构。第二，在财产权受到侵害之后，各个财产权主体都应当受到平等保护。也就是说，对公有财产要予以保护，对私人的合法财产同样要予以保护。尤其是对于公民个人的财产，不仅仅要予以保护，而且要置于与国家财产同样的地位予以保护。

（本条由王利明撰写）

第一百一十四条

民事主体依法享有物权。

物权是权利人依法对特定的物享有直接支配和排他的权利，包括所有权、用益物权和担保物权。

本条主旨

本条对物权的概念和类型作出了规定。

相关条文

《民法总则》第 114 条规定："民事主体依法享有物权。""物权是权利人依法对特定的物享有直接支配和排他的权利，包括所有权、用益物权和担保物权。"

《物权法》第 2 条第 3 款规定："本法所称物权，是指权利人依法对特定的物享有直接支配和排他的权利，包括所有权、用益物权和担保物权。"

《物权法》第 8 条规定："其他相关法律对物权另有特别规定的，依照其规定。"

理解与适用

本条规定主要包括如下几层含义。

（一）民事主体依法享有物权

"物权"一词最早起源于罗马法。罗马法曾确认了所有权（dominium）、役权（servitutes）、永佃权（emphyteusis）、地上权（superficies）、抵押权（hypotheca）、质权（pignus）等物权形式，并创设了与对人之诉（actio in personam）相对应的对物之诉（actio in rem），以对上述权利进行保护。罗马法学家也曾经使用过 iura in re（对物的权利）以及 jus ad res（对物之权）[①]，但物权（iura in re）与他物权（iura in re aliena）等概念在罗马法中并未出现。[②] 罗马法

---

① Vinding Kruse，*The Right of Property*，Oxford University Press，1953，p. 131.

② Gyorgy Diosdi，*Ownership in Ancient and Preclassical Roman Law*，Akademiai Kiado，Budapest，1970，p. 107.

中对物之诉与对人之诉的区分主要是从程式诉讼的便利考虑的，目的并不在于区分物权和债权。①

《民法典》第 114 条规定：民事主体依法享有物权。物权是权利人依法对特定的物享有直接支配和排他的权利，包括所有权、用益物权和担保物权。这就在法律上明确了物权的概念。依据这一规定，物权是指权利人对特定物所享有的直接支配和排他的权利，该规定对于界定物权的内容和效力、区别物权和债权具有重要意义。

本条第 1 款确认民事主体依法享有物权。该规则是对《宪法》关于公民权利保障规则的具体化，对于全面推进依法治国具有重要意义。我国《宪法》将“依法治国，建立社会主义法治国家”确立为一项基本的治国方略，而衡量一个国家是否属于法治国家，首先就要看它是否有一套完善的法律制度，以充分保护公民的人身权利和财产权利。

《民法典》确认和保护物权，奠定了我国市场经济发展的基础。《民法典》就对物权的保护作出规定，为市场交易创造了条件，对我国市场经济制度的发展具有基础性的意义。

古人说，有恒产则有恒心。如果缺乏完备的物权保护制度，就很难形成一套对财产予以确认和保护的完整规则，那么人们对财产利益的享有就不能形成合理期待，就不会形成所谓的“恒产”，也很难使人们产生投资的信心、置产的愿望和创业的动力。自改革开放以来，我国广大人民群众的财产普遍地得到了增长，这就迫切需要物权法对其予以确认和保护。《物权法》第一次以民事基本法的形式对各类物权类型予以确认，并规定了物权的保护制度和方法，从而完善了我国财产法律制度。《民法典》对物权的保护作出规定，有利于进一步强化对民事主体之物权的保护。

（二）物权是权利人依法对特定的物享有的直接支配和排他的权利

依据本条第 2 款的规定，物权是权利人依法对特定的物享有的直接支配和排他的权利。与其他财产权利不同，物权主要具有如下法律特征。

（1）物权的主体是特定的权利人。在物权关系中，权利人是特定的，而义务人是不特定的第三人。该条将物权的权利主体表述为权利人，权利人包括了自然人和法人、非法人组织，但又不限于这三类主体，因为作为国家所有权主体的国家也是物权的主体，采用权利人这一具有高度概括性的概念，可以将各类民事主体概括进来，如国家所有权人、集体所有权人、私人所有权人等，并可以包括各

① Vinding Kruse, *The Right of Property*, Oxford University Press, 1953, p. 131.

种新型物权的权利主体。在具体的物权法律关系中，权利人都是指特定的权利人，例如，所有权人、宅基地使用权人、土地承包权人、建设用地使用权人、抵押权人、留置权人等。这些物权主体都可以通过“权利人”这一概念加以概括。

(2) 物权的客体主要是有体物。物权的客体具有独立性、特定性，如某辆汽车、某栋房屋。① 除法律有特别规定之外，集合物不能作为物权的客体。物权的客体主要是有体物②，包括动产和不动产。与知识产权等财产权不同，物权一般不以无形财产、智力成果为客体，而主要以有体物作为其客体。依据《民法典》第115条的规定，物主要是动产和不动产。当然，在例外的情形，对于可以为人力所支配的无形的自然能量（如电力、光波、有线电视信号等），也可以准用物权的保护。法律规定权利作为物权客体的，依照其规定。这就是说，在法律有特别规定的情况下，无体财产也可以作为物权的客体。

(3) 物权本质上是一种对物的直接支配权，体现了权利人对物的直接支配。所谓直接支配，强调主体对物的一种控制，这种控制状态既包括事实上的控制，也包括法律上的控制。当然，主体依据物权对物的支配，既包括对特定的动产和不动产的使用价值的支配，也包括对物的交换价值的支配。③ 例如，维护用益物权人对土地和房产的支配，也就保护了用益物权人对不动产使用价值的支配；保护担保物权人对实物的支配，实际上也就保护了担保权人对物的交换价值的支配。物权的支配性决定了物权所具有的优先性、追及性等特点。

(4) 物权是排他的权利。物权的排他性主要包括以下几个方面的含义：一是所有权的排他性，是指同一物之上不得存在两个所有权，即一物不容二主。如果某人对某物依法取得所有权，另一人即使事实上占有该物，也不能享有法律上的所有权。任何人都负有不得妨害权利人对物的独占的支配权的义务。二是他物权的排他性，即同一物之上不得成立两个在内容上相互矛盾的他物权。物权的排他性不仅强调在同一物上不能设定两个所有权，还要求在同一物上不得设定相冲突的物权，这就确定了设定物权的规则。例如，在某物之上设定建设用地使用权之后，不能再为他人设定建设用地使用权。三是物权的对世效力。这就是说，任何人都负有不得侵害物权的义务。物权的效力可以对抗权利人之外一切不特定的人。④ 任何人都负有不得妨碍权利人行使权利的义务，无论何人，非法取得所有人的财产的，都有义务返还，否则便侵犯了权利人的权利。四是物权的不可侵害

① 史尚宽. 民法总论. 北京：中国政法大学出版社，2000：254.
② 陈华彬. 民法物权论. 北京：中国法制出版社，2010：55.
③ 谢在全. 民法物权论：上. 台北：三民书局，2003：20.
④ 申卫星. 物权法原理. 北京：中国人民大学出版社，2008：45.

性。物权具有不可侵害性，物权人行使权利，有权排除他人的侵害和妨害。在物受到他人侵夺时，权利人还可以对行为人主张物权请求权。

（5）物权的排他性是有限度的，而不是绝对的、无限的。一方面，任何物权都不是绝对地不受限制，物权的排他性要受到法律的限制，例如，政府依法征用某个人的财产时，物权人不得以排他效力对抗。另一方面，某一物权只是在该物权效力所及的范围内具有排他性，例如，在建筑物区分所有制度中，业主就其专有空间之外的部分不得主张排他效力、禁止他人利用。

（三）物权包括所有权、用益物权和担保物权

所有权是指所有人依法享有的对其财产进行占有、使用、收益和处分的权利，它是指所有人在法律规定的范围内独占性地支配其财产的权利。① 所有权制度是物权制度的核心内容。从形态上说，所有权又可分为国家所有权、集体所有权以及私人所有权。

用益物权是指非所有人对他人之物所享有的占有、使用、收益的排他性权利。《民法典》第323条规定：用益物权人对他人所有的不动产或者动产，依法享有占有、使用和收益的权利。《民法典》确定了五种典型的用益物权，包括土地承包经营权、建设用地使用权、宅基地使用权、地役权以及居住权。在建设用地使用权中，《民法典》又规定了空间权。同时，《民法典》也规定了海域使用权、探矿权、采矿权、取水权和使用水域、滩涂从事养殖、捕捞的权利，这些权利又被称为准用益物权。

担保物权是指为了担保债权的实现，由债务人或第三人提供特定的物或者权利作为标的物而设定的限定物权。担保物权是为了确保债务的履行而对他人提供担保的物或权利的价值所享有的权利。《民法典》第386条规定：担保物权人在债务人不履行到期债务或者发生当事人约定的实现担保物权的情形，依法享有就担保财产优先受偿的权利，但是法律另有规定的除外。《民法典》之物权编所规定的担保物权包括抵押权、质权、留置权。担保物权与用益物权主要具有如下区别：一方面，用益物权是以对标的物使用、收益为目的的权利。用益物权人支配的是标的物的使用价值，权利人设立该权利的目的是获取使用价值，因而用益物权又可称为“使用价值权”。而担保物权侧重于对标的物交换价值的支配，它不以对物的实体进行利用为目的，而是通过支配物的交换价值来保障其所担保的债权获得圆满实现。另一方面，用益物权除地役权以外，都是主权利，而担保物权主要是为担保主债权的实现而设定的，因此是从权利。此外，二者的存在期限是

---

① 王泽鉴．民法物权·通则·所有权．台北：三民书局，2001：50.

否具有确定性不同。为了保障权利人对物进行持续的利用，用益物权的期限具有确定性，而且期限通常较长，而担保物权以担保债权的实现为目的，债权一旦获得清偿，担保物权即消灭。在债务人不履行债务或者发生当事人约定的情形时，债权人也有权行使其担保物权。因此，担保物权期限的确定性较弱，其与债权的实现程度有直接关联。

（本条由王利明撰写）

第一百一十五条

物包括不动产和动产。法律规定权利作为物权客体的，依照其规定。

本条主旨

本条对物权的客体作出了规定。

相关条文

《民法总则》第 115 条规定："物包括不动产和动产。法律规定权利作为物权客体的，依照其规定。"

《物权法》第 2 条第 2 款规定："本法所称物，包括不动产和动产。法律规定权利作为物权客体的，依照其规定。"

《担保法》第 92 条规定："本法所称不动产是指土地以及房屋、林木等地上定着物。""本法所称动产是指不动产以外的物。"

理解与适用

本条规定主要包括三层含义。

（一）物权的客体主要是有体物

从罗马法开始直到近代，物权的客体主要是土地。由于土地在农业社会的重要性以及其具有显而易见性（visibility）、固定性（fixity）、安全性（security），它一直成为物权的重要客体。但罗马法也承认了无体物的概念。[①] 在罗马法中有体物（res corporales）是指"实体存在于自然界之物质，而为人之五官所可觉及者也（quae tangi，possunt），如土地、房屋等"。无体物（res incorporales）是

---

① See Andrew Reeve，*Property*，Basingstoke：Macmilan Education Ltd.，1986，p. 82.

指“法律上拟制之关系（quae consistunt in jure），而为人之五官所不可觉及者也，如用益权、地役权”①。大陆法系国家关于是否承认无体物为权利客体的问题，存在两种不同观点：一是以法国法为代表的国家将物分为有体物和无体物，认为有体物与无体物均可以作为权利客体，如《法国民法典》第526条规定，不动产的用益权、地役权或土地使用权和旨在请求返还不动产的诉权按其所附着的客体均为不动产。二是以德国法为代表的法律仅承认权利客体为有体物而排斥了无体物的概念，如《德国民法典》第90条规定：本法所称的物，仅指有体物。这两种观点各有利弊：德国民法对作为物权之客体的物的范围规定得过于狭小，使许多权利上的物权不能被纳入物权的范畴。而法国民法将许多权利都作为物对待，未严格区分权利与权利客体，因此也不完全妥当。②

从我国《民法典》之物权编的规定来看，其主要调整基于有体物形成的财产关系，而基于无形财产形成的财产关系主要是通过特别法调整的。例如，对知识产权是通过知识产权法调整的，对股票、证券代表的权利是通过公司法、证券法等法律调整的。

依据本条规定，作为物权之客体的物主要具有如下特点。

（1）作为物权之客体的物，必须存在于人身之外，因为人本身不能作为客体，而附属于人体的各个器官和组织等，在与人体发生分离之前，本身不能成为物权的客体。

（2）作为物权之客体的物应当能够为人力所支配和控制，能够满足人们的某种需要。如果无法为人力所支配或者控制，就无法有效确定权利之归属和范围，自然也无法成为物权的客体。③ 例如，空气、云彩、天体等，无法为人所控制和支配，谈论其归属和利用关系是没有意义的，因而它们都不能成为物权的客体。作为物权之客体的物，应当具有价值（包括使用价值和交换价值），能满足人类一定的生产、生活需要。如果物本身没有价值，对其进行占有和利用便无法形成一定的财产关系，那么对无价值的物赋予财产权利，就毫无意义。

（3）作为物权的客体的物主要是有体物。传统的物权法主要规范的是因有体物上权利的设定、移转等而发生的法律关系，这是由物权主要是对有体物的支配权利所决定的。有体物是相对于无体物而言的。有体物是指具有一定的物质形体，能够为人们所感觉到的物，换句话说，是指有形的、可触觉并可支配的物。④ 关于无体

① 陈朝璧. 罗马法原理. 上海：商务印书馆，1936：84.
② 陈旭琴. 关于物与建立我国物权制度的法律思考. 杭州大学学报（哲社版），1996（1）.
③ 陈华彬. 物权法原理. 北京：国家行政学院出版社，1998：52.
④ 鲍尔，施蒂尔纳. 德国物权法：上. 张双根，译. 北京：法律出版社，2004：22.

物的概念，在法律上有不同的观点。① 笔者认为，无体物主要是指除有体物以外的其他权利和利益，如对股票、债券、智力成果等的权利。② 它们只是在例外情形下才能成为物权的客体。

在物权法中，物权的客体仅限于有体物，尤其是就所有权而言，其客体原则上应限于有体物。在一般情况下，物权以有体物为支配对象，整个物权法的规则都是建立在对有体物支配的基础上的。例如，物权请求权主要就是为了使物权人恢复对有体物的占有和支配，排除他人对有体物的妨害，恢复有体物的原状，而这些方法是很难运用到对无体物之保护的。如果物权法主要调整无体物上权利的设立、移转关系，则整个物权法的概念、体系和基本规则都要发生根本性的改变。例如，所有权概念完全是建立在有体物概念之上的，在法律上不可能存在以无体物为客体的所有权，否则，将会出现债权的所有权、知识产权的所有权甚至所有权的所有权，由此，所有权的概念将会变得混乱不堪。再如，一物一权、物权的公示和公信、善意取得等原则与制度都是建立在有体物之基础上的，如果物权法主要调整无体物上权利的设立、移转关系，那么这些规则就都要改变。因此，物权的客体主要是有体物，即动产和不动产。

（二）物包括动产和不动产

物权的客体是特定的物，所谓特定的物主要指的是动产、不动产。动产与不动产的区分，最早起源于罗马法。大陆法系国家都采纳了这种区分。如《法国民法典》第 516 条规定：一切财产，无论是有体物还是权利，都可以分为动产和不动产。法国民法按照财产的性质、用途以及是否附着于不动产等多种标准对动产和不动产作出了区分。而德国和其他国家的民法没有像法国民法那样对动产和不动产作出细致的区分，但一般认为土地及其定着物为不动产，其余为动产。③ 在普通法国家，也采纳了动产和不动产的区分方法。

所谓不动产，是指依照其物理性质不能移动或者移动将严重损害其经济价值的有体物。我国《不动产登记暂行条例》第 2 条第 2 款规定：本条例所称不动产，是指土地、海域以及房屋、林木等定着物。可见，该条例扩大了不动产的范围，将海域纳入了不动产的范围。所谓地上定着物，是指固定且附着于土

① 第一种观点认为，无体物是指不具备一定的形状但占有一定的空间或能够为人们所支配的物，如电、热、声、光以及空间等在物理上表现为无形状态的物，它们在一定程度上也能够为人们所支配。第二种观点认为，无体物是指知识产权，因为知识产权是基于创造性智力和工商业标准所取得的权利，它并不是对有体物所享有的权利，所以常常被称为无体物或无形财产。第三种观点认为，无体物是指除有体物以外的其他权利和利益。

② 马俊驹，梅夏英．无形财产的理论和立法问题．中国法学，2001（2）．

③ 《德国民法典》第 94 条，《日本民法典》第 86 条，《瑞士民法典》第 655 条．

地之物。[1] 地上定着物包括房屋、林木等。其主要特征在于，它是附着于土地、固定且不易移动的物。所谓动产，就是不动产之外的物，是指在性质上能够移动，并且移动不损害其经济价值的物，如电视机、书本等。

对动产与不动产可按照如下标准进行区分：一是是否可以移动。动产通常可以移动，而不动产不能移动。当然，在现代社会中，随着科技的发展，房屋也可以移动，但是这毕竟属于例外现象，而且将耗资巨大。二是移动是否在经济上合理。房屋等土地附着物也可能是能够移动的，但一旦移动耗资巨大，而动产通常可以移动，即使是沉重的机器设备，也可以移动，且较之于不动产之移动而言，其移动耗资不大。三是是否附着于土地。不动产中除土地之外的其他财产如房屋、林木等都是附着于土地的，通常在空间上不可移动，若发生移动将影响它的经济价值。而动产通常并不附着于土地。四是是否附着于海域。一些附着于海域的定着物，亦属于不动产的范围。在物权法上，区分不动产和动产有利于区分权利的取得方式、转让的形式要件、物权公示的方法、利用方式、权利的性质以及诉讼管辖。

从物权法的发展趋势来看，动产和不动产呈现出相互渗透甚至相互转化的状况，表现在：一方面，由于不动产物权证券化趋势的发展，不动产具有动产化的趋向。不动产物权的证券化不仅有利于充分实现不动产的交换价值，也为物权人开辟了新的融资渠道。另一方面，某些动产，如船舶、航空器等，其物权变动也要在法律上采取登记方式，从而与不动产物权的变动规则完全一致。还要看到，在担保物权中，不动产抵押和动产抵押基本上适用相同的规则。正是由于这一原因，有一些学者认为应当使动产和不动产规则统一化。笔者认为，尽管动产和不动产在某些方面适用共同的规则（例如物权法的基本原则、物权请求权制度等对动产和不动产都是适用的），但也要看到，动产和不动产适用的仍然是两种不同的规则。

（三）法律规定权利作为物权客体的，依照其规定

这就是说，在法律有特别规定的情况下，权利本身也可以成为物权的客体。权利成为客体的情况主要是指：一是依据我国《民法典》之物权编，可以在建设用地使用权中设立“空间权”，在承包经营权等权利之上设立地役权。二是物权法规定，建设用地使用权等可以设定担保，如设定抵押或者质押。我国《民法典》之物权编规定的权利质押，实际上都是以权利作为物权之客体的情形。三是物权法规定了动产浮动担保，设定担保的财产中包括了现在和未来的某些财产

① 王泽鉴. 民法物权·通则·所有权. 台北：三民书局，2001：53.

权利。

需要指出的是，权利成为物权的客体必须要由法律规定。之所以要由法律规定，是因为：一方面，物权主要以有体物为客体，如果允许当事人随意以权利作为物权的客体，将会改变物权的性质和形态。例如，如果认为所有权的客体可以为无体物，特别是权利，则会出现债权的所有权、继承权的所有权，甚至所有权的所有权。如此，则所有权的概念本身将陷于自相矛盾与模糊不清的状态。这样的结果将会导致物权法定原则形同虚设。另一方面，物权法的基本规则都是建立于有体物的基础之上的，如果允许当事人随意以权利作为客体，也会导致物权法的基本规则发生改变。但是，不能由此推出，我国物权法实行“客体法定”的原则，这是因为：首先，由法律来规定物权之客体的全部范围，是不可能的。这样的做法只会严重阻碍物权法的发展和物权范围的扩大。其次，权利作为物权之客体本身只是一种非常例外的情况。这种非常例外的情况由法律予以规定，并不能被推广和扩大解释为物权的客体必须法定，否则，人们有效利用各种财产和资源的活动将会受到严重的制约。

（本条由王利明撰写）

第一百一十六条

物权的种类和内容，由法律规定。

本条主旨

本条对物权法定原则作出了规定。

相关条文

《民法总则》第 116 条规定：“物权的种类和内容，由法律规定。”

《物权法》第 5 条规定：“物权的种类和内容，由法律规定。”

理解与适用

所谓物权法定原则，是指物权的种类、内容应由法律明确规定，而不能由法律之外的其他规范性文件确定，或由当事人通过合同任意设定。物权法定是大陆法系各国之物权法所普遍承认的基本原则，它对于准确地界定物权、定分止争、确立物权设立和变动规则、建立物权的秩序都具有十分重要的意义。

从本条规定来看，物权法定原则包括如下两方面内容。

1. 物权的种类法定

所谓物权的种类法定，是指哪些权利属于物权、哪些不是物权，要由物权法和其他法律规定，不得由当事人随意创设。[①] 物权种类法定包含了下述两层含义：一方面，物权的具体的类型必须要由法律明确确认，法律之外的规范性文件（如行政法规、地方性法规）不得创设物权，当事人不得创设法律所不承认的新的类型的物权。此处所说的法律，必须是国家立法机关通过立法程序制定的规范性文件。只有在这种法律基础上设定的物权类型，才能产生正确引导当事人的行为和指导法官处理纠纷的作用。为了保证法律适用的一致性，也为了确保物权法定原则发挥其应有的功能，物权类型法定就不能仅仅具有限制当事人意思自治的作用，还要指限制立法机关之外的国家机关通过规范性文件或者司法机关通过个案设定物权类型的作用。另一方面，物权种类法定既不允许当事人任意创设法定物权之外的新种类物权，也不允许当事人通过约定改变现有的法律规定的物权类型。这与合同法的规则不同：合同法实行合同自由，因此存在着所谓有名合同和无名合同的区分。除了法律规定的买卖、租赁、承揽等有名合同，还有大量的无名合同。这些无名合同只要不违反法的强制性规定，都是有效的。但物权法实行物权法定原则，当事人不能享有创设无名物权的权利。当事人在其协议中不得明确规定其通过合同设定的权利为物权，也不得设定与法定的物权不相符合的物权。

2. 物权的内容法定

物权的内容法定包括两个方面的含义：一方面，物权的内容必须要由法律规定，当事人不得创设与法定物权内容不符的物权，也不得基于其合意自由决定物权的内容。[②] 当然，这里的内容法定是指物权的内质内核无法通过当事人的约定来扩展或者变更。例如，依据法律的规定，农村土地承包经营权的内容中的使用权能限于农业生产，则当事人不能通过合同约定更多的权能，例如，不能在土地上进行建设。对所有权的限制必须由法律作出规定，这也属于内容法定的范畴。另一方面，内容法定就是强调当事人不得作出与物权法关于物权内容的强制性规定不符的约定。例如，当事人在设定不动产抵押权时，不能约定不需要办理抵押登记手续债权人就能够取得抵押权。

物权法定原则应当具有强制性，这是保障该原则得到贯彻、遵循的基础，而这种强制性在很大程度上又体现在，如果违反了物权法定原则，将会引发法律上的不利后果。按照物权法定原则的要求，违反物权法定将导致设定与变动物权的

①② MuechKomm/Gaier，Einleitung des Sachenrechts，Rn. 11.

行为无效，物权不能有效地设立与变动，但这并不影响合同的效力。《民法典》第 215 条规定：当事人之间订立有关设立、变更、转让和消灭不动产物权的合同，除法律另有规定或者当事人另有约定外，自合同成立时生效；未办理物权登记的，不影响合同效力。这就意味着，凡是违反了法定的公示方法的，应当认定物权不能有效设定，但并不影响设定和变动物权的合同的效力。

（本条由王利明撰写）

第一百一十七条

为了公共利益的需要，依照法律规定的权限和程序征收、征用不动产或者动产的，应当给予公平、合理的补偿。

本条主旨

本条对征收、征用制度作出了规定。

相关条文

《民法总则》第 117 条规定："为了公共利益的需要，依照法律规定的权限和程序征收、征用不动产或者动产的，应当给予公平、合理的补偿。"

《物权法》第 42 条第 1 款规定："为了公共利益的需要，依照法律规定的权限和程序可以征收集体所有的土地和单位、个人的房屋及其他不动产。"

《宪法》第 10 条第 3 款规定："国家为了公共利益的需要，可以依照法律规定对土地实行征收或者征用并给予补偿。"

《宪法》第 13 条第 3 款规定："国家为了公共利益的需要，可以依照法律规定对公民的私有财产实行征收或者征用并给予补偿。"

理解与适用

所谓征收，就是指国家基于公共利益通过行使征收权，在依法支付一定补偿的前提下，将组织或者个人的财产移转给国家所有。征用是基于公共利益强制使用民事主体的财产。依据《宪法》第 10 条第 3 款的规定，国家为了公共利益的需要，可以依照法律规定对土地实行征收或者征用并给予补偿。

(一) 征收、征用是为了公共利益的需要

政府从事征收、征用行为,必须是为了满足公共利益的需要,而且要以实现公共利益最大化为目的,因为只有公共利益才是限制私有财产权的重要理由。公共利益本身在法律上是一个弹性条款,其内容具有不确定性和一定程度上的开放性特点,在不同领域内、不同情形下,公共利益的内涵并不相同。《国有土地上房屋征收与补偿条例》第8条规定,为了保障国家安全、促进国民经济和社会发展等公共利益的需要,有下列情形之一,确需征收房屋的,由市、县级人民政府作出房屋征收决定:(1)国防和外交的需要;(2)由政府组织实施的能源、交通、水利等基础设施建设的需要;(3)由政府组织实施的科技、教育、文化、卫生、体育、环境和资源保护、防灾减灾、文物保护、社会福利、市政公用等公共事业的需要;(4)由政府组织实施的保障性安居工程建设的需要;(5)由政府依照城乡规划法有关规定组织实施的对危房集中、基础设施落后等地段进行旧城区改建的需要;(6)法律、行政法规规定的其他公共利益的需要。该条的规定实际上是对公共利益之内涵的一种表述,即公共利益是由法律和行政法规规定的,有关国家安全、促进国民经济和社会发展等方面的利益。一方面,公共利益必须法定化,不能由法官随意解释,也不能由当事人进行约定。另一方面,公共利益在内涵上应当与国家和社会的整体利益保持一致,是社会成员中多数人的利益,而不是某一个小团体、极少数人甚至个别人的利益。

(二) 征收、征用必须是依照法律规定的权限和程序进行

依据本条规定,征收、征用必须依照法律规定的权限和程序进行。之所以如此规定,主要是因为:一方面,出于充分保护公民的财产权的需要。征收是永久性地剥夺公民的财产权利,为了防止一些地方政府及其工作人员以公共利益为名,滥用征收权力,损害被征收人的利益和农民的权益,必须强调要遵循法定的程序。另一方面,在征收中严格强调依据法定的权限和程序进行,有利于政府机关依法行政。程序是看得见的正义,只有保障程序公开、公正,才能保证征收行为的合法性。

《民法典》第244条规定:国家对耕地实行特殊保护,严格限制农用地转为建设用地,控制建设用地总量。不得违反法律规定的权限和程序征收集体所有的土地。我国人口众多,可耕地面积少,耕地后备资源不足,因此,国家对基本农田保护实行全面规划、合理利用、用养结合、严格保护的方针,以满足我国未来人口和国民经济发展对农产品的需求,促进农业生产和社会经济的可持续发展。全国耕地的红线保持在18亿亩。基本农田保护区经依法划定后,任何单位和个人不得改变土地用途。严格限制农用地转为建设用地,控制建设用地总量。政府

征收集体土地时，必须严格法定的权限和程序，不得非法批地、非法占用土地。

（三）征收、征用后应当给予公平、合理的补偿

依据本条规定，在征收、征用的情形下，应当对权利人给予公平、合理的补偿。即便是为了公共利益，也不能毫无对价地剥夺私有财产，国家必须对被征收人予以补偿。该规定对于保护公民的财产、规范政府征收权的行使具有极为重要的意义。

本条规定征收、征用后的补偿是公平、合理的补偿，而非完全赔偿，因为完全赔偿实际上是将征收等同于普通的侵权行为，这与征收的性质不符，毕竟征收是对私有财产权的合法侵害。尤其是完全赔偿涉及直接损失和间接损失，如果对这两类损失都同时赔偿，也会导致征收、征用的成本过高，不能够起到维护公共利益的目的。因此，本条规定了公平、合理的补偿。所谓公平、合理的补偿，是指权衡公共利益和私人利益后，参考当事人的财产状况，确定补偿数额。例如，《民法典》第 243 条第 2、3 款规定：征收集体所有的土地，应当依法及时足额支付土地补偿费、安置补助费以及农村村民住宅、其他地上附着物和青苗等的补偿费用，并安排被征地农民的社会保障费用，保障被征地农民的生活，维护被征地农民的合法权益。征收组织、个人的房屋以及其他不动产，应当依法给予征收补偿，维护被征收人的合法权益；征收个人住宅的，还应当保障被征收人的居住条件。

（本条由王利明撰写）

第一百一十八条

民事主体依法享有债权。

债权是因合同、侵权行为、无因管理、不当得利以及法律的其他规定，权利人请求特定义务人为或者不为一定行为的权利。

本条主旨

本条对民事主体所享有的债权作出了规定。

相关条文

《民法总则》第 118 条规定："民事主体依法享有债权。""债权是因合同、侵权行为、无因管理、不当得利以及法律的其他规定，权利人请求特定义务人为或

者不为一定行为的权利。”

《民法总则》第 119 条规定：“依法成立的合同，对当事人具有法律约束力。”

《民法总则》第 120 条规定：“民事权益受到侵害的，被侵权人有权请求侵权人承担侵权责任。”

《民法总则》第 121 条规定：“没有法定的或者约定的义务，为避免他人利益受损失而进行管理的人，有权请求受益人偿还由此支出的必要费用。”

《民法总则》第 122 条规定：“因他人没有法律根据，取得不当利益，受损失的人有权请求其返还不当利益。”

《民法通则》第 84 条规定：“债是按照合同的约定或者依照法律的规定，在当事人之间产生的特定的权利和义务关系。享有权利的人是债权人，负有义务的人是债务人。”“债权人有权要求债务人按照合同的约定或者依照法律的规定履行义务。”

理解与适用

本条第 1 款规定：民事主体依法享有债权。该款宣示了民事主体可以依法享有债权。依据本条第 2 款的规定，所谓债权，是指特定主体请求特定主体为一定行为或者不为一定行为的权利。债权是重要的民事权利类型，而且在市场经济社会具有日益重要的地位。

本条第 2 款规定：债权是因合同、侵权行为、无因管理、不当得利以及法律的其他规定，权利人请求特定义务人为或者不为一定行为的权利。本款对债权的发生原因作出了规定。依据该规定，债权主要分为如下几种类型。

1. 因合同产生的债权

在各类债权中，合同是债权发生的重要原因，而且是基于当事人的意思而产生的债权，属于意定之债的范畴。《民法典》第 119 条规定：依法成立的合同，对当事人具有法律约束力。该条对合同的约束力作出了规定。合同的法律约束力是指依法成立的合同在当事人之间产生的法律效力，它反映了法律对当事人之间的合意的评价。只要合同具备了法定的生效要件（或称有效要件），法律就赋予该合同一定的法律约束力：当事人应当依据合同约定行使权利和履行义务，违反合同义务应当承担相应的责任。在针对合同发生争议以后，当事人的约定就具有优先于法律规定而适用的效力。简言之，合同的法律约束力就是指当事人必须严守合同，否则应承担法律责任。市场经济的有序运行要求建立保护产权、严守契约、统一市场、平等交换、公平竞争、有效监管的法律制度，以充分发挥市场在资源配置中的基础性作用。《民法典》第 119 条对合同的约束力作出规定，对于督促当事人严守合同、维护交易安全和交易秩序具有重要意义。

2. 因侵权而产生的债权

“侵权行为”是指一种侵害他人权益的行为以及造成损害结果的状态。《民法典》第120条规定：民事权益受到侵害的，被侵权人有权请求侵权人承担侵权责任。依据该规定，侵权行为是责任承担的前提和依据，凡是实施了侵权行为的行为人都要承担相应的后果。所谓侵权责任，是指侵权人因实施侵害或损害他人民事权益的行为而依据侵权责任法所应当承担的法律后果。它是民事责任的一种类型。《民法典》第120条使用了“民事权益受到侵害”的表述，以突显侵权责任法保护客体的开放性。因为侵权行为的发生，在当事人之间产生债的关系。因此，侵权行为不仅导致民事责任的产生，而且导致债的产生。

3. 因无因管理产生的债权

所谓无因管理，是指没有法定或约定的义务而管理他人事务的行为。其中，行为人称为管理人，被管理人称为本人（又称为受益人）。所谓“无因”，即是指无法律上的义务。① 《民法典》第121条规定：没有法定的或者约定的义务，为避免他人利益受损失而进行管理的人，有权请求受益人偿还由此支出的必要费用。依据该规定，无因管理的成立必须符合如下条件：一是没有法定或者约定的义务，实施了管理行为；二是行为人实施了管理他人事务的行为；三是管理人具有为他人的利益进行管理的意思；四是管理人不应违背本人明示或可得推知的意思进行管理。

依据《民法典》第121条的规定，管理人在管理本人事务时，虽然没有得到本人的允许，但不仅不构成侵权，反而可以依法向本人请求偿还因管理事务而支出的必要费用。这实际上就肯定了无因管理具有阻却违法的效力。依据该条规定，管理人有权请求受益人偿还由此支出的必要费用。这就是说，如果管理人因管理事务而支出了合理的费用，则其有权请求本人偿还。

4. 因不当得利产生的债权

所谓不当得利，是指没有法律上的原因而获得利益，并使他人遭受损失的事实。例如，某人因不知道自己已经付款，又向出卖人支付了价款，出卖人所获得的第二笔价款就构成不当得利。《民法典》第122条规定：因他人没有法律根据，取得不当利益，受损失的人有权请求其返还不当利益。依据该条规定，不当得利的成立要满足如下条件：一是一方获得利益。二是无法律上的原因。虽然《民法典》第122条将其表述为“没有法律根据”，但在解释上应当与比较法上的理解

① 王泽鉴．债法原理．北京：中国政法大学出版社，2003：416.

相同，即没有法律上的原因。例如，因侵权行为而获得了利益，就属于典型的没有法律上的原因而获得利益。三是他方受到损害。所谓他方受到损害，是指一方当事人遭受了财产上的损失。损害通常是指权利人所遭受的人身或者财产上的不利益。四是获利与受损之间具有因果关系。所谓获利与受损之间具有因果关系，是指一方获利是他方受损的原因，而他方受损就是一方获利所造成的，在受损和获利之间具有原因和结果之间的关联性。只有受益人的获利与受害人的受损之间存在因果关系，才意味着法律需要对此种利益状态进行调整，此时不当得利返还请求权也才具有正当性。如果损失与获利之间毫无因果关系，则受损人向获利人主张返还不当得利就欠缺合理性基础。

（本条由王利明撰写）

第一百一十九条

依法成立的合同，对当事人具有法律约束力。

本条主旨

本条对合同的约束力作出了规定。

相关条文

《民法总则》第119条规定：“依法成立的合同，对当事人具有法律约束力。”

《民法通则》第85条规定：“合同是当事人之间设立、变更、终止民事关系的协议。”“依法成立的合同，受法律保护。”

《合同法》第8条规定：“依法成立的合同，对当事人具有法律约束力。当事人应当按照约定履行自己的义务，不得擅自变更或者解除合同。”“依法成立的合同，受法律保护。”

理解与适用

本条对合同的约束力作出了规定。

（一）依法成立的合同，具有法律拘束力

合同的法律拘束力主要是指依法成立的合同在当事人之间所产生的法律效力。一般而言，合同只要具备法定的有效要件，就可以在当事人之间产生法律拘束力。合同的有效要件一般包括：当事人具有相应的民事行为能力；当事人的意思表示真实、自由；合同的内容合法。合同在性质上属于双方民事法律行为，我国《民法典》之总则编对民事法律行为的效力作出了规定，这也是认定合同效力的法律依据。就合同的成立而言，只要当事人就合同的主要条款达成合意，合同即宣告成立。合同成立后，除具有合同效力瑕疵的事由外，合同即对当事人产生法律拘束力。我国《民法典》之总则编对民事法律行为无效、可撤销以及效力待定的法定事由作出了规定，只有出现这些法定事由时才能否定合同的效力，否则，合同一经成立，即对当事人产生法律拘束力。这也体现了合同法鼓励交易的立法理念。

依法成立的合同，将对当事人产生如下法律拘束力：一方面，合同依法成立后，即对当事人产生效力，任何一方当事人都不得随意变更合同内容或者主张解除合同关系。另一方面，合同生效后，双方当事人均应当严格按照合同的约定履行合同，任何一方当事人违反合同约定，不履行合同或者履行合同不符合约定的，对方当事人即有权请求其承担违约责任。从这一意义上说，违约责任既是当事人违反合同义务的结果，也是督促当事人履行合同的重要保障。

（二）依法成立的合同，原则上仅对当事人具有法律约束力

从本条规定来看，依法成立的合同，对当事人具有法律拘束力，这也意味着，合同原则上仅对当事人产生法律拘束力，即合同关系具有相对性。合同关系的相对性是债的关系的相对性在合同之债中的体现，其主要包括如下几方面内容：第一，合同关系原则上仅在当事人之间发生效力。也就是说，在合同关系中，债务人仅对债权人负担债务，债权人原则上也仅能请求债务人履行债务，即便是第三人原因导致债务人无法履行债务，债权人也仅能请求债务人承担违约责任，而不能请求第三人承担违约责任。例如，甲向乙购买某玻璃饰品，在乙准备向甲交货的前一天，该玻璃饰品被丙打碎。在该案中，乙无法履行债务是第三人丙的行为导致的，但由于合同关系具有相对性，甲仅能请求乙承担违约责任，而无法请求丙承担违约责任。第二，原则上仅合同当事人能够享有合同权利、负担合同义务。也就是说，合同的内容即合同的权利、义务仅合同当事人能够享有、承担，合同关系之外的第三人原则上无法享有合同权利、负担合同义务。第三，违约责任原则上仅存在于合同当事人之间。在债务人不履行合同义务时，原则上仅债权人有权请求债务人承担违约责任，债务人也仅需要对债权人承担违约责任。即便当事人约定由第三人对债权人履行义务，第三人也只是债务人的债务履行辅助人，如果第三人未履行义务或者履行义务不符合约定的，仍应当由债务人承担违约责任。对此，《民法典》第523条规定：当事人约定由第三人向债权人履行债务，第三人不履行债务或者履行债务不符合约定的，债务人应当向债权人承担违约责任。违约责任的相对性是合同权利义务之相对性的一种必然延伸。

（三）依法成立的合同，在例外情形下可对第三人产生法律拘束力

从本条规定来看，合同关系原则上仅对当事人产生法律拘束力，但在例外情形下，合同关系也可能对第三人产生法律拘束力。从我国《民法典》之规定来看，其也在特定情形下承认了合同可以对第三人产生法律拘束力。例如，就利益第三人合同而言，《民法典》第522条第2款规定：法律规定或者当事人约定第三人可以直接请求债务人向其履行债务，第三人未在合理期限内明确拒绝，债务人未向第三人履行债务或者履行债务不符合约定的，第三人可以请求债务人承担违约责任；债务人对债权人的抗辩，可以向第三人主张。该条对真正利益第三人合同作出了规定。依据该条规定，在真正利益第三人合同中，如果债务人未向第三人履行债务或者履行债务不符合约定，则第三人可以请求债务人承担违约责任。这实际上已经在一定程度上突破了合同关系的相对性原则。再如，在合同债权的保全中，依据《民法典》第535条之规定，如果债务人怠于行使其债权或者与该债权有关的从权利，影响债权人的到期债权实现的，债权人即可以向人民法院请求以自己的名义代位行使债务人对相对人的权利。该条规定债权人在行使债权人代位权时可以向债务人的相对人行使权利，也突破了合同债权的相对性原则。依据《民法典》第538条、第539条的规定，债权人在行使债权人撤销权时，也将对第三人产生一定的效力，这实际上也突破了合同关系之相对性原则。此外，在合同关系依法成立后，当事人基于该合同所享有的债权也受到法律保护，他人不得恶意侵害。也就是说，虽然合同债权原则上不属于侵权责任法的保护对象，但如果第三人恶意诱使债务人违约，或者实施恶意侵害债权的其他行为，则债权人也有权请求行为人承担责任。

（本条由王叶刚撰写）

第一百二十条

民事权益受到侵害的，被侵权人有权请求侵权人承担侵权责任。

本条主旨

本条对侵权责任的一般规定作出了规定。

相关条文

《民法总则》第120条规定：“民事权益受到侵害的，被侵权人有权请求侵权

人承担侵权责任。”

《侵权责任法》第 2 条规定：“侵害民事权益，应当依照本法承担侵权责任。”“本法所称民事权益，包括生命权、健康权、姓名权、名誉权、荣誉权、肖像权、隐私权、婚姻自主权、监护权、所有权、用益物权、担保物权、著作权、专利权、商标专用权、发现权、股权、继承权等人身、财产权益。”

《侵权责任法》第 3 条规定：“被侵权人有权请求侵权人承担侵权责任。”

理解与适用

“侵权行为”也称为侵害行为或过错行为，其本意是一种侵害他人权利或利益的行为，也被称为侵害行为或过错行为。在英语中，“侵权行为”一词为“tort”，来源于拉丁文中的“tortus”，原意是指“扭曲”和“弯曲”，以后逐渐演化为过错（wrong）的意思。在法语中，“délit”来源于拉丁语“delictum”，其原意为“过错”“罪过”。拉丁语名词“delictum”派生于动词“delinqere”（偏离正确的道路），意思是一个违法、一个失误或者一个错误。在欧洲大陆国家的语言中，侵权行为一词从产生之初就包含了过错的含义在内。尽管大陆法系各国用来指称侵权行为的词语并不相同，但其含义大都包含过错的意思，因此，侵权行为常常被称为有过错的行为。中文中的“侵权行为”一词“最早于清末编定《大清民律草案》时才开始应用”，并一直沿袭至今。

从字面上看，侵权行为首先指的是一种行为，而不是一种客观的损害状态。这种行为有时用“过错行为”表示，有时用“不法行为”表示，但其本意是指侵害他人之权利或利益的行为。一方面，侵权行为主要是指自己的加害行为，但又不限于自己的加害行为，还包括在法律上应当承担责任的“准侵权行为”，如雇员的加害行为、被监护人致人损害，以及物件致人损害等。另一方面，侵权行为指的是一种侵害他人权益的行为，其指向的是他人的民事权利和受到法律保护的利益。当然，不能仅从文义解释的角度理解“侵权行为”一词的内涵，还“必须对侵权行为作扩张解释：侵害的‘权’不仅包括民事权利，而且包括受到法律保护的利益；‘行为’不仅包括加害人的行为（作为或不作为），也包括‘准行为’（他人之行为、动物致人损害等）”。总之，从其固有的含义而言，“侵权行为”是指一种侵害他人权益的行为以及造成损害结果的状态。

所谓侵权责任，是指侵权人因实施侵害或损害他人民事权益的行为而依据侵权责任法所应当承担的法律后果，它是民事责任的一种类型。侵权行为是责任承担的前提和依据，凡是实施了侵权行为的行为人都要承担相应的后果，法律列举侵权行为形态的目的就是要确定责任。但在某些情况下，虽然行为人实施了侵权行为，但不符合法律规定的责任构成要件的，也不一定当然产生侵权责任。正是从这个意义上说，侵权责任和侵权行为是既有联系又有区别的概念，不能简单地将两者等同。从功能上看，侵权责任主要具有两个方面的功能：一是保护受害人，弥补受害人的实际损失；二是预防并制裁侵权行为。这两个功能缺乏其一，均难言完整。而侵权责任与其他法律责任的明显不同之处就在于其强调对受害人的保护，其基本制度是“以保护受害人为中心”建立起来的，所关注的主要是对受害人的补偿。①

侵权责任具有以下几项法律特征：

第一，侵权责任以侵权行为为前提。侵权行为是行为人承担侵权责任的前提，或者说侵权责任产生的法律基础是侵权行为。法律规定侵权责任的目的就在于制裁侵权行为，保护自然人、法人、非法人组织的民事权利，恢复被侵权行为破坏了的财产关系和人身关系。② 当然，侵权行为可能不仅产生侵权责任，有些侵权行为也会产生行政责任，甚至刑事责任，但是行为人承担行政责任、刑事责任并不能够免除其承担侵权责任，因为这些不同责任所产生的依据不尽相同。

第二，侵权责任是依据侵权责任法的规定而应承担的责任。《民法典》第1164条规定：本编调整因侵害民事权益产生的民事关系。据此可见，侵权行为发生以后，都要依据侵权责任法的规定来承担责任。

第三，侵权责任主要是因侵害绝对权而产生的责任。本条规定：民事权益受到侵害的，被侵权人有权请求侵权人承担侵权责任。此处所说的“民事权益”主要是指合同债权以外的绝对权。一方面，侵权责任法所保护的权利主要限于绝对权。所谓绝对权，是指无须通过义务人实施一定的行为即可以实现并能对抗不特定人的权利。③ 绝对权主要包括所有权、人身权、知识产权。侵权责任法保护的对象主要是民事权益中的绝对权，而相对权主要在特定的当事人之间发生，且缺乏公示性，故多不在侵权责任法的保护范围内。④ 从义务人的范围来看，绝对权是指义务人不确定，权利人无须经义务人实施一定行为即可实现的权利。对于尚没有形成为权利的利益，在法律上缺乏一种可预见性，人们并不知道何种行为会导致对他人利益的侵害以及将造成何种后果，所以，对侵害利益的侵权行为应当

① European Group on Tort Law, “Principles of European Tort Law: Text and Commentary”, Springer, 2005, p. 102.

② 张新宝. 中国侵权行为法. 2版. 北京：中国社会科学出版社，1998：36.

③ 洪逊欣. 中国民法总则. 台北：自版，1992：61.

④ 胡波. 中国民法典编纂体例之我见——以绝对权与相对权的二元结构为中心. 河北法学，2007(4).

施加一定的限制，从而避免干涉人们的行为自由。另一方面，合同债权在性质上不是绝对权，故一般不应当受到侵权责任法的保护。在特定的合同关系中所产生的合同利益被侵害时，应当主要通过违约之诉来解决。①

第四，侵权责任以损害赔偿为核心，但又不限于损害赔偿。侵权责任法的主要功能在于对受害人提供补救，使受害人遭受的全部损失得到恢复。我国《民法典》第1167条中列举了多种侵权责任的形式，因而侵权责任的范围大于损害赔偿之债的范围，它不仅包括金钱损害赔偿责任，也包括返还原物、恢复原状、赔礼道歉等。由于采用了多种责任形式，因此，不能说侵权责任都产生债的关系。当然，应当看到，在侵权责任法中，损害赔偿是主要的责任形式，因此，侵权责任法主要具有救济功能。这就表明，侵权责任虽以损害赔偿为核心，但绝对不局限于损害赔偿。

第五，侵权责任是对受害人所承担的责任。法律责任都是以国家强制力保障其实现的责任，但侵权责任不同于刑事责任和行政责任之处就在于，侵权责任是通过损害赔偿等方式，实现对受害人的直接的救济。而刑事责任和行政责任是行为人对国家所承担的责任，其虽然也可以间接地发挥保障受害人的作用，但毕竟无法直接给受害人提供救济。

（本条由王利明撰写）

第一百二十一条

没有法定的或者约定的义务，为避免他人利益受损失而进行管理的人，有权请求受益人偿还由此支出的必要费用。

本条主旨

本条对无因管理作出了规定。

相关条文

《民法总则》第121条规定："没有法定的或者约定的义务，为避免他人利益受损失而进行管理的人，有权请求受益人偿还由此支出的必要费用。"

《民法通则》第93条规定："没有法定的或者约定的义务，为避免他人利益

① 王文钦．论第三人侵害债权的侵权行为//梁慧星．民商法论丛：第6卷．北京：法律出版社，1997．朱晓喆．债之相对性的突破——以第三人侵害债权为中心．华东政法学院学报，1995（3）．

受损失进行管理或者服务的，有权要求受益人偿付由此而支付的必要费用。”

《民法通则意见》第 132 条规定：“民法通则第九十三条规定的管理人或者服务人可以要求受益人偿付的必要费用，包括在管理或者服务活动中直接支出的费用，以及在该活动中受到的实际损失。”

理解与适用

所谓无因管理，是指没有法定或约定的义务，而管理他人事务的行为。其中，行为人称为管理人，被管理人称为本人（又称为受益人）。所谓“无因”，即是指无法律上的义务。①

（一）无因管理的成立条件

1. 没有法定或者约定的义务

无因管理中的“无因”，是指没有法律上的原因。构成无因管理的基本前提是，管理人没有法定或者约定的义务而管理他人的事务。具体来说，其包括以下两种情形：一是无法律上的义务。所谓法律上的义务，是指依据法律规定而产生的义务。例如，依据法律规定负有赡养、扶养义务时，行为人在履行相关赡养、扶养义务时，不构成无因管理。二是无合同上的义务。例如，当事人之间订有委托合同，故而一方当事人负有义务，属于“有因”的管理。判断行为人管理他人事务是否无因，应当以开始管理事务之时作为判断的时间点。② 例如，保姆依据合同约定为他人照顾孩子，但在该合同解除后，其继续照顾他人孩子的，从此时开始，该保姆的行为就构成无因管理。

2. 行为人实施了管理他人事务的行为

构成无因管理，以管理人所管理的事务为他人事务为构成要件。管理事务包含的范围十分宽泛，包括处理、管理、保存、改良及提供各种服务和帮助等。只要是有利于避免他人损失，或有利于他人的行为，都属于管理他人事务的行为。在管理事务的过程中，管理人有可能确切地知道其是在为某个具体的人管理事务，也有可能不知道本人的具体身份，但这并不妨碍无因管理的成立。③ 例如，阳台上的花属于他人，管理人在下雨时将其搬进房屋，管理人不知道本人，并不妨碍无因管理的成立。

---

① 王泽鉴. 债法原理. 北京：中国政法大学出版社，2003：416.

② Hans Brox，Besonders Schuldrecht，Muenchen，2007，S. 418.

③ 江俊彦. 民法债编总论. 台北：新学林出版股份有限公司，2011：170.

3. 管理人具有为他人的利益进行管理的意思

为他人的利益进行管理的意思，简称为管理意思，也称为管理他人事务之意思（animus aliena negotia gerendi），它是指管理人具有通过管理活动为他人谋利，或将管理所获得的利益归属于他人的意思。[①] 管理意思为无因管理成立的主观要件。无因管理的本质特点在于，其是在无法定或约定义务的情况下，为他人管理事务，而非为自己管理事务。在判断管理人有为他人管理事务的意思时，通常要求在管理行为发生时管理人大体上知道事务属于他人。但是，这并不意味着，管理人必须明确地知道本人是谁、具体认识到本人的身份，而只需要管理人有为他人管理事务的意图即可。关于存在管理的意思，应当由管理人负有举证责任。[②]

4. 管理人不应违背本人明示或可得推知的意思进行管理

构成适法无因管理，应当以管理人的管理行为符合本人明示或可以推知的意思为前提，这就要求管理人在从事管理事务时，如果知道本人的存在，而且可以联系到本人，则应当与本人联系，以确定本人是否愿意由他人管理其事务。如果本人事先已经明示了其事务管理的方法、管理的期限等，且管理人了解本人这一意思，则管理人不应当违背本人的这一意思管理其事务，否则，管理人管理本人事务的责任将加重。如果本人告知管理人，要求其停止管理，则管理人应当停止管理活动。无因管理制度既保护管理人的利益，鼓励助人为乐的行为，同时，也保护个人利益免受他人不当的干涉[③]，因此，如果管理人明知本人明示或可得推知的意思，则出于对本人私人事务的尊重，一旦本人要求管理人停止管理，管理人即不得再实施管理行为。

（二）无因管理的法律效力

行为人未经本人许可而管理他人事务，将构成侵权，受害人有权请求行为人承担侵权责任，但在行为人的管理行为构成无因管理的情形下，该管理行为即具有阻却违法的效力。依据本条的规定，管理人在管理本人事务时，虽然没有得到本人的允许，但不仅不构成侵权，管理人反而可以依法向本人请求偿还因管理事务而支出的必要费用，这就实际上肯定了无因管理具有阻却违法的效力。

管理人对本人所享有的权利是无因管理制度的核心。在适法无因管理中，管理人主要享有如下权利：

---

① 史尚宽. 债法总论. 北京：中国政法大学出版社，2000：62.

② 王泽鉴. 债法原理. 2版. 北京：北京大学出版社，2013：315.

③ 黄立. 民法债编总论. 北京：中国政法大学出版社，2002：171.

第一，费用偿还请求权。依据本条规定，管理人有权请求受益人偿还由此支出的必要费用。这就是说，如果管理人因管理事务而支出了合理的费用，则其有权请求本人偿还。合理的费用包括两种：一是必要的费用，即因为事务管理而必须要支出的费用。例如，因收留他人走散的耕牛而支出的饲料费。判断费用是否必要，应依社会一般人完成相同管理行为所需支出的费用为标准。二是有益的费用，即虽然不是必要的费用，但属于有益于被管理人的费用。例如，在收留迷路的儿童时为其支出的教育费用。对于上述两项费用，管理人都有权请求本人偿还。

第二，负债清偿请求权。管理人在管理事务的过程中，除支付相关的管理费用外，还可能因管理活动向他人负担了债务。此种请求权与费用偿还请求权，构成无因管理法律制度的两个核心元素。[①] 也就是说，这两者是无因管理之债的核心内容。对债务负担的范围也要依具体情形进行判断，只有对于因管理行为所必须负担的债务以及对管理事务有益的费用，管理人才有权请求本人偿还。[②]

第三，损害赔偿请求权。在管理事务的过程中，管理人自身也可能遭受了损害。对于此种损害，管理人是否有权请求本人赔偿？学者间存在不同观点。笔者认为，本人应当赔偿管理人在管理活动中所遭受的损害，因为仅凭补偿管理人支出的管理费用或负担的债务，可能无法完全弥补管理人所遭受的损失，造成管理人“流血又流泪”的不良社会后果，与鼓励无因管理行为的立法目的相违背。从鼓励人们互助的角度出发，应当赋予管理人此种损害赔偿请求权。

（本条由王利明撰写）

第一百二十二条

因他人没有法律根据，取得不当利益，受损失的人有权请求其返还不当利益。

本条主旨

本条对不当得利作出了规定。

① 冯·巴尔，等. 欧洲私法的原则、定义与示范规则：欧洲示范民法典草案：第五卷至第七卷. 王文胜，等译. 北京：法律出版社，2014：135.

② 郑玉波. 民法债编总论. 北京：中国政法大学出版社，2004：84.

相关条文

《民法总则》第122条规定："因他人没有法律根据，取得不当利益，受损失的人有权请求其返还不当利益。"

《民法通则》第92条规定："没有合法根据，取得不当利益，造成他人损失的，应当将取得的不当利益返还受损失的人。"

《民法通则意见》第131条规定："返还的不当利益，应当包括原物和原物所生的孳息。利用不当得利所取得的其他利益，扣除劳务管理费用后，应当予以收缴。"

理解与适用

所谓不当得利（unjust enrichment，ungerechtfertigte Bereicherung），是指没有法律上的原因而获得利益，并使他人遭受损失的事实。例如，某人因不知道自己已经付款，又向出卖人支付了价款，出卖人所获得的第二笔价款就构成不当得利。

（一）不当得利的成立条件

1. 一方获得利益

不当得利是以一方获得利益为前提的。因为如果无人获得利益，也就不存在得利"当"与"不当"的问题。所谓获利，是指因为一定的事实而导致其财产的增加或不减少。[①] 不当得利返还义务是用来回复不当得利事件发生时当事人之间所应当具有的利益状态，因此，不当得利制度主要维护财产的静态利益。[②] 按照举证责任的一般规则，如果遭受损害的一方提出不当得利返还的请求，其应当就获利人的获利负担举证责任，否则，其请求无法成立。不当得利中的"获利"包括以下两种：一是积极的获利，即受益人在既有财产的基础上有所获得。通常来说，受利益都是受有财产利益，例如，因添附而导致所有权的客体范围增加。二是消极的获利，即受益人本应减少的财产未减少，例如，房屋所有权上的抵押权消灭。

2. 无法律上的原因

不当得利中的"不当"就是指没有法律上的原因。在不当得利中，受损人要求返还的利益必须有合法的基础。如果损害是由受损人的违法行为造成的，则法律将不对此种损害提供救济。具有法律上的原因是受益人保有利益的权利基础，

---

① 郑玉波．民法债编总论．北京：中国政法大学出版社，2004：92.

② 黄茂荣．不当得利．台湾：植根法学丛书编辑室，2011：8.

没有合法的权利基础就构成不当得利。不当得利的成立以获利人所获利益欠缺法律上的原因为前提，不当得利构成要件中“无法律上的原因”通常包含以下情形：一是当事人之间不存在有效的合同关系。这主要是指在合同无效、被撤销、不成立或被解除后，当事人获利不再具有法律上的原因，从而构成不当得利。二是不具有法律规定的原因。如果法律上规定了作为义务等，当事人因履行此种义务而遭受损害的，不得向受益人请求返还不当得利。例如，兄姐履行了扶养弟妹的义务，这属于法律义务，不能请求不当得利返还。三是无道德上的义务。法律上的原因也包括基于亲属关系等而产生的道德上义务。在存在此种原因的情形下，也难以构成不当得利。例如，丧偶女婿对岳父母的赡养，虽然没有法律上义务，但有道德上的义务，因此也不构成不当得利。四是受损人并没有就其遭受的不利表示同意。在受损人遭受损失后，如果其就其所遭受的不利表示同意，则该同意的表示就可以成为“法律上原因”，否则，获利人的获利即构成不当得利。①

3. 他方受到损害

所谓他方受到损害，是指一方当事人遭受了财产上的损失。损害通常是指权利人所遭受的人身或者财产上的不利益。依据本条规定，不当得利请求权的适用以造成他人损失为前提。本条所规定的“损失”应当是指财产损失，包括积极损失和消极损失两个方面。所谓积极损失，应该是指现有财产利益的减少。所谓消极损失，是指应该获得的财产没有获得。其中既包括现存财产的减少，也包括应得利益的减少。当然，对不当得利中的损失应作宽泛的解释，不仅包括金钱价值的减少，还包括使用、收益等潜在价值的减少。关于受害人所遭受的损失应当由受害人举证证明。

4. 获利与受损之间具有因果关系

所谓获利与受损之间具有因果关系，是指一方获利是他方受损的原因，而他方受损就是由一方获利造成的，在受损和获利之间具有原因和结果之间的关联性。只有受益人获利与受损人受损之间存在因果关系，才意味着法律需要对此种利益状态进行调整，此时不当得利返还请求权也才具有正当性。如果损失与获利之间毫无因果关系，则受损人向获利人主张返还不当得利就欠缺合理性基础。

（二）不当得利的法律效力

依据本条规定，在成立不当得利时，“受损失的人有权请求其返还不当利益”。可见，不当得利的主要效力是在当事人之间产生返还义务，即受损人有权

① 冯·巴尔，等．欧洲私法的原则、定义与示范规则：欧洲示范民法典草案：第五卷至第七卷．王文胜，等译．北京：法律出版社，2014：874.

请求受益人返还其所受领的利益。具体而言，不当得利请求权返还的对象包括以下几类。

一是原物。在构成不当得利的情形下，受损人有权请求受益人返还原物。依据不当得利，受损人有权请求受益人返还原物，此外，如果原物灭失或者受益人因原物而获有其他利益的，受损人也有权请求受益人返还该利益。此种情况称为价额返还。[①] 这主要是指在原物灭失的情形下，如果受益人因此获得了代位物或者损害赔偿请求权，则受损人有权请求受益人返还该代位物或者移转该损害赔偿请求权。[②] 例如，原物因保险事故灭失，受益人因此受有保险金的，或者原物被第三人损毁，受益人由第三人处获得损害赔偿金的，等等，受损人应当有权请求受益人返还该代位物，或者请求受益人移转其对第三人的损害赔偿请求权。[③]

二是原物产生的孳息。如果在受益人占有原物期间，原物产生了孳息，则受损人也有权请求受益人返还该孳息。此处的孳息包括原物在受益人占有期间产生的天然孳息和法定孳息等。[④] 如果当事人之间的合同被撤销或者被宣告无效，则标的物的所有权仍归属于出卖人，因此产生的孳息也应当归属于出卖人，出卖人保有因原物而产生的孳息即欠缺法律上的原因，因此，购买人在向出卖人请求返还不当得利时，除请求原物返还外，还有权请求出卖人返还原物所产生的孳息。[⑤]

三是受益人通过原物而获得的收益，主要是指受益人通过将原物出租等方式而获得的收益。按照通说，此时，受损人也有权请求受益人返还该利益。[⑥] 在行为人非法使用他人的房屋或者其他物件的情形下，行为人向权利人返还原物或者其他物件时，行为人仍获得一定的利益的，则权利人有权请求行为人返还该获利。在此情形下，如果行为人利用他人之物获得了租金，则应当返还该租金；如果没有获得租金，则应当比照租金或者使用费的标准予以返还。

四是受损人在请求受益人返还原物时，也有权请求受益人返还原物的权利证书、权属证明等证明文件。

当然，在确定不当得利的返还范围时，应当考虑受益人的主观状态，因为不当得利制度除了调整当事人之间欠缺法律原因的财产变动关系，还具有剥夺行为人之不法获利、预防不法行为的功能。因此，在确定不当得利返还的返还范围

---

①⑥　王泽鉴．不当得利．北京：中国政法大学出版社，2002：204．

②　Hans Brox，Besonders Schuldrecht，Muenchen，2007，S. 475．

③　黄茂荣．不当得利．台湾：植根法学丛书编辑室，2011：230．

④　同②S. 474．

⑤　郑玉波．民法债编总论．北京：中国政法大学出版社，2004：107．

时，一方面需要考察受益人获利与受损人受损之间的关系，另一方面还要考察受益人的主观状态。这也有利于平衡当事人之间的合法权益。在受益人是善意的情况下，受益人并不知道其所获利益欠缺法律上的原因，其可能没有消费该物的计划，更无法预见其所获利益被请求返还时可能产生的后果，因此，其原则上只应当返还现存利益，如果课以其过重的返还义务，可能会不当加重其负担。而在受益人为恶意的情况下，其应当返还全部利益，即使在其所获利益不存在的情形下，受益人仍应当负担返还义务，因为受益人主观上具有恶意，而且其可以预见其所获利益被请求返还时可能产生的后果①，课以其较大范围的返还义务并不会加重其负担。

（本条由王利明撰写）

第一百二十三条

民事主体依法享有知识产权。

知识产权是权利人依法就下列客体享有的专有的权利：

（一）作品；

（二）发明、实用新型、外观设计；

（三）商标；

（四）地理标志；

（五）商业秘密；

（六）集成电路布图设计；

（七）植物新品种；

（八）法律规定的其他客体。

本条主旨

本条对民事主体所享有的知识产权作出了规定。

相关条文

《民法总则》第123条规定："民事主体依法享有知识产权。""知识产权是权利人依法就下列客体享有的专有的权利：（一）作品；（二）发明、实用新型、外观设计；（三）商标；（四）地理标志；（五）商业秘密；（六）集成电路布图设

① 史尚宽．债法总论．北京：中国政法大学出版社，2000：94.

计；（七）植物新品种；（八）法律规定的其他客体。”

《著作权法》第 2 条第 1 款规定：“中国公民、法人或者其他组织的作品，不论是否发表，依照本法享有著作权。”

《专利法》第 2 条第 1 款规定：“本法所称的发明创造是指发明、实用新型和外观设计。”

《专利法》第 3 条规定：“国务院专利行政部门负责管理全国的专利工作；统一受理和审查专利申请，依法授予专利权。”

《商标法》第 3 条第 1 款规定：“经商标局核准注册的商标为注册商标，包括商品商标、服务商标和集体商标、证明商标；商标注册人享有商标专用权，受法律保护。”

理解与适用

知识产权是指权利人对其智力成果和工商业标识享有的权利。本条第 1 款规定：民事主体依法享有知识产权。《民法典》作出这一规定，宣示了知识产权作为一种民事权利应当受到法律保护，同时，宣示了知识产权可适用《民法典》的规定。知识产权法无疑是民法的重要组成部分，但这并不意味着它应成为《民法典》的独立一编，因其内容非常庞杂、非常复杂，且随着科技的进步需要频繁进行修改，宜在民法典之外作为特别法单独规定。但知识产权兼具人身属性和财产属性，其本质上仍属于民事权利的范畴，是私法上财产权利和人身权利的结合。在发生知识产权纠纷后，如果知识产权法未作出特别规定，可以适用《民法典》的规定。例如，侵害知识产权的责任，在知识产权法中缺乏规定时，可适用《民法典》之侵权责任编的规定。

本条第 2 款规定：知识产权是权利人依法就下列客体享有的专有的权利：（1）作品；（2）发明、实用新型、外观设计；（3）商标；（4）地理标志；（5）商业秘密；（6）集成电路布图设计；（7）植物新品种；（8）法律规定的其他客体。从本款规定来看，其在规定知识产权的客体时，采用了具体列举与兜底规定相结合的方式，扩大了知识产权的范围，并为将来对新型知识产权的保护预留了空间。作为知识产权之客体的智力成果是没有外在形体的知识财富，非物质性是智力成果的本质属性，这也是其与传统意义上的所有权的最根本的区别。[①]《民法典》规定知识产权之客体的意义主要在于：一是适应经济社会发展。相对于其他

---

① 吴汉东．关于知识产权本体、主体与客体的重新认识——以财产所有权为比较研究对象．法学评论，2000（5）．

民事权利而言，知识产权受社会文化、经济发展、新技术革命影响更巨，总是处于不断发展变化之中，所以，在《民法典》中有必要对其客体作出规定。二是授权特别法就这些客体之上的知识产权作出规定。三是明确这些客体除了受知识产权法的保护，也应当受到《民法典》的保护。

具体来说，知识产权的客体包括如下几种。

第一，作品。作品是作者创造性智力劳动的成果，是著作权的产生依据。依据《著作权法实施条例》第 2 条的规定，著作权法所称作品是指文学、艺术和科学领域内具有独创性并能以某种有形形式复制的智力成果。著作权保护作者与作品间之精神和物质的联系，作者可以依据这种联系获得相关的人身利益和财产利益。例如，依据《著作权法》第 9 条的规定，作者与作品之间的联系不得被非法侵害，作品的内容不得被非法修改，并不得被非法利用。

第二，发明、实用新型、外观设计。发明、实用新型与外观设计是专利权的客体。依据《专利法》第 2 条第 2～3 款的规定，所谓发明，是指对产品、方法或者其改进所提出的新的技术方案；所谓实用新型，是指对产品的形状、构造或者其结合所提出的适于实用的新的技术方案；所谓外观设计，是指对产品的形状、图案或者其结合以及色彩与形状、图案的结合所作出的富有美感并适于工业应用的新设计。同作品一样，这些专利权的客体也是专利权人创造性劳动的成果，但和作品不同，专利通常具有一定的技术性内容，与权利人之人身联系相对较少，因此，对专利权人来说，专利主要体现为财产利益。①

第三，商标。商标是商标权的客体。所谓商标，是指生产者或者经营者在其商品或者服务中使用的、用于区别商品或服务来源的、具有显著特征的标志。商标体现了生产经营者所提供的商品或服务的区别性，这种区别性反映了商品或者服务的品质或口碑。商标权所保护的就是这种品质或口碑中所蕴含的经济价值。依据我国《商标法》《反不正当竞争法》等法律的规定，不论是注册商标还是未注册商标，均受到法律保护。因此，当他人非法使用或者使用近似商标，足以导致消费者产生误解时，便侵害了商标权人的利益。②

第四，地理标志。地理标志也是重要的知识产权客体。依据《商标法》第 16 条的规定，所谓地理标志，是指“标示某商品来源于某地区，该商品的特定质量、信誉或者其他特征，主要由该地区的自然因素或者人文因素所决定的标志”。地理标志在广义上属于商标的特殊类型，其作用是标志商品产自某地区，

---

① 王岩. 专利的价值及其运营. 知识产权，2016 (4).

② 彭学龙. 寻求注册与使用在商标确权中的合理平衡. 法学研究，2010 (3).

具有特定质量、信誉或者其他特征。这种由地域特殊性所带来的经济利益也为法律所保护。[①] 地理标志权是《与贸易有关的协定》所确定的七大类知识产权之一，是重要的知识产权类型。[②] 我国《民法典》对地理标志作出规定，为我国将来完善对地理标志的法律保护提供了依据。

第五，商业秘密。依据《反不正当竞争法》第 9 条第 4 款的规定，所谓商业秘密，是指“不为公众所知悉、具有商业价值并经权利人采取保密措施的技术信息和经营信息等商业信息”。商业秘密的特点在于：一是不为公众所知悉。这就是说商业秘密具有一定程度的秘密性，只是为少数人所知道和使用，此外，商业秘密也具有一定的新颖性，即已经具有了一定的技术水平。[③] 二是能为持有人带来经济利益。三是具有实用性。实用性是指商业秘密的客观有用性，即商业秘密能够被实际运用，并通过运用可以为商业秘密的持有人创造出经济上的价值。四是具有保密性。所谓保密性，是指商业秘密的持有人主观上将其持有的某种商业信息作为秘密对待，并在客观上采取了保密措施。商业秘密是否为一种权利，以及属于何种性质的权利，仍然存在争议。但毫无疑问，商业秘密作为一种知识产权的客体，应当获得法律保护。

第六，集成电路布图设计。集成电路布图设计也是重要的知识产权的客体。我国《集成电路布图设计保护条例》对集成电路布图设计的保护作出了规定。依据该条例第 2 条的规定。所谓集成电路布图设计是指集成电路中至少有一个是有源元件的两个以上元件和部分或者全部互连线路的三维配置，或者为制造集成电路而准备的上述三维配置。集成电路布图设计与集成电路的运行效率有密切联系，优秀的设计能够极大地提升集成电路的运行效率，因此，具有重要的经济利益。它也是设计者创造性智力劳动的成果，法律保护相关的设计者通过优秀设计获得相应利益的权利，并禁止他人的非法使用与拷贝。

第七，植物新品种。我国《植物新品种保护条例》对植物新品种的保护作出了规定，依据该条例第 2 条的规定，所谓植物新品种，是指经过人工培育的或者对发现的野生植物加以开发，具备新颖性、特异性、一致性和稳定性并有适当命名的植物品种。植物新品种要获得专利的保护，必须具备专利的条件，如新颖性、创造性和实用性。[④]

---

① 石宏．中华人民共和国民法总则条文说明、立法理由及相关规定．北京：北京大学出版社，2017：289．

② 王笑冰．关联性要素与地理标志法的构造．法学研究，2015（3）．

③ 戴建志，陈旭．知识产权损害赔偿研究．北京：法律出版社，1997：132．

④ 管荣齐，薛智胜．从 TPP 知识产权规则审视植物新品种的可专利性．知识产权，2016（3）．

第八，法律规定的其他客体。除上述知识产权的客体外，如果其他法律对知识产权之客体的保护有新的规定，则该知识产权的客体也受到法律保护。

本条对知识产权的客体使用兜底式的规定，保持了知识产权的客体的开放性，也为相关立法对新型知识产权之客体的保护提供了依据。

（本条由王利明撰写）

第一百二十四条

自然人依法享有继承权。

自然人合法的私有财产，可以依法继承。

本条主旨

本条对自然人所享有的继承权作出了规定。

相关条文

《民法总则》第124条规定："自然人依法享有继承权。""自然人合法的私有财产，可以依法继承。"

《宪法》第13条第2款规定："国家依照法律规定保护公民的私有财产权和继承权。"

《继承法》第1条规定："根据《中华人民共和国宪法》规定，为保护公民的私有财产的继承权，制定本法。"

《继承法》第3条规定："遗产是公民死亡时遗留的个人合法财产，包括：（一）公民的收入；（二）公民的房屋、储蓄和生活用品；（三）公民的林木、牲畜和家禽；（四）公民的文物、图书资料；（五）法律允许公民所有的生产资料；（六）公民的著作权、专利权中的财产权利；（七）公民的其他合法财产。"

理解与适用

所谓继承权，是指继承人依据法律规定或者遗嘱而取得被继承人之财产的权利。广义上而言，继承权可以分为继承期待权和继承既得权两种。前者是指继承开始前，继承人享有的依照法律的规定或者遗嘱而继承被继承人之财产的资格；后者是指继承开始后，继承人实际享有的可以依照法律的规定或者遗嘱而继承被继承人之遗产的资格。[①] 继承权并不是财产权，也不是人身权，而是具有综合性的权利。[②] 本条第 1 款在法律上确认了自然人享有的继承权。

依据本条规定，一方面，继承权的客体必须是合法的私有财产。如果财产是非法的，则不得成为继承的对象。对此，《民法典》第 1122 条规定：遗产是自然人死亡时遗留的个人合法财产。依照法律规定或者根据其性质不得继承的遗产，不得继承。该条对遗产的范围作为了规定，从该条规定来看，只有自然人死亡时所遗留的个人合法财产，才能成为遗产。另一方面，本条肯定了私有财产可以被继承，从而从继承的角度强化了对私有财产的保护。对继承权的保护主要是通过《民法典》之继承编来实现的。

（本条由王利明撰写）

第一百二十五条

民事主体依法享有股权和其他投资性权利。

本条主旨

本条对民事主体享有股权及其他投资性权利作出了规定。

相关条文

《民法总则》第 125 条规定："民事主体依法享有股权和其他投资性权利。"

《公司法》第 4 条规定："公司股东依法享有资产收益、参与重大决策和选择管理者等权利。"

理解与适用

从本条规定来看，其主要规定了两项权利：一是股权。从广义上讲，股权是指股东可以向公司主张的各种权利；从狭义上讲，股权是指股东因出资而取得的，依法律或者公司章程的规定和程序参与公司事务并在公司中享受财产利益的，具有可转让性的权利。股权实际上是成员权或社员权的一种类型。关于股权的内容，我国《公司法》已经作出了相关的规定。二是其他投资性权利。其他投

① 史尚宽．继承法论．北京：中国政法大学出版社，2000：92－93.

② 牟延林，吴安新．继承权应属于侵权法的保护对象．天津商学院学报，2001（3）.

资性权利主要是指民事主体通过各种投资而取得的权利，如通过购买基金、保险等而取得的权利。①

本条规定包含如下几方面的含义。

第一，本条规定进一步明确了我国采用民商合一的立法体例。从本条规定来看，民事主体所享有的股权和其他投资性权利受民法典的保护。这也进一步明确了我国民商合一的立法体例。股权是指股东因出资而取得的权利，基于股权，股东可以依据法律规定或者公司章程规定享有参与公司事务并取得相关收益的权利。一般而言，股权等投资性权利是由公司法、保险法等特别法规定的，主要受特别法调整，本条对股权等投资性权利作出规定，表明此类权利也受《民法典》的调整和保护。这实际上是再次强调我国实行民商合一的立法体例，各商事特别法是我国民事立法的组成部分，《民法典》对各商事特别法具有统率作用。

第二，本条完善了我国的民事权利体系。一般认为，民事权利可以分为人身权和财产权，但在人身权和财产权这一民事权利基本分类之外，还发展出了一些其他权利。尤其是随着民法从个人法向团体法的发展，社员权独立的必要性凸显。例如，股权在性质上即属于社员权，无法为财产权的概念所涵盖。因此，本条对股权等投资性权利作出规定，也宣告了此类权利在性质上属于民事权利，即在物权、债权等民事权利之外，将股权等投资性权利纳入民事权利的范畴，这也进一步完善了我国的民事权利体系。

第三，本条对股权以及其他投资性权利的保护作出规定，也有利于鼓励投资，鼓励人们创造财富。从实践来看，股权以及其他投资性权利主要是因个人投资行为而产生的民事权利，法律保护股权等投资性权利，实际上起到了保护私人财产权的效果，有利于鼓励人们积极开展投资活动，积极创造财富。

（本条由王利明撰写）

第一百二十六条

民事主体享有法律规定的其他民事权利和利益。

本条主旨

本条对民事主体所享有的民事权利和利益作出了兜底规定。

① 石宏. 中华人民共和国民法总则条文说明、立法理由及相关规定. 北京：北京大学出版社，2017：298.

相关条文

《民法总则》第 126 条规定："民事主体享有法律规定的其他民事权利和利益。"

《侵权责任法》第 2 条第 2 款规定："本法所称民事权益，包括生命权、健康权、姓名权、名誉权、荣誉权、肖像权、隐私权、婚姻自主权、监护权、所有权、用益物权、担保物权、著作权、专利权、商标专用权、发现权、股权、继承权等人身、财产权益。"

理解与适用

从本条规定来看，其实际上是一个民事权利和利益受法律保护的兜底性条款。其不仅使民事权利的保护形成了完整的体系，而且使对私权的保护进一步地保持了开放性。无论是对权利还是对利益的具体列举，都可能是不周延的。"法条有限，世事无穷"，社会生活不断变化发展，列举权利和利益不可能满足实践的发展。随着社会经济的发展，还有一些新型的利益，例如，网络虚拟财产权、商业秘密、特许权等，也需要在法律中作出规定。在条件成熟的时候，也可以上升为民事权利类型，纳入民事权利体系。本条的开放性的规定，可以为法官提供足够的裁判依据。此处采用民事权利和利益的提法，就表明其所保护的对象不仅包括民事权利，还包括权利外的合法利益。

一般而言，民法所保护的权利外利益的典型情形主要有如下几种。

一是新型人格利益。人格权益体系是一个不断发展、变化的体系，具有开放性。① 我国《民法典》第 111 条并没有将个人信息规定为一项具体人格权，而是将其规定为一项人格利益。因此，个人信息在性质上属于新型人格利益。除个人信息外，个人的声音、特有的肢体动作等，在性质上均属于人格利益。

二是死者人格利益。死者人格利益在性质上并不是权利。自然人死亡后，其不可能再享有实际权利中包含的个人利益，但权利中包含了社会利益的因素，因此，在自然人死亡后，法律仍需要对这种利益进行保护。同时，侵害死者的人格利益还将导致死者的近亲属遭受财产与精神上的损害，因此，对死者之人格利益的保护并非对死者的保护，而只是对某些社会利益或个人利益的保护。我国《民法典》第 994 条对死者的人格利益保护作出了规定。

三是占有。在现实生活中，许多占有的状态尽管还没有形成权利，但法律从维护社会秩序和人对物的关系出发，需要对这些占有状态进行保护。如拾得遗失

① Jean-Christophe Saint-Pau (dir.), Droits de la personnalité, LexisNexis, 2013, p. 37.

物和漂流物、发现埋藏物后，依据法律规定，占有人应及时将物返还失主或上交国家，而不能据为己有；占有人也不能因其占有而获得占有权并长期占有这些物。但占有一旦形成，便应当受到法律保护。假如对上述占有不予保护，任何人都可以凭借暴力从占有人手中侵夺其占有物，则社会经济秩序和财产秩序将遭到严重破坏，法律秩序也将荡然无存。

四是对新型智力成果享有的利益。一些新型智力成果，其可能并未被确认为知识产权的类型，但仍然属于民事利益，应当受到法律保护，我国司法实践也采纳了此种立场。例如，在“莒县酒厂诉文登酿酒厂不正当竞争纠纷案”中，法院认为，文登酿酒厂违背诚信原则，以仿制瓶贴装潢及压价手段竞争，属不正当竞争行为，因此应停止侵害，赔偿损失。本案中，瓶贴装潢虽未形成权利，但原告的瓶贴装潢代表了原告的白酒信誉，并能给原告带来一定的经济利益，因此应受到侵权责任法的保护。①

本条有效衔接了《民法典》与民事特别法之间的关系。从本条规定来看，民事主体享有法律规定的其他民事权利和利益。此处所说的“法律规定”不限于《民法典》的规定，也包括民事单行法的规定，即民事单行法所规定的民事权利和利益，也受到法律保护。例如，《反不正当竞争法》第 11 条规定：经营者不得编造、传播虚假信息或者误导性信息，损害竞争对手的商业信誉、商品声誉。该条对企业信誉的保护作出了规定，其也受到法律保护。再如，《消费者权益保护法》第 27 条规定：经营者不得对消费者进行侮辱、诽谤，不得搜查消费者的身体及其携带的物品，不得侵犯消费者的人身自由。该条对消费者的人身自由作出了规定。《民法典》第 126 条规定民事主体享有法律规定的其他民事权利和利益，实际上也发挥了引致条款的作用，有效衔接了《民法典》与其他民事单行法。

（本条由王利明撰写）

第一百二十七条

法律对数据、网络虚拟财产的保护有规定的，依照其规定。

本条主旨

本条就对数据、网络虚拟财产的保护规则作出了规定。

---

① 最高人民法院公报，1990（3）.

相关条文

《民法总则》第127条规定："法律对数据、网络虚拟财产的保护有规定的，依照其规定。"

《民法通则》第75条第1款规定："公民的个人则产，包括公民的合法收入、房屋、储蓄、生活用品、文物、图书资料、林木、牲畜和法律允许公民所有的生产资料以及其他合法则产。"

理解与适用

数据、网络虚拟财产也是重要的民事权利的客体。本条就对数据、网络虚拟财产的保护作出了规定，适应了互联网、大数据时代的要求。

第一，数据的权利。

众所周知，我们已经进入了一个互联网、大数据背景下的信息社会，也进入了数字经济时代。数据是财富，数据信息被喻为大数据时代的"新石油"，是经济增长和价值创造的重要源泉。一方面，数据的开发和利用已成为科技创新的重要内容；另一方面，数据也成为民事主体的重要财产。数据究竟包括哪些权利，是一个值得探讨的问题。笔者认为：首先，如果数据具有独创性，则其可以受到著作权法的保护。其次，即使是没有获得知识产权保护的数据，也要受到法律保护，数据控制者享有署名权、数据携带权（也有人称之为提取权，即权利人有权禁止或许可他人将数据转移到另一个载体存放）、数据利用权（禁止他人发行、传播数据库中的数据）。

还要看到，由于大数据是对海量的信息所进行的收集、存储和分析，因而，大量的数据涉及个人的个人信息和隐私，甚至涉及个人的敏感信息和核心隐私。[①] 例如，将个人病历资料开发成大数据，或者将个人的银行存款信息汇总开发成大数据时，如果还没有对这些数据资料进行匿名化处理，或者匿名化处理不完整，从相关的数据中仍然可以了解个人的相关信息和隐私，那么这就可能侵害个人的个人信息和隐私权。又如通过对大数据技术的运用，一些机构可以从相关的数据中分析出个人的身份、财产、消费习惯等方面的信息。[②] 如果这些信息经过整合后再投入数据黑市进行交易，则这些行为可能触犯刑法的规定，构成非法

①② Allen，Anita L.，"Protecting One's Own Privacy in a Big Data Economy"，*Harvard Law Review Forum*，Vol. 130，Issue 2（December 2016），pp. 71－78.

侵入计算机信息系统罪、侵犯公民个人信息罪等罪名。[①] 当然，即便上述行为不构成犯罪，其也构成对他人个人信息和隐私权的侵害。因此，相关主体在收集、利用个人信息数据的同时，应当以保护当事人对个人信息的控制权利和隐私权为前提，信息控制者负有保护个人信息和隐私的责任。[②] 所以，在未来有必要规定大数据中个人信息和隐私的保护问题。这是适应信息社会、大数据时代的特殊要求，是面向21世纪的当然要求。

第二，网络虚拟财产。

网络虚拟财产是伴随着互联网发展而产生的新的财产，如比特币、网游中的装备、电子邮箱等。它们与一般的财产在本质上有很大的共性，都具有一定的经济价值，甚至可以在一定范围内流通。在司法实践中，已经出现了电子游戏装备、QQ号码归属等纠纷。[③]《民法典》就对网络虚拟财产的保护作出原则性规定，可以为对网络虚拟财产的保护提供法律依据。[④]

关于网络虚拟财产的性质，存在不同观点：一是无形财产说。此种观点认为，将网络虚拟财产界定为物权或者债权的客体均面临一定的困难，网络虚拟财产在性质上应当属于无形财产。[⑤] 二是物权说。此种观点认为，网络虚拟财产具有可支配性，通过物权请求权对侵害网络虚拟财产的行为进行规制，比债权请求权的方式更有效率，因此，从纠纷解决和法经济学的角度来看，将网络虚拟财产界定为物权比界定为债权更为妥当。[⑥] 三是债权说。此种观点认为：网络虚拟财产本质上是一系列以专属性服务为内容的合同权利的集合，其在性质上应当属于债权。[⑦] 四是民事权利客体说。此种观点认为，网络虚拟财产并非债权的客体，因为从《民法典》第118条第2款的规定来看，债权的客体是民事主体的行为，而网络虚拟财产并非民事主体的行为，故无法成为债权的客体。网络虚拟财产可以成为各类民事权利的客体。[⑧]

---

① 叶竹盛．是时候给大数据套上法律笼头了．新京报，2017-05-31.

② Gola/Klug/Körffer，in：Gola/Schomerus，BDSG，§13，Rn. 49.

③ 例如，在"李某诉北极冰公司案"中，游戏玩家李某因为游戏道具被盗，遂以游戏运营商侵害其私人财产为由诉至法院。法院认为：关于丢失装备的价值，虽然虚拟装备是无形的，且存在于特殊的网络游戏环境中，但并不影响虚拟物品作为无形财产的一种，获得法律上的适当评价和救济。玩家参与游戏需支付费用，可获得游戏时间和装备的游戏卡均需以货币购买，这些事实均反映出作为游戏主要产品之一的虚拟装备具有价值含量。北京市第二中级人民法院（2004）二中民终字第02877号民事判决书.

④ 北京市朝阳区人民法院（2003）朝民初字第17848号民事判决书.

⑤ 李国强．网络虚拟财产权利在民事权利体系中的定位．政法论丛，2016（5）.

⑥ 许可．网络虚拟财产物权定位的证立——一个后果论的进路．政法论坛，2016（5）.

⑦ 刘明．论网络虚拟财产禁止让与特约的法律规制．中国社会科学院研究生院学报，2015（1）.

⑧ 杨立新．民法总则规定网络虚拟财产的含义及重要价值．东方法学，2017（3）.

笔者认为：从本条规定来看，既然承认网络虚拟财产具有财产性质，就应当比照财产权的规则进行保护。对网络虚拟财产应当采用财产权保护方法，而不能采用人格权保护方法；对于侵害网络虚拟财产的也不能适用精神损害赔偿。至于网络虚拟财产究竟是物权还是债权，目前仍未达成共识。笔者认为，网络虚拟财产的存在以当事人之间存在网络服务协议为前提，故其应当属于债权，可适用债权的相关规定对此类财产予以保护。

（本条由王利明撰写）

第一百二十八条

法律对未成年人、老年人、残疾人、妇女、消费者等的民事权利保护有特别规定的，依照其规定。

本条主旨

本条就对未成年人、老年人、残疾人、妇女、消费者等主体之民事权利保护的规则作出了规定。

相关条文

《民法总则》第 128 条规定："法律对未成年人、老年人、残疾人、妇女、消费者等的民事权利保护有特别规定的，依照其规定。"

《未成年人保护法》第 3 条规定："未成年人享有生存权、发展权、受保护权、参与权等权利，国家根据未成年人身心发展特点给予特殊、优先保护，保障未成年人的合法权益不受侵犯。""未成年人享有受教育权，国家、社会、学校和家庭尊重和保障未成年人的受教育权。""未成年人不分性别、民族、种族、家庭财产状况、宗教信仰等，依法平等地享有权利。"

《残疾人保障法》第 3 条规定："残疾人在政治、经济、文化、社会和家庭生活等方面享有同其他公民平等的权利。""残疾人的公民权利和人格尊严受法律保护。""禁止基于残疾的歧视。禁止侮辱、侵害残疾人。禁止通过大众传播媒介或者其他方式贬低损害残疾人人格。"

《妇女权益保障法》第 2 条规定："妇女在政治的、经济的、文化的、社会的和家庭的生活等各方面享有同男子平等的权利。""实行男女平等是国家的基本国策。国家采取必要措施，逐步完善保障妇女权益的各项制度，消除对妇女一切形式的歧视。”“国家保护妇女依法享有的特殊权益。”“禁止歧视、虐待、遗弃、残害妇女。”

理解与适用

一方面，本条就对未成年人、老年人等主体的民事权利的保护作出规定，符合现代民法注重维护实质平等的价值理念；另一方面，本条也属于引致条款，即在特别法对未成年人、老年人等的民事权利保护有规定时，适用该规定。

（一）《民法典》强化对未成年人、老年人、残疾人、妇女、消费者等的民事权利的保护

本条对未成年人、老年人、残疾人、妇女、消费者等的民事权利的保护作出了规定，表明我国《民法典》在强调形式平等的同时，也注重维护实质平等。传统民法注重维护主体之间的形式平等，将民事主体视为同样的理性主体，较少考虑民事主体在年龄、行动能力以及自我保护能力等方面的差异。而在现代社会，社会经济结构已经发生重大变化。与庞大的社会组织相比，个人在行动能力、订约能力以及维权能力等方面，往往处于弱势地位。因此，现代民法在维护形式平等的同时，越来越强调兼顾不同民事主体在行为能力方面的差异，强调对特殊主体的民事权利的特殊保护。

需要指出的是，突出对特定民事主体的权利的保护并不违反平等原则，相反，恰恰是平等原则的具体体现，因为在民事主体的民事行为能力等方面不存在差异时，原则上应当对其等同对待，即强调形式平等；而在民事主体的民事行为能力等方面存在差异时，仍然坚持形式平等，则会在客观上造成对民事主体的权利的保护的不平等。例如，与大型企业相比，消费者在订约能力，议价能力等方面明显处于弱势地位，此时，仍然强调大型企业与消费者之间的形式平等，在客观上会影响对消费者权益的保护。因此，在民事主体的能力客观上存在差异时，有必要对特定主体进行特殊保护，以维护实质上的平等。

（二）特别法就对未成年人等主体的民事权利的保护有特别规定的，依照其规定

从本条规定来看，它实际上是一个引致条款，即如果特别法就对未成年人等主体的民事权利的保护有特别规定，则依照其规定。我国现行立法就对未成年人、老年人、残疾人、妇女、消费者等的民事权利的保护作出了规定，此时，应当依据这些规定保护其民事权利。具体而言：

一是我国立法关于保护未成年人的民事权利的规定。例如，《未成年人保护法》第 10 条规定：父母或者其他监护人应当创造良好、和睦的家庭环境，依法履行对未成年人的监护职责和抚养义务。禁止对未成年人实施家庭暴力，禁止虐待、遗弃未成年人，禁止溺婴和其他残害婴儿的行为，不得歧视女性未成年人或者有残疾的未成年人。该条对监护人履行监护职责的规则作出了规定，并且禁止

对未成年人实施家庭暴力等行为，目的即在于保护未成年人的人身权和财产权。依据《民法典》第 128 条的规定，《未成年人保护法》中保护未成年人的民事权利的规则仍然有效。

二是我国立法关于保护老年人的民事权利的规定。例如，《老年人权益保障法》第 16 条规定：赡养人应当妥善安排老年人的住房，不得强迫老年人居住或者迁居条件低劣的房屋。老年人自有的或者承租的住房，子女或者其他亲属不得侵占，不得擅自改变产权关系或者租赁关系。老年人自有的住房，赡养人有维修的义务。该条针对老年人的居住利益和房屋所有权保护作出了规定。

三是我国立法关于保护妇女的民事权利的规定。《妇女权益保障法》第 42 条规定：妇女的名誉权、荣誉权、隐私权、肖像权等人格权受法律保护。禁止用侮辱、诽谤等方式损害妇女的人格尊严。禁止通过大众传播媒介或者其他方式贬低损害妇女人格。未经本人同意，不得以营利为目的，通过广告、商标、展览橱窗、报纸、期刊、图书、音像制品、电子出版物、网络等形式使用妇女肖像。该条对妇女的名誉权、荣誉权、隐私权、肖像权等人格权的保护作出了规定。与《民法典》之人格权编的规定相比，该条的规定更为细化。

四是我国立法关于保护消费者的民事权利的规定。例如，《消费者权益保护法》第 18 条规定：经营者应当保证其提供的商品或者服务符合保障人身、财产安全的要求。对可能危及人身、财产安全的商品和服务，应当向消费者作出真实的说明和明确的警示，并说明和标明正确使用商品或者接受服务的方法以及防止危害发生的方法。宾馆、商场、餐馆、银行、机场、车站、港口、影剧院等经营场所的经营者，应当对消费者尽到安全保障义务。该条对经营者的警示、说明义务以及安全保障义务作出了规定，目的即在于保护消费者的人身、财产权益。

依据《民法典》第 128 条的规定，除上述立法外，其他立法中有关于保护特定主体的民事权利的规定的，也应当依照其规定。这就实现了《民法典》与其他单行法之间的有效衔接。

（本条由王叶刚撰写）

第一百二十九条

民事权利可以依据民事法律行为、事实行为、法律规定的事件或者法律规定的其他方式取得。

本条主旨

本条对民事权利的取得规则作出了规定。

相关条文

《民法总则》第 129 条规定："民事权利可以依据民事法律行为、事实行为、法律规定的事件或者法律规定的其他方式取得。"

《民法总则》第 133 条规定："民事法律行为是民事主体通过意思表示设立、变更、终止民事法律关系的行为。"

《物权法》第 30 条规定："因合法建造、拆除住房等事实行为设立和消灭物权的，自事实行为成就时发生效力。"

《物权法》第 28 条规定规定："因人民法院、仲裁委员会的法律文书或者人民政府的征收决定等，导致物权设立、变更、转让或者消灭的，自法律文书或者人民政府的征收决定等生效时发生效力。"

理解与适用

民事权利的取得，是指民事主体依据合法的方式或根据获得民事权利。关于民事权利的取得，本条规定：民事权利可以依据民事法律行为、事实行为、法律规定的事件或者法律规定的其他方式取得。依据这一规定，民事权利的取得可以分为如下几种情形。

第一，依民事法律行为取得。依民事法律行为取得民事权利，主要是指当事人通过买卖合同、赠与合同等而取得民事权利。例如，当事人通过合同取得对标的物的所有权。我国《民法典》之物权编对基于法律行为的物权变动规则作出了规定，该规则就是依民事法律行为取得物权的规则。从实践来看，依民事法律行为取得民事权利是民事权利最为主要的取得方式。

第二，依事实行为取得。当事人也可以依据事实行为取得物权，我国法律也对此种民事权利取得方式作出了规定。例如，《民法典》第 231 条规定：因合法建造、拆除房屋等事实行为设立或者消灭物权的，自事实行为成就时发生效力。该条所规定的因合法建造房屋而取得物权就是依事实行为而取得物权。

第三，依法律规定的事件取得。事件也可以成为民事主体取得民事权利的重要原因。例如，人的死亡可以使继承人取得继承遗产的权利；再如，基于添附而取得相关的民事权利等。除事件外，法律的直接规定也是民事主体取得民事权利的重要方式，例如，自然人因出生而获得人格权和身份权、财产权等基本的民事权利。

第四，依据法律规定的其他方式取得。除上述各种方式外，民事主体还可以依据法律规定的其他方式取得民事权利。例如，《民法典》第 229 条规定：因人民法院、仲裁机构的法律文书或者人民政府的征收决定等，导致物权设立、变更、转让或者消灭的，自法律文书或者征收决定等生效时发生效力。当然，此种物权变动必须是基于人民法院的生效判决或仲裁委员会的生效裁决，且此种判决和裁决必须针对物权变动而作出。

可见，民事主体取得民事权利的方式多种多样，但无论采取何种方式，民事权利的取得都必须合法。

（本条由王利明撰写）

第一百三十条

民事主体按照自己的意愿依法行使民事权利，不受干涉。

本条主旨

本条对民事权利行使的自愿原则作出了规定。

相关条文

《民法总则》第130条规定："民事主体按照自己的意愿依法行使民事权利，不受干涉。"

《民法总则》第5条规定："民事主体从事民事活动，应当遵循自愿原则，按照自己的意思设立、变更、终止民事法律关系。"

《民法通则》第4条规定："民事活动应当遵循自愿、公平、等价有偿、诚实信用的原则。"

《合同法》第4条规定："当事人依法享有自愿订立合同的权利，任何单位和个人不得非法干预。"

理解与适用

所谓权利行使的自愿原则，是指民事主体有权按照自己的意愿行使权利，不受他人的非法干涉。权利行使的自愿原则是民法之自愿原则的具体体现。

依据本条规定，民事主体在行使民事权利时，首先可以选择行使或者不行使某种权利。权利本身就是赋予权利人的一种行为自由，而"法无禁止皆自由"，权利人有权依法从事某种民事活动或不从事某种民事活动。这就采纳了"负面清单管理模式"也就是说，在民事领域中，除法律另有规定之外，权利人是否行使某种权利，或者是否从事某种行为或不行为，完全应当由权利人自主决定。只要是在法律规定的范围内，权利人有权自主决定权利行使的内容、方式等。

其次，民事主体依法行使权利的行为不受他人的非法干涉。也就是说，“自由止于权利”，权利本身界定了人与人之间行为自由的界限，权利人享有的权利也是他人不得非法逾越的行为边界，任何个人和组织，即便是政府机构，也不得非法干涉他人合法行使权利的行为。

尊重民事主体依据自己的意愿行使民事权利，是私法自治的重要内容。私法自治既是民法调整市场经济关系的必然反映，也是民法作为市民社会的法律的本质要求。私法自治本质是尊重个人的自由和自主，尊重民事主体合法行使民事权利的自由，充分发挥个人在现代社会治理中的作用。只要不违反法律、行政法规的规定以及公序良俗，民事主体即享有广泛的行使民事权利的自由，可以自由地转让其财产，订立合同，大胆投资，勇于创新。如此才能有效激发市场主体的活力与创造力，推进社会财富的创造与增长。

当然，权利人在行使权利时，必须依法行使、严格履行义务，权利人行使权利既不得违反法律、行政法规的强制性规定，也不得违反公序良俗，否则将构成权利滥用。

（本条由王利明撰写）

第一百三十一条

民事主体行使权利时，应当履行法律规定的和当事人约定的义务。

本条主旨

本条规定了民事义务必须履行的规则。

相关条文

《民法总则》第131条规定：“民事主体行使权利时，应当履行法律规定的和当事人约定的义务。”

《民法总则》第7条规定：“民事主体从事民事活动，应当遵循诚信原则，秉持诚实，恪守承诺。”

《民法通则》第88条第1款规定：“合同的当事人应当按照合同的约定，全部履行自己的义务。”

理解与适用

虽然民法本质上是权利法，但民法在保障民事权利的同时，也注重义务的履行，从而构建了权利、义务一体的法律规则体系。本条规定："民事主体行使权利时，应当履行法律规定的和当事人约定的义务。"依据这一规定，权利人在行使权利时，必须履行其应尽的义务。具体而言，这包括两个方面。

一是履行法律规定的义务。法治是规则之治，法律规则是明确的、普遍的、公开的规范，是人们行为的指引，是行政执法和司法裁判的依据。法律规则是指经过国家制定或认可的关于人们行为或活动的命令、允许和禁止的规范。所以，在民法上，守法除了要求依法行使权利，还意味着必须履行法律规定的义务，必须将法定义务内化于心、外化于行。

二是履行当事人约定的义务。契约必须严守是合同法的基本原则。早在罗马法，债即被形象地称为"法锁"，其本意是强调合同必须严守。《法国民法典》第1134条规定："依法成立的契约，在缔结契约的当事人间有相当于法律的效力。"这就确立了契约神圣的原则。我国古代就有"民有私约如律令"的说法，它不仅包含了严守合同、履行允诺的内涵，还将民间私契在当事人之间的效力与官府律令的效力等同起来，反映了契约神圣性的观念。重允诺、守信用也是我国优秀传统文化的重要内容。《民法典》第136条规定：民事法律行为自成立时生效，但是法律另有规定或者当事人另有约定的除外。行为人非依法律规定或者未经对方同意，不得擅自变更或者解除民事法律行为。第119规定：依法成立的合同，对当事人具有法律约束力。上述规则都要求当事人在交易过程中严守合同，并且按照诚信原则履行合同，同时，在一方当事人违反合同约定时，对方当事人有权请求其承担违约责任。这也有利于保障当事人严守合同。

只有严守合同、履行合同义务，才能构建良好的市场经济秩序，维护社会生活的平安有序。

（本条由王利明撰写）

第一百三十二条

民事主体不得滥用民事权利损害国家利益、社会公共利益或者他人合法权益。

本条主旨

本条对禁止权利滥用规则作出了规定。

相关条文

《民法总则》第132条规定:"民事主体不得滥用民事权利损害国家利益、社会公共利益或者他人合法权益。"

《宪法》第51条规定:"中华人民共和国公民在行使自由和权利的时候,不得损害国家的、社会的、集体的利益和其他公民的合法的自由和权利。"

《民法通则》第7条规定:"民事活动应当尊重社会公德,不得损害社会公共利益,扰乱社会经济秩序。"

《物权法》第7条规定:"物权的取得和行使,应当遵守法律,尊重社会公德,不得损害公共利益和他人合法权益。"

理解与适用

所谓权利滥用,是指行使权利违背权利设定的目的,损害了他人的利益。例如,某人在自家大门顶上安装探头,直接对准邻居的家门口,目的是监视邻居的往来客人等情况。此种行为虽然是个人行使物权的行为,但侵害了他人的隐私权,构成权利的滥用。《宪法》第51条规定:中华人民共和国公民在行使自由和权利的时候,不得损害国家的、社会的、集体的利益和其他公民的合法的自由和权利。《民法典》依据《宪法》的规定,于本条规定:民事主体不得滥用民事权利损害国家利益、社会公共利益或者他人合法权益。这就确立了禁止权利滥用的规则。

权利意味着主体的意志自由,但这种自由是有一定的限度的。法律并不允许权利人以任何方式随心所欲地行使自己的权利,民事权利亦不例外。孟德斯鸠在《论法的精神》中宣称:"一切有权利的人都容易滥用权力,这是万古不易的一条经验。……从事物的性质来说,要防止滥用权力,就必须以权力约束权力。"虽然这句名言主要适用于对公权力进行规范,但是民事权利同样存在被滥用的可能,法律也应当对民事权利行使规定一定的限制,以防止滥用。此种规定也是为了从根本上保障权利的正当行使。

从权利行使角度来看,自由止于权利。任何权利的实现不仅关涉权利人的利益,而且也涉及义务人的利益、国家和社会的利益。因此,各国立法无不对权利的行使规定了这样或那样的限制。在罗马法中，曾经有“凡行使权利者，无论于何人皆非不法”的规定。但近代以来，各国基本都认可了禁止权利滥用的规则。[①] 例如，《德国民法典》第 226 条规定，权利的行使不得只以加损害于他人为目的。《日本民法典》规定，私权要遵守公共福利，行使权利和履行义务要遵守信义，忠实执行，不允许滥用权利。这是因为“权利存在于将要实现其作用的范围内。超出这一范围，权利享有人便超出或滥用了这些权利。滥用权利的行为是一种与国家制度和精神不相符合的行为”[②]。禁止权利滥用是与法律赋予民事主体权利的目的相一致的。我国民法一方面鼓励权利人正当地行使权利，以满足个人利益的需要；另一方面又为权利的行使划定了行为界限，禁止权利人超出这些界限侵犯他人和社会的利益。我国法律、法规不仅通过许多强制性的规范确立了民事权利行使的目的和界限，也确立了禁止滥用权利的规则。

在民法上，关于判断滥用权利的标准，各国立法规定和实践中的做法也是极不统一的，大致可分主观说和客观说两种。主观说以权利人行使权利的主观状态为标准，认为行使权利时有故意滥用的意志的就构成滥用权利。例如，德国对禁止权利滥用采取主观说：一方面是存在独立于善良风俗的《德国民法典》第 226 条，另一方面是为了防止混淆不道德的行为和不法的行为，要求滥用具有主观意思（实际上也有客观标准）。德国的学者和法官认为，如果权利人缺乏正当权益，则可以推定其有加损害于他人的意思，同样构成滥用权利。客观说以权利行使的客观结果为标准，认为只要行使权利时损害了他人和社会的利益，就为滥用权利。例如，《波兰民法典》第 5 条就规定：如果某人以作为或不作为而取得有悖于法典的社会经济目的和社会共同原则的利益，则认为是滥用权利。

笔者认为，滥用权利实际上是权利人在行使权利过程中实施的一种违法行为。判断是否滥用权利应当坚持主、客观标准的统一。滥用权利概念意味着权利主体在行使自己权利时，损害了他人或社会的利益。依据《民法典》第 132 条，滥用权利，应当具备如下条件：首先，要有权利的存在。滥用权利是以权利的存在为前提的，它是以不正当方式行使权利的行为。尽管滥用的表现形式是多种多样的，但都是违背权利存在的目的的。如果根本就没有权利，也就谈不上“滥用”。其次，须损害了国家利益、社会公共利益或者他人的合法权益。损害他人的利益是滥用权利的客观标志。虽然权利的行使是权利人的自由，但权利人应当

① 我妻荣．新订民法总则．于敏，译．北京：中国法制出版社，2008.

② André Tunc, *International Encyclopedia of Comparative Law*, Vol. 4, Torts, Chapter 2, Liability for One's Own Act, J. C. B. Mohr, Paul Siebeck, Tübingen, 1975, p. 11.

在法律规定的范围内行使权利。即使对所有权人来说，其也只能在法律规定的范围内享有所有权的各项权能。权利的行使必须要有合理的界限，这个界限就是不得损害国家利益、社会公共利益和他人的合法权益。如行使权利造成他人损害，也构成滥用权利。最后，须行为人主观有过错。权利人行使权利过程中损害他人或社会的利益的过错是构成滥用权利的主观上标准。主观上有过错，并不意味着一定要有损害的恶意。当然，滥用权利的过错在多数情况下表现为故意，但有时候也表现为过失，如实施正当防卫行为时的防卫过当，就不一定是故意的。

滥用权利本身也是权利人在行使权利过程中实施的违反其应负的法律义务的行为，因此，滥用权利者应当依法承担相应的法律责任。滥用权利是超过法律规定的限度的行为，但超过法律规定的限度的行为不都是滥用权利，因为法律对行使民事权利的限制的性质是不同的。一般来说，行使权利不得违背权利的用途、目的，不得违反法律和社会公德，不得扰乱社会、经济秩序，超出这一限度当然是违法行为，会构成滥用权利。针对权利的行使法律还规定了另外一些限制，例如，某些权利的行使需要具备相应的民事行为能力，如果权利人不具备相应的民事行为能力行使该权利，同样是超出限度的，却不能说是一种滥用权利的违法行为。

一般而言，滥用权利的行为将发生两方面的后果：一是不能发生行为人预期的法律效果。[①] 例如，当事人利用订约自由，恶意诱使他人违约，则不能发生合同生效的效果。二是滥用权利造成他人损害者将承担法律责任。[②] 滥用权利的行为常常造成他人遭受损害的后果，因而，滥用权利往往同时也构成侵权，行为人主观上具有过错，因此，行为人应当依据《民法典》第 1165 条第 1 款的规定承担侵权责任。

（本条由王利明撰写）

① 我妻荣. 新订民法总则. 于敏，译. 北京：中国法制出版社，2008：33.

② 郑玉波. 民法总则. 北京：中国政法大学出版社，2003：550.

第六章

民事法律行为

第一节　一般规定

第一百三十三条

民事法律行为是民事主体通过意思表示设立、变更、终止民事法律关系的行为。

本条主旨

本条对民事法律行为的定义作出了规定。

相关条文

《民法总则》第133条规定："民事法律行为是民事主体通过意思表示设立、变更、终止民事法律关系的行为。"

《民法通则》第54条规定："民事法律行为是公民或者法人设立、变更、终止民事权利和民事义务的合法行为。"

理解与适用

本条对民事法律行为的概念作出了规定。依据这一规定，所谓民事法律行为，是指以意思表示为核心、能够产生当事人预期的法律效果的行为。法律行为的概念是德国学者古斯塔夫·胡果（Gustav Hugo）于1805年出版的《日耳曼普通法》一书中提出的，并为《德国民法典》所采纳。① 我国《民法通则》并没有使用“法律行为”这一术语，而用“民事行为”予以代替。《民法通则》使用了“民事法律行为”这一概念，但其是指合法的民事行为。对此，《民法通则》第54条规定：民事法律行为是公民或者法人设立、变更、终止民事权利和民事义务的合法行为。从本条的规定来看，其并没有要求民事法律行为必须具有合法性，因此，《民法典》所规定的民事法律行为与《民法通则》所规定的民事法律行为并不属于同一概念，其与《民法通则》所规定的“民事行为”的内涵应当基本相同。

民事法律行为具有如下特征：

第一，民事法律行为是民事主体实施的以发生民事法律后果为目的的行为。依据本条规定，民事法律行为是民事主体所实施的行为。由于民事法律行为以意思表示为核心，并且主要发生私法上的效果，因此，民事法律行为应当是民事主体所实施的。民事法律行为以发生民事法律后果为目的。民事法律行为在性质上属于民事法律事实的范畴，能够使法律关系发生变化，具体而言：一是使法律关系产生。例如，当事人通过订立合同，在当事人之间产生合同之债的法律关系。二是使法律关系变更。例如，当事人通过约定变更合同内容，从而使当事人之间的合同关系发生变更。三是使法律关系消灭。例如，债权人免除债务人的债务，从而使当事人之间债的关系归于消灭。当然，应当指出的是，《民法典》并没有要求民事法律行为必须是合法的，因此，其所产生的法律后果既可能是合法的，也可能是非法的，前者如当事人订立有效的合同，在当事人之间产生合同之债的法律关系，后者如当事人之间恶意串通，实施了损害他人合法权益的民事法律行为，依据《民法典》第154条的规定，该行为即属于无效民事法律行为。

第二，民事法律行为以意思表示为核心。民事法律行为以意思表示为核心，意思表示是民事主体向外部表明意欲发生一定私法上效果的意思的行为。《民法典》以专节的形式对意思表示的规则作出了详细规定，这对于准确认识民事法律行为的本质，准确认定民事法律行为的效力具有重要意义。当然，虽然民事法律行为以意思表示为核心，但二者并不能等同，因为民事法律行为的成立除需要意思表示外，还可能需要其他要件，如采用特定的形式等，同时，某些民事法律行为的成立可能需要一个以上的意思表示，如双方民事法律行为的成立即需要两个

① 王利明. 法律行为制度的若干问题探讨. 中国法学，2003（5）.

意思表示。

第三，民事法律行为能够产生当事人所预期的法律效果。民事法律行为能够产生当事人所预期的法律后果，这也是民事法律行为不同于其他民事法律事实的重要区别，其他民事法律事实所产生的法律后果可能是法律直接规定的，如因侵权行为而引发的侵权责任，即是法律直接规定的结果。民事法律行为所产生的法律后果是当事人所追求的，这也使民事法律行为是重要的私法自治的工具，即当事人可以借助民事法律行为达到其所欲实现的私法效果。[①] 当然，并非所有的民事法律行为都能产生当事人所追求的法律效果，只有有效的民事法律行为才能产生当事人所追求的法律效果，如果民事法律行为无效或者被撤销，则不能发生当事人所追求的法律效果。

（本条由王叶刚撰写）

第一百三十四条

民事法律行为可以基于双方或者多方的意思表示一致成立，也可以基于单方的意思表示成立。

法人、非法人组织依照法律或者章程规定的议事方式和表决程序作出决议的，该决议行为成立。

本条主旨

本条对民事法律行为的成立规则作出了规定。

相关条文

《民法总则》第134条规定：“民事法律行为可以基于双方或者多方的意思表示一致成立，也可以基于单方的意思表示成立。”“法人、非法人组织依照法律或者章程规定的议事方式和表决程序作出决议的，该决议行为成立。”

《民法通则》第55条规定：“民事法律行为应当具备下列条件：（一）行为人具有相应的民事行为能力；（二）意思表示真实；（三）不违反法律或者社会公共利益。”

---

① 迟颖．法律行为之精髓——私法自治．河北法学．2011（1）．

理解与适用

(一)民事法律行为可基于双方、多方或者单方意思表示成立

本条第 1 款规定:“民事法律行为可以基于双方或者多方的意思表示一致成立,也可以基于单方的意思表示成立。”据此,民事法律行为可以分为单方民事法律行为、双方民事法律行为、多方民事法律行为。

所谓单方民事法律行为,又称一方行为,是指根据一方的意思表示就能够成立的行为。换言之,是指某个人依据其意志而从事的能够发生法律效果的行为。单方民事法律行为大体上可以分为两种:一是因行使个人权利而实施的单方行为,而该行为仅仅发生个人的权利变动,如无主物先占、抛弃所有权和其他物权等。二是该行为涉及他人权利的发生、变更或消灭等,如授予代理权、授予处分权、立遗嘱和抛弃继承、委托代理的撤销,以及行使解除合同权、选择权、择定权等。①

所谓双方民事法律行为,是指双方当事人意思表示一致才能成立的民事法律行为。双方民事法律行为的典型形式是合同。合同是作为平等主体的自然人、法人及其他组织之间设立、变更、终止民事权利义务关系的协议,也就是说,合同是一种发生民法上效果的合意。合同的成立必须要有两个以上的当事人,各方当事人须互相作出意思表示。这就是说,当事人各自从追求自身的利益出发而作出意思表示,双方的意思表示是交互的才能成立合同。

所谓多方民事法律行为,又称为共同民事法律行为,是基于两个或两个以上共同的意思表示一致而成立的法律行为,例如,订立公司章程、订立合伙协议。我国一些学者认为,法律上有必要区分合同与契约,契约为双方民事法律行为,而合同为多方民事法律行为。② 此种观点也旨在区分双方民事法律行为和多方民事法律行为。共同民事法律行为和双方民事法律行为的区别在于:一方面,在实施共同民事法律行为时,当事人所追求的利益是共同的,而在双方民事法律行为中,当事人的利益是相对的。③ 另一方面,在实施共同民事法律行为时,共同的意思表示的达成需要多数人的意思表示一致,并遵循一定的程序,而双方民事法律行为只需要双方意思表示一致。例如,订立章程要遵守一些订立章程的规则、程序,这不宜完全适用合同法的规定,根据合伙协议或法人的章程,一旦决议以

---

① 迪特尔·梅迪库斯. 德国民法总论. 邵建东,译. 北京:法律出版社,2000:431.

② 汪翰章. 法律大辞典. 上海:大东书局,1934.

③ 郑玉波. 民法总则. 北京:中国政法大学出版社,2003:299.

规定的方式作出，那么它对未对决议投赞成票的人也具有约束力。

（二）决议行为

本条第 2 款规定：法人、非法人组织依照法律或者章程规定的议事方式和表决程序作出决议的，该决议行为成立。该款对决议行为作出了规定。应当说，决议行为与一般的民事法律行为一样，都是意思表示的产物。不论是民事法律行为，还是决议行为，都需要主体以意思表示的方式作出，因此，有关意思表示的规则，一般也都可以适用于决议行为。[①] 例如，有关欺诈、胁迫等意思表示瑕疵规则，也应当可以参照适用于决议行为。决议行为与共同民事法律行为不同，共同民事法律行为需要当事人意思表示一致，而决议行为可能实行多数决，并不当然需要当事人意思表示一致。

然而，《民法典》专门对决议行为作出规定，表明其与一般的民事法律行为存在一定的区别，此种区别主要体现为：

第一，主体不同。决议行为是法人和非法人组织及其内部所作出的决议，原则上只适用于法人或者非法人组织的内部决议事项。[②] 决议行为在性质上属于团体行为，其并不存在一般民事法律行为中的效果意思形成阶段，所以，决议行为并不适用于自然人。决议行为具有对团体自身和其成员的拘束力，它不仅为团体设定权利、义务，也为团体成员设定了权利、义务。[③] 而一般的民事法律行为既可以是自然人所实施的行为，也可以是法人、非法人组织所实施的行为。

第二，是否需要意思表示一致不同。决议行为是法人、非法人组织依照法律或者章程规定的议事方式和表决程序作出决议的行为，因而，符合法律和章程规定的程序所作出的决定，即使没有得到所有成员的同意，也能够产生效力，而且成员不论是否参与表决该决议，或者是否同意该决议，都要受到该决议的约束。一旦决议以规定的方式作出，它对未参与表决的成员也具有约束力。而对双方和多方民事法律行为言，必须各个当事人意思表示一致，否则无法成立。

第三，是否需要按照一定的程序表决不同。决议行为需要按照法定或者约定的程序作出。对决议行为而言，其主要实行多数决，只要是按照程序作出了决定，则成员不论是否参与或者同意该决议，都受该决议的约束。而实施一般的民事法律行为一般并不需要遵守某种特定的程序。

决议行为也不同于共同民事法律行为。应当承认，决议行为和共同民事法律

---

① 石宏．中华人民共和国民法总则条文说明、立法理由及相关规定．北京：北京大学出版社，2017：323.

② 李适时．中华人民共和国民法总则释义．北京：法律出版社，2017：420.

③ 瞿灵敏．民法典编纂中的决议：法律属性、类型归属与立法评析．法学论坛，2017（4）.

行为一样，都可能需要按照一定的程序作出，因此，许多学者认为，决议行为应当包括在共同民事法律行为之中。但《民法典》将决议行为与共同民事法律行为分开规定，表明二者并非同一概念。两者的区别主要表现在：第一，是否需要合意不同。依据本条的规定，共同民事法律行为必需多方的意思表示一致才能成立，要求排除异见；而决议行为通常并不需要多方意思表示一致，而主要实行多数决。即便决议时出现了全体一致同意的状况，那也只能是一种偶然，而非决议所要求的意思表示合成规则。① 第二，适用对象不同。共同民事法律行为主要适用于自然人，而依据本条第 2 款的规定，决议行为适用于法人和非法人组织，并不适用于自然人。第三，是否有严格的程序要求不同。共同民事法律行为的作出通常并不需要遵循严格的程序，而从本条第 2 款的规定来看，决议行为需要依照法律或者章程规定的议事方式和表决程序作出，程序上的瑕疵可能影响决议行为的效力。

（本条由王利明撰写）

第一百三十五条

民事法律行为可以采用书面形式、口头形式或者其他形式；法律、行政法规规定或者当事人约定采用特定形式的，应当采用特定形式。

本条主旨

本条对民事法律行为的形式作出了规定。

相关条文

《民法总则》第 135 条规定："民事法律行为可以采用书面形式、口头形式或者其他形式；法律、行政法规规定或者当事人约定采用特定形式的，应当采用特定形式。"

《民法通则》第 56 条规定："民事法律行为可以采用书面形式、口头形式或者其他形式。法律规定用特定形式的，应当依照法律规定。"

理解与适用

所谓民事法律行为的形式，又称为民事法律行为的成立方式，即当事人意思

---

① 瞿灵敏. 民法典编纂中的决议：法律属性、类型归属与立法评析. 法学论坛，2017（4）.

表示的外在表现形式。本条规定：民事法律行为可以采用书面形式、口头形式或者其他形式；法律、行政法规规定或者当事人约定采用特定形式的，应当采用特定形式。从比较法上看，各国一般都尊重当事人在选择民事法律行为形式方面的意思自由，原则上允许当事人自由选择民事法律形式。例如，关于合同的形式，《欧洲民法典草案》在确立合同自由内容时候，就规定了当事人有权选择合同的形式，并且在第 2-1：106 条明确规定合同当事人不受任何形式的约束。从本条的规定来看，我国《民法典》也规定了多种形式，而且没有要求当事人必须采用某种特定的形式。这实际上也尊重了当事人选择民事法律行为形式的自由。当然，对特殊类型的民事法律行为而言，如果法律、行政法规对其形式有特别的规定和要求，则当事人实施该种民事法律行为应当符合该形式要求。

依据本条规定，民事法律行为的形式具体包括以下几种。

一是书面形式。所谓书面形式，是指以文字等为主的可以再现民事法律行为内容的形式。书面形式主要是指合同书、信件、电报、电传、传真等，还包括微信、QQ 等网络通信手段。《民法典》第 469 条第 3 款规定，以电子数据交换、电子邮件等方式能够有形地表现所载内容，并可以随时调取查用的数据电文，视为书面形式。将数据电文纳入书面形式范畴，符合世界各国商业发展与立法的趋势，可与国际电子商务的立法和实务相衔接，也有利于促进电子商务的发展。可见，书面形式的种类十分广泛，只要是能够再现当事人意思表示内容的形式，都有可能成为书面形式。民事法律行为的书面形式既可以由法律规定，也可以由当事人约定。书面形式的要求有利于准确界定当事人之间的权利义务关系，从而有效减少纠纷。此外，书面形式还具有防止欺诈、督促当事人谨慎行为的功能。

二是口头形式。口头形式是指当事人通过口头对话的方式实施民事法律行为。在社会生活中，口头形式是最为普遍的民事法律行为形式。例如，通过电话预订房间、购买产品等。口头形式的主要优点在于简便易行、快捷迅速。本条允许当事人采取口头形式实施民事法律行为，既尊重了当事人的意思自由，也有利于鼓励交易。但口头形式固有的缺点是缺乏文字凭据，一旦发生纠纷，也可能使当事人面临不能就合同关系的存在以及合同的内容作出举证的危险。

三是其他方式。本条规定了民事法律行为可以采取“其他形式”。关于此处的“其他形式”究竟包括哪些方式，存在不同观点。所谓其他形式是指以书面和口头形式以外的行为方式缔约的形式，其主要是指当事人不是通过语言或者文字的方式来作出意思表示，而是通过一定的行为作出意思表示。默示形式包括的范围也较为广泛，例如，房屋租赁合同期满后，出租人继续接受承租人所交纳的租金，根据这一特定的行为，可以推定当事人有延长房屋租赁合同期限的意思表示。再如，商店设置自动售货机，顾客将规定的货币投入自动售货机内，买卖合同即告成立，即通过顾客的投币行为就可以推定合同成立。

本条规定，“法律、行政法规规定或者当事人约定采用特定形式的，应当采用特定形式”。这也意味着，如果法律、行政法规对民事法律行为的形式作出了要求，当事人应当遵守，但问题在于：如果当事人没有遵守该规定，是否必然导致民事法律行为无效？也就是说，相关法律、行政法规关于民事法律行为形式的规定是否属于效力性强制性规定？如果法律、行政法规对当事人违反有关民事法律行为形式规定的法律后果作出了规定，则应当依据该规定认定民事法律行为的效力。但如果法律、行政法规没有对违反民事法律行为形式的法律后果作出规定，则从鼓励交易、保护当事人私法自治出发，不应当轻易否定当事人民事法律行为的效力。①

（本条由王利明撰写）

第一百三十六条

民事法律行为自成立时生效，但是法律另有规定或者当事人另有约定的除外。

行为人非依法律规定或者未经对方同意，不得擅自变更或者解除民事法律行为。

本条主旨

本条对民事法律行为的拘束力规则作出了规定。

相关条文

《民法总则》第 136 条规定：“民事法律行为自成立时生效，但是法律另有规定或者当事人另有约定的除外。”“行为人非依法律规定或者未经对方同意，不得擅自变更或者解除民事法律行为。”

《民法通则》第 57 条规定：“民事法律行为从成立时起具有法律约束力。行为人非依法律规定或者取得对方同意，不得擅自变更或者解除。”

---

① 石宏. 中华人民共和国民法总则条文说明、立法理由及相关规定. 北京：北京大学出版社，2017：324－325.

理解与适用

（一）除法律另有规定或者当事人另有约定外，民事法律行为自成立时生效

所谓民事法律行为的生效，是指已经成立的民事法律行为符合法定的生效要件，因而能产生法律上的约束力。这主要是指私法上的效力，而不包括公法上的效力。

在绝大多数情况下，民事法律行为一旦依法成立，便会产生效力，因此，本条第1款中规定，民事法律行为自成立时生效。但在某些情况下，民事法律行为成立并不一定产生一定的法律效力，要产生法律效力，则必须要符合法定的生效要件。因此，有必要区分民事法律行为的成立与生效，两者的区别主要表现在以下方面。

第一，从性质上看，民事法律行为成立仅涉及当事人个人意思以及意思表示的问题，而民事法律行为的生效意味着法律采取一定标准对意思表示作出评价或干预。所以符合民事法律行为生效标准的行为就能够生效，产生当事人预期的效果。如果不符合该标准，将分别为无效、被撤销或效力待定。民事法律行为即使已经成立，如果不符合法律规定的生效要件，仍然不能产生法律效力。合法民事法律行为从行为成立时起具有法律效力，而违法的民事法律行为虽然成立但也可能不会产生当事人预期的法律效果。由此可见，民事法律行为成立后并不是当然生效的，民事法律行为是否生效，取决于其是否符合国家的意志和社会公共利益。民事法律行为生效制度体现了国家对民事法律关系的肯定或否定的评价，反映了国家对民事法律行为的干预。

第二，在时间上，两者所处的阶段不同。尽管在许多情况下，民事法律行为成立与生效在时间上是很难区别的，但它们毕竟处于两个不同阶段，所以，“近代民法学说，多将法律行为之成立及生效分为两个阶段”[①]。民事法律行为的成立是指当事人作出了单方意思表示或者意思表示达成合意，而民事法律行为生效是指民事法律行为对当事人产生实质法律拘束力。从法律评价标准来看，民事法律行为的生效实际上是在已经成立的基础上所作的价值判断，因此，民事法律行为生效的时间可能要晚于民事法律行为成立的时间。例如，对于需要政府审批的合同而言，其成立后需要经过政府审批才能生效。当然，一般情况下，只要民事法律行为的内容和形式合法，民事法律行为成立后即生效。

---

① 王伯琦．法律行为之无效与不成立//郑玉波．民法债编论文选辑：中册．台北：五南图书出版公司，1984：723.

第三，两者的构成要件不同。民事法律行为的成立要件包括当事人、当事人作出意思表示、当事人就意思表示达成合致。而依据《民法典》第143条的规定，民事法律行为的生效需要具备下列条件：一是行为人具有相应的民事行为能力；二是意思表示真实；三是不违反法律、行政法规的强制性规定，不违背公序良俗。

第四，两者体现的国家干预的程度不同。民事法律行为的成立是当事人作出意思表示或意思表示达成合意。因此，它主要表现了当事人的意思，但该意思是否是当事人真实意思的表达，在成立要件中很难予以判断，而只有在生效要件中才能加以判断。至于民事法律行为的内容中是否存在着欺诈、胁迫和其他违法的因素，并不是民事法律行为成立制度而是民事法律行为生效制度调整的范围。[①] 而民事法律行为的生效是指国家对已经成立的民事法律行为予以认可，当事人的合意如果符合国家的意志，将被赋予法律拘束力。对意思表示是否真实的判断，应当考虑对信赖利益的保护等问题。也就是说，在生效要件中，要掺杂对交易安全等的价值评价。如果当事人的合意违背了国家意志，不仅不能产生法律约束力，而且将要承担民事法律行为被撤销或者被宣告无效的责任。由此可见，民事法律行为生效制度体现了国家对民事法律关系的肯定或否定的评价，反映了国家对民事关系的干预。[②]

第五，从逻辑体系来看，如果区分成立和生效，则将进一步区分民事法律行为的不成立、被撤销和无效。长期以来，在我国司法实践中，由于未区分民事法律行为的不成立和民事法律行为的无效概念，将大量的民事法律行为不成立的问题被作为无效民事法律行为对待，混淆了当事人在民事法律行为无效后的责任和在民事法律行为不成立时的责任。尤其因为未区分民事法律行为的成立和生效问题，一些已经成立但不具备生效要件的民事法律行为都被作为无效民事法律行为对待，许多已经成立但条款不齐备或不明确的情况都被作为无效民事法律行为对待，从而扩大了无效民事法律行为的范围，导致大量的本来可以成立的民事法律行为成为无效民事法律行为，本来不应该被消灭的交易被消灭了。从法律后果上看，民事法律行为的不成立和无效产生的法律后果是不同的。[③] 如果民事法律行为一旦被宣告不成立，那么有过失的一方当事人应根据缔约过失责任制度，赔偿另一方所遭受的利益的损失；当事人如果已经作出履行，则应当各自向对方返还

---

① 陈安. 涉外经济合同的理论与实务. 北京：中国政法大学出版社，1994：102.

② 同①103.

③ 王家福. 中国民法学·民法债权. 北京：法律出版社，1991：315.

其已接受的履行。因民事法律行为的成立主要涉及当事人的合意问题，因此民事法律行为不成立只产生民事责任而不产生其他的法律责任。但对于无效民事法律行为来说，因为它在性质上根本违反了国家意志，所以无效民事法律行为不仅产生民事责任（如缔约过失责任、返还不当得利责任），而且将可能引起行政责任甚至刑事责任。

（二）行为人非依法律规定或者未经对方同意，不得擅自变更或者解除民事法律行为

本条第 2 款规定：行为人非依法律规定或者未经对方同意，不得擅自变更或者解除民事法律行为。这就是对民事法律行为的拘束力作出了规定。此处所说的法律拘束力，首先是指私法上的效力，而不应当包括民事法律行为生效以后所可能引起的公法上的效果。其次，是指民事法律行为发生了行为人所意欲发生的法律效果，这种效果因民事法律行为形态的不同而有异。就单方民事法律行为而言，在大多数情况下，主要是对表意人产生法律拘束力。当然，在某些情况下，单方民事法律行为也可能对第三人产生法律拘束力，例如，遗嘱行为可能会对继承人产生效力。就双方民事法律行为而言，一旦合意达成，就对双方当事人产生了拘束力，即双方必须依据合同的规定享受权利、承担义务，乃至承担违约责任。

民事法律行为的效力可以分为对内的效力和对外的效力。所谓对内的效力，是指民事法律行为对当事人产生的法律拘束力。对此，本条第 2 款规定：行为人非依法律规定或者未经对方同意，不得擅自变更或者解除民事法律行为。例如，当事人在订立合同后，即应当受到合同的严格拘束，必须严格履行合同，否则应当承担违约责任。所谓对外的效力，是指民事法律行为对当事人以外的人产生的法律拘束力。例如，合同一旦生效，也可能会对合同当事人以外的第三人产生效力。这主要表现在为第三人利益的合同、债权保全制度、租赁权物权化、债权不可侵害性等方面。

民事法律行为能够产生法律拘束力，从表面上看是当事人意思自治的结果，或者说是当事人自愿选择的结果，但从实质上看，民事法律行为的法律约束力或效力，不仅来源于当事人的意志，而且来源于法律的赋予。也就是说，由于当事人的意志符合国家的意志和社会利益，因此国家赋予当事人的意志以拘束力，并且使当事人实施的民事法律行为能够产生其预期的效果。具体来说，民事法律行为一旦生效，就可能产生法律拘束力。

当然，民事法律行为的效力必须根据各种具体的民事法律行为的形态而确定，因为其效力在不同形态中是不同的：在生效的时间上不同，在对在当事人的

拘束力的表现形态等方面也存在较大差别，有的是对行为人单方面产生拘束力，有的是对当事人双方产生拘束力，有的对第三人也产生拘束力。

民事法律行为的生效，是指民事法律行为产生了法律拘束力，意味着当事人所追求的目的得到实现，并发生了行为人预期的法律效果。在此有必要区分民事法律行为和事实行为的效力的差异。一般来说，民事法律行为的效力主要是发生了当事人所预期的法律效果，而事实行为只是发生了法律规定的效果，而不是当事人所预期的法律效果。例如，对于侵权行为而言，行为人从事不法侵害他人财产和人身的侵权行为以后，应当承担相应的侵权责任，但这种责任是法律规定的效果，而不是侵权行为人主观上意欲达到的效果。对于事实行为来说，不存在当事人预期的意思的效力的问题，行为人的行为（如侵权行为）只要符合法律规定的要件，依法即在当事人之间形成规定的权利义务关系。

当然，民事法律行为的效果，也可能是法律所规定的。例如，合同生效对当事人所产生的拘束力，以及违反合同所产生的责任，也要由合同法加以确认，但本质上，合同的法律效果是当事人所预期要实现的法律效果。根据是否是当事人意欲追求的法律效果，可以将法律事实区分为事实行为和民事法律行为。例如，关于对无权代理的追认行为，有人认为是民事法律行为，也有人认为是事实行为。笔者认为，尽管对无权代理的追认行为所产生的效果在法律上已经有明确规定，但是这种效果是本人意欲追求的效果。正是从这个意义上说，追认行为是一种单方民事法律行为而不是事实行为。

从本条第 2 款来看，行为人非依法律规定或者未经对方同意，不得擅自变更或者解除民事法律行为。具体而言：

一是行为人不得擅自变更民事法律行为。例如，就合同关系而言，原则上说，合同的变更必须经当事人双方协商一致，并在原合同的基础上达成新的协议。合同的任何内容都是经过双方协商达成的，因此，变更合同的内容须经过双方协商同意。任何一方未经过对方同意，无正当理由擅自变更合同内容，不仅不能对合同的另一方产生约束力，反而将构成违约行为。由于合同变更必须经过双方协商，所以，在协议达成以前，原合同关系仍然有效。特殊情况下，依据法律规定可以使一方享有法定变更合同的权利，如在重大误解、显失公平的情况下，受害人享有请求法院或仲裁机构变更合同内容的权利。但享有变更请求权的人必须实际请求法院或仲裁机构变更合同，且法院或仲裁机构经过审理，确认了变更的请求，合同才能发生变更。任何一方当事人即使享有请求变更的权利，也不得不经诉讼而单方面变更合同。

二是行为人不得擅自解除民事法律行为。该规定主要是就合同关系所作出的规定，也就是说，一旦合同成立，任何一方当事人都不得随意解除合同。从我国《民法典》之合同编的规定来看，合同的解除要么是基于当事人行使法律解除权而实现，要么是基于当事人的协议解除或者当事人约定的解除权的行使而实现。除上述原因外，任何一方当事人都不得主张解除合同，否则将构成违约。此外，即便当事人享有解除权，其解除合同的程序也应当符合法律规定，否则无法产生合同解除的效力。

（本条由王利明撰写）

第二节　意思表示

第一百三十七条

以对话方式作出的意思表示，相对人知道其内容时生效。

以非对话方式作出的意思表示，到达相对人时生效。以非对话方式作出的采用数据电文形式的意思表示，相对人指定特定系统接收数据电文的，该数据电文进入该特定系统时生效；未指定特定系统的，相对人知道或者应当知道该数据电文进入其系统时生效。当事人对采用数据电文形式的意思表示的生效时间另有约定的，按照其约定。

本条主旨

本条对有特定相对人的意思表示作出了规定。

相关条文

《民法总则》第137条规定："以对话方式作出的意思表示，相对人知道其内容时生效。""以非对话方式作出的意思表示，到达相对人时生效。以非对话方式作出的采用数据电文形式的意思表示，相对人指定特定系统接收数据电文的，该数据电文进入该特定系统时生效；未指定特定系统的，相对人知道或者应当知道该数据电文进入其系统时生效。当事人对采用数据电文形式的意思表示的生效时间另有约定的，按照其约定。"

《合同法》第14条规定："要约是希望和他人订立合同的意思表示，该意思表示应当符合下列规定：（一）内容具体确定；（二）表明经受要约人承诺，要约人即受该意思表示约束。”

《合同法》第 16 条规定：“要约到达受要约人时生效。”“采用数据电文形式订立合同，收件人指定特定系统接收数据电文的，该数据电文进入该特定系统的时间，视为到达时间；未指定特定系统的，该数据电文进入收件人的任何系统的首次时间，视为到达时间。”

理解与适用

以意思表示有无相对人，可以将意思表示区分为有相对人的意思表示与无相对人的意思表示，两种类型意思表示在表现形式、效力等方面存在一定的差别。从实践来看，民事主体所作出的意思表示一般都是有相对人的意思表示。《民法典》对有相对人的意思表示规则作出规定，对于准确认定相关民事法律行为的效力具有重要意义。

（一）以对话方式作出的意思表示，相对人知道其内容时生效

所谓以对话方式作出的意思表示，是指当事人直接以对话的形式发出意思表示。例如，当事人面对面地订立口头买卖合同，或者通过电话交谈的方式订立合同。以对话方式作出意思表示的，只有在表意人的意思表示即对话的内容被相对人知道时，意思表示才生效。因此，从本条规定来看，《民法典》对以对话方式作出的意思表示的生效采取了了解主义。

（二）以非对话方式作出的意思表示，到达相对人时生效

所谓以非对话方式作出的意思表示，是指当事人以对话以外的形式发出的意思表示。对于以非对话方式作出的意思表示而言，其生效采取到达主义，即到达相对人时生效。所谓到达，是指根据一般的交易观念，已经进入相对人可以了解的范围。到达并不意味着相对人必须亲自收到，只要意思表示已进入受领人的控制领域，并在通常情况下可以期待受领人能够知悉意思表示的内容，就视为已经到达。①

（三）以数据电文形式作出的意思表示的到达

依据本条规定，以数据电文形式作出的意思表示，其生效分为两种情形：

一是相对人指定了特定的系统接收数据电文的，此时，该意思表示自该数据电文进入该特定系统时生效。

二是相对人未指定特定的系统接收数据电文的，则自相对人知道或者应当知道该数据电文进入其系统时生效。依据《合同法》第 16 条的规定，在相对

---

① 徐国建. 德国民法总论. 北京：经济科学出版社，1993：96.

人未指定特定的系统接收数据电文时，相关数据电文进入收件人的任何系统的首次时间为到达时间。可见，《民法典》改变了《合同法》的规则，而采用了更为灵活的生效规则，即一般情形下，相关数据电文到达相对人的任何一个系统，即被推定为相对人应当知道，除非相对人举证证明其不应当知道。例如，其所用的邮箱长期不予使用且数据电文发出人明知的，则可以认定其不应当知道。

（本条由王利明撰写）

第一百三十八条

无相对人的意思表示，表示完成时生效。法律另有规定的，依照其规定。

本条主旨

本条对无相对人的意思表示的生效规则作出了规定。

相关条文

《民法总则》第138条规定：“无相对人的意思表示，表示完成时生效。法律另有规定的，依照其规定。”

理解与适用

所谓无相对人的意思表示，是指意思表示没有相对人。例如，所有权人抛弃其所有权的意思表示，就属于无相对人的意思表示。关于无相对人的意思表示的生效，本条确立了如下两项规则。

一是通常情况下，无相对人的意思表示自表示完成时生效。依据本条规定，对无相对人的意思表示而言，只要意思表示完成，该意思表示即生效。法律作出此种规定的主要原因在于，对无相对人的意思表示而言，并不存在受领该意思表示的相对人，因此不存在意思表示的到达与了解等问题，意思表示完成即可生效。可见，对无相对人意思表示的生效而言，《民法典》采取了表意主义。

二是法律对无相对人的意思表示的生效规则另有规定的，依照其规定。本条第一句就无相对人的意思表示的生效规则作出了一般规定，但如果法律对无相对人意思表示的生效规则作出了特别规定，则依据该特别规定确定意思表示的生效时间。例如，遗嘱人立遗嘱的行为属于单方民事法律行为，但在立遗嘱后，该遗嘱并不生效。《民法典》第1121条第1款规定，继承从被继承人死亡时开始。据此，遗嘱应当自被继承人死亡时生效。此种情形即属于法律对单方民事法律行为的生效规则作出特别规定的情形。本条作出此种规定，具有重要意义：一方面，其可以实现《民法典》之总则编关于民事法律行为生效的一般规则与《民法典》各分编以及特别法规定的衔接；另一方面，其也为将来立法对无相对人意思表示的生效规则作出特别规定预留了空间。

（本条由王叶刚撰写）

第一百三十九条

以公告方式作出的意思表示，公告发布时生效。

本条主旨

本条对以公告方式作出的意思表示规则作出了规定。

相关条文

《民法总则》第139条规定："以公告方式作出的意思表示，公告发布时生效。"

理解与适用

所谓以公告的方式作出的意思表示，是指对不特定人发布公告所作出的意思表示。公告的方式多种多样，既可以是张贴招贴画，也可以是在路牌、橱窗、路灯等处悬挂展示，还可以是通过报纸、网络、电台等方式发布。以公告方式作出意思表示最为典型的是悬赏广告。所谓悬赏广告，是指悬赏人以广告的形式声明对完成悬赏广告中规定的特定行为的人，给付广告中约定报酬的行为。例如，刊登的各种寻人、寻物启事中提出如帮助寻找到某人或完成了某事，将支付若干报酬。《合同法》并未明确规定悬赏广告，《合同法解释（二）》第3条规定：悬赏人以公开方式声明对完成一定行为的人支付报酬，完成特定行为的人请求悬赏人支付报酬的，人民法院依法予以支持。但悬赏有《合同法》第52条规定情形的除外。《民法典》在总结司法实践经验的基础上，于第499条规定：悬赏人以公开方式声明对完成特定行为的人支付报酬的，完成该行为的人可以请求其支付。

这就从法律层面上第一次承认了悬赏广告。悬赏广告是以公开的方式所作出的意思表示。它是以对完成特定行为的人给予报酬为内容的意思表示。在性质上，悬赏广告是一种单方民事法律行为。

以公告方式作出的意思表示在性质上也属于有相对人的意思表示，但与有特定相对人的意思表示不同，以公告方式作出的意思表示没有特定的相对人，难以判断何时到达相对人，因此，本条规定以公告发布时生效。

（本条由王利明撰写）

第一百四十条

行为人可以明示或者默示作出意思表示。

沉默只有在有法律规定、当事人约定或者符合当事人之间的交易习惯时，才可以视为意思表示。

本条主旨

本条对意思表示的方式作出了规定。

相关条文

《民法总则》第140条规定："行为人可以明示或者默示作出意思表示。""沉默只有在有法律规定、当事人约定或者符合当事人之间的交易习惯时，才可以视为意思表示。"

《民法通则意见》第66条规定："一方当事人向对方当事人提出民事权利的要求，对方未用语言或者文字明确表示意见，但其行为表明已接受的，可以认定为默示。不作为的默示只有在法律有规定或者当事人双方有约定的情况下，才可以视为意思表示。"

《民法总则》第10条规定："处理民事纠纷，应当依照法律；法律没有规定的，可以适用习惯，但是不得违背公序良俗。"

《合同法解释（二）》第7条第1款规定："下列情形，不违反法律、行政法规强制性规定的，人民法院可以认定为合同法所称'交易习惯'：（一）在交易行为当地或者某一领域、某一行业通常采用并为交易对方订立合同时所知道或者应当知道的做法；（二）当事人双方经常使用的习惯做法。"

理解与适用

(一)意思表示可以以明示或者默示方式作出

本条第 1 款规定：行为人可以明示或者默示作出意思表示。该款对意思表示的形式作出了规定，依据该款规定，意思表示可以以明示的方式作出，也可以以默示的方式作出。具体而言：

第一，以明示的方式作出意思表示。所谓以明示的方式作出意思表示，是指行为人将其内在意思明确地表达于外部。明示形式即以作为的方式使相对人能够了解意思表示的内容，表意人可以通过口头或者书面表达的方式作出意思表示，尽管表达的方式存在差异，但表意人都明确向对方当事人作出了意思表示。对以明示方式作出的意思表示而言，当事人之间的法律关系易于证明，这有利于减少纠纷、降低法律风险。在实践中，多数意思表示都是以明示方式作出的。

第二，以默示的方式作出意思表示。默示的表示行为是指行为人没有作出明确的表示，但是可以根据法律规定进行推知。[①] 如点头、举手、起立、拍板等，都可以依据交易习惯被视为默示的意思表示。而且，如果一方当事人向对方当事人提出订约的要求，虽对方未用语言或者文字明确表示意见，但其行为表明已接受的，可以认定为默示。一般而言，法律上对当事人以默示形式作出意思表示有较为严格的限制。

(二)单纯的沉默原则上不得作为意思表示的方式

所谓沉默，是指未作出任何意思表示或不行为。从两大法系的规定来看，它们基本上都认为，单纯的缄默或不行动（silence or inactivity）本身不构成意思表示。沉默与默示的意思表示不同：在默示的意思表示情形下，表意人仍然作出了一定的表意行为，只不过未以口头或者书面形式明确表达意思表示的内容。而在沉默的情形下，当事人并未作出意思表示。例如，甲向乙、丙同时兜售某块手表，价值 100 元，甲问乙、丙是否愿意购买，乙沉默不语，未作任何表示，丙则点头表示同意。乙的行为属于缄默或不作为，而丙的行为属于默示地作出承诺。本条第 2 款规定：沉默只有在有法律规定、当事人约定或者符合当事人之间的交易习惯时，才可以视为意思表示。据此，沉默原则上不得作为意思表示的方式。但这并不意味着沉默在任何情况下都不能作为意思表示的方式。依据本条第 2 款的规定，在如下三种情形下，沉默可以被视为意思表示。

第一，有法律的特别规定。在法律有特别规定的情形下，沉默也可以产生意

① 陈卫佐. 德国民法总论. 北京：法律出版社，2007：157.

思表示的效果。例如，《民法典》第1124条规定：继承开始后，继承人放弃继承的，应当在遗产处理前，以书面形式作出放弃继承的表示；没有表示的，视为接受继承。受遗赠人应当在知道受遗赠后60日内，作出接受或者放弃受遗赠的表示；到期没有表示的，视为放弃受遗赠。

第二，有当事人的特别约定。例如，当事人双方事先约定，如果一方更改了相关合同条款，对方沉默的，视为同意更改。在此情形下，如果一方当事人更改了合同的条款，对方沉默的，即视为其同意了该更改。

第三，符合当事人之间的交易习惯。《民法典》之合同编中大量采用了交易习惯的概念。交易习惯是一个宽泛的概念，此处的习惯既包括当地的交易习惯，也包括当事人在长期交易中形成的习惯。在解释“沉默”的意义时，不能运用一般的交易习惯，而只能采用当事人之间的交易习惯。如果按照当事人之间特定的交易习惯，沉默可以产生意思表示的效力，则沉默也可以被视为意思表示。《德国民法典》第151条规定，根据交易惯例，承诺无须向要约人表示，或者要约人预先声明承诺无须表示的，即使没有向要约人表示承诺，可认为有承诺的事实时，合同也认为成立。例如，当事人之间长期进行系列交易，通常一方在另一方发出要约后，一定期限内不作表示，就作为承诺对待。

（本条由王利明撰写）

第一百四十一条

行为人可以撤回意思表示。撤回意思表示的通知应当在意思表示到达相对人前或者与意思表示同时到达相对人。

本条主旨

本条对意思表示的撤回规则作出了规定。

相关条文

《民法总则》第141条规定：“行为人可以撤回意思表示。撤回意思表示的通知应当在意思表示到达相对人前或者与意思表示同时到达相对人。”

《合同法》第17条规定：“要约可以撤回。撤回要约的通知应当在要约到达受要约人之前或者与要约同时到达受要约人。”

理解与适用

所谓意思表示的撤回，就是指在意思表示发出以后、到达意思表示的受领人之前，表意人将其意思表示撤回。本条规定，行为人可以撤回意思表示。撤回意思表示的通知应当在意思表示到达相对人前或者与意思表示同时到达相对人。据此，只要撤回的通知先于意思表示到达或者与意思表示同时到达，该撤回就是有效的。意思表示的撤回，只有在有相对人的时候才有意义。

依据《民法典》第137条的规定，非对话方式的意思表示必须在到达相对人时才能生效，因此，在其生效之前表意人发出撤回表示，且撤回表示在原意思表示生效之前生效或同时生效的，原意思表示当然不能生效。行为人要撤回意思表示，必须其撤回意思表示的通知先于意思表示到达相对人，或者与意思表示同时到达相对人。如果行为人撤回意思表示的通知晚于意思表示到达相对人，则不产生撤回意思表示的效力。由此可见，意思表示的撤回主要适用于非以数据电文方式作出的意思表示，因为以数据电文形式作出的意思表示会瞬间到达相对人，行为人撤回意思表示的通知很难先于意思表示到达相对人或者与意思表示同时到达相对人。

（本条由王利明撰写）

第一百四十二条

有相对人的意思表示的解释，应当按照所使用的词句，结合相关条款、行为的性质和目的、习惯以及诚信原则，确定意思表示的含义。

无相对人的意思表示的解释，不能完全拘泥于所使用的词句，而应当结合相关条款、行为的性质和目的、习惯以及诚信原则，确定行为人的真实意思。

本条主旨

本条对意思表示的解释规则作出了规定。

相关条文

《民法总则》第142条规定："有相对人的意思表示的解释，应当按照所使用的词句，结合相关条款、行为的性质和目的、习惯以及诚信原则，确定意思表示的含义。”“无相对人的意思表示的解释，不能完全拘泥于所使用的词句，而应当结合相关条款、行为的性质和目的、习惯以及诚信原则，确定行为人的真实意思。”

《合同法》第125条第1款规定：“当事人对合同条款的理解有争议的，应当按照合同所使用的词句、合同的有关条款、合同的目的、交易习惯以及诚实信用原则，确定该条款的真实意思。”

理解与适用

（一）意思表示的解释的概念和特征

所谓意思表示的解释，就是指在意思表示不清楚、不明确而发生争议的情况下，法院或仲裁机构对意思表示进行的解释。《法国民法典》首次强调合同的解释不必拘泥于合同文字，而以探求文本背后的真意为目的。① 该民法典采取的是以主观主义（意思主义）为主、以客观主义（表示主义）为辅的方式。而现代民法在意思表示的解释方面，兼采主观主义和客观主义两种方式，以兼顾意思自治和交易安全的保障。本条对此作出了规定，从其规定来看，实际上也兼顾主观主义和客观主义的立场。②

意思表示解释的特点在于：

第一，意思表示解释的主体是法院和仲裁机构，并不是任何机构都可以对意思表示进行解释。必须是当事人对意思表示发生争议，才有必要进行意思表示的解释。虽然当事人或第三人也可以对意思表示进行解释，但此种解释没有法律约束力，而且对于意思表示内容的确定没有实质性意义。

第二，意思表示解释的对象是当事人已经表示出来的意思。也就是说，以当事人已经作出的表示来解释其意思。解释的对象只能是表示出来的、确定的意思，而非深藏于内心的意思。深藏于内心的意思是无法解释的，因为深藏于内心的意思无法作为法律认识的对象。③ 意思表示的解释的对象是意思表示的内容，它既包括目的意思，也包括效果意思。

第三，意思表示解释是法院和仲裁机构依据一定的规则进行的解释，而非完全主观的任意解释。也就是说，在意思表示的解释的过程中，法院或仲裁机构要遵循法定的规则，运用一定的解释方法，否则就会违背当事人的意愿。

---

① H. Trofimoff. Les sources doctrinales de l'ordre de présentation des articles 1156 à 1164 du Code civil sur l'interprétation des contrats，RHDFE，72（2）avr.-juin 1994，p. 203 et s.

② 石佳友. 我国《民法总则》的颁行与民法典合同编的编订. 政治与法律，2017（7）.

③ 迪特尔·梅迪库斯. 德国民法总论. 邵建东，译. 北京：法律出版社，2000：232.

第四，意思表示解释的功能主要有两个方面：一是民事法律行为的成立要件是否齐备，例如，通过解释来确定标的物是否特定。二是民事法律行为的具体法律效果如何①，例如，通过解释来确定当事人的意思，以明确当事人所追求的法律效果。

民事法律行为的解释与意思表示的解释经常等同，因为前者实际上包括了后者，但两者又有一定的区别。一方面，两者的适用范围不完全相同。意思表示不完全是双方民事法律行为，它还包括了单方和多方民事法律行为。意思表示是表意人实现其民事法律行为意思的一种手段，它不完全是民事法律行为，还包括意思表示如要约、承诺，所以意思表示解释的对象、范围更为宽泛。另一方面，两者的解释规则不完全相同。民事法律行为的解释规则不一定能够运用到对意思表示的解释中去，例如根据交易习惯的解释就很难运用到对其他意思表示的解释中。

（二）有相对人的意思表示的解释和无相对人的意思表示的解释

意思表示的解释通常分为有相对人的意思表示的解释和无相对人的意思表示的解释。所谓有相对人的意思表示的解释，是指对表意人向特定的相对人发出的意思表示进行的解释。例如，要约是一种意思表示，但要约必须要到达受要约人，因为它属于向特定人发出的意思表示，对此种意思表示的解释即属于有相对人的意思表示的解释。所谓无相对人的意思表示的解释，是指对不需要相对人的意思表示进行的解释。例如，对针对不特定人的悬赏广告、订立章程和决议等意思表示的解释即属于无相对人的意思表示的解释。本条区分了有相对人的意思表示的解释与无相对人的意思表示的解释。

区别这两种意思表示的解释的意义在于：

第一，是否要考虑对相对人的合理信赖予以保护不同。一方面，对有相对人的意思表示而言，对其进行解释应当考虑相对人对意思表示内容的合理信赖，因而不能完全按照表意人的内心真意来解释。也就是说，应当采表示主义的立场进行解释。如果表意人表达有误，使相对人对意思表示作出了不同于表意人所欲表达的理解，那么，表意人必须承认相对人实际所理解的意义是有效的。② 另一方面，对无相对人的意思表示而言，由于不涉及相对人的利益，所以对其进行解释就不必考虑相对人的信赖以及交易安全问题，而应当探求表意人的真实意思，采意思主义的立场进行解释。例如，对遗嘱的解释应当探求表意人的内心真意。因此，依据本条的规定，在解释无相对人的意思表示时，因为一般不存在对相对人

---

① Reinhard Bork. Allgemeiner Teil des Bürgerlichen Gesetzbuchs. 2. Auf., Rn. 502ff., S. 191f..

② 卡尔·拉伦茨. 德国民法通论：上册. 王晓晔，等译. 北京：法律出版社，2003：453－455.

的信赖利益保护问题，因此，不能完全拘泥于意思表示所使用的词句，而应当探求当事人的真意，注重“确定行为人的真实意思”。

第二，是否需要考虑受领人的理解水平不同。在对有相对人的意思表示进行解释时，此种意思表示的有效性以意思表示的受领人能够感知为必要[①]，法官应当考虑一般的受领人的理解水平。但是对无相对人的意思表示进行解释，不需要考虑受领人的理解水平。[②] 就无相对人的意思表示，对其进行解释采意思主义，探究表意人的真意，只需要考虑表意人自己的表达[③]，不需要考虑受领人的理解水平，因为此种意思表示本身就没有受领人。

第三，词句在意思表示解释中的作用不同。虽然上述两种意思表示的解释都应当从表意人所使用的词句出发，但表意人所使用的词句在对其意思表示的解释中的作用并不完全相同：对有相对人的意思表示的解释而言，需要从相对人一般情况下如何理解来探求表意人所使用词句的意思。而对无相对人的意思表示而言，表意人所使用的词句是探求当事人内心真意的依据之一，因此，对此种意思表示的解释“不能完全拘泥于所使用的词句”。

本条第 1 款规定：有相对人的意思表示的解释，应当按照所使用的词句，结合相关条款、行为的性质和目的、习惯以及诚信原则，确定意思表示的含义。该条实际上也就是要求对用语按照通常的理解进行解释。对用语应当按照通常的理解进行解释应当是意思表示解释的首要的方法。在关于意思表示的内容发生争议以后，法官应当考虑一个普通人在此情况下对有争议的意思表示用语所能理解的含义，以此作为解释意思表示的标准，避免荒谬的结论。按照一个普通人的标准来进行解释是指法官既不能根据当事人一方的理解来解释意思表示，更不能根据起草的一方对意思表示所作的理解来解释意思表示，而应当以一个合理的人对意思表示用语的理解进行解释。一个普通人既可能是社会中一般的人，也可能是在一定的地域、行业中从事某种特殊交易的人。如果意思表示当事人本身是后一种类型的人，则法官应当按照在该地域、行业中从事某种特殊交易的合理人的标准来理解该用语的含义。例如，买卖双方对交货的计量标准“车”的含义发生争执时，应当考虑当事人双方是从事何种活动的买卖，并按照从事该种行业的一般人对“车”的理解来进行解释。

（本条由王利明撰写）

---

① 陈卫佐．德国民法总论．北京：法律出版社，2007：161.

② 卡尔·拉伦茨．法学方法论．陈爱娥，译．台北：五南图书出版公司，1992：202.

③ BeckOK BGB/ Wendtland，§133，Rn. 14.

第三节　民事法律行为的效力

第一百四十三条

具备下列条件的民事法律行为有效：

（一）行为人具有相应的民事行为能力；

（二）意思表示真实；

（三）不违反法律、行政法规的强制性规定，不违背公序良俗。

本条主旨

本条对民事法律行为的一般有效要件作出了规定。

相关条文

《民法总则》第143条规定："具备下列条件的民事法律行为有效：（一）行为人具有相应的民事行为能力；（二）意思表示真实；（三）不违反法律、行政法规的强制性规定，不违背公序良俗。"

《民法通则》第55规定："民事法律行为应当具备下列条件：（一）行为人具有相应的民事行为能力；（二）意思表示真实；（三）不违反法律或者社会公共利益。"

《合同法》第44条规定："依法成立的合同，自成立时生效。""法律、行政法规规定应当办理批准、登记等手续生效的，依照其规定。"

《合同法解释（一）》第9条第1款规定："依照合同法第四十四条第二款的规定，法律、行政法规规定合同应当办理批准手续，或者办理批准、登记等手续才生效，在一审法庭辩论终结前当事人仍未办理批准手续的，或者仍未办理批准、登记等手续的，人民法院应当认定该合同未生效；法律、行政法规规定合同应当办理登记手续，但未规定登记后生效的，当事人未办理登记手续不影响合同的效力，合同标的物所有权及其他物权不能转移。"

理解与适用

通常认为，所谓民事法律行为，是指旨在引起某种法律效果的意思表示。①

---

① 卡尔·拉伦茨. 德国民法通论：下册. 王晓晔，等译. 北京：法律出版社，2003：426.

此种效果之所以得依法产生，皆因行为人希冀其发生。原则上，民事法律行为只有具备本条规定的条件才能具有法律效力，从而产生行为人所预期的法律效果。“行为人具有相应的民事行为能力”，是民事法律行为的主体适格要件；“意思表示真实”与“不违反法律、行政法规的强制性规定，不违背公序良俗”则是民事法律行为内容与形式的有效要件。具体而言：

（一）行为人具有相应的民事行为能力

民事法律行为都以当事人的意思表示为基础，并且以产生一定的法律效果为目的。因此，行为人必须具备正确理解自己行为的性质和后果、独立地表达自己的意思的能力，即行为人必须具备与从事某项民事法律行为相应的民事行为能力。① 行为人具有相应的民事行为能力，表明实施民事法律行为的人可以自主地形成法律关系，具备合理的形成意思的能力。行为人具有相应的民事行为能力，既包括自然人实施民事法律行为应当具有与其年龄、智力或精神健康状况相适应的民事行为能力（纯获利益的民事法律行为除外），也包括法人、非法人组织等从事民事法律行为应当具有相应的民事行为能力。未经法定代理人的同意，限制民事行为能力人独立实施超出其年龄、智力或精神健康状况的民事法律行为的，该民事法律行为效力待定；无民事行为能力人不得独立实施民事法律行为，否则无效。这是为了保护限制民事行为能力人与无民事行为能力人的利益。法人或者非法人组织超出民事行为能力（目的事业范围）实施民事法律行为的，为了保护交易的安全，除违反法律、行政法规有关限制经营、特许经营或者禁止经营的规定外，民事法律行为的效力不受影响。

（二）意思表示真实

意思表示是民事法律行为的核心，是《民法典》总则得以创设的重要基石。② 民事法律行为在本质上乃是当事人的意志，此种意志符合法律规定，依法即可以产生法律拘束力。而当事人的意思表示能否产生此种拘束力，取决于此种意思表示是否与行为人的真实意思相符合。因此，所谓意思表示真实，是指行为人表现于外部的意思与其内在意志相一致。

于私法关系的变动，意思与表示之间一致固属理想，因受表意人自身或外在因素的影响，两者不一致的情况亦较常见，这被称为“意思表示瑕疵”③。意思表示的瑕疵，包括意思与表示不一致、意思表示不自由两种类型。若行为人的意

① 王利明. 民法总则研究. 2版. 北京：中国人民大学出版社，2012：572-573.

② Dieter Medicus. Allgemeiner Teil des BGB，10. Aufl.，2010，Rn. 175.

③ 布洛克斯，瓦尔克. 德国民法总论. 张艳，译. 北京：中国人民大学出版社，2012：233-234.

思表示是有瑕疵，则会导致以此为内容的民事法律行为可撤销或者无效的法律效果。具体而言：

（1）意思与表示不一致。意思与表示不一致是指表意人内心意欲发生的法律效果与表示内容发生的法律效果不相符，由此导致行为意思有瑕疵。其主要原因是心中保留、虚伪表示和错误（重大误解）。

（2）意思表示不自由。意思表示不自由是指在表意人的意思表示形成的过程中，其意思表示的自由受到不正当的干预，由此导致效果意思的欠缺。其主要原因包括欺诈、胁迫和乘人之危。

（三）不违反法律、行政法规的强制性规定

任何法律制度都只能在其政治制度的框架内提供通过民事法律行为实施的私法自治，私法上的民事法律行为不得逾越这一框架的范围。① 民事法律行为不得违反法律、行政法规的强制性规定，否则民事法律行为不能发生行为人所预期的法律效果。违反强行法的民事法律行为无效是各国的共同规则，可称为民事法律行为生效的“适法性要件”。民事法律行为是否违反法律、行政法规的效力性强制性规定，可以从行为的目的、标的、条件和方式四个方面考察。所谓目的违法，是指行为人主观上所要达到的法律效果违法，如出卖某项动产，其目的是销赃、逃避清偿债务、侵占共有人利益等；所谓标的违法，通常指买卖、赠与等转移物的所有权的民事法律行为的标的物为禁止流通物或限制流通物（如毒品、文物等）；所谓条件违法，是指行为内容中与目的、标的有实质性关联的权利义务事项和其他事项违法，如附不法条件的遗嘱行为；所谓方式违法，是指行为的方式将产生违法的后果，如不正当竞争和非法垄断行为。

（四）不违背公序良俗

公序良俗是公共秩序与善良风俗的简称，是指社会公共利益或道德观念。公序良俗原则为民法的基本原则之一。通过公序良俗原则，民事法律行为制度得以与公共秩序与道德制度发生联系。因为立法时不可能预见一切损害社会公益和道德秩序的行为而作出详尽的禁止性规定，因此公序良俗原则可以弥补禁止性规定的不足。② 民事法律行为不得违背公序良俗，则是通过公序良俗这一弹性条款，以弥补强行性规范的不足。这被称为民事法律行为生效的“妥当性要件”。比较而言，“适法性要件”只是消极地划出一条“法律红线”，只要不逾越该红线，就会被认为“合法”，所以适法性要件“乃是一个消极概念，主要是指‘不违法’，

---

① 迪特尔·梅迪库斯. 德国民法总论. 邵建东，译. 北京：法律出版社，2000：368.

② 梁慧星. 民法总论. 4版. 北京：法律出版社，2011：51.

而不是指民事法律行为的内容一定要有具体的法律作为依据”。而“妥当性要件”是消极地划出一条“道德红线”，要求民事法律行为不得具有“反社会性”的内容，阻止民事法律行为为实施不道德行为提供服务。①

行为人实施的民事法律行为不得违反公序良俗，否则该民事法律行为无效。民事法律行为是否违反公序良俗，应就民事法律行为的内容、附随情况以及当事人的动机、目的和其他因素加以综合判断。行为人认识到民事法律行为违反公序良俗的相关情况即为已足，不以具有“违反公序良俗的意识”为必要。在判断时间上，由于公序良俗具有可变迁性，原则上应以民事法律行为作成之时为准据，但是遗嘱是否违背公序良俗应以其生效时作为判断时点。② 公序良俗原则仅具有消极地限制当事人的私法自治的功能，绝不意味着法律要去积极地强制要求某种道德行为的实施。善良风俗规范的目的在于不使民事法律行为成为违反伦理的工具。③

（五）民事法律行为的内容确定、可能并非民事法律行为的生效要件

值得讨论的是：民事法律行为的内容或目的确定、可能，是否构成民事法律行为的生效要件？我国也有学者认为，标的确定和可能属于民事法律行为的生效要件。④ 内容确定，应该是民事法律行为的成立要件，或者是题中应有之意，因为标的不确定，根本就不构成意思表示。⑤ 域外立法均明确规定标的不能不影响民事法律行为的效力，例如，《国际商事合同通则》（PICC）第 3.3 条第 1 款、《欧洲合同法通则》（PECL）第 4.102 条，以及《欧洲民法典草案》2－7：102 条、《德国民法典》第 311a 条第 1 款⑥等。我国《民法典》没有将标的确定与可能作为民事法律行为的有效要件，符合国际上先进立法例的发展趋势。

（本条由冉克平撰写）

第一百四十四条

无民事行为能力人实施的民事法律行为无效。

---

① 易军. 法律行为生效要件体系的重构. 中国法学，2012（3）.

② 王泽鉴. 民法总则. 4 版. 北京：北京大学出版社，2009：232－233.

③ 卡尔·拉伦茨. 德国民法通论：下册. 王晓晔，等译. 北京：中国人民大学出版社，2003：603.

④ 龙卫球. 民法总论. 北京：中国法制出版社，2001：479.

⑤ 马俊驹，余延满. 民法原论. 4 版. 北京：法律出版社，2010：188－189.

⑥ 迪特尔·罗歇尔德斯. 德国债法总论：第 7 版. 沈小军，张金海，译. 北京：中国人民大学出版社，2014：168.

本条主旨

本条对无民事行为能力人实施的民事法律行为作出了规定。

相关条文

《民法总则》第 144 条规定："无民事行为能力人实施的民事法律行为无效。"

《民法通则》第 58 条规定："下列民事行为无效：（一）无民事行为能力人实施的……"

理解与适用

所谓无民事行为能力人，是指不具有独立实施民事法律行为而取得民事权利和承担民事义务的自然人。依据《民法典》的规定，无民事行为能力人包括三类：（1）不满 8 周岁的未成年人。从人的毕生发展阶段来看，出生至 1 岁半属于婴儿期，1 岁半至大约 6 岁属于童年早期。在此阶段，无论是人的生理发育、认知还是社会性，均属于童年期的发展阶段。① 由于未满 8 周岁的未成年人还不能理性地从事民事活动，因此从保护自身利益以及交易安全的角度考虑，其属于无民事行为能力人。（2）不能辨认自己行为的成年人。这类人虽然已经成年（年满 18 周岁），但是心智丧失，属于不能辨认自己行为的精神病人（包括痴呆症患者），因此也属于无民事行为能力人。（3）8 周岁以上不能辨认自己行为的未成年人。对于 8 周岁以上的未成年人，如果其不能辨认自己的行为，也属于无民事行为能力人。

无民事行为能力人单独实施的民事法律行为无效，不能发生行为人预期的法律效果。在类型上，本条中的民事法律行为不仅包括单独行为（例如代理权的授予），而且包括合同行为（例如买卖合同）以及决议行为（例如行使股东表决权）。本条规定的目的有二：一是保护无民事行为能力人的利益。通过民事法律行为无效，使其在独立实施民事法律行为时，不致因为年龄、智力的因素而遭受损害。民法通过设计专门的能力救济制度，即由其法定代理人代理实施民事法律行为，来满足无民事行为能力人参与民事活动的需要。二是维护交易秩序。民事法律行为无效的结果，将无民事行为能力人排除在承担法律后果的民事活动之外，以免因其误入民事活动而又不能承担法律后果的状况发生，从而维护相对人的合法权益。② 由于民事行为能力制度的首要目的在于保护思虑未臻成熟之人，

---

① 理查德·格里格，菲利普·津巴多. 心理学与生活：第 16 版. 王垒，等译. 北京：人民邮电出版社，2016：305 及以下.

② 马俊驹，余延满. 民法原论. 4 版. 北京：法律出版社，2010：89.

并兼顾交易安全①，因此，即使交易第三人为善意（即不知行为人为无民事行为能力人），该民事法律行为仍然无效。

（本条由冉克平撰写）

第一百四十五条

限制民事行为能力人实施的纯获利益的民事法律行为或者与其年龄、智力、精神健康状况相适应的民事法律行为有效；实施的其他民事法律行为经法定代理人同意或者追认后有效。

相对人可以催告法定代理人自收到通知之日起三十日内予以追认。法定代理人未作表示的，视为拒绝追认。民事法律行为被追认前，善意相对人有撤销的权利。撤销应当以通知的方式作出。

本条主旨

本条对限制民事行为能力人实施的民事法律行为作出了规定。

相关条文

《民法总则》第 145 条规定：“限制民事行为能力人实施的纯获利益的民事法律行为或者与其年龄、智力、精神健康状况相适应的民事法律行为有效；实施的其他民事法律行为经法定代理人同意或者追认后有效。”“相对人可以催告法定代理人自收到通知之日起一个月内予以追认。法定代理人未作表示的，视为拒绝追认。民事法律行为被追认前，善意相对人有撤销的权利。撤销应当以通知的方式作出。”

《民法通则》第 58 条规定：“下列民事行为无效：（一）无民事行为能力人实施的；（二）限制民事行为能力人依法不能独立实施的……”

《合同法》第 47 条规定：“限制民事行为能力人订立的合同，经法定代理人追认后，该合同有效，但纯获利益的合同或者与其年龄、智力、精神健康状况相适应而订立的合同，不必经法定代理人追认。”“相对人可以催告法定代理人在一个月内予以追认。法定代理人未作表示的，视为拒绝追认。合同被追认之前，善意相对人有撤销的权利。撤销应当以通知的方式作出。”

---

① 王泽鉴. 民法概要. 2 版. 北京：北京大学出版社，2011：40.

《合同法解释（二）》第 11 条规定："根据合同法第四十七条、第四十八条的规定，追认的意思表示自到达相对人时生效，合同自订立时起生效。"

理解与适用

本条分为两款：第 1 款规定的是限制民事行为能力人实施的民事法律行为的类型及效力规则，第 2 款规定的是相对人的催告权与善意相对人的撤销权。

(一) 限制民事行为能力人独立实施的民事法律行为的类型

本条规定的是限制民事行为能力人实施的民事法律行为的效力规则。所谓限制民事行为能力人，又称不完全民事行为能力人，是指已经达到一定年龄但尚未成年，以及虽已成年但精神不健全、不能完全辨认自己行为后果的自然人。限制民事行为能力人在与其年龄、智力和精神健康状况相适应的范围内有民事行为能力，超出此范围则无民事行为能力。依据《民法典》的规定，限制民事行为能力的人包括两种：（1）8 周岁以上的未成年人，但 16 周岁以上不满 18 周岁、以自己的劳动收入为主要生活来源的自然人除外。（2）不能完全辨认自己行为的成年人。

依据本条的规定，限制民事行为能力人可以独立实施两种类型的民事法律行为。

第一，纯获利益的民事法律行为。纯获利益的行为有可能超出与限制民事行为能力人的年龄、智力和精神健康状况相适应的范围，即便如此，也不需要法定代理人的同意或者追认。所谓纯获利益，是指该项民事法律行为只为限制民事行为能力人创设法律上的利益。在此不以经济上的观察方式为准。问题并不在于这项民事法律行为从财产方面来看对限制民事行为能力人是有利还是不利，因为经济上的评价标准很不可靠，将会大大缩减对未成年人的保护。① 因此，限制民事行为能力人纯获利益是指单纯取得权利或免除义务，其不因实施民事法律行为而产生了法律上的负担，这种负担可以是一项义务，也可以是丧失一项权利。至于有无经济上的利益，在所不问。

第二，与限制民事行为能力人的年龄、智力、精神健康状况相适应的民事法律行为。限制民事行为能力人实施的民事法律行为是否与其年龄、智力、精神健康状况相适应，可以从行为与本人生活相关联的程度、本人的智力或精神健康状态能否理解其行为并预见相应的行为后果以及行为标的之数额等方面认定。② 由

① 迪特尔·施瓦布. 民法导论. 郑冲，译. 北京：法律出版社，2006：508.

② 马俊驹，余延满. 民法原论. 4 版. 北京：法律出版社，2010：93.

于民事行为能力制度设置的首要目的是保护智力未臻完备的自然人的利益，因而对于与限制民事行为能力人的年龄、智力、精神健康状况相适应的民事法律行为的范围宜作从宽解释，扩大其自由生活的范围，以促进其人格的独立自由发展。

（二）法定代理人同意与追认的效力

在上述两种行为之外，限制民事行为能力人实施的民事法律行为，经法定代理人同意或者追认后有效。限制民事行为能力人超出民事行为能力实施民事法律行为的，应经法定代理人同意或追认。若是该民事法律行为未经法定代理人的同意或追认，则该民事法律行为处于浮动不确定的状态，被称为效力待定的民事法律行为。法律规定限制民事行为能力人实施超出其民事行为能力的民事法律行为的效力，以第三人同意为生效要件，其目的在于使法定代理人对民事法律行为的内容加以控制，从而保护限制民事行为能力人的利益，避免其遭受超出其年龄、智力和精神健康状态范围的损失。① 对于无民事行为能力人，法定代理人仅有法定代理权；对于限制民事行为能力人，法定代理人除有法定代理权外，尚有能力补充权。其能力补充权表现为：

第一，同意。所谓同意，是指法定代理人事前对于限制民事行为能力人超出其民事行为能力所实施的民事法律行为的允许。法定代理人既可以针对单项民事法律行为授予同意，也可以同意未成年人在某一领域内实施民事法律行为。提前同意未成年人可以实施任何民事法律行为的概括性同意应属无效。倘若可以授予不受限的概括性同意，那么有关未成年人实施民事法律行为须经其法定代理人同意的法律规定将失去其功效。② 经法定代理人同意的，限制民事行为能力人超出其民事行为能力所实施的民事法律行为有效。未经法定代理人同意的，该民事法律行为处于效力待定的状态。

第二，追认。所谓追认，是指法定代理人事后对于限制民事行为能力人超出其民事行为能力所实施的民事法律行为的允许。在法定代理人决定追认之前，该民事法律行为效力处于一种不确定状态，被称为效力待定的民事法律行为。

（三）同意权与追认权

法定代理人的同意与追认均属于形成权，即法定代理人事前允许或者事后允许限制民事行为能力人超出其民事行为能力所实施的民事法律行为的效力的一种单方意思表示。

（1）同意权与追认权的主体。同意权与追认权的主体为限制民事行为能力人

---

① 王泽鉴．民法总则．北京：北京大学出版社，2009：396．

② 维尔纳·弗卢梅．法律行为论．迟颖，译．北京：法律出版社，2013：228－229．

的法定代理人。但是，如果限制民事行为能力人在追认期限内取得或恢复了民事行为能力，则其本身亦可追认，产生与其法定代理人追认同等的效力。

(2) 同意与追认的方式。法定代理人同意与追认的意思表示可以向民事法律行为的另一方或者限制民事行为能力人为之。同意与追认的方式无须按照限制民事行为能力人超出其民事行为能力所实施的民事法律行为的方式，即使该民事法律行为为要式行为，法定代理人的同意与追认也无须采取要式形式。

(3) 同意的撤回。到民事法律行为实施时为止，法定代理人的同意可以撤回。法定代理人的撤回既可以向民事法律行为的另一方表示，也可以向限制民事行为能力人为之。

(4) 追认的溯及力。法定代理人一经追认，民事法律行为溯及于成立之时即发生效力；反之，拒绝追认的，则该民事法律行为溯及于成立之日无效。一旦追认，法定代理人不得撤回。

(四) 相对人的催告权

为了平衡双方当事人的利益和维护交易的安全，贯彻权利、义务对等的原则，本条第 2 款规定相对人可以催告法定代理人自收到通知之日起 30 日内予以追认。所谓催告权，是指效力未定的民事法律行为的相对人告知并催促追认权的主体是否追认的权利。由于效力待定民事法律行为的效力在追认权人决定追认之前处于一种不确定状态，为了平衡双方当事人的利益和维护交易的安全，法律在规定法定代理人有追认权的同时，也相应地赋予相对人以催告权。催告权的行使并不导致法律关系的变动，因此其并非形成权。催告的意思表示应当向法定代理人作出，催告其在 30 日内予以追认。法定代理人未作表示的，视为拒绝追认。

(五) 善意相对人的撤销权

撤回权（撤销权）是指善意相对人在法定代理人追认之前，享有撤回其意思表示的权利。善意相对人行使撤回权应在法定代理人行使追认权之前，撤回的意思表示应向限制民事行为能力人的法定代理人、被代理人以及法人或非法人组织的权力机构为之。

（本条由冉克平撰写）

第一百四十六条

行为人与相对人以虚假的意思表示实施的民事法律行为无效。

以虚假的意思表示隐藏的民事法律行为的效力，依照有关法律规定处理。

本条主旨

本条对通谋虚伪表示作出了规定。

相关条文

《民法总则》第146条规定："行为人与相对人以虚假的意思表示实施的民事法律行为无效。""以虚假的意思表示隐藏的民事法律行为的效力，依照有关法律规定处理。"

《民法通则》第58条第1款规定："下列民事行为无效：（一）无民事行为能力人实施的；（二）限制民事行为能力人依法不能独立实施的；（三）一方以欺诈、胁迫的手段或者乘人之危，使对方在违背真实意思的情况下所为的；（四）恶意串通，损害国家、集体或者第三人利益的；（五）违反法律或者社会公共利益的；（六）以合法形式掩盖非法目的的。"

《合同法》第52条规定："有下列情形之一的，合同无效：（一）一方以欺诈、胁迫的手段订立合同，损害国家利益；（二）恶意串通，损害国家、集体或者第三人利益；（三）以合法形式掩盖非法目的；（四）损害社会公共利益；（五）违反法律、行政法规的强制性规定。"

理解与适用

本条规定的是行为人与相对人通谋虚伪表示实施的民事法律行为的效力。

（一）通谋虚伪表示的概念

通谋虚伪表示又称为虚假行为，是指表意人和相对人一致同意表示事项不应该发生效力，亦即双方当事人一致同意仅仅造成订立某项民事法律行为的表面假象，而实际上并不想使有关民事法律行为的法律效果产生。[①] 法国合同法上称之为表见行为（la simulation），意指当事人将其真实意志掩藏其后的表面行为。[②]在虚假行为中，表意人不具有任何迷惑相对人的意图，在这一点上与心中保留不同；表意人也无意使相对人暂时感到疑虑或混乱，在这点一上与戏谑表示相异。相反，虚假行为的双方当事人的目的大多是欺骗或影响第三人，如债权人或税务机关等。[③] 虽然表意人与相对人通谋虚伪表示的目的通常在于欺诈第三人，但是

① 卡尔·拉伦茨. 德国民法通论：下册. 王晓晔，等译. 北京：法律出版社，2003：497.

② 尹田. 法国现代合同法. 2版. 北京：法律出版社，2009：115.

③ 陈卫佐. 德国民法总论. 北京：法律出版社，2007：309.

其构成并不以此为必要。在通谋虚伪表示中，表意人与相对人虽有共同订立民事法律行为的外观，但是均不想使表示出来的内容产生法律效力或构成民事法律行为的内容。因此表意人与相对人双方的表示行为与效果意思不一致，即欠缺与表示相应的效果意思。

（二）通谋虚伪表示在当事人之间的效力

通谋虚伪表示可以分为虚构行为与隐藏行为。具体而言：

第一，虚构行为的效力。如果表意人与相对人通谋仅针对行为的不生效达成一致，这被称为虚构行为或伪装行为。表意人与相对人之间的虚构表示无效，该无效是绝对的，不仅当事人之间可以主张，其他人亦可主张。例如，当事人之间在公开订立一项买卖合同时，秘密地约定出卖人仍然对出卖物保留所有权，其公开实施的买卖行为即为虚构行为。虚构行为（买卖合同）使人以为当事人之间已建立了一种买卖法律关系，但事实上该法律关系纯属虚构。当事人实施虚构行为的目的通常是对付“出卖人”的债权人，因为如果这些债权人无法证实当事人之间秘密约定的存在，则无法对其债务人已“出卖”的财产主张权利。虚构表示之所以无效，是因为相对人明知道意思表示的虚伪性，而且双方均不欲使该虚构表示发生效力。而且，当事人对意思表示亦无信赖，法律自然就没必要通过使意思表示产生约束力来保护其信赖。

第二，隐藏行为的效力。如果表意人与相对人希望其所表示的民事法律行为以外的内容生效，虚伪表示的目的仅在于掩盖其所真正希望作出的民事法律行为，则真正希望作出的民事法律行为被称为隐藏行为。[①] 于此情形，表意人和相对人进行通谋后并不希望发生所表示的后果，而是希望发生另一种法律后果。与当事人只是意欲使表示不生效力的虚构行为不同，隐藏行为确实在当事人之间建立了一种新的法律关系，但是这种法律关系与其表现出来的法律关系并不相同。[②] 隐藏行为分为完全的隐藏行为与部分的隐藏行为两种：如果当事人订立买卖合同之时私下约定“买受人”并不真正支付价金，即在表面上的买卖合同后面隐藏着真正的赠与行为，其“秘密约定”改变了合同的性质，则这种情形构成完全的隐藏行为。如果当事人通过秘密约定仅仅是增加了公开订立的买卖合同的价

---

① 迪特尔·梅迪库斯. 德国民法总论. 邵建东，译. 北京：法律出版社，2000：446.

② 尹田. 法国现代合同法. 2版. 北京：法律出版社，2009：116. 法国法认为，虚伪表示意味着在相同的当事人之间存在两项协议，其中一项协议是可公开的协议，另一项是私下订立的秘密协议。而后一项秘密协议旨在变更或者取消第一项可公开的协议所作的规定。法国民法典：下. 罗结珍，译. 北京：法律出版社，2005：1007. 如果秘密协议旨在取消公开协议，则这属于伪装行为；反之，如果秘密协议旨在变更公开协议，则这属于隐藏行为。

金，则这种情形构成部分隐藏行为。[①] 虽然虚构行为无效，但是隐藏行为体现了当事人的真实意图，如果隐藏行为符合所有有效条件，那么它应当有效。但是，如果隐藏行为违反法律的禁止性规定或者缺少法定形式要件，则该隐藏行为同样无效。[②]

（三）通谋虚伪表示对第三人的效力

通谋虚伪表示无效，除非被虚伪表示掩盖的隐藏行为符合法律行为的有效要件。但是，这样一来，因信赖虚伪表示外观的善意第三人的利益将失去保障。为保护交易的安全，《民法总则（草案）》的第一至四次审议稿及大会审议稿均规定："行为人与相对人通谋虚伪表示无效，不得对抗善意第三人。"但在最后审议之时，因有代表提出，民事法律行为无效或者被撤销后对第三人产生的法律后果，情况比较复杂，不宜一概规定不得对抗善意第三人，宜区分情形由民法典的物权编、合同编等分编作具体规定。该规定最后被删除。[③]

（1）适用范围。《法国民法典》第 1321 条、《日本民法典》第 94 条第 2 款以及我国台湾地区"民法"第 87 条第 1 款第二句均规定，虚伪表示无效对于第三人不发生效力或者不得对抗善意第三人。《德国民法典》并未规定对第三人的信赖保护。但是，由于交易安全保护的强烈需求，为保护善意第三人，在解释上，通过引用相关规则保护第三人因虚伪行为无效所受的损害。如《德国民法典》第 883、892 条规定的不动产登记公信力制度，第 172 条规定的表见代理制度，第 405 条、第 409 条规定的表见让与债权制度。[④] 在日本民法上，由于其欠缺像德国民法那样对信赖交易外观的第三人进行保护的制度（特别是登记的公信力），因此《日本民法典》第 94 条第 2 款规定的"虚伪表示无效不得以此对抗善意第三人"具有极为重要的意义。[⑤] 由于我国现行法已规定动产与不动产善意取得和表见代理制度，足以保护善意第三人的合理信赖，因此，通谋虚伪表示不得对抗善意第三人主要适用于债权表见让与等其他情形。

（2）不得对抗善意第三人的意义。所谓不得对抗善意第三人，是指善意第三人固得主张通谋虚伪表示无效，亦得主张其为有效；若主张其有效时，则表意人不得以无效加以对抗。第三人主张表意人与相对人通谋而为虚伪意思表示的，该第三人应负举证责任。[⑥] 例如，在以虚构的买卖行为掩盖真实的赠与行为的情况

---

① 尹田. 法国现代合同法. 2 版. 北京：法律出版社，2009：116.

② 施启扬. 民法总则. 北京：中国法制出版社，2010：245.

③ 2017 年 3 月 12 日第十二届全国人民代表大会第五次会议主席团第二次会议通过的《第十二届全国人民代表大会法律委员会关于〈中华人民共和国民法总则（草案）〉审议结果的报告》.

④ 迪特尔·梅迪库斯. 德国民法总论. 邵建东，译. 北京：法律出版社，2000：450.

⑤ 我妻荣. 新订民法总则. 于敏，译. 北京：法律出版社，2008：273.

⑥ 王泽鉴. 民法总则. 北京：北京大学出版社，2009：287.

下，如果“买受人”的债权人或特定财产承受人援引表见行为（即买卖行为并非无效而是有效），则等于视其债务人或特定财产出让人为出卖物的所有人。为此，该债权人可要求扣押该出卖物以清偿债务，该特定财产承受人可主张该出卖物的所有权已依财产转让关系而转由其享有。与此相反，“出卖人”的债权人或特定财产承受人可通过引用该秘密协议（即赠与行为无效而非有效）的方法，视其债务人或特定财产出让人为该财产的所有人，以维护自己的利益。这就是说，即使是虚伪表示掩盖的隐藏行为的有效，亦仅适用于虚伪表示的当事人间，虚伪表示的当事人不能主张该隐藏行为对第三人也为有效。

(3) 善意的判定。所谓善意、恶意，以第三人是否知悉此表示系虚伪表示为准。第三人知表意人与相对人的行为为虚伪表示的为恶意，不知其为虚伪表示的则为善意。第三人知与不知，应于第三人与虚伪表示之效力发生利害关系时判断：虚伪表示的成立在第三人与其效力发生利害关系之前的，第三人只需于产生利害关系之时系属不知，即为善意；虚伪表示之成立在第三人与其效力产生利害关系之后者，第三人只需于虚伪表示成立时系属不知，即为善意。①

(4) 第三人的范围。第三人是指通谋虚伪表示的当事人及其概括继承人以外的特定财产的承受人以及当事人一方的债权人等利害关系人，虚伪买卖标的物的受让人、设定抵押权之人等。但是，第三人并不包括：1) 一方当事人的全部权利概括继受人，因为后者被视为继承了前者的法律地位。例如，在公司吸收合并的情况下，被吸收合并的公司也不是第三人。2) 虚伪表示之标的物的承租人。租赁合同的效力本不受通谋虚伪表示的影响，例如，甲通谋虚伪出售其房屋于乙，乙将该房屋出租给丙，丙即使善意信赖乙为所有人也不受保护，甲仍可向丙请求返还该房屋，丙仅可以请求乙承担违约损害赔偿责任。3) 为第三人利益合同的第三人。如果当事人假装订立为第三人利益的合同，受益的第三人为善意时，由于第三人的受益以其合同有效为前提，故虚伪表示在当事人间即应为无效，受益之第三人虽为善意，当事人亦得以其无效对抗之。② 例如，甲因债台高筑，为图脱产与乙订立虚伪的买卖合同，将甲的房屋出售给乙，并登记于不知情之丙。甲的债权人丁，可以甲、乙间之买卖合同系通谋虚伪表示为由，诉请涂销丙的所有权移转登记。

（本条由冉克平撰写）

① 胡长清．中国民法总论．北京：中国政法大学出版社，1997：236．

② 史尚宽．民法总论．北京：中国政法大学出版社，2000：387．

第一百四十七条

基于重大误解实施的民事法律行为，行为人有权请求人民法院或者仲裁机构予以撤销。

本条主旨

本条对重大误解作出了规定。

相关条文

《民法通则》第59条规定："下列民事行为，一方有权请求人民法院或者仲裁机关予以变更或者撤销：（一）行为人对行为内容有重大误解的；（二）显失公平的。""被撤销的民事行为从行为开始起无效。"

《民法总则》第147条规定："基于重大误解实施的民事法律行为，行为人有权请求人民法院或者仲裁机构予以撤销。"

《合同法》第54条规定："下列合同，当事人一方有权请求人民法院或者仲裁机构变更或者撤销：（一）因重大误解订立的；（二）在订立合同时显失公平的。""一方以欺诈、胁迫的手段或者乘人之危，使对方在违背真实意思的情况下订立的合同，受损害方有权请求人民法院或者仲裁机构变更或者撤销。""当事人请求变更的，人民法院或者仲裁机构不得撤销。"

理解与适用

本条规定的是行为人基于重大误解实施的民事法律行为及其法律效果。

（一）错误与重大误解

本条采用的是"重大误解"的概念。对此，有学者认为：虽然我国现行民事立法采用的是"重大误解"的概念，但从立法及司法解释看，此处的"误解"显然既包括内容错误，也包括表示错误，但并不包括大陆法系理论中的"误解"或"受领人错误"，即我国现行法上的"误解"与德国法上的"错误"应作同一解释。只是我国现行立法由于强调通俗易懂，采用了"误解"而没有采用"错误"①。

笔者认为，从文义上看，重大误解既不能包括表示错误，也不能涵盖传达错误。前者如将10万元误写为1万元，无论如何也不能称为误解，那是纯粹操作上的失误，而不是心中对某个事物的理解错误，任何人都不可能把10万元误解

① 马俊驹，余延满．民法原论．4版．北京：法律出版社，2010：195．朱广新．合同法总则．北京：中国人民大学出版社，2012：220.

为1万元。[①] 后者是表意人或受领人的传达人造成的错误，这也是《民法通则意见》第77条未用“误解”而用“错误”这一术语的原因。不过，在法教义学上，可以将重大误解与意思表示错误所规范的内容作大体相同的解释。

（二）错误的概念及其争议

对于意思表示从产生至到达的过程，大体可以划分为以下阶段：（1）意思的形成。意思的形成是对各种正反的理由进行往往十分复杂的权衡的结果。（2）如何对意志加以表达。在深思熟虑形成意思之后，行为人必须找出那些能将这一意思以某种能为对方所理解的方式表达出来的话语或者其他表示符号。（3）使用表示符号予以表达。行为人使用表示符号将意思表达出来。（4）意思表示的发出。在有相对人的意思表示中，行为人还需要使意思表示到达相对人，如打电话或邮寄等。（5）相对人受领该意思表示。在意思表示到达以后，受领人对该意思表示的理解。[②] 在上述每一个阶段，行为人都可能因误会或不知而发生主观认识与现实状况不相符的情形，从而构成私法上的“错误”。然而，对“错误”概念的认知存在两种不同的观念。

第一，划分表达错误与动机错误，只有前者才属于意思表示错误并影响其效力，后者原则上无关紧要。这以德国民法为代表。在德国法上，意思表示错误被区分为意思形成时的错误与意思表达上的错误。前者是指当表意人错误地从一个对效果意思很重要的错误情况出发时，就存在意思形成错误（上述第一个阶段）。此种错误又被称为动机错误，即表意人意思表示的动因或缘由错误。其并非意思表示错误，动机错误原则上是不重要的。[③] 后者是指当表意人的表示与效果意思无意识地不相符时，即产生意思表达上的错误。在这方面，法律规定了内容错误（上述第二个阶段）、表示错误（上述第三个阶段）以及传达错误（上述第四个阶段）。[④] 至于相对人受领意思表示时的错误，由于其并未表示什么，因此不属于意思表示错误。[⑤]

第二，强调实质性错误与非实质性错误，只有实质性的意思表示错误才属于可救济的错误并影响意思表示的效力。这以法国民法为代表。18世纪的法国学者波蒂埃认为，错误须涉及“缔约当事人视之为最重要的且构成物之实质的物之

① 杨代雄. 民法总论专题. 北京：清华大学出版社，2012：189.

② 迪特尔·梅迪库斯. 德国民法总论. 邵建东，译. 北京：法律出版社，2000：565-566.

③ 哈里·韦斯特曼. 德国民法基本概念：第16版. 增订版. 哈尔姆·彼得·韦斯特曼，修订. 张定军，等译. 北京：法律出版社，2014：39.

④ Brox/Walker，Allgemeiner Teil des BGB，34. Aufl.，2010，Rn. 411. 416.

⑤ 同②570.

品质"[1]。这就是说，无论是意思形成阶段的错误还是意思表达上的错误（上述第一个至第五个阶段），只要属于实质性错误，就可能影响意思表示的效力。所谓错误，是指行为人实施民事法律行为时，因误会或不知而发生主观认识与现实状况不相符的情形。

由此可见，意思表示错误的概念与动机和效果意思的关系密切相关：如果认为动机与效果意思之间应当严格区分，则意思表示错误是指由于表意人的认知、判断与现实有分歧，在表意人没有认识到的情况下而产生的效果意思与外在表示的不一致。这被称为"错误二元论"[2]。相反，如果认为效果意思包含动机（统称为"真实意思"），则意思表示错误是指由于表意人的认知、判断与现实有分歧，在表意人没有认识到的情况下而产生的表意人的真实意思（真意）与外在表示的不一致。[3] 这被称为"错误一元论"[4]。比较而言，"错误二元论"以意思主义为原则，兼顾相对人的消极利益；而"错误一元论"通常还考察相对人的因素对错误构成的影响[5]，以表示主义为原则，强制民事法律行为依据相对人对表示的合理信赖而生效，从而保护善意相对人的积极信赖利益，使交易的安全得到更为充分的保护。就《民法典》第147条的规定而言，重大误解的构成并不包含相对人的因素。这更类似于"错误二元论"。由于自20世纪以来，经济领域中日益精细的分工导致了合同关系的增加，人们在法律关系和交易中的联系越来越紧密，对信赖保护的需要和安全性的需求日益强烈[6]，因此，笔者认为，在解释上应该借鉴"错误一元论"的有益元素。

（三）错误的类型

（1）表示错误。表意人在作出意思表示时根本无意作出包含这一内容的意思表示，就存在表示错误即表示行为错误。于此情形，表意人没有表达出他想表达的内容，其所使用的词语或符号本身发生了错误，如说错了、写错了或者弄错了。[7]

---

① James Gordley, *The Philosophical Origins of Modern Contract Doctrine*, Oxford: Clarendon Press, 1991: 130-131.

② 赞成"错误二元论"的观点，可参见梅伟. 民法中意思表示错误的构造. 环球法律评论，2015 (3). 赵毅. 民法总则错误制度构造论. 法商研究，2016 (4)。

③ 近江幸治 民法讲义：Ⅰ·民法总则. 渠涛，等译. 北京：北京大学出版社，2015：190.

④ 关于赞成"错误二元论"的观点，参见冉克平. 法典总则视野下意思表示错误制度的构建. 法学，2016 (2)。

⑤ 例如《奥地利普通民法典》（第871条）、《荷兰民法典》（第6：228条第1款c项）、《欧洲合同法原则》（第4：13条）、《国际商事合同通则》（第3.5条）以及《欧洲示范民法典草案》（第2-7：201条）等均规定，相对人对错误的发生可归责、相对人对错误可识别以及相对人的共同错误是表意人可基于合同成立时存在的关于事实或法律的错误而宣布合同无效的必要条件。

⑥ M. 沃尔夫. 民法的法典化. 丁晓春，译. 现代法学，2002 (3).

⑦ Brox/Walker, Allgemeiner Teil des BGB, 34. Aufl., 2010, Rn. 411, 412.

（2）内容错误。表意人在作出意思表示时就意思表示的内容发生错误的，即为内容错误。内容错误与表示错误的区分在于：在内容错误的情形中，表意人认为其表示具有甲含义，而基于解释基本原则所得出的结论是该表示具有乙含义；反之，在表示行为错误的情形中，表意人虽然认为自己所发出的是表示信号甲，但是错误地使用了表示信号乙。[①] 但是，通常情况下，对标的物的价格的误解不属于重大误解的范畴。在相关案例中，法院认为，“主张重大误解而行使撤销权的当事人应举证证明对合同性质、当事人特定身份、标的物性质、质量、价值等主要条款发生了误解，误解造成了对当事人的重大不利后果；订购机票在日期和价格等方面即使出现错误，都不属于对合同标的的存在或性质有关的事实上出现的重大认识错误，不能作为重大误解的理由”，故法院对于原告以误订机票日期为重大误解而主张撤销其购票行为的诉请，作出了不予支持的判决。[②]

（3）传达错误。传达错误是指传达人或机构（如邮局）不实传达引起的错误。在传达错误的情形中，表意人使用了一个传达人或机构作为表示工具，该工具的错误运行须归责于表意人。

（4）动机错误。动机是指意思表示的间接目的，即意思表示之远因。[③] 动机错误是指表意人对某些情形怀有不正确的设想，而这些情形对于他决定发出某一意义上的表示有着重要意义。如果他具备了正确的观念，那么其作出的将会是另一个决定。动机错误是意思形成阶段的错误，其破坏的是意思的决策。[④] 将动机错误排除在错误的范畴之外，主要理由在于，相对人通常无法知悉表意人作出意思表示的理由，如果允许表意人以动机错误为由撤销意思表示，将导致民事法律行为几乎完全丧失确定性。[⑤]

在交易上被视为重要的人或者物之性质错误，被视为内容错误（《德国民法典》第119条第2款）。德国学术界占主导地位的学说认为，有关性质的想法是意思表示的动机，因此，性质错误是动机错误的一种类型。根据此说，在交易上被视为重要的人或者物之性质错误是“动机错误无关紧要”这一原则的一个例外。

（5）共同错误。在订立交易时，双方当事人以特定的设想或期待为出发点，

---

① 维尔纳·弗卢梅．法律行为论．迟颖，译．北京：法律出版社，2013：497．

② 上海市长宁区人民法院（2008）长民一（民）初字第564号民事判决书．

③ Melvin A. Eisenberg. Mistake in Contract Law. Calif. L. Rev. 91（2003），p. 1582.

④ 卡尔·拉伦茨．德国民法通论：下册．王晓晔，等译．北京：法律出版社，2003：514．

⑤ Larenz/Wolf，Allgemeiner Teil des bürgerlichen Rechts，9. Aufl.，Verlag C. H. Beck，München，2004，S. 652.

但是这种设想或期待并未成为表示的内容。如果这种设想与实际情况不符或者这种期待落空，则属于共同错误。在德国法上，共同错误本身只是一个不予考虑的动机错误，2001 年德国《债法现代化法》将其规定为主观交易基础障碍（第 313 条第 2 款）。

（6）法律错误。在我国，学者通常认为，除非误解方已将对法律后果的认识错误转化为自己的意思而使之成为内容错误，其他情形下，应当将法律错误归类为动机错误，应坚持古老的格言：对法律的认识错误不影响合同的效力。① 可以借鉴比较法上的多数做法，不对法律错误与事实错误进行区分。

（7）计算错误。计算错误是指表意人在计算他所说的数目或者在计算行为所依据的某项情形方面发生了错误。计算错误的风险如下：1）隐蔽的计算错误。表意人因使用了错误的计算基础，致使意思与表示不一致。隐蔽的计算错误只是一种“内部的”计算错误。这种错误只是一种动机错误，原则上是无关紧要的。② 2）公开的计算错误。这可以通过意思表示解释的方式予以消除，包括：A. 若是有一方的主观想法被确定为合同内容，则另一方可以主张该合同内容（表示）与其主观想法（意思）不一致，从而以表示错误为由撤销意思表示③；B. 双方当事人计算错误（共同错误）。

（四）误解必须“重大”

错误必须重大，否则表意人不得撤销。这就是说，错误应该是实质性错误，若是没有该错误，则误解方就会作出完全不同的意思表示或者根本不会作出意思表示。对此，可以从主观与客观两个方面进行解释：在主观上，如果没有错误，表意人就不会作那样的意思表示；在客观上，如果没有错误，处在相同境况的理性人也不会作那样的意思表示。易言之，按照通常的交易观念，不作那样的意思表示是正当的。这样要求，既可以保护表意人，也兼顾了交易的安全。

（五）善意相对人的赔偿请求权

在重大误解的情形下，意思主义选取的是表意人的真意，而忽视了意思表示受领人的信赖。这不仅否定了意思表示受领人（相对人或者第三人）的自由意志，也大大地损伤了受领人的信赖和交易的安全，因为受领人对表意人的表示经合理、谨慎判断得出表意人的真实意思，并对此予以信赖而作出回应。如果表意人以其表示与内心意思不一致而否定其表示出来的意思，则受领人将遭受信赖损

① 李永军. 民法总论. 2 版. 北京：法律出版社，2009：517.

② 布洛克斯，瓦尔克. 德国民法总论. 张艳，译. 北京：中国人民大学出版社，2012：257.

③ 杨代雄. 民法总论专题. 北京：清华大学出版社，2012：185.

害。[①] 在意思主义的立法政策之下，法律亦兼及相对人或者第三人的合理信赖。例如，依据《德国民法典》第122条第1款的规定，戏谑行为无效或者表意人撤销错误的意思表示的，表意人应当赔偿相对人或者第三人因信赖该意思表示有效而受到的损失。这里的“损失”是消极信赖（negativer Vertrauensschutz）利益的损害。[②] 相比较而言，我国《民法典》并未规定表意人因重大误解撤销法律行为之后，善意的相对人是否有权要求其承担信赖赔偿责任。这显然属于法的漏洞。对此，从保护交易安全与相对人信赖利益的角度出发，应当予以肯定。

（本条由冉克平撰写）

第一百四十八条

一方以欺诈手段，使对方在违背真实意思的情况下实施的民事法律行为，受欺诈方有权请求人民法院或者仲裁机构予以撤销。

本条主旨

本条对基于欺诈所实施的民事法律行为作出了规定。

相关条文

《民法总则》第148条规定：“一方以欺诈手段，使对方在违背真实意思的情况下实施的民事法律行为，受欺诈方有权请求人民法院或者仲裁机构予以撤销。”

《民法通则》第58条第1款规定：“下列民事行为无效：（一）无民事行为能力人实施的；（二）限制民事行为能力人依法不能独立实施的；（三）一方以欺诈、胁迫的手段或者乘人之危，使对方在违背真实意思的情况下所为的；（四）恶意串通，损害国家、集体或者第三人利益的；（五）违反法律或者社会公共利益的；（六）以合法形式掩盖非法目的的。”

《合同法》第52条规定：“有下列情形之一的，合同无效：（一）一方以欺诈、胁迫的手段订立合同，损害国家利益……”

《合同法》第54条规定：“下列合同，当事人一方有权请求人民法院或者仲裁机构变更或者撤销：（一）因重大误解订立的；（二）在订立合同时显失公平

① 叶金强. 合同解释：私法自治、信赖保护与衡平考量. 中外法学，2004（1）.

② Dieter Medicus，Allgemeiner Teil des BGB，10. Aufl.，2010，Rn. 784.

的。”“一方以欺诈、胁迫的手段或者乘人之危，使对方在违背真实意思的情况下订立的合同，受损害方有权请求人民法院或者仲裁机构变更或者撤销。”“当事人请求变更的，人民法院或者仲裁机构不得撤销。”

理解与适用

（一）欺诈的含义及立法理由

欺诈是指在表意人形成意思表示的过程中，相对人或者在相对人知情的情形下第三人故意告知虚假情况或者隐瞒真实情况，致使表意人的表示行为与真实意思不一致。法律允许表意人撤销该有瑕疵的意思表示。法律这样规定的理由是：在这些情形下，表意人决定其意思的自由已不复存在，而自由地决定意思是私法自治的原则条件。

（二）构成要件

1. 欺诈行为

欺诈行为包括明示的欺诈与默示的欺诈。前者意指一方当事人故意告知对方虚假情况；后者是指一方当事人故意隐瞒真实情况，即沉默。对于沉默，有学者认为，沉默于依法律、习惯或契约有告知义务的场合，应构成欺诈行为。[①] 一般认为，民事生活中人们有相当程度的沉默权，不能动辄判定为欺诈，欺诈须发生在特定的场合和环境中。[②] 当事人的沉默要构成欺诈，需要：（1）当事人一方负有法定或约定的义务。如《民法典》之侵权责任编规定医务人员在诊疗活动中向患者及其近亲属负有说明病情和医疗措施等的义务。（2）依据交易习惯、公平与诚信原则，尤其是一方当事人依赖相对人的专业知识或技术时，相对人负有说明或者披露的义务。

并非一切虚假的陈述都构成欺诈，应当区分事实与意见。构成欺诈的错误性陈述必须是对事实的陈述，仅仅是对自己意见或者见解的错误陈述不构成欺诈。[③] 欺诈只能是针对某个具体的、客观的事实的虚假陈述，而不能仅仅表现为“一般性见解”。所谓一般性见解，是指对某种事物所具有的希望、预见或者信念的表达，此种见解常常带有极浓的、明显的感情色彩。在商业社会中，作为一般性见解的特殊方式，是所谓的“商业吹嘘”，只要其不离开宣传的范畴而变为对某一具体事实的陈述，亦即不违反广告法的禁止性规定而构成虚假广告时，就不

---

① 梁慧星．民法总论．4版．北京：法律出版社，2011：180.

② 陈华彬．民法总论．北京：中国法制出版社，2011：397.

③ 李永军．民法总论．2版．北京：法律出版社，2009：540.

构成欺诈。[1] 但是，当某人对其陈述的事实具有专门的知识和技能时，其实质上在陈述一种“专家意见”。鉴于该种意见在当今社会的普遍性、重要性，该种意见应被纳入欺诈规制的范畴之中。[2]

2. 欺诈的故意

所谓欺诈之故意，由两个意思构成：使被欺诈人陷于错误判断之意思，及使被欺诈人基于错误判断而为意思表示之意思。[3] 我国学说通常认为，一般情况下，欺诈都是故意造成的，不承认过失欺诈。[4] 或者认为，欺诈人必须有欺诈的故意，即行为人须有使表意人受欺诈而陷入错误并因此为意思表示的目的。至于是否有取得财产上的不法利益的故意，在所不问。[5]

3. 表意人因相对人的欺诈行为陷入错误

表意人陷入错误，不仅包括表意人原无错误，纯因相对人的欺诈行为而陷入错误的情况，而且包括表意人原有错误，因欺诈者的诈欺行为而难于发现错误或其错误加深的情况。[6]

4. 使表意人因陷入错误而作出意思表示（因果关系）

欺诈行为与表意人作出意思表示之间应当具有因果关系。易言之，表意人依赖于欺诈者的虚假陈述而作出意思表示。反之，虽欺诈人有故意欺诈行为，倘若相对人未因此而陷于错误，则并不构成民法上的欺诈，不发生欺诈的法律后果。此外，如果虚假陈述显然是虚假的，或者显然是不应该受到认真对待的，法院就不会允许撤销合同。[7]

（本条由冉克平撰写）

第一百四十九条

第三人实施欺诈行为，使一方在违背真实意思的情况下实施的民事法律行为，对方知道或者应当知道该欺诈行为的，受欺诈方有权请求人民法院或者仲裁机构予以撤销。

---

① 尹田. 民法典总则之理论与立法研究. 北京：法律出版社，2010：555－556.

② 朱广新. 合同法总则. 2版. 北京：中国人民大学出版社，2012：245.

③ 梁慧星. 民法总论. 4版. 北京：法律出版社，2011：180. 朱广新. 合同法总则. 2版. 北京：中国人民大学出版社，2012：243.

④ 王利明. 民法总则研究. 2版. 北京：中国人民大学出版社，2012：709.

⑤⑥ 马俊驹，余延满. 民法原论. 4版. 北京：法律出版社，2010：196.

⑦ 李永军. 民法总论. 2版. 北京：法律出版社，2009：540.

本条主旨

本条对第三人欺诈的法律规则作出了规定。

相关条文

《民法总则》第 149 条规定："第三人实施欺诈行为，使一方在违背真实意思的情况下实施的民事法律行为，对方知道或者应当知道该欺诈行为的，受欺诈方有权请求人民法院或者仲裁机构予以撤销。"

理解与适用

本条规定的是在第三人实施欺诈的情形下，表意人实施的民事法律行为及其法律效果。

（一）含义

依据意思表示有无相对人，意思表示可以分有相对人的意思表示与无相对人的意思表示。在无相对人的情况下，第三人实施欺诈，使表意人违背自己的意志作出意思表示的，表意人均有权撤销。例如，第三人欺诈保证人作出保证行为，生产者制造假冒伪劣商品，买受人从商家那里购买该产品等。[1] 在解释上，由于在此情形下无应受保护的相对人，自应使表意人得以撤销。[2]

在有相对人的意思表示中，实施欺诈之人通常是表意人的相对人（意思表示受领人）。然而，在有些情况下，实施欺诈的人，系表意人与相对人（意思表示受领人）以外的第三人。所谓第三人欺诈，是指表意人与相对人以外的第三人实施欺诈行为，致使表意人违背真实的意思而实施民事法律行为的欺诈类型。在此情形下，法律需要协调表意人、相对人与第三人之间的利益关系，并合理规范基于第三人欺诈所为之民事法律行为的效力。

（二）第三人的范围

若表意人受到第三人实施的欺诈的影响，则其表示就缺少了自决行为所需要的自由决策的可能性。但是，第三人欺诈中的"第三人"并不是指民事法律行为当事人之外的任何人，而是指与当事人无任何关系的第三人。正如有学者所言，"第三人是根据公平性权衡来界定的。第三人不包括意思表示受领人的'信赖人'，也不包括那些'依据公平性观点并考虑到利益状况'，其行为应该归责于意

---

① 史尚宽. 民法总论. 北京：中国政法大学出版社，2000：429.

② 维尔纳·弗卢梅. 法律行为论. 迟颖，译. 北京：法律出版社，2013：647.

思表示受领人的人"①。据此，第三人的范围应该受到如下限制：

第一，第三人不包括意思表示受领人的法定代表人、负责人、代理人或作为其缔约辅助人的人。对于由法定代表人、负责人、代理人以及缔约辅助人实施的欺诈行为，必须将其归责于意思表示受领人。

第二，在有些情况下，虽然实施欺诈或胁迫的第三人既不是意思表示受领人的代理人，也不是其所委托从事合同谈判工作的人，但该第三人在利益方面与其有密切的联系，故也必须将由第三人实施的欺诈行为归责于意思表示受领人。

第三，在为第三人利益的合同中，如果实施欺诈的人是受益第三人，在表意人作出意思表示而相对人不知欺诈的事实时，表意人是否可以撤销其意思表示？尽管受益第三人并非为第三人利益的合同的当事人，但是债务人对抗债权人的抗辩可以用于对抗第三人，因而基于表意人与受益第三人的关系，在表意人因被受益第三人欺诈而订立为第三人利益的合同，或因被其他第三人欺诈而订为第三人利益的合同时，受益第三人在订约时已知欺诈的事实或可得而知的，表意人可因其与受益第三人的关系，撤销该意思表示。只有作如此解释，在理论上才可与禁止权利滥用、诚实信用原则符合，才能维持表意人、相对人、受益第三人之间的公平，以实现协同生活的生活秩序。② 由此可见，受益第三人并非一般意义上的"第三人"的范畴。

（三）相对人知道或者应当知道的含义

相对人知道是指相对人明知。所谓明知，是指相对人认识到了第三人对表意人实施的欺诈行为。这反映了一种主观认知活动。之所以附加相对人知道第三人欺诈这个要件，主要是为了平衡相对人与受欺诈方（表意人）之间的利益冲突，维护相对人对合同有效的正当合理的信赖。③ 相对人应当知道即相对人应知，也称作因过失而不知，它以相对人本应或本会知道第三人的欺诈为前提，即相对人应知足以否定其对合同有效的正当合理的信赖。

（本条由冉克平撰写）

第一百五十条

一方或者第三人以胁迫手段，使对方在违背真实意思的情况下实施的民事法

① 迪特尔．梅迪库斯．德国民法总论．邵建东，译．北京：法律出版社，2000：604.

② 洪逊欣．中国民法总则．台北：三民书局，1981：405.

③ 朱广新．合同法总则．北京：中国人民大学出版社，2012：250－251.

律行为，受胁迫方有权请求人民法院或者仲裁机构予以撤销。

本条主旨

本条对基于胁迫所实施的民事法律行为作出了规定。

相关条文

《民法总则》第150条规定："一方或者第三人以胁迫手段，使对方在违背真实意思的情况下实施的民事法律行为，受胁迫方有权请求人民法院或者仲裁机构予以撤销。"

《民法通则》第58条第1款规定："下列民事行为无效：（一）无民事行为能力人实施的；（二）限制民事行为能力人依法不能独立实施的；（三）一方以欺诈、胁迫的手段或者乘人之危，使对方在违背真实意思的情况下所为的；（四）恶意串通，损害国家、集体或者第三人利益的；（五）违反法律或者社会公共利益的；（六）以合法形式掩盖非法目的的。"

《合同法》第52条规定："有下列情形之一的，合同无效：（一）一方以欺诈、胁迫的手段订立合同，损害国家利益……"

《合同法》第54条规定："下列合同，当事人一方有权请求人民法院或者仲裁机构变更或者撤销：（一）因重大误解订立的；（二）在订立合同时显失公平的。""一方以欺诈、胁迫的手段或者乘人之危，使对方在违背真实意思的情况下订立的合同，受损害方有权请求人民法院或者仲裁机构变更或者撤销。""当事人请求变更的，人民法院或者仲裁机构不得撤销。"

理解与适用

本条规定的是在当事人或者第三人胁迫的情形下，表意人实施的民事法律行为及其法律效果。

（一）胁迫的含义

所谓胁迫，是指行为人向被胁迫人预先告知某种不利情况，在后者看来，如果其不发出前者所希望发出的表示，行为人一定会使这种不利情况发生。[①] 行为人用来胁迫的事项的内容具有将来性。也就是说，这种胁迫的内容之危害在受胁迫人拒绝其要求时才能发生。如果是已经发生的事实，一般不发生胁迫问题。应将"暴力"概念与胁迫概念区别开来，"暴力"称为"绝对力量"（Vis absolu-

① 卡尔·拉伦茨. 德国民法通论：下册. 王晓晔，等译. 北京：法律出版社，2003：546.

ta)，导致意思根本不能形成。[①] 对此，亦有学者持不同看法，认为：胁迫包括威胁和强迫。威胁是指行为人一方以未做的不法损害相恐吓，使表意人陷入恐怖，并因此作出意思表示的行为。强迫是指行为人一方以现时的身体强制，使表意人处于无法反抗的境地而作出意思表示的行为。[②]

笔者认为，胁迫应当仅限于精神胁迫，主要理由在于：（1）胁迫与欺诈均是为了干预表意人的意思形成自由。由于行为人的胁迫行为，表意人不能自主地作出意思表示。按照表意人意思形成的自由受干预的程度，可以将胁迫分为绝对胁迫与相对胁迫。绝对胁迫没有给受害人留下选择的自由，受害人事实上沦为了对他实施暴力的人的工具；相对胁迫将受胁迫人推入窘境，其必须在两种不幸中作出选择，即要么作出本不想作出的意思表示，要么遭受声称的伤害。不像绝对胁迫，相对胁迫并没有强行压制受害人自己的意志，而是将受害人选择的自由局限于难以抉择的两害之中。这就是为什么前者毁灭了意志，而后者只是违背了意志。因此，只有相对胁迫构成合同签订过程中严格意义上的瑕疵。[③] 在身体受到直接强制而陷入无法反抗境地的情形，表意人实际上已经成为相对人意志表达的工具。（2）如果胁迫人直接伤害表意人（如殴打或者拘禁等），并扬言对其继续施加伤害或者施加更大的伤害，则表意人陷入恐惧，被迫作出意思表示。于此情形，虽然表意人受到直接的身体强制，但是所受恐惧是胁迫人意欲施加的更大伤害。正如有学者所言，“仅利用已开始之祸害，不足以构成胁迫，然告以依自己行为或不行为，使其祸害继续而使其恐怖延展者，则为胁迫”[④]。由此可见，直接的身体强制并非一定构成胁迫，胁迫的实质是恐吓即精神胁迫。

（二）当事人胁迫及其构成要件

当事人胁迫，是指当事人一方以胁迫的方式加害于另一方，使后者在违背真实意思的情况下实施民事法律行为。当事人胁迫的构成要件如下：

（1）当事人一方实施胁迫行为。当事人一方实施的胁迫行为应当限于精神胁迫，即以加害威胁被胁迫人。加害的对象，不限于被胁迫人自身，还包括其亲友等；受害之客体包括自然人的生命健康、荣誉、名誉、财产等，或者法人的荣誉、名誉、财产等。通说认为，不问危害是否重大，只要达到使受胁迫人产生恐

---

① 龙卫球. 民法总论. 北京：中国法制出版社，2001：504.

② 佟柔. 中国民法学·民法总则. 北京：中国人民公安大学出版社，1990：239. 王利明. 合同法研究：第1卷. 2版. 北京：中国人民大学出版社，2011：650-651. 马俊驹，余延满. 民法原论. 4版. 北京：法律出版社，2010：196. 李开国. 民法总论. 武汉：华中科技大学出版社，2013：192-193.

③ 谭和平. 意思表示瑕疵理论与立法比较研究. 北京：中国政法大学出版社，2013：159.

④ 史尚宽. 民法总论. 北京：中国政法大学出版社，2000：434.

惧的程度就够了。①

（2）故意。对于故意是否为胁迫的构成要件，我国学者认识不一。多数学者接受日本民法、我国台湾地区“民法”的双重故意说，认为胁迫人须有胁迫的故意，即胁迫人有通过胁迫行为而使表意人产生恐惧并因此而为一定意思表示的故意。② 但是有学者认为，我国法应当借鉴德国学者拉伦茨教授的观点，将受胁迫合同理解为一种侵害意思形成自由的合同，不把故意当作胁迫的构成要素。③ 笔者认为，胁迫为严重侵害他人意思形成自由的行为，胁迫人希望通过胁迫行为使受胁迫人作出的意思表示与胁迫人的意愿一致，应以故意为要件。拉伦茨教授的观点即使在德国亦属于少数说。

（3）胁迫具有非法性。胁迫行为必须是非法的，对此应当借鉴德国、日本等国的民法的做法，通过胁迫的手段、胁迫的目的以及手段与目的之间的关联性予以判断，具体而言：一是用以胁迫的手段。如果用以胁迫的手段是为法律所禁止的，那么行为自然是非法的。至于胁迫行为所追求的目的，可在所不问。二是所追求的目的。如果胁迫所追求的目的是法律禁止的，那么胁迫行为也属非法无疑。三是手段与目的之间的关系。只有行为的目的和手段都具有正当性，行为才没有违法性，因而不构成胁迫。反之，若是两者的结合，即目的—手段关系，依据诚实信用原则被视为不合理，并因此显得违法，则认定行为具有违法性。④ 相反，若是合法地行使权利（如提起民事诉讼）以促使对方履行合同或赔偿适当的损失，则不构成胁迫。

（4）因果关系。须受胁迫人因胁迫行为违背自己的真实意思而作出意思表示，即胁迫行为与意思表示的作出具有因果关系。对于胁迫行为是否足以使受胁迫人为违心的意思表示的判断，学说上存在较大分歧，归纳而言：1）主观说。主观说认为，因胁迫行为是针对特定的当事人实施的，所以确定胁迫行为是否构成，应当以特定的受害人而不是一般人在当时的情况下是否感到恐惧为标准来加以判断。即使一般人不感到恐惧，而受害人感到恐惧的，亦可构成胁迫。⑤ 类似

---

① 王家福．中国民法学·民法债权．北京：法律出版社，1991：347．王利明．合同法研究：第1卷．2版．北京：中国人民大学出版社，2011：653．

② 梁慧星．民法总论．4版．北京：法律出版社，2011：181．王利明．合同法研究：第1卷．2版．北京：中国人民大学出版社，2011：651－652．胡康生．中华人民共和国合同法释义．2版．北京：法律出版社，2009：91．

③ 朱广新．合同法总则．2版．北京：中国人民大学出版社，2012：258．

④ 汉斯-约哈希姆·慕斯拉克，沃夫冈·豪．德国民法概论．刘志阳，译．北京：中国人民大学出版社，2016：120－121．

⑤ 王利明．合同法研究：第1卷．2版．北京：中国人民大学出版社，2011：653．

观点认为，只需要受胁迫人在主观上产生恐惧并基于恐惧而为意思表示就够了，不必探究通情达理第三人若在此场合会是如何[①]，因为胁迫制度的规范依据在于保护表意人的意思形成自由。如有学者所言："纵系并非正经表示的胁迫，如表意人可以将之视为不是闹着玩的，仍可以撤销其意思表示。"[②] 因此，应采主观说。[③] 2）客观标准为原则，主观标准为补充。该说认为，如果胁迫人的威胁足以使一个正常人产生恐惧而作出有违自己意志的表示，即应认为胁迫已达到法定程度；但是，如果采用客观标准会导致严重的不公正时，应结合个别主体予以认定。[④]

笔者认为，应当以客观标准结合主观标准来判断因果关系：（1）如果胁迫行为依一般社会观念足以使受胁迫人产生恐惧并作出意思表示，则采取客观标准即理性人的标准，相对人只需证明威胁或者强迫行为的存在即可表明因果关系的存在；（2）如果胁迫行为依客观标准不足以使理性的第三人产生恐惧并作出意思表示，但受胁迫者人主张有因果关系，则可采主观标准，即依据相对人之身体上、精神上的状况等予以判断，但相对人应当承担举证责任。

（三）第三人胁迫

第三人实施胁迫使表意人违背自己的意志作出意思表示时，表意人均有权撤销。例如，某人基于与一方当事人的利益关系或其他关系，胁迫另一方当事人必须订立合同。在有相对人的意思表示中，实施胁迫的人，有可能是表意人与相对人（意思表示受领人）以外的第三人。第三人不包括相对人的法定代表人、负责人、代理人、缔约辅助人，以及依据公平性观点并考虑到利益状况，其行为应该归责于意思表示受领人之人。这与第三人实施欺诈中"第三人"的范围相同。

从《民法典》的立法来看，对于第三人欺诈与第三人胁迫，其采取的是区分模式，即前者以相对人知道或者应当知道作为表意人行使撤销权的条件，而后者无条件地属于可撤销原因。由此可见，在立法政策上，对于第三人胁迫，我国法律更注重保护表意人的利益。

（本条由冉克平撰写）

---

① 韩世远．合同法总论．3版．北京：法律出版社，2011：193．李玫．论合同法中胁迫的构成要件．暨南学报（哲学社会科学版），2010（5）．

② 黄立．民法总则．北京：中国政法大学出版社，2002：318．

③ 朱广新．合同法总则．2版．北京：中国人民大学出版社，2012：256．

④ 李永军．合同法．北京：法律出版社，2007：530．尹田．民法典总则之理论与立法研究．北京：法律出版社，2010：564．

第一百五十一条

一方利用对方处于危困状态、缺乏判断能力等情形，致使民事法律行为成立时显失公平的，受损害方有权请求人民法院或者仲裁机构予以撤销。

本条主旨

本条对显失公平作出了规定。

相关条文

《民法总则》第 151 条规定：“一方利用对方处于危困状态、缺乏判断能力等情形，致使民事法律行为成立时显失公平的，受损害方有权请求人民法院或者仲裁机构予以撤销。”

《民法通则》第 59 条规定：“下列民事行为，一方有权请求人民法院或者仲裁机关予以变更或者撤销：（一）行为人对行为内容有重大误解的；（二）显失公平的。”“被撤销的民事行为从行为开始起无效。”

《合同法》第 54 条规定：“下列合同，当事人一方有权请求人民法院或者仲裁机构变更或者撤销：（一）因重大误解订立的；（二）在订立合同时显失公平的。”“一方以欺诈、胁迫的手段或者乘人之危，使对方在违背真实意思的情况下订立的合同，受损害方有权请求人民法院或者仲裁机构变更或者撤销。”“当事人请求变更的，人民法院或者仲裁机构不得撤销。”

理解与适用

本条规定的是显失公平的民事法律行为及其法律效果。

（一）显失公平的民事法律行为的含义

显失公平的民事法律行为是指一方在实施民事法律行为时，故意利用对方处于危困状态、缺乏判断能力，导致民事法律行为成立时当事人之间利益不平衡的民事法律行为。民事法律行为显失公平的，属于可撤销的民事法律行为，受损害方有权请求人民法院或者仲裁机构予以撤销。显失公平与德国法上的暴利行为极为相似，《德国民法典》第 138 条第 2 款仅仅以“暴利行为”的形式部分继受了“非常损失规则”。该条规定：某人利用他人处于急迫情势、无经验、欠缺判断力或意志显著薄弱，以法律行为使该他人就某项给付向自己或第三人约定或给予与该项给付明显地不相当的财产利益的，该法律行为尤其无效。暴利行为属于违反善良风俗的法律行为的特殊情况。[1]

---

[1] Brox/Walker，Allgemeiner Teil des BGB，34. Aufl.，2010，Rn. 344.

（二）显失公平的构成要件

在构成要件上，显失公平应兼具主、客观两个方面，具体而言：

（1）主观要件，是指一方当事人利用对方的危困状态、缺乏判断能力。一是利用对方的危困状态。危困状态是指因暂时的危险、急迫窘境而对物或金钱给付存在迫切需求。二是利用对方缺乏判断能力。缺乏判断能力是指行为人明显缺乏理智考虑而实施民事法律行为或正确评判双方对待给付与民事法律行为经济后果之能力。缺乏判断能力可能是由明显的意志薄弱引起的，也可能是由生活或交易经验缺乏引起的。① 在主观要件方面，若交易发生在商事主体之间，由于商事主体应当具有必要的知识和技能，因此对主观要件的认定相比消费者应当趋于严格。

（2）客观要件，是指给付明显不相称。对此，应以市场通行的情况来衡量，不相称必须达到这样一个程度，即以市场活动的本质无法对之作出解释的程度，更确切地说是该程度使人可以通过反推得出，遭受不利的那一方当事人的自由意志的形成受到了限制。② 给付的不相称以订立合同时为基准，至于合同订立之后交易价格上涨属于商业风险，这一点已为我国审判实践所承认。③

从比较法上显失公平的发展趋势来看，行为人的主观要件较充分，可以不要求当事人之间的给付显著不当；当事人之间的给付显著不当，则可以推定主观要件的存在。这可为我国相关立法与司法所借鉴。

（本条由冉克平撰写）

第一百五十二条

有下列情形之一的，撤销权消灭：

（一）当事人自知道或者应当知道撤销事由之日起一年内、重大误解的当事人自知道或者应当知道撤销事由之日起九十日内没有行使撤销权；

（二）当事人受胁迫，自胁迫行为终止之日起一年内没有行使撤销权；

（三）当事人知道撤销事由后明确表示或者以自己的行为表明放弃撤销权。

当事人自民事法律行为发生之日起五年内没有行使撤销权的，撤销权消灭。

---

① Brox/Walker，Allgemeiner Teil des BGB，34. Aufl.，2010，Rn. 344f.

② 迪特尔·施瓦布. 民法导论. 郑冲，译. 北京：法律出版社，2006：480.

③ 最高人民法院公报，2006（5）.

本条主旨

本条对撤销权的消灭作出了规定。

相关条文

《民法总则》第152条规定："有下列情形之一的，撤销权消灭：（一）当事人自知道或者应当知道撤销事由之日起一年内、重大误解的当事人自知道或者应当知道撤销事由之日起三个月内没有行使撤销权；（二）当事人受胁迫，自胁迫行为终止之日起一年内没有行使撤销权；（三）当事人知道撤销事由后明确表示或者以自己的行为表明放弃撤销权。""当事人自民事法律行为发生之日起五年内没有行使撤销权的，撤销权消灭。"

《合同法》第55条规定："有下列情形之一的，撤销权消灭：（一）具有撤销权的当事人自知道或者应当知道撤销事由之日起一年内没有行使撤销权；（二）具有撤销权的当事人知道撤销事由后明确表示或者以自己的行为放弃撤销权。"

《合同法解释（一）》第8条规定："合同法第五十五条规定的'一年'、第七十五条和第一百零四条第二款规定的'五年'为不变期间，不适用诉讼时效中止、中断或者延长的规定。"

理解与适用

本条规定的是撤销权的消灭，包括撤销权的除斥期间及其起算点、撤销权的抛弃以及撤销权的绝对消灭。撤销权的主体为因意思表示不真实而受损害的一方当事人，因此，对本条的当事人应当作限缩解释。从尊重权利人的意愿、平衡保护双方当事人的利益，以及维护交易的安全的需要出发，撤销权并非一种无条件、无时间限制的权利。

（一）撤销权行使的方法

撤销权人向对方作出撤销的意思表示的，若对方未表示异议，则可以直接产生撤销民事法律行为的后果；如果双方对撤销问题发生争议，则必须提起诉讼或申请仲裁，要求人民法院或仲裁机构予以裁决。撤销应以意思表示为之，但该意思表示亦得以诉讼方式为之。撤销权行使的效力不因诉讼关系如何而受影响，如撤销权人向法院起诉请求撤销，当起诉状副本送达至被告时，即生撤销的效力。即使日后法院判决予以撤销，应认为该合同的撤销非判决之效力，该判决只不过是确认撤销权人之撤销有效而已。撤销的意思表示，既可采用书面形式也可采用口头形式，既可采用明示的方式也可采用默示的方式（如要求对方返还已履行的给付或提起返还之诉)。但是，关于婚姻撤销权的行使，各国或地区立法均以诉讼方式为必要。撤销的意思表示应向合同的另一方当事人为之，然而在另一方当事人（相对人）为无民事行为能力人或限制民事行为能力人时，应向其法定代理人为之；当相对人具有民事行为能力时，亦可向其代理人为之，当然，应以其代理人有受领其撤销意思表示的代理权限为限。在第三人的欺诈、胁迫行为构成可撤销的原因时，撤销权行使的相对人非欺诈人或胁迫人而仍为合同的相对人。

（二）除斥期间的经过与起算点

撤销权为形成权，可因除斥期间经过而消灭。撤销权经除斥期间消灭的要件为：(1) 具有撤销权的当事人知道或者应当知道撤销事由。至于其是否知道其享有撤销权，在所不问。所谓“知道或者应当知道”，是指具有撤销权的一方当事人事实上已知道或者根据一般情况应当知道。例如，在欺诈的情形下，是指受欺诈方知道或者应当知道被欺诈的事实。(2) 享有撤销权的当事人在一年内没有行使撤销权。该一年为除斥期间，不存在中止、中断或延长的问题。其起算点是其知道或者应当知道撤销事由之日。如果撤销权人未在一年除斥期间内行使撤销权，则撤销权消灭，可撤销的民事法律行为便转化为完全有效的民事法律行为。

但是，因重大误解导致可撤销的民事法律行为的除斥期间为 90 日，自误解人知道或者应当知道撤销事由之日起开始计算。因胁迫导致可撤销的民事法律行为的起算点为胁迫行为终止之日，期间仍然为一年。这是因为，受胁迫人在遭受胁迫之时处于不能自由行使撤销权的状态。

（三）撤销权的抛弃

撤销权是当事人享有的民事权利，可因权利人抛弃而消灭。撤销权的抛弃分为两种：(1) 明示的抛弃。明示的抛弃是指撤销权人以意思表示的方式表明抛弃撤销权。(2) 默示的抛弃。默示的抛弃是指以行为推定的方式抛弃。如撤销权人在知道撤销事由之后，仍有全部或一部的履行，履行的请求、更改，担保的提供、将因可撤销合同所取得的权利全部或一部为转让、强制执行等。[①] 但是，沉默不能作为抛弃撤销权的方式。抛弃撤销权的意思表示既可由本人为之，也可由其代理人为之；抛弃撤销权的意思表示，除非经相对人同意，不得附条件，以免使相对人处于不安定的地位。

（四）撤销权的绝对消灭

自可撤销的民事法律行为发生之日起 5 年内没有行使撤销权的，撤销权即归

① 例如《日本民法典》第 125 条规定：自依前条规定可进行追认时起，以后就可撤销行为有下列事实之一时，视为追认。但保留异议，不在此限：(1) 全部或一部履行；(2) 履行请求；(3) 更改；(4) 担保提供；(5) 因可撤销行为而取得的权利的全部或者部分让与；(6) 强制执行。

于消灭。

（五）可撤销婚姻的特殊规定

《民法典》第1052条规定：因胁迫结婚的，受胁迫的一方可以向人民法院请求撤销婚姻。请求撤销婚姻的，应当自胁迫行为终止之日起一年内提出。被非法限制人身自由的当事人请求撤销婚姻的，应当自恢复人身自由之日起一年内提出。

（六）民事法律行为撤销后诉讼时效的计算

《诉讼时效规定》第7条第2款规定：合同被撤销，返还财产、赔偿损失请求权的诉讼时效期间从合同被撤销之日起计算。民事法律行为的撤销在我国只能通过诉讼或者仲裁的方式。自撤销之日起，权利人也已经明确知道其享有该权利，因此，诉讼时效应当自民事法律行为被撤销之日起算。

（本条由冉克平撰写）

第一百五十三条

违反法律、行政法规的强制性规定的民事法律行为无效。但是，该强制性规定不导致该民事法律行为无效的除外。

违背公序良俗的民事法律行为无效。

本条主旨

本条对违反强制性规定和违背公序良俗的民事法律行为作出了规定。

相关条文

《民法总则》第153条规定："违反法律、行政法规的强制性规定的民事法律行为无效，但是该强制性规定不导致该民事法律行为无效的除外。""违背公序良俗的民事法律行为无效。"

《民法通则》第58条第1款规定："下列民事行为无效：（一）无民事行为能力人实施的；（二）限制民事行为能力人依法不能独立实施的；（三）一方以欺诈、胁迫的手段或者乘人之危，使对方在违背真实意思的情况下所为的；（四）恶意串通，损害国家、集体或者第三人利益的；（五）违反法律或者社会公共利益的；（六）以合法形式掩盖非法目的的。"

《合同法》第52条规定："有下列情形之一的，合同无效：（一）一方以欺诈、胁迫的手段订立合同，损害国家利益；（二）恶意串通，损害国家、集体或者第三人利益；（三）以合法形式掩盖非法目的；（四）损害社会公共利益；（五）违反法律、行政法规的强制性规定。”

《合同法解释（二）》第 14 条规定：“合同法第五十二条第（五）项规定的‘强制性规定’，是指效力性强制性规定。”

理解与适用

本条规定的是违反强制性规定或者违背公序良俗的民事法律行为无效。

无效民事法律行为，是指虽已成立，因欠缺法定的有效要件，在法律上确定地当然自始不发生法律效力的民事法律行为。例如，无效合同、无效遗嘱以及无效婚姻等都属于无效的民事法律行为。导致民事法律行为无效的原因主要表现为两个方面：一是违反法律、行政法规的效力性强制性规定，二是违背公序良俗。法律之所以规定违法和违反公序良俗的民事法律行为无效，是因为其危害性大。对这种恶的克服，不仅仅需要来自国家的高压管制，也需要来自社会的柔性压力，从而使民法对私法自治建立了一个完整的调控体系。①

（一）违反法律、行政法规的效力性强制性规定的民事法律行为无效

民事法律行为不得违反法律、行政法规的强制性规定，否则该民事法律行为不能发生行为人所预期的法律效果。但是，该强制性规定不导致该民事法律行为无效的除外。

强制性规定类型很多，根据司法解释和学理的通说观点，依据强制性规定是否对私法上之行为的法律效力有影响，强制性规定可以区分为管理性规定和效力性规定。如果法律行为所违反的强制性规定是管理性规定，则不会导致法律行为无效。

效力性规定是指对于违反强制性规定的私法上的行为，在效力后果上以私法上的方式予以一定制裁的强制性规定，行为人所预期的私法上的法律效果因此会受到一定的消极影响，或者无效，或者效力待定等。管理性规定是指对于违法行为，行为人所预期的私法上的效果不会受到私法上的制裁的强制性规定。违反管理性规范不会导致民事法律行为无效，但并不排除行为人可能受刑事上或者行政上的制裁后果。② 这就要求区分效力性强制性规定和管理性强制性规定及其法律后果，通过减少法律、行政法规对法律行为效力的限制，扩大民事主体意思自治的范围。

---

① 谢鸿飞．论法律行为生效的“适法规范”．中国社会科学，2008（1）．

② 耿林．强制规范与合同效力．北京：中国民主法制出版社，2009：85-86．

关于管理性强制性规定和效力性强制性规定的区分，《最高人民法院关于当前形势下审理民商事合同纠纷案件若干问题的指导意见》第16条规定：人民法院应当综合法律法规的意旨，权衡相互冲突的权益，诸如权益的种类、交易安全以及其所规制的对象等，综合认定强制性规定的类型。如果强制性规范规制的是合同行为本身即只要该合同行为发生即绝对地损害国家利益或者社会公共利益的，人民法院应当认定合同无效。如果强制性规定规制的是当事人的“市场准入”资格而非某种类型的合同行为，或者规制的是某种合同的履行行为而非某类合同行为，人民法院对于此类合同效力的认定，应当慎重把握，必要时应当征求相关立法部门的意见或者请示上级人民法院。据此，关于效力性强制性规定和管理性强制性规定的区分可以从如下几个方面予以判断：第一，规范意旨。应当考察强制性规定的性质和目的，如果违反了强制性规定的合同继续有效将损害国家利益和社会公共利益，则应当认为该规定为效力性强制性规定。第二，权衡权益，即权衡强制性规定所要保护的利益和合同本身所确定的利益，考虑基本权利保护、交易安全、市场准入资格和合同行为等问题。第三，进行目的解释和体系解释。例如，《证券法》第63条规定：通过证券交易所的证券交易，投资者持有或者通过协议、其他安排与他人共同持有一个上市公司已发行的有表决权股份达到5%时，应当在该事实发生之日起3日内，向国务院证券监督管理机构、证券交易所作出书面报告，通知该上市公司，并予公告，在上述期限内不得再行买卖该上市公司的股票。如果违反该信息披露义务进行买卖，合同是否无效？笔者认为，该规定应属于管理性规定，原因在于：合同无效并不一定能够实现防止操纵市场和内幕交易的目的；且《证券法》第197条并未规定违反第63条的行为无效；而第117条规定了，按照依法制定的交易规则进行的交易，不得改变其交易结果。依据体系解释，此等交易通过无效而改变；证券市场交易涉及面较广，涉及主体较多，合同无效可能会对许多交易当事人的交易行为的效力产生影响，不利于维护证券市场交易秩序。①

（二）违背公序良俗的民事法律行为无效

公序良俗是公共秩序与善良风俗的简称，是指社会公共利益或道德观念，为民法的基本原则之一。通过公序良俗原则，民事法律行为制度得以与公共秩序与道德制度发生联系。因为立法时不可能预见一切损害社会公益和道德秩序的行为而作出详尽的禁止性规定，因此公序良俗原则可以弥补禁止性规定的不足。②

---

① 王利明. 合同法研究：第1卷. 3版. 北京：中国人民大学出版社，2015：634.

② 梁慧星. 民法总论. 4版. 北京：法律出版社，2011：51.

行为人实施的民事法律行为不得违反公序良俗，否则该民事法律行为无效。民事法律行为是否违反公序良俗，应就民事法律行为的内容、附随情况以及当事人的动机、目的和其他因素加以综合判断。行为人认识到民事法律行为违反公序良俗的相关情况即为已足，不以具有“违反公序良俗的意识”为必要。在判断时间上，由于公序良俗具有可变迁性，原则上应以法律行为作成之时为准据，但是遗嘱应以其生效时为判断时点。① 公序良俗原则仅具有消极地限制当事人的私法自治的功能，绝不意味着法律要去积极地强制要求某种道德行为的实施。善良风俗规范的目的在于不使法律行为成为违反伦理的工具。②

（本条由冉克平撰写）

第一百五十四条

行为人与相对人恶意串通，损害他人合法权益的民事法律行为无效。

本条主旨

本条对恶意串通作出了规定。

相关条文

《民法总则》第 154 条规定：“行为人与相对人恶意串通，损害他人合法权益的民事法律行为无效。”

《民法通则》第 58 条第 1 款规定：“下列民事行为无效：（一）无民事行为能力人实施的；（二）限制民事行为能力人依法不能独立实施的；（三）一方以欺诈、胁迫的手段或者乘人之危，使对方在违背真实意思的情况下所为的；（四）恶意串通，损害国家、集体或者第三人利益的；（五）违反法律或者社会公共利益的；（六）以合法形式掩盖非法目的的。”

《合同法》第 52 条规定：“有下列情形之一的，合同无效：（一）一方以欺诈、胁迫的手段订立合同，损害国家利益；（二）恶意串通，损害国家、集体或者第三人利益……”

① 王泽鉴．民法总则．北京：北京大学出版社，2009：232－233.

② 卡尔·拉伦茨．德国民法通论：下册．王晓晔，等译．北京：中国人民大学出版社，2003：603.

理解与适用

本条规定的是恶意串通的民事法律行为的效力。

（一）恶意串通的含义

从文义与结构上看，本条规定的“恶意串通”包括两个要素：一是当事人之间有故意的意思联络即串通，二是行为人对国家、集体或者第三人利益有欺诈性损害。所谓“恶意”，是指明知某民事法律行为会损害他人合法权益仍故意为之；所谓串通，是指当事人就恶意损害他人合法权益存在意思联络。① 从法律效果上看，恶意串通的民事法律行为无效。由此可见，行为人与相对人恶意串通实施民事法律行为，在法律效果上比重大误解、欺诈、胁迫、显失公平等更为严厉。

（二）恶意串通与通谋虚伪表示之比较

恶意串通与通谋虚伪表示有诸多相似之点：（1）恶意串通与通谋虚伪表示均为民事法律行为，而非事实行为，因唯有民事法律行为，才有有效与无效之分；事实行为则为合法与不法之别。（2）恶意串通与通谋虚伪表示的参与者均为两人以上，且相互之间具有意思联络并达成合意；（3）恶意串通和通谋虚伪表示通常指向的均为第三人，即通常有损害第三人利益的动机。②

然而，恶意串通与通谋虚伪表示之间并不相同：（1）从表现形式来看，恶意串通既包括双方通谋，使表示与真意不一致即构成虚伪表示的情形，还包括双方通谋而表示与真意一致的这种情况③，如企业的采购人员为了获取回扣，与出卖人约定，高价购买低质量的商品。而通谋虚伪表示仅限于表示与真意不一致。（2）恶意串通以损害他人的合法权益为必要，而通谋虚伪表示并不以损害第三人的利益为必要。（3）恶意串通的无效并未涉及对第三人的效力，《民法典》并未作出相应规定，而通谋虚伪表示的无效不得对抗善意第三人。

（三）恶意串通的类型

从我国司法实务来看，法院对恶意串通的适用呈现多样化的局面。根据对最高人民法院及各地人民法院的相关典型案例的梳理，大体可以归结出以下五种类型的恶意串通。

第一，双方当事人恶意串通以逃避债务。此又可以分为：（1）恶意转让财产以逃避债务。债务人的财产作为责任财产，构成债权人之债权的总担保。债务人

---

①③　王家福．中国民法学·民法债权．北京：法律出版社，1991：344．

②　朱建农．论民法上恶意串通行为之效力．当代法学，2007（6）．

与第三人之间低价或者无偿转让财产，如果是为了逃避债务的履行，就会因损害债权人的利益而被判定为无效。① (2) 恶意设立抵押权以逃避债务。债务人在清偿债务之前，于其财产之上为第三人设立担保，必然会导致此前债务的责任财产的减少。若是债务人与第三人具有逃避债务的共同意图，则该担保合同就会被认定为无效。②

第二，双方当事人恶意串通，欺诈第三人。典型情形可以分为：(1) 借款人与贷款人恶意串通，骗取他人担保。借款人与贷款人之间佯装订立贷款合同，共同欺诈第三人，使第三人为该虚假贷款合同提供担保。③ (2) 数个投标者恶意串通竞标。这样的行为必然会损害其他竞买人以及招标人的利益。④ (3) 拍卖人与买受人恶意串通竞标。2014 年 12 月 18 日发布的最高人民法院第八批指导案例 35 号“广东龙正投资发展有限公司与广东景茂拍卖行有限公司委托拍卖执行复议案”中，法院认为，拍卖人与买受人恶意串通竞标的拍卖行为无效。⑤ 此外，

① 如在“福建金石制油有限公司、中纺粮油（福建）有限公司等买卖合同纠纷案”中，法院认为：在受让人田源公司明知债务人福建金石公司欠债权人嘉吉公司巨额债务的情况下，其以不合理的低价购买福建金石公司的主要资产，足以证明田源公司与福建金石公司在签订国有土地使用权及资产买卖合同时具有主观恶意，属恶意串通，该合同的履行足以损害债权人嘉吉公司的利益。[最高人民法院（2012）民四终字第 1 号民事判决书.] 此外，还有债务人与第三人转让股权损害债权人利益的案例，如“徐州华源投资有限公司与灵石县泉洲兔业发展有限责任公司、灵石县昌泰源矿产品开发有限公司一般股权转让侵权纠纷案”[最高人民法院（2014）民提字第 22 号民事判决书]。

② 如在“中国光大银行与内蒙古包头华达合资卧具装饰厂、中国农业银行包头市青山区支行等侵权纠纷案”中，法院认为：华达装饰厂与农行青山支行的抵押行为系事后抵押，债务人与其中一个债权人恶意串通，将其全部或者部分财产抵押给该债权人……这种事后抵押应认定为无效……[最高人民法院（2008）民二终字第 135 号民事判决书.] 另参见最高人民法院（2014）民二终字第 70 号民事判决书。

③ 例如在“石家庄市商业银行金桥支行与中国出口商品基地建设河北公司等借款担保合同纠纷案”中，法院认为：本案 800 万元借款合同约定的借款用途是“购进钢材”，货代公司为此提供了保证。在货代公司不知情的情况下，基地公司改变了贷款用途，将 800 万元贷款归还了京华公司，金桥支行用特种转账传票从京华公司账户内将款项划出用于还贷……金桥支行与基地公司双方以新贷偿还旧贷的目的是明显的。由此，本案 800 万元的保证合同是在违背担保人货代公司的真实意思表示情况下签订的，已构成借贷双方串通，骗取担保……应免除货代公司对 800 万元借款合同的保证责任。最高人民法院（2001）民二终字第 116 号民事判决书.

④ 如在“南通市泰华置业发展有限公司诉海安县国土资源局建设用地使用权出让合同纠纷案”中，法院认为：泰华公司未遵守竞买须知的规定，与润洋公司恶意串通，显然违反公开、公平、公正的竞争规则，直接妨碍其他竞买人在信息对等的情况下参加竞价，损害了土地出让市场的正常秩序。因此，海安国土局依据竞买须知的规定，有权解除其与泰华公司所签的出让合同。泰华公司的中买资格无效。江苏省高级人民法院（2003）苏民终字第 213 号民事判决书.

⑤ 该案的“裁判要点”认为：拍卖行与买受人有关联关系，拍卖行为存在以下情形，损害与标的物相关权利人合法权益的，人民法院可以视为拍卖行与买受人恶意串通，依法裁定该拍卖无效：一是拍卖过程中没有其他无关联关系的竞买人参与竞买，或者虽有其他竞买人参与竞买，但未进行充分竞价的；二是拍卖标的物的评估价明显低于实际价格，仍以该评估价成交的。

还有恶意串通以骗取受让人财产的案例。[①]

第三，代理人与第三人恶意串通，损害被代理人的利益。代理人在行使代理权时，在代理职责范围内应尽必要的谨慎和勤勉义务。相反，若是代理人与第三人恶意串通，损害被代理人的利益，则该代理行为会被认定为无效。[②]

第四，股权或者商标权的双重转让。我国司法实践认为，股权的转让人双重转让，致使先订立合同的受让人的利益受到损害的，若是有证据表明转让人与此后的受让人之间具有损害先受让人之利益的共同故意，则后一个转让合同会被认定为无效。[③] 商标权的双重转让也有相似判决[④]。但是，对于动产与不动产的双重甚至多重转让，现行法不仅不认为其属于恶意串通，损害第三人的行为，而且还对多重买卖合同的效力与标的物所有权的获取规则予以了详尽的规定［最高人民法院关于审理买卖合同纠纷案件适用法律问题的解释（法释〔2012〕8 号）第 9、10 条］。

第五，双方当事人恶意串通，规避法律。当事人在订立合同时具有规避法律的共同意图的，则该合同因恶意规避法律而无效。[⑤]

---

① 如"沈某念、张某与杨某学、杨某全、杨某飞煤矿承包合同纠纷案"，最高人民法院（2012）民申字第 315 号民事裁定书。

② 如在"何某英与邓某燕房屋买卖合同纠纷案"中，法院认为：作为买方的杨某丙与代理人邓某燕存有母女的身份关系，有理由相信其明知邓某燕滥用代理权的行为……显然具有恶意串通损害卖方何某英利益的恶意……该合同对何某英不产生法律效力。广东省广州市中级人民法院（2014）穗中法民五终字第 4779 号民事判决书.

③ 如在"四川京龙建设集团有限公司与简阳三岔湖旅游快速通道投资有限公司等股权确认纠纷案"中，法院认为：因鼎泰公司和合众公司在知道三岔湖公司、刘某良与京龙公司的股权转让合同尚未解除的情况下，分别就星展公司和锦荣公司、锦云公司和思珩公司与三岔湖公司、刘某良达成股权转让协议，且受让价格均显著低于京龙公司的受让价格，并将受让公司过户到鼎泰公司、合众公司名下，而三岔湖公司、刘某良在未解除与京龙公司之间的合同的情形下将目标公司股权低价转让给关联公司，损害了京龙公司根据"股权转让协议"及其"补充协议"可以获取的利益，因……恶意串通属于无效合同。最高人民法院（2013）民二终字第 29 号民事判决书.

④ 如在"百安奇售货设备集团公司与常州费斯托自动售货设备有限公司等商标转让合同纠纷案"中，法院认为：费斯托公司、徐某伟与周某之间转让涉案商标的行为属于恶意串通行为，该行为事实上成为费斯托公司不履行其与百安奇公司的商标转让合同的借口或障碍，明显损害了百安奇公司依据合同所享有的合法利益。综合本案的事实，应该认定费斯托公司与周某之间的"百安奇"商标转让合同属于《合同法》第 52 条第 2 项规定的恶意串通、损害第三人利益的无效合同。原审法院认定费斯托公司与周某之间的商标转让合同有效，适用法律错误，本院予以纠正。最高人民法院（2013）民提字第 103 号民事裁定书.

⑤ 如在"中交第四公路工程局有限公司与辽宁交通建设集团有限公司建设工程施工合同纠纷案"中，法院认为：中交四局和辽建集团签订的合作投标协议的意思表示是以辽建集团名义参加投标……双方签订合作招标协议，就是为了规避建设单位的要求，是一种恶意串通行为，侵害了建设单位的合法权益，据此也应当确认中交四局和辽建集团签订的合作投标协议无效。辽宁省高级人民法院（2009）辽民一终字第 70 号民事判决书.

(四) 恶意串通中他人的合法权益

从法律关系上讲，“损害他人合法权益”实质上是指损害合同当事人双方之外第三人的利益。他人的合法权益，在解释上可以包括国家利益、集体利益与个人利益。但是，从我国司法实践来看，双方当事人恶意串通损害国家、集体利益的案件极为少见，多是恶意串通损害特定个人利益的案件。行为人与相对人恶意串通，损害第三人的合法权益的，第三人可以提起民事法律行为无效之诉。

（本条由冉克平撰写）

第一百五十五条

无效的或者被撤销的民事法律行为自始没有法律约束力。

本条主旨

本条对无效或者被撤销的民事法律行为的拘束力作出了规定。

相关条文

《民法通则》第58条第2款规定：“无效的民事行为，从行为开始起就没有法律约束力。”

《民法通则》第59条第2款规定：“被撤销的民事行为从行为开始起无效。”

《民法总则》第155条规定：“无效的或者被撤销的民事法律行为自始没有法律约束力。”

《合同法》第56条规定：“无效的合同或者被撤销的合同自始没有法律约束力。合同部分无效，不影响其他部分效力的，其他部分仍然有效。”

理解与适用

本条规定的是无效的或者被撤销的民事法律行为自始无效。

(一) 无效的民事法律行为与被撤销的民事法律行为

无效民事法律行为与可撤销民事法律行为均是已成立的民事法律行为，都欠缺民事法律行为的有效要件。可撤销民事法律行为被撤销之后，与无效民事法律行为一样，都应自始无效。两者的区别主要有：(1) 条件不同。对于无效民事法律行为而言，只要存在无效的事由，无论当事人是否主张无效，该民事法律行为当然无效、绝对无效。而可撤销民事法律行为效力的消灭，以撤销行为为条件。在撤销之前，可撤销民事法律行为一直有效。(2) 引起的原因不同。无效民事法律行为无效主要是因为其违反了法律、行政法规的效力性强制性规定或者公序良俗原则；而可撤销民事法律行为无效主要是因为当事人意思表示不真实；(3) 有权主张的人不同。对于无效民事法律行为，双方当事人、与该民事法律行为有利害关系的人，都可主张其无效；而对于可撤销民事法律行为，只有依法享有撤销权的当事人才能主张其无效。(4) 法院或者仲裁机构能否依职权宣告不同。法院或仲裁机构处理案件时，对于无效民事法律行为，应依法主动宣告其无效；而对于可撤销民事法律行为，必须享有撤销权的人提出了申请，法院或仲裁机构才可以对其予以撤销。(5) 申请确认无效有无限制不同。对于无效民事法律行为，确认其无效的时间不受任何限制；对于可撤销民事法律行为，可因撤销权的消灭而不得再主张撤销。①

(二) 无效民事法律行为与被撤销的民事法律行为溯及既往的效力

民事法律行为无效或者被撤销之后，一方面意味着该民事法律行为丧失了对当事人的法律约束力，意思表示不能产生当事人预期的法律效果；另一方面，基于当事人的过错及违法性，当事人要承担相应的法律后果。

民事法律行为在履行前被确认为无效的，该民事法律行为不得再履行。民事法律行为无效的效果表现为当事人原有财产状态不因民事法律行为的订立而发生变化。如果民事法律行为在履行后被确认为无效，则其无效具有溯及力，即当事人订立民事法律行为前的财产状态应予恢复。这一民事法律行为无效后的财产返还原则被称为“民事法律行为无效的溯及力原则”。民事法律行为无效的溯及力表现为各方当事人均有权要求对方返还已为的给付。

(三) 无效民事法律行为与被撤销的民事法律行为溯及既往效力的限制

无效民事法律行为或被撤销的民事法律行为并非在任何情况下均可溯及至行为开始之时。在法国法上，一些情形下合同无效的溯及力受到了限制，例如，鉴于某些合同行为在无效前已经部分履行（如租赁、雇佣等）且无法相互返还（承租人无法向出租人返还对租赁物已进行的“使用”，雇佣人无法向受雇人返还已进行的“劳动”）等，当事人已为给付的返还只能被予以排除，保留合同无效前已经履行部分的事实状态更为合理。② 在德国法上，某些长期债务关系，其中主要是公司关系，还包括劳动关系，所依据的合同虽然存在瑕疵，但是仍然得到了

---

① 马俊驹，余延满. 民法原论. 4版. 北京：法律出版社，2010：207.

② 尹田. 法国现代合同法. 2版. 北京：法律出版社，2009：265-266.

履行。于此情形，无效民事法律行为溯及既往的无效性以及撤销之溯及既往的效力（《德国民法典》第142条第1款），在很大程度上被排除了。民事法律行为的无效性，仅应针对未来主张，特别是通过终止表示来主张。对于“有瑕疵的公司关系”，德国联邦最高法院认为：“民法之无效后果和撤销后果，因具有溯及至法律行为订立之时的效力，因此一般不适用于公司关系。……此项原则业已成为公司法的一个稳定的组成部分。在今天已经达到的法律状态下，不应当也无须再以法律安全性为由，将这些原则的适用取决于个案的具体内容，也无须再审查偏离民法规则的做法是否出于某种紧迫的需要。”① 日本学者认为：原则上民事法律行为无效是自始不发生法律效果，民事法律行为因撤销而无效导致追溯性的无效。但是这并非绝对的，如关于设立团体行为（社团的设立、合伙契约）、雇佣契约、劳动契约，因为有必要保护第三人的信赖与就业者之利益，这些行为无效或者被撤销的效果被解释为自无效之主张提出的或自撤销之时，向将来发生。②

对此，应当借鉴法国、德国及日本的立法、判例与学说，对无效民事法律行为与被撤销的民事法律行为的溯及力予以必要的限制。具体而言：（1）继续性合同不溯及自始归于消灭。继续性合同是指合同的内容，并非一次给付可以完结，而是继续地实现。其基本的特色是，时间因素在债的履行上居于重要的地位，总给付的内容取决于应为给付时间的长度。由于此类债权的主要效力在于履行状态的维持，因而有的学者称之为“状态债权”，典型的如合伙、劳动、雇佣等合同。继续性合同之无效或被撤销，如因当事人一方欠缺民事行为能力而合同不生效力，或因意思表示错误、受诈欺或胁迫而当事人均未为给付时，不生问题。倘已为给付（进入履行阶段），应限制无效或撤销的溯及效力，使自当事人主张不生效力或撤销之时起向将来发生效力，过去的法律关系不因此而受影响。③ 这可以为我国相关法律所借鉴。④（2）不得对抗善意第三人。意思表示瑕疵通常涉及的是当事人之间的私益，为保护交易的安全及善意第三人的合理信赖，民事法律行为因意思表示瑕疵而无效或者被撤销的，不得对抗善意第三人。这就是说，民事法律行为仅在当事人之间为无效，但当事人不得以行为之无效否定善意第三人的权利或者利益主张。易言之，对于善意第三人而言，其既可以主张该民事法律行

① 迪特尔·梅迪库斯. 德国民法总论. 邵建东，译. 北京：法律出版社，2000：196-197.

② 四宫和夫. 日本民法总则. 唐晖，钱孟姗，译. 台北：五南图书出版有限公司，1995：220.

③ 王泽鉴. 债法原理. 2版. 北京：北京大学出版社，2013：157.

④《劳动合同法》第28条规定：劳动合同被确认无效，劳动者已付出劳动的，用人单位应当向劳动者支付劳动报酬。劳动报酬的数额，参照本单位相同或者相近岗位劳动者的劳动报酬确定。在解释上，“参照”表明已付出劳动之报酬请求权属于不当得利返还请求权。如果采取无效劳动合同无溯及力说，则劳动报酬请求权直接依据劳动合同即可享有。

为有效，亦可主张该民事法律行为无效。(3) 婚姻无效或被撤销的溯及力不及于善意配偶与子女。婚姻关系作为身份关系具有特殊性，婚姻被宣告无效或被撤销后，对于善意的配偶一方仍发生有效婚姻的效力，其对子女的效力亦不受影响。[①]

（本条由冉克平撰写）

第一百五十六条

民事法律行为部分无效，不影响其他部分效力的，其他部分仍然有效。

本条主旨

本条对民事法律行为的部分无效作出了规定。

相关条文

《民法总则》第 156 条规定："民事法律行为部分无效，不影响其他部分效力的，其他部分仍然有效。"

《民法通则》第 60 条规定："民事行为部分无效，不影响其他部分的效力的，其他部分仍然有效。"

《合同法》第 56 条规定："无效的合同或者被撤销的合同自始没有法律约束力。合同部分无效，不影响其他部分效力的，其他部分仍然有效。"

《合同法》第 57 条规定："合同无效、被撤销或者终止的，不影响合同中独立存在的有关解决争议方法的条款的效力。"

理解与适用

本条规定的是民事法律行为部分无效的规则。

（一）立法目的与适用范围

民事法律行为部分无效的规则的立法目的乃维护私法自治，即不使当事人受欠缺无效部分之民事法律行为的拘束。此通常亦符合当事人之意思。[②] 本条适用

---

① 陈苇．外国婚姻家庭法比较研究．北京：群众出版社，2006：170．余延满．亲属法原论．北京：法律出版社，2007：212.

② 王泽鉴．民法总则．北京：北京大学出版社，2009：386.

范围包括无效的民事法律行为、被撤销的民事法律行为以及民事法律行为确定不发生效力的情形。

（二）适用的前提

（1）必须存在一个统一的民事法律行为。民事法律行为的部分无效以一个统一的民事法律行为为前提，判断该行为是否具有一体性，取决于行为的外部表现，即行为成立的一体性。[①] 尽管涉及多个民事法律行为但若它们彼此之间并非独立，也可以适用本条。起决定作用的是参与人的意思，可以从同时实施行为或者在统一的文件上签名推知民事法律行为的统一性。经济上的紧密联系也可以说明这一点[②]，例如，当事人将一项行为的生效规定为另一项行为的条件或者规定为另一项行为的交易基础。一个统一、完整的行为，并不要求组成这个行为整体的各个行为都属于一种合同类型。比如，出租实物可以同时和出售存货一起形成一个统一、完整的合同。[③]

（2）统一的民事法律行为必须是可分的。作为一个整体确认的民事法律行为在不改变它的总体特点的情况下可以分割成各个部分，除去其中的无效部分，这些被分割开的各个行为仍然是一个独立的民事法律行为，同时又是整个民事法律行为的组成部分，而且这些行为也不与当事人的愿望相违背。也就是说，无效的这一部分完全可以从民事法律行为中合理地剥离出去。换言之，在拿掉该无效部分后，遗留下来的“剩余部分”作为民事法律行为仍然是合适的。[④] 在合同一方有若干个人参与的情况下，也存在可分性，因为在这种情况下，每一个人都可以单独从事行为。在长期债务关系中，存在一种时间上的可分性。

（3）统一的民事法律行为中的一部分必须无效。无效的原因，例如缺乏民事行为能力，形式上存在瑕疵，违反法律、行政法规的效力性强制性规定以及公序良俗原则，在此处并不重要。

（三）推测当事人的意思及其标准

若民事法律行为的一部分无效，则民事法律行为其余部分有效还是无效取决于参与者的意愿，该意愿应通过解释查明。具体而言：

（1）解释的结果可能是，参与人考虑到了部分无效的可能性并为该情况确定了规则：余下部分应引起法律后果。易言之，当事人可以约定，如果民事法律行为的一部分无效，该民事法律行为的有效性仍然存在。因此，人们经常会在内容

---

① 迪特尔·梅迪库斯. 德国民法总论. 邵建东，译. 北京：法律出版社，2000：382.

② 布洛克斯，瓦尔克. 德国民法总论. 张艳，译. 北京：中国人民大学出版社，2012：225.

③ 卡尔·拉伦茨. 德国民法通论：下册. 王晓晔，等译. 北京：法律出版社，2003：633.

④ 迪特尔·施瓦布. 民法导论. 郑冲，译. 北京：法律出版社，2006：499.

广泛的合伙合同的结尾处看到以下条款："若该合同的一部分无效，则它不影响合同其余部分的效力。"由此表明，本条仅仅是一个任意性条款，只有在当事人对所发生的情况没有具体约定时，才适用此条款。①

(2) 如果当事人对此没有约定，那么就要看，他们可能会怎样约定。如果他们在合同签订时就曾遇到此问题，他们是否仍然愿意合同在除去无效部分后继续有效。对此必须这样推测：每个当事人从无效部分失去的利益不是主要的，他们的利益可以从剩余的行为中得到保证。这里涉及的既不是对民事法律行为的解释，也不是对某项心理事实的认定，而是对当事人之具有决定性意义的利益的查明及权衡性评价。在进行评价或者评判时，应当以当事人的立场为准，而不应以某个"理智的第三人"或者审理案件的法官的立场为准。② 需要权衡的是，参与人根据诚实信用原则在注意到交易习惯的情况下会理智地作出何种决定。此时须考虑案件中的全部情况（动机、交易习惯、利益状况、追求的目标）。③ 具体而言：1）如果无效的只是民事法律行为中微不足道的部分，那么将参与人所重视的、民事法律行为的主要部分视为无效是没有意义的。2）维持民事法律行为的效力是否给当事人带来残酷的不利益。仅仅使民事法律行为的一部分无效，而维持民事法律行为残余部分的效力，对当事人来说，具有另外一层含义，即把本来实际上并未预想到的内容的民事法律行为强加给当事人。所以，在这样做会给当事人带来难以忍受之不利益时，需要认定民事法律行为全部无效，把当事人从该民事法律行为的拘束中解放出来。④

（四）民事法律行为部分无效的重要类型

通常情形，如民事法律行为无效的原因存在于民事法律行为全部，则会导致民事法律行为全部无效；如无效原因只存在于民事法律行为的某一部分或某几部分，而其余部分的效力可不受影响，能够独立存在时，则其余部分仍然有效。具体而言：第一，借贷合同约定的利率超过国家规定的最高利率，其高于国家规定的最高利率的部分无效。⑤ 第二，买卖合同标的物有数个，其中之一为法律禁止

① 卡尔·拉伦茨．德国民法通论：下册．王晓晔，等译．北京：法律出版社，2003：638.

② 迪特尔·梅迪库斯．德国民法总论．邵建东，译．北京：法律出版社，2000：386.

③ 布洛克斯，瓦尔克．德国民法总论．张艳，译．北京：中国人民大学出版社，2012：227.

④ 山本敬三．民法讲义：Ⅰ·总则．3版．解亘，译．北京：北京大学出版社，2012：259.

⑤《最高人民法院关于审理民间借贷案件适用法律若干问题的规定》（法释〔2015〕18号）第26条规定：借贷双方约定的利率未超过年利率24%，出借人请求借款人按照约定的利率支付利息的，人民法院应予支持。借贷双方约定的利率超过年利率36%，超过部分的利息约定无效。借款人请求出借人返还已支付的超过年利率36%部分的利息的，人民法院应予支持。

流通物的，则该买卖合同之买卖禁止流通物部分为无效。第三，《民法典》第506条规定，合同中的下列免责条款无效：(1) 造成对方人身损害的；(2) 因故意或者重大过失造成对方财产损失的。

（本条由冉克平撰写）

第一百五十七条

民事法律行为无效、被撤销或者确定不发生效力后，行为人因该行为取得的财产，应当予以返还；不能返还或者没有必要返还的，应当折价补偿。有过错的一方应当赔偿对方由此所受到的损失；各方都有过错的，应当各自承担相应的责任。法律另有规定的，依照其规定。

本条主旨

本条对民事法律行为无效等的法律后果作出了规定。

相关条文

《民法总则》第157条规定："民事法律行为无效、被撤销或者确定不发生效力后，行为人因该行为取得的财产，应当予以返还；不能返还或者没有必要返还的，应当折价补偿。有过错的一方应当赔偿对方由此所受到的损失；各方都有过错的，应当各自承担相应的责任。法律另有规定的，依照其规定。"

《民法通则》第61条规定："民事行为被确认为无效或者被撤销后，当事人因该行为取得的财产，应当返还给受损失的一方。有过错的一方应当赔偿对方因此所受的损失，双方都有过错的，应当各自承担相应的责任。""双方恶意串通，实施民事行为损害国家的、集体的或者第三人的利益的，应当追缴双方取得的财产，收归国家、集体所有或者返还第三人。"

《合同法》第58条规定："合同无效或者被撤销后，因该合同取得的财产，应当予以返还；不能返还或者没有必要返还的，应当折价补偿。有过错的一方应当赔偿对方因此所受到的损失，双方都有过错的，应当各自承担相应的责任。"

《合同法》第59条规定："当事人恶意串通，损害国家、集体或者第三人利益的，因此取得的财产收归国家所有或者返还集体、第三人。"

理解与适用

本条规定的是民事法律行为无效、被撤销或者确定不发生效力后的法律后果。

（一）民事法律行为无效、被撤销或者确定不发生效力

民事法律行为无效，是指民事法律行为因违反法律、行政法规的效力性强制性规定或者公序良俗而被人民法院或者仲裁机构宣告无效。民事法律行为被撤销是指民事法律行为因意思表示不真实，经受害人请求而被人民法院或者仲裁机构予以撤销。民事法律行为确定不发生效力，是指附条件的民事法律行为所附条件不能成就，致使民事法律行为确定不发生效力；或者效力待定的民事法律行为确定不发生效力。

（二）返还财产

意思表示或民事法律行为被确认无效或被撤销以后，自始归于无效，受领人取得给付物所有权的法律依据消失殆尽，应当将因该民事法律行为取得的财产予以返还。返还财产，旨在恢复到无效民事法律行为或可撤销的民事法律行为成立之前的状态，借以消除无效或被撤销的民事法律行为所造成的不应有的后果。

财产返还分为原物的返还和价值的返还。原物的返还即原物存在时的返还请求权，而价值的返还是指原物不存在时或没有必要返还原物时返还与原物相当的价值。具体而言：(1) 返还原物的性质与是否采用物权行为理论直接关联。在采用物权行为理论的国家或地区，由于承认物权行为的独立性和无因性，物权的变动并不因作为其基础行为的债权行为被确认无效或被撤销而受影响，因而返还原物的性质只能是不当得利返还请求权；在未采用物权行为理论的国家或地区，物权的变动是债权行为的结果，债权行为无效，物权的变动因失去了其存在的依据而当然随之无效，因而返还原物的性质是物上请求权。通说认为，我国现行物权法采取的是以债权形式主义为原则、以债权意思主义为例外的物权变动模式，并未采纳物权行为理论，因而返还原物的性质为物上请求权。① 据此而言，在给付物为动产的情况下，受领人应当将该物返还给所有权人；在给付物为不动产或者特殊动产的情形，如果已经办理了物权变动的登记手续，受领人负有将权属登记注销，并协助所有权人恢复权属登记的义务，同时应将给付物返还给所有权人占

① 王利明. 物权法研究：上. 3版. 北京：中国人民大学出版社，2013：252. 崔建远. 物权规范与学说：上. 北京：清华大学出版社，2011：76-77. 尹田. 物权法. 北京：北京大学出版社，2013：82-83.

有。(2) 价值的返还依赖于不当得利制度，仅具有债权的效力。在受益人为善意时，其返还利益的范围以现存利益为限；在善意人为恶意时，其返还义务的范围应是取得利益时的价额。①

返还原物具有物权效力，即优先于普通债权的效力。当受领人的财产不足以清偿数个并存的债权时，给付人能够优先于其他人而获得财产的返还。当原物不存在时无此优先效力。返还财产为所有物返还时，返还范围应为受领给付时的原物以及收益。返还财产因原物不存在而变为不当得利返还时，返还范围以现存利益为限，除非受领人为恶意。②

(三) 折价补偿

本条第二句规定：不能返还或者没有必要返还的，应当折价补偿。所谓不能返还，包括事实上不能返还和法律上不能返还。事实上不能返还，是指履行的标的物已经发生毁损、灭失或已经发生混合、附合等情形，客观上无法返还。法律上不能返还，是指当事人一方接受标的物之后将其转让，第三人因善意取得等情形而取得标的物的所有权。所谓没有必要返还，是指返还在经济上不具有合理性。标的物不能返还或者没有必要返还的，应当折价补偿，这就是说，将标的物按照市场价格进行计算，返还其价款。计算市场价格应当以返还时作为计算的时间点，因为返还义务是于返还时才负有的，而且以其为计算的时间点可以避免通货膨胀等因素对权利人产生不利影响。③

(四) 赔偿损失

民事法律行为被确认无效或者被撤销后，有过错的一方应当承担损害赔偿责任。学说认为，该损害赔偿责任在性质上应为缔约过失责任 (culpa in contrahendo)。④ 在赔偿范围上，主要是受害一方的合理信赖利益的损失如缔约费用、准备履行合同的费用以及相关利息等。有观点认为，由于缔约过失责任以保护缔约当事人对民事法律行为有效的正当信赖为目的，所以遭受损失的缔约一方明知或应知民事法律行为无效时，无权要求对方赔偿损失。⑤ 对此，本条规定，各方都有过错的，应当各自承担相应的责任。

(本条由冉克平撰写)

---

① 王泽鉴. 不当得利. 北京：北京大学出版社，2009：175.

② 崔建远. 合同法. 5版. 北京：法律出版社，2010：121-122.

③ 王利明. 合同法研究：第1卷. 2版. 北京：中国人民大学出版社，2011：724.

④ 韩世远. 合同法总论. 北京：法律出版社，2011：229.

⑤ 朱广新. 合同法总则. 2版. 北京：中国人民大学出版社，2012：296.

第四节　民事法律行为的附条件和附期限

第一百五十八条

民事法律行为可以附条件，但是根据其性质不得附条件的除外。附生效条件的民事法律行为，自条件成就时生效。附解除条件的民事法律行为，自条件成就时失效。

本条主旨

本条对附条件的民事法律行为作出了规定。

相关条文

《民法总则》第158条规定："民事法律行为可以附条件，但是按照其性质不得附条件的除外。附生效条件的民事法律行为，自条件成就时生效。附解除条件的民事法律行为，自条件成就时失效。"

《民法通则》第62条规定："民事法律行为可以附条件，附条件的民事法律行为在符合所附条件时生效。"

《合同法》第45条第1款规定："当事人对合同的效力可以约定附条件。附生效条件的合同，自条件成就时生效。附解除条件的合同，自条件成就时失效。"

理解与适用

（一）附条件的民事法律行为概述

附条件的民事法律行为，是指当事人在民事法律行为中特别规定一定的条件，以条件的成就（发生或出现）与否作为民事法律行为效力发生或终止的根据。民事法律行为可以附条件，附条件的民事法律行为在符合所附条件时生效。附条件的民事法律行为的意义在于，它能把不属于民事法律行为构成要素的行为人的动机作为民事法律行为的附设条件，从而赋予动机以法律意义。

附条件的民事法律行为不同于附负担的民事法律行为。在前者，如甲对乙说："吸烟有害健康，若能禁止，就将手机赠与你。"于此情形，如果乙未能禁烟，甲不能诉请履行，但是赠与不生效力。在后者，如甲对乙说："将手机赠与你，但须禁止吸烟。"于此情形，乙负有履行禁止吸烟的义务，如果乙不履行，甲可以撤销其赠与，并请求乙返还受赠的手机。由此可见，条件虽有停止民事法律行为之效力的作用，但无强制性；而负担虽有强制性，但无停止民事法律行为之效力的作用。①

(二) 所附条件的要求或限制

所谓条件，是指当事人以附款形式约定的决定民事法律行为效力发生或者终止的将来、客观、不能确定的事实。这种事实既可以是事件，也可以是行为。民事法律行为所附条件应当符合下列要求。

(1) 必须是将来发生的事实。能够作为附条件的民事法律行为中的条件的，必须是当事人作出民事法律行为时尚未发生的事实。过去的、已经发生的事实不能作为条件。以过去的、已经发生的事实作为条件时，该种条件称为“即成条件”。当事人把已知的已经发生的事实作为条件时，如果该条件决定着民事法律行为效力的产生，则视为该民事法律行为未附任何条件时；如果该条件决定着民事法律行为效力的消灭，则视为当事人并不希望从事该民事法律行为，因而该民事法律行为应被宣告无效。

(2) 必须是不确定的事实。条件的本质特征在于，民事法律行为发生效力所依据的情况具有不确定性，该不确定性同时也是条件区别于期限的原因。条件必须是不确定的事实，这就是说，条件在将来是否发生当事人是不能肯定的。如果在民事法律行为成立时，当事人已经确定作为条件的事实必然发生，则实际上应当解释为当事人在民事法律行为中附期限，而不是在民事法律行为中附条件，例如，甲对乙说：“如果天气下雨，我就将电脑赠与你。”

(3) 必须可能。条件成就必须为可能。民事法律行为所附的条件是客观上不能成就的事实即不可能发生的，称为“不能条件”。如果该条件决定着民事法律行为效力的产生，则视为当事人并不希望从事该民事法律行为，因而该民事法律行为应被宣告无效。如甲对乙说：“如果长江西流，则将 iPad 赠与你。”如果该条件决定着民事法律行为效力的消灭，则视为该民事法律行为未附任何条件。《民法通则意见》第 75 条规定：“附条件的民事行为，如果所附的条件是违背法律规定或者不可能发生的，应当认定该民事行为无效。”这里的条件，应该解释为停止条件。

(4) 必须是合法的事实。以违法或违背公序良俗的事实作为民事法律行为的条件的，称为“不法条件”。附不法条件的民事法律行为一般应当被宣告无效。但在特殊情况下，如果单独宣告条件无效，而民事法律行为不具有违法性的，为

① 王泽鉴. 民法总则. 北京：北京大学出版社，2009：332-333.

了保护相对人的利益，该民事法律行为仍为有效。例如，甲雇主与乙雇员约定，以乙怀孕为解除条件订立劳动合同，则该条件因违法应当被宣告无效，而该劳动合同仍然有效。

（5）不得与附条件的民事法律行为的主要内容相矛盾。与民事法律行为的主要内容相矛盾的事实不能作为条件。如果相互矛盾，可以解释为该行为人不欲作出该民事法律行为，因而该民事法律行为无效，如当事人在合同中约定："如果我将此房屋卖给了别人，则将此房屋赠与你。"

并非所有的民事法律行为均可附条件。不允许附条件的民事法律行为可分为两类：一是为维护公序良俗而不允许附条件的行为，如身份行为，结婚、离婚等。二是基于交易安全和法秩序稳定的要求而不允许附条件的行为，基于交易安全而不允许附条件的，如票据行为；基于法秩序稳定的要求而不允许附条件的，主要是行使形成权的行为，但有两种例外：一为附加条件经相对人同意；二为条件的成就与否，纯由相对人决定。

（三）条件的类型

1. 延缓条件与解除条件

以条件成就的法律效力不同为区别标准，可将条件分为延缓条件与解除条件。延缓条件，又称为生效条件、停止条件，是指民事法律行为效力的发生决定于所附条件的成就，待所附条件成就后民事法律行为才开始生效。解除条件，又称为失效条件，是指使民事法律行为之效力终止的条件。待条件成就时该项民事法律行为的效力即告终止，原来的权利或义务即行解除。

当事人对合同的效力可以约定附条件。附延缓条件的合同，自条件成就时生效。附解除条件的合同，自条件成就时失效。

2. 肯定条件与否定条件

以某种客观事实的发生与否为区别标准，可将附条件分为附肯定条件和附否定条件。肯定条件，是指以发生某种客观事实为其内容的条件，故又称积极条件。肯定条件可分为肯定的延缓条件和肯定的解除条件。否定条件，是指以不发生某种客观事实为其内容的条件，故又称消极条件。否定条件也可分为否定的延缓条件和否定的解除条件。

3. 随意条件、偶成条件与混合条件

以条件的成就是否受当事人意思的左右为区分标准，条件可分为随意条件、偶成条件与混合条件。

随意条件，是指依当事人一方的意思可决定条件成就或不成就的条件。它又可分为纯粹随意条件与非纯粹随意条件。条件成就还是不成就纯由一方当事人意

思决定的，为纯粹随意条件。如约定：我如需要，则如何如何。条件的成就，虽与一方当事人的意思有关，但并非仅取决于该当事人的意思，还需有某种积极的事实与之竞合的，则属于非纯粹随意条件。如约定：我如上大学，则如何如何。非纯粹随意条件具有客观不确定性，通常为有效。而纯粹随意条件应区别情形而定。纯粹随意条件中，如属于仅取决于债务人一方意思的生效条件，则合同无效。如约定：我如愿意，将赠与某物。该约定因毫无受拘束的意思而与民事法律行为的本质相悖。但如属于仅取决于债务人一方意思的解除条件，则附有该条件的合同应有效。例如约定：赠与某物给您，我需要时将取回。

偶成条件，是指条件的成就与否和当事人的意思无关，而取决于当事人以外的人的意思或自然事实。例如约定：今年丰收，则如何如何。

混合条件，是指条件的成就与否，取决于一方当事人与第三人的意思。如约定：如您与某人结婚，则赠与金钱若干。

(四) 附条件的民事法律行为的效力

1. 条件成就与否未定时的效力

附延缓条件的民事法律行为，在条件成就与否未定之时，尚未发生效力。反之，附解除条件的民事法律行为，在条件成就与否未定之时，效力尚未消灭。然而，在附延缓条件的民事法律行为中，一方（或双方）有希望在条件成就时取得权利的权利（希望权）；而在附解除条件的民事法律行为中，因为条件的成就使民事法律行为失效，权利将复归于原权利人（复归权）。这两种权利都是对将来的权利或利益的期待，学者将此两种权利统称为“期待权”。由于这种权利因条件的成就，将从不确定的权利变为确定的权利，并将给当事人带来利益，因此法律保护当事人的“期待权”，禁止他人侵害。具体而言：(1) 对附条件权利侵害的禁止。附条件民事法律行为的当事人，在条件成就与否未定期间，不得侵害相对人因条件成就而享有的可由该行为产生的利益，如损害标的物或者对标的物作法律处分等，否则，要负损害赔偿的责任，但是均在条件成就时才负损害赔偿责任。(2) 对附条件权利的处分。当事人对于其在条件成就与否未定期间的权利，可以依民法的一般规定予以处分、继承、保存或担保。

2. 条件成就后的效力

附延缓条件的民事法律行为，自条件成就时起，发生效力。附解除条件的民事法律行为，自条件成就时起，丧失效力。行为人表示将条件成就的效果溯及于条件成就之前时，从其意思。

（本条由冉克平撰写）

第一百五十九条

附条件的民事法律行为，当事人为自己的利益不正当地阻止条件成就的，视为条件已经成就；不正当地促成条件成就的，视为条件不成就。

本条主旨

本条对条件成就或不成就的拟制作出了规定。

相关条文

《民法总则》第 159 条规定："附条件的民事法律行为，当事人为自己的利益不正当地阻止条件成就的，视为条件已成就；不正当地促成条件成就的，视为条件不成就。"

《合同法》第 45 条第 2 款规定："当事人为自己的利益不正当地阻止条件成就的，视为条件已成就；不正当地促成条件成就的，视为条件不成就。"

理解与适用

本条规定的是附条件的民事法律行为的当事人不正当地阻碍或促成条件成就的规则。

（一）规范目的

附生效条件的民事法律行为成立以后，在条件成就以前，当事人均不得为了自己的利益，以不正当的行为促成或阻止条件的成就，而只能听任作为条件的事实自然发生。这是一种对法律基本原则的适用，即任何人都不能出于自私的目的，从一个有违诚实信用原则的行为中得到法律上的利益。如果合同一方没有像合同另一方那样根据合同的内容以一个诚实可靠人所希望的那样行为，而是为了自己的私利促成条件的成就或阻止条件的成就，则他的行为属于"违反诚实信用"原则的行为。①

（二）当事人为自己的利益不正当地阻止或促成条件成就

本条适用的前提条件是，相关当事人的行为致使条件成就或不成就。本条的适用以相关当事人不正当的作为或不作为为必要，换言之，以"阻止"或"促成"条件的成就为必要。这里所说的不正当行为，是指行为人违反法律、道德和诚实信用原则，以作为或不作为的方式促成或阻止条件的成就。② 有疑问的是：

---

① 卡尔·拉伦茨. 德国民法总论：下册. 王晓晔，等译. 北京：北京大学出版社，2003：693.

② 王利明. 民法总则研究. 2 版. 北京：中国人民大学出版社，2012：586.

是否以当事人有故意为必要？从本条的文义来看，并无“故意”的表述，相关当事人有意识地违反诚实信用原则，且不正当地干预条件的发展进程即可。换言之，倘使其未实施该行为，条件将会成就或不成就。此外，本条不能针对任意条件适用，也不能适用于法定条件。

阻止条件成就的情形不仅包括条件因受阻而不成就的情形，而且包括条件延缓成就的情形。就后一种情形而言，民事法律行为在较早的时间点上生效。[①] 所谓条件成就，是指民事法律行为的内容事实上业已实现；所谓条件不成就，是指民事法律行为的内容事实上确定地不实现。

（三）法律后果

当事人为自己的利益采取了不正当的行为促成或阻止条件成就的，为了制裁不法行为人，保护对方当事人的合法权益，法律拟制发生与不法行为人的意图相反的后果。具体而言，如果当事人不正当地阻止条件成就的，视为条件已成就；不正当地促成条件成就的，视为条件不成就。

（本条由冉克平撰写）

第一百六十条

民事法律行为可以附期限，但是根据其性质不得附期限的除外。附生效期限的民事法律行为，自期限届至时生效。附终止期限的民事法律行为，自期限届满时失效。

本条主旨

本条对附期限的民事法律行为作出了规定。

相关条文

《民法总则》第160条规定：“民事法律行为可以附期限，但是按照其性质不得附期限的除外。附生效期限的民事法律行为，自期限届至时生效。附终止期限的民事法律行为，自期限届满时失效。”

《合同法》第46条规定：“当事人对合同的效力可以约定附期限。附生效期限的合同，自期限届至时生效。附终止期限的合同，自期限届满时失效。”

---

① 维尔纳·弗卢梅．法律行为论．迟颖，译．北京：法律出版社，2013：856.

理解与适用

（一）附期限的民事法律行为的概念

所谓期限，是指当事人以将来客观确定到来的事实，作为决定民事法律行为之效力的附款。① 所谓附期限的民事法律行为，是指当事人在民事法律行为中设定一定的期限，并将期限的到来作为民事法律行为之效力发生或消灭之根据的民事法律行为。例如，当事人双方在合同中约定自 2015 年 10 月 1 日起，甲方将租赁乙方的房屋，为期两年。此类民事法律行为便属于附期限的民事法律行为。《民法通则》并没有对附期限的民事法律行为作出规定，而《民法典》对附期限的民事法律行为专门作出了规定。

期限具有如下特点：第一，期限是民事法律行为的一种附款。它与民事法律行为的其他内容一起共同构成了附期限的民事法律行为。由于它是一种附款，也就是说，期限是民事法律行为的组成部分，因此，原则上应当由民事法律行为的当事人自由约定。至于法律所规定的法定期限，如行使撤销权的期限等，不属于附期限的民事法律行为所称的期限。② 第二，期限是限制民事法律行为之效力的附款。如果民事法律行为约定了生效期限和终止期限，则民事法律行为的效力在时间上受到限制。有的期限直接决定着民事法律行为效力的发生，有的决定着民事法律行为效力的消灭。第三，期限是以将来确定事实的到来为内容的附款。因为期限是必然到来的，所以期限到来时，民事法律行为必然生效或终止。

民事法律行为附期限和民事法律行为附条件一样，都是为了控制未来的风险而采取的限制民事法律行为之效力的做法。所附的条件和期限实际上都是对民事法律行为的特别生效要件的约定，因为"当事人如不附以条件或期限，其法律行为本来之效力应即发生，自此方面而言，亦非法律行为效力发生之一般效力要件，故在附条件或附期限之法律行为，为其行为效力之发生须有条件之成就或期限届至"③。

期限和条件一样都是民事法律行为的附款，但期限以将来确定的事实为内容。民事法律行为中所附的期限与民事法律行为中所附的条件一样，都是对民事法律行为之效力的特别限制，都能够直接限制民事法律行为之效力的发生或消失，但两者是有区别的。条件与期限的主要区别在于将来的事实是否确定。对

① 梁慧星. 民法总论. 4 版. 北京：法律出版社，2011：179.
② 施启扬. 民法总则. 北京：中国法制出版社，2010：270.
③ 史尚宽. 民法总论. 台北：正大印书馆，1980：425.

此，王泽鉴教授区分了四种情况分别进行探讨：一是时期不确定，到来亦不确定，此为条件；二是时期确定，到来不确定，此为条件；三为时期不确定，到来确定，此为期限；四为时期确定，到来亦确定，此为期限。① 此种分类确有一定道理，该分类的主要依据在于到来的确定与否。作为条件的事实是否发生是不确定的，而期限的到来具有必然性。条件的成就与不成就是当事人所不可预知的，条件可能成就，也可能不成就，因此，条件是不确定的事实。而期限的到来是必然发生的，能够为当事人所预知的，所以期限是确定的事实。当事人在作出民事法律行为时，对于确定的事实只需在民事法律行为中附期限，而不必附条件。期限以一定时间或期间的到来对民事法律行为的效力起限制作用，因此只有尚未到来且必然到来的时间和期间才能作为附期限的民事法律行为中的期限。

此外，依据本条规定，如果某民事法律行为在性质上不得附期限，则当事人不得通过约定对其附加期限。例如，《民法典》第 568 条第 2 款规定：当事人主张抵销的，应当通知对方。通知自到达对方时生效。抵销不得附条件或者附期限。依据这一规定，抵销权的行使就不得附期限。

（二）生效期限与终止期限

生效期限又称为延缓期限或始期，是指决定民事法律行为的效力发生的期限。于附生效期限的民事法律行为，在期限到来以前，民事法律行为已经成立，但其效力仍然处于停止状态，待期限到来时，效力才发生。例如，合同中规定，“本合同在某年某月某日生效”，该期限即为始期，至该期限到来后，当事人才能实际享受权利和承担义务。终止期限也称为解除期限或终期，是指决定民事法律行为的效力消灭的期限。于附终止期限的民事法律行为，在期限到来以前，民事法律行为继续有效，而在期限到来时，民事法律行为之效力消灭。例如，当事人在合同中约定，“本合同至某年某月某日终止”，该期限即为终止期限。

（本条由王利明撰写）

① 王泽鉴．民法总则．北京：北京大学出版社，2009：332.

第七章

代理

第一节　一般规定

第一百六十一条

民事主体可以通过代理人实施民事法律行为。

依照法律规定、当事人约定或者民事法律行为的性质，应当由本人亲自实施的民事法律行为，不得代理。

本条主旨

本条对代理的适用范围作出了规定。

相关条文

《民法总则》第 161 条规定："民事主体可以通过代理人实施民事法律行为。""依照法律规定、当事人约定或者民事法律行为的性质，应当由本人亲自实施的民事法律行为，不得代理。"

《民法通则》第 63 条第 1 款规定："公民、法人可以通过代理人实施民事法律行为。"第 3 款规定："依照法律规定或者按照双方当事人约定，应当由本人实施的民事法律行为，不得代理。"

理解与适用

所谓代理，是指代理人以被代理人的名义实施民事法律行为，由被代理人承担代理行为的后果。代理制度的存在，使民事主体可以通过他人的行为来为自己获得利益，这就“扩大了本人在法律交往中实现自己利益的范围”①，从而扩张了私法自治。代理制度也是法人通过行为实现自己意思、践行私法自治的基础。此外，代理通过为无民事行为能力人或限制民事行为能力人设定法定代理人补充了其民事行为能力，从而为其私法自治的辅助②，弥补了被代理人民事行为能力的欠缺。③

（一）民事主体可以通过代理人实施民事法律行为

在社会生活中，人们难以事必躬亲，大量的民事活动必须借助他人之力才能完成，但能够被代理的主要是民事法律行为。民事法律行为为私法自治的工具，而代理制度存在的主要目的在于进一步扩张或补充私法自治，允许他人代为民事法律行为，故而代理的核心在于将代理人代为发出或者接受意思表示的效果归属于被代理人，故而其适用应当以意思表示的发出或者接受为基础，原则上应当仅适用于民法上的表意行为，这主要是指民事法律行为。

虽然本条第1款规定，民事主体可以通过代理人实施民事法律行为，但该款意在宣示而非强制。解释上，准民事法律行为也不妨通过代理实施。所谓准民事法律行为，就是行为人表示一定的意思以告知他人事项的行为。准民事法律行为中行为人同样表明了自己的意思，但行为人表达该意思并非以发生一定的法律效果为目的。准民事法律行为的法律效果由法律直接规定。通常认为，准民事法律行为包括：第一，意思通知，即行为人表达一定的意思，但不论表意人是否愿意，该意思的表达都直接发生法律规定的效果。此类通知如拒绝要约、履行催告、效力待定合同相对人的催告等。第二，观念通知。此时行为人并未表达其内心的意思，而只是将相关事实告知对方当事人。此时亦直接发生法律规定的法律效果。此类通知如承诺迟到通知、瑕疵通知等。④ 但在我国法律中，债权让与通知性质上应当为单方民事法律行为而非观念通知。⑤ 第三，感情表示。对于准民事法律行为，也不妨适用代理。但事实行为、侵权行为不能适用代理。

① 卡尔·拉伦茨. 德国民法通论：下册. 王晓晔，等译. 北京：法律出版社，2003：814.
② 梁慧星. 民法总论. 北京：法律出版社，1996：207.
③ 王利明. 民法总则研究. 北京：中国人民大学出版社，2003.
④ 黄立. 民法总则. 北京：中国政法大学出版社，2002：193.
⑤ 尹飞. 债权让与通知的主体与效力. 判解研究，2003（3）.

对于民法之外的具有法律意义的行为，例如，纳税、法人登记、专利申请、商标注册等，原则上因无须意思表示的发出或者接受，故而不能适用代理。其所谓代理人本质上只是委托合同的受托人或者债务履行辅助人而已，其所适用的也只是委托合同等相关规则。但如果在行为过程中涉及意思表示问题，则可能有代理制度的适用。例如，双方当事人在签订房屋买卖合同后，申请房屋所有权转移登记。在此过程中双方应当签署登记申请书。虽然就其性质存在争论，但笔者认为，其仍然是意思表示，故而有代理制度的适用。

（二）不得代理的情形

代理以行为的可代理性或曰容许性为前提①，故而本条第 2 款对于不得适用代理的民事法律行为进行了规定。依据该款，“依照法律规定、当事人约定或者民事法律行为的性质，应当由本人亲自实施的民事法律行为，不得代理”。申言之：

首先，法律规定应当由本人亲自实施的民事法律行为，不得代理。

《民法典》第 1049 条规定，要求结婚的男女双方应当亲自到婚姻登记机关申请结婚登记。第 1076 条规定，夫妻双方自愿离婚的，应当签订书面离婚协议，并亲自到婚姻登记机关申请离婚登记。从《民法典》之继承编的规定来看，遗嘱行为也必须由遗嘱人亲自进行。故而，对于结婚行为、协议离婚行为以及遗嘱行为，法律规定行为人必须亲自实施，不得代理。

其次，当事人约定应当由本人亲自实施的民事法律行为，不得代理。

这里所言的约定，是指本人与相对人的约定。如果本人与相对人明确约定某一民事法律行为只能由本人实施，则该行为不得代理。

这里需要强调的是，这种约定是关于民事法律行为而非事实行为不得代理的约定。实践中，对于提供劳务的合同，例如承揽合同和演出合同，虽然当事人可能约定承揽人或表演人必须亲自履行，因为这些履行行为与个人的技艺、能力、风格、思维方式等密不可分，具有相当的人身信赖色彩，但这种履行行为只是事实行为，违反此种约定可能构成违约，但不涉及代理的问题，故而与本款的规范无关。

最后，依照民事法律行为的性质，应当由本人亲自实施的民事法律行为，不得代理。

依照性质不得代理的民事法律行为，是指具有人身性质的民事法律行为。正如洪欣逊先生所言：“代理行为因其意思表示之效果意思须由代理人决定，故性

---

① 江朝国. 无权代理制度于保险法上之突破. 万国法律，2002（12）.

质上应绝对尊重本人意思之法律行为，如结婚、收养、遗嘱等身份上之法律行为，不得代理为之。”① 因此，可代理的行为应当限于财产行为。而强制某人对代理行为进行追认，实际上是对其自由权或曰人格权的限制，在完全可以通过本人的损害赔偿来加以救济的情况下，要求本人负有追认义务，显然与“以人为本”的基本价值和“人格权高于财产权”的理念是相违背的。实际上，前述法律规定不得代理的行为，也主要是对具有人身性质、不得代理的行为的规定。

“依照法律规定、当事人约定或者民事法律行为的性质，应当由本人亲自实施的民事法律行为，不得代理”，是法律对代理的适用范围的规定，实际上也意味着对本人授予代理权的强制性限制。如果当事人将这些行为通过代理人进行，则构成无权代理。

（本条由尹飞撰写）

第一百六十二条

代理人在代理权限内，以被代理人名义实施的民事法律行为，对被代理人发生效力。

本条主旨

本条对代理的构成与效果作出了规定。

相关条文

《民法总则》第 162 条规定：“代理人在代理权限内，以被代理人名义实施的民事法律行为，对被代理人发生效力。”

《民法通则》第 63 条第 2 款规定：“代理人在代理权限内，以被代理人的名义实施民事法律行为。被代理人对代理人的代理行为，承担民事责任。”

理解与适用

（一）代理的构成

依据本条，结合我国法律的上述规定，代理是指代理人在代理权限内，以被

① 洪逊欣. 中国民法总则. 台北：三民书局，1992：440.

代理人名义实施民事法律行为，该行为的效力由被代理人承担。根据这一定义，代理的构成应当包括如下三个方面。

第一，被代理的行为为民事法律行为，而且应当是可代理的行为。如前所述，只有表意行为方可代理，而事实行为、侵权行为不能适用代理。《民法典》第161条第2款对不得代理的行为进行了明确规定：依照法律规定、当事人约定或者民事法律行为的性质，应当由本人亲自实施的民事法律行为，不得代理。对于依法不能代理的民事法律行为，应当按照无权代理处理。

第二，代理人在代理权限范围内行为。代理行为的效果直接归属于被代理人，基于私法自治原则，任何人非经他人同意不得为他人设定义务，因此，表意人必须得到被代理人的授权或者法律的授权，方可进行代理行为。如果代理人的行为超出了代理权限，则构成无权代理。

需要注意的是，代理人在代理权限内行为，核心是代理人独立发出或接受意思表示。易言之，代理人在其代理期限内有独立的决定权。这也构成了代理和传达的根本区别，传达人只能不折不扣地转达别人的意思。因此，代理人原则上应当具有相应的民事行为能力，而传达人无须具有民事行为能力。《民法典》将代理适用的范围界定为以民事法律行为为主的表意行为，目的正在于此；我国司法实践中严格区分代理与传达，正是体现了这一要求。

第三，代理人以被代理人的名义行为。民事法律行为制度中，一般行为人作出行为所引发的民事法律关系变动的效果直接及于其自己。但代理制度中行为的效果却并非及于行为人，而是及于被代理人。

契约自由为私法自治原则的重要体现，选择交易相对人的自由是契约自由的重要内容。在现代法中合同作为交易的主要法律形式，主要是由于其作为一种可期待的信用，能够把未来的财富引入现实的交易之中。合意与履行行为的分离和各自独立，是合同制度存在的前提。① 在合意与履行行为在时空上分离的情况下，合同履行与否，首先在于相对人责任财产的多少。这就要求当事人必须知道与之交易的本人究竟是谁，从而决定是否与之交易。

通过代理人进行的民事法律行为中，出面与相对人缔约的是代理人，而代理行为一旦完成，代理人即退出该法律关系，民事法律行为的效果直接对本人发生。如果相对人不知且不应知本人究竟是谁，自然难以保护相对人的利益。在某些需要特别考虑当事人的信用、履约能力等情况的合同中，更应当使相对人知悉本人的存在和具体身份。这就要求代理人必须公开其代理意思，使相对人知悉其

① 尹飞. 合同成立与生效区分的再探讨. 法学家，2003 (3).

交易的对方并非代理人。

传统理论认为，代理意思的公开应当通过代理人“以本人名义”行为来实现。代理人“以本人名义”行为的目的无非是使相对人知悉行为的效果到底归属于谁，如果相对人已经知悉，则就没有必要要求代理人这样做。我国合同法引入了隐名代理制度，规定：即便代理人没有以被代理人的名义进行代理行为，而相对人知悉代理关系的，仍然可以发生代理的效果。换言之，代理人公开其代理意思可以通过两种方式：一是以本人名义行为。此种代理形式在学理上被称为显名代理。二是虽然代理人没有使用本人名义，但相对人已经知悉代理关系。此种代理形式在学理上被称为隐名代理。

在符合上述条件的情况下，可以发生代理的效果，即代理人所为的代理行为的效力直接及于本人。

（二）代理的效果

依据本条，构成代理的情况下，代理行为对被代理人发生效力。这里所言的“发生效力”，理解上是指被代理人应当对代理人的代理行为承担一切法律后果。换言之，如果代理行为有效，则据此产生的权利、义务由本人承担；如果代理行为不成立、无效或者被撤销、不生效，则所产生的缔约过失责任、不当得利返还等债务，也应当由本人承担。

代理规范本质上为归属性规范，“代理的法律意义实质在于，代理人处于被代理人的位置为他进行法律行为。就它的法律后果而言，把它视为与被代理人自己所为法律行为后果相同”①。其解决的是代理人代被代理人所作出的行为的效果归属于谁的问题，而与代理行为本身是否有效无关。

申言之，符合前述代理的构成要件（或者虽无相应的代理权限但构成表见代理的）的，无论代理行为有效与否，后果均由被代理人承担。这就是说，代理行为的一切效果，不论是根据意思表示中的效果意思而发生的法律效果，还是法律所赋予的特殊效果，如出卖人的担保责任，代理人因错误、被欺诈或被胁迫而为意思表示时的撤销权等，都与被代理人自己进行该民事法律行为的效果相同。②不符合代理的构成要件的，依据法律规定由代理人自行承担相应的后果，例如无权代理所引发的缔约过失责任，隐名代理不能成立但合同本身有效所引发的合同履行的责任。《民法典》明定在构成代理的情况下，代理行为对被代理人发生效力。这凸显了代理规范为归属性规范的本质，颇值赞许。

---

① 杨代雄．表见代理的特别构成要件．法学，2013（2）．

② 洪逊欣．中国民法总则．台北：三民书局，1992：440．

需要进一步强调的是，确认代理规范为归属性规范，还意味着如下推论：第一，无权代理构成表见代理的，以及狭义无权代理经追认的，也应当发生有权代理的效果：代理行为的效果由被代理人承担。第二，在解释上，不应将狭义无权代理解释为效力待定，待定的只是代理行为的效果归属。

（本条由尹飞撰写）

第一百六十三条

代理包括委托代理和法定代理。

委托代理人按照被代理人的委托行使代理权。法定代理人依照法律的规定行使代理权。

本条主旨

本条对代理的类型作出了规定。

相关条文

《民法总则》第163条规定："代理包括委托代理和法定代理。""委托代理人按照被代理人的委托行使代理权。法定代理人依照法律的规定行使代理权。"

《民法通则》第64条规定："代理包括委托代理、法定代理和指定代理。""委托代理人按照被代理人的委托行使代理权，法定代理人依照法律的规定行使代理权，指定代理人按照人民法院或者指定单位的指定行使代理权。"

理解与适用

根据代理权来源的不同，代理可以分为委托代理以及法定代理。

（一）委托代理

1. 委托代理的概念

委托代理也称为意定代理。"委托代理人按照被代理人的委托行使代理权"，是指代理人基于本人的意思而享有并行使代理权。我国法律习惯上将意定代理称为委托代理。但是，委托合同只是被代理人授予代理人代理权的基础关系，此种基础关系并不以委托合同为限。故而，笔者认为采意定代理一词更符合其本质。

2. 委托代理人按照被代理人的委托行使代理权

关于意定代理权的来源，虽然《民法通则》和《民法总则》都使用了"委托代理人按照被代理人的委托行使代理权”的表述，但我国学者通常认为意定代理权源于代理人与被代理人间之基础关系之外的代理权授予行为。笔者认为，通常情况下，意定代理权来自本人的授权行为。但考虑到《民法典》第170条规定了职务代理，且未要求本人对职务代理人另行授权，将意定代理权的来源界定为本人的意思较为妥当。所谓“委托代理人按照被代理人的委托行使代理权”，也应当理解为委托代理人应当按照被代理人的意思享有并行使代理权。

（二）法定代理

依据本条，法定代理是指代理人依据法律的规定而直接确定，并依照法律规定的权限行使代理权。法定代理权依据法律的规定而发生，通常认为其包括：第一，父母和其他监护人对被监护人的法定代理权。第二，基于紧急状态法律特别授权的代理。例如，在某种紧急的特殊情况下，船长、承运人、保管人依据法律规定的紧急代理权，可作为货主的代理人。[①] 第三，夫妻日常家事代理权。基于其配偶关系所生成的权利外观，为了保护善意相对人的信赖，法律直接规定对于日常家务，夫妻可互为代理人。所谓日常家事，是指夫妻及未成年子女共同生活所必需的事项，如食物、水电等。夫妻双方可以就家庭日常事务互为代理人，但是并不意味着对所有的事务都可以适用家事代理，对特别重大的事项，例如，不动产的转让、数额巨大的家庭财产的赠与、其他重大事务，不得适用家事代理。夫妻双方对家事代理权限的限制不得对抗善意第三人。[②] 第四，工会依据法律的特别规定，在特定情况下是其会员的法定代理人，可代理会员签订集体劳动合同、参加与劳动争议有关的诉讼[③]等。

（本条由尹飞撰写）

第一百六十四条

代理人不履行或者不完全履行职责，造成被代理人损害的，应当承担民事责任。

代理人和相对人恶意串通，损害被代理人合法权益的，代理人和相对人应当承担连带责任。

---

① 梁慧星．民法总论．北京：法律出版社，1996：221.

② 王利明．民法总则研究．北京：中国人民大学出版社，2003：618.

③ 彭万林．民法学．修订版．北京：中国政法大学出版社，1999：171.

本条主旨

本条对违反代理职责的法律后果作出了规定。

相关条文

《民法总则》第164条规定："代理人不履行或者不完全履行职责，造成被代理人损害的，应当承担民事责任。""代理人和相对人恶意串通，损害被代理人合法权益的，代理人和相对人应当承担连带责任。"

《民法通则》第66条第2款规定："代理人不履行职责而给被代理人造成损害的，应当承担民事责任。"第3款规定："代理人和第三人串通、损害被代理人的利益的，由代理人和第三人负连带责任。"

理解与适用

(一) 代理人违反代理职责

1. 代理职责

本条第1款强调，代理人不履行或者不完全履行职责，造成被代理人损害的，应当承担民事责任。唯需讨论的是：这里所言的职责，其具体内涵应当如何确定？不少学者认为，在行使代理权过程中，代理人应当认真履行代理职责，应当尽到"善良家长"对其自己事务应尽的职责或者说"应有的注意"。此种职责来自法律的直接规定，其内涵具体包括尊重别人的指导和监督、报告代理事务的进展情况，尊重本人的财产利益、不牟取佣金以外的经济利益，保守本人的商业秘密，亲自完成代理事务等。① 也有观点将代理职责的内涵界定为亲自代理、不得双方代理、不得自己代理、不与第三人串通损害本人利益、不得代理违法行为等②，否则即构成代理权的滥用，应当承担民事责任。在《民法典》编纂过程中，也有学者认为，所谓代理职责应当依据本人与代理人之间的基础关系确定，违反代理职责的责任也是如此，故而本条毫无必要，应当删去。

笔者认为，代理职责的来源包括两个方面：一是法律的直接规定，二是本人与代理人间之基础关系的约定。

一方面，《民法典》对代理权的行使作出了规定。这主要包括：(1) 原则上

① 佟柔. 中国民法学·民法总则. 北京：中国人民公安大学出版社，1990：289. 江帆. 代理法律制度研究. 北京：中国法制出版社，2000：87.

② 寇志新. 民法总论. 北京：中国政法大学出版社，2000：258-259.

不得自己代理。意定代理人不得以被代理人的名义与自己实施民事法律行为，但是被代理人同意或者追认的除外（第168条第1款）。（2）原则上不得双方代理。意定代理人不得以被代理人的名义与自己同时代理的其他人实施民事法律行为，但是被代理的双方同意或者追认的除外（第168条第2款）。（3）原则上应当亲自实施代理行为。意定代理人需要转委托第三人代理的，应当取得被代理人的同意或者追认（第169条）。（4）忠诚义务。代理人和相对人恶意串通，损害被代理人的合法权益的，代理人和相对人应当承担连带责任（第164条第2款）。这些义务都是法律直接规定的，代理人应当认真履行职责。

另一方面，我国民法区分代理权的授予行为和基础关系。授予行为解决的是代理权的问题，涉及的是本人与相对人的法律关系或者说本人直接承受代理行为的法律后果的问题；而委托合同等基础关系旨在解决本人与代理人之间的权利义务关系，故而委托合同等基础关系中对代理人的要求或者说赋予代理人的职责，代理人同样应当认真履行。《民法典》第163条第2款前一句规定的“委托代理人按照被代理人的委托行使代理权”，所表达的也正是这个意思。我国学者所言的代理人的报告义务、保守商业秘密的义务等，实际上是委托合同等基础关系的要求。如果违反了委托合同等基础关系中对代理人职责的约定，代理人同样要承担相应的民事责任。当然，基础关系只是本人和代理人之间的内部关系，其原则上不影响代理权的存在和范围。

2. 违反代理职责的后果

需要强调的是，本条第1款性质上为引致性规范，这就是说，该款不能直接作为本人追究代理人民事责任的请求权基础。申言之：

对于违反法定职责的行为，本人应当依据相关法律规范规定的法律后果寻求救济。例如，对于自己代理、双方代理，如果经被代理人同意或者追认，则代理行为有效，不存在要求代理人承担民事责任的问题；如果未经同意或者追认，则代理行为无效，本人可以依据民事法律行为无效的规则要求代理人承担缔约过失责任。再如，在代理人和相对人恶意串通，损害被代理人合法权益的情况下，本人应当依据本条第2款要求代理人和相对人承担连带责任。

对于违反基础关系确定的代理职责的行为，本人应当依据违约责任、无因管理等制度，追究代理人的相应责任。

（二）代理人和第三人串通，损害被代理人利益的责任

构成恶意串通，应当具备下列条件：第一，合同的实际订立人即代理人和相对人在主观上存在故意，即合同的实际订立人明知合同的履行将造成对被代理人利益的损害，而仍然订立合同，这表明其主观上具有加损害于他人之故意。第

二，双方实施了串通行为，即双方在具有通过订立合同损害他人利益的故意的基础上，进行了意思上的联络，从而共同作出订立合同的行为。这种串通既可以是双方共同就此加以磋商并签订合同，也可以是一方当事人提出后，另一方明知对方此加害故意而接受。第三，合同的履行将造成对被代理人利益的损害。此种情况下，该代理行为本身是无效的，而且就被代理人的损害，应当由代理人和第三人依据共同侵权的规定承担连带责任。

（本条由尹飞撰写）

第二节　委托代理

第一百六十五条

委托代理授权采用书面形式的，授权委托书应当载明代理人的姓名或者名称、代理事项、权限和期限，并由被代理人签名或者盖章。

本条主旨

本条对委托代理授权作出了规定。

相关条文

《民法总则》第 165 条规定：“委托代理授权采用书面形式的，授权委托书应当载明代理人的姓名或者名称、代理事项、权限和期间，并由被代理人签名或者盖章。”

《民法通则》第 65 条规定：“民事法律行为的委托代理，可以用书面形式，也可以用口头形式。法律规定用书面形式的，应当用书面形式。”“书面委托代理的授权委托书应当载明代理人的姓名或者名称、代理事项、权限和期间，并由委托人签名或盖章。”“委托书授权不明的，被代理人应当向第三人承担民事责任，代理人负连带责任。”

理解与适用

（一）委托代理

委托代理这个概念并非强调委托代理权的内部基础关系必然是委托合同，委托合同是委托代理权的基础关系之一，劳动合同、合伙协议等同样可以作为委托代理权的基础关系。《民法典》在“委托代理”这一节中，于第170条规定了职务代理作为委托代理的一种类型，而职务代理权的基础关系并非委托合同，而是职务关系。这表明了委托代理权的基础关系是多元化的。

委托代理概念所真正强调的是委托代理权是根据被代理人的意思而产生的，故学理上多称之为“意定代理”。价值判断上，在委托代理中，被代理人的意思表示中包含代理人所作出的代理行为对自己产生效力的效果意思，根据此种意思，基于委托代理权所作出的代理行为的效果归属于被代理人。这与意思自治原则并不矛盾，甚至扩大了被代理人意思自治的可能性。相对应地，法定代理强调的是法定代理权产生于法律规定，价值上突出填补被代理人不能或只能有限行使意思自治所产生的不足。①

（二）授权关系和基础关系

1. 委托代理中的法律关系

在委托代理所涉及的整体法律关系中，采取双重分离技术，即内部关系与外部关系的分离、基础行为（基础关系）与代理授权行为（授权关系）的分离。

2. 代理授权行为的独立性

按照本条文义，能够产生委托代理权的是“委托代理授权”行为，而非委托等基础行为，因此，基础行为和代理授权行为应予区分。

以最为典型的委托合同为例：并非所有的委托合同都伴随着代理权，例如委托开发某项产品但不得对外作出民事法律行为或者仅委托传达，此时即没有代理权问题。即使委托合同伴随着代理权，但产生代理权的行为并非作为基础行为的委托合同，而是代理授权行为。代理权是一种代理人取得以自己的意思表示改变被代理人的法律地位的法律权力（Rechtsmacht），由被代理人承受代理行为的法律效果，但代理人本人并没有根据代理权获得利益。换言之，代理权属于一种私法中的权力而非权利。② 同时，代理授权行为并不会课予代理人义务，只要代理权力未行使就无法产生权利、义务，故代理授权行为并非债的发生原因。③ 因此，委托合同仅仅产生债权债务关系，产生私法中的权利，而代理授权行为的产

① 卡尔·拉伦茨. 德国民法通论：下册. 王晓晔，等译. 北京：法律出版社，2003：817-818.

② 意定代理权的德语是Vollmacht，恰恰显示出将代理权作为一种权力而非权利的考虑，《欧洲民法典草案》第2-6：102条也将代理权限界定为能够影响被代理人法律地位的权力。关于代理权的性质，参见卡尔·拉伦茨. 德国民法通论：下册. 王晓晔，等译. 北京：法律出版社，2003：827. 朱庆育. 民法总论. 北京：北京大学出版社，2013：328。

③ 王泽鉴. 债法原理. 北京：北京大学出版社，2009：282.

生将代理行为效果归属于被代理人的私法权力，两者在法律效果上显然不同，效果意思的区分成为基础行为与代理授权行为之区分的基础。在通常的律师委托行为中，可以看到其中的区别：双方通常要先签订一个委托合同，之后再由委托人出具授权委托书，产生代理权的并非委托合同，而是授权委托书所表现出来的代理授权行为。

代理授权行为和基础行为区分的体系影响在于，代理授权行为所产生的代理权成为独立的民法制度组成，由《民法典》之总则编予以规定，而非被纳入委托等基础行为的规则的规制范围中。同时，对于代理权的有无、权限范围和无代理权时相对人的善意原则上都依据代理授权行为而非基础行为予以判断，在两者不一致时，应以代理授权行为作为依据。由此，该区分中最为重要的价值考虑是使相对人原则上无须对基础行为予以审查，而仅需审查代理授权行为中的代理权有无和权限，从而增加无权代理中相对人善意认定的可能性，降低相对人对代理权有无和权限范围的审查成本。[①]

3. 代理授权行为的无因性

与代理授权行为独立性不同的问题是其无因性问题。代理授权行为的无因性以其独立性为前提，但独立性并不必然伴随着无因性。所谓代理授权行为的无因性，最早由耶林提出，拉邦德予以系统论述[②]，其含义是代理授权行为抽象于基础行为存在，前者的效力不受后者的效力瑕疵的影响。其目的在于保护相对人的交易安全，避免相对人受到被代理人与代理人之间的基础关系影响，同时使代理权限不受基础关系中的内部指示的限制。

代理授权行为的无因性与德国法中物权行为的无因性价值目标相同。但是，物权行为作为加利行为，本身就可以实现行为的经济目的，基础关系无效必然会产生得利的正当性问题，因此要通过不当得利予以纠偏；而代理授权行为仅仅产生代理权，代理人还必须作出代理行为，否则无法实现授权行为的目的，因此基础关系无效，不会产生得利问题，无涉不当得利。在处分领域中，物权行为和代理授权行为也存在诸多不同：代理权并非权利，由于人身信任关系也不具有如物权那样强的可处分性，并且代理授权行为采取形式自由原则，无所谓物权变动那

---

① 卡尔·拉伦茨. 德国民法通论：下册. 王晓晔，等译. 北京：法律出版社，2003：856. 谢鸿飞. 代理部分立法的基本理念和重要制度. 华东政法大学学报，2016（5）. 当然，对于是否承认代理授权行为的独立性仍然存在争论，但这些争论在是否应当和如何保护相对人这个价值判断问题上并无区别。承认独立性可以实现对相对人的保护，不承认独立性同样可以通过其他方式实现对相对人的同等程度的保护，因此这些仅仅是理论性争议而已，争论本身不会导致价值判断上的区别。对此请参见山本敬三. 民法讲义：Ⅰ·总则. 3版. 解亘，译. 北京：北京大学出版社，2012：290。

② Vgl. Zweigert/Kötz，Einführung in die Rechtsvergleichung，Aufl. 3，Tübingen，1996，S. 431.

样的公示公信，因此代理授权行为的无因性不具有制度基础，在处分领域中也不具有物权行为无因性中所设想的如此强的交易安全需求。即使如德国法那样承认了代理授权行为的无因性，但《德国民法典》第168条第一句规定了基础关系的消灭会导致代理权消灭，并未彻底贯彻代理授权行为的无因性。在我国法中，如果不承认物权行为的无因性，则更不应承认代理授权行为的无因性。①

从价值上考量，在代理授权行为的无因性构造下，由于基础行为的效力瑕疵不影响代理授权行为的效力，代理人的行为仍然会构成有权代理，这不符合被代理人可推断的意思；虽然于对相对人予以保护更有利，但却涉及对恶意相对人的过分保护，无法将恶意相对人排除在保护范围之外，导致价值实现的偏离。② 即使要对善意相对人予以保护，在有因性构造下同样能够实现：当基础关系存在嗣后的内部限制，或者被代理人与代理人的基础关系无效或被撤销，而代理人的无权代理行为已经发生，在相对人合理信赖的前提下，构成表见代理时，同样实现了对相对人的合理信赖和交易安全的保护。两相比较，代理权授予行为的有因性不仅能够实现保护交易安全的目的，且能够排除对恶意相对人的保护，价值判断上更为妥当。因此，应认为我国法无须承认代理授权行为的无因性。

《民法典》第173条第2项规定了被代理人取消委托或代理人辞去委托会导致委托代理的终止。取消委托或辞去委托的含义并不明确，文义上包含了代理授权行为的撤回、撤销，也包含了基础行为因解除、无效或被撤销等而终止。如果基础行为的无效、被撤销等构成了被代理人取消委托或代理人辞去委托，进而导致了委托代理权的消灭，则这隐含着代理授权行为的效力受到了基础行为之效力瑕疵的影响，表明采纳了代理授权行为的有因性原则。

（三）代理授权行为

代理授权行为仅仅产生代理权，不会使代理人因此享有权利、承担义务，代理人的义务仅仅基于基础行为或法律规定而非代理授权行为而发生，因此，从利益上判断，代理授权行为无须代理人同意，因此，代理授权行为应是《民法典》第134条第1款所规定的基于被代理人单方意思表示即可成立的单方民事法律行为，适用关于民事法律行为的一般规定。需注意的是，代理授权行为也需要行为人具有相应的民事行为能力，如果限制民事行为能力人作出超出其年龄、智力或精神健康状况

① 陈自强．代理权与经理权之间．北京：北京大学出版社，2008：71．朱庆育．民法总论．北京：北京大学出版社，2013：335．

② 谢鸿飞．代理部分立法的基本理念和重要制度．华东政法大学学报，2016（5）．叶金强．论代理权授予行为的有因构造．政法论坛，2010（1）．冉克平．代理授权行为无因性的反思与建构．比较法研究，2014（5）．殷秋实．论代理权授予与基础行为的联系．现代法学，2016（1）．

的代理授权行为这种单方民事法律行为，该民事法律行为应是无效的，而非依据《民法典》第 145 条第 1 款是效力待定的民事法律行为。代理授权行为作为民事法律行为也可以附条件或期限，虽然这会导致行为效力的不确定，但是从利益上判断，相对人完全可以因为效力不确定的代理授权行为而选择不进行交易，从而避免利益受损，因此，代理授权行为附条件或期限对相对人之利益并无影响。

代理授权行为的方式是多样的。(1) 可以是内部授权，此时代理授权意思表示的相对人是代理人，适用《民法典》第 137 条的规定；在内部授权后，可以补充以对交易相对方进行通知或对外进行公告，这种通知或公告并非民事法律行为，而应是准民事法律行为。(2) 也可以是外部授权。此时代理授权意思表示或者以交易相对方作为相对人，从而同样适用《民法典》第 137 条的规定，或者公告方式，从而适用《民法典》第 139 条的规定，该意思表示自公告发布时生效。这种区分对于代理授权意思表示的解释和代理权的权限判定具有意义，在《民法典》第 142 条的具体适用上，在仅存在内部授权的情形下，意思表示解释以代理人的理解为考虑因素；在存在对特定相对人的授权或通知时，意思表示解释以该特定相对人的理解为考虑因素。在存在不特定相对人的公告时，以该相对人群体的平均理解为考虑因素。① 同时，该区分对于表见代理中相对人善意的判断也具有意义，例如，在存在外部授权、通知的情形中，即使被代理人内部撤回了代理权，但并未以相同方式通知相对人，之后无权代理人作出代理行为的，仍一般应推定相对人为善意。

代理授权意思表示可以是明示，也可以是默示，最典型的就是《民法典》第 170 条规定的职务代理，只要存在内部的职权关系，即使不存在明示的代理授权意思表示，也可认为默示在职权范围内授予代理权。②

代理授权行为是不要式法律行为。③ 本条中的“委托代理授权采用书面形式的”，并非表明委托代理授权必须采用书面形式，相反，其意味着委托代理授权可采用也可不采用书面形式。即使代理行为是要式行为，代理权授予行为也无须为要式行为，除非在房地产或证券交易等情形中法律另有特殊规定或与形式条款的目的存在冲突。④

① 卡尔·拉伦茨. 德国民法通论：下册. 王晓晔，等译. 北京：法律出版社，2003：862.

② Staudinger/Schilken，2004，§167，Rn. 13. 欧洲民法典研究组，欧盟现行私法研究组. 欧洲私法的原则、定义与示范规则：第 1～3 卷. 高圣平，等译. 北京：法律出版社，2014：369.

③ 《民法通则》第 65 条第 1 款.

④ 王泽鉴. 债法原理. 北京：北京大学出版社，2009：276. 维尔纳·弗卢梅. 法律行为论. 迟颖，译. 北京：法律出版社，2013：1028. 在形式规定具有警示功能时，如果代理授权行为不遵守代理行为的形式要件，则会导致警示目的无法实现.

(四) 授权委托书

代理授权行为采用书面形式的，其书面形式被称为“授权委托书”。授权委托书仅仅是证明代理授权行为的证据，但却是常见而且有益的一种书面形式。如果存在授权委托书，即使代理权尚未授予或消灭，善意相对人的信赖仍然要受到保护，授权委托书是判断相对人是否善意的初步证据和确定代理权限的基本依据。如果代理人从事单方民事法律行为时未出示授权委托书，并且相对人因此毫不迟延地拒绝了该民事法律行为，则即使代理权存在，该行为的后果也不能由被代理人承担。而出示授权委托书为相对人创造了明确的法律状况，因此，相对人没有受保护的必要。①

本条规定延续了《民法通则》第 65 条第 2 款的内容，据此，授权委托书应当载明代理人的姓名或者名称、代理事项、权限和期间，并由被代理人签名或者盖章。虽然本条使用了“应当”，但应将此理解为宣示性条款，仅仅意味着提示被代理人为避免风险和不确定所可载明的事项，不具备其中某项并不意味着代理授权行为的不成立或无效。

（本条由朱虎撰写）

第一百六十六条

数人为同一代理事项的代理人的，应当共同行使代理权，但是当事人另有约定的除外。

本条主旨

本条对共同代理作出了规定。

相关条文

《民法总则》第 166 条规定：“数人为同一代理事项的代理人的，应当共同行使代理权，但是当事人另有约定的除外。”

理解与适用

(一) 共同代理权的含义与产生

共同代理权即同一委托事项的代理人为两个以上且共同行使代理权。共同代

① 《德国民法典》第 174 条.

理权应与集合代理权区分开。所谓集合代理权，是指数个代理人同时为同一被代理人利益而分别行使的代理权，例如，被代理人分别授权不同的代理人在不同地方采购同一型号的钢材。集合代理权本质上是数个代理权，每个代理人可分别行使其代理权。[①] 根据本条之“当事人另有约定的除外”，被代理人在关于同一事项的同一个代理授权行为中没有明确说明各代理人的代理权限的，应推定为共同代理；但是，如果关于同一事项，被代理人分别实施了不同的代理授权行为，则每一个代理人都享有单独代理权，除非被代理人另有意思表示。

共同代理权既可以基于当事人约定成立，从而是意定共同代理权，适用本条，也可以是法定共同代理权，例如，未成年人的父母作为法定共同代理人。对法定共同代理权，《民法典》未作出明确法律规定。基于同样的制度目的和利益状况，应类推适用本条规定，以避免法定共同代理人意见不一致时出现无所适从的局面。[②]

（二）共同代理权的行使

依本条规定，共同代理人一般应当共同行使代理权。此规范意图在于借共同代理人之间的相互制约来维护被代理人的利益。既然目的在于维护被代理人的利益，那么被代理人当然可另作出不同的意思表示。同时，代理人作出消极代理行为，即代理受领他人的意思表示时，不涉及代理人之间相互制约的问题，同时也不应当增加相对人送达意思表示的困难，以免对其产生不利影响，因此，对消极代理行为应不适用本条规定，对本条应作出目的性限缩解释。[③]

所谓的共同行使，是指共同代理人行使代理权时应共同协商。至于如何共同协商，应交由共同代理人之间的约定，如果欠缺明确约定，应认为须由全体共同代理人一致同意。如果代理人全体协议授权由一人为代理行为，则与共同代理目的没有违背，也应认为属于共同行使。[④] 同时，共同行使代理权并非意味着代理人同时作出意思表示，也可先后作出，此时代理行为于最后一个共同代理人为意思表示时发生效力。[⑤] 在共同行使代理权时，如果数个共同代理人中一人之意思表示存在意思欠缺、被欺诈或胁迫等情形，则代理行为具有瑕疵。[⑥]

（三）未共同行使代理权的代理行为

被代理人和代理人之间的关系属于基础关系范畴，而代理应重点解决的问题

---

① 梁慧星. 中国民法典草案建议稿附理由：总则编. 北京：法律出版社，2004：340.

② 朱庆育. 民法总论. 北京：北京大学出版社，2013：338.

③ 王泽鉴. 债法原理. 北京：北京大学出版社，2009：285. 迪特尔·梅迪库斯. 德国民法总论. 邵建东，译. 北京：法律出版社，2000：711.

④⑤⑥ 王泽鉴. 债法原理. 北京：北京大学出版社，2009：285.

是外部关系，因此本条偏离了规范重心；并且，在确定未共同行使代理权所作出的代理行为的效力之前，也无法判断所承担责任的性质、要件和范围为何。

如果共同代理人中之一人或数人未共同行使代理权而作出代理行为，则应认为作出代理行为的代理人超越了其所拥有的代理权，属于超越代理权的表现，应构成无权代理，适用《民法典》第 171、172 条关于无权代理和表见代理的规定。具言之，如果相对人有合理的理由相信代理行为为数人共同作出或作出代理行为的代理人享有单独代理权的，则代理行为的效果应由被代理人承担，之后被代理人可依据其与代理人之间的基础关系或侵权关系向代理人予以追偿。反之，代理行为的效果取决于被代理人是否予以追认；如果被代理人予以追认，则被代理人依据其与代理人之间的基础关系或侵权关系向代理人予以追偿；即使被代理人不予以追认，固然代理行为不能对被代理人发生效力，但被代理人仍可能因无权代理行为遭受其他损失，此时被代理人仍有权依据其与代理人之间的基础关系或侵权关系向代理人请求赔偿。

（本条由朱虎撰写）

第一百六十七条

代理人知道或者应当知道代理事项违法仍然实施代理行为，或者被代理人知道或者应当知道代理人的代理行为违法未作反对表示的，被代理人和代理人应当承担连带责任。

本条主旨

本条对违法代理的责任承担规则作出了规定。

相关条文

《民法总则》第 167 条规定："代理人知道或者应当知道代理事项违法仍然实施代理行为，或者被代理人知道或者应当知道代理人的代理行为违法未作反对表示的，被代理人和代理人应当承担连带责任。"

《民法通则》第 67 条规定："代理人知道被委托代理的事项违法仍然进行代理活动的，或者被代理人知道代理人的代理行为违法不表示反对的，由被代理人和代理人负连带责任。"

理解与适用

（一）意思联络情形中的连带责任

按照本条规定，可以区分为两种情形分别讨论，即：（1）代理事项违法而代理行为不违法；（2）代理事项不违法而代理行为违法。

第一种情形是代理事项违法而代理行为不违法。依据《民法典》第153条的规定，此时又有两种可能：代理事项违法导致被代理人和代理人之间的基础关系最终无效，或者最终有效。如果基础关系无效，根据有因性原则，代理授权行为随之也无效，因此代理人无代理权。此时应当适用《民法典》第171、172条的无权代理或表见代理规则，相对人有权请求无权代理人或者被代理人承担不同的责任，但并不会产生代理人和被代理人之间的连带责任。如果基础关系有效，则代理人有代理权。此时相对人有权请求被代理人承担代理行为的后果，此时仍不存在代理人和被代理人之间的连带责任。

第二种情形是代理事项不违法而代理行为违法。依据《民法典》第153条的规定，此时同样有两种可能，即代理行为最终无效，或者最终有效。由于此时代理人享有代理权，所以在代理行为有效时，不管被代理人是否知道或应当知道代理行为违法，被代理人都要对相对人承担代理行为的后果，之后被代理人有权依据其与代理人之间的基础关系或侵权关系向代理人追偿；在代理行为无效时，因为代理行为的后果由被代理人承担，此时同样应由被代理人承担代理行为无效的后果，而无须考虑被代理人是否知道或应当知道代理行为违法，之后被代理人同样有权依据其与代理人之间的基础关系或侵权关系向代理人追偿。可见，无论如何，并不会产生被代理人和代理人之间的连带责任。

因此，在代理事项违法或代理行为违法的情形中，原则上并无被代理人和代理人之间的连带责任。① 即使在有权代理的情形中代理行为违法，但相对人本来信赖的就是被代理人而非代理人，为保护此种信赖，不论被代理人是否知道或应当知道代理人的代理行为违法，仅需被代理人向相对人承担代理行为无效或有效的后果即可。如果让被代理人和代理人承担连带责任，则对相对人的保护超过了相对人的信赖程度。主张此时被代理人和代理人承担连带责任，可能的正当理由在于，加强代理人和被代理人相互之间对违法事项的监督，避免违法行为的发生。即使如此，加强相互监督这个目的是否需要通过对相对人更优保护的连带责任予以实现，仍然存在疑问，因为被代理人对相对人承担责任之后，仍有权向代

① 同样观点，参见马新彦．民法总则代理立法研究．法学家，2016（5）。

理人予以追偿，这种方式同样能够实现加强被代理人和代理人之间相互监督的制度目的。

基于以上原因，对本条应在另外一个方向上予以理解。在代理人知道或应当知道代理事项违法仍然实施代理行为，或者被代理人知道或者应当知道代理人的代理行为违法未作反对表示的情况下，被代理人和代理人构成了主观上的意思联络，如果致使相对人遭受损失，则相对人有权请求代理人和被代理人承担连带的缔约过失责任或侵权责任。当然，本条并未涉及代理人和被代理人之间内部关系问题，对该问题应依据代理人和被代理人之间的内部基础关系或侵权关系予以解决。

（二）相对人的选择权

代理人知道或者应当知道代理事项违法仍然实施代理行为，或者被代理人知道或者应当知道代理人的代理行为违法未作反对表示的，相对人有权根据上述情形分别依据《民法典》第162、171条或第172条请求代理人或被代理人承担不同的责任，同时，相对人也有权依据本条请求代理人和被代理人承担连带的缔约过失责任或侵权责任。由于责任承担主体、构成要件和赔偿责任范围存在不同，相对人有权在不同的请求权中予以选择。

（本条由朱虎撰写）

第一百六十八条

代理人不得以被代理人的名义与自己实施民事法律行为，但是被代理人同意或者追认的除外。

代理人不得以被代理人的名义与自己同时代理的其他人实施民事法律行为，但是被代理的双方同意或者追认的除外。

本条主旨

本条对禁止自己代理和双方代理的规则作出了规定。

相关条文

《民法总则》第168条规定："代理人不得以被代理人的名义与自己实施民事法律行为，但是被代理人同意或者追认的除外。""代理人不得以被代理人的名义与自己同时代理的其他人实施民事法律行为，但是被代理的双方同意或者追认的除外。”

理解与适用

本条规定了禁止自己代理和双方代理的规则。所谓的自己代理，是指代理人以被代理人的名义与自己实施民事法律行为；双方代理，是指代理人以被代理人的名义与自己同时代理的其他人实施民事法律行为。在自己代理中，被代理人的利益和代理人自己的利益之间会发生冲突；在双方代理中，双方被代理人的利益之间会发生冲突。因此，为了避免此种利益冲突，保护被代理人的利益，原则上禁止自己代理和双方代理。

(一) 民事法律行为效果的承担

禁止自己代理和双方代理是为了避免利益冲突，从而保护被代理人的利益，因此，自己代理中被代理人事先同意或者双方代理中被代理人均事先同意的，此为意思自治的表现，自当容许。此时，代理行为的效果由被代理人承担。在双方代理中，如果仅有一方被代理人事先同意，则代理行为仅对另一方被代理人不发生效力，由其决定是否追认。对事先同意根据被代理人的意思表示予以解释，例如，双方被代理人均提出卖出和买进的价格范围，如果代理人双方代理作出民事法律行为所最终形成的价格在该价格范围内，则应认为该代理行为已经取得了双方被代理人的事先同意。

在未取得被代理人事先同意的情形中，代理人所作出的民事法律行为原则上对被代理人而言是效力待定的。代理权行使的限制主要有约定限制和法定限制两种，法定限制包括禁止自己代理、双方代理和其他代理权滥用行为。违反代理权的约定限制，属于《民法典》第 171 条所规定的“超越代理权”，所作出的民事法律行为效力待定，除非符合《民法典》第 172 条构成表见代理；违反禁止自己代理和双方代理这种代理权的法定限制，在利益结构和价值判断上应无不同，故所作出的民事法律行为的效力状态此时同样应为效力待定。[①] 并且，在自己代理中，相对人同时就是代理人，代理人是知情的，而在双方代理中，代理人的知情被认为是同时作为相对人的被代理人的知情，因此不可能构成表见代理。本条中的“追认”即显示出自己代理或双方代理所作出的民事法律行为原则上效力待定，但本条仅规定了代理行为效力待定后的被代理人的追认权。如类推适用《民

① 因此，有学者同样将这两种超越代理权法定限制作为无权代理，参见山本敬三. 民法讲义：Ⅰ·总则. 3 版. 解亘，译. 北京：北京大学出版社，2012：292。

法典》第171条第2款规定的无权代理规则，则在自己代理中，作为相对人的代理人享有催告权，但因具有恶意而不享有撤销权；在双方代理中，如果一方被代理人已经进行了追认，而另一方被代理人没有进行追认，则予以追认的该方被代理人应不再享有产生相反效果的撤销权，但其应享有催告权。被代理人不追认的，虽然代理行为对被代理人不发生效力，但被代理人仍可能遭受其他损失，此时被代理人有权依据其与代理人之间的内部基础关系或侵权关系向代理人请求赔偿。

但是，自己代理和双方代理作出的代理行为对被代理人而言效力待定这个规则应存在以下例外。

第一，如果是基于自己代理或双方代理作出的单方民事法律行为，此时对被代理人而言应不是效力待定而是无效，由此避免法律状态的不确定。

第二，不会出现利益冲突的情形。根据本条的制度目的，在不会出现利益冲突的情形中，应对本条进行目的性限缩解释，即使被代理人未事先同意，仍应允许自己代理和双方代理。所谓的不会出现利益冲突的情形，包括被代理人纯获利益的行为和专为义务履行的行为。① 纯获利益的民事法律行为，与《民法典》第22条和第145条第1款规定的保持一致，在自己代理中，使被代理人纯获利益的行为，不会出现利益冲突，此时代理行为有效，最典型的就是无任何负担的动产赠与，此时代理人可以代理被代理人作出有效的接受赠与意思表示；在双方代理中，如果一方被代理人纯获利益，则代理行为对该方被代理人而言有效。至于专为义务履行的民事法律行为，代理人不作出法律决定，无涉双方利益的冲突、权衡，仅仅代理履行内容已经事先确定的义务的，因这一义务在任何情况下均应得到履行，因此不存在对被代理人的不合理损害。②但应注意，此时所谓的专为义务履行的民事法律行为，适用上应受很大的限制。行使法定抵销权的行为可被认为是专为义务履行的民事法律行为，但代物清偿、协议抵销仍有损害被代理人利益的可能性，仍会出现利益冲突，故应被认为并非专为义务履行的民事法律行为。此外，清偿行为、登记申请行为等涉及债务履行的行为性质上是否是民事法律行为？如果不承认其为民事法律行为，则在不承认物权行为的前提下，自然无所谓代理，此时仅可能基于相似的利益状态而类推适用代理的规则。③

---

① 慕斯拉克，豪．德国民法概论：第14版．刘志阳，译．北京：中国人民大学出版社，2016：360及以下．卡尔·拉伦茨．德国民法通论：下册．王晓晔，等译．北京：法律出版社，2003：831及以下．

② 朱庆育．民法总论．北京：北京大学出版社，2013：341．布洛克斯，瓦尔克．德国民法总论．张艳，译．北京：中国人民大学出版社，2012：354．

③ 同样观点，参见马新彦．民法总则代理立法研究．法学家，2016（5）。

（二）类推适用和目的性扩张

本条所规定的是对委托代理权的限制，但相似的利益状态也出现于法定代理权中，故本条可类推适用于法定代理权情形中。例如，法定代理人也不能以被代理人的名义与自己实施民事法律行为，但如果是使被代理人纯获利益的行为，最典型的就是法定代理人对被代理人进行无任何负担的动产的赠与，则法定代理人此时可代理被代理人作出有效的接受赠与意思表示。

同样，根据本条的制度目的，本条应目的性扩张适用于其他具有实质性利益冲突的情形，包括：实质上的自己代理，例如相对人是代理人的配偶，被代理人事先委托相对人选任代理人，以及其他存在实质性利益冲突的情形。①

（本条由朱虎撰写）

第一百六十九条

代理人需要转委托第三人代理的，应当取得被代理人的同意或者追认。

转委托代理经被代理人同意或者追认的，被代理人可以就代理事务直接指示转委托的第三人，代理人仅就第三人的选任以及对第三人的指示承担责任。

转委托代理未经被代理人同意或者追认的，代理人应当对转委托的第三人的行为承担责任；但是，在紧急情况下代理人为了维护被代理人的利益需要转委托第三人代理的除外。

本条主旨

本条对转委托代理（复代理）作出了规定。

相关条文

《民法总则》第169条规定：“代理人需要转委托第三人代理的，应当取得被代理人的同意或者追认。”“转委托代理经被代理人同意或者追认的，被代理人可以就代理事务直接指示转委托的第三人，代理人仅就第三人的选任以及对第三人的指示承担责任。”“转委托代理未经被代理人同意或者追认的，代理人应当对转委托的第三人的行为承担责任，但是在紧急情况下代理人为了维护被代理人的利

---

① 山本敬三. 民法讲义：Ⅰ·总则. 3版. 解亘，译. 北京：北京大学出版社，2012：294. 迪特尔·梅迪库斯. 德国民法总论. 邵建东，译. 北京：法律出版社，2000：725及以下.

益需要转委托第三人代理的除外。”

《民法通则》第 68 条规定：“委托代理人为被代理人的利益需要转托他人代理的，应当事先取得被代理人的同意。事先没有取得被代理人同意的，应当在事后及时告诉被代理人，如果被代理人不同意，由代理人对自己所转托的人的行为负民事责任，但在紧急情况下，为了保护被代理人的利益而转托他人代理的除外。”

理解与适用

转委托代理也即复代理，是指代理人以自己的名义为被代理人选任代理人。此时，被代理人选任的代理人是本代理人，代理人选任的代理人是复代理人，复代理人并非被代理人选任的，因此，复代理人并非《民法典》第 166 条所规定的共同代理人。复代理权是代理人以自己的名义授予复代理人代理被代理人的代理权，复代理人以被代理人名义作出代理行为。

复代理权的权限范围可能小于或者等于本代理权的权限范围，但不能大于本代理权的权限范围，并且本代理权的终止会导致复代理权的终止。应予区分的情形是，被代理人以新代理人替换原代理人，此时被代理人授予新代理人以新的代理权，新代理权权限范围可能不同于甚至大于原代理权的权限范围，新代理权是否终止与原代理权的终止无关。

(一) 本代理人的复任权

本代理人是否具有选择复代理人的复任权，取决于本代理人和被代理人之间的约定。但欠缺明确约定时，按照本条第 1 款的规定，本代理人不具有复任权，除非经过被代理人的同意或追认。这是基于维护被代理人利益的价值考量：被代理人之所以选择某人作为代理人，是因为被代理人对代理人的资格、能力等的信任，但这并不意味着被代理人就必然信任代理人基于其对他人的个人信任而选择的该他人。

(二) 经被代理人的同意或追认

本代理人选任复代理人，应经过被代理人事先同意或事后追认。依据《民法典》第 140 条第 1 款的规定，被代理人的同意或追认的意思表示可以是明示，例如被代理人事先与本代理人约定了本代理人选任复代理人的权限，也可以通过其行为予以默示。但是，被代理人知道或应当知道本代理人选任复代理人而未表示反对的，依据《民法典》第 140 条第 2 款，这种单纯的沉默原则上不能被认为构成同意或追认的意思表示，除非存在法律规定、当事人约定或当事人之间的交易习惯。这一点在最高人民法院之前的司法解释中也体现出来，例如《最高人民法院关于审理海上货运代理纠纷案件若干问题的规定》第5条第2款规定：没有约定转委托权限，货运代理企业或第三人以委托人知道货运代理企业将海上货运代理事务转委托或部分转委托第三人处理而未表示反对为由，主张委托人同意转委托的，人民法院不予支持，但委托人的行为明确表明其接受转委托的除外。

如果经过了被代理人的事先同意或事后追认，则在外部关系中，此时复代理人就是被代理人的有权代理人，以被代理人的名义作出的代理行为的后果直接归属于被代理人；在其他方面，应适用代理的一般规则，例如，如果复代理人无权代理，则由复代理人作为无权代理人依据《民法典》第171条第3、4款对相对人承担无权代理责任；复代理人和被代理人之间的内部责任同样适用代理的一般规则，被代理人有权依据内部基础关系或侵权关系请求复代理人承担赔偿责任；对相对人依据《民法典》第172条予以表见代理的保护。

在本代理人、被代理人与复代理人之间的内部关系中，除适用代理的一般规则之外，在向复代理人指示的问题上，应依据本代理人和被代理人之间的约定，判断是由被代理人还是由本代理人向复代理人指示代理事项。在本代理人和被代理人没有明确约定时，依据《民法典》的规定，被代理人有权就代理事务直接指示复代理人。在本代理人的指示和被代理人的指示存在矛盾时，由于最终是由被代理人承担代理行为的后果，故应以被代理人的指示为准。

在本代理人选任复代理人经过被代理人事先同意或事后追认后，依据本条规定，代理人仅就第三人的选任以及对第三人的指示承担责任。这指的是本代理人与被代理人之间的内部关系，本代理人仅依据其与被代理人之间的内部关系就对复代理人的选任和指示对被代理人承担责任。根据保护被代理人利益的制度目的，对此应进行目的性扩张解释，本代理人还需就其选任复代理人之后的监督承担责任。① 这意味着，本代理人对被代理人承担责任以本代理人作出了真正的选任、指示或监督行为作为前提。如果被代理人明确指定了复代理人，本代理人并无选择复代理人的自由，则此时本代理人自然无须就复代理人的选任对被代理人承担责任。但是即使如此，如果本代理人明知复代理人存在不胜任等情形却怠于通知被代理人或者未尽对被代理人明确指定的复代理人的监督责任，则本代理人仍应对被代理人承担责任。② 在被代理人就代理事务直接或者通过本代理人指示复代理人的情形中，同理，本代理人自然无须就对复代理人的指示向被代理人承担责任。

---

① 关于同样观点，参见马新彦．民法总则代理立法研究．法学家，2016（5）。

② 参见《日本民法典》第105条第2款。

至于本代理人和复代理人之间的责任问题，依据本代理人和复代理人之间的内部关系予以解决。

（三）紧急情况为了维护被代理人的利益

在紧急情况下，代理人为了维护被代理人的利益需要转委托第三人代理的，无须经过被代理人的同意或追认。所谓紧急情况，是指由于急病、通讯联络中断等特殊原因，委托代理人自己不能办理代理事项，又不能与被代理人及时取得联系，如不及时转托他人代理，会给被代理人的利益造成损失或者扩大损失。

紧急情况下的复代理所产生的法律后果与经过被代理人同意或追认的复代理所产生的法律后果相同。本条第3款前面规定“代理人应当对转委托的第三人的行为承担责任”，后面紧接着规定“但是，在紧急情况下代理人为了维护被代理人的利益需要转委托第三人代理的除外”。这容易使人误解为本代理人无须对复代理人的行为向被代理人承担责任。但是，按照体系解释和价值考量，即使是紧急情况下的复代理，在本代理人与被代理人的内部关系中，本代理人仍然要就对复代理人的选任、指示和监督向被代理人承担责任。

（四）非紧急情况下未经被代理人同意或者追认

在非紧急情况下，如果本代理人选任复代理人未经被代理人同意或者追认的，则在外部关系中，复代理人无代理权，适用《民法典》第171、172条的规定。如果不构成表见代理，且被代理人不追认的，依据本条，本代理人应当对复代理人的行为承担责任。但这仍然存在不清晰之处：是本代理人向相对人直接承担无权代理的责任，还是先由复代理人向相对人承担责任，然后由本代理人向复代理人承担责任呢？[①] 此时应当区分不同的情形：如果复代理人向相对人表明自己是复代理人，显示出多层代理关系，则相对人信赖本代理人是被代理人的代理人，此时无权代理责任由本代理人直接向相对人承担；相反，如果复代理人未表明自己是复代理人，则相对人信赖复代理人是被代理人的代理人，为保护相对人的信赖，无权代理责任由复代理人向相对人承担，本代理人不直接向相对人承担责任。[②] 复代理人和本代理人之间的内部责任承担依据他们的内部关系予以解决。

（本条由朱虎撰写）

---

① 争论意见参见黄立．民法总则．北京：中国政法大学出版社，2002：414．布洛克斯，瓦尔克．德国民法总论．张艳，译．北京：中国人民大学出版社，2012：331及以下。

② 朱庆育．民法总论．北京：北京大学出版社，2013：340．卡尔·拉伦茨．德国民法通论：下册．王晓晔，等译．北京：法律出版社，2003：880及以下．迪特尔·梅迪库斯．德国民法总论．邵建东，译．北京：法律出版社，2000：749.

第一百七十条

执行法人或者非法人组织工作任务的人员，就其职权范围内的事项，以法人或者非法人组织的名义实施的民事法律行为，对法人或者非法人组织发生效力。

法人或者非法人组织对执行其工作任务的人员职权范围的限制，不得对抗善意相对人。

本条主旨

本条对职务代理作出了规定。

相关条文

《民法总则》第170条规定："执行法人或者非法人组织工作任务的人员，就其职权范围内的事项，以法人或者非法人组织的名义实施民事法律行为，对法人或者非法人组织发生效力。""法人或者非法人组织对执行其工作任务的人员职权范围的限制，不得对抗善意相对人。"

理解与适用

（一）职务代理与代表

职务代理与代表在构造上应合一还是分开，与对法人和非法人组织采取拟制理论还是实在理论相关。拟制理论和实在理论均承认团体的权利能力，但两者的区分点在于是否承认民事行为能力。拟制理论否认民事行为能力，因此必须引入代理，此时代表和职务代理合一；而实在理论承认行为能力，法定代表人是法人或非法人组织的对外代表机构，非法定代表人的民事法律行为只能通过代理由法人或非法人组织承担代理行为后果，此时代表和职务代理分开。[①]《民法典》第57条明确承认了法人的民事行为能力，第108条规定非法人组织参照法人的一般规定。这是以实在理论作为基础，故职务代理和代表在规范上也得到区分。《民法典》第61条及规定条文了代表，而本条规定了职务代理。

因此，本条所规定的"执行法人或者非法人组织工作任务的人员"指的是法人或非法人组织的机构（包括作为对外代表机构的法定代表人）之外的人员，其

---

① 对此的争论，参见博伊庭．德国公司法中的代表理论．邵建东，译//梁慧星．民商法论丛：第13卷．北京：法律出版社，2000．龙卫球．民法总论．北京：中国法制出版社，2001：320及以下。当然，在理论和规范上区分代表和代理，更多是理论解释上的不同，法定代表人机关与法人的关系和代理人与被代理人的关系在实践后果和价值判断上并无显著不同。

在职权范围内所作出的代理行为，应由作为被代理人的法人或者非法人组织承担法律后果，即本条所规定的“对法人或者非法人组织发生效力”。本条和《民法典》第 61 条及以下条文所规定的法定代表结合在一起，体现出《民法典》民商合一的立法特色。

（二）职务代理权的产生和权限范围

如上文所述，委托代理概念所真正强调的是委托代理权是根据被代理人的意思所产生的，从而体现意思自治。职务代理同样是依据作为被代理人的法人或者非法人组织的意思而产生的，故同样属于委托代理的一种。

根据《民法典》第 165 条的规定，委托代理权产生于代理授权行为，但有争论的是职务代理权是否同样产生于代理授权行为。[①] 肯定者和否定者对代理授权行为的理解并不相同。持职务代理权并非产生于代理授权行为观点者将代理授权行为理解为必须是明示的，而在职务代理中通常不存在明示和书面的代理授权行为，因此，职务代理权产生于职务而非代理授权行为。但是，代理授权行为并非必须是明示的，也可以是默示的，在一般的委托代理中，同样存在非明示的代理授权行为。在职务代理中，即使被代理人没有明示的代理授权行为，但是由于代理人和被代理人内部基础关系的存在，只要被代理人没有明确的相反意思，就可以推断出被代理人意图使代理人在职务范围内拥有代理权，故可认为此时存在默示的代理授权行为。[②]

在职务代理权产生于默示的代理授权行为的情形中，关键是职权范围即代理权限的认定。在被代理人没有明确意思的情形下，应依据法律（例如《公司法》第 49 条关于有限责任公司经理之职权的规定）、行政法规、交易习惯、相对人知悉的公司章程或合伙协议以及法人或非法人组织的规定来具体判断职务代理人的职权范围。[③]

---

① 采肯定观点者有张俊浩．民法学原理．北京：中国政法大学出版社，2000：314。采取否定观点，认为职务代理权产生于职务而非特别的代理授权行为者有王利明．民法总则研究．2 版．北京：中国人民大学出版社，2012：629. 魏振瀛．民法．北京：北京大学出版社，高等教育出版社，2000：174。

② Staudinger/Schilken，2004，§167，Rn. 13. 迪特尔・梅迪库斯．德国民法总论．邵建东，译．北京：法律出版社，2000：708. 欧洲民法典研究组，欧盟现行私法研究组．欧洲私法的原则、定义与示范规则．第 1～3 卷．高圣平，等译．北京：法律出版社，2014：369. 有学者认为，委托代理权并非仅产生于代理授权行为，还可能产生于法律规定、交易习惯、社会一般观念和当事人之间的基础关系，因此，委托代理权的来源是多元化的，其目的在于维护相对人的利益，维护交易安全．尹飞．体系化视角下的意定代理权来源．法学研究，2016（6）. 但是，同一目的之实现并非只有一种方式，即使认为委托代理权仅产生于代理授权行为，但是，代理授权行为可以是默示的，此时仍然可以通过表见代理制度保护相对人的利益。可见，在不同的理论构造下，并不会产生价值判断上的差异。

③ 王利明. 民法总则研究. 2 版. 北京：中国人民大学出版社，2012：629.

(三) 职务代理情形中的表见代理

依据本条第 2 款，如果法人或者非法人组织对职务代理人的职权范围予以限制，该限制不得对抗善意相对人。所谓的“不得对抗善意相对人”，是指在相对人为善意的情形下，由被代理人承担代理行为的后果。如果职务代理人无代理权而作出代理行为，此时自然应当适用《民法典》第 171 条规定的无权代理规则。在相对人有理由相信行为人有代理权，因而为善意的情形中，表见代理成立，适用《民法典》第 172 条，由作为被代理人的法人或非法人组织承担代理行为的后果，以保护相对人的利益。[1] 本条第 2 款仅规定了表见代理中超越代理权类型中的一种，属于表见代理的特殊规定。

之所以作出特殊规定，原因在于职务代理情形中表见代理构成的特殊性，即只要职务代理人无代理权且相对人为善意，表见代理就会成立，不会让表见代理的其他可能构成要件阻碍表见代理的成立。[2] 这体现出商事职务代理不同于民事代理而更为追求效率和外观信赖保护的特点，体现出《民法典》民商合一的立法特色。这一立法思想不仅应适用于职务代理人在职权范围被限制时超越该限制作出代理行为的情形，还应适用于职务代理人对代理行为无代理权的其他情形。

（本条由朱虎撰写）

第一百七十一条

行为人没有代理权、超越代理权或者代理权终止后，仍然实施代理行为，未经被代理人追认的，对被代理人不发生效力。

相对人可以催告被代理人自收到通知之日起三十日内予以追认。被代理人未作表示的，视为拒绝追认。行为人实施的行为被追认前，善意相对人有撤销的权利。撤销应当以通知的方式作出。

行为人实施的行为未被追认的，善意相对人有权请求行为人履行债务或者就其受到的损害请求行为人赔偿。但是，赔偿的范围不得超过被代理人追认时相对人所能获得的利益。

---

① 《江苏省高级人民法院关于适用〈中华人民共和国合同法〉若干问题的讨论纪要（一）》（苏高发审委〔2005〕16 号）采用了同样观点，其第 16 条第 4 款规定：法人或者他组织的工作人员超越其职权范围，以法人或其他组织的名义从事经营活动的，构成无权代理。相对人有理由相信有代理权的，构成表见代理。

② 具体请参见本书对《民法典》第 172 条所作的释评。

相对人知道或者应当知道行为人无权代理的，相对人和行为人按照各自的过错承担责任。

本条主旨

本条对无权代理作出了规定。

相关条文

《民法总则》第171条规定："行为人没有代理权、超越代理权或者代理权终止后，仍然实施代理行为，未经被代理人追认的，对被代理人不发生效力。""相对人可以催告被代理人自收到通知之日起一个月内予以追认。被代理人未作表示的，视为拒绝追认。行为人实施的行为被追认前，善意相对人有撤销的权利。撤销应当以通知的方式作出。""行为人实施的行为未被追认的，善意相对人有权请求行为人履行债务或者就其受到的损害请求行为人赔偿，但是赔偿的范围不得超过被代理人追认时相对人所能获得的利益。""相对人知道或者应当知道行为人无权代理的，相对人和行为人按照各自的过错承担责任。"

《民法通则》第66条规定："没有代理权、超越代理权或者代理权终止后的行为，只有经过被代理人的追认，被代理人才承担民事责任。未经追认的行为，由行为人承担民事责任。本人知道他人以本人名义实施民事行为而不作否认表示的，视为同意。""代理人不履行职责而给被代理人造成损害的，应当承担民事责任。""代理人和第三人串通、损害被代理人的利益的，由代理人和第三人负连带责任。""第三人知道行为人没有代理权、超越代理权或者代理权已终止还与行为人实施民事行为给他人造成损害的，由第三人和行为人负连带责任。"

《合同法》第48条规定："行为人没有代理权、超越代理权或者代理权终止后以被代理人名义订立的合同，未经被代理人追认，对被代理人不发生效力，由行为人承担责任。""相对人可以催告被代理人在一个月内予以追认。被代理人未作表示的，视为拒绝追认。合同被追认之前，善意相对人有撤销的权利。撤销应当以通知的方式作出。"

《合同法解释（二）》第12条规定："无权代理人以被代理人的名义订立合同，被代理人已经开始履行合同义务的，视为对合同的追认。"

理解与适用

（一）无权代理的构成

无权代理的构成以代理为前提，这要求无权代理人（行为人）必须以被代理人的名义作出民事法律行为。无权代理与有权代理的区别仅仅在于行为人有无代理权，两者的其他构成要件完全相同。同时，这也是无权代理和无权处分的最大区别：无权处分的前提是无处分权的行为人以自己的名义作出处分，而无权代理的前提是无代理权的行为人以被代理人的名义作出民事法律行为。

无权代理的构成还包括行为人无代理权。行为人无代理权具体而言有如下几种情形：第一，行为人自始无代理权，包括被代理人没有作出代理授权行为，代理授权行为本身无效或被撤销具有溯及自始的效力、被代理人和行为人之间的基础关系无效或被撤销等具有溯及自始的效力导致代理授权行为无效等情形。第二，行为人享有代理权但超越代理权，即行为人有代理权但超越了代理权限。第三，行为人在代理权终止后继续作出代理行为，即行为人之前享有代理权，但代理权依据《民法典》第173条终止且不具有溯及自始的效力，之后行为人依然作出代理行为。

（二）被代理人的追认权

1. 代理行为对被代理人而言的效力瑕疵

《民法典》第5条确立了自愿或意思自治原则，据此，在委托代理中，被代理人的意思表示中包含代理人作出的代理行为对自己产生效力的效果意思，根据此种意思，基于委托代理权作出的代理行为的后果归属于被代理人，这扩大了被代理人意思自治的可能性。但是，如果代理人无代理权，这意味着被代理人并无承担代理行为后果的意思表示，因此，代理行为的后果并不能直接由被代理人承担。故原则上而言，应由被代理人予以决定是否承担代理行为的后果，被代理人据此享有追认权。本条第1款即确定了这个一般规则。

但对该规则在如下情形中应予以目的性限缩解释：第一，无权代理行为是单方民事法律行为。此种情形中，该代理行为原则上对被代理人确定不发生效力，被代理人不承担代理行为的后果，且不享有追认权，因为相对人的意思表示对单方民事法律行为的效力没有影响。如果该单方民事法律行为对被代理人的效力完全取决于被代理人的追认，且相对人无撤销权予以保护，则可能会导致相对人过分地被动、不确定。但即使在单方民事法律行为的情形中，仍然可能例外地由被代理人享有追认权，包括：相对人未对无权代理人所提出的代理权提出异议；相对人同意无代理权的代理行为；无权代理行为系受领意思表示的消极代理。① 原因是，在前两种情形中，相对人自甘冒险，故其无须被特别保护；在最后一种情形中，意思表示由相对人作出，在意思表示到达前相对人有权依据《民法典》第

---

① 参见《德国民法典》第180条，《日本民法典》第118条。

141 条予以撤回，因此其无须其他特别保护。[①]

第二，如果行为人的代理行为构成无因管理，而无因管理是管理人以被管理人的名义作出民事法律行为，则作为无因管理的法律后果，被管理人（被代理人）应具有追认义务，作为管理人的行为人可请求被代理人承担代理行为的后果。[②]

2. 追认的意思表示

被代理人有权通过追认承担无权代理行为的法律后果。追认也是一种意思表示，故适用《民法典》关于意思表示的一般规定。

追认也需要被代理人具有相应的民事行为能力。如果被代理人是限制民事行为能力人，原则上需要由被代理人的法定代理人予以追认。依据《民法典》第 145 条第 1 款的规定，限制民事行为能力人例外地自己享有追认权，但此时不应当看他是否能够理解追认权的行使本身，而应当看无权代理行为是否对他来说属于纯获利益或与其年龄、智力、精神健康状况相适应的行为，否则限制民事行为能力人的追认行为作为单方民事法律行为应为无效。[③]

追认是有相对人的意思表示，追认既可以向行为人作出，也可以向相对人作出，但是，在相对人进行催告后，如果被代理人的追认意思表示仍可向代理人作出，则可能不利于保护相对人的利益，故此时应认为追认只能向相对人作出。[④]同时，根据《民法典》第 137 条的规定，对话意思表示自相对人知道其内容时生效，非对话意思表示到达相对人时生效[⑤]，且该意思表示可以根据《民法典》第 141 条予以撤回。

追认意思表示，依据《民法典》第 140 条的规定，可以是明示，也可以是默示。依据《民法典》第 140 条第 2 款，被代理人单纯的沉默只有在有法律规定、当事人约定或者当事人之间的交易习惯时，才可以被视为追认的意思表示。在代理行为被作出且相对人行使催告权后，被代理人单纯的沉默按照本条第 2 款规定，应被视为拒绝追认的意思表示。

追认的意思表示也会出现效力瑕疵。如果追认因重大误解、显失公平作出，或者基于相对人欺诈作出，或者基于相对人或无权代理人胁迫作出，被代理人自

① 布洛克斯，瓦尔克. 德国民法总论. 张艳，译. 北京：中国人民大学出版社，2012：318 及以下. 朱庆育. 民法总论. 北京：北京大学出版社，2013：350.

② 梁慧星. 民法总论. 4 版. 北京：法律出版社，2011：231. 王泽鉴. 债法原理. 北京：北京大学出版社，2009：295.

③ 纪海龙. 论无权代理中被代理人的追认权. 清华大学学报（哲学社会科学版），2002（3）.

④ 卡尔·拉伦茨. 德国民法通论：上册. 王晓晔，等译. 北京：法律出版社，2003：241 及以下.

⑤ 《合同法解释（二）》第 11 条即规定追认的意思表示自到达相对人时生效，这应仅适用于非对话方式的追认意思表示.

然享有撤销权。在被代理人基于行为人欺诈而为追认时，为保护相对人的利益，应适用《民法典》第149条关于第三人欺诈的规定，认为只有在相对人知道或应当知道无权代理人之欺诈行为时，被代理人才享有撤销权。

被代理人可否追认代理行为的部分，可考虑区分下列情况分别处理：其一，如果无权代理行为是可以分割的，则被代理人可以追认其中的一项或数项，除非不同部分相互连接，产生了价格等方面对被代理人的优惠；其二，如果无权代理行为是不可分割的，则原则上不可部分追认，除非相对人同意；其三，无论被代理人是追认全部还是追认部分代理行为，都必须是概括的追认，而不能只追认其中的有利内容、拒绝其中的不利内容。

3. 追认期限

被代理人享有追认权，但其是否予以追认和何时追认，对相对人而言并不清楚。此种状态的长期存在不利于相对人，使相对人可能丧失良好的商业机会，且被代理人能够以相对人的成本为代价进行投机。因此，《民法典》对被代理人的追认予以期限限制。

在相对人催告时，本条规定，相对人可以催告被代理人自收到通知之日起三十日内予以追认。被代理人未作表示的，视为拒绝追认。相对人催告时是否有权确定一个并非30日的其他追认期限？对此观点不一。① 基于利益衡量的考虑，如果被代理人和相对人有约定或法律存在特别规定，自然约定或特别规定优先，并无理由排除双方的意思自治；如果相对人催告时自行确定追认期限，则法定的30日期限应为最短期限，以避免损害被代理人的利益。

同时，本条并未规定相对人没有催告情形中的追认期限。如果被代理人和相对人有约定，自然约定优先；如果不存在明确约定，也不存在特别规定，未经催告时的追认期限应当为自被代理人知道或应当知道无权代理行为之日起的合理期限，交由法官结合交易习惯、交易性质、标的数额等因素予以确定。

4. 追认效果

本条第1款后段规定，未经被代理人追认的，对被代理人不发生效力。这意味着被代理人予以追认的，代理行为就对被代理人发生效力，被代理人承担代理行为的后果。但追认是对特定无权代理行为的事后同意，而不能被视为授予了将来的代理权。追认具有溯及效力，溯及至代理行为实施时对被代理人发生效力。

---

① 否定观点的理由是，如果交易对被代理人不利，相对人可能催告时确定一个非常短的期限，损害被代理人的利益。纪海龙. 论无权代理中被代理人的追认权. 清华大学学报（哲学社会科学版），2002（3）. 肯定观点则认为，并无充分理由排除意思自治，不论何种情形都规定为30日可能会使相对人丧失交易机会，损害相对人的利益。汪渊智. 论无权代理之追认. 江淮论坛，2013（2）.

但该溯及力不能侵犯第三人的利益，例如，乙无权代理甲，将甲的电脑卖给丙。之后不知情的甲与丁签订了另一个买卖合同，但因为前一个合同的价格更优，甲对此予以追认。此时追认具有溯及力即侵犯了丁的利益。①

被代理人追认无权代理后，若代理人的行为超出基础关系之限制，被代理人有权依据其与无权代理人的内部关系或侵权关系请求无权代理人赔偿。

（三）相对人的催告权和撤销权

为保护被代理人的利益，本条规定被代理人享有追认权；同时，为体现被代理人和相对人之间的利益平衡，保护相对人的利益，本条同时规定了相对人的催告权和善意相对人的撤销权。

1. 催告权

相对人无论善意或恶意，都享有催告被代理人追认的权利，旨在尽快结束不确定的状态。在解释上可认为如果被代理人已经向相对人表示追认或拒绝追认，或者虽然被代理人向无权代理人表示追认或拒绝追认且相对人知情的，则由于行为的效力已经非常明确，旨在结束不明确状态的催告权就不能再行使。相对人的催告属于准民事法律行为中的意思通知，其效果是自被代理人自收到通知之日起算被代理人的追认期限。

《民法典》并未规定催告的其他效果。如果被代理人根本未作出追认或拒绝追认的意思表示，或者被代理人向无权代理人作出追认或拒绝追认但相对人不知情的，从利益衡量的合理性角度予以考虑，如前所述，在相对人进行催告后，被代理人的追认应只能向相对人作出；同时，在催告后，可认为被代理人在催告前已经对无权代理人作出的追认或拒绝追认意思表示失效，被代理人可重新向相对人作出追认或拒绝追认的意思表示。②

2. 善意相对人的撤销权

善意相对人不能决定无权代理行为是否能够对被代理人发生效力，但能够在被代理人追认前撤销自己的意思表示，进而使无权代理行为对自己不能发生效力。这就是善意相对人所享有的撤销权。③

撤销权的构成要件如下：

第一，相对人曾作出意思表示。如果无权代理人作出的代理行为是单方民事法律行为，相对人不曾作出意思表示，自然就不享有撤销其意思表示的权利。

---

① 朱庆育. 民法总论. 北京：北京大学出版社，2013：350.

② 布洛克斯，瓦尔克. 德国民法总论. 张艳，译. 北京：中国人民大学出版社，2012：318及以下.

③ 严格而言，本条第2款所规定的撤销权应为撤回权。

第二，在无权代理行为被追认前撤销。同样，在撤销的意思表示还没有到达被代理人而被代理人的追认意思表示就到达相对人的情况下，撤销权也不得行使。

第三，相对人为善意。问题是如何理解此处的善意。有观点认为，只有明知行为人无代理权的相对人才不享有撤销权①，但是，从本条第 2 款所采取的“善意相对人”的文义中并不能得出如此结论，并且本条第 4 款规定了“相对人知道或者应当知道行为人无权代理的”，与第 3 款规定的“善意相对人”对应，此时，对本条中的善意相对人应作相同的理解。因此，问题的关键就是如何理解本条第 4 款所规定的“相对人知道或者应当知道行为人无权代理的”。如下文所述，所谓的善意相对人是指相对人不知道且未因重大过失而不知道行为人无权代理。

善意相对人的撤销权应当以通知方式行使，这意味着撤销权的意思表示应是明示的。撤销权可向被代理人为之，也可向行为人为之。同时，与追认要求一致，撤销权的客体应为无权代理行为的全部，不得只撤销不利的部分，但如果无权代理行为是可分割的，则可以就其中的一部分行使撤销权，除非不同部分相互连接，产生了价格等方面对相对人的优惠。

（四）无权代理人的责任

在被代理人不承担代理行为的后果的情况下，为保护相对人的利益，相对人可请求行为人承担责任。行为人所承担的责任，根据本条第 3、4 款应区分相对人善意或恶意予以分别处理。

1. 相对人善意的认定标准

这涉及与《民法典》第 172 条规定的表见代理中的相对人善意的协调。表见代理和狭义无权代理的构成要件中都包括相对人善意，无权代理人之赔偿责任中相对人善意的确定，其实就是和表见代理中的相对人善意进行比较，分析其是否应当相同以及如何不同。从价值判断的角度看，既然表见代理是比无权代理人之赔偿责任更充分和更强大的保护方式，那么相对人主张构成表见代理的难度应该更高，相对人也应承担更多的调查义务，付出更大的调查成本。② 这一价值判断结论除了反映于表见代理的构成中还需要被代理人的可归责性，也应反映于相对人善意的判断标准。据此，可以认为，在表见代理中，对相对人善意的判断以没有抽象轻过失为标准；无权代理人的赔偿责任中，对相对人善意的判断标准是只要没有重大过失即可。

---

① 叶金强. 表见代理中的本人归责性要件. 法律科学，2010（5）. 王泽鉴. 债法原理. 北京：北京大学出版社，2009：291；Staudinger/Schilken，2004，§178，Rn. 4.

② 殷秋实. 论无权代理人的赔偿责任. 法律适用，2016（1）.

这从本条和第 172 条所使用的不同语词中可以看出来。本条第 4 款规定，“相对人知道或者应当知道行为人无权代理”，相应地 ，善意相对人不知道且不应当知道行为人无权代理，而第 172 条所规定的善意相对人是“有理由相信行为人有代理权”，两相比较，第 172 条所要求的善意程度显然更高。[①] 据此，本条中的善意相对人应被解释为不知道且未因重大过失而不知道行为人无代理权，如果相对人具有抽象轻过失，虽然不能构成《民法典》第 172 条的善意相对人，但应能构成本条中的善意相对人。相应地，本条第 4 款中的“相对人知道或者应当知道行为人无权代理”应被解释为“相对人明知或因重大过失而不知道行为人无权代理”。

2. 善意相对人的请求权

(1) 选择权。

不知道且未因重大过失而不知道行为人无权代理的善意相对人信赖的是行为人有权代理。在不能依据《民法典》第 172 条构成表见代理的情形中，为保护善意相对人的此种信赖，虽然被代理人不承担代理行为的后果，但应由行为人承担代理行为的后果，如同代理行为对行为人发生了效力。因此，善意相对人有权选择请求行为人履行债务，或者就其受到的损害请求无权代理人赔偿。如果善意相对人请求行为人履行债务，则在相对人和行为人之间形成法定的债之关系，行为人自然应负有其有权代理时被代理人所应负有的履行债务义务，但其也具有相应的权利，例如享有对相对人的瑕疵担保责任请求权和合同所产生的抗辩权等。[②]

如果善意相对人选择请求无权代理人赔偿，那么赔偿范围究竟是信赖利益还是履行利益？如果承认善意相对人有权请求行为人履行债务，相对应地，其当然有权请求行为人承担履行利益的赔偿，代理行为中所约定的违约金、定金等约定条款也应予以适用，如同代理行为对行为人发生了效力。

但是，对善意相对人信赖的保护不能超过被代理人追认时或者行为人有权代理人时相对人所能获得的利益，因此，履行利益的赔偿应等于而不能超过被代理人追认时或行为人有权代理时相对人所能获得的利益。这意味着如果行为人可以证明被代理人根本不能履行合同或者无财产能力，则行为人也不需要承担履行债务或损害赔偿的责任。[③]

---

① 以同样的观点为基础，通过消极观念（不知且不应知无代理权）和积极观念（有理由相信有代理权）予以协调的，参见王利明. 民法. 6 版. 北京：中国人民大学出版社，2015：118。

② 慕斯拉克，豪. 德国民法概论：第 14 版. 刘志阳，译. 北京：中国人民大学出版社，2016：365.

③ 欧洲民法典研究组，欧盟现行私法研究组. 欧洲私法的原则、定义与示范规则：第 1～3 卷. 高圣平，等译. 北京：法律出版社，2014：381. 慕斯拉克，豪. 德国民法概论：第 14 版. 刘志阳，译. 北京：中国人民大学出版社，2016：366.

（2）行为人不知其无权代理且无过错时。

即使相对人为善意，但行为人也可能不知其无权代理且无过错。此种情形较为少见，但并非没有，例如，被代理人是限制民事行为能力人而授权，但代理人过失地将被代理人误认为完全民事行为能力人。如果授权行为最终无效，导致代理人无代理权[①]，则此时，让行为人承担履行债务的责任或履行利益的赔偿责任，在利益判断上较为失衡。但如果行为人不承担任何责任，则对相对人有失公允，毕竟善意相对人较之作出无权代理行为的行为人而言更值得保护。基于利益平衡的考虑，此时对本条第 3 款的前一句应进行目的性限缩解释，相对人不可请求行为人履行债务，但该款后一句仍予以适用，即相对人仍有权请求赔偿，但此时仅为信赖利益的赔偿而非履行利益的赔偿，且该利益无论如何不得超过被代理人追认时或行为人有权代理时相对人所能获得的利益。这是一种法定的风险合理分担规则。

3. 相对人恶意

如果相对人明知或因重大过失而不知道行为人无权代理，则其为恶意相对人。在价值判断上，较之善意相对人，恶意相对人受保护的程度应当较弱，故此时应由相对人和行为人按照各自的过错分担信赖利益的赔偿责任。行为人承担赔偿责任后是否享有对被代理人的追偿权，应依据他们的内部基础关系或侵权关系予以解决。

有观点认为，相对人明知行为人无权代理时，不可请求行为人承担赔偿责任，原因在于相对人自甘冒险，无须保护。[②] 但是，在行为人对无权代理的发生有过错的前提下，无权代理的发生毕竟是出于行为人的原因，如果由相对人承担全部信赖损失，未免在利益衡量上有失公允。因此，此种情形下，仍应依据本条规定，由相对人和行为人按照各自的过错分担信赖利益的赔偿责任。如恶意相对人请求行为人承担责任，则应适用过错相抵；如果行为人对其无权代理不知且无过错，则其自然无须向相对人承担任何赔偿责任。

4. 相对人对无权代理人无请求权的其他情形

如果行为人作出代理行为时受欺诈或胁迫，被代理人不予追认的，则此时行为人应有权撤销代理行为。在这种情况下，即使行为人是有权代理，相对人也不可请求被代理人承担有效代理行为的后果，故此时相对人不享有本条第 3 款所规定的对无权代理人的请求权。[③]

①③　朱庆育. 民法总论. 北京：北京大学出版社，2013：352.

②　朱庆育. 民法总论. 北京：北京大学出版社，2013：352. 谢鸿飞. 代理部分立法的基本理念和重要制度. 华东政法大学学报，2016（5）.

在承认无权代理人可以为限制民事行为能力人的前提下，如果其未得到法定代理人同意，则基于对限制民事行为能力人的保护优先于对交易安全保护的价值判断，限制民事行为能力人不承担任何责任，相对人只能依据侵权责任法的规则请求限制民事行为能力人的监护人承担责任。

如果善意相对人行使本条第2款所规定的撤销权，有观点认为，此时被代理人无法行使追认权，因此，相对人无权请求行为人承担责任。① 但此时似乎对相对人保护不周，因为撤销权本来是为了保护善意第三人，目的仅在于消除不确定关系状态，但善意相对人行使撤销权反而对善意相对人不利。此时，善意相对人要在两难中予以选择：要么不行使撤销权，请求被代理人承担责任，要么只能行使催告权，但仍要忍受一定期间的不确定这种不利益。这在利益判断上是一个问题。因此，即使善意第三人行使了撤销权，善意第三人仍可依据本条第3款请求行为人承担责任。

（本条由朱虎撰写）

第一百七十二条

行为人没有代理权、超越代理权或者代理权终止后，仍然实施代理行为，相对人有理由相信行为人有代理权的，代理行为有效。

本条主旨

本条对表见代理作出了规定。

相关条文

《民法总则》第172条规定：“行为人没有代理权、超越代理权或者代理权终止后，仍然实施代理行为，相对人有理由相信行为人有代理权的，代理行为有效。”

《合同法》第49条规定：“行为人没有代理权、超越代理权或者代理权终止后以被代理人名义订立合同，相对人有理由相信行为人有代理权的，该代理行为有效。”

《合同法解释（二）》第13条规定：“被代理人依照合同法第四十九条的规定

① 布洛克斯，瓦尔克．德国民法总论．张艳，译．北京：中国人民大学出版社，2012：362.

承担有效代理行为所产生的责任后，可以向无权代理人追偿因代理行为而遭受的损失。”

理解与适用

（一）制度目的

表见代理的制度目的是保护善意相对人，使相对人在行为人无权代理的情形下，仍有权请求被代理人承担代理行为的后果，从而使善意相对人不承担行为人破产或履行不能的风险，维护交易安全。

因此，表见代理是权利外观责任的一种，采取积极的信赖保护方式，同属于此的还有物权法所规定的善意取得。采取积极的信赖保护方式，而非对相对人的信赖利益或消极利益予以赔偿的消极的信赖保护方式，是因为在存在代理权外观而导致相对人合理信赖有权代理的情形中，既存的代理权外观必须获得承认，并使被代理人承担代理行为的后果，即使法定代理人是无权代理。据此才能实现意思自治和交易安全这两种价值之间的合理权衡。

（二）表见代理的构成

依据本条规定，表见代理的构成要件包括行为人无权代理和相对人有理由相信行为人有代理权。根据更为细致的分析，后者应包括代理权外观存在、相对人善意和被代理人具有可归责性。当然，在具体适用过程中，相对人有理由相信行为人有代理权所包含的三个具体构成要件之目标是在被代理人和相对人之间实现一种利益平衡、一种动态的平衡。

1. 无权代理

表见代理以构成无权代理为前提。这首先要求是代理；其次要求行为人无代理权，如前文所述，包括行为人自始无代理权、享有代理权但超越代理权限以及在代理权终止后继续作出代理行为。

2. 代理权外观

代理权外观是指行为人之无权代理行为在客观上形成具有代理权的外观表象。包括诸多情形，例如，被代理人曾以书面、口头或者行为方式，直接或间接向相对人通知行为人为其代理人，实际上并未向行为人授权；被代理人允许行为人挂靠本单位经营，以本单位名义从事民事活动；行为人持有被代理人有代理权证明意义的印鉴，包括业务介绍信、合同专用章、盖有公章的空白合同书等；行为人依被代理人以往的业务代理惯例进行活动；被代理人对行为人有授权，但因授权不明，行为人超越了权限；被代理人对行为人的代理权所作的限制，相对人无法知道；被代理人对行为人之代理权事实上所作的限制，为相对人所不知；被代理人未以与授权方式相同或更具效力的方式撤回代理权，如被代理人采取公告授权方式，但之后未以相同方式撤回；代理权终止后，行为人仍持有代理授权书，被代理人未收回有效授权书或宣布其无效；代理人对相对人进行了外部授权行为，或者对代理人进行了内部授权后对相对人特别通知，但之后对代理人进行了撤回授权导致代理权消灭，而未通知相对人；等等。[①]

上海市高级人民法院《商事合同案件适用表见代理要件指引（试行）》第6条列举了关于代理权利外观的主要考量因素，可供参考，包括：(1) 合同是否以被代理人名义订立。若签订合同未使用被代理人名义，合同文本没有任何与被代理人有关联的文字表述，须慎重认定表见代理。(2) 行为人的身份、职务是否与被代理人有关联。如，行为人在被代理人处任职职务越高、与从事业务关联度越强，或者与被代理人之间的其他身份联系越密切，对表见代理的证明力就越强；反之则越弱。(3) 被代理人对行为人是否存在可合理推断的授权关系。如，行为人原有代理权已被终止但被代理人未对外告知等情形。(4) 合同等对外文件材料上是否加盖与被代理人有关的、可正常对外使用的有效印章。如，合同上加盖的被代理人项目部真实印章按常理可对外授权使用的，可作为考量因素；若按常理应当属于单位内部使用印章的，须慎重认定。(5) 合同关系的建立方式是否与双方以往的交易方式相符。如，以往交易长期由某部门负责人实际操作进行，且被代理人从无异议并正常结算认可的，此次有争议交易也采相同方式的，可参考以往交易行为判断。(6) 合同订立过程、交易环境和周围情势等是否与被代理人有关。如，行为人签约前曾陪同合同相对人参观考察被代理人的施工现场；签约地在被代理人营业地或办公场所的，可以作为判断因素。(7) 被代理人是否存在能够使人相信其参与合同履行的行为。如，被代理人实际支付过合同价款；被代理人与合同相对人就履约问题进行过交涉等，可作为考量因素。(8) 标的物的用途、交付方式与交付地点等是否与被代理人有关，被代理人是否取得履行合同的利益。如，合同标的物交付至被代理人营业场所或负责管领的其他场所；标的物被应用于被代理人本身或者直接从事的业务所需的，可以作为考量因素。(9) 其他具有代理权客观表象的情形。行为人在交易过程中存在其他行为，足以使一般商人合理推断该行为系基于被代理人合法授权的，可以作为认定的考量因素。

判断是否存在代理权外观，往往需要综合考量众多因素，上述因素及其组合可能形成或强或弱的代理权外观。

① 韩松．民商法理论与审判实务研讨会观点综述．法律适用，2003 (1).

3. 相对人善意

即使存在代理权外观，相对人仍有可能知道行为人无权代理，这要求相对人的善意。在表见代理中，对相对人的善意的判断以没有抽象轻过失为标准。[①] 如前所述，从价值判断的角度看，既然表见代理是比无权代理人的赔偿责任更充分和更强大的保护方式，那么相对人要主张构成表见代理的难度应该更高，相对人也应承担更多的调查义务。这一价值判断应反映于相对人善意的判断标准上。这从第 171 条和本条所使用的不同语词中可以看出来。第 171 条第 4 款规定“相对人知道或者应当知道行为人无权代理”，相应地，善意相对人不知道且不应当知道行为人无权代理，而本条所规定的善意相对人是“有理由相信行为人有代理权”，两相比较，本条所要求的善意程度显然更高。

同时，可以将具有同样制度目的的表见代理和善意取得予以对比，进一步确定表见代理中的相对人善意要求。《最高人民法院关于适用〈中华人民共和国物权法〉若干问题的解释（一）》第 15 条规定，善意取得中相对人的善意是不知无处分权且无重大过失。较之善意取得，在表见代理中，行为人必须以被代理人的名义作出代理行为，因此相对人至少知道被代理人的存在，获知行为人无权代理的信息成本要低一些，因此，表见代理中相对人善意的要求程度更高一些。

《最高人民法院关于当前形势下审理民商事合同纠纷案件若干问题的指导意见》第 14 条规定：人民法院在判断合同相对人主观上是否属于善意且无过失时，应当结合合同缔结与履行过程中的各种因素综合判断合同相对人是否尽到合理注意义务，此外还要考虑合同的缔结时间、以谁的名义签字、是否盖有相关印章及印章真伪、标的物的交付方式与地点、购买的材料、租赁的器材、所借款项的用途、建筑单位是否知道项目经理的行为、是否参与合同履行等各种因素，作出综合分析判断。上海市高级人民法院《商事合同案件适用表见代理要件指引（试行）》第 7 条列举了关于相对人善意的主要考量因素，可供参考：一般而言，上述第六条权利外观因素越充分，越能够说明合同相对人主观上善意无过失。此外，可供用于判断相对人主观善意的其他考量因素还可包括：（1）合同相对人与被代理人之间是否存在交易历史以及相互熟识程度。如交易双方彼此陌生，则相对人需说明并证明其对行为人代理权产生信赖的理由。（2）合同相对人在订立合同之前是否即已充分知悉权利外观事实。对权利外观事实的充分收集，是合理信

---

① 《最高人民法院关于当前形势下审理民商事合同纠纷案件若干问题的指导意见》第 13 条即要求行为人是“善意且无过失地相信行为人具有代理权”。

任行为人具有代理权的前提。相对人主张自己善意且无过失，应证明自己知悉权利外观事实的时间早于实施交易行为，实施交易行为后或风险产生后才了解的相关事实则一般不能支持对相对人善意的判断。如，某案合同相对人举证的权利外观证据系纠纷发生后为诉讼之需而收集获取，不足以证明相对人交易行为发生之时的主观善意。(3) 合同相对人注意义务与交易规模大小是否相称。一般而言，标的物数量大、金额高的大宗交易，合同相对人应更加谨慎，此类情况下其是否善意的审查判断标准也需相应更高；反之，小额、便捷的交易，审查判断相对人是否善意的标准相对降低。(4) 交易对效率的要求与合同相对人核实代理权限的成本是否相称。若合同相对人核实代理权所需的时间和经济成本难以承受，并可能妨碍交易目的实现，且其为追求效率而放松对代理权限的核实并承担相应风险在商业上是合理的，可作为判断善意与否的考量因素；反之，合同相对人有机会通过方便、廉价手段核实代理权限但并未采取相关措施，因此而承担了不合理商业风险的，可作为判断其过失的考量因素。(5) 其他影响合同相对人主观判断的因素。

代理权外观和相对人善意的要求都是要判断相对人信赖的合理性，都需要面向个案及其所处场景来具体作出判断，法技术上可采理性人标准之判断模式，通过理性人标准的构建、理性人所处场景的重构，来判断相应的理性人在所重构的场景中对个案中呈现的代理权外观会不会产生合理的信赖。① 由此，代理权外观和相对人善意呈现一种正相关的关系，即代理权外观可信赖度越高，相对人越有可能是善意的；代理权外观可信赖度越低，相对人善意的可能性越小。

4. 被代理人具有可归责性

关于表见代理的构成中是否考虑被代理人的可归责性，理论上观点各异。有些主张无须考虑②；即使主张考虑者，在如何考虑方面仍有分歧，考虑重点或者是被代理人对代理权外观的产生是否具有过错（过错归责），或者是代理权外观的产生是否与被代理人存在关联（诱因归责），或者是代理权外观是否属于被代理人应承担的风险范围（风险归责），或者是综合考量所有因素。实践中也存在各种观点。③

基于表见代理与善意取得的基本利益结构的相似性，为了避免评价矛盾，在

① 叶金强. 表见代理中信赖合理性的判断模式. 比较法研究，2014 (1).

② 梁慧星. 民法总论. 4版. 北京：法律出版社，2011：241及以下.

③ 关于对相关文献和实践观点的细致梳理，参见朱虎. 表见代理中的被代理人可归责性. 法学研究，2017 (2)。

表见代理的构成中也应顾及相同价值判断。①《民法典》第311条、第312条隐含着占有委托物和占有脱离物的区分，对占有委托物能够适用善意取得，对占有脱离物则不能，而区分占有委托物和占有脱离物的依据就是权利人是否基于自己的意思丧失对物的控制，此时已经考虑到权利人的可归责性。据此，基于同样的价值判断结论，表见代理的构成中也应考虑被代理人的可归责性。

表见代理的实质是代理权外观产生的无权代理风险究竟如何分配的问题，据此，重点考虑的是无权代理风险现实化前谁更可能控制此风险以及在风险现实化后谁更应承担风险，包括谁开启了风险、谁提升了风险、谁更有能力控制风险的发生和提升、谁更有能力转嫁风险、谁根据此风险而获益等，这就涉及对被代理人和相对人的控制权利外观风险的成本（包括信息的获知成本、防免成本）、救济成本和获益等因素的具体比较。

具体而言，结合上述考量因素，在如下情形中，被代理人具有可归责性②：(1) 在被代理人向相对人发出了授权表示、通知或公告情形中，被代理人具有可归责性，即使授权行为、通知或基础关系无效或事后被撤销。(2) 在被代理人未向相对人发出授权表示、通知或公告且被代理人明知无权代理而不予以阻止的情形中，被代理人具有可归责性；(3) 如果被代理人未向相对人发出授权表示、通知或公告且被代理人不知行为人无权代理，要区分行为人是否基于被代理人的意思而占有代理权外观证明：A. 如果行为人基于被代理人的意思而占有代理权外观证明，或类似情形（例如，行为人之前基于被代理人的意思多次作为代理人出现，但对目前所涉及的特定代理行为无代理权，且被代理人不知道），则被代理人具有可归责性，即使基础关系无效或事后被撤销；B. 如果行为人非基于被代理人的意思而占有代理权外观证明或类似情形，则被代理人一般不具有可归责性。

同时，应对职务代理予以特别考虑。如果行为人和被代理人存在特定的职务关系，且行为人的职责在于管理代理权外观证明，则行为人是基于被代理人的意思而占有代理权外观证明，发生无权代理时被代理人具有可归责性。如果行为人的职责并非在于管理代理权外观证明，则此时行为人是非基于被代理人的意思而占有代理权外观证明，但因为行为人与被代理人存在职务关系，此时应认为被代理人具有组织缺陷（organisation smangel），被代理人对此等组织缺陷应具有可

---

① 注意到善意取得与表见代理的评价具有一致性的有，Bork，Allgemeiner Teil des Bürgerlichen Gesetzbuchs，2. Aufl.，Mohr Siebeck，2006，Rn. 1541. 王利明. 民法总则研究. 2版. 北京：中国人民大学出版社，2012：691。

② 以下结论的具体论证，请参见朱虎. 表见代理中的被代理人可归责性. 法学研究，2017（2）。

归责性。基于同样理由，如果行为人基于职务关系，虽其不具有作出特定代理行为之职责，但多次作为代理人作出代理行为的，在商事交易中，即使被代理人不知，其仍然具有可归责性。换言之，在职务代理中，被代理人和行为人之间存在特定的职务关系本身即可表明被代理人的可归责性，这也指明了《民法典》第170条第2款为何要对表见代理的这种特殊情形予以特别规定。该款中所体现的这一立法思想应不仅适用于职务代理人的职权范围被限制其超越该限制作出代理行为的情形，还适用于职务代理人对代理行为无代理权的其他类型。

同样还有一些交易也特别注重交易安全和效率，最为典型的就是电子交易，应作出与商事交易类似的处理。在电子交易中，行为人使用他人的账户和密码登录并作出行为，有可能构成冒名行为，也有可能构成无权代理行为，具有类推或者直接适用无权代理和表见代理的可能性，因此仍需考虑账户持有人的可归责性。如果明知之前存在盗用行为或者明知目前所涉及的盗用行为，账户持有人可以通过修改密码等成本较低的方式予以避免，但其未如此作为，则账户持有人具有可归责性。在账户持有人不知情的情形中，如果账户持有人基于自己的意思将账户和密码交给他人，按照前述观点，则其应当具有可归责性。[①] 但是，即使账户持有人并未基于自己的意思而将账户和密码交给行为人，由于电子交易中特别注重交易安全和效率，因此类似于商事交易，账户持有人的可归责性仍可能会构成。如果账户持有人在公共电脑中保存密码，或者将已进行账户登录的电脑放在公共空间内，或者在私人电脑中保存密码但未消除而将私人电脑丢失或交由他人修理，则该风险也应当属于账户持有人的风险。但如果行为人作为黑客避开电子交易保护机制盗用账户和密码，由于不可期待无权代理行为的发生，账户持有人也无义务进行最佳的电子交易保护机制，则账户持有人不具有可归责性。[②] 与上述情形不同的是被代理人和行为人之间存在婚姻家庭关系[③]，在行为人非基于被代理人的意思而占有代理权外观证明的情形中，仅因此等关系的存在就认定被代理人具有可归责性，无疑会增加被代理人的防免成本，甚至破坏婚姻家庭关系，

---

① 有观点认为，如果账户持有人为处理特定事务将账户和密码交给家庭成员等具有信赖关系的人，但之后行为人进行其他代理行为，则账户持有人不具有可归责性，但如果是交给无信赖关系的行为人，则账户持有人具有可归责性。MüKoBGB/Schubert，§167，Rn. 128. 但是，只有在行为人非基于被代理人的意思而占有代理权外观证明的情形中，才需要进行此等考虑，而在行为人基于被代理人的意思而占有的情形中，无须进行此等考虑。

② 同样的观点，参见 MüKoBGB/Schubert，§167，Rn. 127。

③ 德国通说认为，婚姻关系本身并不能表明被代理人的可归责性。Staudinger/Schilken，§167，Rn. 36.

违反我国《宪法》规定的保护婚姻家庭条款（第49条第1款），似乎构成了对婚姻家庭关系的惩罚。

5. 举证责任

在表见代理中，相对人需要证明代理人无权代理和存在代理权外观，在该举证责任完成的情形下，为了避免道德风险，这时就需要由被代理人举证证明即使存在代理权外观但相对人的信赖不合理，同时还应当证明自己不具有可归责性。因为被代理人是否具有可归责性取决于被代理人这一方的因素以及被代理人和行为人之间的关系，故被代理人较之相对人更具有举证可能性。

（三）表见代理的法律后果

按照本条规定，如果构成表见代理，所产生的法律后果是"代理行为有效"，即由被代理人承担代理行为的后果。被代理人承担代理行为的后果之后，有权依据其与代理人之间的内部基础关系或侵权关系向代理人追偿。但这个后果无须在代理中予以特别规定，毕竟代理所主要解决的是外部关系问题。

争议问题之一在于：被代理人是否可以主张表见代理？对此仍然存在争论。《国际商事合同通则》采取效力影响最小的方法，因此只有相对人可主张表见代理，被代理人不可主张，只有在其追认代理行为的前提下，才能主动请求相对人履行代理行为中的义务。美国《代理法重述》和《欧洲合同法原则》采取了效力影响最大的方法，相对人和被代理人都可主张表见代理。比利时和荷兰采取折中方法，即相对人可以主张，但如果相对人主张了表见代理，则被代理人也可请求相对人履行义务。[1] 无论如何，在被代理人可以追认的情形中，如果被代理人选择直接请求相对人履行义务，此时可解释为被代理人进行了默示追认；在被代理人无法追认的情形中，基于表见代理保护相对人信赖的制度目的，只有在相对人主张表见代理的情形中，被代理人才可请求相对人履行义务，如果相对人不主张表见代理，则被代理人不可请求相对人履行义务。

据此，虽然相对人可以不主张构成表见代理，但被代理人可以通过追认使自己承担代理行为的后果，请求相对人履行义务。随之而来的第二个争议问题在于：构成表见代理的情况下，相对人是否可依据《民法典》第171条行使撤销权而排除被代理人追认的可能性，从而避免被代理人请求自己履行义务？相对人又

① 具体的梳理，see Busch，Macgregor，*The Unauthorized Agency：Perspective from European and Comparative Law*，Cambridge：Cambridge University Press，2009：392－394//朱广新．信赖保护原则及其在民法中的构造．北京：中国人民大学出版社，2013：200及以下。

是否可以直接依据《民法典》第171条请求行为人承担无权代理责任？也即相对人是否有权选择适用《民法典》第171条还是第172条。这在价格剧烈波动或者被代理人无履行能力的情况下具有意义。①

德国法中，判例和通说观点认为相对人不享有选择权②，其最为重要的理由是，有权代理中，相对人不能主张撤销权或者选择向行为人请求赔偿责任，而表见代理对相对人的保护最多达到有权代理中保护相对人的程度，如果允许相对人选择，则相对人的地位会优于有权代理中相对人的地位。但许多学者仍然主张相对人具有选择权③，其主要理由是表见代理的效果应当被严格限制在相对人和被代理人之间，而并不影响行为人和相对人之间的关系，因此相对人具有选择权，这符合保护交易相对人的宗旨；同时，相对人很难去判断是否存在表见代理，如允许相对人选择，则相对人在无法获得表见代理保护时，仍可主张无权代理向行为人主张赔偿，但不允许相对人选择会带来难题。④

但是，肯定观点的主要理由在于表见代理构成的不确定性。基于诉讼风险所导致的诉讼策略，即使在实体法上否认选择权，也不反对在诉讼法层面给予相对人更大的自由选择空间，例如，相对人仅以行为人为被告请求其承担无权代理责任时，相对人和行为人都有权依据《民事诉讼法》第56条第2款的规定，请求法院将被代理人列为被告型无独立请求权第三人，在证明构成表见代理后，进而请求法院直接判决被代理人承担代理行为的后果。⑤ 此时被代理人和行为人之间

---

① 有观点认为存在选择权，参见王利明．民法总则研究．2版．北京：中国人民大学出版社，2012：694．汪渊智．我国《合同法》第四十九条的解释论．政法论丛，2012（5）．吴国喆．表见代理中相对人的对人性救济权．甘肃政法学院学报，2008（3）。日本的判例也存在类似观点，参见山本敬山．民法讲义：Ⅰ·总则．3版．解亘，译．北京：北京大学出版社，2004：356。也有观点明确主张不能行使撤销权，参见张谷．略论合同行为的效力．中外法学，2000（2）．丁南．信赖保护与法律行为的强制有效．现代法学，2004（1）。同时还有观点认为可行使撤销权，但原则上不可请求行为人承担赔偿责任，参见王泽鉴．债法原理．北京：北京大学出版社，2009：300。也有观点认为不能行使撤销权，也不能选择请求行为人承担赔偿责任，参见朱庆育．民法总论．北京：北京大学出版社，2013：335，361及以下．本刊研究组．表见代理情况下，相对人是否享有撤销权．人民司法，2001（9）．周清林．自治的异化：论表见代理的后果．学术论坛，2006（10）。从体系上而言，如果承认相对人享有撤销权，就应当承认相对人有权向行为人主张无权代理责任，如此才能实现体系一致性。

② BGHZ 61，59，69；86，273. Staudinger/Schilken，§177，Rn. 26. 布洛克斯，瓦尔克．德国民法总论．张艳，译．北京：中国人民大学出版社，2012：360.

③ MüKoBGB/Schubert，§167，Rn. 136. 卡尔·拉伦茨．德国民法通论：下册．王晓晔，等译．北京：法律出版社，2003：895.

④ 同时在德国法中，《德国商法典》第15条也涉及表见代理，但该条的判例却认为相对人具有选择权，参见BGHZ 55，266，273；BGH WM 1990，638，639。

⑤ 朱庆育．民法总论．北京：北京大学出版社，2013：362．在德国，缓解此种诉讼风险的方式还有争议宣告、争议合作和实际的费用补偿请求权等．

存在利益冲突，被代理人为了避免责任，会提出有利于自己的证据。因此，关键的问题仍然在于，在表见代理已经得到证明的前提下，相对人是否有权进行选择。

这个问题实质上涉及被代理人和相对人之间的利益权衡，如果相对人有选择权，那么对相对人更有利。但此时仍然无法回避一个问题：表见代理保护相对人的信赖，但相对人的信赖的恰恰是被代理人的履行能力。如果允许相对人有选择权，那么他的地位会优于有权代理中相对人的地位。为何表见代理中超越相对人的信赖，对相对人的保护程度超过有权代理中相对人所享有保护的程度？基于此种利益权衡，在构成表见代理的情形下，相对人不得依据《民法典》第 171 条行使撤销权，也不能请求行为人承担责任。

（本条由朱虎撰写）

第三节 代理终止

第一百七十三条

有下列情形之一的，委托代理终止：

（一）代理期限届满或者代理事务完成；

（二）被代理人取消委托或者代理人辞去委托；

（三）代理人丧失民事行为能力；

（四）代理人或者被代理人死亡；

（五）作为代理人或者被代理人的法人、非法人组织终止。

本条主旨

本条对委托代理的终止作出了规定。

相关条文

《民法总则》第 173 条规定："有下列情形之一的，委托代埋终止：（一）代理期间届满或者代理事务完成；（二）被代理人取消委托或者代理人辞去委托；（三）代理人丧失民事行为能力；（四）代理人或者被代理人死亡；（五）作为代理人或者被代理人的法人、非法人组织终止。"

《民法通则》第69条规定："有下列情形之一的，委托代理终止：（一）代理期间届满或者代理事务完成；（二）被代理人取消委托或者代理人辞去委托；（三）代理人死亡；（四）代理人丧失民事行为能力；（五）作为被代理人或者代理人的法人终止。"

理解与适用

（一）委托代理的终止

本条规定的是委托代理的终止，即委托代理权的消灭。基于代理授权行为和内部基础关系的区分，代理授权行为具有独立性，委托代理的终止不必然会导致被代理人与代理人之间内部基础关系的终止，但无论如何，被代理人和代理人之间内部基础关系的终止会导致委托代理的终止，除非被代理人和代理人另有约定。

（二）委托代理终止的事由

1. 代理期限届满或者代理事务完成

内部基础关系或代理授权行为均可明确指定代理权的存续期间和具体的代理事务。当内部基础关系定有存续期间时，如无其他意思表示，内部基础关系终止导致委托代理权的消灭，因此该存续期间同时就是委托代理权的存续期间。如果委托代理权存续期间或具体代理事务不确定，被代理人有权随时以自己的单方意思表示确定。①

2. 被代理人取消委托或者代理人辞去委托

被代理人取消委托或者代理人辞去委托可能指向被代理人和代理人之间的内部基础关系。内部基础关系终止的原因可能是（1）解除，这包括合同法所规定的协议解除、行使约定解除权和法定解除权以及委托合同的任意解除权等等，例如，作为继续性合同的委托合同的解除一般并无溯及力，故此时代理权的消灭也无溯及力。(2) 内部基础关系无效、被撤销、拒绝追认等，此时内部基础关系的消灭导致了委托代理权的消灭，并且具有溯及力，如对《民法典》第165条的释义中所指出的，这隐含了代理授权行为的效力会受到内部基础关系的效力之影响，表明《民法典》采纳了代理授权行为的有因性原则。

但"取消委托"在文义上可能仅指向在内部基础关系仍然存在的前提下代理授权行为的撤回和撤销。这可以从与之有着对称关系的"辞去委托"得到印证，因为能够被辞去的仅可能是代理权，而不可能是义务，即使内部基础关系不终止

① 王利明. 民法总则研究. 2版. 北京：中国人民大学出版社，2012：671.

而仅放弃代理权时，同样导致代理权的消灭。①

在内部基础关系存在的前提下，代理权一般仅有利于被代理人，不会给代理人带来利益，故代理人不存在信赖保护问题，故被代理人可随时撤回代理权。被代理人依据自己意思授予不可撤回的代理权，此时从其意思。即使如此，在代理人滥用代理权等严重破坏信任关系的情形下被代理人仍可撤回。② 此外，代理权的授予是为了代理人的利益或者被代理人和代理人的共同利益时，被代理人也不可撤回代理权。例如，甲将自己的房屋卖给乙，同时授权乙以甲的名义去向乙自己或者向作为乙的被代理人的第三人进行该房地产所有权的移转。③ 撤回可以对代理人作出，也可以对相对人作出，当然，如果对相对人作出的外部授权行为对代理人作出内部撤回，则对相对人依据《民法典》第 172 条规定的表见代理予以保护。为保护相对人的利益，撤回不具有溯及力，撤回前作出的代理行为仍为有权代理。

与此不同的是代理权的撤销。代理授权行为也是民事法律行为，因此应适用民事法律行为一般规定，从而出现被代理人的代理授权行为因意思表示有瑕疵而被撤销的问题。在代理人作出代理行为前，并无保护相对人利益的太大必要，因此，被代理人可撤销代理授权行为。但是，依据《民法典》第 147 条及以下条文的规定，此时撤销权必须以诉讼或仲裁方式行使，且存在除斥期间限制，因此，被代理人完全可以采取撤回代理权而不采取撤销的方式。

在代理人作出代理行为后，被代理人当然仍可以撤回代理权，但由于撤回不具有溯及力，故被代理人撤销代理授权行为就具有较大意义，但此时是否允许被代理人撤销存在较大争议。在德国法中，有的认为代理授权行为也是民事法律行为，当然可以撤销；同时认为如果代理授权行为不可撤销，会产生评价矛盾，即纯粹代理权外观的信赖者比代理人享有委托代理权情形中的相对人获得更优的待遇。但反对者认为，如果代理授权行为可撤销，则构成无权代理，此时相对人虽然可以向代理人要求赔偿，但在代理人无履行能力的情形下，对善意相对人不利，而且，在因为被代理人重大误解等原因撤销代理授权行为时，代理人即使无过错也要依据《德国民法典》第 179 条第 2 款向相对人承担责任，这对代理人而言不公平，且如果允许撤销，代理人的意思表示瑕疵被当作被代理人自己的意思

① 朱庆育. 民法总论. 北京：北京大学出版社，2013：347.

② 布洛克斯，瓦尔克. 德国民法总论. 张艳，译. 北京：中国人民大学出版社，2012：335.

③ 卡尔·拉伦茨. 德国民法通论：下册. 王晓晔，等译. 北京：法律出版社，2003：870. 维尔纳·弗卢梅. 法律行为论. 迟颖，译. 北京：法律出版社，2013：1050. 欧洲民法典研究组、欧盟现行私法研究组. 欧洲私法的原则、定义与示范规则：第 1～3 卷. 高圣平，等译. 北京：法律出版社，2014：395.

表示瑕疵，会影响到代理行为的效力，而被代理人的意思表示瑕疵同样会影响到代理行为的效力，而在被代理人自己实施民事法律行为时，只有被代理人自己的意思表示瑕疵会影响民事法律行为的效力，由此，如果允许撤销，则相对人遭受双重风险。还有采取折中观点者，或者认为原则上可以撤销，但在授权公告情形中为不特定第三人利益不可撤销（例如拉伦茨），或者区分意思表示瑕疵的类型而分别处理（例如弗卢梅）。①

笔者认为，授权行为或作为准民事法律行为的授权通知都是可以撤销的②，而对善意相对人的保护可通过表见代理实现，此时，对相对人为善意或恶意的判断应扩展到是否对撤销事由知情或是否应当知情，而不仅仅针对无代理权。在这种情形下，在代理授权行为被撤销后，代理权溯及自始地终止，代理人即为无权代理人，如果相对人为善意，则因为被代理人具有可归责性，适用表见代理规则，由被代理人承担代理行为有效的后果，由此保护相对人对被代理人承担代理行为后果的信赖，达到与不可撤销同样的结果，而被代理人有权依据其与代理人之间的内部基础关系或侵权关系向代理人追偿。如果相对人为恶意，则不构成表见代理，而适用《民法典》第 171 条规定的无权代理规则，此时相对人和代理人按照各自过错承担责任，对于代理人的过错应依据其对撤销有无过错予以判断；在代理人与撤销并无关系的情形中。在被代理人因自己原因发生重大误解而撤销的情形中，代理人并不承担责任，此时相对人有权向被代理人直接请求承担缔约过失责任或侵权的损害赔偿责任，当然同时应适用过错相抵规则。

3. 代理人丧失民事行为能力

如果对代理人作民事行为能力要求是为了保护被代理人，那么被代理人可依自己的意思而放弃此种保护，同时代理人依据委托代理权作出的有权代理行为的后果归属于被代理人，此时代理人不会遭受法律上的不利，故此时代理授权行为是“中性行为”③，可目的性扩张适用《民法典》第 145 条规定的“纯获利益的民事法律行为”，限制民事行为能力人也可作为代理人。同时，应考虑到，基于劳动合同也会产生职务代理这种委托代理，而劳动者 16 周岁即可签订劳动合同，即使其不能以自己收入作为主要生活来源，依据《民法典》第 18 条第 2 款不能被视为完全民事行为能力人，但其必然可作为代理人。在此种情况下，限制民事

① 对此的争论，请参见杨代雄. 法律行为制度中的积极信赖保护. 中外法学，2015（5）. 布洛克斯，瓦尔克. 德国民法总论. 张艳，译. 北京：中国人民大学出版社，2012：343 及以下. 朱庆育. 民法总论. 北京：北京大学出版社，2013：350 及以下。

② 同样观点，参见王利明. 民法总则研究. 2 版. 北京：中国人民大学出版社，2012：646。

③ 王泽鉴. 债法原理. 北京：北京大学出版社，2009：275.

行为能力人也可作为代理人，因此，本条所规定的能够导致委托代理终止的“代理人丧失民事行为能力”，应仅指代理人成为无民事行为能力人。

但是，这里必须要考虑到被代理人和代理人之间的内部基础关系。如果内部基础关系并非纯获利益或者与作为代理人的限制民事行为能力人的年龄、智力、精神状况相适应的民事法律行为，如果未经代理人的法定代理人同意或追认，则内部基础关系无效，基于有因性原则，代理授权行为也无效。为了保护限制民事行为能力代理人的利益，代理人无权代理的，其也不应承担《民法典》第 171 条所规定的无权代理人赔偿责任，除非存在内部基础关系或其作为代理人经过了法定代理人的同意或追认。

在被代理人丧失民事行为能力的情形中，本条并未规定代理由此终止。但是，委托人丧失民事行为能力的，除当事人另有约定或者根据委托事务的性质不宜终止外，委托合同终止。此时依据代理授权行为的有因性原则，同样会导致代理权的消灭。按照体系解释，尤其是在被代理人死亡的情形中，我国所采取的方式是原则上委托代理权消灭，因此在被代理人丧失民事行为能力的情形中，基于同样的利益状况，也应作出同等处理，委托代理权原则上消灭。在此具有类推适用《民法典》第 174 条而使委托代理权例外不消灭的可能性。

4. 代理人或者被代理人死亡或终止

委托代理权的授予以被代理人对特定代理人的信任关系为基础，一般不能认为，在代理人死亡后，被代理人希望由他可能并不认识的代理人的继承人进行代理，因此，代理权不具有可继承性，代理人死亡的，委托代理终止。在被代理人死亡的情形中，我国所采取的方式是原则上委托代理权消灭，除非符合《民法典》第 174 条所规定的情形。作为代理人或者被代理人的法人、非法人组织终止，与自然人死亡同等处理。

（三）委托代理终止的法律后果

委托代理终止的，如果代理人在无溯及力的情形下（例如，委托合同解除导致委托代理终止等）继续作出代理行为，或者在有溯及力的情形下已经作出代理行为或继续作出代理行为，则构成无权代理，适用《民法典》第 171 条的规定。如果相对人为善意，则适用《民法典》第 172 条规定的表见代理对相对人予以保护。

同时，在代理终止后，被代理人有权要求代理人返还授权委托书或其他代理权外观证明，代理人或代理人的继承人等对此不享有留置权而必须立即返还，以避免对代理权外观证明的滥用；如果无法返还，被代理人可以宣布其无效。

（本条由朱虎撰写）

第一百七十四条

被代理人死亡后，有下列情形之一的，委托代理人实施的代理行为有效：

（一）代理人不知道且不应当知道被代理人死亡；

（二）被代理人的继承人予以承认；

（三）授权中明确代理权在代理事务完成时终止；

（四）被代理人死亡前已经实施，为了被代理人的继承人的利益继续代理。

作为被代理人的法人、非法人组织终止的，参照适用前款规定。

本条主旨

本条对委托代理终止的例外作出了规定。

相关条文

《民法总则》第174条规定："被代理人死亡后，有下列情形之一的，委托代理人实施的代理行为有效：（一）代理人不知道并且不应当知道被代理人死亡；（二）被代理人的继承人予以承认；（三）授权中明确代理权在代理事务完成时终止；（四）被代理人死亡前已经实施，为了被代理人的继承人的利益继续代理。""作为被代理人的法人、非法人组织终止的，参照适用前款规定。"

理解与适用

依据《民法典》第173条，被代理人死亡或终止的，原则上代理权消灭。但本条规定了例外情形，即代理权不消灭而仍然存续的情形，此时代理人是有权代理人，被代理人承担代理行为的后果。

（1）代理人不知道并且不应当知道被代理人死亡或终止的。这是为了维护代理人的利益，避免代理人对相对人承担无权代理人责任。

（2）被代理人的继承人或继受人予以承认。这也可以解释为被代理人的继承人或继受人对无权代理行为的追认，基于意思自治，自当允许。如果被代理人的继承人或继受人是多个人，则需要全部继承人或继受人均予以承认。

（3）授权中明确代理权在代理事务完成时终止。这是基于被代理人的意思自治所得出的当然结论。如果被代理人在代理授权行为中明确代理权在代理事务完成时终止，即使被代理人在代理事务完成前死亡或终止，代理权仍然要到代理事务完成时才终止。当然，如果被代理人在代理授权行为中明确代理权在被代理人死亡或终止之后但非代理事务完成的某个时点终止，同样应遵循被代理人的意思。

（4）被代理人死亡或终止前已经实施，为了被代理人的继承人或继受人的利益继续代理。这是基于保护被代理人的继承人或继受人的利益所作出的规定。

如对第 173 条的释义中所述，除被代理人死亡外，委托人或者受托人死亡、丧失民事行为能力或者破产的，委托合同终止，但当事人另有约定或者根据委托事务的性质不宜终止的除外。此时解释上应认为此种情况下委托代理权都消灭，但除被代理人死亡情形下直接适用本条外，其他情形下同样应具有类推适用本条而使委托代理权例外地不消灭。委托人死亡、丧失民事行为能力或者破产，致使委托合同终止将损害委托人的利益的，在委托人的继承人、法定代理人或者清算组织承受委托事务之前，受托人应当继续处理委托事务。如果继续作出代理行为是“继续处理委托事务”的一种，则代理权不消灭。受托人死亡、丧失民事行为能力或者破产致使委托合同终止将损害委托人的利益的，在委托人作出善后处理之前，受托人的继承人、法定代理人或者清算组织应当采取必要措施，如果继续作出代理行为是所应当采取的必要措施，则代理权不消灭，由受托人的继承人、法定代理人或者清算组织继续享有。

（本条由朱虎撰写）

第一百七十五条

有下列情形之一的，法定代理终止：

（一）被代理人取得或者恢复完全民事行为能力；

（二）代理人丧失民事行为能力；

（三）代理人或者被代理人死亡；

（四）法律规定的其他情形。

本条主旨

本条对法定代理的终止作出了规定。

相关条文

《民法总则》第 175 条规定：“有下列情形之一的，法定代理终止：（一）被代理人取得或者恢复完全民事行为能力；（二）代理人丧失民事行为能力；（三）代理人或者被代理人死亡；（四）法律规定的其他情形。”

《民法通则》第 70 条规定：“有下列情形之一的，法定代理或者指定代理终止：（一）被代理人取得或者恢复民事行为能力；（二）被代理人或者代理人死亡；（三）代理人丧失民事行为能力；（四）指定代理的人民法院或者指定单位取消指定；（五）由其他原因引起的被代理人和代理人之间的监护关系消灭。”

理解与适用

法定代理的终止在法律效果上与委托代理终止的法律效果类似，但法定代理的终止事由具有一定的特殊性，故本条对此予以明确规定。法定代理一般是基于监护关系，监护关系的终止导致法定代理的终止，因此，法定代理的终止事由与《民法典》第39条规定的监护关系的终止事由相一致，具体包括如下情形。

（1）被代理人取得或者恢复完全民事行为能力。法定代理是基于补充被代理人民事行为能力的欠缺这个目的，因此被代理人取得或者恢复完全民事行为能力时，法定代理应终止，但被代理人取得或恢复限制民事行为能力时，仍有法定代理的必要，此时法定代理不终止。

（2）代理人丧失民事行为能力。法定代理人一般基于监护人资格，对被代理人实施全面照管，故法定代理人享有一般代理权，全面代理被代理人的民事法律行为，这要求代理人必须是完全民事行为能力人。因此，与委托代理权不同，法定代理权在代理人成为限制民事行为能力人或无民事行为能力人时消灭。

（3）代理人或被代理人死亡。如果被代理人死亡，补充被代理人民事行为能力的欠缺的法定代理就没有必要存续。如果代理人死亡，基于监护人资格的法定代理权因不具有可继承性，也应消灭。

（4）法律规定的其他情形。例如，依据《民法典》第36条撤销监护人资格，导致监护关系终止的同时导致法定代理权消灭。

（本条由朱虎撰写）

第八章

民事责任

第一百七十六条

民事主体依照法律规定或者按照当事人约定，履行民事义务，承担民事责任。

本条主旨

本条对民事义务与民事责任的一般性规定作出了规定。

相关条文

《民法总则》第 176 条规定："民事主体依照法律规定和当事人约定，履行民事义务，承担民事责任。"

《民法通则》第 106 条规定："公民、法人违反合同或者不履行其他义务的，应当承担民事责任。""公民、法人由于过错侵害国家的、集体的财产，侵害他人财产、人身的，应当承担民事责任。""没有过错，但法律规定应当承担民事责任的，应当承担民事责任。"

《侵权责任法》第 2 条规定："侵害民事权益，应当依照本法承担侵权责任。""本法所称民事权益，包括生命权、健康权、姓名权、名誉权、荣誉权、肖像权、隐私权、婚姻自主权、监护权、所有权、用益物权、担保物权、著作权、专利权、商标专用权、发现权、股权、继承权等人身、财产权益。"

理解与适用

民事义务是与民事权利相对应的概念，是指义务人为满足权利人的要求而为一定的行为或不为一定的行为的法律负担。从义务的来源来分，民事义务主要包括法定义务和约定义务两种类型。法定义务是基于法律的规定而直接产生的义务。

民事义务是民事法律关系内容的被动方面，具有以下特征：(1) 利他性。义务主体实施一定行为，其目的不是满足自己的利益，而是满足权利主体的利益。(2) 限定性。民事义务是有边界的。义务人应当实施的行为种类（作为或不作为）和范围由权利人享有的民事权利决定。(3) 拘束性。民事义务对义务人具有法律的拘束力，不能依被拘束的义务人的意思而随意变更或解除。因此，除非权利人免除或放弃，否则义务主体必须履行义务。义务主体如果违反其义务，当为而不为一定行为，或者不当为而为了一定行为，则应依法承担民事责任。

民事主体应当依照法律规定或者当事人约定全面履行民事义务。这里的义务不仅指依据法律的规定或当事人的约定而产生的主给付义务，还包括基于诚信原则、交易习惯等产生或法律规定的从给付义务和附随义务。履行义务的行为可能是民事法律行为，也可能是事实行为。以实施民事法律行为为履行义务之标的者，义务之履行人应有民事行为能力。例如，履行房屋买卖合同约定的移转房屋所有权之义务，就要求履行人有民事行为能力。以事实行为为履行义务之标的者，仅要求履行人具有为此事实行为的意思能力，如代人保管物品。义务之履行有要求权利人协同者，也有不要求权利人协同者，前者如债务之履行，后者如一般不作为义务之履行。义务之履行由法律规定的一系列责任加以督促，义务人不履行义务将遭受对其更为不利的法律后果。

从上述关于民事义务特征的表述中不难看出，民事责任是与民事义务相对应的概念。民事责任是指当事人不履行民事义务时所应承担的民法上的后果。① 民事主体如果不履行或者不完全履行民事义务，就应当依法承担民事责任。

实际上，民事责任不仅与民事义务相对应，也与民事权利相对应，特别是与民事权利中的救济权相对应。在民事法律关系中，如果义务主体认真履行其义务，则权利主体的合法利益完全实现，该法律关系即正常消灭。如果义务主体不履行或不完全履行其义务，侵害了权利主体的合法利益，则原来的民事权利义务关系发生性质和内容上的变化，转化为以救济权和民事责任为内容的特殊民事法

① 王利明．民法总则研究．北京：中国人民大学出版社，2003：263．

律关系——民事责任关系：原来的权利人因其原权受侵害而获得救济权，成为救济权主体；而原来的义务人因其义务的违反而依法承担民事责任，成为责任主体。从民事权利义务关系转化为民事责任关系的这一动态过程我们可以看出，民事责任与民事义务既有联系也有区别。特别是在我国，民事责任不仅有过错责任，也包括了无过错责任与公平责任。因此为体现《民法典》之总则编的概括性，本条规定，民事主体依照法律规定和当事人约定，履行民事义务，承担民事责任。

与刑事责任、行政责任等法律责任相比，民事责任具有如下特征：(1) 财产性。古代社会，民刑不分，义务人不能履行义务时，可能会被当作奴隶使用或被出卖给他人，甚至被杀害。但随着社会进步，民事责任逐渐去除了人身的枷锁，改采财产责任。民事责任的财产性一方面彰显了近现代民法的文明，另一方面也为责任的实现带来了风险。(2) 补偿性。由于民事主体之间是平等的，因此民事责任通常以补偿为目的，原则上不具有惩罚性。(3) 任意性。基于民事法律关系的私人属性，法律通常允许民事主体就民事责任的承担作出预先约定，或者允许权利受到侵害的人减轻甚至放弃追究责任主体的责任。

（本条由黄忠撰写）

第一百七十七条

二人以上依法承担按份责任，能够确定责任大小的，各自承担相应的责任；难以确定责任大小的，平均承担责任。

本条主旨

本条对按份责任作出了规定。

相关条文

《民法总则》第 177 条规定："二人以上依法承担按份责任，能够确定责任大小的，各自承担相应的责任；难以确定责任大小的，平均承担责任。"

《侵权责任法》第 12 规定："二人以上分别实施侵权行为造成同一损害，能够确定责任大小的，各自承担相应的责任；难以确定责任大小的，平均承担赔偿责任。"

理解与适用

按份责任又称“分割责任”，是与“连带责任”相对应的法律概念，指数个责任人各自按照其确定的份额承担责任。需要注意的是，我国法上的按份责任实际上是德国、法国民法中的可分之债。①

按份责任具有以下的特征。

（1）以可分给付为标的。标的可分是成立按份责任的必要条件。给付可分为数个给付，而不损其债之目的者，即为可分给付，否则为不可分给付。给付可分不可分如有疑义，应考察其是否因分割给付而减少全部给付的价值。以性质上不可分给付为标的之债，如果当事人约定分别给付，则因标的自始不能而导致债不成立。而性质上可分的给付，当事人约定不可分割履行，则因不损害给付的目的而有效。

（2）按份责任人之间不具有连带关系。在法律上，各按份责任人对同一债务仅就规定或约定的特定份额负责，一责任人对其他责任人的债务份额不承担责任；债权人只能就按份责任人应负的责任份额请求执行；某一按份责任的履行只引起特定责任份额的消灭，不影响其他责任份额的存在；此外，在按份责任中，对某一责任人发生效力的免责事由并不当然地对其他责任人发生效力。

（3）法律未另有规定，当事人亦未另外约定。根据民法原理，数人负担同一责任，其给付可分者，除法律另有规定或当事人另有约定外，即为按份责任。

按份责任可以基于合同等民事法律行为而产生。比如，共同担保人可以约定担保的份额，进而成立按份担保责任。按份责任也可以直接基于法律的规定而产生，比如，《民法典》第1209条规定：因租赁、借用等情形机动车所有人、管理人与使用人不是同一人时，发生交通事故造成损害，属于该机动车一方责任的，由机动车使用人承担赔偿责任；机动车所有人、管理人对损害的发生有过错的，承担相应的赔偿责任。根据民法原理，数人负担同一责任，其给付可分者，除法律另有规定或当事人另有约定外，应当以成立按份责任为原则，以成立连带责任为例外。

与连带责任不同，各个按份责任人只需向权利人承担自己应承担的份额，对于超出其份额的责任没有履行之义务，因此在实务中就需要确定按份责任的份额。依本条规定，能够确定责任大小的，按份责任人各自承担相应的责任；难以确定责任大小的，平均承担责任。

---

① 王利明．债法总则研究．北京：中国人民大学出版社，2015：183.

（1）能够确定责任大小的，各自承担相应的责任。基于私人自治的原理，任何人通常仅就自己的行为负责。因此，为避免出现替人担责、代人受过的问题，有必要科学确定各个责任人的责任大小。在司法实践中，责任大小需要依据责任产生的原因来确定。如果按份责任是基于合同等民事法律行为而产生，则责任大小就首先要依据当事人的意思表示来确定。如果按份责任是基于法律的直接规定产生的，则通常可以综合各个责任人的过错程度、各个责任人之行为与损害后果之关系的紧密程度、公平原则以及政策考量等因素，由法官在具体案件中综合确定。比如《最高人民法院关于审理人身损害赔偿案件适用法律若干问题的解释》第 3 条第 2 款规定：二人以上没有共同故意或者共同过失，但其分别实施的数个行为间接结合发生同一损害后果的，应当根据过失大小或者原因力比例各自承担相应的赔偿责任。

（2）难以确定责任大小的，平均承担责任。在某些情形下，由于案情复杂，很难确定各个责任人的责任的大小。按照本条的规定，此时，各个责任人应当平均承担赔偿责任。这一规定其实是借鉴了确定各个连带责任人内部份额时的做法。比如，《俄罗斯民法典》第 1081 条第 2 款中规定，当过错程度不能确定时，份额应均等。《意大利民法典》第 2055 条第 3 款规定，在有疑问的情况下，推定所有人的责任相同。我国《民法典》第 1172 条规定：二人以上分别实施侵权行为造成同一损害，能够确定责任大小的，各自承担相应的责任；难以确定责任大小的，平均承担责任。

（本条由黄忠撰写）

第一百七十八条

二人以上依法承担连带责任的，权利人有权请求部分或者全部连带责任人承担责任。

连带责任人的责任份额根据各自责任大小确定；难以确定责任大小的，平均承担责任。实际承担责任超过自己责任份额的连带责任人，有权向其他连带责任人追偿。

连带责任，由法律规定或者当事人约定。

本条主旨

本条对连带责任作出了规定。

相关条文

《民法总则》第 178 条规定："二人以上依法承担连带责任的，权利人有权请求部分或者全部连带责任人承担责任。""连带责任人的责任份额根据各自责任大小确定；难以确定责任大小的，平均承担责任。实际承担责任超过自己责任份额的连带责任人，有权向其他连带责任人追偿。""连带责任，由法律规定或者当事人约定。"

《侵权责任法》第 13 条规定："法律规定承担连带责任的，被侵权人有权请求部分或者全部连带责任人承担责任。"

理解与适用

连带责任是多数人责任的一种类型，是指数人共担同一责任，而每一个责任人都对权利人负担全部履行义务。连带责任有利于保护权利人的利益，在社会生活中有重要的意义，是一项重要的责任承担方式。

连带责任的法律特征主要表现在：(1) 连带责任是数个独立的责任，即在内部关系上各个责任人都有自己独立的责任份额，只是因法律的规定或当事人的约定而在对外关系上互相连带。因此，就某一责任人发生的事项原则上仅有相对效力。(2) 数个责任的发生通常具有共同目的。多数责任人因共同目的而发生结合，各个责任不过是达到此目的的手段。因此，权利人因一个全部履行或其他可与履行同视的事项而实现其目的时，其他责任人的责任随即消灭。① (3) 责任人各负全部履行义务。在对外关系上，构成连带责任之各个责任，均以全部给付为内容。连带责任人即使对于内部责任份额有约定，亦不发生对外效力，权利人仍然有权请求一个或者数个连带责任人承担全部或者部分的责任。(4) 各个责任不需以同一内容之给付为标的，亦不以同一发生原因为必要。如担保责任和主债务，既非基于同一原因发生，亦不一定以同一给付为标的。

连带责任的效力包括外部和内部两个层次。

(1) 外部效力。权利人可先后或同时向全体或部分责任人请求履行全部或部分责任，而每个连带责任人都负有以全部履行为内容的责任。只要一个责任全部履行，权利人的权利即因目的实现而消灭，整个连带责任关系亦随之消灭，而转化为连带责任人内部的按份责任关系。其他如抵销、混同、免除、时效完成、债权人迟延等事项对其他连带责任人亦发生效力。除上述发生绝对效力的事项外，

---

① 王利明．债法总则研究．北京：中国人民大学出版社，2015：226.

其他就连带责任人一人所发生之事项仅有相对效力，其利益或不利益，对其他责任人不发生效力。

连带责任对外是一个整体的责任，无论权利人是向一个还是向数个连带责任人请求承担责任，都不影响被请求的连带责任人对外承担全部责任。但是，《最高人民法院关于审理人身损害赔偿案件适用法律若干问题的解释》第5条规定："赔偿权利人起诉部分共同侵权人的，人民法院应当追加其他共同侵权人作为共同被告。赔偿权利人在诉讼中放弃对部分共同侵权人的诉讼请求的，其他共同侵权人对被放弃诉讼请求的被告应当承担的赔偿份额不承担连带责任。责任范围难以确定的，推定各共同侵权人承担同等责任。""人民法院应当将放弃诉讼请求的法律后果告知赔偿权利人，并将放弃诉讼请求的情况在法律文书中叙明。"该司法解释的这一规定其实改变了连带责任的性质，造成被侵权人不起诉其他连带责任人的，人民法院就要求追加；被侵权人不同意追加的，就等于放弃了对未追加的连带责任人的诉讼请求，被诉的连带责任人对于放弃的份额不再承担侵权责任。《侵权责任法》第13条规定：法律规定承担连带责任的，被侵权人有权请求部分或者全部连带责任人承担责任。可见，《侵权责任法》扭转了上述司法解释的认识，重申了连带责任的外部效力问题。《民法典》本条再次明确，权利人有权请求部分或者全部连带责任人承担责任。

（2）内部效力。连带责任人对外承担了连带责任后，如果其承担了全部或超过自己责任份额的责任，那么该连带责任人就会成为新的权利人，其他连带责任人成为按份责任人，分别就自己分担的部分承担向新权利人履行的责任。因此，在连带责任人对外承担了连带责任后，就需要在连带责任人内部确定各自的责任份额。

追偿权在连带责任的内部关系中处于重要的地位，能保障连带责任人内部合理分担风险。通过行使追偿权，承担赔偿责任的连带责任人也完成了角色的转化，从对外以侵权人的身份承担赔偿责任，转化为对内以债权人的身份请求公平分担损失。因此，大陆法系国家和英美法系国家大多对连带责任中的追偿权作出了规定。

连带责任人内部的责任分担比例，由连带责任据以产生的内部关系决定。如果连带责任是基于合同等民事法律行为发生的，那么其内部分担比例就依当事人的约定确定。比如，合伙人的责任分担比例由合伙协议确定，保证人的连带责任份额由保证合同确定。如果连带责任人没有约定内部分担的比例，则依法律的规定，或者平均承担责任。

如果连带责任是基于法律的规定发生的，则连带责任人的内部分担比例应当根据各自责任大小确定责任份额。责任的大小一般依据以下原则来确定：一是根据各自的过错。比如，在共同侵权的连带责任中，需要对每个责任主体在实施侵权行为时的过错进行比较：有故意或者有重大过失等较大过错者，承担的赔偿数额较大；过错较小者，比如只有轻微过失，可以承担较少的赔偿数额。二是对原因力进行比较。原因力是指在造成损害结果的多个原因中，每一个原因对于损害结果发生或者扩大所起的作用。原因力也是确定连带责任人赔偿数额的一个方面，特别是在无过错责任的情况下，需要对各责任主体在实施侵权行为时所起的作用进行比较：所起的作用较大者，应当承担较大的赔偿数额；所起的作用较小者，可以分担较小的赔偿数额。三是平均分担赔偿数额。如果根据过错和原因力难以确定连带责任人责任大小的，可以视为各连带责任人的过错程度和行为的原因力大小是相当的，在这种情况下应当由连带责任人平均承担赔偿责任。

需要强调指出的是，明确各连带责任人的责任份额并不意味着连带责任人的责任转化为按份责任。如果转化为按份责任，等于从实质上改变了侵权人承担责任的方式，于对被侵权人的保护是不利的。因此，责任份额仅在连带责任人内部发生效力，责任份额只是各连带责任人最终承担责任的依据，是今后连带责任人行使追偿权的基础，并不影响连带责任人对外承担连带责任。

从连带责任的效力可以看出，连带责任意味着责任的加重，带有“株连”的意味，因此，本条第3款规定，连带责任通常要依据法律的规定和当事人的约定而产生。换言之，凡法律没有明文规定或者当事人没有明确约定的，就不能随意认定当事人承担连带责任。① 我国法律对连带责任或连带债务的规定较为普遍，在公司、合伙、代理、侵权、担保等部分都存在相应的规范。

（本条由黄忠撰写）

第一百七十九条

承担民事责任的方式主要有：

（一）停止侵害；

（二）排除妨碍；

---

① 需要指出的是，主张必须有法律的明确规定或当事人的明确约定才能成立连带债务的做法其实并非比较法上的通例，德国法上就允许推定连带债务的成立。郑玉波．民法债编总论．北京：中国政法大学出版社，2004：391.

（三）消除危险；
（四）返还财产；
（五）恢复原状；
（六）修理、重作、更换；
（七）继续履行；
（八）赔偿损失；
（九）支付违约金；
（十）消除影响、恢复名誉；
（十一）赔礼道歉。

法律规定惩罚性赔偿的，依照其规定。

本条规定的承担民事责任的方式，可以单独适用，也可以合并适用。

本条主旨

本条对民事责任的承担方式作出了规定。

相关条文

《民法总则》第179条规定：“承担民事责任的方式主要有：（一）停止侵害；（二）排除妨碍；（三）消除危险；（四）返还财产；（五）恢复原状；（六）修理、重作、更换；（七）继续履行；（八）赔偿损失；（九）支付违约金；（十）消除影响、恢复名誉；（十一）赔礼道歉。”“法律规定惩罚性赔偿的，依照其规定。”“本条规定的承担民事责任的方式，可以单独适用，也可以合并适用。”

《民法通则》第134条规定：“承担民事责任的方式主要有：（一）停止侵害；（二）排除妨碍；（三）消除危险；（四）返还财产；（五）恢复原状；（六）修理、重作、更换；（七）赔偿损失；（八）支付违约金；（九）消除影响、恢复名誉；（十）赔礼道歉。”“以上承担民事责任的方式，可以单独适用，也可以合并适用。”“人民法院审理民事案件，除适用上述规定外，还可以予以训诫、责令具结悔过、收缴进行非法活动的财物和非法所得，并可以依照法律规定处以罚款、拘留。”

《侵权责任法》第15条规定：“承担侵权责任的方式主要有：（一）停止侵害；（二）排除妨碍；（三）消除危险；（四）返还财产；（五）恢复原状；（六）赔偿损失；（七）赔礼道歉；（八）消除影响、恢复名誉。”“以上承担侵权责任的方式，可以单独适用，也可以合并适用。”

理解与适用

民事责任的承担方式，是指违法行为人应当承受的具体法律后果。责任的承担方式是法律责任制度的具体化。只有规定了具体、科学的责任承担方式，才能真正发挥法律的社会功能。而一个国家究竟规定哪些责任承担方式，取决于该国的立法政策和法律文化传统。① 本条规定了12种民事责任承担方式，分别为停止侵害；排除妨碍；消除危险；返还财产；恢复原状；修理、重作、更换；继续履行；赔偿损失；支付违约金；消除影响、恢复名誉；赔礼道歉；惩罚性赔偿。

（1）停止侵害。停止侵害就是要求行为人不再继续实施该违法侵害行为。这种责任承担方式能够及时制止侵害，避免侵害后果的扩大。当然，采用这种责任承担方式以侵权正在进行或者仍在延续为条件，对于未发生或者已终止的侵权则不适用。

（2）排除妨碍。排除妨碍是指行为人实施的行为使他人无法行使或者不能正常行使人身、财产权益的，被妨碍人可以要求行为人排除妨碍权益实施的障碍。行为人不排除妨碍的，受害人可以请求人民法院责令其排除妨碍。例如，某人在他人门前设置路障妨碍通行，受害人就可以请求排除妨碍。当然，受害人请求排除的妨碍必须是不法的。如果权利人对妨碍负有容忍义务，则无排除妨碍请求权。

（3）消除危险。消除危险是指行为人的行为对他人之人身、财产权益造成现实威胁的，他人有权要求行为人采取有效措施消除这种现实威胁。例如，某人的房屋由于受到大雨冲刷随时有倒塌可能，危及邻居的人身、财产安全，但房屋的所有人不采取措施时，邻居可以请求该房屋的所有人采取措施消除这种危险。适用这种责任承担方式可以未雨绸缪，防患于未然，有效预防现实损害的发生，最大限度地保护他人的人身、财产安全。当然，适用这种责任承担方式必须是危险确实存在，对他人的人身、财产安全造成现实威胁，但还未发生实际损害。

（4）返还财产。返还财产责任因行为人无权占有他人财产而产生。例如，某人抢夺了他人的手机据为己有，构成了无权占有，手机所有人就有权要求无权占有人返还手机。《民法典》第460条规定，无权占有不动产或者动产的，权利人可以请求返还原物。有权请求返还财产的主体一般是该财产的所有人，但财产被他人合法占有期间，又被第三人非法占有的，该合法占有人也可以请求返还财产。适用返还财产责任承担方式的前提是该财产还存在，如果该财产已经灭失，

---

① 张新宝．侵权责任法原理．北京：中国人民大学出版社，2005：66.

就在事实上无法适用该责任承担方式。

(5) 恢复原状。狭义的恢复原状是指法院判令行为人通过修复等手段使受到损坏的财产恢复到损坏前的状况的一种责任承担方式。广义的恢复原状还包括修理、赔礼道歉、消除影响、恢复名誉等。由于《民法典》已将这些都作为单独的责任承担方式，所以这里所指的恢复原状是狭义的。在财产具有独特价值时，恢复原状的责任承担方式具有重要意义。比如在环境污染责任中，恢复原状的责任承担方式对于实现生态环境修复、克服赔偿损失的功能缺陷都具有重要意义。采用恢复原状要符合以下条件：一是受到损坏的财产仍然存在且恢复原状有可能。受到损坏的财产不存在的，或者恢复原状不可能的，受害人只能请求赔偿损失。二是恢复原状有必要，即受害人认为恢复原状是必要的且具有经济上的合理性。若恢复原状没有经济上的合理性，就不能适用该责任承担方式。

(6) 修理、重作、更换。修理、重作、更换属于广义的恢复原状责任承担方式。在我国民事立法中，修理、重作、更换最初见于《民法通则》第 134 条第 1 款。《合同法》第 111 条将“修理、更换、重作”作为了瑕疵履行的违约责任承担方式之一。《民法典》第 237 条规定：造成不动产或者动产毁损的，权利人可以依法请求修理、重作、更换或者恢复原状。这就对修理、重作、更换责任作出了规定。

(7) 继续履行。继续履行，也称为实际履行、强制履行，是指违约方不履行合同义务时，另一方有权要求违约方依据合同的规定继续履行合同义务。继续履行就其性质而言，是原合同义务的转化形式，它是通过法律规定的强制手段迫使债务人履行其原义务，是一种违约责任的承担方式。

(8) 赔偿损失。赔偿损失是指行为人向受害人支付一定数额的金钱以弥补其损失的责任承担方式。其是最基本的责任承担方式，也是运用最为广泛的责任承担方式。这里的赔偿损失，包括人身损害赔偿、财产损失赔偿和精神损害赔偿，因此，赔偿损失不仅适用于违约责任，也适用于侵权行为及其他一些民事违法行为所产生的责任。赔偿损失的范围可由法律直接规定，或由双方约定。在法律没有特别规定和当事人没有另行约定的情况下，应按完全赔偿原则，赔偿全部损失。当然，损害赔偿的范围和具体数额需要依据个案的具体事实来个别确定。

(9) 支付违约金。违约金是指当事人一方违约后，依照合同的预先约定或者法律的直接规定向对方支付一定数额的金钱。违约金依其发生原因不同，可以分为约定违约金和法定违约金。违约金作为预先确定的赔偿数额，在违约后对损失予以补偿，非常简便迅速，免除了受害人一方在另一方违约后就实际损失所负的举证责任，同时也省去了法院和仲裁机构在计算实际损失方面的麻烦，不仅可以督促债务人履行合同，而且有利于当事人在订约时计算风险和成本。

（10）消除影响、恢复名誉。消除影响、恢复名誉是指法院根据受害人的请求，责令行为人在一定范围内采取适当方式消除对受害人名誉的不利影响以使其名誉得到恢复的一种责任承担方式。具体适用消除影响、恢复名誉时，要根据侵权行为所造成的影响和受害人名誉受损的后果来决定。消除影响、恢复名誉主要适用于侵害名誉权的情形。

（11）赔礼道歉。赔礼道歉是指责任人通过向受害人承认错误、表达歉意、请求原谅来弥补受害人精神创伤的一种民事责任承担方式。《民法通则》将赔礼道歉这样一种具有道德性的责任承担方式纳入了法律范畴。要求责任人对受害人进行赔礼道歉是国家、社会对违法行为进行否定性评价的表现，不仅对于切实保护受害人的利益具有重要意义，而且对于正确处理当事人间的矛盾，促进当事人间的团结，提高人们的法纪观念，加强社会主义精神文明建设也有重要价值。作为《民法通则》的独创，赔礼道歉一直被认为是切合我国国情，并且行之有效的一种民事责任承担形式，其超越了近代民法在责任承担方式上单一化的窠臼，为受害人提供了多样化的救济方式，契合了市民社会的多元价值追求。① 赔礼道歉主要适用于侵害名誉权、隐私权、姓名权、肖像权、知识产权等情形。赔礼道歉可以公开进行，也可以私下进行；可以以口头方式进行，也可以以书面等方式进行，具体采用什么形式由法官依据案件的具体情况作出决定。口头道歉是由行为人直接向受害人表示，基本不公开进行；书面道歉以文字形式进行，可以登载在报刊上，或者张贴于有关场所。行为人不赔礼道歉的，法院可以判决按照确定的方式进行，产生的所有费用由行为人承担。

（12）惩罚性赔偿。惩罚性赔偿又称报复性赔偿，其实是赔偿损失的一种类型，是指由法院所作出的赔偿数额超出实际的损害数额的赔偿。与赔偿性赔偿不同，惩罚性赔偿除具有一般赔偿损失的功能外，还具有惩罚、遏制不法行为的功能。由于民事责任以补偿为原则，因此惩罚性赔偿的适用必须以法律的具体规定为前提，并且通常以欺诈等故意违法为构成要件。为此，本条采取了参引性的方式，仅规定：法律规定惩罚性赔偿的，依照其规定。《消费者权益保护法》《食品安全法》等法律中都规定了惩罚性赔偿。

《民法典》规定的民事责任承担方式各有特点，在充分救济受害人的总体目标下，需要采用什么方式，就采用什么方式。个案中可以单独采用一种方式，也

① 王利明．为什么需要强制赔礼道歉．人民法院报，2012－10－16．黄忠．一个被遗忘的“东方经验”：再论赔礼道歉的法律化．政法论坛，2015（4）．

可以合并采用多种方式。例如，对于单纯的财产损失，可以单独采用赔偿损失的方式予以救济；对侵害名誉权、隐私权等人格权的，可以单独采用赔礼道歉、消除影响、恢复名誉，也可以并用赔礼道歉、消除影响、恢复名誉和精神损害赔偿。具体适用侵权责任承担方式应当掌握的原则是，在任何情况下，只要有救济损害的需要，如果一种方式不足以救济受害人，就应当同时适用其他方式。据此，本条第 3 款规定，以上承担侵权责任的方式，可以单独适用，也可以合并适用。是单独适用，还是合并适用，可以由受害人提出，然后由法官根据不同案情综合确定。

同时，还需注意的是，从受害人的角度来看，民事责任承担方式是受害人自己享有的请求权，受害人可以处分这种请求权。受害人坚持自己的请求权，若该请求权适当，且没有给侵权人施加不适当责任的，法官原则上应支持其请求权；受害人自愿放弃某种可以适用的民事责任承担方式的，法官不应当干预，如受害人自愿放弃对侵权人的赔偿损失请求权的，法官就不应当违背受害人的意愿强行判决侵权人赔偿损失。

（本条由黄忠撰写）

第一百八十条

因不可抗力不能履行民事义务的，不承担民事责任。法律另有规定的，依照其规定。

不可抗力是不能预见、不能避免且不能克服的客观情况。

本条主旨

本条对不可抗力作出了规定。

相关条文

《民法总则》第 180 条规定：“因不可抗力不能履行民事义务的，不承担民事责任。法律另有规定的，依照其规定。”“不可抗力是指不能预见、不能避免且不能克服的客观情况。”

《民法通则》第 107 条规定：“因不可抗力不能履行合同或者造成他人损害的，不承担民事责任，法律另有规定的除外。”

《民法通则》第 153 条规定：“本法所称的‘不可抗力’，是指不能预见、不能避免并不能克服的客观情况。”

《合同法》第117条规定：“因不可抗力不能履行合同的，根据不可抗力的影响，部分或者全部免除责任，但法律另有规定的除外。当事人迟延履行后发生不可抗力的，不能免除责任。”“本法所称不可抗力，是指不能预见、不能避免并不能克服的客观情况。”

《侵权责任法》第29条规定：“因不可抗力造成他人损害的，不承担责任。法律另有规定的，依照其规定。”

理解与适用

本条规定了不可抗力的概念及法律效果。

(一) 关于不可抗力的含义和范围

理论上与实务中对不可抗力的理解并不统一，概括起来有客观说、主观说和折中说三种观点。客观说强调不能避免并不能抗拒的外来力量为不可抗力；主观说强调当事人虽尽最大努力仍不能预见的客观情况为不可抗力；折中说强调当事人尽最大谨慎也不能预见、不能防止发生的事件为不可抗力。本条采取了折中说的立场，将不可抗力界定为是不能预见、不能避免并不能克服的客观情况。①

这里的“不能预见”是指，根据现有的科学技术水平，通常对该种客观情况的发生没有预知的能力。从认知的角度而言，一方面，人们对未来情况的预知能力受制于当时的科学技术水平。某些客观情况的发生，在过去不可预见，但随着科学技术水平的发展，现在就可预见。例如，现在天气预报的准确率达到百分之九十以上，人们对狂风暴雨的规避能力也已大大提高。另一方面，人们对未来情况的预知能力会因人而异，因此人们对未来情况的预知能力还要受制于具体认知主体的认知能力。比如，对于某些情况，有些人能预见到，有些人却无法预见，所以对于这里所谓的不能预见应当以一般人的认知预见能力作为标准予以判断。

这里所谓的“不能避免并不能克服”是指当事人已经尽到最大努力，并采取了一切可以采取的措施，仍然不能避免该客观情况的发生，或者克服该客观情况所造成的损害结果。“不能避免并不能克服”表明该客观情况的发生及导致的损害后果具有必然性。

关于不可抗力的具体范围，本条都没有明确列举。学理上通常认为不可抗力的范围包括以下三种情况：(1) 自然灾害，如地震、台风、洪水、旱灾、海啸等。(2) 政府行为。这主要是指在当事人订立合同以后，政府颁布新政策、法律

---

① 张新宝．侵权责任法原理．北京：中国人民大学出版社，2005：128.

和行政措施而导致合同不能履行。(3) 社会异常事件。这主要是指一些偶发的事件，如战争、罢工、骚乱等阻碍合同的履行。《海洋环境保护法》第 91 条规定，完全属于下列情形之一，经过及时采取合理措施，仍然不能避免对海洋环境造成污染损害的，造成污染损害的有关责任者免予承担责任：(1) 战争；(2) 不可抗拒的自然灾害……

需要指出的是，不可抗力的外延并非绝对明晰。比如在法国，不可抗力与意外事件就无法绝对分开，其在立法上总是相伴出现。虽然本条将不可抗力认定为不能预见、不能避免并不能克服的客观情况，要求构成不可抗力必须具有不可预见性，但有些国家将虽然可以预见但不能克服和避免的情况也认定为不可抗力。从不可抗力的不确定性来看，不可抗力的确认本身就是政策考量的结果，这就导致立法上将不可抗力作为公平原则和政策考量因素，在民事责任构成要件成立的情况下，仍然实现免责。这就说明，不可抗力在性质上本来就不可能是一成不变的观念。①

（二）不可抗力的法律后果

在过错责任中，对于不可抗力可以通过证明过错和因果关系的欠缺来实现免责；在无过错责任中，对于不可抗力可以通过证明因果关系的欠缺实现免责。因此，不可抗力既可作为过错责任的免责事由，也可作为无过错责任的免责事由。② 所以，将不可抗力作为法定免责条件，是现代各国法律的通例。在我国法上，因不可抗力不能履行民事义务的，原则上可以不承担民事责任。

但本条在明确因不可抗力不能履行民事义务不承担民事责任的同时，又规定法律另有规定的，依照其规定。这说明作为免责事由的不可抗力的适用是要受到特别法限制的。比如，《民用航空法》第 124 条规定，因发生在民用航空器上或者在旅客上、下民用航空器过程中的事件，造成旅客人身伤亡的，承运人应当承担责任；但是，旅客的人身伤亡完全是由于旅客本人的健康状况造成的，承运人不承担责任。该事件包括因承运人过错而发生的事故，也含与承运人无关的不可抗力，只要造成了旅客人身伤亡，承运人即使无过错，也要承担违约的民事责任。再如，《邮政法》第 48 条规定，因下列原因之一造成的给据邮件损失，邮政企业不承担赔偿责任：(1) 不可抗力，但因不可抗力造成的保价的给据邮件的损失除外……给据邮件，是指挂号信件、邮包、保价邮件等由邮政企业以其分支机构在收寄时出具收据，投递时要求收件人签收的邮件。按此规

---

① 伊泽孝平．民事法学辞典．东京：有斐阁，1960：1705.

② 陈本寒，艾围利．侵权责任法不可抗力适用规则研究．现代法学，2011 (1).

定，汇款和保价邮件即使由于不可抗力造成损害的，邮政企业也需对收件人承担赔偿责任。

在违约责任与侵权责任这两种主要的民事责任类型中，我国现行法均有排除不可抗力为免责事由的规定。根据《民法典》之合同编的规定，在下列两种情形下不能因不可抗力而免责：（1）金钱债务的迟延履行。在金钱债务未能及时履行时，无论迟延履行由何种原因引起，债务人都负继续履行的责任。（2）迟延履行后发生不可抗力，不能免除责任。此外，在违约责任中，不可抗力的法律后果并非当然全部免除违约责任，而应视不可抗力的影响程度和给债务人造成的困难程度来分别处理。如果不可抗力已使合同债务人的履行成为不可能，则应解除合同，并免除违约方的违约责任。如果不可抗力只造成债务人的履行部分不能，则应变更合同关系，免除违约方的部分违约责任。如果不可抗力仅造成债务人履行债务的暂时困难，则可要求债务人延期履行，但免除迟延履行的违约责任。

（本条由黄忠撰写）

第一百八十一条

因正当防卫造成损害的，不承担民事责任。

正当防卫超过必要的限度，造成不应有的损害的，正当防卫人应当承担适当的民事责任。

本条主旨

本条对正当防卫作出了规定。

相关条文

《民法总则》第 181 条规定："因正当防卫造成损害的，不承担民事责任。""正当防卫超过必要的限度，造成不应有的损害的，正当防卫人应当承担适当的民事责任。"

《民法通则》第 128 条规定："因正当防卫造成损害的，不承担民事责任。正当防卫超过必要的限度，造成不应有的损害的，应当承担适当的民事责任。"

《侵权责任法》第 30 条规定："因正当防卫造成损害的，不承担责任。正当防卫超过必要的限度，造成不应有的损害的，正当防卫人应当承担适当的责任。"

理解与适用

本条是关于正当防卫与防卫过当的规定。

正当防卫是指为了使公共利益、本人或者他人的财产、人身免受正在进行的不法行为的侵害，而对不法行为人本人采取的防卫行为。正当防卫作为一项免责事由的根据是该防卫行为的正当性、合法性。法律不能屈从于不正义。正当防卫是法律赋予公民私力救济的权利，是属于受法律鼓励的行为，目的是保护公民本人、他人不受侵犯，因此，在比较法上，正当防卫均为不承担责任和减轻责任的情形之一。例如，《德国民法典》第 227 条规定：正当防卫的行为不违法。正当防卫是指为避免自己或者他人受现时的不法侵害而进行的必要防卫。

构成正当防卫，进而不承担民事责任，需同时具备以下六个要件：(1) 必须是为了使公共利益、本人或者他人的人身、财产权利免受不法侵害而实施的。(2) 必须有不法侵害行为发生。所谓“不法侵害”，是指对某种权利或利益的侵害为法律所明文禁止，既包括犯罪行为，也包括其他违法的侵害行为。(3) 必须是正在进行的不法侵害。正当防卫的目的在于制止不法侵害，避免危害结果发生，因此，不法侵害必须是正在进行的，而不是尚未开始或者已实施完毕或者实施者确已自动停止的，否则，就是防卫不适时，防卫人应当承担民事责任。(4) 必须是公共利益、本人或者他人的人身权利、财产权利遭受不法侵害，来不及请求有关国家机关救助。(5) 必须是针对不法侵害者本人实行，即正当防卫行为不能对没有实施不法侵害行为的第三者（包括不法侵害者的家属）造成损害。(6) 不能明显超过必要限度造成损害。正当防卫是有益于社会的私力救济行为，但也受一定限度的制约，即正当防卫应以足以制止不法侵害为限。

只有满足以上六个要件，才能构成正当防卫，行为人（防卫人）才能不承担民事责任。实践中，区分正当防卫与相互斗殴是十分必要的。所谓相互斗殴是指双方基于不法侵害的故意而实施的伤害对方人身与财产的行为。相互斗殴的行为人主观上并没有防卫的意图和目的，其行为不得被视为正当防卫。①

防卫过当是指正当防卫行为超越了法律规定的防卫限度，因而防卫人应当负法律责任的情况。本条第 2 款规定，正当防卫超过必要的限度，造成不应有的损害的，正当防卫人应当承担适当的民事责任。

防卫过当的前提是进行正当防卫，但防卫过当又不同于正当防卫。在实务中，如何确定和理解正当防卫的必要限度非常重要。对此，通说认为应当从权衡

---

① 王利明．侵权行为法研究．北京：中国人民大学出版社，2004：558－559.

各方利益的角度进行综合判断。比如，从防卫的时间上讲，对于侵害人已经被制服或者侵害人已自动停止侵害行为的，防卫人就不得再行攻击，否则就构成防卫过当；从防卫手段来讲，如果防卫人能够用较缓和的手段进行有效的防卫，就不允许用激烈手段进行防卫，否则就构成防卫过当。此外，在防卫对象上，对于没有明显危及人身、财产等重大利益的不法侵害行为，通常就不允许采取造成重伤等手段对侵害人进行防卫，否则就构成防卫过当。一旦正当防卫超过必要的限度，造成侵害人不应有的损害，防卫人就应当承担适当的责任。所谓“适当的责任”，是指不对侵害人的全部损失赔偿，而是根据防卫人过错的程度，由防卫人在损失范围内承担一部分责任，即承担与其过错相应的责任。

（本条由黄忠撰写）

第一百八十二条

因紧急避险造成损害的，由引起险情发生的人承担民事责任。

危险由自然原因引起的，紧急避险人不承担民事责任，可以给予适当补偿。

紧急避险采取措施不当或者超过必要的限度，造成不应有的损害的，紧急避险人应当承担适当的民事责任。

本条主旨

本条对紧急避险作出了规定。

相关条文

《民法总则》第182条规定：“因紧急避险造成损害的，由引起险情发生的人承担民事责任。”“危险由自然原因引起的，紧急避险人不承担民事责任，可以给予适当补偿。”“紧急避险采取措施不当或者超过必要的限度，造成不应有的损害的，紧急避险人应当承担适当的民事责任。”

《民法通则》第129条规定：“因紧急避险造成损害的，由引起险情发生的人承担民事责任。如果危险是由自然原因引起的，紧急避险人不承担民事责任或者承担适当的民事责任。因紧急避险采取措施不当或者超过必要的限度，造成不应有的损害的，紧急避险人应当承担适当的民事责任。”

《侵权责任法》第31条规定：“因紧急避险造成损害的，由引起险情发生的人承担责任。如果危险是由自然原因引起的，紧急避险人不承担责任或者给予适当补偿。紧急避险采取措施不当或者超过必要的限度，造成不应有的损害的，紧急避险人应当承担适当的责任。”

理解与适用

紧急避险，是指为了避免公共利益、本人或者他人的合法权益遭受正在发生的危险的损害，不得已而采取的损害另一种利益的自卫行为。天有不测风云，人有旦夕祸福。不论危险是由自然原因引起的，还是由他人行为导致的，出于趋利避害的本能，紧急避险人避让风险、排除危险的行为都存在正当性、合法性，因此在比较法上，也都将紧急避险作为不承担责任和减轻责任的情形之一。比如，《德国民法典》第 228 条规定：为使自己或者他人避免急迫危险而损坏或者损毁他人之物的人，如果其损坏或者损毁行为系防止危险所必要，而且造成的损害又未超越危险程度时，其行为不为违法。如果行为人对危险的发生负有过失，则应负损害赔偿义务。

本条基本上沿袭了《民法通则》第 129 条的规定，对紧急避险的内容没有明确规定，即没有明确是为了谁的利益而采取紧急避险行为。采取这种立法体例的还有越南，《越南社会主义共和国民法典》第 618 条规定：因紧急避险造成他人损害的，加害人不向受害人赔偿损害。超过紧急避险要求的限度造成他人损害的，加害人必须向受害人赔偿损害。引起危险情况发生，从而导致损害的人，必须向受害人赔偿损害。可见，越南民法典也没有明确紧急避险是为了谁的利益而实施。

但在比较法上，有些国家或地区的民法典中明确规定了紧急避险的内容，即将紧急避险界定为使本人或者他人的人身权利、财产权利免受正在发生的危险。除《德国民法典》有明确规定外，《俄罗斯民法典》第 1067 条规定：紧急避险所致损害，是指为了排除对本人或者他人构成威胁的危险而造成的损害，如果该危险在当时情况下不可能以其他方法排除，紧急避险所致损害应由致害人赔偿。法院可以考虑致害情况，责成因损害人的行为而受有利益的第三人负赔偿责任，或者全部或部分免除第三人或者致害人的赔偿责任。我国台湾地区“民法”第 150 条规定：因避免自己或他人生命、身体、自由或财产上有紧迫之危险所为之行为，不负损害赔偿之责。但以避免危险所必要，并未逾越危险所致之损害程度者为限。前项情形，其危险之发生，如行为人有责任者，应负损害赔偿之责。

对于紧急避险造成的损害，由引起危险发生的人承担赔偿责任。如果危险是由自然原因引起的，则紧急避险人不承担赔偿责任。避险措施不当或者超过必要限度，造成不应有的损害的，避险人应当承担适当的赔偿责任。

构成紧急避险，进而不承担民事责任或者仅仅给予适当补偿，需同时具备以下四个要件：(1) 必须是为了避免公共利益、本人或者他人的合法权益遭受损害。这里的“损害”既包括对避险者本人、第三人对财产权利的损害，也包括对人身权利的损害。(2) 必须是对正在发生的危险采取的紧急避险行为。倘若危险已经消除或者尚未发生，或者虽然已经发生但不会对合法权益造成损害，则不得采取避险措施。某人基于对危险状况的误解、臆想而采取避险措施，造成他人利益受损害的，应向他人承担民事责任。(3) 必须是在不得已的情况下采取避险措施。所谓不得已，是指当事人面对突然而遇的危险，不得不采取紧急避险措施，牺牲他人利益来保全较大利益。例如，甲、乙系邻居，乙的房子因雷击失火，甲为了引消防车进入，推倒了自己的院墙，使消防车进入后及时扑灭了乙家的大火。(4) 避险行为不能超过必要限度。所谓不能超过必要限度，是指在面临紧急危险时，避险人应采取适当的措施，以尽可能小的损害来保全更大的法益，即紧急避险行为所引起的损害应轻于危险所可能带来的损害。

只有满足以上四个要件，才能构成紧急避险。

紧急避险造成损害时的责任承担问题应当区分危险的来源而作不同处理。

(1) 如果危险是由他人引起的，那么紧急避险人造成本人或者他人损害的，就应当由引起险情发生的人承担责任。例如，甲、乙、丙系邻居，丙的房子因甲乱接电线而失火，丙为了引消防车进入，推倒了乙的院墙，使消防车进入后及时扑灭了丙家的大火。乙和丙的损失应当由甲承担赔偿责任。

(2) 如果危险是由自然原因引起，紧急避险人为了他人的利益而采取避险行为，造成第三人利益受损害的，紧急避险人免于对第三人承担责任。例如，甲、乙、丙系邻居，丙的房子因雷击失火，甲为了引消防车进入，推倒了乙的院墙，使消防车进入后及时扑灭了丙家的大火。按照紧急避险的抗辩事由，甲对乙不承担赔偿责任，应由受益人丙对乙给予适当补偿。

(3) 如果危险是由自然原因引起，紧急避险人为了本人的利益而采取避险行为，造成第三人利益受损害的，紧急避险人本人作为受益人，基于公平原则，应当对第三人的损害给予补偿。例如，甲、乙系邻居，甲的房子因雷击失火，甲为了引消防车进入，推倒了乙的院墙，使消防车进入后及时扑灭了自家的大火。甲作为受益人，应当对乙进行适当补偿。

此外，因紧急避险采取措施不当或者超过必要限度，造成不应有的损害的，紧急避险人应当承担适当的责任。“紧急避险采取措施不当”，是指在当时的情况下能够采取可能减少或避免损害的措施而未采取，或者采取的措施并非排除险情所必需。例如，甲的汽车自燃，因燃油泄漏，火势加大。乙在帮助灭火时，采取往燃烧的汽车上浇水的措施，水与燃油气体结合，导致火势进一步蔓延，将丙的房屋烧毁。由于乙采取的避险措施不当，对于丙的损失，乙应承担适当的责任。紧急避险“超过必要限度”，是指采取紧急避险措施没有减少损害，或者紧急避险所造成的损害大于所保全的利益。例如，甲家失火，左邻乙家人帮助用水灭火。在大火已被扑灭的情况下，乙家人未观察火情，担心火势复燃，继续往废墟上浇水，导致大量污水流到了甲的右邻丙家。由于乙采取的紧急避险措施超过了必要限度，对于丙的损害，乙应承担适当的责任。

（本条由黄忠撰写）

第一百八十三条

因保护他人民事权益使自己受到损害的，由侵权人承担民事责任，受益人可以给予适当补偿。没有侵权人、侵权人逃逸或者无力承担民事责任，受害人请求补偿的，受益人应当给予适当补偿。

本条主旨

本条就受益人对见义勇为者的适当补偿义务作出了规定。

相关条文

《民法总则》第 183 条规定：“因保护他人民事权益使自己受到损害的，由侵权人承担民事责任，受益人可以给予适当补偿。没有侵权人、侵权人逃逸或者无力承担民事责任，受害人请求补偿的，受益人应当给予适当补偿。”

《民法通则》第 109 条规定：“因防止、制止国家的、集体的财产或者他人的财产、人身遭受侵害而使自己受到损害的，由侵害人承担赔偿责任，受益人也可以给予适当的补偿。”

《侵权责任法》第 23 条规定：“因防止、制止他人民事权益被侵害而使自己受到损害的，由侵权人承担责任。侵权人逃逸或者无力承担责任，被侵权人请求补偿的，受益人应当给予适当补偿。”

理解与适用

本条是关于因保护他人民事权益而使自己受到损害时的责任承担问题的规定。

见义勇为历来是中华民族的传统美德。在日常生活中，为防止、制止他人的民事权益被侵害而使自己受到损害的情况为数不少。例如，为了帮助被抢劫的人的财物免遭损失，阻止抢劫犯逃跑，从而被抢劫犯打伤。又如，旅游车掉入河里，见义勇为者为了救人导致自己受伤等。为了弘扬社会主义的良好风尚，鼓励和支持舍己为人的高尚行为，防止见义勇为者流血又流泪的情形发生，本条规定了见义勇为者的损害赔偿请求权和责任承担主体。

本条规定与《民法通则》第 109 条的核心精神是一脉相承的。《最高人民法院关于审理人身损害赔偿案件适用法律若干问题的解释》第 15 条规定：为维护国家、集体或者他人的合法权益而使自己受到人身损害，因没有侵权人、不能确定侵权人或者侵权人没有赔偿能力，赔偿权利人请求受益人在受益范围内予以适当补偿的，人民法院应予支持。

在大陆法系国家，普遍的做法是以无因管理制度来规范见义勇为的行为。① 根据《俄罗斯民法典》第 980 条、第 983 条和第 984 条关于无因管理制度的明文规定，利害关系人应补偿见义勇为者的财产损失和人身损害，二者之间可以成立无因管理之债。在法国和瑞士，在处理见义勇为者的人身损害赔偿问题时，也灵活地适用了无因管理的制度。② 本条继承了《民法通则》和相关司法解释的做法，就受益人对见义勇为者的适当补偿义务专门予以了规定，形成了一项独立类型的法定补偿义务。

本条所确认的见义勇为者受到侵害时的损害赔偿请求权，与《民法典》第 182 条中紧急避险人不承担责任或者给予适当补偿的规定有所不同，主要表现在：第一，本条是关于因保护他人民事权益免遭损害而见义勇为者的请求权，而第 182 条规定的是紧急避险人为避免自己或者他人的人身、财产损失而损害了他人的财物时不承担责任的情形；第二，本条规定的被损害主体是见义勇为者，而第 182 条规定的被损害主体是紧急避险人之外的人；第三，本条不包括自然灾害引起的他人民事权益被侵害的情形，而第 182 条中的紧急避险既包括人的行为引起的险情，也包括自然原因引起的险情。

依据本条提出损害赔偿请求的必须是因保护他人民事权益而受到损害的人。换言之，受到损害的人不是为了自己的民事权益不受侵害，而是为了他人的民事权益不受侵害而为防止、制止行为。这里所谓的损害包括人身损害与财产损失。

---

① 王利明．人身损害赔偿疑难问题．北京：中国社会科学出版社，2004：469－486.

② 曾大鹏．见义勇为立法与学说之反思：以《民法通则》第 109 条为中心．法学评论，2007（2）.

从因果关系上讲，受害人的损害是侵权人的侵权行为导致的，而见义勇为者也是因为侵权人的侵权行为才见义勇为的，因此，对于见义勇为者所受的损害，也应当由侵权人承担民事责任。

按照侵权责任构成的一般原理，受益人不是侵权人，其对被侵权人即见义勇为者而言本身不存在任何过错，与被侵权人即见义勇为者的损害没有因果关系，因此不应当负有赔偿的责任。但是，从道德上讲，见义勇为者毕竟是为了他人的民事权益不受侵害才遭受损害的。如果不是为了受益人的利益，见义勇为者也不会遭受损害。特别是在无法查明侵权人、侵权人逃逸或者侵权人无力承担民事责任时，如果见义勇为者由于见义勇为遭受了损害却得不到任何赔偿和补救，显然也不公平。虽然我国的一些省、市建立了见义勇为基金，专门鼓励那些为了国家、集体、他人利益舍身相助、见义勇为的人，但见义勇为基金的设立并不普遍，而且领取也有限制，因此，在我国的责任保险制度尚不发达、社会保障制度还远未健全的背景下，为了较好地解决矛盾、平衡利益、分担损失，促进社会助人为乐良好风气的形成，规定由受益人给予适当补偿也是有积极意义的。[①] 当然，从长远来看，对于见义勇为者在见义勇为时所受损害，应该根据矫正正义和分配正义的要求，建立多元化的救济机制。[②]

本条规定了受益人适当补偿的两种情形。一是自愿补偿。中华民族自古就有感恩的传统，滴水之恩当涌泉相报，如果受益人愿意对见义勇为者表示感谢，在侵权人承担民事责任之外给予适当补偿当然是值得提倡的。因此本条规定，为保护他人民事权益而使自己受到损害的，由侵权人承担民事责任，受益人可以给予适当补偿。二是法定补偿。在没有侵权人、侵权人逃逸或者无力承担民事责任时，受益人应当给予适当补偿。与自愿补偿相比，此时的补偿是法定的，不以受益人自愿为条件。但法定补偿的成立以没有侵权人、侵权人逃逸或者无力承担民事责任为前提。相反，如果侵权人没有逃逸或者有赔偿能力的，见义勇为者不能找受益人要求补偿。此外，这种法定补偿责任也需要见义勇为者明确提出。

无论是自愿补偿还是法定补偿，受益人给予的都是适当的补偿。与采取填平损失原则的赔偿不同，补偿并不要求受损多少就偿付多少。补偿不是赔偿，“适当”这一限定语也具有弹性，因此本条所谓的“给予适当补偿”，就是赋予法官按照公平观念，根据见义勇为者的受损情况、受益人的受益情况等因素，行使其

① 王轶．作为债之独立类型的法定补偿义务．法学研究，2014（2）．

② 王雷．见义勇为行为中的民法学问题研究．法学家，2012（5）．缪宇．论被救助者对见义勇为者所受损害的赔偿义务．法学家，2016（2）．

自由裁量权，决定受益人应当补偿的具体数额。①

（本条由黄忠撰写）

第一百八十四条

因自愿实施紧急救助行为造成受助人损害的，救助人不承担民事责任。

本条主旨

本条对紧急救助行为人的豁免权作出了规定。

相关条文

《民法总则》第184条规定："因自愿实施紧急救助行为造成受助人损害的，救助人不承担民事责任。"

理解与适用

助人为乐、见义勇为是中华民族的传统美德。如何通过法律弘扬这一美德是《民法典》编纂时的一项重要使命。本条规定了紧急救助行为人的豁免规则，有助于降低善意施救者所要承担的风险，鼓励善行。

紧急救助行为人享有豁免权须具备以下要件。

（1）为自愿施救者。我国立法目前不承认民事主体承担有普遍性的救助义务。与此相应，享有豁免权的施救者必须是那些对他人不承担一般救助义务，但对身处危难境地的他人主动实施救助行为的人，即自愿施救者。反之，承担特殊救助义务的人不享有豁免权。特殊救助义务可以源于合同的约定，也可以源于救助人的先前行为，还可以源于法律的规定。比如，《执业医师法》第24条规定，医师对患者有紧急救治的职责。

（2）行为人实施了无偿救助行为。实施救助行为，不仅包括行为人自己采取救助措施对处于危难者进行救助，也包括行为人呼叫他人对处于危难者进行救助。前者主要适用于行为人具有救助能力而主动实施救助的情形，后者主要适用于行为人不具有救助能力，或者情况危急、复杂，必须由专业人员介入等情形。

① 有关适当补偿要考虑的具体因素，可参见王利明．债法总则研究．北京：中国人民大学出版社，2015：613-624。

需要强调指出的是，在理论上，自愿施救者享有豁免权应当以其没有重大过失为前提。当救助者有重大过失造成被救助者损害的，救助者仍应承担责任。自愿施救者因重大过失可能涉及的民事责任主要包括两种类型：一是因行为人的不作为违反了先行行为所产生的救助义务而应当承担的侵权责任，二是行为人因救助不当违反救助义务所承担的侵权责任。反之，如果行为人仅有一般过失仍得免责。但在十二届全国人大五次会议各个代表团审议《民法总则（草案）》时，一些代表提出，上述但书的规定不能完全消除救助人的后顾之忧，对救助人的保护不够彻底，建议修改。法律委员会经研究，建议从举证责任、是否存在重大过失等方面对救助人特殊情况下承担责任予以严格限定。但此后一些代表继续提出，上述限定仍然难以免除见义勇为者的后顾之忧，不利于倡导、培育见义勇为、乐于助人的良好社会风尚，建议删除。法律委员会经研究，赞成这一意见，并最终删除了上述但书内容。据此，在解释论上，依据《民法典》第 184 条的规定，实施紧急救助行为造成受助人损害的，救助人就不承担民事责任。

（本条由黄忠撰写）

第一百八十五条

侵害英雄烈士等的姓名、肖像、名誉、荣誉，损害社会公共利益的，应当承担民事责任。

本条主旨

本条是关于侵害英雄烈士等的人格利益应当承担民事责任的规定。

相关条文

《民法总则》第 185 条规定："侵害英雄烈士等的姓名、肖像、名誉、荣誉，损害社会公共利益的，应当承担民事责任。"

《英雄烈士保护法》第 22 条第 2、3 款规定："英雄烈士的姓名、肖像、名誉、荣誉受法律保护。任何组织和个人不得在公共场所、互联网或者利用广播电视、电影、出版物等，以侮辱、诽谤或者其他方式侵害英雄烈士的姓名、肖像、名誉、荣誉。任何组织和个人不得将英雄烈士的姓名、肖像用于或者变相用于商标、商业广告，损害英雄烈士的名誉、荣誉。""公安、文化、新闻出版、广播电视、电影、网信、市场监督管理、负责英雄烈士保护工作的部门发现前款规定行为的，应当依法及时处理。”

《英雄烈士保护法》第 26 条规定：“以侮辱、诽谤或者其他方式侵害英雄烈士的姓名、肖像、名誉、荣誉，损害社会公共利益的，依法承担民事责任；构成违反治安管理行为的，由公安机关依法给予治安管理处罚；构成犯罪的，依法追究刑事责任。”

理解与适用

本条沿袭了《民法总则》第 185 条的规定，对于维护民族精神、弘扬社会公共道德、有效保护英雄烈士人格利益具有重要意义。关于本条规定的立法目的，存在一定的争议，有学者认为：本条属于对英雄烈士进行特别保护的规定。虽然本条规定了“损害社会公共利益”，但行为人依据本条承担民事责任并不以“损害社会公共利益”为必要。[①] 还有学者认为，本条属于死者人格利益保护条款，其主要目的是保护死者人格利益，而不是保护社会公共利益，“即使本条文特别强调对英雄烈士的姓名、肖像、名誉、荣誉进行的保护，是弘扬社会主义核心价值观，是扬善抑恶，仍然是对死者人格利益的保护，适用的是同样的民法法理”[②]。笔者认为，从本条规定的文义和立法背景来看，它并不是专门的死者人格利益保护条款，其规范目的也不仅仅是保护英雄烈士等的人格利益，还在于保护社会公共利益。

依据本条规定，构成侵害英雄烈士等人格利益的民事责任需要符合如下条件。

第一，侵害对象是“英雄烈士等”。

从本条规定来看，其所规定的民事责任的成立要求侵害了“英雄烈士等”的人格利益。关于何为烈士，《烈士褒扬条例》和《军人抚恤优待条例》分别对公民被评定为烈士的条件和现役军人被批准为烈士的条件作出了规定[③]，如在依法查处违法犯罪行为、执行国家安全工作任务、执行反恐怖任务和处置突发事件中牺牲的公民，以及在执行外交任务或者国家派遣的对外援助、维持国际和平任务中牺牲的公民等。因此，本条中“烈士”的内涵和范围相对明确。但关于如何理解本条中“英雄”的含义，学者间存在一定的分歧：一种观点认为，本条中的“英雄”属于形容词，用于修饰“烈士”，即应当将本条中的“英雄烈士”解释为“具有英雄品质的烈士”。此种观点认为，如果将此处的“英雄”理解为名词，

---

① 张新宝.《中华人民共和国民法总则》释义.北京：中国人民大学出版社，2017：401－403.

② 杨立新.英烈与其他死者人格利益的平等保护.[2017－04－15]. http：//www.legaldaily.com.cn/fxjy/content/2017－03/16/content_7056376.htm? node＝70948.

③ 参见《烈士褒扬条例》第 8 条、《军人抚恤优待条例》第 8 条。

"则在其人格权益被侵害但尚未达到损害社会公共利益的程度时，应当由其自主决定是否要求侵权人承担民事责任，这是民法尊重意思自治的基本要求。只有在英雄烈士已经牺牲，其在事实上已经无法要求侵权人承担民事责任时，才需要本条特别规定该侵权人仍然需要承担民事责任"①。另一种观点认为，本条中的"英雄"属于名词，即属于与烈士并列的人。此种观点又可以细分为两种不同的观点：一是认为"英雄"可以是生存的英雄，也可以是已经去世的英雄人物②；二是认为此处的"英雄"应当指已经去世的英雄人物。③

笔者认为，本条中的"英雄"应当属于名词，而且其不限于已经去世的英雄人物。将本条中的"英雄"解释为修饰"烈士"的形容词并不妥当，因为：一方面，从《烈士褒扬条例》和《军人抚恤优待条例》关于烈士评定和批准的规定来看，能够被认定为烈士的公民或者现役军人基本上都是"英雄的"，如果将本条中的"英雄"解释为形容词，用于修饰烈士，在客观上并不必要。而且将"英雄"理解为形容词用于形容"烈士"，是否意味着不具有英雄特征的烈士就不受本条保护？另一方面，在将本条中的"英雄"解释为名词时，并不意味着本条没有意义。如前所述，《民法典》颁行前，虽然我国立法也保护人格权，但其主要着眼于保护个人利益，而没有对侵害个人人格权益同时损害社会公共利益的行为进行规范。此时，本条强调对公共利益的保护，仍然具有重要意义。因为在行为人侵害英雄人物的人格权益且损害社会公共利益的情形下，英雄人物本人可能放弃请求行为人承担侵权责任，社会公共利益也将难以维护④，这就有必要借助本条的规定追究行为人的民事责任。此外，由于本条的规范目的在于保护社会公共利益，对英雄人物而言，不论其是否已经去世，对其人格利益的侵害均有损害社会公共利益的可能，而且从本条的文义来看，其并没有规定保护范围限定为已经去世的英雄。因此，本条中的"英雄"可以是仍处于生存状态的英雄人物，也可以是已经去世的英雄人物。

关于对本条中"等"字的理解，存在不同观点。一种观点认为，应当采用同类解释规则，将其解释为与英雄、烈士具有同等地位的人。⑤ 但关于何为"与英

① 张新宝．侵害英烈人格权益应当承担侵权责任的规定解读．[2017－04－12]. http://www.legaldaily.com.cn/fxjy/content/2017－03/22/content_7063445.htm.

② 王利明．中华人民共和国民法总则详解：下册．北京：中国法制出版社，2017：857.

③ 杨立新．英烈与其他死者人格利益的平等保护．[2017－04－15]. http://www.legaldaily.com.cn/fxjy/content/2017－03/16/content_7056376.htm? node=70948.

④ 而且即便该英雄人物请求行为人承担侵权责任，也只是对其个人利益的救济，而没有对遭受损害的社会公共利益进行救济。

⑤ 王利明．中华人民共和国民法总则详解：下册．北京：中国法制出版社，2017：858.

雄、烈士具有同等地位的人”，此种观点并没有作出明确说明。另一种观点认为，本条所规定的“等”具有特定的指向，其是指“在我国近现代历史上，为争取民族独立和人民自由幸福、国家繁荣富强作出了突出贡献的楷模”，“只要是能够作为民族精神的代表、民族文化的旗帜的人，都可以纳入本条保护的主体范围”①。笔者赞成第一种观点，即应当采用同类解释规则来解释本条中“等”字的含义。所谓同类解释规则，是指如果法律上列举了具体的人或物，并将其归入“一般性的类别”，则该“一般性的类别”应当与具体列举的人或物属于同一类型。② 从本条规定来看，其使用“英雄烈士等”这一表述，意在扩大保护范围。但按照立法者的观点，其并没有无限扩大保护范围的意思。③ 笔者认为，在运用同类解释规则确定本条中“等”字的含义时，需要考虑本条保护社会公共利益的规范目的，即对某人而言，侵害其人格权益能够产生同侵害英雄烈士人格利益相似的结果（即损害社会公共利益）的，应当将其纳入本条中“等”字的范畴，反之，则不应当纳入“等”字的范畴。此种解释方案实际上要求在个案中对本条中“等”字的含义进行具体判断：如果行为人侵害了他人的人格权益，同时损害了社会公共利益，则不论受害人是否属于与英雄烈士具有同等品质的人，都应当将其纳入本条中“等”字的范畴；反之，如果行为人侵害他人的人格权益，但没有损害社会公共利益，即便受害人属于“民族精神的代表、民族文化的旗帜”，也不应当将其纳入本条中“等”字的范畴。

第二，侵害了英雄烈士等的姓名、肖像、名誉、荣誉。

从本条规定来看，其在规定所保护的人格利益范围时采用了具体列举的方式，即仅列举了姓名、肖像、名誉、荣誉这四项人格利益，而且没有采用兜底性的规定。也就是说，行为人只有在侵害了英雄烈士等的姓名、肖像、名誉、荣誉时，才需要依据本条规定承担民事责任。

问题在于：如果行为人侵害了英雄烈士等的其他人格权益，同时损害了社会公共利益，此时，行为人是否需要依据本条规定承担民事责任？例如，行为人披露英雄烈士等的隐私，同时造成了不良的社会影响，此时，其是否需要依据本条规定承担民事责任？笔者认为，本条的规范目的在于保护社会公共利益，其主要规范侵害他人人格利益同时损害社会公共利益的行为，因此，不论是侵害英雄烈士等的姓名、肖像、名誉、荣誉，还是侵害其隐私等其他人格利益，只要损害了

① 张新宝．《中华人民共和国民法总则》释义．北京：中国人民大学出版社，2017：402.

② 王利明．法学方法论．北京：中国人民大学出版社，2012：395.

③ 石宏．中华人民共和国民法总则条文说明、立法理由及相关规定．北京：北京大学出版社，2017：440.

社会公共利益，原则上都应当受到法律的同等评价。《民法典》第 185 条仅列举了姓名、肖像、名誉、荣誉四项人格利益，而没有规定其他类型的人格权益，导致了不同人格利益在价值评价上的失衡，应当构成法律漏洞。对此，可以考虑运用类推适用的方法填补该法律漏洞。也就是说，如果行为人的行为侵害了英雄烈士等的其他人格利益，同时损害社会公共利益的，可以考虑类推适用本条的规定追究行为人的民事责任。

第三，损害社会公共利益。

从本条规定来看，行为人侵害英雄烈士等的人格利益必须同时损害社会公共利益时，其才需要依据本条规定承担民事责任。公共利益是由法律和行政法规规定的，有关国家安全、促进国民经济和社会发展等方面的利益。公共利益应当与国家、社会的整体利益保持一致，应当是社会成员多数人的利益，而不应当是某一个小团体、极少数人甚至个别人的利益。① 本条将损害公共利益作为此种民事责任的构成要件，有利于凸显本条的规范目的，并可以为对本规则的解释提供价值指引。但公共利益在性质上属于不确定概念，其内涵和外延都具有广泛的不确定性②，将其作为行为人承担民事责任的条件也会产生一定的问题：一方面，可能赋予法官过大的自由裁量权。由于公共利益的内涵和外延不确定，不同法官对公共利益的认识可能存在一定的差别，即便在同一案件中，在判断某一行为是否损害社会公共利益时，不同法官也可能得出相反的结论，这就可能导致司法的不统一，影响司法的权威与公信力。另一方面，可能影响个人的行为自由。由于公共利益的内涵不确定，个人的行为一旦涉及对英雄烈士等的人格利益的保护，即便是纯粹的学术研究或者新闻报道，行为人也有可能需要依据本条承担责任，而这将降低人们行为的可预期性，对个人的行为自由构成重大妨害。

正是基于上述原因，为保障本条的准确适用，需要准确界定本条中公共利益的范围，以为法官的裁判提供具体的指引，保障类似案件得到类似处理。就公共利益这一概念而言，其内涵具有不确定性和开放性，在不同领域内和不同情形下，其内涵会存在一定的差别。③ 例如，在征收、征用中，公共利益主要体现为建设国防设施，发展交通、水利、卫生、教育等公共事业④；而在政府信息公开领域，公共利益可能体现为国家秘密、公务员工作秘密等。⑤ 因此，在界定公共利益的范围时，应当考虑其所处的语境和情境，尤其考虑具体法律规则中使用该

---

① 赵震江．法律社会学．北京：北京大学出版社，1998：244－245．

②③ 胡鸿高．论公共利益的法律界定：从要素解释的路径．中国法学，2008（4）．

④ 参见《国有土地上房屋征收与补偿条例》第 8 条。

⑤ 王敬波．政府信息公开中的公共利益衡量．中国社会科学，2014（9）．

概念的立法背景和立法目的。从本条的立法背景来看，制定本规则的主要诱因是实践中发生的“邱少云案”“狼牙山五壮士案”等侵害英雄烈士的人格利益纠纷，制定本规则的主要目的是促进社会尊崇英烈，扬善抑恶，弘扬社会主义核心价值观。据此，应当将本条中的“社会公共利益”界定为维护社会风气与社会公共道德。也就是说，即便行为人的行为侵害了英雄烈士等的人格利益，但如果其没有损害社会风气以及社会公共道德，其也不应当依据本条承担民事责任。例如，行为人未经许可将某英雄人物的肖像用于自己的产品包装，该行为不仅没有影响社会风气和公共道德，反而宣传了英雄事迹，取得了良好的社会反响。在此情形下，行为人的行为并没有损害社会公共利益，其不应当依据本条承担民事责任。

此外，还需要探讨的是：本条在规定侵害英雄烈士等的人格利益的民事责任时，将损害社会公共利益作为责任构成要件，这是否意味着，如果行为人侵害英雄烈士等的人格利益，并未损害社会公共利益，其就无须承担民事责任？笔者认为，此种理解并不妥当。本条的规范目的在于保护社会公共利益，因此在行为人侵害英雄烈士等的人格利益而未损害社会公共利益时，其虽然不需要依据本条规定承担民事责任，但这并不意味着该行为不构成侵权。在行为人侵害英雄烈士等的人格利益符合侵权责任的构成要件时，其仍然需要承担侵权责任，具体而言：对于仍然生存的英雄等，其人格权益受法律保护，在行为人侵害其人格权益时，其有权依据《民法典》之人格权编、侵权责任编的规定请求行为人承担侵权责任。对已经去世的英雄烈士等，如果行为人侵害其人格利益，其近亲属有权依据《民法典》第994条的规定请求行为人承担侵权责任。同时，由于本条意在保护社会公共利益，因此，行为人在侵害英雄烈士等的人格利益，同时损害社会公共利益的情形下，其除了需要依据本条规定承担损害社会公共利益的民事责任，还可能被受害人本人或者其近亲属请求承担侵害人格权益的侵权责任。

（本条由王叶刚撰写）

第一百八十六条

因当事人一方的违约行为，损害对方人身权益、财产权益的，受损害方有权选择请求其承担违约责任或者侵权责任。

本条主旨

本条对违约责任与侵权责任的竞合作出了规定。

相关条文

《民法总则》第186条规定："因当事人一方的违约行为，损害对方人身权益、财产权益的，受损害方有权选择请求其承担违约责任或者侵权责任。"

《合同法》第122条规定："因当事人一方的违约行为，侵害对方人身、财产权益的，受损害方有权选择依照本法要求其承担违约责任或者依照其他法律要求其承担侵权责任。"

理解与适用

本条是关于责任竞合的规定。

竞者，争也；合者，符合，该当也。从词义上讲，责任竞合是指一个不法行为同时满足两个责任规范的构成要件。① 由于现代法律多采取抽象规范模式，并从不同的角度进行调整，因此常常发生同一事实符合数个法律规范的要件，进而导致这些规范都可以适用于该事实的现象。学理上称之为"规范竞合"。由于规范竞合之存在，当事人对同一行为可能依不同的规范应承担数个不同的法律责任，而这些法律责任又不能同时并存，这即是所谓的责任竞合。责任竞合既可能发生在同一法律部门中，如违约责任和侵权责任的竞合，亦可能发生在不同的法律部门之间，如民事责任与刑事责任、行政责任的竞合。

本条规定是对民法内部之责任竞合的规定。虽然我国立法确定了统一民事责任制度，但这只是在责任承担方面淡化了违约责任、侵权责任等民事责任的差异，而不影响各个民事责任的构成，因此，各个民事责任之间的竞合问题仍然存在。在民法内部，侵权责任和违约责任是两种最基本的民事责任类型，因而本条专门就违约责任和侵权责任的竞合这一热点问题予以了规范。但这并不意味着违约责任、侵权责任之外的其他民事责任之间就不会出现竞合的可能。比如，违反不当得利返还义务所产生的债务不履行责任与侵权责任事实上也存在竞合的可能；非法使用他人的房屋，租赁期限届满而对租赁物继续使用和收益等，均构成对他人财物的侵害，行为人应负侵权责任，同时，由于行为人从财物之上获得利益无法律上的根据，其亦应负不当得利的返还责任。②

---

① 王利明．违约责任论．北京：中国政法大学出版社，2003：329．韩世远．合同法总论．3版．北京：法律出版社，2011：715．

② 张素华．《民法总则草案》（三审稿）的进步与不足．东方法学，2017（2）．

所谓违约责任和侵权责任的竞合，是指一个违反民事义务的行为同时符合违约责任的要件和侵权责任的要件，从而导致违约责任和侵权责任一并产生的法律现象。侵权责任与违约责任是两种基本的民事责任类型。我国《民法典》在总则编专设“民事责任”一章，不仅就两类责任的共性问题作出了规定，而且就两类责任的具体问题分别作出了规定；合同编、侵权责任编又分别对违约责任和侵权责任的构成与法律后果等问题作了更为详细的规定。从上述概念我们可以看出，违约责任与侵权责任竞合具有以下特征：(1) 必须是同一民事主体。引起侵权责任与违约责任同时发生的同一不法行为，是由一个民事主体实施的，受害人也是同一人。(2) 必须是同一不法行为。如果行为人实施了两个以上的不法行为，引起侵权责任与违约责任同时发生的，应适用不同的法律规定，行为人承担不同的责任。(3) 同一不法行为既符合侵权责任的构成要件，又符合违约责任的构成要件，使两个民事责任在同一不法行为上并存。(4) 违约责任与侵权责任相互排斥。违约责任与侵权责任既不能相互包容，也不能同时并存。数个民事责任的相互排斥的性质将民事责任竞合与责任聚合区别开来。

从实务来看，侵权责任与违约责任竞合主要有以下情况：(1) 合同当事人的违约行为，同时侵犯法律规定的强行性义务，如保护、照顾、通知、忠实、保密等附随义务或其他法定的不作为义务，例如，出售有瑕疵的产品致人损害，违反合同约定的保密义务而致他人的隐私受到侵害等。(2) 在某些情况下，侵权行为直接构成违约的原因，即所谓“侵权性的违约行为”，如在加工承揽合同中，因承揽人保管不善，定作物或定作人提供的材料毁损、灭失。同时，违约行为也可能造成侵权的后果，即所谓“违约性的侵权行为”，如在建设工程合同中，工程质量低劣而致发包方受有损害。(3) 在加害人与受害人之间事先就存在着一种合同关系，这种合同关系的存在，使加害人对受害人的损害行为，既可以作为侵权行为，也可以作为违反当事人事先约定的义务的违约行为，如在医疗服务合同中，医生的故意或重大过失造成病人的伤害或死亡。

按照本条的规定，违约责任与侵权责任竞合的，受损害人可以选择违约责任或者侵权责任请求对方承担。换言之，当事人一方的违约行为侵害了对方的人身、财产权益的，受损害方有权选择依照合同法要求其承担违约责任，或者依照其他法律要求其承担侵权责任。于侵权行为与违约责任竞合时，赋予受损害方选择权，一方面充分尊重了受损害方的意愿[①]，另一方面也可以避免受损害方重复

① 全国人大法制工作委员会民法室．《中华人民共和国合同法》立法资料选．北京：法律出版社，1999：168.

主张，违背民事责任的补偿性原则。但在实务中，受损害方作出不同的选择，其受救济的程度可能会存在差异。因此受损害方在作出选择时，需要明确侵权责任与违约责任的主要区别。按照我国现行法的规定，侵权责任与违约责任的区别主要体现在以下方面。①

（1）归责原则不同。违约责任原则上适用严格责任原则。《民法典》第577条规定，当事人一方不履行合同义务或者履行合同义务不符合约定的，应当承担继续履行、采取补救措施或者赔偿损失等违约责任。该规定显然是对严格责任的规定，而没有考虑主观过错。虽然侵权责任采用多种归责原则，但过错责任仍然是一般的归责原则。

（2）免责事由不同。违约责任存在约定免责事由与法定免责事由。法定免责事由仅仅有不可抗力。而即便是不可抗力，也并非当然使行为人免责，而必须基于不可抗力影响的范围，部分或全部地免除行为人的责任。在合同法中，当事人可以约定免责事由的自由受到严格限制，依据《民法典》第506条，造成对方人身损害以及因故意或重大过失造成对方财产损失的免责条款无效。因此，当事人只能约定一般过失造成对方财产损失时的责任免除。但是，侵权责任法给予了侵权人很多法定的免责事由，侵权人只要证明免责事由的存在，就可以被免责。

（3）赔偿范围不同。侵权责任的损害赔偿范围是由法律规定的，包括对直接损失和间接损失的赔偿。而违约责任的损害赔偿范围，可由双方当事人事先约定。虽然违约损害赔偿也包括对直接损失和间接损失的赔偿，但通常赔偿数额不得超过违反合同一方订立合同时预见到或者应当预见到的因违反合同可能造成的损失，因此，人身损害赔偿通常不包括在违约责任的赔偿范围内。

（4）诉讼时效可能不同。法律对侵权责任与违约责任的诉讼时效有时作出了特殊规定。比如，侵权责任与违约责任的诉讼时效一般为3年，但国际货物买卖合同和技术进出口合同的违约责任的诉讼时效为4年。

（5）诉讼管辖不同。因合同纠纷提起的诉讼，由被告住所地或者合同履行地人民法院管辖，合同的双方当事人也可以协议选择被告住所地、合同履行地、合同签订地、原告住所地和标的物所在地等的人民法院管辖；而因侵权行为提起的诉讼，由侵权行为地或被告住所地人民法院管辖。

需要强调指出的是，上述区别仅是在抽象意义上而言的，我们尚不能简单认为侵权责任与违约责任何者对受害人更优越，而只能结合个案之具体事实来具体

① 王利明．合同法．4版．北京：中国人民大学出版社，2013：249-250.

确定。“对债权人言，侵权责任或契约责任，抽象言之，各具利弊，实际利益状态如何，仅能就具体案件决定之。”①

还需要补充的是，责任竞合多发生在法律对两种责任的构成要件未作特别规定时。若法律对违约责任或侵权责任的构成要件作了特别规定，应直接依据该特别规定处理，排除责任竞合。比如，按照合同法中赠与合同的规定，赠与人故意不告知瑕疵或者保证无瑕疵，造成受赠人损失的，赠与人应当承担损害赔偿责任。通说主张，此时依法律规定仅产生违约责任，应排除责任竞合。②

（本条由黄忠撰写）

第一百八十七条

民事主体因同一行为应当承担民事责任、行政责任和刑事责任的，承担行政责任或者刑事责任不影响承担民事责任；民事主体的财产不足以支付的，优先用于承担民事责任。

本条主旨

本条对法律责任的聚合作出了规定。

相关条文

《民法总则》第 187 条规定：“民事主体因同一行为应当承担民事责任、行政责任和刑事责任的，承担行政责任或者刑事责任不影响承担民事责任；民事主体的财产不足以支付的，优先用于承担民事责任。”

《民法通则》第 110 条规定：“对承担民事责任的公民、法人需要追究行政责任的，应当追究行政责任；构成犯罪的，对公民、法人的法定代表人应当依法追究刑事责任。”

《侵权责任法》第 4 条规定：“侵权人因同一行为应当承担行政责任或者刑事责任的，不影响依法承担侵权责任。”“因同一行为应当承担侵权责任和行政责任、刑事责任，侵权人的财产不足以支付的，先承担侵权责任。”

---

① 王泽鉴．民法学说与判例研究：第 1 册．北京：中国政法大学出版社，1998：376.

② 崔建远．合同法．2 版．北京：北京大学出版社，2013：350. 韩世远．合同法总论．3 版．北京：法律出版社，2011：723. 谢鸿飞．合同法学的新发展．北京：中国社会科学出版社，2014：532.

理解与适用

本条是关于法律责任聚合与民事责任优先原则的规定。

法律责任是违反法律所要承担的不利后果。按照被违反法律的不同，法律责任可以分为民事责任、行政责任和刑事责任。民事责任，是指民事主体不履行或者不完全履行民事义务而依法承担的不利后果，包括侵权责任、违约责任等。行政责任，是指因违反行政法律、法规而应当承担的法定的不利后果。刑事责任，是指因违反刑事法律而应当承担的法定的不利后果。

（一）民事责任和行政责任、刑事责任的聚合

民事责任、行政责任和刑事责任是三种性质的不同法律责任，各自有其不同的发生根据和特定的适用范围。一般情况下，三者各自独立存在，并行不悖。但民事主体可能会因同一行为而同时违反民法、行政法、刑法等的规定，从而出现民事责任、行政责任和刑事责任的聚合问题。责任聚合亦称请求权聚合，是指同一法律事实基于法律的规定以及损害后果的多重性，而使责任人向权利人承担多种内容不同的法律责任的形态。[①] 比如，甲打伤了乙，乙因此花费医疗费 1 万元，甲的行为同时违反了侵权责任法和《治安管理处罚法》的规定，因此甲须同时承担民事赔偿责任和治安行政处罚（其中有罚款的规定）两种责任。也就是说，民事主体因同一行为应当承担民事责任、行政责任和刑事责任的，承担行政责任或者刑事责任并不影响承担民事责任。

责任聚合是近代法律制度区分不同法律部门的结果。责任聚合与传统意义上的责任竞合是既有区别又有联系的两个概念，二者的共同之处在于均有同一事实引起数个法律责任的特征，区别在于责任聚合所包括的数个责任之间并无冲突，而责任冲突是责任竞合的最基本特征。

（二）民事责任优先原则

在责任聚合的情况下，民事主体会因同一行为同时承担民事责任、行政责任和刑事责任。此时，如果民事责任、行政责任和刑事责任的具体内容完全不同，则三种责任的承担可以并行不悖，但如果民事责任、行政责任和刑事责任之具体内容相同，特别是均具有财产性内容，而民事主体的责任财产有限，那么如何确定承担责任的先后顺序就显得非常重要。比如，某一民事主体的证券欺诈行为，因为构成侵权，所以行为人要向受害人承担民事赔偿责任；因为违反行政法律、法规，所以行为人被处以罚款、没收非法所得；因为构成犯罪，所以行为人被依

① 王利明．论责任聚合．判解研究，2003，2.

法判处罚金、没收财产。此时，如果该民事主体的财产不足以同时承担民事赔偿责任和罚款、罚金以及没收财产等行政或刑事责任，这三种责任就发生了冲突。

民事责任优先承担，还是包括行政责任、刑事责任在内的公法责任优先承担，不仅与民事责任、行政责任和刑事责任的性质有关，更涉及法律的价值选择。民事责任主要承担着救济受害人的功能，旨在维护权利人的合法权益，而行政责任、刑事责任主要维护的是公共秩序和社会公共利益，因此，责任聚合时责任承担的先后顺序实际上关涉私人利益与国家利益之间关系的协调。在我国，长期以来，受政治、经济体制的影响，国家利益占主导地位，个人利益必须服从国家利益，先刑后民观念根深蒂固。随着 2004 年人权保障条款“入宪”，2007 年《物权法》颁布、实施，个人利益逐渐得到承认与尊重，平衡利益观、社会正义观逐步得到确立，个人利益优先受保护，只有为了避免更大的不正义，国家、社会利益才能优先于个人利益受到保护。① 正是遵循这一价值判断，本条确立了民事责任优先原则。所谓民事责任优先原则，是指在某一民事主体的财产不足以同时用于承担民事责任、行政责任或者刑事责任时，应当优先用于承担民事责任。比如，一企业生产、销售缺陷产品，造成消费者人身、财产损害，并构成生产伪劣产品罪，该企业需同时承担对消费者的侵权责任、违约责任以及生产伪劣产品罪的刑事责任，如果刑事责任的内容为罚金，则其财产不足以同时支付对受害人的赔偿以及罚金时，对受害人的赔偿优先于罚金。确立民事责任优先承担的原则，体现了对公民权益的优先保护。②

当然，民事责任优先原则的适用也是有条件的。第一，民事主体所承担的民事责任须合法有效。第二，民事主体所承担的民事责任与行政责任、刑事责任的具体内容相同，通常都具有财产性内容。第三，民事主体的财产不足以同时用于承担民事责任、行政责任和刑事责任。换言之，如果民事主体的财产可以同时用于承担民事责任、行政责任和刑事责任，则这三种责任并行不悖，责任人应当同时承担这三种责任，只有在财产不足时，才出现民事责任的承担优先的问题。

（本条由黄忠撰写）

---

① 杨立新．侵犯知识产权中的责任聚合．人民司法，2012（21）．

② 王利明．论责任聚合．判解研究，2003，2.

第九章

诉讼时效

第一百八十八条

向人民法院请求保护民事权利的诉讼时效期间为三年。法律另有规定的，依照其规定。

诉讼时效期间自权利人知道或者应当知道权利受到损害以及义务人之日起计算。法律另有规定的，依照其规定。但是，自权利受到损害之日起超过二十年的，人民法院不予保护，有特殊情况的，人民法院可以根据权利人的申请决定延长。

本条主旨

本条对诉讼时效期间及其起算的一般规则作出了规定。

相关条文

《民法总则》第188条规定："向人民法院请求保护民事权利的诉讼时效期间为三年。法律另有规定的，依照其规定。""诉讼时效期间自权利人知道或者应当知道权利受到损害以及义务人之日起计算。法律另有规定的，依照其规定。但是自权利受到损害之日起超过二十年的，人民法院不予保护；有特殊情况的，人民法院可以根据权利人的申请决定延长。"

《民法通则》第135条规定："向人民法院请求保护民事权利的诉讼时效期间为二年，法律另有规定的除外。"

《民法通则》第136条规定："下列的诉讼时效期间为一年：（一）身体受到

伤害要求赔偿的；（二）出售质量不合格的商品未声明的；（三）延付或者拒付租金的；（四）寄存财物被丢失或者损毁的。”

《民法通则》第137条规定：“诉讼时效期间从知道或者应当知道权利被侵害时起计算。但是，从权利被侵害之日起超过二十年的，人民法院不予保护。有特殊情况的，人民法院可以延长诉讼时效期间。”

理解与适用

本条是关于诉讼时效期间及其起算的一般规定，包括普通诉讼时效期间及其计算、最长诉讼时效期间及其延长。具体来说，本条第1款规定的是普通诉讼时效期间；第2款第一句规定的是普通诉讼时效期间的起算点，第二句规定的是诉讼时效期间的其他起算点；第2款第三句前半句规定的是最长诉讼时效期间，第2款第三句后半句规定的是诉讼时效的延长。

（一）诉讼时效制度的功能

诉讼时效期间，是指权利人请求人民法院保护其民事权利的法定期间。诉讼时效制度适用于请求权，它的首要目的是督促权利人积极行使权利[①]，体现了“法律保护勤勉者，不保护睡眠于权利之上的人”这一思路。在诉讼时效期间届满后，请求权的义务人可以针对请求权的行使提出抗辩。这有助于维护义务人的利益，在一定程度上缓和了义务人和权利人之间实力关系的不平等。[②] 其次，诉讼时效还以维护既定法律秩序的稳定为目标。请求权人长期不向义务人主张权利的，义务人可能会认为权利人放弃了他的请求权，从而在社会上形成了一种信赖，基于这种信赖，社会可能形成了相对稳定的财产秩序和相对秩序。从这一点来看，诉讼时效发挥着保护公共利益的功能。最后，诉讼时效制度有利于证据的收集和判断，以及时解决法律纠纷。因为自一项请求权产生后，权利人不主张权利的时间越长，那么义务人甚至第三人可能会越发认为，权利人自己可能以为权利并未产生或权利人自己不再坚持要求履行，因此，随着时间的推移，查明基础事实、确定当事人间之法律关系，就会越发困难。因此，针对这种可能的举证困难，债权人本身应当通过及时行使请求权或者类似的证据保全手段来维护自己的利益，并对请求权成立的相关事实负举证责任，负担着这些事实因时间经过而无法查明的风险。与此相对，债务人通过抗辩阻止请求权行使、否认请求权存在的，就相

---

① 对诉讼时效制度正当性理由的批评，参见朱虎．返还原物请求权适用诉讼时效问题研究．法商研究，2012（6）。

② MünchKomm/Grothe，2012，Vor. §194（2012），Rn. 6.

关的事实负举证责任，并负担着这些事实因时间经过而无法查明的风险。因此，诉讼时效制度不仅是诚实信用原则的具体化，而且还避免当事人因证据收集而陷入困难。[①]

（二）普通诉讼时效期间及其起算

普通诉讼时效期间，又称为一般诉讼时效期间，是指由民事基本法规定的普遍适用于应当适用诉讼时效的各种法律关系的时效期间。在法律没有特殊规定时，民事法律关系应当适用普通诉讼时效。普通诉讼时效期间的确定应考虑权利的性质，还与期间起算点的规定相互影响，二者依安全性价值与伦理性价值相互协调之原理而互为牵制，从而突出地体现了时效制度的正当性奠定在各种价值目标的衡平之上的特质。[②]《民法通则》第 135 条将普通诉讼时效期间规定为 2 年。然而，这一诉讼时效期间因过短而不利于保护权利人。仅仅因为 2 年的时效期间经过，债务人即可拒绝履行债务，这与社会的一般道德观念有所抵触。因此，《民法通则》第 135 条确立的 2 年普通诉讼时效期间一直饱受学界批评[③]，客观上滋生了投机分子赖账的行为。[④] 据不完全统计，《民法通则》实施以来，银行系统因诉讼时效期间过短而遭受的财产损失达 700 亿元之多[⑤]，延长普通诉讼时效期间已成为共识。[⑥]《民法典》没有沿用《民法通则》的规定，而是接受了学界的多数意见，将普通诉讼时效期间规定为 3 年。

依据本条第 2 款的规定，普通诉讼时效期间的起算时点是权利人知道或者应当知道权利受到损害以及义务人之日。据此，诉讼时效期间的计算标准采纳了权利人知悉的主观标准，而没有采纳请求权成立或权利可以行使之日的客观标准。[⑦] 这里的“知道”包含两项内容：权利人知道或应当知道权利受到侵害（从而请求权产生）、权利人知道或应当知道具体的义务人。权利受到侵害是请求权

---

① MünchKomm/Grothe，Vor. §194（2012），Rn. 6.

② 王利明．中国民法典学者建议稿及立法理由·总则编．北京：法律出版社，2005：430.

③ 王利明．民法总则研究．2 版．北京：中国人民大学出版社，2012：739．梁慧星．中国民法典草案建议稿附理由·总则编．北京：法律出版社，2013：385－386.

④ 刘俊．诉讼时效制度的二元价值：再评我国诉讼时效制度的缺失．河北法学，2007（10）．冯恺．诉讼时效制度研究．济南：山东人民出版社，2007：112.

⑤ 单虹宇，王艳华．谁为诉讼时效的受益者．中国律师，2003（6）．莫宗艳．论延长借款合同纠纷诉讼时效的必要性．人民司法，1999（1）.

⑥ 王利明．民法总则研究．2 版．北京：中国人民大学出版社，2012：430.

⑦ 学者间有观点认为，从《民法通则》第 137 条规定的“诉讼时效期间从知道或者应当知道权利被侵害时起计算”的立法本意来看，我国就诉讼时效期间的起算采取了主客观相结合的标准，即主观上应具备“知道或者应当知道权利被侵害”的要素，客观上应具备“侵害事实发生的要素”，其中，“知道或者应当知道权利被侵害”包括知道或者应当知道权利被侵害的事实以及侵害人。张雪楳．诉讼时效前沿问题审判实务．北京：中国法制出版社，2014：120－121.

产生的前提条件，如债务已届清偿期却未履行、所有人对物的占有被剥夺、身体健康遭受损害。在权利受到侵害的情况下，权利人可以主张请求权，并在必要时通过向法院提起诉讼来保护自己的权利。权利人知道或应当知道权利受到损害，不要求权利人知道请求权据以产生的所有事实。权利人只需要知道损害发生的大致经过即可，并且知道，权利遭受损害的事实是认定请求权产生的关键因素。基于这一损害事实，权利人能够明确地认识到，他本身就是请求权的权利人，从而权利人可以基于这一事实针对特定的人提起诉讼。一般来说，权利人对权利受到损害等足以支持请求权产生的事实负有证明责任，这些事实一般不包括由债务人负证明责任的事实。对于这些事实，权利人不需要能够在事实层面和法律层面对它们作合理的评价。① 债务人是否能够提出抗辩、是否存在免责事由、是否存在过失相抵，均不属于权利人应当知道的事实。②

需要区分的是权利遭受损害和清偿期届至。就合同之债而言，一般来说，清偿期届至时，债权人可以依法请求债务人履行债务。此时，诉讼时效期间可以开始起算。因此，债务人不履行的，债权人可以向法院起诉要求履行。但是，在侵权损害赔偿之债中，尤其是人身损害赔偿之债中，受害人遭受的第一次损害即身体健康权受损已经出现，受害人对于已经发生的治疗费等财产损失可以主张损害赔偿。但是，受害人未来可能遭受的后续损害何时发生尚不确定，受害人未来遭受的损害是否与第一次损害有关，可能还需要法院通过确认之诉查明。要求受害人以损害赔偿请求权履行期届至为主张请求权和计算诉讼时效期间的起点，难以操作。因此，在这种情况下，区分权利遭受损害和清偿期届至具有重要意义。③

权利人知道义务人，是诉讼时效期间起算的另外一项要求。权利人是否知道或应当知道义务人，按照权利人凭借知道的信息能否提起诉讼为标准来认定。具体来说，权利人应当知道义务人的姓名和住址。④ 如何解释“应当知道”？学界存在不同意见。第一种观点认为，对“应当知道”的认定应采纳合理人标准，即权利人作为一个合理的人、理性人在当时的情况下应当知道义务人⑤，换言之，“应当知道”是指权利人尽到合理注意即可知道但权利人因过失而不知道；第二种观点认为，应当知道的认定应采重大过失标准，即权利人因重大过失不知义务

---

① MünchKomm/Grothe，§199（2012），Rn. 26.

② MünchKomm/Grothe，§199（2012），Rn. 25.

③ MünchKomm/Grothe，§199（2012），Rn. 4.

④ MünchKomm/Grothe，§199（2012），Rn. 27.

⑤ 王利明，杨立新，王轶，等．民法学．4版．北京：法律出版社，2014：139．崔建远．民法总论．北京：清华大学出版社，2010：201.

人①，换言之，如果权利人因轻过失而不知义务人，那么诉讼时效期间不起算。司法实践中在适用诉讼时效规定时如何理解“应当知道”？需要最高人民法院通过司法解释来明确。

一般来说，有履行期限的合同之债的诉讼时效期间，自履行期限届至时开始起算；未预定履行期限的合同之债，权利人应当通过催告给予义务人一定的准备履行期限，该宽限期届满的，履行期届至，诉讼时效期间开始计算。侵权损害赔偿之债的诉讼时效期间，自受害人或权利人知道或应当知道权利被侵害时起算。返还不当得利请求权的诉讼时效期间，从权利人知道或者应当知道不当得利事实及受益人之日起计算。管理人因无因管理行为产生的给付必要管理费用、赔偿损失请求权的诉讼时效期间，从无因管理行为结束并且管理人知道或者应当知道本人之日起计算；本人因不当无因管理行为产生的赔偿损失请求权的诉讼时效期间，从其知道或者应当知道管理人及损害事实之日起计算。

（三）最长诉讼时效期间的确定及延长

最长诉讼时效期间，又称绝对诉讼时效期间，是指不适用诉讼时效中止、中断规定的时效期间。② 在采取主观标准确定诉讼时效期间起算点的情形下，债权人知道或者应当知道其权利受到侵害的时间存在极大的不确定性，诉讼时效期间可能会延长至数十年。此际，诉讼时效已被无限期地延迟，明显脱逃出时效制度之本旨。最长诉讼时效期间的规定即为主观起算点之下的平衡点：债权人无论知道与否，在该期间之后均不得主张请求权。③ 由此可见，最长诉讼时效期间是对适用普通时效期间的矫正，发挥着尽量纠平制度本身带来的利益不平衡的功效。④

本条沿袭了《民法通则》第 137 条但书对 20 年最长诉讼时效期间的规定：但是，从权利被侵害之日起超过 20 年的，人民法院不予保护。但就“20 年期间”的性质，学界素有争议，大抵有最长诉讼时效说、除斥期间说和最长保护期限说等数种观点。⑤ 笔者认为，该期间虽然在起算点上采取客观标准（“权利被侵害之日”），不同于普通时效期间对起算点采主观标准（“知道或者应当知道权利被侵害时”），但其在效力上与普通时效期间并无二致，均为债务人取得时效经

---

① 朱庆育．民法总论．2 版．北京：北京大学出版社，2016：555.

② 王利明．民法总则研究．2 版．北京：中国人民大学出版社，2012：741.

③ Study Group on a European Civil Code，Research Group on EC Private Law（Acquis Group），*Principles，Definitions and Model Rules of European Private Law*：*Draft Common Frame of Reference* (*DCFR*)，Volume 2，Full Edition，Munich：Sellier. European Law Publishers GmbH，2009：1186.

④ 冯恺．诉讼时效制度研究．济南：山东人民出版社，2007：121.

⑤ 王利明．民法总则研究．2 版．北京：中国人民大学出版社，2012：742. 崔建远．民法总论．北京：清华大学出版社，2010：201. 冯恺．诉讼时效制度研究．济南：山东人民出版社，2007：120－121.

过抗辩权。由此，“20 年期间”的规定不过是弥补普通时效期间采主观起算点的不足，并不影响其作为诉讼时效期间的性质。

在解释上，最长诉讼时效期间是对民事权利设立的一个最长固定期限，因此，该期限不适用诉讼时效中止、中断的规定。一旦可以适用诉讼时效中止、中断的规定，最长诉讼时效就成为可变期间，与普通诉讼时效期间没有实质性的差别，也就丧失设立 20 年时效期间的初衷。[①] 从本条第 2 款第三句所使用的文句“自权利受到损害之日起超过二十年的，人民法院不予保护，有特殊情况的，人民法院可以根据权利人的申请决定延长”来看，诉讼时效期间的延长仅适用于 20 年最长诉讼时效期间。就普通诉讼时效期间而言，起算点和中止、中断的规定本身可以矫正较短的诉讼时效期间所造成的对权利人保护不足的问题。

（本条由高圣平撰写）

第一百八十九条

当事人约定同一债务分期履行的，诉讼时效期间自最后一期履行期限届满之日起计算。

本条主旨

本条对分期履行债务的诉讼时效期间的起算规则作出了规定。

相关条文

《民法总则》第 189 条规定：“当事人约定同一债务分期履行的，诉讼时效期间自最后一期履行期限届满之日起计算。”

《诉讼时效规定》第 5 条规定：“当事人约定同一债务分期履行的，诉讼时效期间从最后一期履行期限届满之日起计算。”

理解与适用

本条是关于同一笔债务但约定分期履行的诉讼时效期间的起算的规定。

我国《民法通则》就此未作规定，导致在很长一段时间内，我国司法实践中的处理方式极不统一，主要存在两种观点：一种观点认为，诉讼时效期间应从每

---

① 王利明．民法总论．2 版．北京：中国人民大学出版社，2015：346－347.

一笔债务履行期限届满之日起算；另一种观点则主张，诉讼时效期间应从最后一笔债务履行期限届满之日起算。最高人民法院在 2000 年作出的《关于借款合同中约定借款分期偿还应如何计算诉讼时效期间的答复》[①] 和在 2004 年作出的《关于分期履行的合同中诉讼时效应如何计算问题的答复》[②] 中所给出的处理意见也不一致。2008 年《诉讼时效规定》出台，其中第 5 条规定：当事人约定同一债务分期履行的，诉讼时效期间从最后一期履行期限届满之日起计算。这在一定程度上统一了司法认识。

《民法典》于本条沿袭了《诉讼时效规定》第 5 条的规定，具有合理性。

第一，本条强调“同一债务”，符合整体性特征。当事人在同一份合同中约定就合同债务分期履行的，是为分期履行之债。[③] 其中，分期履行既包括分期付款，也包括分期交货。[④] 分期履行之债的缔约目的是对同一笔债务分期履行，该债务为单一的一个整体，具有唯一性。[⑤] 因此即使约定的每一期债务具有一定的独立性，但其权利义务关系终究是基于同一份合同而设定的，义务的内容作为一个整体构成了相对人的权利内容，权利人基于该合同所享有的权利也为一个整体，其主张合同权利是对这一个整体进行主张。[⑥] 故而权利人有权在该项权利最终到期而未能实现时，才就此项整体的权利提出主张，诉讼时效期间也应当从最后一期履行期届满时起算。

第二，在最大限度保护权利人的同时督促其行使权利，符合诉讼时效制度的立法目的。权利人未在每一期履行期届满时主张权利，并非其怠于行使自己的权利，而是基于对债务整体性的认识而产生了合理信赖，即其认为自己有权在所有履行期届满后对整体债权一次性主张权利。而诉讼时效制度设立的目的是督促权利人及使行使权利，避免义务人长期处于不利益的状态。[⑦] 在同一债务中，保护债权人的合理信赖，并未放纵权利人滥用自身权利，符合诉讼时效制度的立法目的。

---

① 2000 年 10 月 26 日《最高人民法院关于借款合同中约定借款分期偿还应如何计算诉讼时效期间的答复》（法经〔2000〕244 号）指出：在借款、买卖合同中，当事人约定分期履行合同债务的，诉讼时效应当从最后一笔债务履行期届满之次日开始计算。

② 2004 年 4 月 6 日《最高人民法院关于分期履行的合同中诉讼时效应如何计算问题的答复》（法函〔2004〕23 号）指出：对分期履行合同的每一期债务发生争议的，诉讼时效期间自该期债务履行期届满之日的次日起算。

③ 张雪楳．诉讼时效前沿问题审判实务．北京：中国法制出版社，2014：129.

④ 王利明．民法总则研究．2 版．北京：中国人民大学出版社，2012：747.

⑤ 最高人民法院民事审判第二庭．最高人民法院关于民事案件诉讼时效司法解释理解与适用．北京：人民法院出版社，2015：14.

⑥ 冯恺．诉讼时效制度研究．济南：山东人民出版社，2007：150.

⑦ 王轶．民法总则之期间立法研究．法学家，2016（5）.

第三，基于维护当事人友好合作关系的考量。在分期付款或分期交货的交易中，双方当事人常为市场上的长期合作伙伴，尽量维护此类当事人之间的信任关系是解决履行障碍的基本态度。为促进双方当事人的友好合作关系，权利人不想也不愿意在部分债权受到侵害后就立刻主张权利。① 因此，规定从最后一期履行期限届满时起算诉讼时效将共同促进产业链中上下游企业的健康发展。

第四，可以有效减少当事人的诉累，并减轻法院的审判负担。如果规定从每一期履行期限届满时开始起算诉讼时效，权利人必然需要多次主张权利，并需要妥善保存此类证据，显得繁杂而困难。此外，从减少法院审理案件难度的角度看，如果分期起算诉讼时效，则需要查清每次所支付的款项所对应的债务引起了哪一笔债务的诉讼时效中断，从而增加了诉讼时效计算的复杂性。② 在不违背诉讼时效制度立法目的的前提下，节约司法资源、减少当事人诉累，促进社会关系的和谐、稳定，也应当成为立法的考量因素。

持相反观点的学者认为，在一定或不定的期间内，债务人的给付义务持续存在，每一期之间都相对独立，债务人应当在各自相对独立的债务履行期限届满时履行义务，否则即构成违约，是对相对独立的这部分合同权利的侵害。③ 2004 年《最高人民法院关于分期履行的合同中诉讼时效应如何计算问题的答复》（法函〔2004〕22 号）即持这样的观点。由此，问题的焦点转向在定期给付债务的情况下是否适用同样的诉讼时效期间起算规则。

（本条由高圣平撰写）

第一百九十条

无民事行为能力人或者限制民事行为能力人对其法定代理人的请求权的诉讼时效期间，自该法定代理终止之日起计算。

本条主旨

本条对民事行为能力欠缺者基于法定代理所生请求权之诉讼时效期间的起算

① 最高人民法院民事审判第二庭．最高人民法院关于民事案件诉讼时效司法解释理解与适用．北京：人民法院出版社，2015：14.

② 张颖璐．分期履行债务诉讼时效期间的起算．人民法院报，2012-05-17.

③ 王利明．中国民法典学者建议稿及立法理由·总则编．北京：法律出版社，2005：438.

作出了规定。

相关条文

《民法总则》第190条规定:“无民事行为能力人或者限制民事行为能力人对其法定代理人的请求权的诉讼时效期间,自该法定代理终止之日起计算。”

理解与适用

本条是关于民事行为能力欠缺者基于法定代理所生请求权之诉讼时效期间起算的特别规定。

《民法典》第188条规定了诉讼时效期间起算的一般规则,即自权利人知道或者应当知道权利受到损害以及义务人之日起计算,即采行主观标准说。但考虑到法定代理关系基于亲属或其他信赖的关系而产生,如果其间法定代理人侵害了被代理人的利益,为了保护被代理人的权益,避免破坏既存的法定代理关系,本条特别规定了诉讼时效期间的特殊起算点,使该种请求权之诉讼时效期间在法定代理关系终止之日方才开始计算,从而在一定程度上强化了对无民事行为能力人与限制民事行为能力人的保护。例如,作为法定代理人的继父在继子年幼时侵占其财产,则在法定代理关系终止之前,继子对其继父的损害赔偿请求权的诉讼时效期间不起算,在当事人之间的法定代理关系终止之日开始计算。

在此之前,我国《民法通则》并无类似的条文规定,只是明确了未成年人追索抚养费等带有人身性质的请求权不适用诉讼时效的规定,但是并没有将被代理人对其法定代理人的其他请求权,如损害赔偿请求权等,纳入特殊考虑。从比较法上看,多数国家和地区的立法都通过诉讼时效停止制度来救济这类身份关系中的债权人。从实践来看,对未成年人采用特殊时效保护,更有利于保护其利益。我国《民法典》借鉴了比较法的经验,对此专门作出了规定。

如何理解“自该法定代理终止之日起计算”?首先,依据《民法典》第175条的规定,法定代理终止的原因包括被代理人取得或者恢复完全民事行为能力、代理人丧失民事行为能力、代理人或者被代理人死亡,以及法律规定的其他情形。其次,本条对于无民事行为能力人或限制民事行为能力人,给予了其对法定代理人的请求权一个特殊的诉讼时效期间起算点,而非诉讼时效开始的停止。确切地说,就是将诉讼时效期间推迟起算,而非开始起算之后的中止或者停止。

需要指出的是,本条所规定的诉讼时效期间特殊起算仅适用于无民事行为能力人或者限制民事行为能力人对其法定代理人所享有的请求权,而不包括法定代理人对无民事行为能力人或者限制民事行为能力人所享有的请求权。这种做法更为公正、合理，更能体现对无民事行为能力人或者限制民事行为能力人的保护。[①]

（本条由高圣平撰写）

第一百九十一条

未成年人遭受性侵害的损害赔偿请求权的诉讼时效期间，自受害人年满十八周岁之日起计算。

本条主旨

本条对未成年人遭受性侵害所生损害赔偿请求权的诉讼时效期间的起算作出了规定。

相关条文

《民法总则》第191条规定："未成年人遭受性侵害的损害赔偿请求权的诉讼时效期间，自受害人年满十八周岁之日起计算。"

理解与适用

本条是关于未成年人遭受性侵害所生损害赔偿请求权的诉讼时效期间起算的特别规定。

在未成年人遭受性侵害的案件中，受害人本身为无民事行为能力人或限制民事行为能力人，通常不能独立寻求法律保护。在监护人疏于或基于社会传统观念而不履行监护职责，抑或监护人本身就是加害人的情况下，受害人受侵害的权利往往得不到法律的保护。在未成年人年满18周岁、可以独立寻求法律帮助之时，却极有可能因超过诉讼时效而得不到法院的支持。[②] 为了加强对未成年人的保护，让受性侵害的未成年人在其成年之后能够顺利得到法律的保护，《民法典》特别规定了该种损害赔偿请求权的诉讼时效期间的特别起算点，即受害人年满18周岁之日，从而在一定程度上克服了主观标准说的弊端。

---

① 冯恺．诉讼时效制度研究．北京：山东人民出版社，2007：211.

② 这也是梁慧星教授在《民法总则》起草的过程中极力支持本条的重要原因之一。梁慧星．《中华人民共和国民法总则（草案）》：解读、评论和修改建议．华东政法大学学报，2016（5）.

从比较法上看，在诉讼时效制度中对未成年人受性侵害的特殊保护规定，主要有以下三种。

第一，德国、苏格兰保护模式。《德国民法典》规定：因违反性自决而发生之请求权的时效，在债权人满 21 周岁之前，停止进行。在时效开始时，因违反性自决而发生之请求权的债权人，与债务人以家庭共同关系生活的，在家庭共同关系终止前，时效亦停止进行。也即在德国保护模式下，未成年人受性侵害的损害赔偿请求权的诉讼时效期间从受害人成年且能够无阻力地行使诉权时开始计算，以保证其能够有效获得法律强制力的保护。类似的规定还可见于苏格兰 1973 年的《时效法》中：（1）本条适用于包含损害赔偿请求权的（1997 年《反骚扰法》第 8 条所规定的）骚扰诉讼。（2）服从于下列第（3）款和第 19A 条，本条中的诉讼时效期间为 3 年，从下列日期开始起算：（a）骚扰行为停止之日；或者（b）[如果该日期晚于（a）中规定的日期] 原告知道，或者法院认为原告能够知道被告为骚扰人或者其雇主、被代理人之日。（3）在上述（2）中时效期间的计算上，被骚扰人因未成年或精神病而处于无行为能力状态的时间不计算在内。

第二，荷兰保护模式。《荷兰民法典》第 3：310－4 条规定：造成损害的事件为《刑法典》第 240b 条、第 242 条至第 250 条、第 273f 条或者第 300 条至第 303 条的犯罪，并且该事实是对不满 18 周岁的女性的性侵害，损害赔偿的诉讼时效在犯罪的诉讼时效届满前不届满。在荷兰保护模式下，损害赔偿请求权的诉讼时效和犯罪行为的追诉时效捆绑，在犯罪行为的追诉时效届满前损害赔偿请求权的诉讼时效同样不届满。犯罪行为的追诉时效通常较民事诉讼时效更长，因而可以更好地保障受性侵的未成年人获得法律救济。

第三，法国保护模式。《法国民法典》第 2226 条第 2 款规定，但是，在针对未成年人实施拷打或野蛮行为、暴力或性侵犯造成损害的情况下，提起民事责任之诉讼，时效期间为 20 年。《法国民法典》直接为未成年人受性侵害的损害赔偿请求权规定了极长的诉讼时效期间，确保其成年后仍可主张权利。

我国《民法典》采纳了德国和苏格兰保护模式，应当说这种模式在保护受害人的同时，也将证据的易灭失性纳入了考量；在考虑当事人之民事行为能力的同时，也监督其积极行使自身权利，避免诉讼时效期间过长导致举证的难度增加。

但在立法的过程中，也有专家学者对此条提出异议，认为：（1）《民法典》总则编必须秉承提取公因式的立法技术，本条规定的事项太过具体，显然不具有《民法典》总则编自身的规范意义。（2）未成年人受到性侵害首先是一个刑法问题，刑事追诉时效的上限为 20 年，受害人完全可以得到现行法律的保护，无须

《民法典》对此予以特殊规定。(3)通过解释诉讼时效的主观起算标准，已经可以完整保护未成年人遭受性侵害的诉讼救济权利，其不会承受诉讼时效已过的不利后果。也即未成年人在遭受性侵害时并不具备完全的心智，对于其所遭受的损害没有真实的认知和追诉意识，故而法院可推定当事人在未成年之时并不能知道其权利遭受了侵害，因而诉讼时效期间应从其成年之后开始计算。(4)我国未成年人受性侵害的现状，并没有达到需要《民法典》加以强调、予以特殊保护的程度。这样的规定反而会让公众认为，我国未成年人受到性侵害的现状非常严重，引发恐慌。① 虽然这些不同意见不无道理，但《民法典》最终未采纳上述意见，而仍然规定了未成年人遭受性侵害所生损害赔偿请求权的诉讼时效期间的特殊起算规则。从实践来看，作出该规定十分必要。据“中国之声”《新闻纵横》栏目报道，2016年5月28日中国“女童保护”项目成立三周年发布会在北京举行。据发布会上“女童保护”项目负责人孙雪梅介绍，2015年全年媒体公开报道的未成年人受性侵害的案例总计340起，其中七成以上是熟人加害，有29起是家庭成员加害。② 在这种严峻的形势下，鉴于未成年人的特殊性，外加考虑到受中国社会传统观念的影响，遭受性侵害未成年人的家庭、监护人往往不敢、不愿寻求法律保护，长期隐瞒子女受侵害的事实，为了避免诉讼时效在此起到的消极作用，于本条明文规定未成年人受性侵害的损害赔偿请求权的诉讼时效期间的特别起算点，具有必要性。

(本条由高圣平撰写)

第一百九十二条

诉讼时效期间届满的，义务人可以提出不履行义务的抗辩。

诉讼时效期间届满后，义务人同意履行的，不得以诉讼时效期间届满为由抗辩；义务人已经自愿履行的，不得请求返还。

本条主旨

本条对诉讼时效期间届满的法律后果作出了规定。

---

① 周杲．未成年人受性侵特别诉讼时效条款之商榷．人民法院报，2017-01-18.

② 梁慧星．《中华人民共和国民法总则（草案）》：解读、评论和修改建议．华东政法大学学报，2016 (5).

相关条文

《民法总则》第 192 条规定："诉讼时效期间届满的，义务人可以提出不履行义务的抗辩。""诉讼时效期间届满后，义务人同意履行的，不得以诉讼时效期间届满为由抗辩；""义务人已自愿履行的，不得请求返还。"

《民法通则》第 138 条规定："超过诉讼时效期间，当事人自愿履行的，不受诉讼时效限制。"

《诉讼时效规定》第 4 条规定："当事人在一审期间未提出诉讼时效抗辩，在二审期间提出的，人民法院不予支持，但其基于新的证据能够证明对方当事人的请求权已过诉讼时效期间的情形除外。""当事人未按照前款规定提出诉讼时效抗辩，以诉讼时效期间届满为由申请再审或者提出再审抗辩的，人民法院不予支持。"

理解与适用

《民法通则》第 135 条对诉讼时效期间届满的法律效果采纳了"胜诉权消灭主义"①，《诉讼时效规定》第 1 条改采"抗辩权发生主义"②。本条延续了"抗辩权发生主义"，因此，诉讼时效期间届满的，实体权利不消灭，但是义务人可以对权利人的主张提出抗辩。

(一) 诉讼时效期间届满的，义务人可以提出不履行义务的抗辩

本条第 1 款规定：诉讼时效经过后，义务人获得时效抗辩权，可以对抗权利人请求履行义务的权利。这确立了诉讼时效期间届满后的抗辩权发生主义，即义务人获得对抗权利人请求履行的权利。诉讼时效期间届满使义务人享有时效抗辩权，而该抗辩权的行使才会使权利人的实体诉权消灭，仅仅诉讼时效期间届满并不会产生此效果。③ 因此，诉讼时效期间届满后，权利人的实体权利并未消灭，只是义务人获得了时效抗辩权，会使实体权利的行使遇到阻碍。义务人援引时效抗辩权才会使自然债务发生。④ 胜诉权消灭说与抗辩权发生说的区别在于，前者

---

① 王利明．民法总则研究．2 版．北京：中国人民大学出版社，2012：764．梁慧星．民法总论．4 版．北京：法律出版社，2011：249．

② 王利明．民法总则研究．2 版．北京：中国人民大学出版社，2012：764．张雪楳．诉讼时效前沿问题审判实务．北京：中国法制出版社，2014：350．崔建远．民法总论．北京：清华大学出版社，2010：191．

③ 李开国．民法总论．武汉：华中科技大学出版社，2013：302．

④ 王利明．民法总论．2 版．北京：中国人民大学出版社，2015：361．李永军．自然之债源流考评．中国法学，2011 (6)．

从权利人的视角出发表现为权利的消灭，而后者从义务人的视角出发表现为权利的发生。正是胜诉权消灭说从权利人的视角出发表现为权利的消灭，使人民法院相应地负责查明权利人在权利消灭时仍享有相关利益的情形。而抗辩权发生说从义务人的视角出发表现为权利的发生，义务人是否行使该权利属于义务人的自由，法律不应作相关压迫自由的干涉，相应地，人民法院在诉讼程序中也应当尊重义务人对该权利的行使。诉讼时效期间届满，权利人的权利消灭表现为某种不利益，义务人的权利发生表现为某种利益。胜诉权消灭说实际上立足于权利人权利消灭的不利益，而忽视义务人因权利发生的利益；抗辩权发生说立足于义务人的利益，兼顾了权利人的不利益。因此，胜诉权消灭说与抗辩权发生说在诉讼程序中的最大区别在于，人民法院是否应当干涉义务人对时效抗辩权的行使，即人民法院是否有权主动审查诉讼时效期间届满与否。人民法院主动审查诉讼时效，将权利人的请求予以驳回，不仅排除了义务人对时效利益的自由处分，还将债权人的债权贬为自然之债，使其不具有权利实现的可能，这也侵害了债权人潜在实现权利的可能性。

在本条第 1 款之下，义务人取得抗辩权利人请求权的权利是诉讼时效期间届满的直接法律效果。诉讼时效期间届满，义务人获得时效利益，其是否履行的义务已经不是法律上的义务，而属于道德上的义务。法律上作出如此法律效果安排的目的主要有：第一，督促权利人及时行使权利；第二，避免义务人举证困难和长期处于不利益的法律状态；第三，减轻人民法院的审判负担；第四，合理配置和有效利用司法资源；第五，维持社会秩序的稳定，以维护社会公共利益。① 时效抗辩权为永久抗辩权，即一旦义务人主张诉讼时效期间届满的抗辩，可永久阻止权利人请求义务人履行相关义务。②

（二）诉讼时效期间届满后义务人放弃时效利益

诉讼时效期间届满后，义务人如期获得时效利益，但如果义务人以其行为或真实意思表示表明放弃时效利益，则权利人的权利因义务人的对抗消失而获得相应的保护。

根据本条第 2 款，义务人放弃时效利益包括两种情形。

第一，同意履行。同意履行实际上是义务人表示继续履行义务。在同意履行的情形下，不论义务人是否知道诉讼时效期间已经届满，只要其作出了同意履行的意思表示，都构成放弃时效利益。因此，该同意履行的意思表示不适用重大误

① 王轶．民法总则之期间立法研究．法学家，2016（5）．

② 梁展欣．诉讼时效司法实务精义．北京：人民法院出版社，2010：60．

解撤销规则。义务人作出同意履行的意思表示形式多样，有口头的，有书面的；有单方的，有双方达成协议的。有学者认为，时效利益的抛弃属于重大的权利处分行为，因此，单方允诺应以书面表示为准，不包括口头形式。[①] 笔者认为：时效利益的抛弃虽属于重大的权利处分行为，但依然属于义务人作出的意思表示。依据意思自治原则，义务人应当承担自己实施的抛弃利益行为的后果。这样，不论口头还是书面，只要构成民事诉讼法上的有力证据，就应当认定为构成时效利益抛弃。

第二，自愿履行。义务人自愿履行后，权利人的请求权因实现而消灭，义务人也不再享有相对应的抗辩权。由于义务人放弃时效利益，权利人的权利实现并非属于不当得利，义务人也便不得请求返还，其无权利基础。此外，义务人放弃时效利益并不影响担保人主张时效抗辩权。关于主债权的诉讼时效期间届满后，从权利的法律后果如何，本条未予以规定。这有待于《民法典》分则部分或司法解释加以补充，从而不至于成为法律漏洞。

无论是同意履行还是自愿履行，都属于放弃时效利益。义务人放弃时效利益的前提是获得时效利益。法律不允许义务人预先放弃时效抗辩权，诉讼时效期间届满的时效利益的放弃必须是在诉讼时效期间届满后。这主要是为了防止债权人利用其优势地位迫使债务人预先放弃时效利益的不公平现象的发生。因此，当事人预先放弃时效利益的约定无效。除此限制外，抛弃时效利益属于义务人的权利与自由，法律不应加以过多干预，只需保障义务人的真实意思表示得到实现。这有利于缓和法律与道德的紧张关系。义务人作出同意履行的真实意思表示后，其丧失时效抗辩权，不得以诉讼时效期间届满为由抗辩，即义务人放弃之后，又以时效抗辩权来对抗权利人之请求权的，人民法院不予支持。

放弃时效利益，可以是双方协议，也可以是单方作出的意思表示，但是两者的法律效果有些差异。双方达成协议属于一个新合同、一种新债务[②]，属于债的更改。[③] 但也有学者认为，其中的关键在于原债务是否消灭，从而影响原债务的担保是否消灭，而其中的主要分歧是物上担保在主债权的诉讼时效期间届满后继续存在还是消灭，因此有必要根据当事人的具体意思表示来确定。[④] 相反，义务人单方允诺履行债务属于单方民事法律行为，是抛弃原债务上的时效利益，并非

---

① 刘凯湘．民法总论．北京：北京大学出版社，2011：374.

② 王利明．民法总论．2版．北京：中国人民大学出版社，2015：365.

③ 李永军．自然之债源流考评．中国法学，2011（6）.

④ 朱晓喆．诉讼时效完成后债权效力的体系重构．中国法学，2010（6）.

产生新债务。[①] 义务人单方允诺履行债务被认定为抛弃时效利益，从而使原债权不因抗辩权的行使而成为自然之债。两者存在的此种差异对主债权几无影响，主要表现为担保物权比如抵押权在法律后果上的差异。

有学者认为，若债务人放弃时效利益的意思表示系受欺诈、胁迫而为，即使已经履行债务，也可以撤销。[②] 但也有学者认为，为缓和法律与道德之间的紧张关系，除非权利人采取暴力手段胁迫，权利人运用道德力量、经济压迫等手段胁迫、欺诈义务人作出的履行义务承诺，应当有效。[③] 笔者比较倾向于前一种观点。义务人放弃时效利益之意思表示是否系受欺诈、胁迫而为，应按照欺诈与胁迫的相关原理进行处理，不需要为缓和道德与法律之间的紧张关系而作特殊设计。债权人运用道德力量、经济压迫等手段必须有明显的确定性，而不能仅仅是债务人的个人感觉。这种手段是否符合法律的价值评价要求，应按欺诈与胁迫的相关原理进行分析和判断，而不应从道德义务与道德责任方面进行考量，即将道德上的评价与法律上的评价相区分。

（三）义务人已自愿履行的，不得请求返还

诉讼时效期间届满，只是使义务人享有一定的抗辩权，权利人的权利并未消灭，因此，义务人自愿履行债务的，权利人仍有权保有该利益，而不构成不当得利，义务人不得请求返还。

（本条由高圣平撰写）

第一百九十三条

人民法院不得主动适用诉讼时效的规定。

本条主旨

本条对诉讼时效规定的援引作出了规定。

相关条文

《民法总则》第193条规定：“人民法院不得主动适用诉讼时效的规定。”

---

① 王利明．民法总论．2版．北京：中国人民大学出版社，2015：365-366.
② 朱庆育．民法总论．2版．北京：北京大学出版社，2016：543.
③ 李开国．民法总论．武汉：华中科技大学出版社，2013：299-300.

《诉讼时效规定》第 3 条规定："当事人未提出诉讼时效抗辩，人民法院不应对诉讼时效问题进行释明及主动适用诉讼时效的规定进行裁判。"

理解与适用

在比较法上，大陆法系国家的民法典一般规定，时效只能由当事人提出而不能由法官依职权主动审查。例如，《法国民法典》第 2247 条规定：法官不得依职权（替代当事人）援用因时效所产生的方法。第 2248 条规定：除抛弃时效之外，无论诉讼进行至何种程度，即使在上述法院，均得主张时效。《日本民法典》第 145 条规定：除非当事人援用时效，法院不得根据时效进行裁判。《意大利民法典》第 2938 条规定：法官不得依职权提起没有主张的时效。第 2939 条规定：在当事人不主张消灭时效的效力时，债权人和任何与之有关联的人对消灭时效得提出主张。尽管一方当事人放弃了消灭时效的效力，但是第三方得提出抗辩。

诉讼时效期间届满以后，尽管义务人享有时效利益，但是该利益的实现是由当事人主动提出，还是由法官依职权主动审查？《民法通则》未就此作出明确的规定，司法实践中存在两种不同的观点。第一种观点认为：诉讼时效期间届满的事实应由法院依职权审查，一旦发现时效期间届满法院即应依职权驳回原告的诉讼请求。诉讼时效的规定属于强行法，无论当事人自己是否主张，人民法院或仲裁机构均可主动予以适用。第二种观点认为：时效利益是否抛弃，纯属义务人的自由，按照意思自治的原则，应完全由义务人自行决断。时效完成只是使义务人获得抗辩权，至于是否提出抗辩应由当事人自行决定，人民法院主动援用诉讼时效，是对当事人处分权的过分干涉。① 本条即采纳了这一观点。

人民法院之所以不得主动适用诉讼时效的规定，原因主要在于，人民法院在审理民事案件时，是否审查当事人的权利已过诉讼时效，依赖于当事人的请求，即具有被动性，不得主动审查。即使权利人的权利已过诉讼时效，并不表示其不具有权利实现的可能性。然而人民法院如果强行地进行诉讼时效审查，会排除当事人依据自己的意思表示进行民事活动之自由，也会妨碍权利人因义务人自愿履行而实现权利。时效抗辩权属于需要主张的权利，义务人是否主张有其道德良心和抗辩风险上的权衡。② 义务人因诉讼时效期间届满而享有时效利益时，其是否主张时效利益全依赖其自由意志，法律不应主动干涉。人民法院不得主动适用诉

---

① 关于对分歧观点的梳理，参见王利明．民法总论．2 版．北京：中国人民大学出版社，2015：338－339. 张雪楳．诉讼时效前沿问题审判实务．3 版．北京：中国法制出版社，2014：33－34.

② 李永军．民法总论．3 版．北京：中国政法大学出版社，2015：303.

讼时效规定不仅要落实到对实体权利的审查中，还要落实到诉讼程序中。过去，在诉讼程序中，人民法院可以在受理案件后主动查明是否超过诉讼时效，并且有权将超过诉讼时效的请求驳回。这样，实际上将义务人的时效利益强行实现或者剥夺了义务人的主动权。时效抗辩权在一定程度上有证据作用，人民法院主动审查和适用诉讼时效违背了“谁主张谁举证”的举证责任原则。① 因此，正确的处理方式是人民法院对诉讼时效的审查和适用以当事人的主张为前提。这符合私法自治的精神，有利于保护债权人的利益，有利于维护司法公正，并且符合大陆法系国家（地区）的传统和普遍做法。②

所谓人民法院不得主动适用诉讼时效规定，是指在当事人没有提出时效抗辩的情况下，法官不能在裁判中依据职权直接适用诉讼时效规定。同时，在民事诉讼中，如果一方当事人没有提出时效的抗辩，则人民法院不应当行使释明权，向一方当事人告知其享有时效利益，或要求其行使时效抗辩权。

此外，《诉讼时效规定》第 4 条规定：当事人在一审期间未提出诉讼时效抗辩，在二审期间提出的，人民法院不予支持，但其基于新的证据能够证明对方当事人的请求权已过诉讼时效期间的情形除外。当事人未按照前款规定提出诉讼时效抗辩，以诉讼时效期间届满为由申请再审或者提出再审抗辩的，人民法院不予支持。据此，当事人提出时效抗辩，原则上限于在一审程序中。如果当事人在一审中没有提出，在二审和再审期间就不得提出时效抗辩，当然，在二审期间基于新的证据能够证明对方当事人的请求权已过诉讼时效的情形除外。

（本条由高圣平撰写）

第一百九十四条

在诉讼时效期间的最后六个月内，因下列障碍，不能行使请求权的，诉讼时效中止：

（一）不可抗力；

（二）无民事行为能力人或者限制民事行为能力人没有法定代理人，或者法定代理人死亡、丧失民事行为能力、丧失代理权；

① 屈茂辉，许中缘．民法总则原理．北京：中国人民大学出版社，2012：496.

② 王利明．民法总则研究．2 版．北京：中国人民大学出版社，2012：730－731.

（三）继承开始后未确定继承人或者遗产管理人；

（四）权利人被义务人或者其他人控制；

（五）其他导致权利人不能行使请求权的障碍。

自中止时效的原因消除之日起满六个月，诉讼时效期间届满。

本条主旨

本条对诉讼时效期间的中止作出了规定。

相关条文

《民法总则》第194条规定："在诉讼时效期间的最后六个月内，因下列障碍，不能行使请求权的，诉讼时效中止：（一）不可抗力；（二）无民事行为能力人或者限制民事行为能力人没有法定代理人，或者法定代理人死亡、丧失民事行为能力、丧失代理权；（三）继承开始后未确定继承人或者遗产管理人；（四）权利人被义务人或者其他人控制；（五）其他导致权利人不能行使请求权的障碍。""自中止时效的原因消除之日起满六个月，诉讼时效期间届满。"

《民法通则》第139条规定："在诉讼时效期间的最后六个月内，因不可抗力或者其他障碍不能行使请求权的，诉讼时效中止。从中止时效的原因消除之日起，诉讼时效期间继续计算。"

《诉讼时效规定》第20条规定："有下列情形之一的，应当认定为民法通则第一百三十九条规定的'其他障碍'，诉讼时效中止：（一）权利被侵害的无民事行为能力人、限制民事行为能力人没有法定代理人，或者法定代理人死亡、丧失代理权、丧失行为能力；（二）继承开始后未确定继承人或者遗产管理人；（三）权利人被义务人或者其他人控制无法主张权利；（四）其他导致权利人不能主张权利的客观情形。"

理解与适用

（一）诉讼时效期间中止制度的规范目的

诉讼时效期间的中止，是指在诉讼时效进行中，因发生一定的法定事由，权利人不能行使请求权，从而暂时停止计算诉讼时效期间，待阻碍时效进行的法定事由消除后，继续进行诉讼时效期间的计算。广义的中止还包括时效的不完成，即在时效即将完成之际，一定的事由的存在使已应完成的时效于该事由消灭后的法定期间内暂缓完成。关于诉讼时效中止与诉讼时效不完成的立法建议主要有：

第一，不必规定诉讼时效不完成制度，但须对诉讼时效中止进行完善①；第二，应当采用诉讼时效中止与不完成并存的方式②；第三，既不必规定诉讼时效不完成制度，也无须对诉讼时效中止进行改造③；第四，以诉讼时效不完成取代诉讼时效中止。④ 最终，《民法典》关于诉讼时效中止的规定在原来的基础上进行了完善，采纳了《诉讼时效规定》关于中止事由的规定，同时规定中止事由消除之日起满 6 个月，诉讼时效期间届满。

诉讼时效中止的制度目的在于保障权利人在遭遇不能行使权利的客观情况时有足够的时间来主张其权利。诉讼时效中止需满足两个条件：其一，中止事由发生在或持续到诉讼时效期间的最后 6 个月内；其二，存在中止事由，客观上使权利人不能行使请求权。⑤ 将中止事由发生限定在诉讼时效期间的最后 6 个月内，而非诉讼时效期间的任何时间段，原因在于：中止事由的发生多数不可预知，且诉讼时效期间的长度以及诉讼时效中断制度足以保障权利人在时效期间内主张权利，而直至期间届满的最后 6 个月内产生诉讼时效期间届满的迫切危机不至于让权利人怠于主张权利，此时需要诉讼时效中止制度将中止事由阻碍权利人主张权利的时间段剔除。

(二) 诉讼时效期间中止的具体事由

本条第 1 款规定的中止事由有以下几项。

第一，不可抗力。所谓不可抗力，是指不能预见、不能避免、不能克服的客观情况，包括自然原因，也包括社会群体运动等客观情况。不可抗力是导致诉讼时效中止的主要事由，但不可抗力事由的发生并未影响到权利人行使权利的，也不能产生诉讼时效中止的效果。

第二，无民事行为能力人或者限制民事行为能力人没有法定代理人，或者法定代理人死亡、丧失民事行为能力、丧失代理权。诉讼时效期间届满前的最后 6 个月内，无民事行为能力人或者限制民事行为能力人没有法定代理人，或者法定代理人死亡、丧失民事行为能力、丧失代理权，从而使无民事行为能力人或者限制民事行为能力人在法律上行使权利遇到障碍。此时，借助于诉讼时效中止制度，消除无民事行为能力人或者限制民事行为能力人行使权利的障碍，可以更好

---

① 郭明瑞．诉讼时效停止制度的立法选择．广东社会科学，2016 (1).

② 冯恺．论诉讼时效的不完成．法学杂志，2005 (1).

③ 张力，郑志峰．中止抑或不完成：诉讼时效完成障碍之婚姻关系．河北法学，2015 (5).

④ 汪渊智．我国民法诉讼时效制度之构想．法学研究，2003 (3).

⑤ 尹田．民法典总则之理论与立法研究．北京：法律出版社，2010：835－836. 朱庆育．民法总论．2 版．北京：北京大学出版社，2016：557－558. 梁展欣．诉讼时效司法实务精义．北京：人民法院出版社，2010：87－88.

地保护无民事行为能力人和限制民事行为能力人的权利。自无民事行为能力人或限制民事行为能力人成为完全民事行为能力人或者重新设有法定代理人之日起满6个月，诉讼时效期间届满。需要指出的是，如果无民事行为能力人或者限制民事行为能力人侵害他人权利，则无民事行为能力人或者限制民事行为能力人无法定代理人等情形并不能导致诉讼时效中止。

第三，继承开始后未确定继承人或者遗产管理人。继承开始后，继承人或者遗产管理人尚未确定的，被继承人生前享有的权利无法行使，被继承人生前所负债务的债权人也无法确定义务人并无从请求和诉讼。如果此种情况正好发生在诉讼时效期间的最后6个月内，应当中止计算诉讼时效。此情形中被继承人的对外的权利以及被继承人的债权人之权利都因被继承人死亡但未确定继承人或遗产管理人而中止，前者缺少合格的主张权利之人，后者缺少合格的主张权利之对象。

第四，权利人被义务人或者其他人控制。这主要指权利人的人身自由或独立意思被义务人或其他人控制。这包括义务人是权利人的法定代表人，权利人是义务人的控股子公司，权利人被义务人或者其他人限制人身自由，义务人与权利人之间存在监护与被监护关系。①

第五，其他导致权利人不能行使请求权的障碍。这属于兜底条款，有利于避免不能全面列举可以使权利人不能行使权利的其他中止事由的难题，保持中止事由的开放性，符合社会发展需要。这赋予了法官在审判实践中结合具体案情，判断某些事实情况是否属于诉讼时效中止事由的自由裁量权。法官在判断是否属于中止事由时可以任意发挥而有明确的依据。事实上，能够成为中止事由者，一是客观上使权利人不能主张权利，二是排除其可能构成诉讼时效中断，三是存在相关民族习惯或其他习惯。对于达成共识的中止事由，可以典型案例或司法解释的方式予以确定。

有学者主张，诉讼时效中止的情形还应包括：(1) 当事人之间就债权债务相关事宜进行磋商未成的，时效中止；(2) 某些特殊关系使时效中止，比如夫妻之间的请求权或家庭成员之间的请求权的时效因夫妻关系或家庭关系的存在而中止；(3) 未满18周岁的性侵受害人之请求权的时效于18周岁前中止；(4) 受害人与加害人处于共同生活关系，于共同生活关系解除前，时效中止。② 还有学者主张将“提起诉讼”以及破产等类似司法程序作为诉讼时效中止事由。③ 有所争

---

① 段晓娟．我国诉讼时效中止若干问题研究．法律适用，2008 (11).

② 李永军．民法总论．3版．北京：中国政法大学出版社，2015：301. 梁慧星．中国民法典草案建议稿附理由：总则编．北京：法律出版社，2013：416-426.

③ 朱晓喆．诉讼时效制度的立法评论．东方法学，2016 (5).

议的是，夫妻之间的请求权的诉讼时效是否因夫妻关系的存在而发生中止。有学者反对仅以夫妻关系的存在作为诉讼时效中止事由，理由是夫妻关系的存在会使当事人不愿主张权利，而其并非客观上的不能主张权利之障碍。① 支持者认为，夫妻关系存在属于影响夫妻间之权利主张的时效中止事由，尤其是婚前的债权应于婚姻关系存续期间因相互信赖关系发生时效中止。② 但是如果一方并不碍于情面而主张权利，则不得以婚姻关系存在作为时效中止理由。具体理由为：首先，夫妻之间的法定侵权之债以及婚前负债与夫妻个人财产制度使夫妻之间可能存在债权债务关系；其次，婚姻和睦的伦理特征使夫妻之间不便于主张权利。因此，应当灵活地通过扩大解释，将婚姻关系作为"其他导致权利人不能主张权利的客观情形"的时效中止法定事由。③ 笔者认为，通过扩大解释被纳入时效中止事由者应当满足以下两个条件：不可能构成诉讼时效中断事由，并且必须客观上使权利人不能行使请求权。于前述各类情况应由法官结合具体情形考量它们是否客观上使权利人不能主张权利。就婚姻关系或家庭关系的存在而言，其中可能属于客观不能的是婚姻或家庭中的伦理关系压力，并且这种压力的程度对于每个人而言不同，有的人会基于这个压力而绝不可能于关系存续期间主张权利，有的人却能不因为有此压力而不主张权利。因此，在不能类型化提出相关问题的具体判断标准时，应当交由法官在自由裁量范围内进行处理。

（三）诉讼时效期间中止的法律效果

关于诉讼时效中止的法律效果，各国立法一般都承认在中止事由发生以后，中止事由发生前的时效期间仍然有效。因中止事由的发生诉讼时效期间的计算暂时停止，等到中止事由消灭以后，诉讼时效期间继续计算。但对于中止事由消灭后的诉讼时效期间如何计算，各国立法各不相同。一种做法是在中止事由消除以后，诉讼时效期间继续计算。我国《民法通则》采取此种做法。另一种做法是中止事由消除以后的诉讼时效期间由法律特别规定。例如，《俄罗斯民法典》规定，剩余期限如果不足 6 个月，则延长至 6 个月。

《民法典》于本条第 2 款修改了《民法通则》第 139 条关于诉讼时效中止的法律效果的规定，指出：自中止时效的原因消除之日起满 6 个月，诉讼时效期间届满。这样，中止时效的原因消除之日起，诉讼时效剩余期间不满 6 个月的，补

---

① 段晓娟．我国诉讼时效中止若干问题研究．法律适用，2008（11）．

② 尹田．民法典总则之理论与立法研究．北京：法律出版社，2010：836．郑云瑞．民法总论．北京：北京大学出版社，2015：392．张力，郑志峰．中止抑或不完成：诉讼时效完成障碍之婚姻关系．河北法学，2015（5）．

③ 张力，郑志峰．中止抑或不完成：诉讼时效完成障碍之婚姻关系．河北法学，2015（5）．

足到 6 个月。这样规定，目的在于保障权利人的权利行使，避免出现中止事由消除后继续计算的剩余诉讼时效期间比较短，致使权利人不能够充分地主张或行使其权利。将诉讼时效中止后期间不足 6 个月的补足 6 个月，属于在制度上取“时效不完成”之长，补“时效停止”之短。① 这可以说是诉讼时效中止与诉讼时效不完成的结合。但是，这并不改变原来诉讼时效中止制度中出现中止事由时诉讼时效停止计算的处理方式，只是将中止事由消灭后的时间由以前的继续计算改成补足 6 个月。由于诉讼时效中止事由发生中止效力必须在诉讼时效期间的最后 6 个月内，所以基本上所有发生诉讼时效中止的情形都需要补足 6 个月的诉讼时效期间。如此处理，也不会使诉讼时效期间的计算变得烦琐而不够明确。

（本条由高圣平撰写）

第一百九十五条

有下列情形之一的，诉讼时效中断，从中断、有关程序终结时起，诉讼时效期间重新计算：

（一）权利人向义务人提出履行请求；

（二）义务人同意履行义务；

（三）权利人提起诉讼或者申请仲裁；

（四）与提起诉讼或者申请仲裁具有同等效力的其他情形。

本条主旨

本条对诉讼时效期间的中断作出了规定。

相关条文

《民法总则》第 195 条规定：“有下列情形之一的，诉讼时效中断，从中断、有关程序终结时起，诉讼时效期间重新计算：（一）权利人向义务人提出履行请求；（二）义务人同意履行义务；（三）权利人提起诉讼或者申请仲裁；（四）与提起诉讼或者申请仲裁具有同等效力的其他情形。”

《民法通则》第 140 条规定：“诉讼时效因提起诉讼、当事人一方提出要求或者同意履行义务而中断。从中断时起，诉讼时效期间重新计算。”

---

① 尹田．民法典总则之理论与立法研究．北京：法律出版社，2010：834.

《诉讼时效规定》第13条规定："下列事项之一，人民法院应当认定与提起诉讼具有同等诉讼时效中断的效力：（一）申请仲裁；（二）申请支付令；（三）申请破产、申报破产债权；（四）为主张权利而申请宣告义务人失踪或死亡；（五）申请诉前财产保全、诉前临时禁令等诉前措施；（六）申请强制执行；（七）申请追加当事人或者被通知参加诉讼；（八）在诉讼中主张抵销；（九）其他与提起诉讼具有同等诉讼时效中断效力的事项。"

理解与适用

诉讼时效期间的中断，是指诉讼时效期间进行中，法定事由的发生，推翻了诉讼时效存在的基础，因而使已经进行的时效期间全归于无效，诉讼时效期间重新起算。①

诉讼时效是对权利的时间限制，具有一种法律警察的性质。② 其规范功能在于督促权利人行使权利、稳定现存秩序、减轻法院负担，并使债务人免受意外困扰。③ 但是，执行诉讼时效期间和起算的规定，会出现这样的困境：即使义务人拖延履行义务的时间，诉讼时效期间也会完成，进而会影响到权利人实现自己的权利。因此，要使诉讼时效制度的价值和功能得到充分合理的发挥，法律必须对诉讼时效期间的经过予以合理的限制。诉讼时效中断是诉讼时效障碍中的一项重要法律制度，其适用效果是已经进行的诉讼时效期间归于无效，进而重新起算诉讼时效。

根据本条规定，有下列情形之一，诉讼时效中断，诉讼时效期间重新计算。

（一）权利人向义务人提出履行请求

权利人之请求，指的是权利人向义务人或其代理人、保证人、财产代管人等主张权利，要求其履行义务。④ 权利人积极主张权利表明其已行使权利，从而使诉讼时效失去了适用的基础，使不行使权利的状态消除，诉讼时效也由此中断。关于请求的方式，法律无明文规定，应认为口头或书面等能实现请求效果的方式，均可使用。除向义务人提出请求外，权利人若向主债务之保证人、债务人的代理人及财产代管人提出请求的，亦发生请求的效果。

《诉讼时效规定》第10条对当事人主张权利的具体情形作出了规定，包括：当事人一方直接向对方当事人送交主张权利文书，对方当事人在文书上签字、盖

---

① 王泽鉴．民法总则．北京：北京大学出版社，2009：432.

② 迪特尔·梅迪库斯．德国民法总论．邵建东，译．北京：法律出版社，2000：93.

③ 《德国民法典》立法理由书．迪特尔·施瓦布．民法导论．郑冲，译．北京：法律出版社，2006：181.

④ 龙卫球．民法总论．北京：中国法制出版社，2001：631.

章或者虽未签字、盖章但能够以其他方式证明该文书到达对方当事人的；当事人一方以发送信件或者数据电文方式主张权利，信件或者数据电文到达或者应当到达对方当事人的；当事人一方为金融机构，依照法律规定或者当事人约定从对方当事人账户中扣收欠款本息的；当事人一方下落不明，对方当事人在国家级或者下落不明的当事人一方住所地的省级有影响的媒体上刊登具有主张权利内容的公告的，但法律和司法解释另有特别规定的，适用其规定。

（二）义务人同意履行义务

义务人之同意，是指义务人向权利人表示同意履行义务的意思。义务人的同意，亦即对权利人之权利的承认，故与请求发生相同之中断时效的效果。关于同意的方式，法律未有限制，口头或书面、明示或默示，均无不可，而且也不问义务人的同意是否有中断时效的目的。同意履行应包括两种情况：一是实际履行，二是承诺履行。实际全部履行足令请求权实现，此时诉讼时效已无意义，因而，使时效中断的履行，只是分期履行、部分履行等不能全部消灭债之关系的履行。承诺履行则表明债务人对债务的承认，提供担保、请求延期履行、制订清偿计划等均属此类。① 《诉讼时效规定》第 16 条规定：义务人作出分期履行、部分履行、提供担保、请求延期履行、制订清偿债务计划等承诺或者行为的，应当认定为《民法通则》第 140 条规定的当事人一方“同意履行义务”。这些行为都表明义务人对权利人的权利存在予以认可，从而使双方的法律关系重新趋于稳定。在此情况下，诉讼时效适用的理由不复存在，因此应当导致时效的中断。

（三）权利人提起诉讼或者申请仲裁

提起诉讼或仲裁，是指权利人提起民事诉讼或申请仲裁，请求法院或仲裁机构保护其权利的行为。诉讼之举，是权利人行使权利的最为强烈的表示，故提起诉讼之日便是诉讼时效中断之时。权利人提起本诉、反诉、刑事附带民事诉讼均可导致诉讼时效中断，诉讼时效从提交起诉状或者口头起诉之日起中断。债权人提起代位权诉讼的，债权人对债务人的债权以及债务人对第三人的债权均发生时效中断的效力。权利人若以有效的判决、裁定、调解协议等法律文书，向法院申请执行程序的，亦发生与起诉同等的中断时效的效果。《诉讼时效规定》第 12 条规定：当事人一方向人民法院提交起诉状或者口头起诉的，诉讼时效从提交起诉状或者口头起诉之日起中断。可见，该司法解释实际上采纳了从提出起诉之日起诉讼时效中断的观点。由于诉讼本身有一个过程，时效中断以后，诉讼过程都应当被视为权利人行使权利的持续状态，所以，起诉引起时效中断后，新的时效期

---

① 朱庆育．民法总论．北京：北京大学出版社，2013：544.

间应从该诉讼过程结束时起计算。

（四）与提起诉讼或者申请仲裁具有同等效力的其他情形

引起诉讼时效中断的事由并非仅限于权利人的起诉，实际上，任何开启司法程序的行为都可导致诉讼时效中断，因此，除起诉外，申请调解、仲裁及进行其他司法程序同样引起时效中断。[①] 导致诉讼时效中断的法定事由是由法律明文规定的[②]，所以与提起诉讼或者申请仲裁具有同等效力的其他情形必须是为法律和司法实践所认可的情形。《诉讼时效规定》第 13 条规定，下列事项之一，人民法院应当认定与提起诉讼具有同等诉讼时效中断的效力：（1）申请仲裁；（2）申请支付令；（3）申请破产、申报破产债权；（4）为主张权利而申请宣告义务人失踪或死亡；（5）申请诉前财产保全，诉前临时禁令等诉前措施；（6）申请强制执行；（7）申请追加当事人或者被通知参加诉讼；（8）在诉讼中主张抵销；（9）其他与提起诉讼具有同等诉讼时效中断效力的事项。第 14 条规定：权利人向人民调解委员会以及其他依法有权解决相关民事纠纷的国家机关、事业单位、社会团体等社会组织提出保护相应民事权利的请求，诉讼时效从提出请求之日起中断。第 15 条第 1 款规定：权利人向公安机关、人民检察院、人民法院报案或者控告，请求保护其民事权利的，诉讼时效从其报案或者控告之日起中断。据此与提起诉讼或者申请仲裁具有同等效力的其他情形还包括：申请支付令，申请破产，申报破产债权，为主张权利而申请宣告义务人失踪或死亡，申请诉前财产保全，诉前临时禁令等诉前措施，申请强制执行，申请追加当事人或者被通知参加诉讼，在诉讼中主张抵销等。权利人向人民调解委员会以及其他依法有权解决相关民事纠纷的国家机关、事业单位、社会团体等社会组织提出保护相应民事权利的请求；权利人向公安机关、人民检察院、人民法院报案或者控告，请求保护其民事权利等。

诉讼时效中断以后，将发生如下效果：第一，已经经过的诉讼时效期间统归无效，已经计算的诉讼时效期间只要尚未届满，都可以因为中断事由的出现而失去效力。第二，在时效中断以后，可能会发生时效再次中断的效果。第三，中断事由消除以后，时效期间重新计算。中断后重新计算的时效期间究竟应当有多长？如果原时效为普通诉讼时效期间，重新计算的诉讼时效期间应保持不变；如果原时效为特别诉讼时效者，重新起算的诉讼时效期间应当转变为普通诉讼时效期间。至于中断后的诉讼时效期间自何时重新计算，本条作了明确规定，“从中

---

① 朱岩．消灭时效制度中的基本问题．中外法学，2005（2）．

② 王利明．民法总则研究．2 版．北京：中国人民大学出版社，2012：751．

断、有关程序终结时起”。

（本条由高圣平撰写）

第一百九十六条

下列请求权不适用诉讼时效的规定：

（一）请求停止侵害、排除妨碍、消除危险；

（二）不动产物权和登记的动产物权的权利人请求返还财产；

（三）请求支付抚养费、赡养费或者扶养费；

（四）依法不适用诉讼时效的其他请求权。

本条主旨

本条就不适用诉讼时效的请求权作出了规定。

相关条文

《民法总则》第 196 条规定：“下列请求权不适用诉讼时效的规定：（一）请求停止侵害、排除妨碍、消除危险；（二）不动产物权和登记的动产物权的权利人请求返还财产；（三）请求支付抚养费、赡养费或者扶养费；（四）依法不适用诉讼时效的其他请求权。”

《诉讼时效规定》第 1 条规定：“当事人可以对债权请求权提出诉讼时效抗辩，但对下列债权请求权提出诉讼时效抗辩的，人民法院不予支持：（一）支付存款本金及利息请求权；（二）兑付国债、金融债券以及向不特定对象发行的企业债券本息请求权；（三）基于投资关系产生的缴付出资请求权；（四）其他依法不适用诉讼时效规定的债权请求权。”

理解与适用

诉讼时效的客体或适用范围曾经在我国学界引起巨大的争议，学界关于适用诉讼时效的请求权的范围存在不同意见。[①] 严格来说，适用诉讼时效的请求权是实体法上的请求权，即法律规定的权利人可以要求义务人为一定行为或不为一定行为的权利，包括法定的请求权和基于法律行为发生的请求权。程序上的诉权，

① 尹田．论诉讼时效的适用范围．法学杂志，2011（3）．

比如提起确认之诉的权利、请求作出形成判决的权利，不适用诉讼时效。也就是说，适用诉讼时效的请求权必须是存在于双方关系中的请求权，它包括财产性的请求权和非财产性的请求权。形成权、绝对权、抗辩权不属于诉讼时效的适用范围。

不适用诉讼时效规定的请求权有以下四种类型。

第一种类型是请求停止侵害、排除妨碍与消除危险。这三种请求权之所以不适用诉讼时效，原因在于，这三种类型的请求权都是指向现实存在的对权益的妨害和危险，并非值得尊重的社会交往现状，在通常情形下排除了向不特定第三人呈现此类请求权不存在状态的可能，不特定第三人也就无法产生相应类型的请求权不存在的信赖，因此不存在保护不特定第三人信赖利益的问题，而诉讼时效制度的核心功能对于这些类型的请求权就无法发挥。值得注意的是，停止侵害、排除妨碍、消除危险的请求权不适用诉讼时效的需求可能不大，因为停止侵害、排除妨碍、消除危险请求权的产生，以违法行为的存在为前提，而每一项违法行为都会导致新的停止侵害、排除妨碍、消除危险请求权的发生，而且因此，排除妨碍、消除危险请求权的权利人能够获得足够的保护。①

第二种类型是不动产物权的权利人请求返还财产与登记的动产物权的权利人请求返还财产。就登记效力采生效要件主义的不动产物权如不动产所有权、建设用地使用权等而言，权利人享有的返还原物请求权不应适用诉讼时效制度，原因在于：只要登记簿上仍然显示不动产的权属状况，就会排除向不特定第三人呈现权利不存在状态的可能。不特定第三人仅仅基于加害人对不动产的占有就相信加害人无须向任何人负担返还财产的义务缺乏正当依据，因此，不存在保护不特定第三人信赖利益的必要。可见，诉讼时效制度的核心功能对于此种类型的请求权无法发挥。就登记效力采对抗要件主义的不动产物权如土地承包经营权、地役权而言，登记簿记载的权利人所享有的返还财产请求权，也不应适用诉讼时效制度，因为：登记对抗要件主义之下，法律保护交易关系中善意第三人对登记所公示的权利状态产生的消极信赖。这就意味着凡是登记簿上显示没有权利变动的，善意第三人可以相信从未发生过权利变动。任何人不得因民事主体对不动产的占有就相信该民事主体对不动产享有土地承包经营权或地役权等。因此，不特定第三人相信占有不动产的民事主体无须向任何人负担返还财产的义务缺乏依据和理由，不存在保护不特定第三人信赖利益的问题。

就船舶、航空器和机动车等动产而言，这些动产的物权变动采登记对抗要

① MünchKomm/Grothe，2012，§197，Rn. 7.

件主义，只有经过登记的物权变动才具有对抗善意第三人的效力，未经登记，不得对抗善意第三人。登记簿上的船舶、航空器以及机动车的所有权人享有的返还财产请求权之所以不适用诉讼时效制度，原因在于，在登记对抗要件主义之下，法律保护交易关系中善意第三人对登记所公示的权利状态产生的消极信赖。

存在较大争议的是，动产返还原物请求权、未登记的不动产返还原物请求权是否适用诉讼时效。本条第 1 项和第 2 项对此似乎采纳了肯定说，即返还原物罹于诉讼时效，因此，动产和未登记不动产的返还原物请求权均适用诉讼时效。[①]当然，返还原物请求权适用诉讼时效不代表不对物权进行保护，因为如果返还原物请求权的诉讼时效期间过短，那么作为返还原物请求权原权的物权在权利实现上可能会存在问题，物权可能会沦为“不完全权利”[②]。

第三种类型是请求支付赡养费、抚养费以及扶养费的权利。这三种类型的请求权属于债权请求权，具有浓重的财产色彩，本来满足诉讼时效制度的适用条件，但其并不适用诉讼时效制度。原因在于：权利人一般是年幼、年老或其他缺乏劳动能力的人，抚养费、赡养费、扶养费是这些人生活的来源，涉及人的基本生存问题，如果因为时效届满而无法得到法律支持的话，有违社会道德。这种基于身份关系产生的请求权所对应的法定义务具有较高的道德性。比如在婚姻关系存续期间，夫妻分居后，妻子独自抚养孩子的，得向丈夫主张抚养费，这一请求权不罹于诉讼时效；同样的，夫妻离婚后，妻子独自抚养孩子的，针对丈夫的扶养费请求权也不罹于诉讼时效。确认请求支付赡养费、抚养费以及扶养费的权利不适用诉讼时效制度，说明《民法典》高度重视家庭关系在《民法典》中的地位，以及“家”在社会秩序中的独特功能。家庭是人最为基本的存在形式，是家庭成员彼此协同合作、容忍尊重的生活单元，是每个人的存在之根，对中国人具有异乎寻常的意义和价值。《民法典》所有的规则设计都应服务于提升家庭的凝聚力，而非鼓励利字当头、锱铢必较。确认请求支付赡养费、抚养费以及扶养费的权利不适用诉讼时效制度，就是这一价值判断的具体体现。

第四种类型是不适用诉讼时效的其他请求权。根据《诉讼时效规定》第 1 条，以下几种请求权是不适用诉讼时效的：(1) 支付存款本金及利息请求权。居民存款的目的是将钱款进行储备，以备以后使用，并不一定在短期内行使这种债权。相对于银行而言，储户属于弱者，基于对储户特殊保护的要求，不应将支付

---

① 参见《德国民法典》第 197 条、第 901－902 条。

② MünchKomm/Grothe，2012，§ 197，Rn. 2.

存款本金及利息的请求权纳入诉讼时效的适用范围。(2)兑付国债、金融债券以及向不特定对象发行的企业债券本息请求权。国债是国家为筹措资金而向投资者出具的，承诺在一定的时期内按期支付利息和到期归还本金的借款凭证；金融债券，是指银行及非银行金融机构依照法定程序发行并约定在一定期限内还本付息的有价证券；企业债券通常又称为公司债券，是企业依照法定程序发行，约定在一定期限内还本付息的债券。为了保护投资者的利益，对于其国债、金融债券以及向不特定对象发行的企业债券的本息请求权给予特别保护，不应当适用诉讼时效制度。(3)基于投资关系产生的缴付出资请求权。和投资关系与储蓄关系一样，基于投资关系产生的缴付出资请求权形成的都是继续性的法律关系，只要这种关系存续，其派生的请求权也因之存续，不应受诉讼时效限制。①

“依法不适用诉讼时效的其他请求权”还包括消除影响、恢复名誉以及赔礼道歉。这些请求权事关人身权益的保障，即使请求权人长期不行使权利，也不存在不特定第三人对义务人的财产状态和经济实力产生错误判断的问题，因此，一方面，这些类型的请求权没有适用诉讼时效制度的正当性；另一方面，不适用诉讼时效制度更能体现对人身权益的高度尊重，符合《民法典》重视人文关怀的价值取向。②

(本条由高圣平撰写)

第一百九十七条

诉讼时效的期间、计算方法以及中止、中断的事由由法律规定，当事人约定无效。

当事人对诉讼时效利益的预先放弃无效。

本条主旨

本条对诉讼时效的法定性作出了规定。

相关条文

《民法总则》第 197 条规定：“诉讼时效的期间、计算方法以及中止、中断的

① 王利明．民法总论．2 版．北京：中国人民大学出版社，2015：342－343.

② 王轶．民法总则之期间立法研究．法学家，2016 (5).

事由由法律规定，当事人约定无效。”“当事人对诉讼时效利益的预先放弃无效。”

《诉讼时效规定》第 2 条规定：“当事人违反法律规定，约定延长或者缩短诉讼时效期间、预先放弃诉讼时效利益的，人民法院不予认可。”

理解与适用

本条是关于诉讼时效之法定性的规定，这一规定延续了《诉讼时效规定》第 2 条的内容，并在表述上更为精确，明确了当事人不能通过意思表示自由缩短或延长 3 年普通诉讼时效期间以及 20 年最长诉讼时效期间，不能通过约定改变诉讼时效期间的起算点，不能通过约定排除或改变诉讼时效的中止、中断的事由，也不能自行添加其他中止、中断事由，不能在诉讼时效完成之前预先承诺不主张时效抗辩。诉讼时效是权利主体遭受损害后在法定期间内向司法机关寻求救济的制度，无论是时效期间的长短、计算方法，还是时效期间中止、中断的事由，都是由法律强制规定的，任何组织或个人对时效的延长、缩短、预先放弃等的约定都是无效的。① 具体来说，本条包含两层含义。

(一) 不得通过约定改变法律规定的诉讼时效的期间、计算方法以及中止、中断的事由

在我国，无论是学界通说还是司法实践都认为诉讼时效具有法定性，当事人不得约定缩短或延长诉讼时效期间，不得约定诉讼时效中止、中断的事由，不得预先抛弃时效利益。②《诉讼时效规定》第 2 条即采这一立场，其主要考虑在于，诉讼时效不仅是权利人的私益，更是具有规范目的的公益，不属于当事人可自行处分的事宜。法律上之所以不允许当事人通过约定改变诉讼时效的相关规则，原因在于：第一，法律关于诉讼时效期间长短的规定可以有效督促当事人积极行使权利，促进财产效用的发挥和社会经济的正常运转。如果当事人通过约定延长诉讼时效期间，就会与设立诉讼时效制度的这一初衷相违背。第二，有利于稳定当前的法律秩序。权利人长期不行使权利，会导致呈现一种权利不存在的状态，并使不特定的第三人对这种事实状态产生合理的信赖，形成当事人之间相应的稳定关系。诉讼时效制度的存在以及不可自由约定性，有利于保护基于此种事实基础而形成的各种新的法律关系，有助于生活秩序的稳定与交易安全。第三，诉讼时效制度有利于具有证明价值的证据的收集和判断以及纠纷的及时解决。规定不能

---

① 梁慧星．民法总论．2 版．北京：法律出版社，2001：237.

② 王利明．民法总则研究．2 版．北京：中国人民大学出版社，2012：726－727. 崔建远．民法总论．北京：清华大学出版社，2010：191.

预先放弃时效利益的原因在于，如果允许当事人预先抛弃时效利益，则可能导致不公平的情形发生。例如，一方利用自己所处的优势地位，迫使另一方同意抛弃时效利益，这会损害后者的利益。

虽然在本条制定的过程中有不同的意见，但《民法典》维持了诉讼时效规定具有强制性的立场，即禁止当事人就诉讼时效作与法律规定不同的约定。当然，《民法典》第188条第2款第三句后半句延续了《民法通则》第137条第二句的立场，允许权利人向人民法院申请延长诉讼时效期间，从而在一定程度上缓和了诉讼时效规定的强制性。这意味着，权利人和义务人不得约定缩短诉讼时效期间；诉讼时效期间是否延长，取决于人民法院的自由裁量。

（二）当事人对时效利益的预先放弃无效

依据本条规定，当事人不得通过约定预先放弃诉讼时效期间届满后义务人所享有的时效利益。主要原因在于，允许当事人预先放弃时效利益可能使当事人利用自己经济上的强势地位损害对方当事人的利益，尤其通过订立格式条款的方式使当事人预先放弃时效利益，从而损害对方当事人的利益。如果允许当事人预先放弃，将与法律设定诉讼时效的目的不符。因此，无论是通过口头形式还是通过书面形式放弃时效利益，都是无效的。当然，这并不排除当事人在诉讼时效期间届满后放弃时效利益。

（本条由高圣平撰写）

第一百九十八条

法律对仲裁时效有规定的，依照其规定；没有规定的，适用诉讼时效的规定。

本条主旨

本条对仲裁时效与诉讼时效的关系作出了规定。

相关条文

《民法总则》第198条规定：“法律对仲裁时效有规定的，依照其规定；没有规定的，适用诉讼时效的规定。”

《仲裁法》第74条规定：“法律对仲裁时效有规定的，适用该规定。法律对仲裁时效没有规定的，适用诉讼时效的规定。”

理解与适用

本条是关于仲裁时效与诉讼时效间之关系的规定。

在《民法典》颁布之前，对于仲裁时效，并不是通过《民法通则》进行规定，而是在《仲裁法》以及相关法律条文中进行规定。《仲裁法》第74条规定，法律对仲裁时效有规定的，适用其规定；没有规定的，适用诉讼时效的规定。由于《仲裁法》制定于1994年，当时我国的仲裁体系不甚成熟，因而许多仲裁规则，包括仲裁时效制度，都部分借鉴了《民法通则》以及《民事诉讼法》的相关规定。随着越来越多的新型民事关系的出现以及司法实践的发展，如何协调仲裁时效与诉讼时效的关系，成为民法人需要解决的重要问题之一。在《民法总则》制定工作开展后，2015年9月全国人大常委会法制工作委员会召开了一个民法总则草案讨论会，会上讨论的草案，不是该委员会正式公布的草案，而是该委员会民法室的内部草案，即《民法总则草案（2015年8月28日民法室室内稿）》。关于第八章期间和时效的讨论主要集中在：普通诉讼时效期间规定为3年还是5年？应否规定哪些请求权适用诉讼时效、哪些请求权不适用诉讼时效？是否规定人身损害赔偿等请求权适用10年长期诉讼时效期间？会上对于仲裁时效的内容并未涉及。在2016年6月27日提交全国人大常委会初审的《民法总则（草案）》中，也未对仲裁时效进行规定。但是在2016年11月发布的《民法总则（草案）》的二审稿增加了这一条文。2017年3月15日通过的《民法总则》最终保留了关于仲裁时效的规定。在《民法总则》中并列规定诉讼时效与仲裁时效，在传统大陆法系民法典体系中，实属罕见。我国台湾地区“民法典”第125条至第147条，对时效的消灭进行了体系化的规定，包括时效起算、中断、中止以及不得预先放弃时效利益等，但是并未将仲裁时效单独列出。《德国民法典》第五章系统规定了时效制度，但也未对仲裁时效进行特殊规定。《法国民法典》第2219条规定“时效谓依法律特定的条件，经过一定的时间，而取得财产的所有权或免除义务的方法”，也没有单独对仲裁时效进行规定。《日本民法典》第六章对于时效利益、取得时效和消灭时效等进行了规定，也未涉及仲裁时效。但是大多数国家的民法体系都承认，仲裁作为私权的救济途径之一，原则上也应该适用诉讼时效制度，只是针对特殊类型的纠纷，需要单独规定仲裁时效规则。

那么《民法典》为何要单独对仲裁时效进行规定呢？仲裁作为“民间司法”与“准司法”手段，它与诉讼具有多方面的联系。诉讼与仲裁具有立法上的借鉴与互补关系、司法上的支持与监督关系。将仲裁时效的一般规定置于《民法典》之中，更具有科学性和合理性。比如，我国并未明确规定是否允许协议变更仲裁时效，依据本条规定，“法律对于仲裁时效没有规定的，适用诉讼时效的规定”。而《民法典》第188条规定，有特殊情况的，人民法院可以延长诉讼时效期间，从而排除了当事人协议变更诉讼时效期间的可能，因此，仲裁时效的期间也不得由双方当事人协议变更。可见，在《民法典》中对仲裁时效与诉讼时效并列规定，有利于民事法律体系的协调与统一。

与诉讼时效制度类似，仲裁时效是指当事人在仲裁时效期间内如果不向仲裁机构请求仲裁，就丧失了通过仲裁方式解决纠纷，保护其合法权益的权利。仲裁时效制度设立之目的是防止权利人在“权利上睡眠”，督促其积极行使权利。依传统民商法理论分类，仲裁时效可以分为普通仲裁时效与特殊仲裁时效，前者适用于常见的民事、经济纠纷。对于此类纠纷的仲裁时效，大多数国家都采取了同普通诉讼时效保持一致的做法。而后者往往适用于特殊类型的民商事纠纷，比如因国际货物买卖和技术进出口合同引起的纠纷。对于该类纠纷的仲裁时效，法律往往进行单独规定。由此可见，“法律对仲裁时效有规定的，依照其规定”针对的是适用特殊仲裁时效的情况。例如，《民法典》第594条规定：因国际货物买卖合同和技术进出口合同争议提起诉讼或者申请仲裁的时效期间为4年。

（本条由高圣平撰写）

第一百九十九条

法律规定或者当事人约定的撤销权、解除权等权利的存续期间，除法律另有规定外，自权利人知道或者应当知道权利产生之日起计算，不适用有关诉讼时效中止、中断和延长的规定。存续期间届满，撤销权、解除权等权利消灭。

本条主旨

本条对除斥期间作出了规定。

相关条文

《民法总则》第199条规定：“法律规定或者当事人约定的撤销权、解除权等权利的存续期间，除法律另有规定外，自权利人知道或者应当知道权利产生之日起计算，不适用有关诉讼时效中止、中断和延长的规定。存续期间届满，撤销权、解除权等权利消灭。”

《合同法》第55条规定：“有下列情形之一的，撤销权消灭：（一）具有撤销权的当事人自知道或者应当知道撤销事由之日起一年内没有行使撤销权；（二）具有撤销权的当事人知道撤销事由后明确表示或者以自己的行为放弃撤销权。”

理解与适用

除斥期间，是指权利的存续期间，一旦该期间届满，权利即告消灭。除斥期间一般是一种不变期间，期间经过，实体权利消灭①，当事人之间的法律关系就会发生变化。除斥期间的制度功能在于，保障法律秩序的安定和清晰、明确。一般来说，短期除斥期间旨在尽可能快捷地实现法律秩序的安定，保护义务人和法律交往其他当事人的可预测性，便于他们对自己的权益自由处分；长期除斥期间旨在确保法律秩序的清晰，一旦除斥期间届满，实体权利即告终局消灭，无须义务人提出抗辩。②

（一）除斥期间的适用范围

除斥期间一般适用于形成权，如撤销权、解除权。权利人通过行使这些形成权，以自己的意思变更、消灭既有法律关系（如行使优先购买权、撤销权、解除权），或使不确定的法律关系趋于确定（如行使追认权、选择权）。值得注意的是，德国学界有观点认为，除斥期间适用于所有权利。③ 因此，德国的除斥期间不仅适用于形成权，也适用于请求权④，还适用于绝对权，如德国《著作权法》第 64 条规定，著作权自权利人死亡之日起 70 年消灭。⑤ 在我国，学说上曾将除斥期间的适用范围限定为形成权。⑥ 但是，学界逐渐开始接受德国法的立场，认为形成权之外的权利也可以适用除斥期间⑦，比如，《产品质量法》第 45 条第 2 款规定的损害赔偿请求权、《个人独资企业法》第 28 条规定的债权人对解散后独资

---

① 我国司法实践中有观点认为，《民事诉讼法》第 205 条规定的当事人申请再审的期限为除斥期间。参见铜山县腾飞钢模出租站与铜山县锦源置业发展有限公司租赁合同纠纷再审复查与审判监督民事裁定书［江苏省高级人民法院（2015）苏审二民申字第 01833 号］。

② Vgl. Larenz/Wolf/Neuner，AT，10. Aufl.，2012，§22，Rn. 7. MünchKomm/Grothe，Vor.，§194（2012），Rn. 10.

③ Vgl. Larenz/Wolf/Neuner，AT，10. Aufl.，2012，§22，Rn. 6. Staudinger/Peters/Jacoby，Vor.，§§194－225（2009），Rn. 14.

④ 如《德国民法典》第 382 条、第 562b 条第 2 款、第 651g 条第 1 款、第 801 条第 1 款、第 864 条第 1 款、第 977 条第二句、第 1002 条第 1 款。

⑤ Vgl. MünchKomm/Grothe，Vor.，§194（2012），Rn. 10. Staudinger/Peters/Jacoby，Vor. §§194－225（2009），Rn. 14. Bork，AT，4. Aufl.，2016，Rn. 317.

⑥ 梁慧星．民法总论．4 版．北京：法律出版社，2011：246. 崔建远．民法总论．北京：清华大学出版社，2010：212.

⑦ 王利明．民法总则研究．2 版．北京：中国人民大学出版社，2012：777－778. 朱庆育．民法总论．2 版．北京：北京大学出版社，2016：548. 耿林．论除斥期间．中外法学，2016（3）.

企业投资人的连带求偿权、《著作权法》第21条规定的著作权存续期间，等等。

主张除斥期间适用范围为形成权的学者，提出了法定的权利失效期间的概念，即法律规定民事权利在一定期间届满时未行使便归于消灭的期间。① 换言之，这类学者主张的权利失效期间包括两类：第一类是法律规定的权利失效期间；第二类基于诚实信用原则而发生的权利失效期间，即权利人长时间不行使权利，导致义务人相信权利人不会再行使权利或权利根本不存在，为了保护义务人的信赖，基于诚实信用原则，权利人不得再主张权利。不过，这种分类更多的是解释上的不同选择而已，因为：在德国法上，权利失效特指依诚实信用原则产生的权利失效期间，是禁反言原则的特定类型。② 按照德国学者的解释，与诉讼时效相比，权利失效不仅适用于请求权，还适用于形成权和抗辩权；与诉讼时效、除斥期间相比，权利失效没有具体的期间。③ 按照这一解释，德国法中的权利失效限于上述学者所称权利失效期间的第二种类型，上述学者所称权利失效期间的第一种类型更多地属于除斥期间。不过，与除斥期间类似，权利失效期间由法院依职权援引。④ 因此，适用于请求权、绝对权的权利保护期间到底是除斥期间还是权利失效期间，只是一种类型化的解释选择而已。

此外，还有学者认为，绝对权适用的不是除斥期间而是狭义权利期间，因为权利人是否行使该权利对该权利存在与否不生影响，而除斥期间的适用不仅要考虑时间要素还要考虑行使要素，故这一狭义权利期间独立于除斥期间，进而，著作权保护期间不是除斥期间，而是狭义权利期间。⑤ 如前所述，是否区分独立的狭义权利期间和除斥期间，更多的是解释选择之争。是否承认独立的狭义权利期间，关键在于这一概念在体系构建上是否具有说明和解释的便利。实际上，德国《著作权法》第64条规定的70年往往被称为“一般保护期间”⑥，这一期间届满，著作权即告消灭。从法律效果上来说，它与除斥期间并无区别。当然，就绝对权而言，绝对权不像请求权那样有确定的义务人，不像形成权那样指向特定的主体，因此其权利保护期间不像除斥期间那样重视“行使要素”。这一点是由绝对权本身的特性决定的。也就是说，承认狭义的权利期间只是一种解释选择而已。

（二）除斥期间的类型

本条规定了法定除斥期间和约定除斥期间。前者以合同法所规定的可撤销合

---

① 崔建远．民法总论．北京：清华大学出版社，2010：217.

② Larenz/Wolf/Neuner，AT，10. Aufl.，2012，§20，Rn. 89. Bork，AT，4. Aufl.，2016，Rn. 352.

③ Larenz/Wolf/Neuner，AT，10. Aufl.，2012，§20，Rn. 89.

④ MünchKomm/Grothe，Vor.，§194（2012），Rn. 13.

⑤ 耿林．论除斥期间．中外法学，2016（3）.

⑥ Ahlberg/Götting/Freudenberg，UrhG，§64（2017），Rn. 25. Dreier/Schulze/Dreier，Urheberrechtsgesetz，§64（2015），Rn. 1. Wandtke/Bullinger/Lüft，Praxiskommentar zum Urheberrecht，UrhG，§64（2014），Rn. 2.

同的撤销权为典型[①]，后者以合同法所规定的解除权为代表。一般来说，除非法律另有规定，法定除斥期间不得延长。约定除斥期间可以由当事人自由约定，但是可能会受到诚实信用原则的限制。当事人对此发生争议的，法院可以对约定除斥期间进行内容审查，认定其效力。[②]

（三）除斥期间的起算时间

本条规定，（除斥期间）“除法律另有规定外，自权利人知道或者应当知道权利产生之日起计算”。故原则上，除斥期间自权利人知道或者应当知道权利产生之日起计算，如合同法所规定的合同撤销权，但是法律另有规定的除外，即除斥期间的起算方式取决于关于各个除斥期间的法律规定。具体来说，除斥期间可以从行为发生之日起计算，也可以从行使催告权之日起计算。[③]

（四）除斥期间不适用有关诉讼时效期间中止、中断和延长的规定

依据本条规定，除斥期间不适用有关诉讼时效中止、中断和延长的规定。诉讼时效可能因为一定事由的出现而中止、中断或者延长。而除斥期间在性质上属于不变期间，不因相关事实的出现而发生中止、中断和延长。

（五）除斥期间届满的后果

依据本条规定，除斥期间届满后，“撤销权、解除权等权利消灭”。可见，除斥期间届满会产生消灭撤销权、解除权等权利的效果。例如，一方享有合同解除权，解除权行使期间届满后，当事人就不得再主张解除合同。再如，当事人依据法律规定享有撤销权，在法律规定的撤销权行使期间届满后，当事人不得再主张撤销相关民事法律行为。除斥期间届满后，相关权利即消灭。这意味着，法官可以依职权进行审查。[④] 这与诉讼时效期间届满后人民法院不得主动适用诉讼时效规定不同。[⑤]

（本条由高圣平撰写）

---

① 我国司法实践中有观点认为，《合同法》第 75 条第一句规定的是特殊诉讼时效期间。参见“海南华富房地产开发公司、海南思维投资有限公司与海口海甸岛房地产开发总公司撤销权纠纷上诉案”，河南省高级人民法院（2005）民二终字第 34 号民事判决书；“刘某强与淮安市英华管桩有限公司、刘某青等债权人撤销权纠纷再审案”，江苏省高级人民法院（2014）苏审二民申字第 175 号民事裁定书。

② MünchKomm/Grothe，Vor.，2012，§194，Rn. 12. 崔建远．民法总论．北京：清华大学出版社，2010：214.

③ 崔建远．民法总论．北京：清华大学出版社，2010：215－216.

④ MünchKomm/Grothe，Vor.，2012，§194，Rn. 10. Staudinger/Peters/Jacoby，Vor.，2009，§§194－225（2009），Rn. 14.

⑤ 王利明．民法总则研究．2 版．北京：中国人民大学出版社，2012：778－782. 崔建远．民法总论．北京：清华大学出版社，2010：213－214.

第十章

期间计算

第二百条

民法所称的期间按照公历年、月、日、小时计算。

本条主旨

本条对期间计算的单位作出了规定。

相关条文

《民法总则》第200条规定："民法所称的期间按照公历年、月、日、小时计算。"

《民法通则》第154条规定："民法所称的期间按照公历年、月、日、小时计算。""规定按照小时计算期间的，从规定时开始计算。规定按照日、月、年计算期间的，开始的当天不算入，从下一天开始计算。""期间的最后一天是星期日或者其他法定休假日的，以休假日的次日为期间的最后一天。""期间的最后一天的截止时间为二十四点。有业务时间的，到停止业务活动的时间截止。"

理解与适用

所谓的期间，是与期日相对应的一个时间概念，共同构建了时间在民法上的规范形式。就其内涵而言，期日表现的是时间的点，期间表现的是时间的段。①比如，出生时间、死亡时间就是典型的期日。所以说，《民法典》之总则编第十

① 龙卫球．民法总论．北京：中国法制出版社，2001：603.

章虽然仅仅规定了“期间计算”，但这并非意味着我国民法体系中就不存在期日的问题，比如《民法典》第 13 条规定“自然人从出生时起到死亡时止，具有民事权利能力……”。该条文中的“出生时”“死亡时”就是典型的期日。对本条的掌握，主要可以从期间的内涵、立法模式、主要分类及法律意义几方面来展开。

（1）期间的内涵。

相对于期日是一个时间点而言，期间是指具有一定法律意义的一段时间，其包含了起始时间和终了时间，也即始期和终期。期间的产生原因可以源于当事人之间的约定、法律直接规定或者法律授权法院等特定部门予以指定。其一，约定期间，即当事人明确约定的期间。其二，法定期间。比如《民法典》第九章所规定的诉讼时效就属于法定期间，并不允许当事人额外约定，对此，《诉讼时效规定》第 2 条专门规定：当事人违反法律规定，约定延长或者缩短诉讼时效期间、预先放弃诉讼时效利益的，人民法院不予认可。当然，在特殊情况下，法律可能没有规定确定的一段时间，而只是规定了合理期间。此时，如果就期间问题发生争议，法官应根据具体情况加以判断。此外，一定期间的经过将导致某种民事法律关系的产生、变更或消灭，所以，期间经过也可以成为民法上的法律事实。① 其三，指定期间。指定期间是指法院或者其他机关在法律允许的范围内指定的期间。举例而言，现行《民事诉讼法》第 65 条第 2 款规定：人民法院根据当事人的主张和案件审理情况，确定当事人应当提供的证据及其期限……

（2）关于期间的立法模式。

根据各国立法例期间的计算方式主要有两种：第一种为历法计算法，即按照日历所定的年、月、日为期间计算的依据。该方法以日为计算期间的基本单位。根据该计算方法，所谓一年，需要按照日历天数计算，一般年份一年天数为 365 天，闰年年份则是 366 天；所谓一月，是日历上的具体日数，比如 7 月是 31 日，8 月也是 31 日，9 月则是 30 日。第二种为自然计算法，即以实际时间精确地进行计算的方法，以时、分、秒为基本的时间计算单位，一分钟为 60 秒，一小时为 60 分钟，一天为 24 小时，一月则为 30 日，一年为 365 日。② 结合《民法典》第 202 条的规定，笔者认为，《民法典》主要采纳了历法计算法。当然，小时这一计量单位的出现是否意味着同时采纳了自然计算法的立法模式，确实也是值得讨论的。

---

① 王利明．民法总则研究．2 版．北京：中国人民大学出版社，2012：773.

② 王利明．民法总则研究．2 版．北京：中国人民大学出版社，2012：782－783. 龙卫球．民法总论．北京：中国法制出版社，2001：606.

（3）期间的分类。

期间主要分为诉讼时效和除斥期间两分类。期间依据不同标准具有不同分类方式，除了法定期间、约定期间及指定期间的三分法，还存在着可变期间与不可变期间的二分法等等。但对于我国现行法律体系而言，诉讼时效和除斥期间应当说是最为重要的划分方法。

首先，除斥期间是指法律直接规定或当事人依法确定的某些形成权的预定存续期间，该期间的经过将使相应权利自然消灭。除斥期间多用于形成权。举例而言，《民法典》第 541 条规定的撤销权期间就属于除斥期间，该条规定：撤销权自债权人知道或者应当知道撤销事由之日起 1 年内行使。自债务人的行为发生之日起五年内没有行使撤销权的，该撤销权消灭。也就是说，只要享有撤销权的债权人在知道或者应当知道撤销事由之日起 1 年内尚未行使撤销权的，或者该撤销事由发生已经经过 5 年的，债权人将无权行使该权利。

其次，诉讼时效多用于债权请求权，《诉讼时效规定》第 3 条规定：当事人未提出诉讼时效抗辩，人民法院不应对诉讼时效问题进行释明及主动适用诉讼时效的规定进行裁判。据此可知，我国目前就诉讼时效已经采纳时效抗辩主义，也就是说，过了诉讼时效的债权并不意味着其胜诉权必然消灭，而仅仅是说债务人可以以此来抗辩债权人的请求权，主张自己无法定义务履行债务。关于诉讼时效，在前文已有详细论述，在此不赘述。

（4）期间在民法上的法律意义。

诚如前述，期间属于民法上的时间，能够产生法律关系变动的效果。具体而言，大致可从以下几方面来理解。

其一，可能影响民事主体的资格。举例而言，《民法典》第 46 条规定：“自然人有下列情形之一的，利害关系人可以向人民法院申请宣告该自然人死亡：（一）下落不明满四年；（二）因意外事件，下落不明满二年。”“因意外事件下落不明，经有关机关证明该自然人不可能生存的，申请宣告死亡不受二年时间的限制。”该条款中的 4 年和 2 年就属于会影响失踪人之民事主体资格的期间。

其二，作为民事法律事实中的事件，直接引起民事法律关系变动。举例而言，附始期的合同在期限届满以后实际生效，附终期的合同在期限届满后失效。这两种合同中所附期限就属于民事法律事实中的事件。

其三，“期间可以作为民事权利的存续期限。在民法上，有一些权利是不受期限限制的，如所有权是永恒存在的。但绝大多数民事权利都有一定的权利存续期限，权利人必须在该期限内行使权利，否则经过一定的期限，权利将不存在，或失去效力，或效力减弱。这是法定的期限对权利的影响。”①

其四，“期间可以作为一定的权利、义务实际行使或履行的期限。例如，合同中规定的履行期限。合同一旦规定了履行期限，即使合同已经成立并生效，但在履行期限到来之前，当事人仍然不能实际地行使权利和履行义务。”②

（本条由石冠彬撰写）

第二百零一条

按照年、月、日计算期间的，开始的当日不计入，自下一日开始计算。

按照小时计算期间的，自法律规定或者当事人约定的时间开始计算。

本条主旨

本条对期间的起算时间点作出了规定。

相关条文

《民法总则》第 201 条规定：“按照年、月、日计算期间的，开始的当日不计入，自下一日开始计算。”“按照小时计算期间的，自法律规定或者当事人约定的时间开始计算。”

《民法通则》第 154 条规定：“民法所称的期间按照公历年、月、日、小时计算。”“规定按照小时计算期间的，从规定时开始计算。规定按照日、月、年计算期间的，开始的当天不算入，从下一天开始计算。”“期间的最后一天是星期日或者其他法定休假日的，以休假日的次日为期间的最后一天。”“期间的最后一天的截止时间为二十四点。有业务时间的，到停止业务活动的时间截止。”

理解与适用

本条是对《民法典》第 200 条规定的期间计量单位的起始点的规定，简单说，本条第 1 款与第 2 款分别就年、月、日的期间计算与小时的期间计算确立了如下标准。

（1）以年、月、日为计量单位的期间的起算点：开始的当日不计算，自下一日开始计算。也就是说，不论是除斥期间还是诉讼时效期间，都必须从起算日期

①② 王利明．民法总则研究．2 版．北京：中国人民大学出版社，2012：774.

的第二天开始计算期间的截止日。举例而言，张三在2017年3月20日欠李四人民币5万元，约定借款期间为1年，则意味着张三应该在2018年3月20日归还借款，该债权债务的诉讼时效期间应该是从2018年3月21日开始起算，截止至2021年3月20日。但是，笔者认为，如果双方当事人对于期间起算另有约定的，应当遵从双方当事人的意思自治。

(2) 以小时为计量单位的期间的起算点：自法律规定或者当事人约定的时间开始计算。

就“法律规定”而言，比如《海商法》第97条第1款对于船舶承租人的法定解除权作了如下规定：出租人在约定的受载期限内未能提供船舶的，承租人有权解除合同。但是，出租人将船舶延误情况和船舶预期抵达装货港的日期通知承租人的，承租人应当自收到通知时起48小时内，将是否解除合同的决定通知出租人。按照文理解释，若出租人将租赁船舶的迟延履行情况及预期履行日期提前告知了承租人，则承租人应当自收到该通知的具体时间开始计算享有单方解除权的时间。该“具体时间”具体到分，甚至到秒为止。唯如此，方能更好地保障双方当事人的权益，符合法律限制承租人的“法定解除权”这一立法宗旨。而且，笔者认为，对于上述法律规定的48小时以及具体的起算时间，船舶出租人与承租人均有权通过意思自治达成特别约定，也就是本条中所陈述的“当事人约定”。

就“当事人约定”的单独适用而言，比如张三在5月1日13：40借款给李四人民币10万元，双方在借款时约定李四应当于24个小时后归还借款，则此时按照法律的规定及社会的通常理解，李四应该在5月2日13：40之前归还借款，但是若双方当事人约定，借款期间24小时的起算时间点为5月1日14：00或者5月2日24：00，那么期间起算点的计算应尊重当事人的意思自治。

此外，关于本条的适用应当注意如下两个问题。

第一，注意与《民法典》第13条的协调适用。《民法典》第13条规定：自然人从出生时起到死亡时止，具有民事权利能力，依法享有民事权利，承担民事义务。该条款中的“从出生时起到死亡时止”本质上就是一个民事权利能力存在的期间，但是此处的“从出生时起”显然是包含自然人出生当天在内的，也就是说应当将其理解为本条的例外情形。而且，准确来说，《民法典》第13条规定的自然人之民事权利能力的起算时间点并不能说是以出生日为标准，而应当以出生日的具体时间点（即出生日的某时某分，甚至精确到某秒）。这种界定是存在一定法律意义的。当然，因为《民法典》第16条肯定了胎儿在遗产继承、接受赠与等问题上具有民事权利能力，所以上述对“出生时”的界定很大程度上并不会影响最终的法律后果，但是会影响到具体法律的适用。举例而言，某自然人出生于 2017 年 5 月 1 日 15：00，有一笔赠与的意思表示是出现在 13：00，如果将“出生时”理解为 5 月 1 日，那么应当认定该赠与合同发生在两个自然人之间；如果根据将出生的具体时间点作为“出生时”的司法认定标准，则显然该赠与合同属于对胎儿的赠与。

第二，在特殊情况下，对于当日是否包含在内发生歧义时，应当以平衡当事人的利益或更好地维护特定当事人某种显然具有特殊价值的利益作为司法实务的裁判态度①，一定程度上甚至可以说不应当违背常识。举例而言，前述的出生日的认定这一问题其实也事关年龄的计算，故应当认定为包含当日在内；此外，在产品质量保质期的认定上，也应当认为包含了生产日期本身，而不能认为产品的质量保质期应当从生产日期的第二天开始计算。

（本条由石冠彬撰写）

第二百零二条

按照年、月计算期间的，到期月的对应日为期间的最后一日；没有对应日的，月末日为期间的最后一日。

本条主旨

本条对期间截止日的计算方法作出了规定。

相关条文

《民法总则》第 202 条规定：“按照年、月计算期间的，到期月的对应日为期间的最后一日；没有对应日的，月末日为期间的最后一日。”

理解与适用

诚如前述，民法学上的期间是指民事法律关系发生、变更和消灭的一个时间段②，它是特定的某一动态的阶段，是故，其必然有一个开始日期与截止日期。《民法典》第 200 条规定了期间的计算单位，第 201 条规定了期间的起算时间点，本条则根据是否存在对应日，专门针对以“年、月”为计量单位的期间的截止日

① 龙卫球．民法总论．北京：中国法制出版社，2001：607.

② 王利明，杨立新，王轶，等．民法学．4 版．北京：法律出版社，2014：147.

的计算确定了“到期月的对应日”与“月末日”两个标准。这是期间问题上历法计算法的立法体现：其一，“到期月的对应日”标准。举例而言，若甲公司在2017年4月4日与某银行签订了最长还款期限为2年的债务清偿协议，则应当根据“按照年、月计算期间的，到期月的对应日为期间的最后一日”这一规定确定2019年4月4日即为甲公司归还贷款的具体日期。其二，“月末日”标准。举例而言，若乙公司向银行承诺在2017年4月份归还所欠贷款，则应当确认2017年4月30日为乙公司归还贷款的截止日期。

应当看到，明确期间问题中期日的计算标准具有重要的法律意义，可以有效避免相应纠纷的产生。这种规定的细化是民法精细化、时代化的表现和要求。随着民商事活动的日新月异，民事主体各方对权利的精细化要求更高，到期日的确定与对应的民事权利、民事义务紧密相连，所以完善民事期间制度，不仅有利于理顺民事活动各个阶段的衔接关系，有利于保护当事人合法权益，还有利于提高民事活动的效率。本条是对《民法通则意见》第198条关于“当事人约定的期间不是以月、年第一天起算的，一个月为三十日，一年为三百六十五日”的规定的完善与改变。从立法背景来说，自20世纪90年代末起，在金融、证券、票据等新兴金融产业迅猛发展的形态下，《民法通则意见》关于期间的计算方法略显粗糙，不能够满足金融时代的需要。举例而言，金融票据类产品时效性强，对期日的敏感度高，价格弹性大，期间截止日的确认对权利人最终权利的认定极为关键。《票据法》第107条规定：本法规定的各项期限的计算，适用民法通则关于计算期间的规定。按月计算期限的，按到期月的对日计算；无对日的，月末日为到期日。很显然，《民法典》第202条吸收了《票据法》第107条这一特别法，从而明确了“按照年、月计算期间时应当如何确定最后一日”的规则，使之成为民商事法律领域期间到期日计算的一般性规则，值得肯定。

此外，值得考虑的问题是，《民法典》第201条还明确了按照小时、日计算期间时“如何开始计算”的规则，但是并未在第202条明确按照小时、日计算期间时应当如何认定“终期”。就此，应当分别讨论：其一，对于按照“小时”计算的期间，应当按照实际时间精确计算到最后时刻，举例而言，如果在8时10分双方约定了三个小时，则应当认定11时10分是截止的时间。其二，对于按照“日”计算的期间，则应当从次日起算第一天，截止到所约定日期的最后一天的最后时刻。举例而言，双方如果在2020年5月28日约定，必须在4天内完成履约行为，那么意味着履约期间就是2020年5月29日到6月1日，截止的时间理论上应该是6月1日24时。当然，如果有明确营业时间的，则应当适用《民法典》第203条第2款的规定。至于所约定的截止日是法定节假日的如何处理，原则上也应当按照《民法典》第 203 条第 1 款予以处理，但如果双方本来就明知截止日期就是节假日的，那么理应尊重双方的意思自治。

（本条由石冠彬撰写）

第二百零三条

期间的最后一日是法定休假日的，以法定休假日结束的次日为期间的最后一日。

期间的最后一日的截止时间为二十四时；有业务时间的，停止业务活动的时间为截止时间。

本条主旨

本条是关于期间截止日的特殊规定。

相关条文

《民法总则》第 203 条规定："期间的最后一日是法定休假日的，以法定休假日结束的次日为期间的最后一日。""期间的最后一日的截止时间为二十四时；有业务时间的，停止业务活动的时间为截止时间。"

《民法通则》第 154 条规定："民法所称的期间按照公历年、月、日、小时计算。""规定按照小时计算期间的，从规定时开始计算。规定按照日、月、年计算期间的，开始的当天不算入，从下一天开始计算。""期间的最后一天是星期日或者其他法定休假日的，以休假日的次日为期间的最后一天。""期间的最后一天的截止时间为二十四点。有业务时间的，到停止业务活动的时间截止。"

理解与适用

本条第 1 款是关于期间最后一日顺延的规定，也即只要期间的截止日属于法定休假日的，就应当以法定休假日届满之后的第一个工作日为期间的最后截止日。本条第 2 款是关于期间最后一日的具体认定时间的规定，原则上需要过最后一日的 24 时，但是如果有业务时间的，就需要以业务停止时间作为最后一日结束的具体认定时间。该规定对于法人、非法人组织具有特殊法律意义。当然，需要注意的是，如果当事人在法定休假日为意思表示或给付，经相对人接受的，其效力并不因法定休假日而受影响。送达经过被送达人或其他有权代为接收送达人的接受，即使接受日为法定休假日，送达照样产生法律效力。而且，法定休假日在时间中而不是在时间的最后一日的，不得予以扣除并以延长的日数来代替。① 举例而言，如果国庆假期在某个期间之内，就不能扣除该国庆假期的具体天数来另行计算期间的截止日。

具体而言，对本条的理解需要从以下几个方面展开：第一，关于“法定休假日”的理解。根据《劳动法》的相关规定，笔者认为，元旦、春节、国际劳动节、国庆节等法定节假日以及双休日均属于此处的法定休假日。第二，关于“期间的最后一日的截止时间为二十四时”的理解。民事主体从事民事活动过程中，在经过到期日后会发生民事权利义务关系的产生、变更、消灭等法律后果，在法律上具有重要的意义，所以必须明确期间的截止时间点，否则民事法律关系的变动就处于一个不可预期的状态。举例而言，在某个买卖合同中，预定交付货物的日期为2020年1月1日，则意味着货物出卖人最晚有权在2020年1月1日24时向买受方交货，超过此时间点将构成违约，出卖人需要承担相应的违约责任。第三，对于“有业务时间的，停止业务活动的时间为截止时间”的理解。营利法人这类民事主体通常会有固定的业务时间，例如银行通常的营业时间为工作日的9：00－17：00，所以涉及银行的期间最后一日的截止时间点以其营业时间结束的点为准，而不再以当日24时为准。此外，需要注意的是，营业时间必须事先通过公开公示的方式标明，否则不得对抗最后日24时的截止时间点。

（本条由石冠彬撰写）

第二百零四条

期间的计算方法依照本法的规定，但是法律另有规定或者当事人另有约定的除外。

本条主旨

本条是对期间计算方法的例外规定。

相关条文

《民法总则》第204条规定：“期间的计算方法依照本法的规定，但是法律另

① 杨立新.2.0版《中华人民共和国民法总则（草案）》建议稿.［2017－03－21］. http：//www.fxcxw.org/index.php/Home/So/artIndex/id/9295.html.

有规定或者当事人另有约定的除外。”

理解与适用

诚如前述，期间是相对于期日而言，乃时间动态的一定长度，有其开始及终止，例如某年至某年，某月至某月，某日至某日，或某日起若干日、若干星期、若干月、若干年，等等。通常来说，期间是根据期日所确定的时间的始点和终点来确定的所经过的时间区段、对应时间的长度。① 所以说，期间的计算方法必然涉及计量单位、起算时间点以及截止时间点的问题。《民法典》第200条至第203条分别就上述问题进行了原则规定，本条则是关于特别法上的期间计算方法优先于《民法典》的规定、当事人意思自治优先的法律适用规定。

简单说，因为期间的计算规则通常情况下对法律关系的影响仅仅关乎当事人自身，理应属于任意性规范，法律没有理由禁止自由约定，因而，若是当事人约定以农历计算期间，或者自行约定起算时间、休假日或期间最后一日的截止时间，均应从其约定。尽管当事人约定期间对于期间计算方法的统一造成了一定影响，但是基于民法的私法性质，在不违反法律强制性规定的情况下应允许当事人通过意思自治达成一致。如果反对当事人约定的适用，则在一定程度上扩大了公法对私法的干预范围，违背了私法自治这一民法的最高价值。

（本条由石冠彬撰写）

① 朱庆育．民法总论．2版．北京：北京大学出版社，2016：534.

图书在版编目（CIP）数据

中国民法典释评．总则编／王利明主编．—北京：中国人民大学出版社，2020.8
ISBN 978-7-300-28234-3

Ⅰ.①中…　Ⅱ.①王…　Ⅲ.①民法-法典-法律解释-中国②民法-总则-法律解释-中国　Ⅳ.①D923.05

中国版本图书馆 CIP 数据核字（2020）第 121857 号

中国民法典释评·总则编
主　编　王利明
副主编　王叶刚
Zhongguo Minfadian Shiping • Zongze Bian

出版发行	中国人民大学出版社		
社　　址	北京中关村大街 31 号	**邮政编码**	100080
电　　话	010－62511242（总编室）		010－62511770（质管部）
	010－82501766（邮购部）		010－62514148（门市部）
	010－62515195（发行公司）		010－62515275（盗版举报）
网　　址	http://www.crup.com.cn		
经　　销	新华书店		
印　　刷	涿州市星河印刷有限公司		
规　　格	170 mm×240 mm　16 开本	**版　　次**	2020 年 8 月第 1 版
印　　张	34.5 插页 3	**印　　次**	2020 年 9 月第 2 次印刷
字　　数	633 000	**定　　价**	180.00 元